JN348385

스펄전의

365 아침·저녁 매일 묵상

365 아침·저녁 매일 묵상
Morning and Evening Daily Reading
제1판 1990년12월 10일
제5쇄: 2013년 12월 6일
제2판 아침·저녁 합본: 2021년 12월 10일
지은이: 찰스 H. 스펄전
옮긴이: 엄성옥
발행처: 은성출판사
등록: 1974년 12월 9일 제9-66호

주소:서울시 강동구 성내로3길 16
전화: (031) 774-2102| 팩스: (02) 6007-1154

ISBN: 979-11-89929-45-9 93230
Printed in Korea.

한글 역본 서언

저자 찰스 H. 스펄전(Charles Haddon Spurgeon, 1834-1892)은 영국의 침례교 목사입니다. 저자는 다양한 교파의 기독교인들 사이에서 큰 영향력을 가지고 있으며, 특히 그는 "설교자들의 왕자"로 알려져 있습니다.

저자는 38년 동안 런던에 있는 뉴파크 스트리트 채플(New Park Street Chape, 현재의 Metropolitan Tabernacle)의 목사로 재임했습니다. 그는 영국의 침례교 연합과 여러 논쟁에 참여했고, 후에 교리적 신념으로 교단을 떠났습니다. 메트로폴리탄 태버나클에 있는 동안 그는 앨름하우스(Almshouse), 스톡웰 고아원(Stockwell Orphanage)을 설립했으며, 그의 신도들과 함께 빅토리아 시대 런던의 가난한 사람들을 구제하는 일에 적극적으로 참여했으며, 저자가 사망 후 그의 이름으로 스펄전 대학(Spurgeon's College)가 설립되었습니다.

스펄전은 설교, 자서전, 주석, 기도서, 헌신서, 잡지, 시, 찬송가 등 다방면에 걸쳐 저술 활동을 했습니다. 그의 설교가 세계의 많은 언어로 번역되었습니다. 그의 통찰력 있는 묵상과 신학적으로도 정확한 해설로 구성된 설교는 청중들을 사로잡았습니다.

그중에서 이 책은 저자가 일생 실천했던 말씀으로 묵상한 영적 일지와 같은 자료를 한데 묶어서 일 년 365일 아침 저녁 묵상집으로 편집한 책입니다. 한글 역본 이 책은 19세기의 고어 영어로 된 원문을 오늘날의 독자들이 묵상하는 데 쉬운 문장으로 가다듬으면서, 하루 묵상을 한 페이지에 앉히기 위해서 재편집했습니다. 그러나 저자의 뜻을 헤치지 않는 범위에서 절제하였습니다.

기독교 전통에서 매일 말씀 묵상은 얼마나 중요합니까? 말씀 묵상 전통은 기독교와 같이 시작했습니다. 로고스 말씀이 육신이 되신 분이 예수 그리스도이십니다. 아버지(Father)께로 가려면 말씀이신 그의 아들(Son)을 통하는 길밖에 없습니다. 그분은 아버지께로 가는 길이십니다. 우리 아들들(sons)은 말씀(words)을 통해서, 그리고 아들(son)을 통해서 하나님 아버지(Father) 성부께로 나아갑니다. 그러므로 말씀 묵상은 신앙생활에서 필수입니다.

말씀 묵상과 기도와 상관이 있습니까? 당연합니다. 말씀은 하나님의 나라의 언어입니다. 기도를 말씀에 걸지 않으면 타락하고 중언부언하게 되며, 하나님이 "도무지 알지 못하니"(마 7:23)라고 하실 것입니다. 예를 들면 우리가 빨래를 세탁한 후 그것을 빨랫줄에 걸어서 말리는 것처럼, 기도를 말씀에 걸지 않으면 땅에 떨어져 타락하게 됩니다. 그러므로 기도는 말씀과 불가분의 관계입니다.

말씀 묵상은 언제, 얼마나 자주 해야 합니까? 쉬지 말고 기도해야 합니다(살전 5:17).

어떻게 쉬지 않고 기도할 수 있습니까? 세상에 사는 우리는 신앙생활, 특히 기도 말고도 해야 하는 일이 많습니다. 잠도 자야 하고, 일해야 하고, 식사도 해야 하고, 이웃과 교제도 나누어야 합니다. 그런데 어떻게 쉬지 않고 기도할 수 있겠습니까? 불가능합니다. 유대인들은 말씀을 넣은 갑을 만들어서 옷술에 달고 다녔습니다(마 23:5 참조). 지금도 그러고 있습니다. 그러나 이것은 외형적이고, 실제로 말씀을 염두에 두고 한시도 멈추지 않고 말씀을 기억하는 것과 다릅니다. 쉬지 않는 기도를 실천하는 방법을 배우기 위해서 19세기 무명의 러시아 청년이 순례길에 올랐습니다. 그는 어느 지혜로운 스승을 만나서 그 방법을 배우고 실천했던 이야기가 『순례자의 길』(은성출판사, 엄성옥 역)에 있습니다.

기독교 전통에서 쉬지 않는 기도를 실천한 예가 있습니까? 4세기 이집트 사막의 수도사들은 하루에 시편 150편을 통독하였다는 기록이 있습니다. 대부분 무식했던 그들은 말씀을 탐구하지 않고 암기했습니다. 성경이 귀한 시대였다는 이유도 있지만, 그들은 손노동(hand labour)을 하는 동안, 이웃과 대화를 하는 동안, 식사는 하는 동안 말씀 묵상을 쉬지 않았습니다. 그래서인지 어느 정도 수도생활을 한 사람이라면 저절로 외워지게 되었나 봅니다. 그들의 공동체에서 드리는 예배에 설교가 없습니다. 있더라도 한두 문장 정도였습니다. 암기한 말씀이 되살아나서 말씀하고, 어떤 문제에 봉착하더라도 말씀이 말씀하므로 삶의 문제들을 해결해 주었습니다. 그래서 그들의 예배에는 긴 설교가 필요 없었습니다.

그 후 제도 교회에서 말씀 묵상하는 방법이 어떤 것이 있습니까? 앞에서 언급한 바와 같이 말씀을 읽고, 묵상하고, 그 말씀을 가지고 기도하고, 그 말씀에 잠기는 일련의 과정을 하나로 묶어서 실천했습니다. 5세기 베네딕도 성인은 이러한 일련의 과정을 "성독(lectio)"이라고 했습니다. 그의 수도사들에게 쉬지 않고 (말씀으로) 기도하라는 권고를 실천하도록 제도적으로 만든 규칙을 베네디도 규칙에 상세히 제정했으며, 1500년이 지난 지금도 그의 제자들이 그것을 실천하고 있습니다. 아마 이것이 최초로 제정된 말씀 묵상에 관한 규칙이 아닌가 생각합니다. 이 규칙에 따르면 하루에 일곱 번은 말씀을 읽고 묵상합니다. 이것이 유대인들이 줄곧 지켜왔던 것입니다.

"주의 의로운 규례들로 말미암아 내가 하루 일곱 번씩 주를 찬양하나이다"(시 119:163).

수도원에서 말씀을 읽고 묵상하는 일은 "하나님의 일" 즉, 성무일도(*Opus Dei*)라고 부릅니다. 수도원의 성무(聖務) 일과를 날질서(Daily Order)라고 합니다. 날질서는 하루 24시간 중 잠자는 시간을 빼고. 동트는 시간 아침 6시부터 시작하여 3시간마다 여덟 번 묵상합니다: 조과(Matins), 찬과(Lauds), 1시과(prime), 3시과(terce), 6시과(sext), 9시과(nones), 만과(vespers). 종과(complines).

그리스 아토스 성산의 수도원과 이집트 사막의 수도원, 그리고 국내 어느 가톨릭 관상수도원에서 이러한 날질서를 실천했던 경험이 있습니다. 정말 잠시 방에 누워서 한숨 돌리고 쉬었다가 금방 다시 예배처로 나가야 했습니다. 한 주일이 지나면, 나도 모르게 잠자는 동안에도 말씀을 외고 있었습니다.

이렇게 제도적으로 쉬지 않고 말씀을 읽고 묵상하고 기도하는 일은 사회생활을 하는 사람에게는 불가능합니다. 특히 우리처럼 복음주의적인 신앙생활을 하는 전통에서는 불가능합니다.

그래서 현대의 활동 수도원에서는 하루에 세 번, 아침, 정오, 저녁 일과만 지킵니다. 일터에서 봉사하거나 세상일을 하는 이들을 위해서 제도적으로 만든 삼종기도(Angelus)가 있습니다.

삼종기도란 하루에 세 번, 천사 가브리엘이 성모 마리아에게 알려 준 예수님의 잉태와 강생(降生)의 신비를 기념하기 위하여 하루에 아침, 정오, 저녁에 바치는 기도입니다. 삼종이란 종을 세 번 친다는 뜻으로 종을 친 후 기도를 바친다고 해서 삼종기도라고 합니다. 특히 정오(제6시 과)에 라디오에서 종소리가 흘러나오면 잠시 하던 일을 멈추고 성모송으로 기도하는 모습이 매우 인상적입니다.

개신교회 전통 중에 성공회는 『공동기도서』(*Common Prayer*)에 따라서 엄격히 바쳐지지만, 다른 개신교의 전통마다 묵상집(Lectionary)이 있긴 하지만, 그들처럼 엄격히 지켜지지 않는 듯합니다.

하나님의 일 즉, 성무일과가 왜 중요합니까? 세상일로 바쁘게 지내다 보면 어느덧 해는 지고 밤이 찾아옵니다. 까맣게 말씀과 기도를 바치는 기회를 놓치기 일쑤이기 때문에 정해진 성무일과가 필요합니다.

교회 공동체 일원이 하루에 정해진 같은 시간에, 같은 묵상집을 가지고 읽고, 묵상하고, 기도문에 따라서 기도하는 것이 왜 중요합니까? 그것은 우리를 말씀 안에서 연합하고 안전하게 하는 "매는 줄"(엡 4:3)이며, "우는 사자"(벧전 5:8)로부터 보호하는 울타리입니다. 그리고 신앙인 각자를 "규모 없이 행하거나"(살후 3:6) 사욕(邪慾)을 쫓지 못하도록 메는 목줄(벧전 1:14)입니다. 우리의 정신을 "푸줏간 앞은 배회하는 개와 같다"라고 했습니다. 우리의 정신을 말씀이라는 목줄로 단단히 매어놓아서 "골방"(마 6:6)을 떠나지 못하도록 해야 하겠습니다.

이 『365 아침·저녁 매일 묵상』은 찰스 스펄전이 묵상했던 일과였습니다. 원래 그의 묵상집은 19세기 영국의 고전 영어로 집필되었습니다. 그는 영국 국교 즉, 성공회 신자가 아니라 침례교 목사였습니다. 당시 신앙 분위기는 성무일도를 바치는 것이 보통 신앙인의 모습이었을 것입니다. 그는 성공회의 공동기도서와 같은 묵상집을 갈망했을 것입니다.

이 책에 표시된 날짜와 매 3년마다 달라지는 교회력에 정확하게 맞지 않는 것이 아쉽지만, 독자들이 절기에 따라서 적절히 배정해서 읽고 묵상하면 될 것입니다.

이 책의 자매편인 『오늘의 역사보기 365』(은성출판사, 엄성옥 역)는 기독교 역사에서 중요한 날을 기념하는 책입니다. 가톨릭과 정교회에서는 365일 매일 성인을 기리는 달력이 나옵니다. 성인을 지정하지 않는 개신교회 전통에서는 그렇게 할 수는 없지만, 교회사에서 일어난 365개의 중요한 사건과 인물을 매일 기리는 데 이 책 스펄전의 『365 아침·저녁 매일 묵상집』과 함께 묵상하면 매우 유익할 것입니다.

가톨릭이나 정교회 수도원처럼 성무일과가 없는 개신교회 전통에서 매일의 전례로서 말씀 묵상 시간이 절실한 때입니다. 특히 팬데믹(pandemic) 상황에서 교회 생활이 제한된 이때 더욱 그러합니다.

아침 묵상은 새벽이나 일터로 나아가기 전에, 저녁 묵상은 해 질 무렵이나 잠들기 전에, 정오나 점심 식사 때 말씀으로 기도를 바침으로써 얻어지는 풍성한 은혜를 누리시기를 바랍니다.

2021년 마지막 달 초에

최대형

Morning and Evening

Daily Reading

by

Charles H. Spurgeon

유월절 이튿날에 그 땅의 소산물을 먹되 그 날에 무교병과 볶은 곡식을 먹었더라(수 5:11)

이스라엘 백성은 지루한 방랑 생활을 끝내고 약속된 안식을 얻었습니다. 이제 더는 방랑하면서 천막생활을 하지 않게 되었습니다. 독사의 위험도 없고 무서운 아말렉 족속의 위협도 없어졌으며, 황량한 사막을 떠돌아다니지 않게 되었습니다. 그들은 젖과 꿀이 흐르는 땅에서 생산한 곡식을 먹게 되었습니다.

우리는 올해에 수명이 다해서 이 세상을 떠날 수도 있습니다. 그러나 우리는 이미 죽음보다 혹독한 고난을 겪어왔기 때문에 두려운 것이 없습니다. 그러므로 두려운 생각을 떨쳐버리고 올해에 우리가 영원히 주님과 함께 거하게 될 것이라는 기대를 하고 기뻐합시다.

물론 이 세상에 남아서 주님을 위해 봉사를 더 해야 할 사람들도 있을 것입니다. 그래도 신년을 맞이하는 우리에게 "이미 믿는 우리들은 저 안식에 들어가는도다"(히 4:3)라는 말씀은 진리입니다. 성령은 장차 받을 우리의 기업의 전조입니다. 하늘나라에 있는 성도들이 안전하듯이 예수 그리스도 안에 있는 우리는 안전할 것입니다. 하늘나라에 있는 영들이 원수를 이기고 승리하듯이, 우리도 승리할 것입니다. 하늘나라의 영들은 주님과 즐거운 교제를 나누는데, 우리 역시 그러한 특권을 받았습니다. 그들이 주님의 사랑 안에서 안식하듯이, 우리도 주님 안에서 완전한 평화를 누릴 수 있습니다. 그들이 주님을 찬양하듯이 우리도 주님을 찬미할 특권이 있습니다.

올해에 이 세상에서 거룩한 열매를 거둡시다. 믿음과 소망이 있으면, 이 사막 같은 세상을 주님의 동산으로 만들 수 있습니다. 이스라엘 사람들은 광야에서 하나님이 주신 만나를 먹었는데, 오늘 우리가 그것을 먹지 못할 이유가 없습니다.

올해에는 가나안에서 거둔 열매를 먹으며, 주님의 몸을 먹을 수 있는 은혜가 임하기를 기도합니다.

> 왕이 나를 그의 방으로 이끌어 들이시니 너는 나를 인도하라 우리가 너를 따라 달려가리라 우리가 너로 말미암아 기뻐하며 즐거워하니 네 사랑이 포도주보다 더 진함이라 처녀들이 너를 사랑함이 마땅하니라(아 1:4).

올해에 우리는 하나님으로 인하여 기뻐하며 즐거워할 것입니다. 우리는 새해의 첫날을 슬픈 곡조로 시작하지 않고, 기쁨의 거문고 가락과 즐거움의 꽹과리 소리에 맞추어 노래할 것입니다; "오라 우리가 여호와께 노래하며 우리의 구원의 반석을 향하여 즐거이 외치자"(시 95:1).

우리는 부름을 받고 택함을 받은 신실한 백성이니, 하나님의 이름으로 확신의 군기를 높이 들고 슬픔을 몰아냅시다. 다른 사람이 환난을 한탄하더라도 상관맙시다. 우리에게는 마라의 쓴 샘물에 던질 나뭇가지가 있으니 기쁨으로 여호와를 찬양합시다.

영원하신 영이시여, 완전한 보혜사여, 우리가 끊임없이 예수의 이름을 찬미하고 찬양하리다.

우리는 진정으로 주님께 즐거움의 면류관을 드려야 합니다. 주님의 임재 속에 있으면서도 슬퍼하여 신랑을 부끄럽게 해서는 안 됩니다. 우리는 하늘의 음유 시인으로 임명되었으니 새 예루살렘의 연회장에서 부를 영원한 노래를 이 세상에서 연습합시다. 올해에 우리는 기뻐하고 즐거워하게 될 것입니다. 기쁨과 즐거움은 같은 의미이므로 두 배의 기쁨, 축복 위에 축복을 누리게 될 것입니다. 이 세상에서 우리가 주 안에서 누리는 기쁨에 제한이 있습니까? 예수 안에는 풍성한 보화가 있습니다. 예수 안에는 무한한 축복과 충만한 원천이 있습니다.

아름다우신 주 예수님, 당신은 당신의 백성이 지금 누리는 기업이십니다. 올해 첫날부터 마지막 날에 이르기까지 당신의 귀함을 의식하는 축복을 주십시오. 그리하여 우리가 당신으로 인하여 기뻐하고 즐거워하게 하소서. 주님 안에 있는 기쁨으로 새해를 열며, 예수 안에 있는 즐거움으로 오늘을 마감하게 하소서. 아멘.

기도를 계속하고 기도에 감사함으로 깨어 있으라(골 4:2).

성경에는 기도를 주제로 다룬 말씀이 많습니다. 성경을 펼치면 곧 "그 때에 사람들이 비로소 여호와의 이름을 불렀더라"(창 4:26)이라는 말씀이 나오고, 마지막에는 "아멘"이라는 간절한 간구로 끝을 맺습니다.

기도의 사람들로는 하나님과 씨름했던 야곱, 하루에 세 번 기도한 다니엘, 전심으로 하나님을 부른 다윗, 산 위에서 기도한 엘리야, 감옥에서 기도한 바울과 실라 등이 있습니다.

하나님은 우리에게 기도의 필요성과 중요성을 가르치시기 위해서 수많은 약속과 함께 명령도 주셨습니다. 하나님은 친히 말씀하신 것이 우리의 일상생활에서 그대로 나타나기를 기대하십니다.

성경에 기도에 대한 말씀이 많은 것은 우리에게 기도가 필요하기 때문입니다. 우리에게는 이처럼 기도가 절실히 필요하므로 하늘나라에 이르기까지 절대로 기도를 중단해서는 안 됩니다. 기도하지 않은 영혼은 그리스도를 소유하지 못한 영혼입니다. 진정 우리가 하나님의 자녀라면 하나님 아버지를 찾으며 아버지의 사랑 안에서 살기를 구할 것입니다.

올해에는 거룩하고 겸손하며 열심을 내고 인내할 수 있게 해달라고 기도합시다. 그리스도와 더 밀접한 교제를 하게 해달라고 기도합시다. 그리스도의 사랑의 연회장에 더욱 자주 들어갑시다. 이웃에게 모범이 되고 축복이 되며, 주님의 영광을 나타내는 생활이 되기를 기도합시다.

섬들아 내 앞에 잠잠하라 민족들아 힘을 새롭게 하라 가까이 나아오라 그리고 말하라 우리가 서로 재판 자리에 가까이 나아가자(사 41:1).

이 세상 모든 것이 새로워져야 합니다. 피조물은 혼자 힘으로는 지속해 나가지 못합니다. 시편 기자는 하나님의 역할을 인식하고서 "주의 영을 보내어 그들을 창조하사 지면을 새롭게 하시나이다"라고 노래했습니다(시 104:30). 걱정으로 수명이 다하거나 노동으로 수명이 단축되지 않는 나무들도 하늘의 빗물을 마시며 영의 감추인 보화를 먹어야 합니다.

인간의 생명은 하나님이 새 힘을 주시지 않으면 지탱할 수 없습니다. 우리가 끼니마다 음식을 먹어 육신의 건강을 보충하듯이, 하나님의 말씀을 묵상하며 전파된 말씀에 귀를 기울이며 예배와 찬양으로 영을 살찌게 함으로써 영혼의 건강을 유지해야 합니다. 영의 양식을 소홀히 하는 신자의 생명은 연약해집니다. 부지런히 하나님의 말씀을 묵상하고 은밀하게 기도하지 않는 성도들은 참으로 굶주리고 목말라 합니다.

하나님 없이도 살 수 있는 믿음은 하나님이 만드신 거룩한 믿음이 아닙니다. 하나님에서 잉태하신 믿음은 꽃이 이슬을 바라듯 하나님을 바랄 것입니다. 우리가 끊임없이 새 힘을 얻지 못하면 지옥의 공격이나 내면의 싸움을 대비하지 못합니다. 회오리바람이 불어올 때 뿌리로 반석을 붙들지 못한 나무에게 화가 미칠 것입니다. 우리의 선이 연약해지는 것을 내버려 두면, 악이 힘을 얻어 우리를 정복하려고 필사적으로 싸웁니다.

우리는 겸손히 기도하면서 거룩한 자비의 발등상으로 가까이 갑시다. 그곳에서 "오직 여호와를 앙망하는 자는 새 힘을 얻으리라"(사 40:31)고 하신 약속이 이루어짐을 알게 될 것입니다.

여호와께서 이같이 이르시되 은혜의 때에 내가 네게 응답하였고 구원의 날에 내가 너를 도왔도다 내가 장차 너를 보호하여 너를 백성의 언약으로 삼으며 나라를 일으켜 그들에게 그 황무하였던 땅을 기업으로 상속하게 하리라(사 49:8).

예수 그리스도는 언약의 핵심이십니다. 언약이 베풀어 주는 은사의 하나이신 그분은 신자들의 소유가 됩니다. 신자여, 그리스도로부터 받은 것이 얼마나 되는지 계산할 수 있습니까? "그 안에는 신성의 모든 충만이 육체로 거하시고"(골 2:9).

"하나님"이라는 단어와 그의 무한하심을 생각해 보십시오. 그다음에는 "완전한 인간"과 "그의 아름다움"에 대해 묵상하십시오. 신인이신 그리스도께서 소유했던 것은 바로 우리의 것입니다.

하나님이신 복 되신 예수님은 전지전능하시며 어느 곳에나 계시는 분이십니다. 그리스도에게는 능력이 있습니다. 그것은 우리를 강건하게 해주고 힘을 돋우어줄 능력이며, 원수를 물리치는 힘이며, 우리를 끝날까지 지켜주는 힘입니다. 예수님에게는 사랑이 있습니다. 예수님의 마음에 있는 사랑은 우리의 것입니다. 예수님에게는 공의가 있습니다. 엄격한 것인 듯 보이지만 공의 역시 우리의 것입니다. 하나님은 자신의 공의에 의해 은혜의 언약 안에서 약속된 모든 것을 우리에게 주십니다.

완전한 인간이신 예수님이 소유하셨던 것도 모두 우리의 것입니다. 완전한 인간이신 예수님은 하나님 아버지의 기쁨이 되셨습니다.

그러므로 지극히 높으신 하나님은 예수님을 영접하셨습니다. 하나님이 그리스도를 영접하신 것은 곧 우리를 영접하신 것입니다. 성부께서 온전한 그리스도에게 부어 주셨던 사랑이 이제 우리에게 부어집니다. 예수님께서 흠 없이 일생을 통해 조심스럽게 이루신 온전한 의가 바로 우리에게로 전해집니다. 그리스도는 항상 언약 안에 거하십니다.

선지자 이사야의 책에 쓴 바 광야에서 외치는 자의 소리가 있어 이르되 너희는 주의 길을 준비하라 그의 오실 길을 곧게 하라(눅 3:4).

광야에서 외치는 자는 주의 길을 예비하라고 말했습니다. 우리는 주님의 선포에 귀를 기울이며, 주님에게 우리 마음의 길을 내드려야 합니다. 우리 본성의 사막을 가로지르는 길을 주님의 은혜로 포장해야 합니다.

우리는 모든 골짜기를 메워야 합니다. 하나님을 비하하며 낮게 여기던 생각을 버려야 합니다. 의심과 절망도 제거되어야 합니다. 이 기심과 육체를 기쁘게 하는 일도 관둬야 합니다. 이 깊은 골짜기에 은혜의 고가도로가 놓여야 합니다. 모든 산과 작은 산이 낮아져야 합니다. 교만한 자부심과 거만한 독선이 낮아지며 왕의 왕을 위한 고가도로가 놓여야 합니다. 교만하며 거만한 죄인들에게는 거룩한 교제가 허락되지 않습니다. 주님은 겸손한 자들을 사랑하시고 마음이 상한 자들을 찾아오십니다. 주님은 교만한 자들은 혐오하십니다.

굽은 것이 곧아져야 합니다. 주저하고 동요하는 심령은 하나님을 위한 결단을 내리는 곧은 길을 소유해야 하며 성결을 갖추어야 합니다. 두 마음을 품은 사람은 진리의 하나님을 알지 못하는 이방인입니다. 하나님 앞에서 항상 진실하고 정직하게 행하십시오. 하나님은 사람의 마음을 살피시는 분이십니다.

험한 길이 평탄해져야 합니다. 죄라는 걸림돌이 제거되며, 패역이라는 가시와 찔레가 뿌리 뽑혀야 합니다. 위대하신 주님이 사랑하는 자들에게 자기와 교제하는 영광을 주시려고 임하실 때, 그 심령에 흙길이나 자갈길이 있어서는 안 됩니다.

오늘 밤 주께서 우리의 심령 속에서 주님의 은혜로 말미암아 완전히 닦여진 고가도로를 발견하시게 되기를 기원합니다.

오직 우리 주 곧 구주 예수 그리스도의 은혜와 그를 아는 지식에서 자라 가라 영광이 이제와 영원한 날까지 그에게 있을지어다(벧후 3:18).

우리는 은혜 안에서 자라야 합니다. 은혜의 근원인 믿음 안에서 자라야 합니다. 지금까지보다 더 굳게 약속을 믿읍니다. 우리의 믿음은 충만하고, 꾸준하고, 단순하게 성장해야 합니다. 또한 사랑 안에서 성장해야 합니다. 우리의 사랑이 더욱 강하고 실질적인 사랑이 되어 모든 생각과 말과 행위에 영향을 끼치게 되어야 합니다. 겸손 안에서 자라가면서 기도 안에서 성장하여 하나님께 더욱 가까워지기를 구하며 예수님과 친밀한 교제를 나눕시다.

성령께서는 우리에게 능력을 주시어 "우리 주 곧 구주를 아는 지식에서 자라가게"하실 것입니다. 예수 그리스도를 아는 지식이 자라지 못한 사람은 축복받기를 거부합니다. 예수 그리스도는 아는 것은 "영생"을 아는 것이요, 그를 아는 지식이 성장하는 것은 행복이 더하여지는 것입니다. 그리스도가 없는 것이 지옥이요, 예수님이 임하시는 곳이 바로 천국입니다. 그리스도의 신적 본성과 인간관계, 그분의 완성된 사역, 사망과 부활, 영광스러운 중보기도, 장차 영광중에 재림하실 것을 더욱 많이 알려고 합시다.

예수님을 향한 사랑이 커지며, 우리를 향한 주님의 사랑을 더욱 완전하게 이해하는 것은 우리가 은혜 안에서 성장하고 있음을 나타내주는 증거입니다.

요셉은 그의 형들을 알아보았으나 그들은 요셉을 알아보지 못하더라 (창 42:8).

우리는 주님과의 관계가 깊어가고 주의 뜻을 아는 지식이 자라기를 원합니다. 오늘 우리는 주님을 알지 못하던 시절부터 우리를 완전히 알고 계셨던 주님의 지식에 대해 생각해봅시다.

"내 형질이 이루어지기 전에 주의 눈이 보셨으며 나를 위하여 정한 날이 하루도 되기 전에 주의 책에 다 기록이 되었나이다"(시 139:16).

우리는 이 세상에 존재하기 전에 이미 하나님의 마음속에 존재하고 있었습니다. 우리가 하나님께 원수가 되었을 때도 하나님은 우리를 아셨고, 우리의 불행, 광기, 사악함도 아셨습니다. 우리가 회개하며 하나님을 심판자요 통치자로 여길 때 하나님은 우리를 사랑 하는 형제로 여기셨으며, 하나님은 우리를 사랑하셨습니다. 하나님은 절대 택한 자들을 잊지 않으셨으며 언제나 무한히 사랑하셨습니다. "주께서 자기 백성을 아신다"(딤후 2:19)라는 말씀은 주님의 식탁에 앉은 자녀뿐 아니라 돼지와 함께 먹는 탕자에게도 적용됩니다.

그러나 우리는 거룩하신 형제를 몰랐으며, 이로부터 수많은 죄가 자랐습니다. 우리는 마음을 주님께 드리지 않았고 주님을 사랑하지 않았습니다. 주님을 불신하며 말씀을 신뢰하지 않았습니다. 주님을 배반했고 사랑에서 우러나는 경의를 표하지 않았습니다. 의의 태양이 빛을 발했지만 우리는 그분을 보지 못했습니다. 하늘이 땅에 내려오셨지만, 땅은 그것을 알지 못했습니다.

그런 과거가 모두 지나갔으니 하나님을 찬양합시다. 그러나 지금도 주님이 우리를 아시는 것에 비하면 우리가 주님을 아는 지식은 너무나 적습니다. 우리는 이제 주님을 공부하기 시작했을 뿐인데, 주님은 이미 우리를 완전히 알고 계십니다. 주님은 심판하러 오셔서 우리에게 내가 절대 너희를 알지 못한다"라고 하지 않으시며, 아버지 앞에서 우리 이름을 시인하실 것입니다.

빛이 하나님이 보시기에 좋았더라 하나님이 빛과 어둠을 나누사(창 1:4).

"빛이 있으라"는 하나님의 선하신 명령으로 인해 생겨났기 때문에 빛은 당연히 선한 것입니다. 솔로몬은 현상계의 빛이 아름답다고 했지만, 영원한 것들을 계시해 주는 복음의 빛은 그보다 훨씬 더 귀합니다. 복음의 빛은 우리의 불멸의 본성에도 유익을 줍니다.

성령께서 우리에게 영적인 빛을 주시고 우리의 눈을 열어 예수 그리스도의 얼굴에서 하나님의 영광을 보게 해주실 때, 우리는 죄의 참모습과 우리의 현재 위치를 보게 됩니다. 또한 자신을 계시하시는 지고하신 하나님, 하나님의 자비하신 계획, 그리고 하나님의 말씀에서 묘사하고 있는바 장래의 세상도 보게 됩니다.

영적인 빛은 여러 가지 광선과 다채로운 색깔로 되어 있습니다. 그것들은 지식, 기쁨, 성결, 혹은 생명으로서 모두 지극히 선한 것입니다.

주님, 당신의 참 빛을 주소서. 이 세상에 선한 것이 존재하려면 구분이 있어야 합니다. 빛과 어두움은 서로 사귈 수가 없으므로 하나님은 빛과 어두움을 나누셨습니다. 그러므로 우리도 그것을 혼합하여서는 안 됩니다. 빛의 아들은 어두움의 행위와 교리, 또는 속임수 등과 교제해서는 안 됩니다. 낮의 자녀들은 깨어 있어야 하며, 정직하고 담대하게 주님의 일을 행해야 합니다. 어두움의 일은 영원히 어두움 속에 거할 자들에게 넘겨주어야 합니다. 교회는 징계와 훈육으로써 빛을 어두움에서 구분해야 합니다. 우리는 자신을 세상으로부터 분명하게 구분함으로써 빛과 어두움을 구분해야 합니다.

주 예수님. 오늘 종일 우리의 빛이 되어 주소서. 당신의 빛은 우리의 빛이 됩니다.

빛이 하나님이 보시기에 좋았더라 하나님이 빛과 어둠을 나누사(창 1:4).

하나님은 빛을 특별히 보셨습니다: "빛이 하나님이 보시기에 좋았더라." 하나님은 그 빛을 세밀히 바라보셨고, 기쁜 마음으로 응시하셨으며, 그것이 좋다고 여기셨습니다. 주님이 우리에게 빛을 주셨다면, 주님은 그 빛을 특별한 관심을 가지고 바라보십니다. 그 빛은 주님이 손수 만드신 것일 뿐만 아니라 빛이신 주님을 닮은 것이기 때문에 주님께는 귀합니다.

하나님이 친히 시작하신 은혜의 역사를 온유하게 관찰하신다는 것을 아는 신자는 즐거워합니다. 하나님은 흙으로 만든 인간 속에 넣어두신 보물을 절대 시야에서 놓치지 않으십니다. 때로 우리는 그 빛을 보지 못하지만, 하나님은 언제나 그 빛을 보십니다. 하나님의 백성임을 아는 것은 내게 위로가 됩니다. 그러나 내가 그것을 알거나 모르거나 문제가 되지 않으며 주님이 그것을 아신다면 나는 항상 안전합니다. 우리 믿음의 기초는 "주께서 자기 백성을 아신다"라는 것입니다(딤후 2:19).

우리가 죄 때문에 탄식하고 신음하며 어두움으로 인하여 애통할 때도 주님은 우리의 심령 안에서 빛을 보십니다. 주님은 친히 우리의 심령 안에 빛을 두셨으므로 우리의 영혼을 덮은 구름과 어두움을 헤치고 빛을 보십니다. 낙심하고 절망할 때도 우리의 영혼이 조금이라도 그리스도를 동경하며 주님이 이루신 사역 안에서 안식을 구한다면, 하나님은 우리 안에서 빛을 보십니다. 하나님은 그 빛을 보실 뿐 아니라 그것을 보존해 주십니다.

오랫동안 염려하며 깨어 지켰으나 결국 자신의 무력함을 깨달은 사람에게 이것은 정말로 귀한 생각입니다. 하나님의 은혜로 보존된 빛이 언젠가는 정오의 찬란한 빛으로 성장하여 영광이 충만하게 될 것입니다. 우리의 내면에 있는 빛은 영원한 낮을 예고하는 새벽입니다.

너희 염려를 다 주께 맡기라 이는 그가 너희를 돌보심이라(벧전 5:7).

주님이 권고하신다고 느낄 때, 우리의 슬픔은 가라앉습니다. 믿는 자여, 염려하여 얼굴을 찌푸려 주님의 이름을 더럽히지 마십시오. 당신이 지고 있는 짐을 주께 맡기십시오. 우리는 아버지께는 조금도 무겁지 않은 짐을 지고서도 비틀거립니다. 그것이 우리에게는 산처럼 무겁지만, 아버지에게는 티끌보다 가볍습니다.

우리는 고난을 당할 때 참고 인내해야 합니다. 하나님은 반드시 우리를 위해 섭리하십니다. 작은 참새를 먹이시는 아버지께서 우리에게도 필요한 것을 공급해 주실 것입니다. 믿음이라는 무기를 갖고서 환난의 바다를 대적합시다. 우리를 돌보시고 권고하시는 분이 계십니다. 그분은 우리를 지켜보십니다. 우리가 슬퍼할 때 그분은 진심으로 우리를 불쌍히 여기시며, 전능하신 손으로 도와주실 것입니다. 하나님이 자비의 소나기를 내리실 때 짙은 먹구름은 흩어지고, 캄캄한 어두움은 새벽에게 자리를 내어 줄 것입니다. 하나님은 우리의 상한 마음을 싸매주시고 치료해 주실 것입니다.

환난을 당할 때 하나님의 은혜를 의심해서는 안 됩니다. 환난 중에도 행복하던 때와 마찬가지로, 하나님이 우리를 사랑하심을 믿어야 합니다. 섭리하시는 하나님께 모든 것을 맡길 때, 우리의 삶은 평안하게 됩니다. 엘리야는 항아리에 있는 약간의 기름과 한 줌의 밀가루로 기근을 견뎠습니다. 우리도 그런 일을 해낼 수 있습니다.

하나님이 우리를 돌보시는데 왜 염려합니까? 우리의 육신이 아니라 영혼을 위해 하나님을 의지합시다. 하나님은 결코 우리의 짐을 지기를 거절한 적이 없으며, 그 짐이 너무 무거워 힘을 잃으신 적이 없습니다.

하나님의 자녀여, 모든 염려를 은혜로우신 하나님의 손에 맡깁시다.

> 그 도망한 자가 내게 나아오기 전날 저녁에 여호와의 손이 내게 임하여 내 입을 여시더니 다음 아침 그 사람이 내게 나아올 그 때에 내 입이 열리기로 내가 다시는 잠잠하지 아니하였노라(겔 33:22).

우리만 징계의 밤을 맞고 있는 것은 아닙니다. 그러므로 기쁜 마음으로 주님의 징계에 순복하며, 그 징계를 통하여 유익을 얻으려고 노력합시다. 여호와의 손은 영혼을 강하게 해주며, 영을 영원한 것을 향하여 들어 올려 줍니다. 나를 다루시는 여호와의 손길을 느낄 수 있으면 얼마나 좋겠습니까. 하나님의 임재와 내주하심을 느끼는 영혼은 독수리의 날개를 달고 하늘로 날아오릅니다. 그때는 신령한 기쁨으로 충만하며 세상의 염려와 슬픔을 잊습니다. 눈에 보이지 않는 세계는 우리와 가까워지고, 보이는 세계는 힘을 잃습니다. 종된 육체는 산기슭에서 기다리고, 주인된 영은 주님의 임재의 산꼭대기에서 예배합니다.

오늘 저녁, 나에게 거룩한 신적 교제의 시간을 허락해주소서.

주님은 내게 그것이 필요함을 아십니다. 내 마음은 쇠약하고 내 믿음은 연약하며 내 헌신은 냉랭합니다. 주님의 치료의 손이 내게 임하셔야 합니다. 주님의 손은 나의 뜨거운 이마를 식혀 주며, 두려워 떠는 내 심장을 진정시키실 수 있습니다. 세상을 지으신 그 손은 내 마음을 새롭게 하실 수 있습니다. 세상의 거대한 기둥을 지탱하시는 지칠 줄 모르는 손은 내 영혼을 지탱해주실 수 있습니다. 모든 성도를 감싸시는 사랑의 손은 나를 품으실 수 있습니다. 원수를 멸하시는 강하신 손은 내 죄를 정복하실 수 있습니다.

나를 대속하기 위해 예수의 두 손에는 못이 박혔습니다. 옛날 다니엘에 임하여 그가 무릎을 꿇고 하나님의 이상을 보게 하셨던 그 손이 내게도 임하심을 분명히 느끼게 될 것입니다.

이는 내게 사는 것이 그리스도니 죽는 것도 유익함이라(빌 1:21).

사도 바울이 처음부터 그리스도를 위해 산 것은 아닙니다. 성령께서 죄를 깨닫게 해주신 후, 또 은혜로 말미암아 그의 죄를 속량하시기 위해 죽으신 구세주를 본 후에야 그는 그리스도를 위해 살기 시작했습니다.

그리스도는 밭에 감추어진 보화와 같습니다. 그것을 발견한 사람은 가지고 있는 모든 것을 주고 그것을 삽니다. 그리스도께서 우리의 마음을 정복하시면, 우리의 마음은 그분만을 위해 고동칩니다. 우리는 그분의 영광을 위해 살며 복음을 위해서라면 기꺼이 죽을 결심도 합니다. 그리스도는 우리가 본받아야 할 삶의 모범이십니다.

사도 바울의 말에는 사람들이 일상적으로 생각하는 것 이상의 의미가 들어 있습니다. 그의 말은 자기의 삶의 목표와 목적이 그리스도라는 뜻을 내포하고 있습니다. 그는 그리스도의 말씀 안에서 먹고 마시고 영원히 잠듭니다. 예수님은 그의 호흡이요, 그의 영혼의 생명이요, 그의 마음의 중심이요 그의 생활의 생명이셨습니다.

우리도 이러한 사상을 따라 살겠다고 말할 수 있어야 합니다. 우리의 삶이 그리스도의 것이라고 말할 수 있어야 합니다. 사업을 해도 그리스도를 위해서 해야 합니다. 그리스도를 위해 살겠다고 고백하고서도 인생의 다른 목적을 위해 사는 것은 영적인 간음입니다. 사도 바울처럼 온전히 그리스도만을 위해 사는 것이 신자의 참 생명입니다.

주님, 당신의 자비와 인자를 기억하소서. 대저 그것들이 옛적부터 있었습니다.

내 누이, 내 신부는 잠근 동산이요 덮은 우물이요 봉한 샘이로구나(아 4:12).

하늘나라의 솔로몬이 자기의 신부인 교회를 얼마나 사랑스러운 호칭으로 부르는지 살펴보십시오. “내 누이”는 혈연에 의해 나와 가까운 자, 동일한 은혜에 참예한 자를 의미합니다. “내 신부”는 지극한 사랑의 유대에 의해 나와 연합한 자, 나와 가장 가깝고 가장 사랑하는 자를 의미합니다. 그녀는 나의 사랑하는 동료요, 나 자신의 일부입니다. 나의 누이는 날 때부터 내 뼈 중의 뼈요 내 살의 살입니다. 나의 신부는 거룩한 혼인으로 맺어졌습니다. 날 때부터 나는 누이를 알았고, 어렸을 때부터 계속 그녀를 지켜주었습니다. 나는 많은 여인 중에서 신부를 택하여 사랑의 팔로 포옹하고 영원히 나의 신부로 서약하였습니다.

우리의 훌륭하신 친척은 절대 우리를 부끄럽게 여기시지 않습니다. 그분은 이 두 관계를 기뻐하십니다. 그리스도는 교회를 소유하심으로 인해 크게 기뻐하십니다.

목자는 자기 양을 찾으십니다. 목자는 “잃어버린 자를 찾아 구원하려고” 이리저리 다니셨습니다. 잃어버린 양들은 오래전부터 목자의 것이었습니다. 교회는 주님의 소유입니다. 누구도 공동소유권을 주장하거나 그녀의 사랑을 나누자고 요구하지 못할 것입니다.

결혼 관계에서 그리스도는 우리의 사랑하는 자가 되시고, 우리는 주님의 사랑하는 자가 됩니다. 주님이 우리의 두 손을 잡고 “내 누이 내 신부”라고 말씀하십니다. 주님은 절대 우리가 떠나도록 버려두실 수 없으며, 또 버려두지도 않으실 것입니다. 지체하지 말고 거룩한 주님의 사랑의 불길에 화답합시다.

이 패를 아론의 이마에 두어 그가 이스라엘 자손이 거룩하게 드리는 성물과 관련된 죄책을 담당하게 하라 그 패가 아론의 이마에 늘 있으므로 그 성물을 여호와께서 받으시게 되리라(출 28:38).

이 말씀은 베일을 벗기고 감추었던 것을 밝히 드러내는 말씀입니다. 잠시 멈추어 서서 오늘의 슬픈 광경을 봄으로써 우리는 겸손해지고 유익을 얻을 것입니다. 오늘 우리가 드리는 경건하지 못한 예배와 형식적이고 미온적인 태도. 우리의 이기적이고 경건하지 못하고 게으르고 나태함. 우리의 나태한 기도 생활과 냉담함과 생기가 없음, 허영 등을 봅시다.

레이슨 박사는 동생에게 다음과 같이 편지했습니다.

"내 심령은 물론 내 교구까지도 게으름뱅이의 정원을 닮아가고 있습니다. 게다가 나는 내 심령과 교구의 발전을 원하는 나의 소원이 교만, 허영심, 또는 나태함에서 비롯된 것임을 발견합니다. 나는 내 정원에서 자라고 있는 잡초가 뿌리가 뽑히기를 간절히 바랍니다. 그런데 그렇게 바라는 이유는 무엇입니까? 무엇이 그렇게 원하게 했습니까? 그것은 내가 산책하면서 '내 정원은 정말 잘 관리되어 있어'라고 생각하고픈 욕망, 즉 교만일 것입니다. 또는 내 이웃이 담 너머로 내 정원을 바라보면서 '박사님의 정원은 정말 아름답군요'라는 말을 듣고 싶은 욕망, 즉 허영심일 것입니다. 또는 잡초를 뽑는 데 지쳤기 때문에 잡초가 죽기를 바라는 욕망, 즉 나태함 때문일 수도 있습니다."

성결을 원하는 우리의 소망도 악한 동기에 물들 수 있습니다. 성물과 관련된 죄책을 담당하기 위해 "여호와께 성결"이라고 새긴 패를 대제사장의 이마에 달고 다니신다고 보십시오. 얼마나 기분 좋은 일입니까! 우리의 죄를 담당하신 예수님은 성부 앞에 우리의 더러움을 제출하시지 않고 주님 자신의 성결을 제출하십니다.

내게 입맞추기를 원하니 네 사랑이 포도주보다 나음이로구나(아 1:2).

그리스도와의 교제보다 신자에게 더 큰 기쁨을 주는 것은 없습니다. 신자들도 일반인들과 마찬가지로 일상적인 생활의 즐거움을 누리며, 하나님의 은사와 하나님의 사역을 기뻐합니다. 그러나 이런 것에는 주 예수의 비길 데 없는 인격에서 누리는 것 같은 참된 기쁨을 발견하지 못합니다. 주님은 이 세상 어느 포도원에서도 생산하지 못하는 포도주를 소유하십니다. 또 애굽의 어느 밭에 서도 생산해 내지 못하는 떡을 소유하고 계십니다.

거룩한 만나가 되시는 예수와 비교할 때 세상의 기쁨은 돼지의 배설물과 다를 바 없습니다. 우리는 육체적인 기쁨의 세상을 소유하기보다 차라리 그리스도의 사랑을 한 번 맛보고 주님과 교제를 한 모금 마시기를 원해야 합니다. 알곡과 겨, 다이아몬드와 유리, 멋진 현실과 꿈을 어찌 비교할 수 있겠습니까? 유한한 세상의 큰 기쁨을 주 예수와 비교할 수 있습니까? 내면생활에 대해 조금이라도 아는 사람은 가장 고귀하고 순결하고 지속적인 기쁨은 낙원 한복판에 있는 생명나무의 열매라는 데 동의할 것입니다.

세상의 축복은 일시적인 것에 불과합니다. 그러나 그리스도의 임재에서 오는 위로는 하늘나라의 것입니다. 주님과의 교제에서 허무함을 발견하여 후회하는 일은 없을 것입니다. 주님의 기쁨은 견고하고 영속적이므로 세월이 가도 변하지 않습니다. 그것은 이 세상에 나 영원한 세상에서 유일한 참 기쁨이라고 불릴 가치가 있습니다. 영양을 주고 위로해 주고 기분을 돋우어 주고 원기를 회복시켜 주는 데 예수님의 사랑만한 포도주는 없습니다.

오늘 저녁, 예수의 사랑을 흠뻑 마십시다.

그러나 그 날 후에 내가 이스라엘 집과 맺을 언약은 이러하니 곧 내가 나의 법을 그들의 속에 두며 그들의 마음에 기록하여 나는 그들의 하나님이 되고 그들은 내 백성이 될 것이라 여호와의 말씀이니라(렘 31:33).

이 말씀에는 우리가 요구할 수 있는 것 모두가 들어 있습니다. 만일 이 약속을 우리의 잔에 담을 수 있다면, "내 잔이 넘칩니다. 내가 바라는 것보다 더 많습니다"라고 고백할 것입니다. "내가 네 하나님이 될 것이라"는 약속이 성취될 때 우리는 만물을 소유아게 됩니다.

우리의 욕망은 만족을 모릅니다. 그러나 만물 안에 만물을 채우시는 하나님은 그것을 충족시키실 수 있습니다. 무한히 부유하신 하나님은 우리의 소원을 넘치도록 채우실 수 있습니다.

그러나 우리는 고요한 만족 이상의 것, 황홀한 즐거움을 원합니다. 우리에게 주신 이 약속에는 하늘나라의 음악이 들어있습니다. 하나님은 하늘나라를 지으신 분이기 때문입니다. 아무리 훌륭한 악기로 연주하더라도 "나는 그들의 하나님이 되고"라는 약속만큼 달콤하지는 못할 것입니다. 이 약속 안에는 깊은 축복의 바다와 기쁨의 대양이 있습니다. 그 약속 안에 빠져들어 갑니다. 우리는 영원토록 헤엄쳐 나가도 물가에 이르지 못할 것이며, 영원토록 잠수해 들어가도 그 바닥에 이르지 못할 것입니다.

이 약속의 말씀을 들을 때 우리의 두 눈이 반짝이며 가슴이 두근거리지 않는 것은 곧 우리 영혼의 건강은 좋지 못하다는 증거입니다. 이 약속은 어떤 약속보다 가장 좋은 약속입니다. 이 약속으로써 이 땅에서 하늘나라를 만들 수 있으며, 장차 저 높은 곳에도 하늘나라를 만들 것입니다.

주님의 빛 안에 거하며 그의 충만한 사랑을 흠뻑 누립시다. 이 약속이 주는 "골수와 기름진 것"을 취합시다. 우리의 특권을 누리면서 살면서 기뻐합시다.

기쁨으로 여호와를 섬기며 노래하면서 그의 앞에 나아갈지어다(시 100:2).

기쁨으로 여호와를 섬기는 것은 여호와를 영접했다는 표시입니다. 자신이 불쾌하게 여기는 일이라고 해서 슬픈 얼굴을 하는 것은 하나님을 섬기는 것이 되지 못합니다. 그것은 예배의 형식만 갖추었을 뿐 그 안에 생명이 들어 있지 않습니다. 하나님은 자신의 보좌를 장식할 종을 필요로 하시는 것이 아닙니다. 사랑의 제국의 주인이신 하나님은 자기 종들이 기쁨의 옷을 입기를 원하십니다.

하나님의 천사들은 탄식과 신음이 아니라 노래로 하나님을 섬겨야 합니다. 불평이나 한숨은 그들의 지위에 어울리지 않는 행위입니다. 자발적으로 행하지 않는 순종은 불순종입니다. 주님은 마음을 살피시는 분이시므로, 우리가 주님을 향한 사랑 때문이 아니라 강요 때문에 주님을 섬긴다면 우리의 제물을 거절하실 것입니다.

신자에게서 자원하는 마음을 제거하는 것은 성실함의 시금석을 제거하는 것입니다. 마지못해 전쟁터로 나가는 사람은 애국자가 아닙니다. 그러나 번쩍이는 눈으로 "조국을 위해 죽는 것이 행복하다"라고 노래하며 나아가는 사람은 진정한 애국자입니다. 즐거움은 우리를 받쳐주는 기둥입니다.

우리는 주님의 기쁨 안에서 강건해집니다. 주님은 모든 난관을 제거하시는 분이십니다. 즐거움과 하나님을 섬기는 일의 관계는 바퀴와 기름 간의 관계와 같습니다. 기름이 없으면 바퀴의 축이 금방 뜨거워지고 고장나듯이, 우리의 바퀴에 거룩한 즐거움이라는 기름을 치지 않으면 우리의 영은 곧 지치게 됩니다. 즐거운 마음으로 하나님을 섬기는 사람은 순종이 생명임을 증명합니다. 기쁨으로 주님을 섬기는 사람이 됩시다. 우리의 신앙을 노예의 신앙이라고 생각하는 세상 사람들에게 그것이 우리의 기쁨과 즐거움임을 나타냅시다. 우리가 기쁨으로 선하신 주님을 섬기고 있음을 선포합시다.

이제 후로는 나를 위하여 의의 면류관이 예비되었으므로 주 곧 의로우신 재판장이 그 날에 내게 주실 것이며 내게만 아니라 주의 나타나심을 사모하는 모든 자에게도니라(딤후 4:8).

의심 많은 사람은 가끔 "내가 천국에 들어가지 못하면 어떻게 하지?"하고 걱정합니다. 그러나 두려워 마십시오. 하나님의 백성이라면 누구나 천국에 들어갈 것입니다. 어떤 사람이 임종하면서 "본향에 돌아가는 것이 조금도 두렵지 않습니다. 나는 많은 사람을 먼저 그곳에 보냈습니다. 지금 하나님은 빗장을 여시고 내가 들어오기를 기다리고 있습니다"라고 말했습니다. 옆에 있던 사람이 "혹시 당신이 받을 기업이 없을까 겁나지 않습니까? 라고 물었습니다. 그는 "아니오. 하늘나라에는 가브리엘 천사가 쓰지 못하는 면류관이 하나 있습니다. 그것은 다른 사람에게는 맞지 않고 내 머리에만 맞습니다. 하늘나라에는 사도 바울에게 맞지 않는 보좌가 하나 있습니다. 그것은 나를 위해 만든 것이며 이제 나는 그 보좌를 얻을 것입니다"라고 했습니다. 참으로 훌륭한 임종입니다.

하늘나라에는 우리의 몫이 이미 있습니다. 혹시 죄 때문에 그것을 빼앗길 수도 있지 않을까요? 그렇지 않습니다. 이미 우리의 몫은 정해있습니다. 우리가 하나님의 자녀인 한 그것을 잃지 않을 것입니다. 그것은 분명히 내 것입니다.

느보산 꼭대기에 앉아 가나안을 바라십시오. 저 사망의 강을 내려다보십시오. 강 건너편에 있는 영원한 성의 탑이 보입니까? 저 행복의 나라, 그리고 기쁨으로 가득 찬 사람들이 보입니까? 강 건너편에는 "이 집은 누구누구의 집입니다. 그는 장차 이곳에 와서 하나님과 함께 거할 것이다"라는 문패가 있을 것이라고 믿으십시오.

의심하지 마십시오. 이 훌륭한 집이 우리의 것입니다. 주 예수님을 믿고, 회개하고, 진심으로 거듭난 우리는 확실히 주님의 백성입니다. 하늘나라에는 우리를 위해 예비된 처소와 면류관이 있습니다. 택한 자들이 모두 그곳에 모일 때 임자 없는 빈 보좌는 없을 것입니다.

내 가죽이 벗김을 당한 뒤에도 내가 육체 밖에서 하나님을 보리라(욥 19:26).

욥의 경건한 기대, "내가 하나님을 보리라"에 주목하십시오. 그는 "내가 성도들을 보리라"고 하지 않고 "내가 하나님을 보리라"고 말했습니다. "내가 진주문을 보리라. 내가 백옥으로 쌓은 담을 보리라. 내가 황금 면류관을 보리라"고 하지 않고 "내가 하나님을 보리라"고 했습니다. 이것이 하늘나라의 본질이요 신자들의 즐거운 소망입니다. 지금 믿음으로 하나님을 예배하며 하나님을 보는 것이 기쁨입니다. 그들은 기도와 교제 속에서 하나님을 봅니다. 그러나 하늘나라에 가면 개방되어 있고, 가려지지 않은 이상을 보게 될 것입니다. 주님을 계신 그대로 봄으로써 주님을 닮게 될 것입니다. 주님을 닮는 것 외에 무엇을 더 바랄 수 있겠습니까?

어떤 사람은 "내가 이 가죽, 이것이 썩은 후에 내가 육체 밖에서 하나님을 보리라"는 말씀을 읽으면서 그것이 그리스도를 언급한다고 생각합니다. 그리스도는 육신이 되신 말씀이시며, 그리스도를 보는 것이 마지막 날의 영광이 될 것입니다. 그리스도는 우리가 영원히 바라보아야 할 분이십니다. 우리는 주님을 보는 것 외에 다른 기쁨을 원하지 않을 것입니다. 주님은 유일한 기쁨의 원천이시며, 그 원천은 무한합니다. 주님의 역사, 은사, 우리를 향한 사랑, 영광은 항상 새로운 주제가 될 것입니다. 욥은 이처럼 인격적으로 하나님을 보게 될 것을 기대하여 "내가 그를 보리니 내 눈으로 그를 보기를 낯선 사람처럼 하지 않을 것이라"고 했습니다(욥 19:27). 하늘나라의 지복(至福)을 관찰해보십시오. 그것이 어떤 것일지 깊이 생각해 보십시오.

"네 눈은 왕을 그의 아름다운 가운데에서 보며"(사 33:17). 우리가 그것을 바라볼 때 세상의 밝음은 시들어지고 어두워집니다. 절대 희미해지지 않을 밝음, 그리고 절대로 사라지지 않을 영광이 있으니, "내가 하나님을 보리라."

바위 위에 있다는 것은 말씀을 들을 때에 기쁨으로 받으나 뿌리가 없어 잠깐 믿다가 시련을 당할 때에 배반하는 자요(눅 8:13).

이 말씀에 비추어 우리 자신을 살펴봅시다. 기쁨으로 말씀을 받아들였습니까? 말씀을 들을 때 감동했습니까?

말씀을 귀로 듣기만 하는 것과 예수님을 영접하는 것은 전혀 다른 것입니다. 이 비유에서 씨앗은 흙이 살짝 덮여 있는 바위 위에 떨어졌습니다. 씨앗은 뿌리를 냈지만, 단단한 바위를 뚫고 내려가지 못합니다. 그 식물은 초록빛 잎을 하늘을 향해 내밀지만 뿌리에서 수분을 흡수하지 못하기 때문에 시들고 맙니다.

우리가 바로 이런 식물이 아닙니까? 내적인 생명이 없이 육체로만 번지르르하게 과시하고 있는 것은 아닙니까? 식물이 잘 자라나려면 위로 하늘을 향한 성장과 아래로는 땅을 향한 성장이 병행해야 합니다.

우리는 예수님에 관한 진정한 충성과 사랑에 뿌리를 내리고 있습니까? 만일 은혜로 경작되는 우리의 마음 밭이 비옥하지 못하다면, 아무리 좋은 씨앗을 뿌려도 잠시 싹을 내겠지만 결국은 시들고 말 것입니다. 복음의 씨앗은 성화하지 않은 돌밭 마음에서는 무성하게 자랄 수 없습니다.

요나의 박넝쿨처럼 빨리 자라지만, 오래 견디지 못하는 불신앙을 두려워합시다. 예수님을 따를 때 우리가 치러야 하는 대가를 계산해 봅시다. 성령의 힘을 느낍시다. 그리하면 씨앗은 내 영혼 안에 영원히 거하면서 싹을 내고 무성하게 자랄 것입니다.

그러나 내가 너를 위하여 네 믿음이 떨어지지 않기를 기도하였노니 너는 돌이킨 후에 네 형제를 굳게 하라(눅 22:32).

구속자께서 쉬지 않고 우리를 위해 중보기도를 하고 계신다는 생각은 큰 위로가 됩니다. 우리가 기도할 때 주님이 우리를 위해 변론해 주십니다. 우리가 기도하지 않을 때도 주님은 간구로써 우리를 변론해 주시며 보이지 않는 위험에서 보호해 주십니다. 베드로에게 하신 위로의 말씀을 주목하십시오. "시몬아, 시몬아, 보라 사탄이 너희를 밀 까부르듯 하려고 요구하였으나"(눅 22:31).

그다음에는 무엇이라고 하셨습니까? "가서 기도하라"고 하셨습니까? 그것도 좋은 충고일 것입니다. 그러나 주님은 그렇게 말씀하시지 않았고, "내가 너로 깨어 있게 해주리니 네가 보존되리라"고 하시지도 않았습니다. 그것도 큰 축복이 되겠지만, 주님은 "내가 너를 위하여 네 믿음이 떨어지지 않기를 기도하였다"라고 하셨습니다.

우리는 구세주의 기도의 은혜를 입고 있음을 알지 못하고 있습니다. 장차 하늘나라에 도착한 후 우리는 주님께서 인도해주신 일을 돌이켜 보며 찬양할 것입니다. 주님은 영원한 보좌 앞에서 기도하시면서 사탄이 세상에 행하고 있는 악을 멸하셨습니다. 잠시도 쉬지 않으시며, 밤낮 두 손의 상처를 가리키시며, 자기의 흉배에 우리의 이름을 기록해서 가지고 다니시는 주님께 감사하십시오. 사탄이 주님을 시험하기 전에도 주님은 그를 저지하시며 하늘나라에 호소하셨습니다. 자비는 악의를 능가합니다.

주님은 "사탄이 너를 밀 까부르듯 했으므로 내가 기도하리라"고 말씀하시지 않고 "사탄이 너희를 밀 까부르듯 하려고 요구하였다"라고 말씀하셨습니다. 주님은 사탄의 소원을 저지하시며 미연에 방지하십니다. 주님은 "내가 너를 위해 기도하기를 원하였노라"고 하시는 것이 아니라 "내가 너를 위하여 이미 기도하였노라. 고발이 이루어지기 전에 내가 법정에 가서 너를 변론하였노라"고 말씀하십니다.

너희는 그리스도의 것이요 그리스도는 하나님의 것이니라(고전 3:23).

"너희는 그리스도의 것이니라." 우리는 그리스도께 주어진 그리스도의 소유입니다. 왜냐하면 아버지께서 아들에게 우리를 주셨기 때문입니다. 주님은 피로 우리를 사셨습니다. 주님은 우리를 대속하기 위해 값을 치르셨습니다. 우리는 주님께 헌신했기 때문에 그리스도의 것입니다. 우리는 주님께 자신을 바쳤습니다. 우리는 주님의 이름으로 불리며, 주님의 형제요 공동상속인이므로 혈연에 의해서도 주님의 것입니다.

우리는 죄악의 유혹을 받을 때 "나는 결단코 이 큰 죄를 지을 수 없다. 나는 그리스도의 것이다"라고 대답해야 합니다. 죄지음으로써 얻을 수 있는 보화가 우리 앞에 있을지라도, 우리 자신은 그리스도의 것이라고 말하며 손도 대지 말아야 합니다.

지금 어려움과 위험을 당하고 있는 사람은, 이 악한 시대에 견고히 서며 자신이 그리스도의 것임을 명심하십시오. 아무 일도 하지 않고 빈둥거리는 나태한 곳에 사는 사람은 일어나 전력을 다해 일하십시오. 빈둥거리고픈 유혹을 받을 때 "나는 그리스도의 것이므로 일하지 않을 수 없다"라고 외치십시오.

우리를 부르시는 하나님의 뜻에 복종합시다. 가난한 사람들이 필요로 한다면, 우리 자신과 재산을 나누어 줍시다. 우리는 그리스도의 것입니다. 항상 그리스도인다운 태도를 갖고, 나사렛 사람처럼 말하며, 하늘나라를 암시하는 말과 행동을 하여 우리가 구세주의 사람임을 사람들에게 나타냅시다. "나는 그리스도의 것이다"라는 주장을 성결을 위한 우리의 증거로 삼읍시다.

나를 잠깐 용납하라 내가 그대에게 보이리니 이는 내가 하나님을 위하여 아직도 할 말이 있음이라(욥 36:2).

우리는 자기의 덕이나 열심이 사람들에게 알려지려고 해서는 안 됩니다. 그러나 다른 사람의 유익을 위해 하나님이 주신 것을 감추는 것도 죄가 됩니다. 신자는 골짜기에 있는 마을이 아니라 산 위에 세운 도시가 되어야 합니다. 또 말 아래 있는 촛불이 아니라 등경 위에 세운 촛불이 되어 모든 사람에게 빛을 비춰야 합니다. 적당한 시기에 물러가는 것은 아름다운 일이요, 자아를 감추는 것은 겸손입니다. 그러나 우리 안에 계신 그리스도를 감추는 것은 절대 정당하다고 할 수 없습니다.

귀중한 진리를 감추는 것은 사람에 대한 범죄요, 하나님을 노하시게 하는 일입니다. 겁 많고 소극적으로 행하다가 이 무서운 경향에 빠지지 않도록 조심해야 합니다. 그렇지 않으면 교회에 무익한 존재가 될 것입니다. 우리는 자신의 감정을 소중히 여기지 말고 하나님의 이름을 자랑스럽게 여겨야 합니다.

그리스도께서 말씀하신 것을 이웃에 전합시다. 큰 소리로 전할 수 없다면 작고 고요한 소리로 말합시다. 강대상에서 전파할 수 없고 신문에 기고할 수 없다면 베드로와 요한처럼 “은과 금은 내게 없거니와 내게 있는 이것을 네게 주노니”(행 3:6)라고 말합시다. 산꼭대기에서 설교할 수 없다면 우물가에 있는 사마리아 여인에게 말을 겁시다. 성전에서 찬양할 수 없으면 집에서 예수를 찬양합시다. 도시에서 할 수 없으면 들판에서 전파합시다. 많은 사람이 모인 곳에서 할 수 없으면 가족에게 전파합시다.

우리 내면에 있는 감추어진 샘에서 증거의 물이 흘러나와 지나가는 사람들로 마시게 합시다. 우리의 재능을 감추지 맙시다. 하나님을 증언하는 것은 우리 자신의 기운이 솟게 하고, 성도들을 기쁘게 해주고, 죄인에게 유익이 되고, 구세주에게는 영광이 됩니다.

여호사밧이 다시스의 선박을 제조하고 오빌로 금을 구하러 보내려 하였더니 그 배가 에시온게벨에서 파선하였으므로 가지 못하게 되매(왕상 22:48).

솔로몬의 배들은 안전하게 귀항했습니다. 그러나 여호사밧의 배들은 황금의 땅에 도착하지도 못했습니다. 동일한 시기에 똑같은 일을 했지만, 하나님의 섭리로 말미암아 한 사람의 소원은 성취되고 다른 사람의 소원은 좌절되었습니다. 그러나 여호사밧도 한 때는 솔로몬과 마찬가지로 선하고 지혜로웠습니다.

우리는 본문 말씀을 기억하여 세상 축복을 가득 실은 배들은 물론이요 에시온게벨에서 파선한 배로 인해 주님을 찬미해야 합니다. 우리는 성공한 사람들을 질투하지 말아야 하며, 또 손해를 보면 마치 자기만 특별하게 시련을 겪는 양 불평하지 말아야 합니다.

여호사밧이 실패한 은밀한 원인은 무엇이었습니까? 죄악된 가문과의 동맹, 즉 죄인과의 교제가 그러한 재앙을 불러일으킨 원인이었습니다. 그것은 주님의 백성들이 당하는 많은 코난의 뿌리입니다. 역대하 20장 37절에 여호와께서 예언자를 보내어 선포하시되 "왕이 아하시야와 교제하므로 여호와께서 왕이 지은 것들을 파하시리라"고 했습니다. 이것은 자비로운 아버지의 징계였지만, 결국은 그에게 복을 가져다주었습니다.

우리는 여호사밧의 경험을 주님의 백성들에게 주는 경고로 받아들여 불신자들과 함께 멍에를 지는 일을 피해야 합니다.

우리가 예수님을 사랑하며, 주님처럼 거룩하고 악이 없고 더럽혀지지 않고 죄인들로부터 분리되기를 기원합니다.

하나님의 사람이 이르되 어디 빠졌느냐 하매 그 곳을 보이는지라 엘리사가 나뭇가지를 베어 물에 던져 쇠도끼를 떠오르게 하고(왕하 6:6).

선지자의 생도들이 사용하던 도끼가 물에 빠졌습니다. 그것은 빌려온 것이었으므로 선지자 무리의 명예와 하나님의 이름이 더럽혀질 위험에 처했습니다. 그런데 그들의 예상과는 달리 쇠도끼가 물 위로 떠 올랐습니다. 사람이 할 수 없는 일을 하나님은 하십니다(눅 18:27 참조).

내가 아는 어떤 사람은 자기의 능력이 닿지 않는 일을 맡으라는 소명을 받았습니다. 그것은 대단히 어려운 일이었으며, 그 일을 시도한다는 생각조차 어리석은 것처럼 보였습니다. 그러나 그는 소명을 받았으므로 믿음으로 대처했습니다. 하나님은 그의 믿음을 어여삐 여기셔서 구하지도 않은 도움을 주셨습니다.

어느 믿는 가족이 경제적 위기에 봉착했습니다. 재산을 팔면 빚을 갚을 수 있었지만, 일이 너무 갑작스럽게 닥쳤기 때문에 대처할 방법이 없었습니다. 친구에게 도움을 구했지만 허사였습니다. 그러나 그는 믿음으로 확실한 조력자를 찾아서 환난을 피했습니다.

세 번째 사람은 참으로 악한 사람이었습니다. 사람들이 그를 책망하고 가르치고 경고하고 그를 위해 중재해 주었으나 모두 헛일이었습니다. 이 젊은 신자의 옛 아담은 강했고 고집 센 영은 누그러지지 않았습니다. 그러던 중에 그는 번민하여 기도했으며 곧 하늘로부터 응답이 왔습니다. 완악한 마음이 깨졌습니다.

절망적인 일을 겪고 있습니까? 오늘 밤 답답한 일을 마음에 품고 있습니까? 주님께 가져가십시오. 하나님은 성도들을 돕기 위해 살아 계십니다. 하나님은 선한 것이 부족하도록 내버려 두시지 않습니다. 만군의 주를 믿으십시오. 자기 백성을 위해 이적을 향하시는 하나님의 손을 보게 될 것입니다. 믿음대로 이루어질 것입니다. 결국 쇠도끼가 물 위로 떠 오를 것입니다.

에돔에서 오는 이 누구며 붉은 옷을 입고 보스라에서 오는 이 누구냐 그의 화려한 의복 큰 능력으로 걷는 이가 누구냐 그는 나이니 공의를 말하는 이요 구원하는 능력을 가진 이니라(사 63:1).

"구원하는"이라는 말씀에는 거룩한 갈망에서부터 완전한 성화에 이르기까지의 구원의 사역 전체가 포함됩니다. 그리스도는 회개하는 사람들을 구원할 수 있는 분이십니다. 또한 사람들을 회개하게 하실 수 있는 분이기도 합니다. 그분은 장차 믿는 자들을 천국으로 데려가실 것입니다. 그러나 그분은 사람들에게 새로운 마음을 주시며 그들 안에서 믿음을 역사하게 만들 수 있는 분이십니다. 그분은 성결을 미워하는 자들로 그것을 사랑하게 만드시며, 그분의 이름을 멸시하는 자들로 그분 앞에 무릎을 꿇게 만들 수 있는 분이십니다.

믿는 자의 일생은 능하신 하나님이 행하시는 기적으로 이루어집니다. 불이 붙고 있지만 소멸되지 않는 가시덤불처럼·하나님은 자기 백성들을 원래 지으실 때처럼 거룩하게 보존하시며 하나님을 경외하고 사랑하게 하여 마침내 하나님 나라에서 영적 생존의 절정에 이르게 할 수 있는 분이십니다. 그리스도의 능력은 한 사람을 회심시켜 신자로 만들고는 혼자 버려두어 스스로 살아가게 만드는 데 있는 것이 아닙니다. 선한 사역을 시작하신 그리스도는 그 일을 계속 진행하십니다. 이것이 우리의 용기를 북돋아 줍니다.

사랑하는 자를 위해 기도하고 있습니까? 쉬지 말고 기도하십시오. 그리스도는 "구원하기에 능한 분"이십니다. 우리는 무력하여 패역한 자를 개심시킬 수 없지만, 주님에게는 능력이 있습니다. 그 능하신 팔을 붙잡고 들어 올려 힘을 발휘하시게 하십시오.

우리 자신의 일로 괴로움을 당할 때도 두려워 마십시오. 그리스도의 능력만 있으면 족합니다. 다른 사람들을 위한 일을 시작하거나 우리 내면의 일을 수행하거나 예수님은 구원하기에 능한 분이십니다. 이것을 확증하는 가장 좋은 증거는 그분이 우리를 구원하셨다는 사실입니다. .

바람을 보고 무서워 빠져 가는지라 소리 질러 이르되 주여 나를 구원하소서 하니(마 14:30).

주님의 종에게 있어서는 침몰하는 때가 기도할 때입니다. 베드로는 대담하게도 바다 위로 걸어가려 하면서 기도를 소홀히 했습니다. 물에 빠져 위험을 느낀 그는 주님께 애원했습니다. 비록 늦기는 했지만, 너무 늦은 것은 아니었습니다. 육체적으로나 정신적으로 고통을 받을 때면 마치 떠도는 널빤지가 파도에 밀려 해안으로 가듯이 자연스럽게 기도하게 됩니다.

여우는 자신을 보호하기 위해 굴로 뛰어 들어가며, 새들은 쉬기 위해 숲으로 날아듭니다. 시련을 겪는 신자는 급히 속죄소로 갑니다. 하늘나라의 안식처는 기도입니다. 폭풍우에 시달린 배는 거기서 피난처를 발견합니다. 폭풍우가 임하는 순간 돛을 활짝 펴고 그곳을 향해 나아가는 것이 지혜로운 일입니다.

짧은 기도로도 충분합니다. 베드로가 헐떡거리며 외친 세 마디는 그의 목적을 나타내기에 충분했습니다. 길게 기도하는 것보다 힘 있게 기도하는 것이 중요합니다. 궁핍함을 의식하는 것은 간절함을 가르쳐주는 위대한 교사입니다. 자만심이 줄어든다면 우리의 기도는 더 훌륭한 기도가 될 것입니다. 말이 많은 것과 참된 기도는 쭉정이와 알곡의 관계와 같습니다. 장황하게 늘어놓는 기도 보다는 베드로의 짧은 간청이 효과적인 기도입니다.

곤경에 처하는 때가 주님이 역사하시는 기회입니다. 위기를 느껴 불안의 외침을 지르는 순간 주님은 들으십니다. 주님은 귀와 마음은 항상 함께 다니며, 주님의 손은 지체하지 않고 행동하십니다. 우리는 주저하다가 마지막 순간에 호소하지만, 주님은 재빨리 효과적으로 우리가 지체했던 것을 보충해 주십니다. 거센 고통의 바다에 빠져 죽게 된 사람은 영혼을 주님께 들어올려야 합니다. 주님은 우리가 멸망하도록 버려두지 않으십니다. 우리가 아무 일도 할 수 없을 때, 주님이 모든 일을 하실 수 있습니다.

여호와 하나님이여 이제 주의 종과 종의 집에 대하여 말씀하신 것을 영원히 세우셨사오며 말씀하신 대로 행하사(삼하 7:25).

하나님은 자신의 약속이 휴지처럼 버려지는 것을 원치 아니하십니다. 하나님은 우리가 그 약속을 활용하기를 원하십니다. 즉 자기 자녀들이 그 약속을 가지고 와서 "주여, 말씀하신 대로 행하소서"라고 말하기를 바라십니다. 우리가 하나님의 약속을 앞세우고 나아가 약속을 이루어 달라고 요구하는 것이 하나님을 영화롭게 하는 것입니다. 하나님이 우리에게 약속하신 보화를 주지 못할 만큼 가난하다고 생각합니까? 하나님은 " 오라 우리가 서로 변론하자 너희의 죄가 주홍 같을지라도 눈과 같이 희어질 것이요 진홍 같이 붉을지라도 양털 같이 희게 되리라"고 말씀하셨습니다(사 1:18).

믿음이 있는 사람은 곧장 보좌 앞으로 가서 "주여, 여기 약속이 있사오니 말씀하신 대로 행하소서"라고 주장합니다. 그러면 주님은 "네 소원대로 되리라"고 대답하십니다. 하늘에 계신 우리의 은행가께서는 기꺼이 현금으로 지불하십니다.

약속을 활용하지 않고 파묻어 두어 녹슬게 해서는 안 됩니다. 끈질기게 하나님께 약속을 환기하는 것은 하나님을 괴롭히는 일이 아닙니다. 은혜를 베풀어 주시는 것이 하나님의 기쁨입니다. 하나님은 우리가 요청하는 것보다 더 기꺼이 우리의 기도를 들어 주려 하십니다.

태양은 빛을 비추는 일에 지치지 아니하며, 샘물은 흘러가는 일에 싫증을 느끼지 않습니다. 이것이 약속을 지키시는 하나님의 본질입니다. 그러므로 즉시 보좌로 나아가 "말씀하신 대로 행하소서"라고 아뢰십시오.

나는 사랑하나 그들은 도리어 나를 대적하니 나는 기도할 뿐이라(시 109:4).

사람들이 거짓말로 다윗의 명예를 해치려 하였지만, 다윗은 자신을 변론하지 않았습니다. 그는 그 사건을 더 높은 법정, 위대한 왕 앞에 항소하였습니다. 증오의 말에 답변하는 가장 안전한 방법이 기도입니다. 시편 기자는 절대 냉랭한 마음으로 기도하지 않았습니다. 그는 기도에 몰두했습니다. 온 영혼과 마음을 다해 기도했습니다. 이것이 은혜의 보좌로부터 응답을 발견할 수 있는 유일한 방법입니다. 철저하게 열심을 내어 불타는 갈망으로 드리지 않는 기도는 효과가 없습니다. 옛 성도는 "열렬한 기도는 하늘나라 대문에 포탄을 쏘아대는 대포와 같아서 결국 그 문을 활짝 열게 만든다"라고 했습니다.

사람들이 기도할 때 흔히 범하는 잘못은 집중하지 못하는 것입니다. 생각이 이리저리 배회하면 목표를 향해 전진하지 못합니다. 우리의 정신은 수은처럼 한 곳에 붙어 있지 못하고 이리저리 굴러다닙니다. 이것이야말로 참으로 큰 악입니다. 그것은 우리에게 해를 끼치며, 설상가상으로 하나님을 모욕합니다. 왕 앞에서 탄원하면서 깃털을 가지고 놀거나 파리를 잡는 탄원자가 있다면 우리는 그를 어떻게 생각하겠습니까?

본문에는 계속된 기도와 견인이 나타나 있습니다. 다윗은 한 번만 기도하고 그만둔 것이 아닙니다. 그의 거룩한 외침은 축복을 끌어낼 때까지 계속되었습니다. 우리는 간헐적으로 기도해서는 안 됩니다. 기도는 우리의 매일의 사업이 되어야 하며, 우리의 습관, 우리의 직업이 되어야 합니다. 화가가 모델에게 정신을 집중하듯이, 시인이 자신이 추구하는 대상에 집중하듯이, 우리도 기도에 몽땅 빠져야 합니다. 기도에 침몰해야 합니다. 쉬지 말고 기도해야 합니다.

버러지 같은 너 야곱아, 너희 이스라엘 사람들아 두려워하지 말라 나 여호와가 말하노니 내가 너를 도울 것이라 네 구속자는 이스라엘의 거룩한 이이니라(사 41:14).

오늘 아침, 예수님께서 우리에게 하시는 말씀에 귀를 기울여봅시다.

"내가 너를 돕는 것은 매우 하찮은 일에 불과하다. 내가 지금껏 해온 일을 생각해 보라. 내가 너를 돕지 않았더냐? 나는 내 피로 너를 샀고, 너를 위해 죽었다. 이처럼 큰일을 행했는데 어찌 그보다 작은 일을 행하지 않겠느냐? 그것은 내가 너를 위해 행할 지극히 작은 일에 불과하다. 나는 이미 많은 일을 행했고, 앞으로 더 많은 일을 행할 것이다. 나는 세상이 시작되기 전에 너를 택하였다. 나는 너와 언약을 맺었다. 나는 너를 위해 영광을 버리고 인간이 되었고, 너를 위해 내 생명을 주었다.

앞으로도 너를 돕겠다. 너를 도우면서 너를 위해 사 놓은 것을 너에게 주겠다. 네가 수천 배나 되는 도움이 필요하다면 그렇게 해주겠다. 내가 주려는 것에 비교할 때 네게 필요한 것은 지극히 작은 것에 불과하다. 너는 필요한 것이 많다고 생각하겠지만, 베풀어 주는 나에게는 하찮은 것에 불과하다. 도와 달라고? 두려워 말라. 네 집 창고 앞에서 도움을 청하는 개미 한 마리에게 밀 한 줌을 주어도 너는 망하지 않을 것이다. 풍성한 내 창고 앞에 서 있는 너는 작은 벌레에 불과하다. 내가 너를 돕겠다."

영혼아, 이 말씀이면 족하지 않는가? 너는 삼위 하나님의 전능하심보다 더 많은 능력이 필요하지 않은가? 성부 안에 있는 지혜보다 더 많은 지혜, 성자 안에 나타난 사랑보다 더 큰 사랑, 성령의 능력 안에 나타난 능력보다 더 큰 능력이 필요한가? 보라. 하나님의 강물은 충만하여 네 목마름을 해소시켜 줄 수 있다. 이 밖에 무엇을 더 바라는가?

> 예순두 이레 후에 기름 부음을 받은 자가 끊어져 없어질 것이며 장차 한 왕의 백성이 와서 그 성읍과 성소를 무너뜨리려니와 그의 마지막은 홍수에 휩쓸림 같을 것이며 또 끝까지 전쟁이 있으리니 황폐할 것이 작정되었느니라(단 9:26).

주님의 이름을 찬양하십시오. 주님은 죽으셔야 할 이유가 없었습니다. 주님은 죄로 더럽혀지지 않았으므로 사망이 그 권리를 주장할 수 없었습니다. 주님은 누구에게도 부당한 일을 하지 아니하셨으므로 어떤 인간도 주님에게서 생명을 빼앗을 수 없었습니다. 주님이 자원하여 죽음에 굴복하시지 않으셨다면 누구도 억지로 주님을 살해하지 못했을 것입니다.

보십시오. 한 사람은 범죄하고 다른 사람은 고난을 겪습니다. 우리는 공의를 위반하였지만, 공의는 주님 안에서 만족을 찾았습니다. 강과 같이 흐르는 눈물, 산더미 같은 제물, 바다 같이 흐르는 수소의 피, 산더미 같은 유향으로도 죄를 제거할 수 없었을 것입니다. 그러나 예수께서 우리를 위해 죽으심으로써 진노의 원인이 단번에 제거되었습니다. 죄가 영원히 제거되었습니다.

사랑이 구속자로 하여금 원수를 위하여 자기 생명을 버리게 한 것입니다. 그러나 죄인을 위해 흘리신 무죄한 피에 감탄하는 것만으로는 충분하지 못합니다. 그것이 우리의 생명에 미치는 효과를 깨달아야 합니다. 메시아께서 죽으신 것은 교회를 구원하시기 위해서였습니다.

우리는 주님이 자기 생명을 주시어 대속하신 자들 가운데 속해 있습니까? 주님은 우리의 대리인으로 계십니까? 우리는 주님의 채찍으로 치료를 받았습니까? 우리가 주님의 희생의 일부를 차지하기에 부족하다면, 그것이야말로 무서운 일일 것입니다. 그럴 바에는 차라리 세상에 태어나지 않았더라면 좋았을 것입니다. 그러나 주 예수는 믿는 사람들의 구세주가 되십니다. 그들에게 화목의 피가 뿌려졌습니다. 메시아의 공로를 믿는 우리는 주님을 기억할 때마다 기뻐합시다. 우리가 느끼는 거룩한 감사는 주님을 위한 완전한 헌신으로 발달할 것입니다.

> 또 내가 보니 보라 어린 양이 시온 산에 섰고 그와 함께 십사만 사천이 서 있는데 그들의 이마에는 어린 양의 이름과 그 아버지의 이름을 쓴 것이 있더라(계 14:1).

사도 요한은 하늘나라에 들어가 보는 특권을 누렸습니다. 그는 자신이 본 것을 "내가 보니 보라 어린 양이로다"라는 말로 설명하기 시작했습니다. 이것은 하늘나라에서 묵상할 때 으뜸 되는 주제는 "세상 죄를 지고 가는 하나님의 어린양"이라는 의미입니다. 보혈을 흘려 우리를 대속하신 거룩하신 분 외에 다른 것은 요한의 시선을 끌지 못했습니다. 그리스도는 영광중에 있는 모든 영과 거룩한 천사들이 부르는 노래의 주제입니다.

얼마 후 우리의 눈에서 눈물이 씻길 때 우리도 보좌에 앉으신 어린양을 보게 될 것입니다. 날마다 예수와 교제하는 것은 우리 마음의 기쁨입니다. 장차 하늘나라에서는 이러한 기쁨을 더 많이 누릴 것입니다. 우리는 항상 주님의 현존을 바라볼 것이며 영원토록 주님과 함께 거할 것입니다.

"내가 보니 보라 어린양이로다."

어린양은 천국 그 자체입니다. 루터포드의 말처럼 하늘나라와 그리스도는 동일한 것입니다. 그리스도와 함께 있는 것이 곧 하늘나라에 있는 것이며, 하늘나라에 있는 것이 곧 그리스도와 함께 있는 것입니다. 그리스도에게 사로잡힌 바 된 루터포드는 어느 편지에 다음과 같이 썼습니다.

> "나의 주 그리스도시여, 만일 내가 당신이 계시지 않는 천국에서 살게 된다면 그곳은 지옥이요, 비록 지옥에 떨어지더라도 그곳에 당신만 계신다면 그곳은 내게 천국이 될 것입니다. 당신이야말로 내가 원하는 천국이시기 때문입니다."

이것이 진리입니다. 우리가 이 복을 받는데 필요한 것은 오직 "그리스도와 함께 거하는 것"입니다.

저녁 때에 다윗이 그의 침상에서 일어나 왕궁 옥상에서 거닐다가 그 곳에서 보니 한 여인이 목욕을 하는데 심히 아름다워 보이는지라(삼하 11:2).

다윗은 저녁때에 지붕 위를 거닐다가 밧세바를 보았습니다. 우리는 항상 유혹을 받는 환경에서 살고 있습니다. 집 안이나 밖에서나 어디서나 유혹을 만날 위험에 처해 있습니다. 아침은 위험과 함께 시작되며, 저녁에도 여전히 위험 속에 있습니다. 하나님의 보호 아래 있는 사람들은 안전합니다. 그러나 무장하지 않고 세상에 나가거나 집안을 거니는 사람에게는 화가 있습니다. 스스로 안전하다고 생각하는 사람은 다른 사람보다 더 큰 위험에 노출됩니다. 다윗은 주님의 싸움에 임했었어야 했습니다. 그러나 그는 예루살렘에 머물면서 사치하게 휴식을 취했고 저녁때 침상에서 일어났습니다. 게으름과 사치는 악마의 앞잡이로서 그에게 많은 먹이를 제공합니다.

오 예수의 사랑이 강권하여 우리로 적극적이며 유익한 생활을 하도록 해 주십시오.

이스라엘의 왕이 하루가 저물어 갈 때 침상에서 일어나 유혹에 빠진 것을 보면서 경고를 얻게 하여 주십시오. 나는 경성하여 문을 지키라는 일깨움을 받습니다. 왕이 휴식을 취하고 경건한 행동을 하려고 지붕 위로 올라갔습니까? 그렇다면, 아무리 은밀한 곳이라도 죄로부터의 성소가 되지 못한다는 경고가 아닙니까? 우리의 심령은 불쏘시개와 같으며 불꽃이 풍부합니다. 불길이 타오르지 않게 하려면 항상 깨어 있어야 합니다.

사탄은 지붕 꼭대기도 올라가고 골방에도 들어갈 수 있습니다. 우리가 그 더러운 악마를 막을 수 있더라도 은혜가 막아주지 않는다면 우리 자신의 부패만으로도 멸망을 만들기 충분합니다. 저녁의 유혹에 주의하십시오. 해가 지면 죄가 기세합니다. 우리에게는 낮에는 보호자, 밤에는 파수꾼이 필요합니다.

복된 성령이여, 오늘 밤 우리를 악네서 구하소서!

그런즉 안식할 때가 하나님의 백성에게 남아 있도다(히 4:9).

장차 신자들이 하늘나라에서 누릴 상태는 이 세상과는 매우 다를 것입니다. 이 세상에서는 수고하며 지치도록 일해야 하지만, 저 불멸의 땅에서는 피곤이라는 것이 없을 것입니다. 이 세상에 서는 주님을 섬기려고 해도 인간의 능력이 미치지 못한다는 것을 알게 됩니다. 적극적인 신자들은 열심히 노력하지만, 행하려는 일이 자신의 능력에 비해서는 과한 것이므로 "나는 노력하는 데는 싫증을 느끼지 않으나 그 일 자체에 싫증을 느낀다"라고 말하게 됩니다.

뜨겁게 내리쬐는 한낮의 태양이 영원히 지속되는 것은 아닙니다. 태양은 서서히 지평선으로 기울게 되어 있습니다. 성도들이 밤낮으로 하나님을 섬기는 수고를 마치고 안식하는 땅에서는 지금까지 본 그 어느 날보다 더 밝게 태양이 다시 떠오를 것입니다.

이 세상에서의 안식은 일시적이지만, 저세상에서의 안식은 영원합니다. 수고하고 지친 자들이여, 영원토록 안식하게 될 때를 생각하십시오. 이 영원한 안식은 우리의 상상을 초월합니다.

저세상에서는 모든 것이 불멸합니다. 거문고는 영원히 녹슬지 않으며, 면류관은 절대로 없어지지 않으며, 우리의 시력은 희미해지지 않고, 목소리는 쉬지 않으며, 마음은 흔들리지 않습니다. 불멸의 존재는 한없는 기쁨에 젖어 듭니다.

사망이 삼킴을 당하는 때야말로 행복한 날이 될 것입니다.

이에 모세와 모든 선지자의 글로 시작하여 모든 성경에 쓴 바 자기에 관한 것을 자세히 설명하시니라(눅 24:27).

엠마오로 가던 두 제자는 유익한 여행을 했습니다. 그들과 동행한 분은 훌륭한 교사였습니다. 그들에게 진리를 설명해주신 분의 안에는 모든 지혜와 지식의 부요한 것이 감추어져 있었습니다. 주님은 자신을 낮추어 복음의 전파자가 되셨고, 두 사람 앞에서 자신의 소명을 이행하는 것을 부끄럽게 여기지 않으셨습니다. 지금도 주님은 모든 사람의 교사가 되시기를 거절하지 않으십니다. 이 훌륭하신 교사와 동행하기를 요청합시다.

이 비길 데 없이 훌륭하신 교사는 책 중에서 가장 훌륭한 책을 교과서로 사용하셨습니다. 그분은 새로운 진리를 계시하실 수도 있었지만, 옛 진리를 해석하셨습니다. 그분은 단번에 모세와 선지자들을 지적함으로써 지혜에 이르는 가장 확실한 길은 사색이나 철학 서적을 읽는 것이 아니라, 하나님의 말씀을 묵상하는 것임을 보여 주셨습니다. 거룩한 지식을 풍성히 얻는 방법은 이 다이아몬드 광산을 파는 것이요, 이 거룩한 바다에서 진주를 캐는 것입니다.

주님은 사람들을 부요하게 해주려고 성서라는 거룩한 채석장에서 일하셨습니다. 엠마오로 가던 두 제자는 가장 훌륭한 주제를 공부했습니다. 예수께서는 그들에게 자신에 대한 것을 말씀해 주셨습니다. 밭에 보물을 감춘 사람이 친히 그것을 찾는 사람들을 안내한 것입니다. 주님은 자연스럽게 가장 아름다운 주제를 논하기를 원하셨으며, 자신의 인격과 사역보다 아름다운 주제는 찾을 수 없었습니다. 우리는 언제나 말씀을 탐색해야 합니다.

우리의 교사가 되시며 우리의 교훈이 되는 예수와 함께 성경을 공부하는 은혜를 주소서!

내가 밤에 침상에서 마음으로 사랑하는 자를 찾았노라 찾아도 찾아내지 못하였노라(아 3:1).

어디에서 그리스도와의 사귐을 잃었는지 생각해 보면, 어디에서 다시 그리스도를 찾을 수 있는지도 알 수 있을 것입니다. 골방에서 기도하지 않았기 때문에 그리스도를 잃었습니까? 그렇다면 골방에 다시 들어가 그리스도를 찾으십시오. 죄를 지었기 때문에 그리스도를 잃었습니까? 그렇다면 죄를 버리고 정욕이 거하는 지체를 성령의 능력으로 죽임으로써 그리스도를 찾으십시오. 성경 읽기를 소홀히 하여 그리스도를 잃었습니까? 그러면 성경 안에서 그리스도를 찾으십시오.

잃어버린 물건은 잃어버린 곳에서만 다시 찾을 수 있습니다. 그리스도를 잃어버린 곳, 그곳에서 그리스도를 찾읍시다. 그리스도는 다른 곳으로 가시지 않습니다. 그리스도를 찾기 위해 되돌아가는 것은 어려운 일입니다.

존 번연은 『천로역정』에서 기독도가 문서를 잃어버린 곳, 즉 안일의 나무 그늘로 돌아가는 것이 가장 험난한 여행이라는 것을 알았다고 했습니다. 잃어버린 증명서를 찾기 위해 십 리를 되돌아가는 것이 앞으로 백 리를 가기보다 더 어렵습니다.

우리는 주님을 찾았을 때 그분을 놓지 말고 꼭 붙들고 있어야 했습니다. 그런데 그리스도를 잃어버렸다니 어찌 된 일입니까? 주님과 함께 있으면 기쁘고 주님의 말에서 위로받는 우리가 그 귀한 친구에게서 떠나리라고는 아무도 생각하지 못했을 것입니다. 그를 보지 못하게 될까 염려하던 우리가 그를 지켜보지 못했다니 어찌 된 일입니까?

그리스도를 떠나보냈던 우리가 다시 그리스도를 찾으려 하는 것은 참으로 크신 하나님의 긍휼입니다. 끊임없이 주님을 찾고 또 찾으십시오. 주님 없이 홀로 거하는 것은 위험한 일입니다.

이에 그들의 마음을 열어 성경을 깨닫게 하시고(눅 24:45).

성경을 여신 분께서 그들의 마음도 열어 주셨습니다. 많은 사람이 성경을 마음에 가져갈 수 있지만, 마음으로 성경을 받아들일 준비를 갖추게 하시는 분은 주님뿐입니다.

주님은 다른 교사들과는 다르십니다. 그들은 귀에 호소하지만, 주님은 마음을 가르치십니다. 그들은 표면적인 문자를 다루지만, 주님은 진리를 맛볼 수 있는 내면의 미각을 주십니다. 우리는 그것에 의해 진리의 정신과 맛을 느낍니다. 주 예수께서 은혜의 학교에서 성령에 의해 하늘나라의 비밀을 전개해 주시면 아무리 무식한 사람이라도 학자가 될 수 있습니다. 주님은 거룩한 기름으로 부어주시므로 그들은 보이지 않는 것을 볼 수 있게 됩니다.

심오한 학식을 갖춘 사람들이 영원한 것에 대해서는 너무나 모르는 경우가 많습니다. 그들은 어려운 계시의 문자는 알지만, 그것의 살아 있는 정신은 분별하지 못합니다. 그들의 마음에는 인간 이성의 눈으로는 꿰뚫을 수 없는 베일이 덮여있습니다.

우리도 과거에는 그들처럼 눈이 멀었었습니다. 진리는 어두움 속에 잠겨있는 아름다움이요, 눈에 뜨이지도 않고 소홀히 되는 것이었습니다. 예수의 사랑이 없었다면 우리는 계속 무지한 상태에 머물러 있을 것입니다. 자비하신 주님이 마음의 문을 열어 주시지 않으셨다면, 우리는 어린아이가 피라미드에 올라갈 수 없듯이, 신령한 지식을 얻지 못했을 것입니다.

예수님의 대학은 하나님의 진리를 배우는 유일한 곳입니다. 다른 학교에서는 무엇을 믿어야 하는지를 가르쳐 주지만, 그리스도는 어떻게 믿어야 하는지 보여 주십니다.

그리스도의 발 앞에 앉아 열심히 기도합시다. 우리의 연약한 지성으로 거룩한 일을 받아들일 수 있도록 도와주시기를 기도합시다.

그가 또 가인의 아우 아벨을 낳았는데 아벨은 양 치는 자였고 가인은 농사하는 자였더라(창 4:2).

목동이었던 아벨은 맡은 일을 거룩하게 행하여 하나님께 영광을 돌렸고, 제단 위에 피의 희생제물을 올려놓았습니다. 여호와는 아벨과 그의 제물을 기뻐 받으셨습니다. 본문에서 말하려는 뜻은 매우 분명합니다. 그것은 해가 뜰 때 동녘을 물들이는 한 줄기 빛과 같아서 모든 것을 완전히 드러내 주지는 않지만, 태양이 떠오른다는 사실을 분명히 말하고 있습니다.

목자이면서 동시에 제사장인 아벨이 하나님께 향기로운 제물을 드린 것을 보면서 우리는 주님을 생각하게 됩니다. 주님은 여호와께서 기뻐 받으시는 제물을 아버지 앞에 가져오십니다.

아벨은 이유 없이 형 가인에게서 미움을 받았습니다. 우리 주님도 동일한 미움을 받으셨습니다. 본능적이고 육욕적인 인간 가인은 은혜의 영이 거하시는 아벨을 미워하여 아벨을 죽였습니다. 아벨은 쓰러져 제단과 제물에 자기의 피를 뿌렸습니다. 예수님도 여호와 앞에서 제사장으로 일하시다가 인간의 원한 때문에 죽임을 당하셨습니다. 선한 목자께서 양들을 위해 자기 생명을 버리신 것입니다.

아벨이 흘린 피는 호소하고 있었습니다. 여호와는 가인에게 “네 아우의 핏소리가 땅에서부터 내게 호소하느니라”(창 4:10)고 말씀하셨습니다. 예수님의 피는 더욱 강력하게 호소하십니다. 그것은 복수의 외침 이 아니라 자비의 외침입니다. 시대적으로 볼 때 아벨이 최초의 목자이지만, 우리는 예수님을 가장 위에 둘 것입니다.

위대한 자여, 우리를 위해 죽으신 분이여. 우리가 마음을 다해 당신을 찬양합니다.

내 눈을 돌이켜 허탄한 것을 보지 말게 하시고 주의 길에서 나를 살아나게 하소서(시 119:37).

허탄한 것에는 여러 종류가 있습니다. 세상의 웃음, 춤, 음악, 부도덕한 생활 등은 모두 허탄한 것입니다. 그러나 그것들은 대담하게도 그럴듯한 명칭과 칭호를 취하고 있습니다. 세상의 염려와 거짓된 부는 이것들보다 훨씬 더 위험합니다. 그런데도 사람들은 극장에서 표를 사듯이 허탄한 것을 따릅니다. 재산을 모으려고 일생을 보내는 사람은 허탄한 일에 일생을 보내는 사람입니다. 그리스도를 따른다고 하면서도 하나님을 삶의 목적으로 삼지 않는 성도들과 경솔한 사람들의 차이점은 표면적뿐입니다.

"주의 길에서 나를 살아나게 하소서." 시편 기자는 자신이 무디고 생기가 없고 거의 죽은 사람이라고 고백합니다. 아마 우리도 동일하게 느끼고 있을 것입니다. 우리는 너무나 나태하므로 주님만이 우리를 살아나게 하실 수 있습니다. 지옥도 우리를 일으키지 못할까요? 죄인들이 멸망하고 있다고 생각하면서도 각성하지 못할 수 있다는 말입니까? 하늘나라가 우리를 일으키지 못할까요? 의인을 기다리고 있는 상급을 생각하고서도 냉담할 수 있을까요? 사망이 우리를 자극하지 못할까요? 죽어서 하나님 앞에 설 것을 알고도 주님을 섬기기를 게을리할 수 있을까요? 그리스도의 사랑이 강권하지 않을까요? 주님의 상처를 생각하며 십자가 밑에 앉아서도 뜨거운 열심히 타오르지 않을 수 있을까요? 단순히 생각만 하는 것으로는 우리를 일깨워 열심을 내게 하지 못합니다. 오직 하나님만이 그 일을 하실 수 있습니다. 그러므로 "나를 살아나게 하소서"라고 외칩시다.

시편 기자는 온 영혼을 다해 간절히 간구했습니다. 그의 몸과 혼은 기도 속에서 연합했습니다. 몸은 "내 눈을 돌이켜 주소서"라고 기도하며, 영혼은 "나를 살아나게 하소서"라고 외쳤습니다. 이것이 우리가 메일 드려야 하는 올바른 기도입니다.

그리하여 온 이스라엘이 구원을 받으리라 기록된 바 구원자가 시온에서 오사 야곱에게서 경건하지 않은 것을 돌이키시겠고(롬 11:26).

모세는 홍해를 건넌 후에 이스라엘이 안전하다는 것을 알고서 "주의 인자하심으로 주께서 구속하신 백성을 인도하시되"(출 15:13)라고 기쁨의 노래를 불렀습니다. 말세에 택함을 받은 자들은 하나님의 종 모세와 어린양의 노래를 부를 것입니다. 그들은 예수님께서 자랑스럽게 하신 말씀 "아버지께서 내게 주신 자 중에서 하나도 잃지 아니하였사옵나이다"(요 18:9)라고 노래할 것입니다.

하늘나라에는 주인이 없는 빈 보좌는 없습니다. 하나님이 택하신 자, 그리스도께서 대속하신 자, 성령께서 부르신 자, 예수님을 믿는 자들은 모두 안전하게 분리의 바다를 건널 것입니다. 일선에 나선 군인들은 이미 해안에 도착하여 깊음을 헤치고 진군하고 있습니다.

오늘 우리는 지도자의 뒤를 열심히 따라가 바다 한가운데 있습니다. 기운을 잃지 맙시다. 머지않아 후진도 전위부대가 있던 곳에 도착하게 될 것입니다. 택한 백성들이 마지막 한 사람까지 안전하게 바다를 건너간 뒤에 승리의 노랫소리가 울려 퍼질 것입니다.

그런데 만일 그때 한 사람이 그 자리에 보이지 않는다면 어떻게 됩니까? 만일 하나님의 택하신 가족 중 한 사람이 버림을 받는다면, 구속함을 받은 자들의 노래는 영원히 불협화음으로 남을 것입니다.

삼손이 심히 목이 말라 여호와께 부르짖어 이르되 주께서 종의 손을 통하여 이 큰 구원을 베푸셨사오나 내가 이제 목말라 죽어서 할례 받지 못한 자들의 손에 떨어지겠나이다 하니(삿 15:18).

삼손은 목이 말라 죽을 지경이었습니다. 그것은 이제까지 이 영웅이 당한 어려움과는 다른 것이었습니다. 목마름을 가라앉히는 것은 수천 명의 블레셋 사람에게서 구원되는 것만큼 큰일은 아닙니다. 그러나 삼손이 당하는 이 목마름은 그가 기적적으로 벗어난 큰 위험보다 더 크게 느껴졌습니다.

흔히 하나님의 백성은 큰 구원을 누리다가 조그마한 환난이 닥치면 그것이 자신에게 과하다고 여깁니다. 일천 명의 블레셋 사람을 죽인 삼손은 물을 마시고 싶어 죽을 지경이 되었고, 야곱은 브니엘에서 하나님과 겨루어 전능자를 이겼지만, 허벅지 관절을 다쳤습니다.

주님은 우리를 자기의 영역 안에 보호하기 위해서 우리의 하찮음, 무가치함을 가르치시는 듯합니다. 삼손은 “내가 일천 명을 죽였도다”라고 자랑했습니다. 그러나 뽐내던 목구멍은 곧 목마름으로 인해 목이 쉬었고, 그는 기도하기 시작했습니다. 하나님은 여러 방법으로 자기 백성을 겸손하게 만드십니다.

사랑하는 하나님의 자녀여, 큰 자비를 받은 후에 쇠약해졌지만, 그대만 특별히 그런 일을 겪는 것은 아닙니다. 다윗은 이스라엘의 보좌에 오른 후에 “내가 기름 부음을 받은 왕이 되었으나 오늘날 약하다”라고 했습니다. 당신은 큰 승리를 누리고 있을 때 가장 연약하다고 느끼리라고 생각해야 합니다. 하나님이 과거에 그대에게 큰 구원을 주셨다면, 지금 느끼는 어려움은 삼손의 갈증과 같은 것에 불과합니다. 주님은 우리를 기절하게 버려두시지 않으며, 원수가 우리를 이기도록 허락하지도 않으실 것입니다. 삼손의 이야기로 위로를 받으며, 하나님이 곧 구원하실 것이라고 확신하십시오.

인자야 포도나무가 모든 나무보다 나은 것이 무엇이랴 숲속의 여러 나무 가운데에 있는 그 포도나무 가지가 나은 것이 무엇이랴(겔 15:2).

이 말씀은 하나님의 백성들에게 겸손을 가르쳐주는 말씀입니다. 하나님의 백성들은 하나님의 포도나무입니다. 백성들은 하나님의 선하심으로 말미암아 선한 영혼 안에 심겨져 열매를 맺게 되었습니다. 여호와는 성소의 성벽 위에서 그들을 연단 하셨으며, 그들은 열매를 맺어 여호와께 영광을 돌립니다. 만일 하나님이 없었다면 그들은 어떻게 되었겠습니까?

믿는 자여, 교만을 버리십시오. 우리가 교만해야 할 이유가 없습니다. 우리는 교만해서는 안 됩니다. 많이 소유하고 있다는 것은 그만큼 하나님의 은혜를 많이 입고 있다는 것입니다.

자신의 근원을 생각하십시오. 지난날의 자신을 돌아보십시오. 하나님의 은혜가 없었다면 어떻게 되었을지 생각해 보십시오. 지금의 자신을 살펴보십시오. 양심이 자신을 책망하고 있습니까? 하나님이 우리를 유익한 사람으로 변화시킨 것은 하나님의 은혜라는 것을 깨달으십시오. 하나님이 변화시켜 주시지 않았다면, 우리는 큰 죄인이 되었을 것입니다.

그러므로 비록 많은 재산, 풍성한 은혜를 받았다 해서 교만해서는 안 됩니다. 하나님의 은혜를 받기 전에 우리가 가지고 있던 것은 죄와 불행뿐이었습니다.

사탄이 여호와께 대답하여 이르되 욥이 어찌 까닭 없이 하나님을 경외하리이까(욥 1:9).

이것은 사탄이 의인 욥과 관련하여 하나님께 드린 사악한 질문이었습니다. 오늘날도 이러한 질문의 대상이 되는 사람들이 많습니다. 그런 사람은 형통할 때는 하나님을 사랑하지만, 상황이 악화하면 자신이 뽐내던 믿음을 버립니다. 그들은 자신이 회심한 후에 풍성한 번영을 누리게 되었음을 분명히 깨달으면, 초라하고도 육체적인 방법으로 하나님을 사랑합니다. 그러나 역경을 당하면 하나님을 배반합니다. 그들의 사랑은 축복에 대한 사랑이지 주님에 대한 사랑이 아닙니다. 그들은 찬장을 사랑하는 것이지 그 집 주인을 사랑하는 것이 아닙니다.

옛 언약의 약속은 번영이요, 새 언약의 약속은 역경입니다. 그리스도의 말씀을 기억하십시오.

"무릇 내게 붙어 있어 열매를 맺지 아니하는 가지는 아버지께서 그것을 제거해 버리시고 무릇 열매를 맺는 가지는 더 열매를 맺게 하려 하여 그것을 깨끗하게 하시느니라"(요 15:2).

과실을 맺으려면 고통을 견뎌내야 합니다. 고통은 귀한 결과를 이루어 냅니다.

기독교인은 환난 중에 기뻐하는 법을 배웁니다. 환난이 클수록 예수 그리스도의 위로도 풍성합니다. 모든 금광석은 풀무 속을 통과해야 합니다.

당신을 위해 풍성한 결실의 계절이 준비되어 있으니 두려워 말며 오히려 기뻐하십시오. 당신은 머지않아 현세에 집착하는 것에서 구원될 것이며, 당신에게 계시될 영원한 것을 바라게 될 것입니다. 비록 세상에서 상급을 받지 못해도 하나님을 섬기겠다고 생각한다면, 장래 무한한 상급을 받고 기뻐하게 될 것입니다.

그 때에 주께서 환상 중에 주의 성도들에게 말씀하여 이르시기를 내가 능력 있는 용사에게는 돕는 힘을 더하며 백성 중에서 택함 받은 자를 높였으되(시 89:19).

그리스도께서 백성 중에서 택함을 받으신 이유는 무엇입니까? 복된 혈연관계 속에서 우리의 형제가 될 수 있었기 때문이 아니겠습니까?

신자들은 당연히 "하늘나라에는 나의 형제가 있다. 비록 지금의 나는 가난하지만, 나의 형제는 부유한 임금이시다. 보좌에 앉아 계신 그분이 나를 궁핍하게 내버려 두겠는가? 그럴 리가 없다. 그는 나를 사랑하는 내 형제이시다"라고 말할 수 있습니다.

이 복된 생각을 소중히 간직하십시오. 그분은 역경을 위해 태어난 형제이니 그렇게 대하십시오. 그리스도는 우리의 궁핍함을 알고 우리와 공감하기 위해 백성 중에서 택함을 받으셨습니다.

"모든 일에 우리와 똑같이 시험을 받으신 이로되 죄는 없으시니라"(히 4:15).

우리가 슬픔을 당할 때 그리스도도 우리와 공감하십니다. 그리스도는 유혹과 고통, 실망과 연약함, 피곤함과 가난 등 모든 것을 아십니다. 그분도 이 모든 것을 느끼셨기 때문입니다.

이것을 기억하여 위로를 받으십시오. 우리가 걸어가는 길이 괴롭고 어렵지만, 그 길은 우리의 구세주님이 걸어가셨던 길입니다. 우리는 사망의 음침한 골짜기나 범람하는 요단강에서도 그분의 발자국을 발견할 수 있을 것입니다.

용기를 내십시오. 왕께서 피로 물든 발자국을 남겨 그 가시밭길을 영원히 성별하셨습니다.

> 왕이 나를 그의 방으로 이끌어 들이시니 너는 나를 인도하라 우리가 너를 따라 달려가리라 우리가 너로 말미암아 기뻐하며 즐거워하니 네 사랑이 포도주보다 더 진함이라 처녀들이 너를 사랑함이 마땅하니라(아 1:4).

주님은 자기 백성이 주님의 사랑을 잊도록 버려두지 아니하십니다. 그들이 지금까지 누려온 사랑을 모두 있었다면, 주님은 새로운 사랑으로 찾아오셔서 이렇게 말씀하실 것입니다: "너는 내 십자가를 잊었느냐? 그것을 다시 기억나게 해주마. 내 식탁에서 나 자신을 새로이 네게 나타내겠다. 내가 영원한 회의실에서 네게 행한 일을 잊었느냐? 내가 너로 그것을 기억나게 해주마. 너는 권고자를 필요로 하게 될 것이며, 나는 네 부름을 기다리고 있겠다."

어머니들은 자녀들이 자기를 잊도록 버려두지 않습니다. 외국에 간 아들에게서 소식이 없으면 어머니는 편지를 씁니다: "내 아들아, 너는 어머니를 잊었느냐?" 그러면 아들은 기분 좋은 회답을 합니다. 그 회답은 어머니의 온유한 깨우침이 헛되지 않았음을 증명합니다. 주님도 어머니처럼 행하십니다. 주님은 우리에게 "나를 기억하라"고 하시며, 우리는 이렇게 응답합니다:

> "당신의 사랑을 기억합니다. 그것은 세상이 생기기 전에 당신 이 아버지와 함께 소유했던 영광만큼 오래된 것입니다. 예수님, 당신이 우리의 담보가 되심과 이제 우리를 당신의 신부로 여겨 포옹하시는 영원하신 사랑을 기억합니다. 자신을 희생하실 만큼 사랑하신 당신의 사랑을 기억합니다. 그것은 그 희생을 생각하며 성경이 이루어질 때를 갈망하는 사랑이었습니다. 주님, 당신의 사랑을 기억합니다. 그것은 베들레헴 말구유로부터 겟세마네 동산에 이르기까지의 당신의 거룩한 일생에 나타나 있습니다. 당신의 말 한마디, 행동 하나하나가 사랑이었습니다. 우리는 사망이 소멸시키지 못한 당신의 사랑으로 인하여 기뻐합니다. 당신의 사랑은 부활에서 찬란히 빛나며, 오늘부터 영원토록 우리 마음에서 빛을 발합니다."

이는 그가 너를 새 사냥꾼의 올무에서와 심한 전염병에서 건지실 것임 이로다(시 91:3).

하나님은 두 가지 의미에서 자기 백성을 새 사냥꾼의 올무에서 구해 내십니다. 즉 올무로부터 구해 주시며, 올무 밖으로 구해 내십니다. 첫째, 하나님은 자기 백성을 올무로부터 구하십니다. 즉 올무에 걸리지 않게 해주십니다. 둘째, 올무에 걸린 사람이 있을 때 그를 올무에서 건져 내십니다.

"그가 너를 새 사냥꾼의 올무에서 건지실 것임이로다."

어떤 방법으로 우리를 건지십니까? 하나님은 가끔 환난을 사용하여 우리를 올무에서 건지십니다. 하나님은 우리가 패역하게 되면 곧 파멸로 치닫게 된다는 것을 아시므로, 그럴 때는 자비의 매를 보내십니다. 때로는 백성들이 악의 유혹을 받을 때 그들에게 영적인 힘을 주심으로써 그들이 "내가 어찌 이 큰 죄악을 행하여 하나님께 범죄할 수 있으리요"라고 말하게 하십니다. 신자가 악한 시대의 올무에 빠졌을 때 하나님이 그를 거기에서 구해 주신다는 것은 참으로 큰 축복입니다.

오, 배교자여, 그대는 낙심하되 절망하지는 마십시오. 당신의 구속자께서 하시는 말씀을 들어 보십시오.

"배역한 자식들아 돌아오라 내가 너희의 배역함을 고치리라"(렘 3:22).

우리는 악의 포로가 되었기 때문에 돌아올 수 없다고 말합니다. 그러나 우리는 장차 온갖 악에서 건짐을 받을 것입니다. 회개하십시오. 그리하면 사랑하시는 하나님은 결코 우리를 버리시지 않을 것입니다. 그분은 우리를 영접하여 기쁨과 즐거움을 주실 것입니다.

마르다는 준비하는 일이 많아 마음이 분주한지라 예수께 나아가 이르되 주여 내 동생이 나 혼자 일하게 두는 것을 생각하지 아니하시나이까 그를 명하사 나를 도와 주라 하소서(눅 10:40).

마르다가 주님을 섬기기 위해 준비했던 것은 잘못이 아닙니다. 신자들은 모두 종이 되어야 합니다. "나는 섬긴다"라는 것이 하늘나라 왕족의 표어가 되어야 합니다. 마르다가 "준비하는 일이 많았다"라는 것도 잘못이 아닙니다. 우리는 아무리 많이 준비해도 지나치지는 않습니다. 우리의 두뇌와 마음과 손으로 주님을 섬깁시다. 마르다가 주님을 위해 음식을 준비하느라고 바빴다는 것은 잘못이 아닙니다. 마르다는 훌륭한 손님을 접대할 기회를 갖게 되어 행복했습니다.

마르다의 잘못은 마음이 분주해져서 주님을 잊고 음식 준비만 기억했다는 사실입니다. 그녀는 음식 준비하는 일을 주님과 교제보다 우위에 두었고, 하나의 의무를 소홀히 함으로써 또 다른 의무를 소홀히 했습니다.

우리는 마르다인 동시에 마리아가 되어야 합니다. 우리는 힘써 봉사하며 주님과 많은 교제를 해야 합니다. 그러기 위해서는 큰 은혜가 필요합니다. 주님과 교제하는 것보다 봉사하기가 쉽습니다. 여호수아는 아말렉족과 싸우는 데 절대 지치지 않았지만, 산꼭대기에 서서 기도하는 모세는 팔을 붙들어 줄 조력자가 필요했습니다.

우리는 신령한 일일수록 더 쉽게 싫증을 느낍니다. 가장 좋은 과일은 재배하기가 어렵습니다. 가장 거룩한 은혜를 배양하기가 어렵습니다. 우리는 본질상 선한 표면적인 일을 소홀히 하지 않으면서 동시에 예수님과 생동하는 교제를 해야 합니다. 주님을 위해 봉사한다는 핑계로 주님의 발 앞에 앉는 일을 소홀히 해서는 안 됩니다.

영혼의 건강과 주님의 영광과 우리 자신의 유익을 위해 가장 중요한 일은 주 예수와 교제하는 것입니다. 믿음의 영성이 이 세상 무엇보다도 우선해서 유지되어야 합니다.

내가 여호와께서 우리에게 베푸신 모든 자비와 그의 찬송을 말하며 그의 사랑을 따라, 그의 많은 자비를 따라 이스라엘 집에 베푸신 큰 은총을 말하리라(사 63:7).

우리도 이 말씀처럼 할 수 있습니까? 하나님의 많은 자비를 경험해 보았습니까?

인생의 길가에는 완전히 이끼로 덮이지는 않은 귀한 이정표가 있는데, 거기에는 우리를 향한 하나님의 자비를 기념하는 일들이 기록되어 있을 것입니다. 우리가 병들었을 때 하나님이 치료해 주시지 않은 일이 있습니까? 우리가 가난할 때 하나님이 우리에게 필요한 것을 채워 주시지 않은 일이 있습니까? 환난 중에 있을 때 하나님이 구해 주시지 않은 일이 있습니까? 하나님이 우리를 위해 행하신 일들을 잊지 마십시오.

기억의 책장을 들추어 옛날을 생각해봅시다. 우리가 곤경에 처해 있을 때 도움을 받았습니다. 과거에 베풀어 주셨던 자비를 회상하여 보십시오. 비록 오늘은 어둡게 보이지만 지난날의 등잔에 불을 밝히십시오. 그것은 어두움 속에서 반짝일 것이며, 우리는 주님을 믿게 되며, 마침내 새벽이 오고 어두움이 사라질 것입니다.

주님, 당신의 자비와 인자를 기억하소서. 대저 그것들이 옛적부터 있었습니다.

그런즉 우리가 믿음으로 말미암아 율법을 파기하느냐 그럴 수 없느니라 도리어 율법을 굳게 세우느니라(롬 3:31).

믿음으로 주님의 가족이 될 때, 신자와 옛 아담의 관계, 그리고 율법과의 관계는 중지됩니다. 그는 새로운 법과 새로운 언약 아래 놓입니다. 믿는 우리는 하나님의 자녀이므로 아버지께 순종하는 것이 으뜸 되는 의무입니다.

우리는 비굴한 노예의 정신을 가져서는 안 됩니다. 우리는 종이 아니라 하나님의 자녀입니다. 하나님이 신령한 의무를 행하라고 요구하십니까? 그것을 등한히 하면 위험에 처하게 됩니다. 그것은 아버지께 대한 불순종이 되기 때문입니다. 예수께서는 하늘에 계신 너희 아버지의 온전하심과 같이 너희도 온전하라"고 하셨습니다(마 5:48).

율법의 명령이라서가 아니라 구주께서 요구하시는 것이므로 거룩함을 온전히 이루려고 노력합시다. 주님이 서로 사랑하라고 말씀하셨으니, 그대로 행하십시오. 율법이 "네 이웃을 사랑하라"고 했기 때문이 아니라 예수께서 "너희가 나를 사랑하면 나의 계명을 지키리라"고 하셨기 때문입니다. 주님이 주신 계명은 "서로 사랑하라"(요 13:42)는 것입니다.

가난한 사람을 구제하라는 명령을 받았으니, 그대로 행하십시오. 자선이라는 짐을 지라고 요구하셨기 때문이 아니라, 예수께서 "네게 구하는 자에게 주라"(마 5:42)고 말씀하셨기 때문입니다. 주님은 "네 마음을 다하여 하나님을 사랑하라"고 말씀하십니다. 그 계명을 바라보며 이렇게 대답합시다.

"주님이 이미 계명을 다 이루셨으므로 나의 구원을 위해 계명을 이행할 필요는 없지만, 하나님은 내 아버지이시므로 기꺼이 순종하겠습니다."

성령께서 그리스도의 사랑의 강권하시는 힘에 순종하게 해주시기를 기원합니다. "나로 하여금 주의 계명들의 길로 행하게 하소서 내가 이를 즐거워함이니이다"(시 119:35)라고 기도합시다.

공중의 새를 보라 심지도 않고 거두지도 않고 창고에 모아들이지도 아니하되 너희 하늘 아버지께서 기르시나니 너희는 이것들보다 귀하지 아니하냐(마 6:26).

하나님의 백성들은 두 가지 의미에서 하나님의 자녀입니다. 그들은 창조에 의한 하나님의 자손이요, 동시에 그리스도 안에서 입양된 양자입니다. 이런 까닭에 그들에게는 "하늘에 계신 우리 아버지여"라고 부를 권리가 있습니다.

아버지. 이것은 참으로 소중한 말입니다. 이 말에는 권위의 의미가 들어 있습니다. "내가 아버지라면 나에 대한 존경은 어디에 있습니까?" "만일 너희가 아들이라면 너희의 순종은 어디에 있습니까?" 여기에는 권위와 애정의 의미도 포함되어 있습니다. 패역을 유발하지 않는 권위, 그리고 기쁜 마음으로 바치는 순종의 의미도 있습니다. 하나님의 자녀가 하나님께 바치는 순종은 사랑이 깃들어 있는 순종입니다.

그러므로 하나님의 일을 할 때는 노예가 일하듯이 하지 말고, 하나님이 명하신 계명의 길을 달려가십시오. 그것이 우리 아버지의 길이기 때문입니다. 육체를 의의 도구로 사용하십시오. 의(義)는 아버지의 뜻이기 때문입니다. 아버지의 뜻은 마땅히 자녀의 뜻이 되어야 합니다.

아버지. 이 말에는 경의와 사랑이 담겨 있습니다. 자녀를 향한 아버지의 사랑은 지극히 위대합니다. 우정으로는 행할 수 없고 박애의 정신으로 시도하지 못하는 일을, 아버지는 자식을 위해 행합니다. 아버지는 자식을 축복해야 합니다. 자식이기 때문에 자식을 보호하기 위해 강한 힘을 발휘하셔야 합니다.

세상의 아버지가 끊임없이 사랑과 보호로 자녀를 지켜보는데, 하물며 하늘에 계신 우리 아버지께서는 훨씬 더 큰 사랑과 보호를 나타내시지 않겠습니까!

아버지. 아바 아버지. 이렇게 부르는 것은 스랍 천사나 그룹 천사들의 노래보다 더 훌륭한 찬송입니다. "아버지. 라는 말에 하늘나라가 들어 있습니다.

듣는 자가 다 그 지혜와 대답을 놀랍게 여기더라(눅 2:47).

하나님이 행하신 큰 이적을 볼 때 기이히 여겨야 합니다. 거룩한 마음으로 기이히 여기는 것과 참 예배를 구분하기는 참으로 어렵습니다. 하나님의 장엄한 영광에 압도된 영혼이 고개를 숙이고 소리를 내어 겸손하게 기도하며 찬양을 하는 대신에 고요히 하나님께 경탄할 수도 있습니다.

성육하신 하나님은 "기묘자라, 모사라, 전능하신 하나님"(사 9:6)으로 예배를 받으셔야 합니다(사 9:6). 하나님은 타락한 인간을 쓸어내어 멸망시키지 않고 오히려 그의 구속자가 되십니다. 이것은 참으로 놀라운 일입니다. 그러나 신자들이 자기와 관련하여 대속을 생각해보면 대속은 더욱 놀라운 일이 됩니다.

예수께서 하늘나라의 왕권과 보좌를 버리시고 당신을 위해 고난받으신 것은 은혜로 말미암은 기적입니다. 당신의 영혼으로 거룩한 경탄에 잠기게 하십시오. 그 경탄은 당신을 진심에서 우러난 감사와 예배로 인도할 것입니다. 그것은 그대의 내면에 경건한 영성을 일으켜 주어 이러한 사랑을 거슬러 범죄하기를 두려워하게 만들 것입니다. 동시에 당신은 영광스러운 소망을 품게 될 것입니다. 예수께서 당신을 위해 이처럼 놀라운 일들을 행하셨다면, 하늘나라 자체를 기대해도 지나치지 않으리라고 느낄 것입니다.

구세주를 본 사람에게 무엇이 경탄할 일이 있겠습니까? 당신은 고요하고 고독한 속에서 자신이 보고 들은 것을 이야기한 베들레헴의 목자들을 모방할 수는 없지만, 하나님이 행하신 일을 경탄하는 한 보좌 앞에 있는 예배자의 무리에 참여할 수는 있을 것입니다.

우리가 다 그의 충만한 데서 받으니 은혜 위에 은혜러라(요 1:16).

이 말씀은 그리스도 안에 충만이 있다는 것을 말하고 있습니다. 그리스도 안에는 신성(神聖)이 충만합니다. 그리스도 안에는 신성의 모든 충만함이 있습니다. 또 그리스도 안에는 완전한 인성이 충만합니다. 그리스도 안에서 신성이 육체적으로 계시되었기 때문입니다.

그리스도의 보혈에는 속죄의 효험이 충만합니다. 왜냐하면 "그 아들 예수의 피가 우리를 모든 죄에서 깨끗하게 하실 것"(요일 1:7)이기 때문입니다. 그의 생명에는 의롭게 하는 의가 충만합니다.

> "그러므로 이제 그리스도 예수 안에 있는 자에게는 결코 정죄함이 없나니"(롬 8:1).

> "그러므로 자기를 힘입어 하나님께 나아가는 자들을 온전히 구원하실 수 있으니 이는 그가 항상 살아 계셔서 그들을 위하여 간구하심이라"(히 7:25).

그리스도의 사망에는 승리가 충만합니다. 그리스도는 사망을 통해서 사망의 권세를 가진 자, 곧 마귀를 멸망시키셨기 때문입니다. 죽은 자들 가운데서 살아나신 주님의 부활에는 효험이 충만합니다. 그의 부활로 의해 "우리를 거듭나게 하사 산 소망이 있게"(벧전 1:3) 하셨기 때문입니다. 주님의 승천에는 승리가 충만합니다. "그가 위로 올라가실 때에 사로잡혔던 자들을 사로잡으시고 사람들에게 선물"(엡 4:8)을 주셨기 때문입니다.

또 죄사함의 은혜, 견인케 하는 은혜, 온전케 하는 은혜도 충만합니다. 그리스도 안에 있으면 고통 중에도 위로가 충만하며, 성공할 때 인도하심이 충만합니다. 모든 거룩한 속성이 충만하며 지혜와 능력과 사랑이 충만합니다. 그것은 탐험할 수 없고 측량할 수도 없는 충만입니다.

믿는 자여, 그리스도에게로 오시오. 그리스도께서 필요한 모든 것을 충족하게 채워 주실 것입니다.

마리아는 이 모든 말을 마음에 새기어 생각하니라(눅 2:19).

복 받은 여인 마리아는 세 가지 능력을 발휘했습니다. **기억력**을 발휘하여 그들의 말을 지켰으며, **애정**을 발휘하여 그것들을 마음에 품었으며, **지성**을 발휘하여 그것들을 생각하였습니다.

사랑하는 자여, 주 예수에 관해서 들은 것과 주님이 당신을 위해 행하신 일을 기억하십시오. 지나간 세월 동안 먹고 살았던 거룩한 떡을 기념하여 보존하기 위해 그대의 마음을 만나를 담는 순금 항아리로 삼으십시오. 당신이 느끼거나 알았거나 믿어온바 그리스도에 관한 모든 것을 기억 속에 소중히 담아두십시오.

그 후에 애정으로 주님을 굳게 잡아라. 주님을 사랑하십시오. 비록 깨진 것이라도 마음의 옥합을 내놓으십시오. 사랑의 귀한 기름을 주님의 상하신 두 발에 부으십시오. 당신이 읽은 말씀을 묵상하십시오. 표면에서 그치지 말고, 깊은 곳으로 잠수해 들어가십시오. 날개로 시냇물을 스치고 지나가는 제비가 되지 말고, 깊은 파도 속을 헤엄쳐 다니는 물고기가 되십시오. 주님과 함께 머무십시오. 주님을 하룻밤 묵고 떠나는 나그네가 되게 하지 마십시오. 주님을 강권하며 "우리와 함께 유하사이다 때가 저물어가고 날이 이미 기울었나이다"라고 말하십시오(눅 24:29). 주님을 붙들고 놓지 마십시오.

"생각한다"라는 말에는 무게를 단다는 뜻도 있습니다. 그러나 주 그리스도의 무게를 달 수 있는 저울이 어디에 있습니까? 어떤 저울로 주님을 달아볼 것입니까?

> "누가 손바닥으로 바닷물을 헤아렸으며 뼘으로 하늘을 쟀으며 땅의 티끌을 되에 담아 보았으며 접시 저울로 산들을, 막대 저울로 언덕들을 달아 보았으랴"(사 40:12).

지성으로 주님을 이해할 수 없으면 사랑으로 주님을 붙잡으십시오. 당신의 영이 지성으로 주 예수를 에워쌀 수 없다면 사랑의 팔로 주님을 포옹하십시오.

우리가 그를 전파하여 각 사람을 권하고 모든 지혜로 각 사람을 가르침은 각 사람을 그리스도 안에서 완전한 자로 세우려 함이니(골 1:28).

우리 자신의 내면에 완전함이 없다고 느낄 때가 있습니다. 우리의 눈에서 떨어지는 눈물은 우리의 불완전함을 슬퍼하며, 가슴에서 터져 나오는 한숨은 우리의 불완전함을 한탄하며, 입에서 나오는 거친 말은 우리의 불완전함을 불평합니다. 우리는 가끔 마음이 잠시나마 완전하기를 바랍니다. 이처럼 불완전을 의식하고 슬퍼하는 우리에게 위로를 주는 말씀이 있습니다. 즉 "그리스도 안에서 완전한 자"이십니다.

하나님이 보시기에 우리는 "그리스도 안에서 완전한 자"입니다. 지금 우리는 "사랑하는 자 안에서" 영접을 받습니다. 그러나 우리가 깨달아야 하는 또 한 가지의 완전함이 있습니다.

이것은 모든 자손에게 약속된 것입니다. 신자들이 자기에게서 죄의 더러움이 제거되며, 허물없고 흠 없고 구겨진 곳 없이 보좌 앞에 서게 될 날을 기대하는 것은 즐거운 일이 아닐 수 없습니다. 그때 교회는 지극히 순결하게 되어, 전지하신 하나님의 눈으로도 흠을 발견하시지 못할 것입니다. 그때 우리는 "그리스도 안에서 완전하다"라는 이 짤막하지만 위대한 말씀이 주는 행복을 깨달아 느낄 것입니다. 그제야 우리는 비로소 예수님의 구원의 깊이와 높이를 충분히 이해할 것입니다.

그리스도는 더러워지고 일그러진 것들을 깨끗하게 만드시고, 자기 영광중에서 비길 데 없이 만드시고, 자기의 아름다움 속에서 비할 데 없이 만드시며, 천사들의 동료로 손색이 없이 만드십니다.

내 영혼아, 그리스도 안에 있는 완전함이라는 이 복된 진리를 찬미하라.

목자들은 자기들에게 이르던 바와 같이 듣고 본 그 모든 것으로 인하여 하나님께 영광을 돌리고 찬송하며 돌아가니라(눅 2:20).

목자들은 무엇을 찬양했습니까? 그들은 자기가 들은 것으로 인해 하나님을 찬양했습니다. 구세주가 탄생하신 큰 기쁨의 좋은 소식 때문에 찬양했습니다. 우리도 주 예수와 그의 구원에 대해 들었으니 감사의 찬송을 합시다. 목자들은 자신이 본 것으로 인해서 하나님을 찬양했습니다. 우리가 경험한 것, 우리 내면에서 느낀 것, 우리가 자신의 것으로 삼은 것 등은 아름다운 음악을 만들어 냅니다.

"내 마음이 좋은 말로 왕을 위하여 지은 것을 말하리니"(시 45:1).

예수에 관해 듣는 것만으로는 충분하지 못합니다. 듣는 것은 거문고의 음을 조율하는 것입니다. 살아 있는 믿음의 손가락으로 곡을 연주해야 합니다. 하나님이 주신 믿음의 눈으로 예수를 보았다면, 거문고 줄에 거미줄이 끼도록 버려두지 못할 것입니다. 주님의 크신 은혜를 찬양하기 위해 현악기와 거문고를 연주합시다.

목자들은 자기가 보고 들은 것이 일치하는 것으로 인해 하나님을 찬양했습니다. "자기들에게 이르던 바와 같이 듣고 본 그 모든 것으로 인하여"라는 표현에 유의하십시오. 복음이 성경에서 이른 바와 똑같다는 것을 발견했습니까? 예수님은 안식을 주시겠다고 말씀하셨습니다. 주님 안에서 즐거운 평화를 누렸습니까? 주님은 믿으면 기쁨과 위로와 생명을 소유할 것이라고 말씀하셨습니다. 이 모든 것을 받았습니까? 주님의 길은 즐거운 길이요 평화의 길입니까?

아름다우신 왕은 우리가 상상할 수 있는 모든 사랑스러움을 능가하십니다. 우리가 본 것과 들은 것을 능가합니다. 지극히 귀하시며 지극히 만족을 주시는 구세주로 인하여 하나님께 영광을 돌리며 찬양합시다.

우리가 주목하는 것은 보이는 것이 아니요 보이지 않는 것이니 보이는 것은 잠깐이요 보이지 않는 것은 영원함이라(고후 4:18).

믿는 우리가 순례자로서 세상을 사는 동안에는 앞을 내다보며 나아가야 합니다. 우리 앞에는 목적지가 있고, 면류관이 우리를 기다리고 있습니다. 소망을 얻기 위해서건 기쁨을 얻기 위해서건, 위로를 얻기 위해서건, 또는 사랑의 감화를 얻기 위한 것이건 간에, 우리의 미래는 결국 믿음의 눈으로 보아야 하는 장엄한 목표물입니다. 우리는 미래를 내다보면서 죄가 쫓겨가며, 죄의 사망의 몸이 멸망하고 영혼은 완전하게 되어 빛 가운데서 성도들의 기업에 동참하기에 알맞게 되는 것을 봅니다.

밝아진 신자의 눈은 멀리 사망의 강을 건너고 우울한 시냇물을 건너 빛의 언덕까지도 내다봅니다. 그는 자신이 진주문 안으로 들어가 정복자보다 더 큰 영접을 받는 것, 그리스도께서 면류관을 씌워 주시는 것, 예수님의 팔에 안겨 함께 영광을 누리는 것을 봅니다. 예수님께서 모든 것을 이기시고 아버지와 함께 아버지의 보좌에 앉으셨듯이, 그는 예수님의 보좌에 예수님과 함께 앉게 됩니다.

장차 이렇게 큰 영광을 받게 될 것을 생각하면, 어제의 괴로움과 오늘의 슬픔이 사라질 것입니다. 하늘나라의 기쁨은 분명히 세상의 슬픔을 보상해줄 것입니다. 이 세상은 한순간에 지나지 않으며, 당신은 머지않아 이 세상을 떠나게 될 것입니다.

시간은 지극히 짧으나 영원은 지극히 깁니다. 사망은 지극히 짧으나 불멸은 무한합니다.

저녁때에 비둘기가 그에게로 돌아왔는데 그 입에 감람나무 새 잎사귀 가 있는지라 이에 노아가 땅에 물이 줄어든 줄을 알았으며(창 8:11).

지금 당신은 하루의 일과를 마치고 지쳐 있지만, 다시 자비의 하루를 허락하실 주님을 찬양하십시오. 나는 인간을 보존해 주시는 하나님께 감사의 노래를 드립니다. 방주를 떠난 비둘기는 쉴 곳을 발견하지 못했으므로 돌아왔습니다. 내 영혼은 이 세상 것에는 만족이 없다는 것을 배웠습니다. 오직 하나님만 영의 안식을 주실 수 있습니다. 나의 사업, 재산, 가족, 내가 이루어 놓은 업적 등은 그 것 자체로는 훌륭하지만 내 불멸의 본성이 원하는 소원을 이루어 주지는 못합니다.

"내 영혼아 네 평안함으로 돌아갈지어다 여호와께서 너를 후대하심이로다"(시 116:7)

비둘기는 하루가 저물어가는 고요한 시간에 주인에게 돌아왔습니다.

주여. 오늘 나도 이렇게 예수께로 돌아가게 하여 주십시오

주님은 내 마음의 안식이요 내 영의 본향입니다. 비둘기는 방주의 지붕에 내려앉은 것이 아니라 "그에게로 돌아왔습니다."

내 갈망 하는 영은 주님의 비밀을 들여다보며, 진리의 내면으로 들어가며, 베일 속으로 들어가며, 내 사랑하는 자에게 도착합니다. 나는 반드시 예수께로 나아가야 합니다. 헐떡이는 내 영은 지극히 사랑스럽고 친밀한 주님과의 교통이 아니면 만족하지 못합니다.

복되신 주 예수님, 나와 함께 거하시며 당신을 계시하여 주소서. 밤새도록 나와 함께 계시며 아침에 잠이 깰 때도 당신과 함께 있게 하여 주소서. 나의 주여, 아침저녁으로 새로이 허락해 주시는 자비하심으로 인해 감사드립니다. 간구하오니 이제 손을 내미셔서 당신의 비둘기를 품에 넣으소서.

뽕나무 꼭대기에서 걸음 걷는 소리가 들리거든 곧 공격하라 그 때에 여호와가 너보다 앞서 나아가서 블레셋 군대를 치리라 하신지라(삼하 5:24).

그리스도의 몸 된 교회의 지체들은 항상 기도 생활에 힘쓰며, 성령의 기름 부음이 자기 심령에 임하여 그리스도의 나라가 임하며 뜻이 하늘에서 이루어진 것 같이 땅에서도 이루어지기를 구해야 합니다.

때로 하나님이 특별히 시온에게 은혜를 베푸는 듯 보이는 시기가 있습니다. 그런 시기야말로 그들에게 "뽕나무 꼭대기에서 걸음 걷는 소리가 들리는" 때입니다. 우리는 두 배나 기도에 힘쓰며, 두 배나 열심을 내며, 항상 해오던 것보다 더 열심히 보좌 앞에서 씨름해야 합니다.

오순절에 있었던 성령 세례와 그 수고가 우리에게도 있다면 얼마나 좋겠습니까! 믿는 자들이여, 우리에게도 "뽕나무 꼭대기에서 걸음 걷는 소리"가 들리는 때가 있습니다. 우리가 기도할 때 특별한 능력을 소유하며, 하나님의 영은 당신에게 기쁨과 즐거움을 주십니다. 성경은 우리에게 "개방되어 있으며, 약속은 우리에게도 이루어집니다. 우리가 헌신할 때 특별한 자유를 소유하며 그리스도와 더욱 밀접한 교제를 나누게 됩니다. 그처럼 즐거운 때 우리는 일어서야 합니다.

지금 영이신 하나님께서 우리의 연약함을 도와주시는 동안에 모든 악한 습관을 없게 하소서.

모든 일을 그의 뜻의 결정대로 일하시는 이의 계획을 따라 우리가 예정을 입어 그 안에서 기업이 되었으니(엡 1:11).

예수님은 우리를 위해 자신을 주시면서 자기의 권리와 특권도 함께 주셨습니다. 영원하신 하나님이신 주님은 피조물들이 감히 나누어 받기를 원할 수 없는 본질적인 권리를 가지고 계십니다. 그러나 주님은 은혜의 언약을 세우신 중보자이심으로 우리를 떠나서는 기업을 소유하시지 않습니다. 죽기까지 순종하신 주님이 이루신 결과는 주님 안에 있는 모든 사람의 소유가 됩니다. 주님은 우리를 위하여 하나님의 뜻을 이루시고 영광에 들어가셨습니다. 그러나 그것은 주님만을 위한 것이 아닙니다.

"그리로 앞서 가신 예수께서 …우리를 위하여 들어 가셨느니라"(히 9:2).

우리 스스로는 하늘나라에 대한 권리를 가지지 못합니다. 우리의 권리는 주님 안에 있습니다. 우리의 죄 사함은 주님의 보혈로 말미암은 것이요, 우리의 칭의는 주님의 의로 말미암은 것입니다. 우리가 성결하게 되는 것은 주님이 우리의 성결이 되시기 때문이요, 타락하지 않는 것은 예수 그리스도 안에 보존되기 때문이며, 온전해지는 것은 주님 안에서 완전하기 때문입니다.

우리는 분명히 기업을 소유합니다. 그것은 그리스도 안에서 얻은 것입니다. 우리는 사랑하는 예수로 말미암아 축복을 얻었으므로 그것들은 더욱 즐거운 것이요, 하늘나라도 더욱 밝아집니다. 그리스도의 보화의 무게를 달아보십시오. 그리고 성도들의 보물을 세어 보십시오.

"만물이 다 너희 것임이라 … 너희는 그리스도의 것이요 그리스도는 하나님의 것이니라"(고전 3:21, 23).

그의 날에 유다는 구원을 받겠고 이스라엘은 평안히 살 것이며 그의 이름은 여호와 우리의 공의라 일컬음을 받으리라(렘 23:6).

믿는 자는 그리스도의 완전한 의를 생각할 때 지극히 큰 평온과 정적과 평안과 평화를 얻습니다. 신자 중에는 항상 영혼의 타락함과 타고난 악에 관해서만 이야기하는 사람들이 있습니다. 물론 이것도 진실이기는 합니다. 그러나 어찌하여 좀 더 앞으로 나아가 우리가 "그리스도 안에서 완전한 자"라는 것을 기억하지 않습니까?

우리의 의가 되신다는 것을 생각할 때 우리는 분명히 기운을 얻을 것입니다. 비록 내가 하늘나라에 도착하기까지 고통이 나에게 밀려오고 사탄이 나를 공격하며 많은 일을 겪어야 하지만, 그것들은 거룩한 은혜의 언약 속에서 나를 위해 행해지는 것입니다.

내 주님에게는 부족한 조금도 없습니다. 그리스도는 모든 것을 행하셨습니다. 주님은 십자가 위에서 "다 이루었다"라고 말씀하셨습니다.

주님이 다 이루셨으므로 나는 그리스도 안에서 완전한 자입니다. 내가 가지고 있는 의는 "율법에서 난 것이 아니요 오직 그리스도를 믿음으로 말미암은 것이니 곧 믿음으로 하나님께로부터 난 의"(빌 3:9)이므로 나는 말할 수 없이 기뻐하며 영광으로 충만할 수 있습니다.

믿는 사람이 "나는 오직 그리스도만 의지하고 살아갑니다. 나는 구원을 얻기 위해 완전히 그리스도를 의지합니다. 그리고 비록 무가치한 자이지만 내가 예수 안에서 구원받았음을 믿습니다"라고 말할 때 감사의 동기로써 "나는 그리스도의 공로로 구원얻었다. 그런데 어찌 그리스도를 위해 살지 않을 수 있겠습니까? 그리스도를 사랑하며 그리스도를 섬기지 않을 수 있는가?"라는 생각이 떠오릅니다.

"사랑이 우리를 강권하시는도다"(고후 5:14).

그가 한사코 달려가겠노라 하는지라 요압이 이르되 그리하라 하니 아히마아스가 들길로 달음질하여 구스 사람보다 앞질러가니라(삼하 18:23).

달리는 일 자체로 모든 것이 이루어지는 것이 아닙니다. 어떤 길을 선택하느냐가 중요합니다. 산꼭대기와 골짜기를 빨리 달리는 사람은 평지를 서서히 여행하는 사람과 보조를 맞추지 않을 것입니다.

나의 영적 여행은 어떠합니까? 나는 자신의 행위라는 산을 애써 오르며, 수치와 결심이라는 골짜기를 내려가고 있지 않습니까? 나는 "믿고 사는" 평탄한 길을 달리고 있습니까? 믿음으로 움직이는 영혼은 달음질하여도 지치지 않고 아무리 걸어도 기진맥진하지 않습니다.

예수 그리스도는 생명의 길입니다. 주님은 평탄하고 즐거운 길이요, 두려워 떠는 죄인들의 비틀거리는 발과 연약한 무릎에 적당한 길입니다. 나는 주님의 길에 서 있습니까, 아니면 종교나 철학이 약속하는 다른 길을 따르고 있습니까? 나는 성결의 길에 관한 말씀을 읽습니다. 비록 어리석은 자라도 탐색하는 사람은 그런 길에서 잘못을 하지 않을 것입니다. 나는 교만한 이성에서 구원받아 예수의 사랑과 보혈 안에 안식하는 어린아이가 되었습니까? 그렇다면 다 길을 달리는 튼튼한 경주자를 이길 수 있습니다.

가장 지혜로운 길은 하나님의 도움과 안내를 구하는 것입니다. 하나님은 내게 필요한 것을 아시며, 그것들을 공급해 주실 수 있습니다. 하나님께 갈 수 있는 길은 오직 주님께 기도하여 분명하게 약속을 논하는 것입니다. 세상일에도 사람들은 서로 경쟁하여 한 사람이 상대방을 이깁니다. 그러므로 나는 상을 얻도록 열심히 달려야 합니다.

주여, 당신의 말씀으로 내 마음을 살아나게 해주소서. 예수 그리스도 안에 있는 부름의 상을 얻기 위해 표적을 향하여 빨리 달리게 해주소서.

그들이 여호와의 도를 노래할 것은 여호와의 영광이 크심이니이다(시 138:5).

신자들은 처음 자기의 짐을 십자가 밑에 내려놓을 때 여호와의 도를 노래하기 시작합니다. 죄사함을 받은 자녀의 영혼으로부터 북받쳐 올라오는 환희의 노래는 천사들의 노래보다 더 감미롭습니다.

믿는 자들이여, 당신을 속박하고 있던 사슬이 벗겨지던 날을 기억합니까? 예수님께서 당신을 만나 "내가 무궁한 사랑으로 너를 사랑하는 고로 인자함으로 너를 인도하였다. 내가 네 허물은 빽빽한 구름의 사라짐 같이 네 죄를 안개의 사라짐 같이 도말하였으니, 이제부터 영원히 네 죄를 기억하지 아니하리라"고 말씀하시던 것을 기억합니까?

예수님은 죄의 아픔을 제거해 주시는 때야말로 지극히 놀라운 순간입니다. 신자들이 기독교 신자로서의 생활을 시작할 때만 여호와의 도를 노래할 이유가 있는 것이 아닙니다. 일생 여호와의 도를 노래할 이유를 발견합니다. 하나님의 한결같으신 인애(仁愛)를 경험하면서 "내가 여호와를 항상 송축함이여 내 입술로 항상 주를 찬양하리이다"라고 노래합니다(시 34:1).

내 형 요나단이여 내가 그대를 애통함은 그대는 내게 심히 아름다움이라 그대가 나를 사랑함이 기이하여 여인의 사랑보다 더하였도다(삼하 1:26).

예수의 기이한 사랑을 이야기합시다. 남에게서 들은 것이 아니라 직접 본 것을 이야기합시다.

오 예수님, 내가 당신을 떠나 방황할 때 나를 향한 당신의 사랑이 내 몸과 정신의 소원을 이루어 주셨습니다. 당신의 사랑은 나로 사망에 이를 죄를 범하지 않도록 억제하여 주었습니다.

당신은 나를 멸망으로부터 막아주셨습니다. 공의가 "찍어버리라. 어찌 땅만 버리는가"라고 할 때, 당신의 사랑은 도끼를 숨기셨습니다.

당신의 사랑은 나를 광야로 데리고 가서 내 죄의 악과 불의의 죄 짐을 느끼게 해주셨습니다.

내가 낙심할 때 당신의 사랑은 부드럽게 "수고하고 무거운 짐 진 자들아 다 내게로 오라 내가 너희를 쉬게 하리라"고 말씀하셨습니다.

당신의 사랑은 비길 데 없이 크십니다. 당신은 내 죄를 씻어 주셨으며, 더러운 내 영혼을 깨끗하게 해주셨습니다. 나는 범죄하여 칠흑같이 검었지만, 당신은 눈처럼 희고 양털처럼 깨끗하게 하셨습니다.

당신은 "나는 네 것이요 너는 내 것이라"고 속삭이시면서 사랑을 나타내셨습니다.

"아버지께서 친히 너희를 사랑하심이니라"고 말씀하시는 당신의 음성은 참으로 자비하셨습니다. 내 영혼은 결코 당신께서 친히 나에게 자신을 계시해 주셨던 그 교제의 방을 잊지 못할 것입니다. 모세는 바위가 갈라진 틈에서 하나님의 등을 보았습니다.

우리도 그리스도의 위격 안에서 신성의 영광을 충분히 볼 수 있는 바위틈을 가지고 있습니다.

귀하신 주여, 우리에게 놀라운 사랑의 새로운 축복을 내려 주소서.

율법을 따라 거의 모든 물건이 피로써 정결하게 되나니 피흘림이 없은 즉 사함이 없느니라(히 9:22).

유대인의 의식 속에서 행하는 피흘림에 의해서 상징적이기는 하지만 죄가 제거됩니다. 죄는 대속물이 없이는 결코 사함을 받을 수 없습니다. 내가 그리스도를 벗어나면 결코 나에게 소망이 없습니다. 죄의 대속물로 여길 가치가 있는 다른 피흘림은 없습니다.

그리스도의 대속의 피가 진실로 내 영혼에 적용되고 있습니까? 인간은 누구나 그리스도를 필요로 합니다. 우리에게 죄 사함의 길이 있다는 것은 얼마나 큰 축복입니까!

그러나 형식적인 믿음을 가진 사람은 우리가 그리스도의 공로로 모든 죄사함을 받는다는 사실로 인해 얼마나 기뻐하는지 이해하지 못합니다. 그들의 행위기도와 의식은 지극히 보잘것없는 위로밖에 주지 못합니다. 그들은 유익한 큰 구원을 등한히 여기며, 피흘림이 없이 죄 사함을 받으려고 노력합니다.

양심이 자극을 받아 괴로워할 때 감정과 증거에 의지하여 위로를 얻으려는 것은 헛된 일입니다. 이것은 우리가 과거에 습득한 습관입니다. 죄책감을 느끼는 양심을 치료하는 유일한 방법은 십자가 위에서 고난받으시는 예수님을 바라보는 것입니다.

레위인들의 율법에는 “피는 그 생명이라”고 하였습니다. 우리는 그리스도의 피가 믿음과 기쁨과 모든 거룩한 은혜의 근원임을 믿고 의심치 맙시다.

또 요김과 고세바 사람들과 요아스와 모압을 다스리던 사랍과 야수비 네헴이니 이는 다 옛 기록에 의존한 것이라(대상 4:22).

역대기상 4장에 기록된 것들은 우리 영혼의 기쁨이 되는 귀한 것만큼 오래된 것은 아닙니다. 우리는 영혼의 기쁨이 되는 것을 기억하여, 마치 구두쇠가 황금을 세듯이 그것을 열거하여 봅시다.

영혼의 기쁨이 되는 것에는 성부 하나님의 주권적 선택이 있습니다. 하나님은 그것에 의해 우리를 영원한 생명으로 예정하셨습니다. 우리는 세상이 만들어지기 전에 하나님의 택함을 받았습니다. 그 택함은 영원한 사랑이 함께 했습니다. 우리를 구분하여 택하신 것은 하나님의 거룩한 뜻만으로 이루어진 것이 아니라, 거룩한 사랑도 개입되어 있습니다. 아버지께서는 태초부터 우리를 사랑하셨습니다.

또 우리를 멸망에서 대속하며 정결하게 거룩하게 하며 마침내 영화롭게 하려는 영원하신 섭리도 태초부터 있었습니다. 그것은 불변의 사랑과 절대적인 주권과 병행하고 있습니다.

또한 언약도 영원한 것입니다. 예수께서는 최초로 별이 반짝이기 전에 이미 거룩한 약속을 하셨습니다. 택함을 받은 사람들은 주님 안에서 영생을 얻습니다. 이처럼 거룩한 목적 안에서 하나님의 아들과 그의 백성 사이에 복된 언약의 결합이 이루어졌습니다. 그것은 유한한 세상이 끝난 후에라도 그들의 안전의 기초로 존재할 것입니다.

부끄럽게도 대부분 신자는 이 옛 사실을 등한히 하며 심지어는 배격합니다. 그들이 자기의 죄를 더 잘 안다면 기꺼이 주님의 은혜를 찬미할 것입니다.

오늘 밤 주님을 찬미하고 찬양합시다.

그러므로 형제들아 우리가 빚진 자로되 육신에게 져서 육신대로 살 것이 아니니라(롬 8:12).

우리는 모두 하나님의 피조물이므로 모두 하나님께 빚진 자들입니다. 또한 하나님의 계명을 범했기 때문에 우리는 모두 하나님의 공의에 빚진 자들입니다. 우리는 하나님께 갚을 길이 없는 많은 빚을 지고 있습니다. 그러나 하나님의 공의에 관한 한 믿는 자들은 아무런 빚도 없다고 말할 수 있습니다. 그리스도께서 자기 백성들의 빚을 갚아 주셨기 때문입니다. 이런 까닭에 신자들은 더 많이 사랑해야 할 빚을 지고 있습니다.

나는 하나님은 은혜와 용서하시는 자비에 빚진 자입니다. 그러나 하나님의 공의에 대해서는 빚진 자가 아닙니다. 하나님은 결코 나에게 이미 주님이 갚아 주신 빚을 갚으라고 요구하시지 않을 것입니다.

그리스도는 "다 이루었다"라고 말씀하셨습니다. 이는 자기 백성이 지고 있는 모든 빚을 기억의 책에서 영원히 지워 버리셨다는 의미입니다. 그리스도는 하나님의 공의를 완전히 충족시키셨습니다. 거래는 끝났습니다. 빚문서는 십자가에 못 박혔고 영수증이 교부되었으므로 우리는 더는 하나님의 공의에 빚진 자가 아닙니다.

믿는 자들이여, 잠시 생각해 봅시다. 우리는 하나님의 주권에 대해 얼마나 많은 빚을 지고 있습니까? 우리는 하나님의 사랑에 얼마나 많은 빚을 지고 있습니까? 하나님은 독생자를 세상에 보내주셔서 우리를 위해 죽게 하셨습니다. 우리가 하나님의 용서하시는 은혜에 얼마나 많은 빚을 지고 있습니까? 하나님은 만 번이나 모욕을 당하시고도 여전히 우리를 사랑하십니다.

하나님의 사랑에 얼마나 많은 빚을 지고 있습니까?" 하나님은 죄로 말미암아 죽은 우리를 살리셨으며, 우리의 영적 생명을 지탱하게 해주셨습니다. 우리의 마음은 일천 번이나 변했지만, 하나님은 단 한 번도 변하지 않으셨습니다. 우리 자신과 우리의 소유는 모두 하나님께 빚진 것입니다.

> 내 마음으로 사랑하는 자야 네가 양 치는 곳과 정오에 쉬게 하는 곳을 내게 말하라 내가 네 친구의 양 떼 곁에서 어찌 얼굴을 가린 자 같이 되랴(아 1:7).

이 말씀은 그리스도와 교제하기를 원하는 신자의 갈망을 표현하고 있습니다.

당신은 어디서 양 떼를 먹이십니까? 당신의 집입니까? 거기서 당신을 발견할 수 있다면 가겠습니다. 은밀한 기도 안에서 먹이십니까? 그렇다면 쉬지 않고 기도하겠습니다. 당신의 말씀 안에서입니까? 그렇다면 부지런히 말씀을 읽겠습니다. 당신의 계명입니까? 그렇다면 마음을 다하여 당신의 계명 안에서 행하겠습니다. 당신이 양들을 먹이는 곳을 말씀해 주십시오. 나는 목자인 당신이 계신 곳에 양이 되어 눕겠습니다. 나는 당신을 떠나서는 절대 만족하지 못합니다. 내 영혼은 당신의 임재를 목말라 합니다. 당신의 양 떼는 정오에 어디서 쉽니까? 당신이 사랑하는 양 떼와 함께 거하시는 곳에서 내 영혼도 안식을 취해야 합니다.

"내가 네 친구의 양 떼 곁에서 어찌 얼굴을 가린 자 같이 되랴"(아 1:7).

나는 당신의 친구가 될 수 없겠습니까? 사탄은 나에게는 그럴 자격이 없다고 말하지만, 당신은 항상 나를 사랑하셨습니다. 그러므로 나의 무가치함이 당신과의 교제를 막는 장애가 될 수 없습니다. 물론 나는 연약하며 쉽게 타락합니다. 연약하므로 나는 항상 당신이 양 떼를 먹이는 곳에 있어야 합니다. 그래야 힘을 얻고 잔잔한 물가에서 안전하게 보호를 받을 것입니다.

내가 왜 얼굴을 가려야 합니까? 내게는 얼굴을 가려야 할 이유가 없으며 오히려 얼굴을 가리지 않아야 할 이유는 많습니다. 주님은 친히 나에게 오라 손짓합니다. 주님이 잠시 나를 떠나는 것은 내가 주님의 임재를 더욱 귀히 여기기 위함입니다.

지금 나는 주님에게서 떨어져 상심과 비탄함 중에 있으나, 주님은 나를 다시 피난처로 인도해주실 것입니다. 그곳은 주님의 양들이 뜨거운 태양을 피해 쉬는 곳입니다.

> 여호와께서 내게 이르시되 이스라엘 자손이 다른 신을 섬기고 건포도 과자를 즐길지라도 여호와가 그들을 사랑하나니 너는 또 가서 타인의 사랑을 받아 음녀가 된 그 여자를 사랑하라 하시기로(호 3:1).

믿는 자들이여, 이제까지 우리가 경험한 일을 모두 회고해 보십시오. 우리의 하나님이 광야에서 어떻게 인도해 주셨는지, 그리고 날마다 우리를 어떻게 입히시고 먹이셨는지 생각해 보십시오. 하나님은 당신의 불평과 애굽의 고기 냄비를 그리워하는 태도 등을 보시고도 인내하셨습니다. 하나님은 반석에서 물이 솟게 하시며 하늘에서 만나를 내려보내 먹이셨습니다. 우리가 환난 중에 있을 때 넉넉히 임한 하나님의 은혜를 생각해 보십시오. 주님의 보혈이 죄 속에 있는 우리를 용서해 주셨으며, 주의 막대기와 지팡이가 우리를 안위하여 준 것을 생각해 보십시오.

주님의 사랑을 회고해 본 뒤에 앞으로 있을 사랑을 믿음으로 전망해 보십시오. 그리스도의 언약과 사랑에는 과거보다 더 많은 것이 포함될 것을 기억하십시오. 지금까지 우리를 사랑하시고 용서해 주신 주님은 앞으로도 계속 우리를 사랑하고 용서해 주실 것입니다.

주님은 알파요, 장차 오메가가 되실 분이십니다. 그러므로 비록 사망의 음침한 골짜기를 다닐지라도 해를 두려워할 필요가 없습니다. 왜냐하면 주님이 우리와 함께 계시기 때문입니다. 차가운 요단강 속에 있어도 두려워할 필요가 없습니다. 왜냐하면 사망이 주님의 사랑에서 우리를 떼어내지 못하기 때문입니다. 우리가 영원의 비밀에 들어가더라도 두려워할 필요가 없습니다.

> "내가 확신하노니 사망이나 생명이나 천사들이나 권세자들이나 현재 일이나 장래 일이나 능력이나 높음이나 깊음이나 다른 어떤 피조물이라도 우리를 우리 주 그리스도 예수 안에 있는 하나님의 사랑에서 끊을 수 없으리라"(롬 8:38-39).

주님의 사랑을 묵상할 때 우리의 심령은 뜨겁게 타오르며, 우리는 더욱 주님을 사랑하고픈 갈망에 사로잡힙니다.

부지중에 실수로 사람을 죽인 자를 그리로 도망하게 하라 이는 너희를 위해 피의 보복자를 피할 곳이니라(수 20:3).

도피성은 누구나 반나절 정도 여행하면 도착할 수 있는 곳에 두었습니다. 구원의 말씀도 우리 가까이에 있습니다. 예수는 현존하시는 구세주시오, 우리와 주님 사이는 가깝습니다. 주님께 가려면 우리의 공로를 버리고 예수를 우리의 모든 것으로 여겨 붙들기만 하면 됩니다.

도피성으로 가는 길은 엄격하게 보존되었습니다. 강에는 다리를 놓고 장애물을 제거하여서 도피하는 사람은 쉽게 그곳에 도달할 수 있습니다.

장로들은 매년 그 길을 걸어가며 그 길의 상태를 점검했습니다. 그들은 도망치는 사람이 방해를 받아 잡혀서 죽임을 당하지 않도록 하려는 것입니다.

복음의 약속은 길에 놓인 모든 장애를 제거합니다. 교차로나 모퉁이마다 "도피성으로 가는 길"이라는 길 안내 표식을 세워놓았습니다. 이것이 예수 그리스도께 가는 길의 모습입니다. 그 길을 우회해서 돌아가는 율법이라는 길이 아닙니다. 그것은 규칙에 복종을 내포하지 않습니다. 그것은 곧은 길, "믿고 살라"는 길입니다.

그 길은 매우힘들어서 독선적인 사람은 갈 수 없습니다. 그러나 그 길은 매우 쉬운 길이어서 죄인 누구라도 그 길을 따라서 가기만 하면 하늘나라에 도달하게 됩니다.

살인자는 도시의 외곽에 도착하기만 하면 안전했기 때문에 성에서 멀리 갈 필요가 없이 성 밖으로 나가는 것만으로 충분한 보호를 받을 수 있었습니다.

우리는 그리스도의 옷자락을 만지기만 해도 온전하게 될 것입니다. 겨자씨만한 믿음으로 주님을 붙들면 안전하게 될 것입니다.

아버지가 아들을 세상의 구주로 보내신 것을 우리가 보았고 또 증언하노니(요일 4:14).

예수 그리스도께서 아버지의 허락, 권위, 승인, 도움 하에 세상에 오셨다는 것을 알 때 우리에게 평화가 임합니다. 아버지께서는 예수 그리스도를 인간의 구주로 세상에 보내셨습니다. 삼위일체 안에 있는 각 위격에 대해서는 차이점이 존재하지만, 그 존귀함에는 전혀 차이가 없습니다.

우리는 흔히 구원의 영광을 아버지께 돌리기보다는 예수 그리스도께 더 많이 돌립니다. 이것은 잘못된 일입니다. 아버지께서 아들을 보내시지 않았습니까? 비록 아들 이 놀라운 말을 하였으나, 아버지께서 아들의 입술에 은혜를 부어 주셨기에 아들이 새 언약의 사역을 할 수 있었던 것이 아닙니까?

성부와 성자와 성령을 올바르게 아는 사람이라면 그 중 어느 한 분만 더 사랑할 수 없습니다. 우리는 인간이신 예수 그리스도와 형제로서 밀접한 교제를 나누고 있는 한 영원하신 하나님과도 관계가 있습니다.

우리는 성부 하나님이 위대한 긍휼의 역사를 행하기 위한 장비를 아들에게 갖추어 주실 때 여호와 하나님의 마음속에 있었던 사랑의 깊이를 한 번이라도 생각해 보았습니까?

"아버지께서 그 아들을 세상에 보내셨다"라는 주제로 묵상합시다. 아버지가 원하시는 일을 예수님께서 어떻게 행하셨는지 생각해 보십시오. 임종하시는 구세주의 상처 속에서 위대하신 여호와 하나님의 사랑을 보십시오. 예수님을 생각할 때마다 영원하시고 복되신 하나님을 생각하십시오.

"여호와께서 그에게 상함을 받게 하시기를 원하사 질고를 당하게 하셨은즉"(사 53:10).

> 그 때에 예수께서 대답하여 이르시되 천지의 주재이신 아버지여 이것을 지혜롭고 슬기 있는 자들에게는 숨기시고 어린 아이들에게는 나타내심을 감사하나이다(마 11:25).

이 말씀은 훌륭한 방법으로 시작됩니다. 아무도 주님에게 질문하지 않았고, 또 주님은 누구하고 대화하신 것도 아닙니다. 그런데도 "예수께서 대답하여 이르시되…아버지여 감사하나이다"라고 기록되어 있습니다.

대답은 질문한 사람에게 하는 것입니다. 그렇다면 누가 주님께 질문을 했습니까? 물론 하나님 아버지십니다. 그러나 본문에는 그런 기록이 없습니다. 이것은 주님이 항상 아버지와 교제하고 계셨음을 가르쳐 줍니다.

하나님은 끊임없이 주님의 마음에 말씀을 건네셨습니다. 하나님과 대화하는 것은 예수님의 습관이요 생활이었습니다.

우리도 성부 하나님과 고요히 교제하여 가끔 하나님에 대답하게 되기를 기원합니다. 세상은 우리가 누구와 말하는지 알지 못하지만, 우리는 다른 사람의 귀에는 들리지 않는 은밀한 음성에 응답할 것입니다. 하나님의 영이 우리의 귀를 열어 주시면, 우리는 그 은밀한 음성을 듣고 기뻐할 것입니다. 하나님은 우리에게 말씀하고 계십니다. 그러므로 우리는 하나님께 응답하여 하나님은 약속을 신실하게 지키시는 분이심을 확실히 하거나, 하나님의 영이 우리로 자각하게 해준 죄를 자백하거나, 하나님의 은혜로 주신 자비를 인정합시다.

우리 영이 아버지와 친밀하게 교통한다는 것은 얼마나 큰 특권입니까. 그것은 세상에는 감추인 비밀이요, 친한 친구라도 함께 나누지 못하는 기쁨입니다. 하나님 사랑의 속삭임을 듣기를 원한다면 우리 귀로 그 음성을 들을 준비를 해야 합니다.

오늘 밤, 하나님이 우리에게 말을 건네실 때 즉시 응답할 수 있도록 우리의 심령을 준비합시다.

모든 기도와 간구를 하되 항상 성령 안에서 기도하고 이를 위하여 깨어 구하기를 항상 힘쓰며 여러 성도를 위하여 구하라(엡 6:18).

우리는 기도를 배운 후 다양하고 많은 기도를 하고 있습니다. 우리가 드린 최초의 기도는 우리 자신을 위한 기도였습니다. 우리는 하나님께 우리를 불쌍히 여기시며 우리 죄를 사하여 달라고 기도했으며, 하나님은 우리의 기도를 들어 주셨습니다.

하나님이 죄를 사해 주셨을 때, 우리는 더욱 자신을 위한 기도를 했습니다. 그러나 우리는 마땅히 성화의 은혜를 구해야 했습니다. 강권하시고 구속하시는 은혜를 구해야만 했습니다. 우리는 새로운 믿음의 확신을 갈망하며, 시험을 받을 때 구원해 주시기를 구하며, 근행을 할 때 도움을 구하며, 시련의 때에 위안을 구하게 되었습니다. 우리는 우리의 영혼을 위해 하나님께로 나가도록 강요되었습니다.

하나님의 자녀들이여, 하나님이 아닌 다른 곳에서는 결코 자신의 영혼에 유익한 것을 얻을 수 없음을 증언하십시오. 우리의 영혼이 먹은 떡은 하늘에서 내려온 것이었고 우리의 영혼이 마신 물은 살아계신 반석, 주 예수 그리스도에게서 흘러나오는 물이었습니다.

우리의 욕망이 셀 수 없을 공급할 물자 또한 무한합니다. 하나님의 자비가 무수했던 것만큼 우리의 기도 또한 셀 수 없이 변했습니다. 우리는 "나는 여호와를 사랑합니다. 그는 나의 간구하는 소리를 들어주셨다"라고 말할 수 있습니다. 하나님은 환난 날에 우리의 기도를 들어주시고 힘을 주셨으며, 자비의 보좌 앞에서 의심하고 두려워 떨어 하나님을 수치스럽게 했을 때도 우리를 도와주셨습니다. 이 일을 기억하여 우리의 마음에 하나님께 감사함으로 가득히 채우십시오.

"내 영혼아 여호와를 송축하며 그의 모든 은택을 잊지 말지어다"(시 103:2).

그러므로 너희 죄를 서로 고백하며 병이 낫기를 위하여 서로 기도하라 의인의 간구는 역사하는 힘이 큼이니라(약 5:16).

하나님은 중보기도를 가장 기쁘게 들으신다는 것을 기억하고 힘을 얻어 즐거운 마음으로 중보기도를 합시다. 그리스도의 기도는 이러한 특성이 있는 것이었습니다. 위대하신 대제사장께서 순금 향로에 부어 넣은 향 중에는 주님 자신을 위한 것은 하나도 없었습니다. 주님의 중보기도는 모든 간구 중에서 가장 기쁘게 받아들여지는 기도였습니다. 그리스도의 기도를 닮은 것일수록 향기로운 기도가 됩니다.

하나님은 우리 자신에게 필요한 것을 구하는 기도를 받아주십니다. 그러나 이웃을 위한 간구는 더 많은 성령의 열매 — 사랑, 믿음, 우정을 나타냅니다. 이런 기도는 우리가 예수의 공로로 말미암아 하나님께 드리는 제물 중에 가장 향기로운 제물이 될 것입니다. 중보기도는 대단히 효력 있는 기도입니다. 하나님의 말씀에는 이 기도의 놀라운 행위가 가득합니다.

믿는 자여, 당신은 능력 있는 도구를 손에 들고 있으니 그것을 사용하십시오. 끊임없이 믿음으로 사용하십시오. 그리하면 당신은 형제들에게 축복이 될 것입니다. 왕이 그대의 말을 들어주실 때 고통받는 몸의 지체에 대해 왕께 이야기하십시오. 당신이 은총을 받아 보좌 가까이 나아가며, 왕이 그대에게 "구하라. 그러면 네가 원하는 것을 주겠다"라고 하실 때, 자신을 위해서만 탄원하지 말고 왕의 도움이 필요한 사람을 위해 호소하십시오.

은혜를 가지고 있으면서도 중보기도를 드리지 않는다면 그 은혜는 겨자씨 정도에 불과합니다. 당신은 영혼을 유사로부터 끌어낼 만한 은혜를 가지고 있습니다. 깊이 흐르는 은혜의 물결은 이웃들의 궁핍함이라는 무거운 수레를 움직입니다. 우리는 주님으로부터 그들을 위한 풍성한 축복을 가져올 수 있습니다. 그것은 다른 방법으로는 얻을 수 없고 오직 중보기도를 통해서만 얻을 수 있습니다.

이것은 너희가 쉴 곳이 아니니 일어나 떠날지어다 이는 그것이 이미 더러워졌음이니라 그런즉 반드시 멸하리니 그 멸망이 크리라(미 2:10).

"일어나라. 네가 거하는 집, 네가 사업을 하는 도시, 네 가족, 네 친구에게서 떠나라. 일어나 당신 자신의 최후 여행을 떠나라"는 메시지가 우리에게 임할 시간이 다가오고 있습니다.

우리는 장차 거할 나라에 대해서 약간은 읽은 바 있으며, 또 성령께서도 조금은 계시해 주셨습니다. 그러나 우리는 미래의 종국에 대해 거의 알지 못하고 있습니다. 우리는 다만 그곳에는 "사망"이라는 파도가 휘몰아치는 검은 강이 있다는 사실을 압니다. 하나님은 우리와 함께하시겠다고 약속하시면서 우리에게 그 강을 건너라고 명하십니다. 그런데 사망의 강을 건넌 후에는 우리에게 무엇이 임합니까? 어떤 영광스러운 광경 이 우리 눈앞에 전개됩니까?

우리는 하늘나라에 대해서 충분히 알고 있으므로 하나님이 우리를 부르실 때 기쁘고 즐겁게 그 부르심을 영접할 수 있습니다. 우리가 사망의 음침한 골짜기를 통과할 때 하나님이 우리와 함께하실 것이며, 따라서 해를 두려워할 필요가 없다는 것을 알기 때문에 우리는 담대하게 앞으로 나아갈 수 있습니다.

우리는 이 세상에서 알고 사랑하던 모든 것들과 헤어져 예수님이 계시는 곳, 즉 아버지의 집으로 가게 될 것입니다. 우리는 "하나님이 계획하시고 지으실 터가 있는 성"(히 11:10)으로 가게 될 것입니다.

이것은 우리의 마지막 이사가 될 것입니다. 우리는 영원토록 사랑하는 그분과 함께 그의 백성 중에 거하면서 하나님의 얼굴을 뵐 것입니다.

믿는 자들이여, 하늘나라에 대해 많은 묵상을 하십시오. 그러면 이 세상의 수고를 잊고 하늘나라를 향해 가는 데 도움이 될 것입니다. 이 눈물의 골짜기는 더 좋은 나라로 가는 오솔길에 불과합니다. 이 슬픔의 세상은 축복의 세상으로 가는 디딤돌에 불과합니다.

하늘로부터 큰 음성이 있어 이리로 올라오라 함을 그들이 듣고(계 11:12).

이 말씀을 예언적 관점에서 생각하지 말고, 위대하신 우리의 선구자께서 성화된 자기 백성을 초청하시는 말씀으로 여기자. 때가 되면 모든 신자에게 "하늘로부터 큰 음성"이 "이리로 올라오라"고 하실 것입니다. 이것은 성도들이 기대할 주제가 됩니다. 우리는 이 세상을 떠나 아버지가 계신 본향으로 갈 때를 두려워하지 말며, 오히려 그 자유의 시간을 갈망해야 합니다. 우리는 무덤에 내려가는 것이 아니라 하늘로 올라갑니다.

하늘나라 태생인 우리의 영은 고향의 대기를 호흡하기를 갈망해야 합니다. 그러나 하늘로부터의 소환은 인내로 기다려야 하는 목표입니다. 하나님은 언제 우리를 불러 "이리로 올라오라"고 할지 잘 알고 계십니다. 우리는 속히 이 세상을 떠나기를 원하지 말고 인내로 기다려야 합니다. 만일 하늘나라에도 후회가 존재한다면, 성도들은 이 세상에 더 오래 살면서 많은 선을 행하지 못한 것을 슬퍼할 것입니다.

주님의 창고에 더 많은 곡식을 들이며, 주님의 면류관에 더 많은 보석을 박게 되면 얼마나 좋겠습니까!

우리가 하나님을 충분히 섬기며, 하나님이 주신 귀한 씨앗을 뿌려 백 배로 거둔다면 우리가 이 세상에 머무르는 것은 좋은 일입니다. 주님이 우리에게 가라고 하시든 머물라고 하시든, 우리는 주님이 계속 임재의 은혜를 주시는 한 항상 기뻐합시다.

아들을 낳으리니 이름을 예수라 하라 이는 그가 자기 백성을 그들의 죄에서 구원할 자이심이라 하니라(마 1:21).

어떤 사람이 사랑스러우면 그와 관련된 모든 것이 사랑스럽게 여겨지는 법입니다. 참 신자들이 주 예수님을 대하는 태도도 마찬가지입니다. 그들은 주님과 관련된 것은 무엇이든 매우 귀하게 여깁니다.

다윗은 구세주의 의복까지도 주님의 인품으로 인해 향기로워졌기 때문에 사랑하지 않을 수 없다는 듯이 "왕의 모든 옷은 몰약과 침향과 육계의 향기가 있으며"(시 45:8)라고 했습니다. 주님의 거룩한 발이 걸어가신 곳, 그 복된 입으로 하신 말씀, 그 사랑스러운 말씀이 계시한 사상 중에는 귀하지 않은 것이 하나도 없습니다.

그리스도의 이름은 신자들이 들을 때는 지극히 향기로운 이름입니다. 그러나 신자들이 듣기에 다른 이름보다 더 향기로운 이름이 있으니, 그 이름은 "예수"입니다. 예수님. 그것은 하늘나라의 수금으로 이름다운 곡조를 연주하게 만드는 이름입니다.

예수님. 이 이름은 우리의 기쁨의 원천입니다. 다른 어떤 이름보다 매혹스럽고 귀한 이름이 있다면 그것은 바로 "예수"라는 이름입니다.

우리의 많은 찬송은 "예수"의 이름으로 시작되며, 이 이름을 찬양하지 않고서 찬송이 끝나는 것은 없습니다. 이 이름은 하늘나라의 종들이 연주하는 곡이요, 한 단어로 된 노래입니다. 그것은 지극히 짧지만, 이해가 있어야 하는 깊은 바다입니다.

"예수", 이 이름은 두 음절로 이루어진 멋진 오라토리오요, 영원한 찬미의 집합체입니다.

그가 자기 백성을 그들의 죄에서 구원할 자이심이라(마 1:21).

많은 사람은 구원의 의미에 대해 질문을 받으면 "지옥에서 구원받아 하늘나라로 가는 것"이라고 대답합니다. 주 예수님은 자기 백성들은 장차 임할 진노로부터 대속하십니다. 죄로 인해 초래할 두려운 정죄로부터 그들을 구해 주십니다.

그러나 주님의 승리는 이것보다는 훨씬 더 완전한 것입니다. 주님은 자기 백성들을 "그들의 죄"로부터 구해 주십니다. 그리스도는 구원 사역을 하시는 곳에서 사탄을 몰아내어 다시는 주인이 되지 못하게 하십니다.

육신의 몸이 죄의 지배를 받는 사람은 진정한 신자라 할 수 없습니다. 죄는 우리 안에 있을 것이며, 우리 영이 영광에 들어가지 않는 한 절대 완전히 축출되지 않겠지만, 우리를 지배하지는 못할 것입니다.

우리의 내면에서는 지배권을 위한 싸움이 있을 것입니다. 하나님이 심어 주신 새 정신과 새 법을 대적하는 싸움이 있겠지만, 죄가 우위를 차지하여 우리 본성의 절대적인 통치자가 되지는 못할 것입니다.

그리스도께서 죄를 정복하고 우리 마음의 주인이 되실 것입니다. 유다 지파의 사자는 승리할 것이요 용은 내쫓김을 받을 것입니다. 우리 안에 있는 죄는 정복되었습니까? 생활이 거룩하지 못하다면 당신은 마음이 변화되지 못한 사람입니다. 또 마음이 변화되지 않았다면 구원받지 못한 사람입니다. 구세주께서 성화시키시고 중생시키시며 죄를 미워하는 마음과 성결을 사랑하는 마음을 주시지 않았다면,

주님은 우리 안에서 전혀 구원 사역을 이루신 것이 아닙니다. 다른 사람보다 더 선한 사람을 만들지 못하는 은혜는 가짜입니다. 그리스도는 자기 백성을 죄 속에서 구원하시는 것이 아니라 죄로부터 구원하십니다. 거룩함이 없는 사람은 절대 주님을 보지 못합니다.

"주의 이름을 부르는 자마다 불의에서 떠날지어다"(딤후 2:19).

다윗이 여호와께 여쭈니 이르시되 올라가지 말고 그들 뒤로 돌아서 뽕 나무 수풀 맞은편에서 그들을 기습하되(삼하 5:23).

많은 블레셋 사람들이 쳐들어왔어도 다윗은 하나님의 도움으로 모두 물리쳤습니다. 주목할 사실은 두 번째로 블레셋 사람들이 쳐들어왔을 때 다윗은 여호와께 묻고 나서 그들을 맞아 싸웠다는 것입니다. 그는 한 번 승리하였으므로 흔히 다른 사람들처럼 "이번에도 이길 것이다. 한 번 이긴 경험이 있으니 안심해도 좋을 거야. 굳이 여호와께 구하며 지체할 필요가 있는가?"라고 생각할 수도 있었을 것입니다. 그러나 다윗은 그렇게 하지 않았습니다.

그는 여호와의 능력에 의해 이미 전투에서 승리를 거두었습니다. 그러므로 똑같은 보장을 받지 않는 한 위험을 무릅쓰고 다른 전투에 임하려 하지 않았습니다. 그는 "제가 그들을 대적하러 올라 가리이까?"라고 묻고는 여호와의 대답을 기다렸습니다.

우리도 다윗처럼 하나님의 지시가 없이는 한 걸음도 움직여서는 안 됩니다. 어느 청교도는 "믿는 신자가 제멋대로 행동하면 결국 자기의 손가락을 벨 것이다"라고 했습니다. 훌륭한 말입니다. 또 어느 신자는 "하나님 섭리의 구름보다 앞서 행하는 것은 바보의 심부름을 하는 것이다"라고 했습니다. 이 역시 옳은 말입니다.

우리는 하나님 섭리의 인도하심을 받아야 합니다. 하나님의 섭리가 지체하여 늦게 임하더라도 임할 때까지 기다려야 합니다. 섭리가 임하기 전에 앞서가는 사람은 되돌아와야 합니다.

"내가 네 갈 길을 가르쳐 보이고 너를 주목하여 훈계하리로다"(시 32:8).

이 말씀은 하나님이 자기 백성에게 주신 약속입니다. 그러므로 우리는 온갖 어려운 일을 당할 때 이 어려움을 하나님께 가지고 가서 "주여, 내가 어떻게 해야 할까요?"라고 물어야 합니다.

오늘 아침에 집을 나서기 전에 먼저 여호와의 뜻을 구하십시오.

우리를 시험에 들게 하지 마시옵고 다만 악에서 구하시옵소서(마 6:13).

우리는 기도할 때 구하거나 피하라고 가르침을 받은 것들을 일상생활에서도 구하거나 피해야 합니다. 그러므로 우리는 시험을 피해야 합니다.

우리는 순종의 길로 행하며, 절대 마귀를 격려하여 우리를 유혹하게 만들지 말아야 합니다.

사자를 찾아 숲속으로 들어가서는 안 됩니다. 그것은 주제넘은 행동을 하면 큰 대가를 치르게 됩니다. 사자가 수풀에서 뛰어나올 수도 있습니다. 그러나 사자를 잡는 것은 우리와 관계가 없는 일입니다. 사자를 만나는 사람은 비록 승리하더라도 어려운 싸움이 될 것입니다. 신자들은 사자를 만나지 않게 해달라고 기도해야 합니다.

친히 시험을 당하셨던 구주께서는 제자들에게 "시험에 들지 않기를 기도하라"고 권면하셨습니다. 우리는 어떤 일을 하든지 시험을 받을 것입니다. 그러므로 "시험에 들지 않게 하여 주소서"라고 기도해야 합니다.

하나님에게는 죄가 없는 독생자가 계셨으나, 시험을 받지 않은 자녀들은 없습니다. 우리는 항상 사탄을 대적하여 자신을 지켜야 합니다. 사탄은 도둑처럼 몰래 접근합니다. 사탄의 방법을 경험한 사람 들은 태풍이 몰려오는 시기가 있듯이 사탄이 공격하기에 좋은 시기가 있다는 것을 압니다.

그러므로 기독교인은 위험에 대비하며, 더욱 경계합니다. 이렇게 미리 대비함으로써 위험을 피할 수 있습니다. 비록 싸워서 승리하더라도, 위험하게 싸우는 것보다는 마귀가 공격하지 못하도록 완전무장을 하고는 편이 낫습니다.

오늘 밤, 시험에 들지 않게 해달라고 기도합시다. 혹시 시험에 들더라도 악한 시험에 들지 않게 해달라고 기도합시다.

나는 비천에 처할 줄도 알고 풍부에 처할 줄도 알아 모든 일 곧 배부름과 배고픔과 풍부와 궁핍에도 처할 줄 아는 일체의 비결을 배웠노라(빌 4:12).

사람 중에는 "비천에 처할 줄"은 알지만 "풍부에 처할 줄"은 모르는 사람들이 많습니다. 이들은 높은 뾰족탑 꼭대기에 섰을 때 현기증을 느끼며 쓰러지는 사람들과 같습니다.

신자들은 역경을 처했을 때보다 번영할 때 자신의 신앙고백을 욕되게 하는 경우가 많습니다. 그러므로 신자들이 번영하다는 것은 위험한 일이 됩니다. 신자들에게는 역경의 시련보다 번영에 따르는 풀무불이 더 위험합니다.

연약한 영혼들이여. 우리는 하나님의 자비와 은혜 속에서 영적인 것들을 등한히 여기기 일쑤입니다. 그러나 반드시 그런 것은 아닙니다. 사도 바울은 자신이 풍부에 처할 줄 안다고 했습니다. 그는 풍성한 것을 소유했을 때 그것을 어떻게 사용해야 하는지 그 방법을 알고 있었습니다.

풍성한 은혜는 그가 풍부한 번영에 대처할 능력을 주었습니다. 육체적인 기쁨이 가득한 잔을 침착하게 운반하려면 인간의 솜씨 이상의 것이 필요합니다. 바울은 그 솜씨를 이미 습득하였으므로 "모든 일에 배부르며 배고픔과 풍부와 궁핍에도 일체의 비결을 배웠노라"고 선언한 것입니다.

풍부에 처하는 방법을 아는 것은 거룩한 학습입니다. 이스라엘 백성도 한때는 풍부했었습니다. 그러나 그들이 입에 고기를 물고 있는 동안에 하나님의 진노가 임했습니다.

많은 사람은 자신의 정욕을 충족시키기 위해 하나님의 자비를 구합니다. 흔히 음식을 풍족하게 먹으면 혈기가 충만하게 되며, 이것은 영의 방탕을 초래합니다. 우리는 풍부에 처하면 하나님을 망각하게 됩니다. 그러므로 우리는 하나님께 기도할 때 "풍부에 처하는 방법"을 가르쳐 달라고 기도해야 합니다.

> 내가 네 허물을 빽빽한 구름 같이, 네 죄를 안개 같이 없이하였으니 너는 내게로 돌아오라 내가 너를 구속하였음이니라(사 44:22).

이 말씀에서는 우리의 죄가 구름과 같다고 했습니다. 구름의 형태와 명암이 다양하듯이, 죄도 여러 가지 형태와 명암을 가집니다. 구름은 태양 빛을 가려 그 밑의 풍경을 어둡게 합니다. 죄도 우리를 여호와의 얼굴빛으로부터 가리며 사망의 그늘에 앉게 합니다.

죄는 구름과 마찬가지로 흙에서 태어난 것이요, 우리 본성의 진흙에서 솟아오릅니다. 그것들이 모여 분량이 차면 태풍과 폭풍우로 우리를 위협합니다. 죄는 구름과는 달리 소생하게 하는 소나기를 생산하는 것이 아니라 파멸의 무서운 홍수로 우리를 뒤덮겠다고 위협합니다. 검은 죄의 구름이여, 네가 우리 영혼 안에 머물러 있는 한 맑은 날씨는 존재하지 못할 것입니다.

이제 거룩한 자비의 행위 즉, 죄를 도말하심을 살펴봅시다. 이 장면에서 하나님은 분노를 표명하지 않고 은혜를 나타내셨습니다. 하나님은 구름을 다른 곳으로 불어 내는 것이 아니라, 그 구름의 존재를 완전히 없애심으로써 악을 영원히 제거하십니다. 주님이 십자가를 지심으로써 인간의 죄가 영원히 제거되었습니다.

우리는 은혜로우신 명령, "내게로 돌아오라"는 말씀에 순종합시다. 죄 사함을 받은 죄인이 어찌하여 하나님으로부터 멀리 떨어져 사는 것입니까? 모든 죄를 사함을 받았으니 조금도 두려움 없이 담대하게 주님께 접근합시다.

배교(背教)했던 일을 슬퍼하되, 절대 배교하는 일에 머물지 맙시다. 성령의 능력 안에서 주님과 친밀한 교제를 나누기 위해 주님께 돌아갑시다.

그들이 베드로와 요한이 담대하게 말함을 보고 그들을 본래 학문 없는 범인으로 알았다가 이상히 여기며 또 전에 예수와 함께 있던 줄도 알고 (행 4:13).

신자는 예수 그리스도와 닮아야 합니다. 우리가 자신의 신앙 고백하는 바와 같이 되며 올바른 신자가 되려면 그리스도의 화신이 되어야 합니다. 우리는 그리스도를 철저하게 본받음으로써 우리가 예수와 함께 있었음을 세상 사람들이 전혀 의심하지 않게 되어야 합니다.

믿는 자는 그리스도의 담대함을 닮아야 합니다. 예수님처럼 되어야 합니다. 하나님을 위해 용감하게 행하십시오. 우리의 충성스러운 영으로 주님을 본받아야 합니다. 인자하게 생각하고, 인자하게 말하며, 인자하게 행동하십시오. 그리하여 사람들이 우리를 "그가 예수와 함께 있었다"라고 말하게 하십시오.

예수님의 거룩함을 본받으십시오. 예수님은 주인을 위해 열심을 내셨습니까? 항상 선을 행하십시오. 시간을 낭비하지 마십시오. 시간은 너무나 귀중한 것입니다.

예수님은 자기를 부인하셨으며 결코 자신의 유익을 돌보지 아니하셨습니다. 우리도 그렇게 행해야 하겠습니다. 예수님은 경건한 분이셨습니까? 그렇다면 그렇게 되십시오. 예수님은 아버지의 뜻을 따르셨습니까? 그렇다면 자신도 예수님께 복종하십시오. 예수님은 인내하셨습니까? 그렇다면 예수님의 인내를 배우십시오.

무엇보다도 예수님의 거룩한 성품을 닮아 원수를 용서하십시오. "아버지여, 저희를 사하여 주옵소서 자기의 하는 것을 알지 못함이니이다"라고 하신 주님의 고귀한 말씀을 항상 기억하십시오.

우리도 용서함을 받았으니, 이처럼 용서하십시오. 원수에게 자비를 행함으로써 그의 머리 위에 뜨거운 숯불을 쌓아두십시오. 악을 선으로는 이기는 것이 하나님을 닮는 일임을 기억하십시오.

그러나 너를 책망할 것이 있나니 너의 처음 사랑을 버렸느니라(계 2:4).

우리는 처음으로 주님을 만난 시간을 기억해야 합니다. 그때 주님은 우리의 짐을 대신 지셨으며, 우리는 약속을 받았고 충만한 구원으로 인하여 기뻐하며 평화롭게 행했습니다.

영혼의 겨울이 지고 봄이 찾아온 것입니다. 하나님과 인간이 화해했습니다. 율법은 복수하겠다고 위협하지 않았으며, 공의도 처벌을 요구하지 않았습니다. 그때 우리 마음의 동산에서 꽃들이 피어났습니다. 소망, 사랑, 화평, 인내가 땅에서 솟아올랐습니다. 회개의 꽃, 성결의 꽃, 훌륭한 믿음의 꽃. 사랑의 꽃이 영혼 속에서 피었습니다.

새들이 노래하는 계절이 되었으므로 우리는 감사하며 기뻐했습니다. 우리를 용서하시는 하나님의 거룩한 이름을 찬양했으며, 이렇게 결심했습니다.

주님, 나는 온전히 당신의 것이오니, 내 존재와 소유를 모두 당신께 바칩니다. 당신은 피로 나를 사셨사오니, 나로 당신을 섬기면서 일생을 보내게 하소서. 살아 있을 때나 죽을 때나 당신께 헌신하게 하소서.

이 결심을 얼마나 지켰습니까? 과거 예수님에 관한 헌신이라는 거룩한 불로 타오르던 우리의 새로운 사랑이 지금도 타오르고 있습니까? 예수께서는 우리에게 솔직하게 "너를 책망할 것이 있나니 너의 처음 사랑을 버렸느니라"고 말씀하실 것입니다.

우리는 주님의 영광을 위해 일하지 않았습니다. 우리의 겨울은 너무 오래 지속되었습니다. 우리는 마땅히 따뜻한 여름을 맞아 거룩한 꽃을 피워야 하지만, 우리의 심령은 얼음처럼 차갑습니다.

그리스도의 고난이 우리에게 넘친 것 같이 우리가 받는 위로도 그리스도로 말미암아 넘치는도다(고후 1:5).

이 말씀은 복된 균형을 이룬 말씀입니다. 섭리의 저울에는 한 쌍의 천칭이 있습니다. 하나님은 그 저울의 한쪽에는 백성의 시련을, 반대편에는 위로를 올려놓으셨습니다. 시련의 저울이 비면 위로의 저울도 같이 비게 되어 균형을 이루게 하십니다. 시련의 저울이 가득 차면 위로의 저울도 그만큼 차게 하십니다. 검은 구름이 몰려오면 빛은 더욱 빛나듯이, 크게 낙심할 일이 있으면 성령의 위로로 기운 차리게 해주십니다. 왜냐하면 시련은 더 많은 위로를 받을 수 있는 공간을 마련해 주기 때문입니다. 위대한 심령은 큰 환난에 의해 만들어진 사람들입니다. 사람이 비천해질수록 더 큰 위로를 소유하게 될 것입니다.

우리가 환난 중에 기뻐해야 하는 또 한 가지 이유가 있습니다. 환난을 겪을 때 우리는 하나님과 가장 밀접한 관계를 갖기 때문입니다. 창고에 곡식이 가득 찬 사람은 하나님 없이도 살 수 있다고 생각합니다. 지갑에 돈이 가득 찬 사람은 기도하지 않고도 일을 합니다. 그러나 하나님이 양식을 빼앗아 가시면 그제야 우리는 하나님을 찾습니다. 우리의 집에서 우상을 제거하십시오. 그리하면 우리는 여호와를 찬양하지 않을 수 없게 됩니다.

"여호와여 내가 깊은 곳에서 주께 부르짖었나이다"(시 130:1).

산골짜기에서부터 울려 퍼지는 소리만큼 좋은 소리는 없으며, 깊은 시련과 고통을 겪는 영혼의 깊은 곳에서 울려 나오는 기도만큼 참된 기도는 없습니다. 시련과 고통은 우리를 하나님께 가까이 가게 해줍니다. 하나님께 가까이 가는 것이 우리들의 행복입니다.

환난을 겪는 자들이여, 오늘의 환난으로 인해 낙심하지 마십시오. 환난은 하나님의 크신 자비의 전령입니다.

그가 영원히 하나님 앞에서 거주하리니 인자와 진리를 예비하사 그를 보호하소서(시 61:7).

성부 하나님은 독생자를 세상에 보내시기 전, 옛 신자들에게 자신을 계시하셨습니다. 아브라함, 이삭, 야곱은 전능하신 하나님을 알았습니다. 그 후 예수께서 세상에 오셨는데, 영원히 복되신 성자는 백성들의 눈에 즐거움이 되셨습니다. 대속자께서 승천하신 후, 오순절과 그 후에 성령의 권능이 나타나셨습니다. 그분은 오늘도 우리의 임마누엘(하나님이 우리와 함께 계시다)이 되십니다. 하나님은 자기 백성들과 함께 거하시며, 그들을 통치하시고 인도하시고 소생케 하십니다.

우리는 하나님의 현존을 올바르게 인식하고 있습니까? 인간은 하나님의 역사를 조절할 수 없습니다. 하나님이 모든 일을 주권적으로 행하십니다. 우리는 하나님의 도움을 갈망하며, 하나님으로 노하시어 도움을 거두어 가시지 않도록 항상 조심하고 있습니까? 우리는 하나님이 없으면 아무것도 할 수 없습니다. 그러나 하나님의 전능 하신 힘으로 특별한 결과를 이룰 수 있습니다. 모든 일은 하나님이 그 능력을 드러내시고 감추시는 데 달려 있습니다.

우리는 바른 태도로써 하나님이 내면생활과 표면적 봉사를 도와주시기를 기대합니까? 때때로 하나님이 부르시기 전에 달려가며 하나님의 도움을 의지하지 않고 행동합니까? 오늘 밤, 과거의 실패를 생각하고 자신을 낮추며, 거룩한 이슬이 우리에게 임하며, 거룩한 기름이 우리에게 부어지며, 거룩한 불길이 우리 안에서 타오르기를 겸손하게 구합시다.

성령은 일시적으로 주어지는 은사가 아닙니다. 성령은 성도들과 함께 거하십니다. 구하기만 하면 성령을 발견할 수 있습니다. 성령은 질투하시는 분이시지만 자비가 많으십니다. 성령은 노하여 떠나시더라도 자비로이 돌아오십니다. 그분은 겸손하시고 온유하시며 절대 싫증을 내지 않으시며 자비를 베푸시기를 기다리십니다.

보라 아버지께서 어떠한 사랑을 우리에게 베푸사 하나님의 자녀라 일컬음을 받게 하셨는가, 우리가 그러하도다 그러므로 세상이 우리를 알지 못함은 그를 알지 못함이라(요일 3:1).

우리가 과거에 어떤 사람이었는지 생각해 봅시다. 지금도 내면에서 부패가 강하게 역사하고 있는 우리 자신을 생각해봅시다. 그러면 우리가 하나님의 양자가 되었다는 사실에 놀랄 것입니다. 우리는 "하나님의 자녀"라 불리고 있습니다. 부모와 자녀의 관계는 정말 귀한 것으로, 자녀들은 많은 특권을 누립니다. 아들은 부모로부터 많은 보살핌과 사랑을 기대하며, 아버지는 아들에게 큰 사랑을 베푸십니다. 우리는 지금 그리스도로 말미암아 모든 것보다 더 많은 것을 소유하고 있습니다. 우리는 형제와 함께 잠시 고통을 받은 일을 영광스럽게 여깁니다.

"그러므로 세상이 우리를 알지 못함은 그를 알지 못함이라"(요일 3:1).

우리는 굴욕을 당하신 예수님과 함께 알려지지 않는 데 만족합니다. 왜냐하면 우리는 주와 함께 고귀하게 될 것이기 때문입니다.

"사랑하는 자들아 우리가 지금은 하나님의 자녀라"(요일 3:2).

이 말씀은 쉽게 읽을 수 있지만, 쉽게 느낄 수 없습니다. 오늘 아침 우리의 심령은 어떻습니까? 슬픔에 젖어 있습니까? 영혼에 타락이 솟으며 은혜는 짓밟힌 가련한 불꽃과 같습니까? 믿음이 도움이 되지 않습니까? 그러나 두려워 마십시오. 우리는 은혜나 감정에 의지해 살아서는 안 됩니다. 오직 주 안에서 믿음으로 살아야 합니다. 우리는 "그러나 내 모습을 보시오. 내 은혜는 밝지 못하고 내 의는 분명한 영광을 비추지 않고 있습니다"라고 말할 것입니다. 그러나 "장래에 어떻게 될 것은 아직 나타나지 아니하였으나 그가 나타내심이 되면 우리가 그와 같을 줄을 아노라"는 말씀이 떠오를 것입니다. 성령께서 우리의 마음을 정결케 해주시며 거룩한 능력이 우리의 육체를 깨끗게 해주실 것입니다. 그때 우리는 "그의 계신 그대로 볼 것"입니다.

그러므로 이제 그리스도 예수 안에 있는 자에게는 결코 정죄함이 없나니(롬 8:1).

우리는 예수님에 관한 믿음으로 말미암아 죄짐을 벗습니다. 감옥에서 풀려납니다. 노예로서 쇠사슬에 묶이지 않고 율법의 속박에서 해방됩니다. 죄로부터 자유를 얻었으므로 자유인으로서 행할 수 있습니다. 구세주의 보혈이 완전 사면을 제공했습니다. 이제 우리에게는 아버지의 보좌 앞으로 나아갈 권리가 있습니다. 그곳에는 겁에 질리게 할 보복의 불길이 없고 무서운 칼도 없습니다. 공의는 무죄한 사람을 정죄하지 못합니다.

우리의 무능함은 제거되었습니다. 과거에는 아버지의 얼굴을 볼 수 없었지만, 지금은 볼 수 있습니다. 과거에는 아버지와 이야기할 수 없었지만, 이제는 담대하게 접근할 수 있습니다. 과거에는 무서운 지옥의 공포가 있었지만, 지금은 그 두려움이 없습니다. 무죄한 사람을 벌하는 일은 있을 수 없기 때문입니다. 주님을 믿는 사람은 정죄함을 받지 않고 형벌을 받지도 않습니다.

이제 우리는 의롭다함을 얻었으므로 범죄하지 않는 사람만이 누리는 특권을 누립니다. 그리스도께서 우리를 대신하여 율법을 지키셨으므로, 율법을 지킨 사람들만이 소유하는 축복이 우리의 것이 됩니다. 그리스도께서 우리를 대신하여 순종하셨으므로 완전히 순종한 사람들이 하나님으로부터 얻는 사랑과 영접이 우리의 적이 됩니다. 그리스도의 공로는 모두 우리의 것이 됩니다. 우리는 우리를 위해 가난해지신 그리스도 말미암아 부유해질 수 있습니다.

우리는 구세주에게 큰 사랑과 감사의 빚을 지고 있습니다.

> 그가 쓸 것은 날마다 왕에게서 받는 양이 있어서 종신토록 끊이지 아니하였더라(왕하 25:30).

왕궁에서 축출될 때 여호야긴은 여러 달 지탱할 수 있는 물자를 가지지 못했습니다. 그러나 날마다 그에게는 필요한 양식이 되었습니다. 이것은 모든 하나님의 백성들의 행복한 위치를 잘 묘사해 줍니다.

사람이 실제로 필요로 하는 것은 일용할 양식입니다. 우리가 하루에 먹을 수 있는 분량은 한정되어 있습니다. 하루에 필요한 분량 이상의 양식을 먹고 마시며, 필요 이상의 의복을 입을 수는 없습니다.

필요 이상의 여분은 보관해야 하므로 염려와 도둑으로부터 지켜야 하는 걱정을 더 할 뿐입니다. 대식가라도 자기가 먹을 분량만 있으면 충분합니다. 우리는 그만큼만 기대해야 합니다. 그 이상을 원하는 것은 몰염치한 태도입니다. 하나님이 우리에게 더 주시지 않을 때, 우리는 그가 매일 허락하신 것에 만족해야 합니다.

여호야긴의 경우가 바로 우리의 경우입니다. 우리는 분명한 몫을 가지고 있습니다. 그것은 왕에서 우리에게 주신 것, 넉넉한 몫이요 영속적인 것입니다. 이것이 우리가 감사해야 할 이유입니다.

사랑하는 신자들이여, 우리는 날마다 은혜를 공급받아야 합니다. 하나님의 은혜를 비축할 수 있는 능력이 우리에게는 없습니다. 그러므로 우리는 매일 위로부터의 도움을 구해야 합니다. 우리를 위해 매일의 몫이 예비되어 있다는 것은 기분 좋은 보장입니다.

우리는 말씀 안에서, 사역을 통해서, 묵상으로, 기도로써, 하나님을 의지함으로써 새로운 힘을 얻을 것입니다. 예수님에게는 우리에게 필요한 모든 것이 비축되어 있습니다. 그러므로 우리에게 종신토록 허락된 분량을 받아 누리십시오.

혈루증이 즉시 그쳤더라(눅 8:44).

오늘 밤 우리는 주님이 행하신 감동적이고 교훈적인 기적을 대하고 있습니다. 혈우병에 걸린 이 여인은 아주 무식했습니다. 그 여인은 주님이 알지 못한 채, 주님의 직접적인 의지 없이 병이 나을 수 있다고 생각했고, 주님이 인자하신 분이심을 알지 못했습니다. 그렇지 않았으면 주님이 기꺼이 낫게 해주실 일을 몰래 뒤에서 도둑질하려 하지 않았을 것입니다.

우리는 불행을 항상 자비의 얼굴 앞으로 가져가야 합니다. 만일 이 여인이 예수님의 사랑을 알았다면 "내가 주님의 보이는 곳에 있기만 하면 주님의 전능하심이 나의 처지를 깨달으시며, 주님의 사랑이 즉시 나를 치료하실 것이다"라고 말했을 것입니다.

우리는 이 여인의 믿음에 감탄하면서도 그 무지함에 놀랍니다. 그녀는 병이 나은 후 두려워 떨며 기뻐했습니다. 거룩한 권능이 자기 안에서 기적을 행하시리라 기대하면서도 그리스도께서 그 축복을 철회하실까 두려웠습니다. 그녀는 그리스도의 충만한 사랑을 너무 나 알지 못했습니다. 우리도 그리스도를 충분히 알지 못하고 있습니다. 우리는 주님 사랑의 높이와 깊이를 알지 못합니다. 주님은 지극히 선 하신 분이시므로 두려워 떠는 영혼에게서 선물을 거두어가지 아니하십니다. 이 여인은 주님을 알지 못했지만, 참믿음 때문에 구원을 얻었습니다. 믿음의 기적은 즉각적으로 이루어졌습니다.

겨자씨만한 믿음이 있으면, 구원은 현재의 소유요 영원한 소유가 됩니다. 비록 연약하지만, 우리는 믿음으로 말미암은 상속인이므로 인간의 권세나 마귀의 권세가 우리를 구원으로부터 몰아내 지 못합니다. 용기를 내어 주님의 옷자락을 만진다면 온전해질 것입니다.

소심한 자여, 용기를 내십시오. 믿음이 당신을 구원하였으니 평안히 가십시오. 믿음으로 의롭다함을 얻은즉 우리 주 예수 그리스도로 말미암아 하나님으로 더불어 화평을 누립시다.

오직 우리 주 곧 구주 예수 그리스도의 은혜와 그를 아는 지식에서 자라 가라 영광이 이제와 영원한 날까지 그에게 있을지어다(벧후 3:18).

하늘나라에는 끊임없이 예수님을 찬미하는 소리가 충만할 것입니다. 주님께 영광이 있을지어다.

주님은 "멜기세덱의 반차를 따른 영원한 제사장"이 아니십니까? 그에게 영광이 있을지어다.

주님은 영원한 왕이 아니십니까? 왕의 왕이시요, 만주의 주시요, 영원하신 아버지가 아니십니까? 주님께 영원히 영광이 있을지어다.

주님을 찬송하는 노래는 영원히 그치지 않을 것입니다. 주님이 피로 사신 것은 영원이 지속되는 한 보상받을 가치가 있습니다. 십자가의 영광은 결코 가려져서는 안 됩니다. 무덤과 부활의 영광은 결코 흐려져서는 안 됩니다. 예수님은 영원히 찬미를 받으실 분이십니다.

믿는 자들이여, 하늘나라에서 성도들과 함께 예수님께 영광을 돌리게 될 때를 기대하고 있습니까? 지금 그분께 영광을 돌리고 있습니까? 사도 베드로는 "영광이 이제와 영원한 날까지 그에게 있을지어다"라고 했습니다. 오늘 이렇게 기도합시다.

주여, 나로 당신께 영광을 돌릴 수 있도록 도와주소서. 나에게 허락하신 재능을 당신을 위해 사용하여 당신을 찬미하게 도와주소서. 내게 허락한 시간으로 당신을 섬기게 하여 주소서. 나의 생각할 수 있는 두뇌로 당신만을 생각하게 하소서. 당신의 뜻으로 저를 이 세상에 살게 하셨사오니, 그 뜻을 깨닫게 하여 주시사, 내 인생의 목적을 이룰 수 있게 하소서. 나에게는 일할 능력은 없사오나, 엽전 두 잎을 모두 바친 과부처럼 내 시간과 영혼을 당신의 보고에 바칩니다. 나는 당신의 것입니다. 나를 취하사 내 모든 말과 행동과 재산으로 당신께 영광을 돌릴 수 있게 하여 주옵소서. 아멘.

> 왕의 모든 옷은 몰약과 침향과 육계의 향기가 있으며 상아궁에서 나오는 현악은 왕을 즐겁게 하도다(시 45:8).

누가 주님을 즐겁게 하는 특권을 가졌습니까? 주님의 교회와 백성들입니다. 그러나 우리가 과연 주님을 즐겁게 할 수 있을까요? 주님은 우리를 즐겁게 하십니다. 그러나 우리가 어떻게 주님을 즐겁게 할 수 있을까요? 우리의 사랑으로 주님을 즐겁게 할 수 있습니다. 우리는 자기의 사랑이 차갑고 미약하다고 생각합니다. 우리는 슬퍼하며 그렇게 고백해야 합니다. 그러나 주님은 그 사랑도 즐거워하십니다. 주님의 말씀을 들어 보십시오.

> "내 누이, 내 신부야 네 사랑이 어찌 그리 아름다운지 네 사랑은 포도주보다 진하고 네 기름의 향기는 각양 향품보다 향기롭구나"(아 4:10)

주님이 우리를 얼마나 기뻐하십니까? 우리는 주님의 가슴에 기 대어 기쁨을 받을 뿐 아니라 주께 기쁨을 드립니다. 사랑으로 주님의 영화로우신 얼굴을 바라볼 때, 위로를 얻고 주님께 즐거움을 드립니다. 우리의 찬양도 주님께 기쁨이 됩니다. 입술의 노래가 아닌 깊이 감사하는 마음의 노래가 주님의 기쁨입니다. 주님은 우리의 선물도 기뻐하십니다. 주님은 우리가 시간과 재능과 물질을 제단에 올려놓는 것을 좋아하십니다. 우리가 바치는 물건보다 마음의 동기가 귀합니다. 거룩함은 주님에게 침향이나 몰약과 같습니다.

원수를 용서하면 주님을 기쁘게 할 수 있습니다. 재물을 가난한 자들에게 나누어 주면 주님은 기뻐하십니다. 영혼을 구원하는 일에 참여하여 주님이 수고의 열매를 보실 기회를 드립시다. 복음을 전합시다. 그러면 우리는 주님에게 향기가 됩니다. 무지한 자들에게 가서 십자가를 높이 들면 주님께 영광을 돌리게 됩니다. 막달라 마리아처럼 옥합을 깨뜨려 즐거움의 귀한 기름을 주님의 머리에 부을 수도 있습니다. 마리아는 오늘날도 마음이 전파되는 어느 곳에서도 기억되고 있습니다.

마음에서 우러나는 몰약과 침향과 육계의 찬양으로 주님께 향기를 올립시다.

내가 궁핍하므로 말하는 것이 아니니라 어떠한 형편에든지 나는 자족하기를 배웠노니(빌 4:11).

빌립보서 4장 11절의 말씀에서 인간의 본성적인 성품은 절대 만족하지 않음을 말하고 있습니다. 땅에서 가시덤불이 생겨나듯이 인간에게도 본성적으로 탐심과 불만과 불평이 있습니다. 땅을 경작해야 귀한 곡식을 얻을 수 있듯이, 우리가 알곡을 추수하려면 쟁기질을 하고 씨를 뿌려야 합니다. 꽃을 갖고 싶다면, 정원이 있어야 하며 정원사의 보살핌이 있어야 합니다.

만족은 하늘나라에 피는 꽃입니다. 우리가 그 꽃을 갖고자 한다면 경작하고 가꾸어야 합니다. 그 꽃은 우리의 내면에서 저절로 자라는 것이 아닙니다. 그 꽃이 피게 할 수 있는 것은 새로운 본성밖에 없습니다. 우리는 하나님이 우리 안에 심어 놓으신 은혜를 보존하고 경작하기 위해 특별히 주의를 기울이고 경계해야 합니다.

사도 바울은 "내가 자족하기를 배웠다"라고 했는데, 이것은 그가 이것을 알지 못했던 때가 있었다는 뜻도 됩니다. 그가 이 위대한 진리의 비밀을 얻기까지는 수고가 따랐을 것입니다. 때로는 자신이 깨달았다고 생각했으나 다시 실패하기도 했을 것입니다. 그리하여 마침내 완전히 깨달은 후, "내가 어떠한 형편에든지 자족하기를 배웠다"라고 말할 수 있게 되었을 때는 이미 백발의 노인으로 로마에 있는 네로의 감옥에 갇혀 죽음을 기다리고 있었습니다.

배우지 않고서도 만족할 수 있다거나, 연단 없이 만족을 깨우칠 수 있다는 생각은 하지 마십시오. 만족이란 자연적으로 오는 것이 아니라, 점진적으로 습득되는 것입니다. 우리는 경험을 통하여 만족을 깨닫게 됩니다. 우리의 본성에서 자연히 솟아나는 것이기는 하지만 우선 불평을 그치고 말씀을 부지런히 공부하는 학생이 되십시오.

> 또 주의 선한 영을 주사 그들을 가르치시며 주의 만나가 그들의 입에서 끊어지지 않게 하시고 그들의 목마름을 인하여 그들에게 물을 주어(느 9:20).

성령을 망각하는 죄가 너무나 흔합니다. 이것은 어리석고 무례한 일입니다. 성령은 지극히 선하시므로 영광을 받으셔야 합니다. 성령은 완전히 순결하시고 참되시고 은혜롭습니다. 지극히 선하신 성령은 우리의 방종을 참고 견디시며, 우리의 패역한 의지를 얻으려고 노력합니다. 성령께서는 우리를 죄 속에서 사망하지 않도록 살려 주셨으며, 자애로운 어머니가 자녀를 돌보시듯이 우리를 하늘나라 시민으로 훈련하십니다.

오래 참으시는 하나님의 영은 매우 자비하시고, 용서하시며 온유하십니다. 그는 선한 생각들을 제안하시며, 선한 행동을 촉진하시고, 선한 진리를 계시하시고, 선한 약속을 적용하시고, 선한 일을 하도록 도와주시고, 선한 결과로 인도하십니다.

이 세상에 있는 영적으로 선한 것은 모두 성령이 만드시고 지탱하십니다. 그는 보혜사, 교사, 안내인, 성결하게 하시는 분, 생명을 주시는 분, 중보자로서 자기의 사역을 훌륭히 이루십니다. 그러므로 그의 감화에 복종하는 사람은 선한 사람이 됩니다. 그의 자극에 순종하는 사람은 선한 일을 행합니다. 그의 권능 아래 사는 사람은 복을 받습니다.

영원히 찬송 받으실 하나님을 경배하고 예배합시다. 날마다 행하는 모든 일에서 성령을 기다림으로써 성령과 성령의 권능이 필요하다는 것을 인정합시다. 시간마다 성령의 도움을 구하며 성령을 근심하게 하지 맙시다. 기회가 있을 때마다 성령을 찬양합시다.

성령을 확실히 믿지 않는 교회는 절대 번영하지 못할 것입니다. 성령은 지극히 선하시고 자비하십니다. 범죄와 태만함으로 성령을 근심하게 하는 것은 참으로 슬픈 일입니다.

아브라함이 죽은 후에 하나님이 그의 아들 이삭에게 복을 주셨고 이삭은 브엘라해로이 근처에 거주하였더라(창 25:11).

옛날 하갈은 브엘에서 구원을 발견하였으며 이스마엘은 인간의 아들을 돌보시고 살리시는 하나님이 계시해 주신 우물에서 마음껏 물을 마셨습니다. 그러나 이것은 속인들이 궁핍하게 되어 자기에게 유익이 된다고 판단될 때 하나님께 주의를 기울이는 우연한 일에 지나지 않습니다.

속인들은 환난을 당할 때는 하나님께 부르짖으나 순탄할 때는 하나님을 저버립니다. 그러나 이삭은 브엘에 살면서 살아 계시며 만물을 널리 살피시는 하나님의 우물을 자기 생명의 원천으로 삼았습니다. 인간의 일반적인 삶의 태도, 곧 영혼의 거처는 그가 어떤 상태에 있는지를 진정으로 시험해보는 계기가 됩니다.

하갈이 경험한 하나님의 섭리가 이삭의 마음에 감동을 주어 그로 하여금 그곳을 경외하게 만들었을 수도 있습니다. 그곳의 신비한 지명도 그로 하여금 애착을 느끼게 했습니다. 스스로 우물에 앉아 자주 생각에 잠겼던 일로 인해 그는 그 우물과 친숙해졌습니다. 그곳에서 리브가를 만났었기 때문에 이삭의 영혼은 그 근처에 있을 때 고향에 온 듯한 느낌을 받았습니다. 무엇보다도 그곳에서 살아계신 하나님과 교제했다는 사실이 그로 하여금 그 거룩한 땅을 자기의 거처로 삼게 하였습니다.

살아계신 하나님의 면전에서 사는 법을 배웁시다. 창조주 하나님의 우물은 절대 마르지 않습니다. 그 우물가에 거하는 사람은 복 있는 사람입니다. 여호와는 우리를 확실히 도와주시는 분이십니다. 그의 이름은 샤다이, 지극히 풍족하신 하나님이십니다. 우리 영혼은 그분을 통해서 영광스러운 신랑이신 주 예수님을 발견합니다. 우리는 그분 안에서 살며 기동하며 존재합니다. 그분과의 친밀한 관계 속에서 삽시다.

영화로우신 주여, 우리로 결코 당신을 떠나지 않고 살아 계신 하나님의 우물가에서 살도록 강권하여 주소서.

네가 말하기를 이 두 민족과 두 땅은 다 내 것이며 내 기업이 되리라 하였도다 그러나 여호와께서 거기에 계셨느니라(겔 35:10)

이스라엘의 온 땅이 황폐하게 버려져 있었으므로 에돔의 왕들은 그곳을 쉽게 정복할 수 있으리라고 확신했습니다. 그러나 그들이 알지 못하는 큰 난관이 있었습니다. 즉 여호와께서 그곳에 계셨습니다. 여호와의 임재는 택함을 받은 땅에 특별한 안전을 부여해 주었습니다. 하나님의 백성을 미워하는 원수들이 온갖 계획과 음모를 꾸미지만 언제나 한 가지 장애물이 그들의 계획을 저지합니다.

성도들은 하나님의 기업입니다. 하나님은 성도들과 함께 계시며 보호해 주십니다. 환난을 겪으며 신령한 싸움을 할 때, 이 확신은 큰 위로가 됩니다. 우리는 항상 공격을 받지만, 영원히 보호를 받습니다. 사탄은 가끔 우리의 신앙을 겨냥하여 화살을 쏘지만, 우리의 믿음은 마귀가 쏘는 불화살의 세력을 저지하십니다. 우리는 그것들을 피할 뿐 아니라 믿음의 방패로 막아 그것을 소멸합니다. 이는 주님이 계시기 때문입니다.

우리의 선행은 사탄의 공격 표적이 됩니다. 성도들이 지닌 덕이나 은혜는 모두 지옥 탄환의 과녁이 됩니다. 선한 것을 대적하는 원수는 밝고 반짝이는 소망, 뜨겁게 타오르는 사랑, 오래 참는 인내, 뜨겁게 타오르는 열정 등 모든 것을 파괴하려 합니다.

우리 안에 고결하고 사랑스러운 것이 있게 된 이유는 주님이 그곳에 계시기 때문입니다. 주님이 우리와 함께 계시면, 평생 사망을 두려워할 이유가 없으며, 세상을 떠날 때 반석 위에 설 것입니다. 기독교인이 세상에 사는 첫 순간부터 마지막 순간까지 멸망하지 않는 이유는 오직 주님이 계시기 때문입니다. 영원하신 사랑의 하나님이 뜻을 바꾸어 택한 자들을 멸망하도록 버려 두 기로 작정하신다면, 교회는 멸망할 것입니다.

> 내가 하나님께 아뢰오리니 나를 정죄하지 마시옵고 무슨 까닭으로 나와 더불어 변론하시는지 내게 알게 하옵소서(욥 10:2).

시련을 당하지 않는 한 절대 발견되지 않는 은혜가 있습니다. 사랑은 어두운 데서만 희미한 빛을 내는 개똥벌레와 같습니다.

소망은 마치 별과 같아서 풍요라는 햇빛에서는 보이지 않으며, 오직 역경이라는 캄캄한 밤에만 볼 수 있습니다. 고통은 흔히 검은 금속판과 같은 것으로서 하나님은 거기에 은혜라는 보석을 박아 더 반짝이게 만드십니다. 믿음을 발휘해보지 않고서 어찌 믿음이 있다는 것을 알 수 있습니까?

하나님은 가끔 우리로 하여금 은혜를 깨닫게 하려고 시련을 주십니다. 우리는 시련을 겪음으로써 은혜를 발견할 뿐만 아닙니다. 성화의 시련을 겪으므로 말미암아 우리는 은혜 안에서 성장하게 하십니다.

하나님은 가끔 우리를 더욱 훌륭한 신자로 만들기 위해 우리에게서 위로와 특권을 거두어 가십니다. 하나님은 당신의 군사들을 안일과 사치의 장막 속에서 훈련하시지 않고 밖으로 끌어내어 행군하게 하시며, 어려운 일을 배우게 하십니다.

하나님은 우리로 하여금 개울도 건너게 하시고, 깊은 강을 헤엄쳐 건너는 훈련도 하시며, 가파른 산을 오르게 하시며, 무거운 짐을 진 채 장거리를 행군하게도 합니다.

이것이 지금 우리가 겪고 있는 환난을 설명한 것입니다. 주님께서 우리의 은혜를 나타내시고 성장하게 하고 계신다고 생각합니까? 이것이 주님께서 당신과 논쟁하시는 이유입니까?

> 내가 일어나 아버지께 가서 이르기를 아버지 내가 하늘과 아버지께 죄를 지었사오니 지금부터는 아버지의 아들이라 일컬음을 감당하지 못하겠나이다 나를 품꾼의 하나로 보소서 하리라(눅 15:18-19).

그리스도의 보혈로 씻김을 받은 우리는 심판주 하나님 앞에서 죄인처럼 고백할 필요가 없습니다. 그리스도께서 법적인 의미에서 우리의 죄를 영원히 제하여 주셨으므로 우리는 정죄 받는 자리에 서지 않고, 사랑하는 자 안에 영원히 영접함을 받습니다.

그러나 우리는 어린아이와 같아서 어린아이처럼 죄를 범하므로 날마다 하늘 아버지 앞에 나아가 죄를 고백해야 합니다. 범죄한 자녀는 부모에게 고백해야 합니다. 우리 마음에 있는 하나님의 은혜는 우리가 기독교인으로서 하늘 아버지에게도 같은 의무가 있음을 가르쳐 줍니다. 우리는 날마다 죄를 범하기 때문에 날마다 용서함을 받지 않고서는 안식할 수 없습니다.

만일 내가 아버지께 범한 죄의 용서를 구하여 깨끗이 씻김을 받지 못한다면 아버지한테서 멀리 떨어져 있다고 느낄 것이며, 나를 향한 아버지의 사랑을 의심할 것이요, 아버지 앞에서 두려워 떨며 기도하기를 두려워할 것입니다. 나는 어린 나이에 아버지를 멀리 떠난 탕자처럼 될 것입니다. 범죄한 어린아이가 슬퍼하며 부모에게 가듯이, 자비하시고 사랑 많으신 아버지께로 가서 모든 것을 아뢰어 용서받을 때, 나는 아버지를 향한 거룩한 사랑을 느낄 것입니다. 나는 구원받은 사람으로서만 아니라 주 예수 그리스도로 말미암아 하나님과 화평을 누리는 사람으로서 일생을 살 아갈 것입니다.

범죄자로서 죄를 고백하는 것과 자녀로서 죄를 고백하는 것에는 큰 차이가 있습니다. 아버지의 품은 참회하는 고백의 처소입니다. 우리는 단 한 번으로 완전히 깨끗이 씻음을 받았습니다. 그러나 이 세상에 살면서 날마다 더러워지는 발을 씻어야 합니다.

주 여호와께서 이같이 말씀하셨느니라 그래도 이스라엘 족속이 이같이 자기들에게 이루어 주기를 내게 구하여야 할지라(겔 36:37).

하나님의 자비하심을 얻으려면 우리의 기도가 선행되어야 합니다. 거룩한 역사를 살펴보십시오. 이 세상에 간구하기 전에 먼저 큰 자비가 임한 일은 거의 드물다는 것을 쉽게 알 수 있습니다. 우리는 체험을 통해서 이 진리를 깨닫고 있습니다. 하나님은 우리가 부탁하지 않아도 이미 많은 은총을 베풀어 주셨습니다. 그러나 우리에게 크신 자비가 베풀어지기 전에는 항상 기도가 선행했습니다. 환희의 기쁨을 느낄 때 그것이 우리의 기도의 응답이라고 여깁니다.

환난에서 구원을 받으며 위험에서 강한 도움을 받을 때, 당신은 "내가 여호와께 간구하매 내게 응답하시고 내 모든 두려움에서 나를 건지셨도다"라고 말할 수 있었습니다(시 34:4).

축복에는 먼저 기도가 선행해야 합니다. 하나님의 자비의 태양이 우리의 곤경을 비추어 줄 때, 지 멀리 평원에 기도의 그림자가 생깁니다. 축복의 가치를 우리에게 보여주기 위해서 기도는 축복과 관련되어 있습니다. 만일 우리가 구하지 않고서도 축복을 받는다면 우리는 그 축복이 흔하고 일상적인 것으로 여길 것입니다.

기도는 우리에게 임하는 자비를 금강석보다 더 귀하게 만듭니다. 우리가 기도로 구하는 것은 귀한 것입니다. 그러나 그것을 열심히 구하지 않고서는 그 귀중함을 깨닫지 못합니다.

그가 먼저 자기의 형제 시몬을 찾아 말하되 우리가 메시야를 만났다 하고 (메시야는 번역하면 그리스도라) (요 1:41).

그리스도를 발견한 사람은 그 소식을 다른 사람에게 전하려 합니다. 복음의 꿀을 맛본 사람은 자기 혼자서만 그것을 먹을 수 없습니다. 참된 은혜는 영적 독점을 종식합니다. 안드레는 먼저 자기의 형제 시몬을 찾았고, 그다음에 다른 사람을 찾았습니다. 안드레가 시몬을 먼저 찾은 것은 잘한 일이었습니다.

기독교인 중에는 자기 집에서 시간을 보내는 것보다 다른 사람의 집에서 시간을 보내는 사람들이 있습니다. 해외에서의 유익한 사업에 종사하면서도 국내에서의 유익한 영역은 게을리하는 사람도 있습니다. 당신은 특정 지역의 주민에게 복음을 전하라는 소 명을 받았을 수도 있고, 그렇지 않을 수도 있습니다. 그러나 분명한 사실은 친척들과 친지들을 돌보라는 부르심을 받았다는 것입니다.

신앙생활을 가정에서부터 시작하십시오. 상인들은 제일 좋은 상품을 수출하지만, 기독교인들은 그래서는 안 됩니다. 우리는 어디서나 그리스도를 담대히 증언해야 합니다. 그러나 먼저 자기 가정 안에서 신령한 생활과 증거의 좋은 열매를 맺어야 합니다.

안드레는 시몬이 얼마나 중요한 인물이 될 것인지 상상하지 못했을 것입니다. 교회사를 통해 수집한 자료에 의하면, 시몬 베드로는 안드레보다 열 배나 가치가 있는 인물이었습니다. 안드레는 시몬을 예수께로 인도하는 도구였습니다.

당신은 재주가 부족하지만, 장차 은혜와 섬김에 있어서 크게 될 사람을 그리스도께 인도하는 방편이 될 수 있을 것입니다. 당신은 자기의 가능성을 인식하지 못하고 있습니다. 고결한 마음을 가진 어린아이에게 한 마디 말을 건네도 그 아이가 장차 교회를 크게 뒤흔드는 인물로 성장할 수 있습니다. 안드레는 재능은 그다지 없었지만, 베드로를 찾아냈습니다.

당신도 가서 안드레처럼 행하십시오.

그러나 낙심한 자들을 위로하시는 하나님이 디도가 옴으로 우리를 위로하셨으니(고후 7:6).

하나님처럼 우리를 위로하시는 분이 어디에 있습니까? 가난하고 우울하며 고민하는 하나님의 자녀에게 기분 좋은 약속과 훌륭한 위로의 말을 속삭여 주십시오. 마치 귀머거리 독사처럼 그 말에 귀를 기울이지 않을 것입니다. 절망에 빠진 그에게 온갖 위로의 말을 하여도 결과는 체념의 한숨뿐이며, 그에게 찬양의 시편이나, 주님을 찬양한다는 노래나 시를 들을 수 없을 것입니다. 그러나 하나님이 오셔서 그의 얼굴을 드시면 애통하던 자의 두 눈은 소망으로 반짝이게 됩니다. 우리는 그들을 기쁘게 할 수 없었지만, 주님은 하실 수 있습니다.

"그는 모든 위로의 하나님이시며"(고후 1:3).

길르앗에는 유향이 없으나 하나님에게는 유향이 있습니다. 피조물 중 의원이 없으나 창조주 하나님은 여호와 로피(Jehovah-rophi)가 되십니다. 하나님의 한 마디 부드러운 말씀으로 놀라운 찬미의 노래를 부르게 하십니다. 하나님의 말씀은 한 조각의 금이면, 신자는 금을 두드리는 사람입니다. 신자들은 여러 주일 동안 그 약속을 두드려 온갖 모양을 만들어냅니다.

믿는 자들이여, 우리는 절망에 눌러앉아서는 안 됩니다. 위로의 하나님께 나아가 위로를 구하십시오. 펌프에 물이 올라오지 않으면 먼저 펌프에 물을 따라 부으면 물이 올라오게 됩니다.

믿는 자들이여, 우리가 메말라 있을 때는 하나님께 가서 하나님의 기쁨을 우리의 마음에 부어 달라고 비십시오. 그리하면 기쁨이 충만하게 될 것입니다. 절대 세상의 친구들에게로 가지 마십시오. 그들도 욥을 위로하려 했던 친구들과 다름없을 것입니다. 무엇보다 먼저 낙심한 자를 위로하시는 하나님께로 가십시오. 그리하면 곧 "내 속에 생각이 많을 때 주의 위안이 내 영혼을 즐겁게 하시나이다"라고 고백하게 될 것입니다.

그 때에 예수께서 성령에게 이끌리어 마귀에게 시험을 받으러 광야로 가사(마 4:1).

사탄이 우리를 시험할 때 사탄의 불꽃이 점화되기 시작합니다. 그러나 그리스도를 시험할 때 그 불꽃은 물 위에 떨어진 불꽃 같았습니다. 그런데도 원수는 악한 사역을 계속했습니다. 이처럼 아무런 효과도 거두지 못하면서도 마귀가 계속 불을 붙였는데, 우리 마음에 가소성 물질이 가득하다는 것을 알 때는 얼마나 더 크게 시험하겠습니까?

비록 성령께서 우리를 크게 성화시켜 주셨지만, 지옥의 개는 여전히 우리를 향해 짖을 것으로 예상해야 합니다. 사회생활을 할 때 시험을 받으리라고 예상해야 합니다. 은둔생활을 한다고 해서 시험을 받지 않는 것은 아닙니다. 그리스도는 인간 사회를 떠나 광야로 이끌려 가셔서 마귀의 시험을 받으셨습니다. 고독한 은거 생활은 그 나름대로 유익이 있지만, 마귀는 아름다운 은거처까지 따라다닙니다.

세속적인 마음을 가진 사람들만 끔찍한 생각을 하며 하나님을 모독하라는 시험을 받는다고 생각하지 맙시다. 신령한 사람들도 같은 시험을 당합니다. 영이 거룩하게 되었다고 해서 사탄의 시험을 받지 않는다고 보장하지 못합니다. 그리스도를 세상에 보내신 아버지의 뜻을 행하는 것이 그리스도의 음식이요 음료수였습니다. 그런데도 그리스도는 시험을 받으셨습니다.

우리 심령이 예수를 향한 사랑의 불로 타오르고 있어도 마귀는 우리를 미지근하게 만들려 할 것입니다. 우리는 전쟁에 나간 기사들처럼 투구와 갑옷을 입고 자야 합니다. 큰 미혹자는 우리를 자기의 먹이로 만들기 위해 우리가 방심하는 순간을 노립니다.

주여, 우리로 항상 깨어 지키게 하여 주소서.

그가 친히 말씀하시기를 내가 결코 너희를 버리지 아니하고 너희를 떠나지 아니하리라 하셨느니라(히 13:5).

우리가 믿음으로 이 말씀의 의미를 이해한다면 손에 무적의 무기를 들고 있는 것과 같습니다. 하나님 언약의 활에서 날아간 이 화살을 맞으면 어떤 두려움이든 크게 상처를 입고 쓰러질 것입니다.

우리가 평온한 중에 기쁨을 누리거나 싸우는 중에 능력을 구할 때 "그가 친히 말씀하시기를…"이라는 말씀을 의지해야 합니다.

이것은 우리에게 성경을 찾아보는 일의 가치를 가르쳐줄 수도 있는 것입니다. 말씀에는 우리가 처해 있는 처지에 적합한 약속이 있을 것입니다. 그러나 그것을 알지 못하면 그것이 주는 위로를 받지 못할 것입니다. 성경에는 효과 좋은 약이 있습니다. 그러나 성경을 읽고 그가 친히 말씀하신 것을 찾지 못한다면, 병은 낫지 않을 것입니다.

하나님의 약속을 우리의 기억에 풍부하게 저장할 수는 없습니까? 우리는 위인들의 금언을 기억하고 있습니다. 유명한 시인들의 시를 소중히 암기하고 있습니다. 하나님의 말씀을 깊이 알면 우리가 어려운 일을 해결해야 하거나 의심을 떨쳐버려야 할 때 쉽게 그 말씀을 이용할 수 있습니다.

"그가 친히 말씀하시기를"이라는 말씀은 모든 지혜의 원천이요, 위로의 샘입니다. "영생하도록 솟아나는 샘물"이 우리 안에 풍성히 거하게 하십시오. 그리하면 우리의 영적 생활이 건강해지고 강건해지며 행복해질 것입니다.

빌립이 달려가서 선지자 이사야의 글 읽는 것을 듣고 말하되 읽는 것을 깨닫느냐(행 8:30).

우리가 하나님의 말씀을 지혜로이 이해한다면, 사람들을 더욱 잘 가르칠 수 있고, 온갖 교리의 바람에 휩쓸리지 않을 것입니다. 성경의 저자이신 성령만이 우리를 조명하여 성경을 올바르게 이해하게 해주실 수 있습니다. 그러므로 우리는 성령께서 모든 진리를 가르쳐 주시고 인도해주시기를 기도해야 합니다.

느부갓네살의 꿈을 해몽해 주기로 약속한 다니엘은 하나님에게 그 환상을 열어달라고 열심히 기도했습니다(단 2:16-23). 사도 요한은 밧모섬에서 환상 중에 일곱 개의 인으로 봉인된 책을 아무도 열 수 없는 것을 보고서 "크게 울었다"(계 5:4)라고 했습니다. 요한의 눈물은 그의 기도였고 봉인된 책을 여는 거룩한 열쇠였습니다. 그 책은 유다 지파의 사자에 의해 펼쳐졌습니다.

만일 자신과 다른 사람의 유익을 위해 "모든 신령한 지혜와 총명에 하나님의 뜻을 아는 지식으로" 채워지기를 원한다면, 기도가 가장 좋은 수단입니다. 하나님께 구하면 그대도 다니엘처럼 꿈을 이해하여 해석할 수 있을 것입니다. 많이 울고 나면 요한처럼 귀한 진리를 봉하고 있는 일곱 인이 펼쳐지는 것을 볼 것입니다.

돌은 망치로 무자비하게 치지 않으면 깨뜨릴 수 없습니다. 돌을 깨뜨리려면 무릎을 꿇어야 합니다. 기도의 무릎을 꿇고 근면의 망치를 사용하십시오. 사색과 추론은 진리를 파악하는 쐐기와 같습니다. 그러나 기도는 거룩한 비밀의 상자를 여는 쇠지레입니다. 그것을 사용함으로써 그 안에 감추어진 보물을 얻을 수 있습니다.

요셉의 활은 도리어 굳세며 그의 팔은 힘이 있으니 이는 야곱의 전능자 이스라엘의 반석인 목자의 손을 힘입음이라(창 49:24).

하나님이 요셉에게 주신 힘은 거룩한 힘입니다. 요셉은 어떻게 하여 유혹을 대적하여 이길 수 있었습니까? 하나님이 그를 도와주셨기 때문입니다. 하나님의 권능이 없이 우리 스스로 할 수 있는 일은 하나도 없습니다. 모든 참된 힘은 "야곱의 전능자"이신 하나님에게서 나오는 것입니다.

하나님이 얼마나 복되고 친숙한 방법으로 요셉에게 이 힘을 주셨는지 주목하십시오.

"그의 팔이 힘이 있으니 야곱의 전능자의 손을 힘입음이라."

이 말씀에서는 하나님이 자기 손을 요셉의 손 위에 얹으며 요셉의 팔 위에 하나님의 팔을 얹는 것으로 표현되었습니다.

아버지가 아이들을 가르치듯이 여호와는 자기를 경외하는 자들을 가르쳐 주십니다. 여호와는 그들에게 팔을 얹으십니다. 전능하시고 영원하신 하나님이 요셉을 튼튼하게 만드시기 위해 보좌에서 허리를 굽혀 요셉의 팔에 하나님의 팔을 얹으시며, 요셉의 손에 하나님의 손을 얹으십니다. 이 힘은 또한 언약의 힘이기도 합니다. 왜냐하면 그것은 "야곱의 전능자"에게서 나오는 것"이기 때문입니다.

우리는 성경에서 야곱의 하나님에 대한 말씀을 읽을 때마다 야곱과의 언약을 기억해야 합니다. 우리가 가지고 있는 모든 능력과 은혜, 축복과 자비, 위로와 재산은 언약으로 말미암아 그 수원지로부터 우리에게 흘러들어 옵니다. 만일 언약이 없다면 우리에게 진정으로 은혜가 부족하게 될 것입니다. 태양으로부터 빛과 열이 나아오듯이 언약으로부터 모든 은혜가 나아오기 때문입니다.

> 여호와는 노하기를 더디하시며 권능이 크시며 벌 받을 자를 결코 내버려두지 아니하시느니라 여호와의 길은 회오리바람과 광풍에 있고 구름은 그의 발의 티끌이로다(나 1:3).

여호와는 노하기를 더디 하십니다. 여호와의 자비는 바람 날개를 타고 세상에 오지만, 진노는 느린 발걸음으로 오십니다. 하나님은 죄인의 사망을 기뻐하시지 않습니다. 하나님은 언제나 펼친 두 손에 자비의 매를 들고 계십니다. 하나님은 인간의 죄 때문에 피 흘리셨던 찢어진 사랑의 손으로 공의의 칼을 칼집에 넣어 간직하십니다.

여호와는 노하기를 더디 하십니다. 왜냐하면 그 권능이 크시기 때문입니다. 하나님은 진실로 자신을 지배할 능력을 지니신 분이요 권능이 크신 분이십니다. 권능은 전능을 제어하므로, 실제로 전능을 능가합니다. 연약한 마음은 작은 일에도 화를 냅니다. 그러나 강한 마음은 파도가 밀려와도 움직이지 않는 바위처럼 그것을 견딥니다. 하나님은 원수들을 보시면서도 노를 참으십니다. 하나님이 거룩하지 않으신 분이라면 이미 오래전에 진노를 발하여 불로 지구를 태워버리라고 인간을 멸망시키셨을 것입니다. 그러나 하나님의 크신 권능은 우리에게 자비를 가져왔습니다.

겸손한 믿음으로 예수를 바라보며 "나의 대속자여, 당신은 나의 반석이요 내가 신뢰할 분이십니다"라고 말할 수 있습니까? 그렇다면 하나님의 권능을 두려워하지 마십시오. 당신은 용서를 받고 용납되었으며 믿음으로 피난처이신 그리스도께 피하였으므로 하나님의 권능이 당신을 무섭게 하지 않을 것입니다. 이는 용사의 방패와 칼이 그 사랑하는 연인을 두렵게 하지 않는 것과 같습니다.

"권능이 크신" 하나님이 당신의 아버지요 친구이심을 기뻐하십시오.

> 돈을 사랑하지 말고 있는 바를 족한 줄로 알라 그가 친히 말씀하시기를 내가 결코 너희를 버리지 아니하고 너희를 떠나지 아니하리라 하셨느니라(히 13:5).

하나님이 주신 모든 약속은 개인적으로 해석해서는 안 됩니다. 하나님이 한 성도에게 하신 말씀은 곧 모든 성도에게 하신 말씀입니다. 하나님이 한 사람을 위해 우물을 솟게 해주셨으면 그것은 모든 사람을 마시게 하기 위한 것입니다. 하나님이 양식을 나누어주기 위해 곡식 창고의 문을 여셨다면, 그 문을 열게 만든 굶주린 사람이 한 사람 있을 것입니다. 그러나 다른 모든 배고픈 성도들도 와서 함께 먹을 수 있습니다.

하나님이 아브라함에게 주신 말씀이든 모세에게 주신 말씀이든 그것은 문제가 되지 않습니다. 하나님은 언약의 자손인 우리에게 그 말씀을 주신 것입니다. 이것은 당신은 마실 수 없는 생명의 시냇물이 아닙니다. 만일 그 땅에 젖과 꿀이 흐른다면 그 꿀을 먹고 젖을 마십시오. 왜냐하면 그것들은 모두 당신의 것이기 때문입니다. 담대하게 믿으십시오.

주님은 "결코 너희를 버리지 아니하고 너희를 떠나지 아니하리라"고 말씀하셨습니다. 하나님은 이 약속에서 자기 백성에게 모든 것을 주십니다. 하나님의 속성에서 우리 인간을 위해 일하지 않는다는 속성은 없습니다. 하나님을 믿는 사람들을 위하여 자신의 모습을 강하게 나타내실 것입니다. 하나님은 사랑으로 가득한 자비하심으로 우리에게 자비를 베푸실 것입니다. 요컨대 이 세상에서나 영원한 세상에서 우리가 바라고 요구하고 필요로 하는 모든 것이 "내가 결코 너희를 버리지 아니하고 너희를 떠나지 아니하리라"고 하신 말씀 안에 포함되어 있습니다.

십자가를 지고 나를 따를 것이니라(막 8:34).

불신앙은 십자가를 만드는 숙련된 목수입니다. 그러나 우리는 자신의 십자가를 만들라는 명령을 받지 않았습니다. 이기심은 주인이 되기를 원하겠지만, 우리에게는 자기 십자가를 선택하는 것이 허락되지 않습니다. 우리의 십자가는 거룩한 사랑에 의해 정해져 예비되어 있습니다. 그 십자가를 기쁜 마음으로 받아들여야 합니다. 그 십 자가를 우리가 택할 상징이요 경고로 여기고 불평하지 말고 받아들여야 합니다. 예수님은 주님의 쉬운 멍에를 메라고 요구하십니다. 화를 내며 그것을 발로 차지 말고, 교만하게 짓밟지 말고, 절망하여 쓰러지지 말고, 두려워 도망치지 맙시다. 예수를 따르는 사람답게 그 십자가를 집시다.

예수는 십자가를 지시고 슬픔의 길로 우리를 인도하고 계십니다. 주님보다 더 좋은 안내인은 없습니다. 십자가의 길은 안전한 길입니다. 그 가시밭길을 밟기를 두려워 맙시다. 십자가는 부드러운 깃털로 만들어지거나 비단으로 장식을 하지 않았습니다. 그것은 순종하지 않는 사람이 질 때는 무겁고 분통이 터지게 만듭니다. 두려움이 십자가를 쇠의 색으로 칠했지만, 쇠로 만든 십자가는 아닙니다. 그것은 나무 십자가요, 사람이 지고 갈 수 있는 것입니다.

슬픔의 사람 주님께서 최초로 십자가를 지셨습니다. 우리는 성령의 권능으로 곧 자기 십자가를 사랑하게 될 것입니다. 모세처럼 애굽의 모든 보화를 준다고 해도 그리스도의 책망과 바꾸려 하지 않을 것입니다. 십자가 뒤에는 면류관이 따른다는 것을 기억합시다. 장차 누릴 큰 영광은 현재 당하는 무거운 환난을 가볍게 해줄 것입니다. 주님은 우리를 도와 거룩하신 뜻에 순복하게 해주실 것입니다. 그때 우리는 십자가에 달리신 주님을 따르는 자의 성품인 거룩하고 순종하는 영을 가지고 나아가게 됩니다.

내가 그들에게 복을 내리고 내 산 사방에 복을 내리며 때를 따라 소낙비를 내리되 복된 소낙비를 내리리라(겔 34:26).

이 말씀에는 하나님의 주권적인 자비가 나타나 있습니다. 구름에 명령하여 비를 뿌리게 하실 수 있는 음성이 있습니다. 이 땅에 비를 내리게 하시는 분은 누구입니까? 초록빛 풀밭에 소나기를 뿌리는 분은 누구십니까? 여호와가 아닙니까? 그러므로 은혜는 하나님의 선물이지 인간이 만든 것이 아닙니다. 우리에게는 이 은혜가 필요합니다. 소나기가 내리지 않는다면 땅이 무엇을 할 수 있겠습니까? 절대적으로 필요한 것은 하나님의 축복입니다. 하나님이 넉넉한 비를 내려주시고 구원을 보내시지 않는 한 우리의 수고는 헛된 것입니다.

하나님은 "내가 소낙비를 내리리라"고 하셨습니다. "내가 간간이 비를 내리리라"고 말씀하시지 않고 "소낙비"를 내리겠다고 말씀하셨습니다. 그것은 은혜로 내리는 것입니다. 하나님이 축복을 주실 때는 받을 그릇이 더 없을 만큼 풍족하게 주십니다. 풍족한 은혜. 집중적으로 쏟아지는 은혜의 소나기가 없으면 우리는 아무 일도 할 수 없습니다. 또한 그것은 시기적으로 알맞은 은혜입니다.

하나님이 또한 "내가 때를 따라 비를 내리리라"고 하셨습니다. 오늘 아침 우리의 계절은 어떤 계절입니까? 가뭄이 극심한 계절입니까? 그렇다면 장맛비가 내려야 할 때입니다. 몹시 낙심하며 마음이 무거운 계절입니까? 그렇다면 장맛비가 내려야 할 계절입니다. "내가 복된 장맛비를 내리리라."

이 말씀에는 여러 가지 축복이 들어 있습니다. 하나님은 온갖 종류의 축복을 보내주실 것입니다. 하나님의 축복들은 마치 금목걸이의 사슬처럼 서로 연결되어 있습니다. 회심의 은혜를 주신 하나님은 또한 위로의 은혜도 주실 것입니다. 하나님은 "복된 장맛비"를 내리실 것입니다.

바싹 말라 버린 나무여, 하늘을 바라십시오. 잎사귀들과 꽃망울을 펴고 하늘에서 내려주실 장맛비를 기다리라.

만군의 여호와여 여호와께서 언제까지 예루살렘과 유다 성읍들을 불쌍히 여기지 아니하시려 하나이까…여호와께서 내게 말하는 천사에게 선한 말씀, 위로하는 말씀으로 대답하시더라(슥 1:12-13).

교회를 향한 하나님의 사랑은 매우 심오하므로 인간의 지혜로는 이해할 수 없습니다. 하나님은 무한히 넓으신 마음으로 교회를 사랑하시므로 교회의 자녀들은 용기를 가져야 합니다. 하나님께 서 교회를 향하여 "선한 말씀, 위로하는 말씀"을 하셨으므로, 교회는 번영하지 않을 수 없습니다.

스가랴는 이 위로하는 말씀이 무엇인지 말해 줍니다: "내가 예루살렘을 위하며 시온을 위하여 크게 질투하며"(슥 1:14). 주님은 교회를 대단히 사랑하셔서 교회가 다른 사람에게로 가는 것을 견디지 못하십니다. 하나님은 길을 잘못 들어 빗나간 교회가 너무 무겁고 많은 고난을 겪는 것을 견디시지 못하십니다. 하나님은 원수들이 교회를 괴롭히게 버려두지 않으시며, 교회의 불행, 을 증대시키는 원수들에게 노하십니다. 하나님이 교회를 떠나신 것처럼 보일 때도 하나님의 마음은 여전히 교회를 사랑하고 계십니다. 역사를 살펴보면, 하나님은 자기 종들을 징계하기 위해 매를 사용하시지만, 후에는 그 매를 꺾어 버리시는 것을 알 수 있습니다. 마치 자녀에게 아픔을 준 매를 미워하시는 듯이, 하나님은 자기 백성들보다 더 큰 아픔을 느끼십니다.

"아버지가 자식을 긍휼히 여김 같이 여호와께서는 자기를 경외하는 자를 긍휼히 여기시나니"(시 103:13).

하나님이 징계하시는 것은 사랑이 부족해서가 아닙니다. 이것은 교회 전체는 물론이고 각 지체에도 적용되는 진리입니다. 주님은 당신을 지나치시지 않을까 염려하지 마십시오. 하늘의 별을 세시며 그 이름을 부르시는 하나님은 절대 자기 자녀들을 잊지 않으십니다. 하나님은 마치 당신을 자신이 만드신 유일한 피조물이거나 사랑하는 유일한 성도인 듯 우리의 처지를 샅샅이 알고 계십니다. 하나님께 가까이 가십시오. 그러면 평화를 누릴 것입니다.

요한이 많은 바리새인들과 사두개인들이 세례 베푸는 데로 오는 것을 보고 이르되 독사의 자식들아 누가 너희를 가르쳐 임박한 진노를 피하라 하더냐(마 3:7).

비가 온 후에 시골길을 달리며 신선한 풀냄새를 맡으면 기분이 상쾌합니다. 신자들의 위치도 이와 같습니다. 신자들은 폭풍우가 구세주의 머리 위에 쏟아져 내리고 지나간 후에 땅을 통과하는 사람과 같습니다. 혹시 몇 방울의 슬픔이 떨어져 내린다고 해도, 그것은 자비의 구름에서 떨어지는 것입니다. 예수님은 그 빗방울이 그 신자의 멸망을 위한 것이 아니라고 보장하심으로써 그의 기운을 북돋아 주십니다. 그러나 태풍이 다가오는 것, 폭풍우의 전조를 목격하는 것은 참으로 두려운 일입니다. 무서운 허리케인이 몰아닥치는 것을 목격한다는 것은 실로 무서운 일입니다.

죄인들이여, 우리는 지금 이러한 상태에 놓여 있습니다. 아직 뜨거운 불꽃은 떨어지지 않고 있지만, 불의 소나기가 다가오고 있습니다. 무서운 바람이 우리의 주위에서 으르렁거리지는 않지만, 하나님의 태풍은 그 두려운 흉기를 모으고 있습니다. 지금까지는 하나님의 자비로 홍수를 막았지만 머지않아 수문이 열릴 것입니다. 하나님의 천둥 번개는 아직 하나님의 창고에 들어 있지만, 태풍은 갑자기 임할 것입니다. 하나님이 진노하시어 복수하시려고 행군하시는 순간이야말로 지극히 두려운 순간이 될 것입니다.

죄인들이여. 그때 어디에 우리의 머리를 숨기려는가? 어디로 도망하겠습니까? 지금 자비의 손이 우리를 주께로 인도하시길 원하노라.

그리스도는 복음 안에서 값없이 우리 앞에 계십니다. 우리는 그분이 필요하다는 것을 알고 있습니다. 그리스도를 믿으십시오. 그리하면 진노가 영원히 당신을 용서하고 지나쳐갈 것입니다.

그러나 요나가 여호와의 얼굴을 피하려고 일어나 다시스로 도망하려 하여 욥바로 내려갔더니 마침 다시스로 가는 배를 만난지라 여호와의 얼굴을 피하여 그들과 함께 다시스로 가려고 배삯을 주고 배에 올랐더라 (욘 1:3).

요나는 니느웨로 가서 말씀을 전파하지 않고 하나님을 피해 욥바로 갔습니다. 하나님의 종들이 맡은 의무를 행하기를 주저하면 그 결과가 어떻게 됩니까? 요나는 이렇게 행함으로써 무엇을 잃었습니까? 그는 사랑하시는 하나님의 임재와 그로 말미암은 위로를 잃었습니다.

우리가 믿는 자로서 주 예수를 섬길 때 하나님은 우리와 함께하십니다. 온 세상이 우리를 대적하여도 하나님이 우리와 함께하시면 문제가 되지 않습니다. 그러나 우리가 자기의 욕망을 추구하게 되면 즉시 우리는 항해사가 없이 바다 가운데 놓인 배가 됩니다. 그때 우리는 비통하게 신음하며, "나의 하나님, 어디로 가셨나이까? 나는 어리석게도 당신을 섬기기를 회피하였습니다. 이것은 지극히 값비싼 대가입니다. 나로 당신께 돌아가 당신의 임재를 즐거워하게 하소서"라고 외친다.

요나는 마음의 평화를 잃었습니다. 죄는 신자의 위로를 파괴합니다. 요나는 위로의 원천을 잃었습니다. 그러나 그는 하나님의 뜻을 따르지 않았으므로 하나님께 보호의 약속을 지키라고 항변할 수 없었습니다. 그는 "주여, 내가 임무를 수행하는 중에 이러한 어려움을 만났으니 이 어려움을 헤쳐나갈 수 있도록 도와주십시오"라고 말할 수 없었습니다. 그는 행한 대로 거두고 있었습니다.

믿는 자여, 절대 요나처럼 행하지 마십시오. 그렇지 않으면 파도와 물결이 머리 위에서 출렁이게 될 것입니다. 당신은 하나님의 뜻에 순종하는 것보다 그 뜻을 피하는 것이 더 어렵다는 것을 깨닫게 될 것입니다. 요나는 시간을 잃었습니다. 왜냐하면 그는 결국 니느웨로 가야 했기 때문입니다. 하나님과 싸우는 것은 어려운 일입니다. 그러니 즉시 하나님께 순종합시다.

나는 감사하는 목소리로 주께 제사를 드리며 나의 서원을 주께 갚겠나이다 구원은 여호와께 속하였나이다(욘 2:9).

구원은 하나님의 사역입니다. 범죄하여 죽은 영혼을 소생시키시는 분은 하나님 한 분이요, 영혼의 영적 생명을 보존해 주시는 분도 하나님이십니다. 하나님은 알파요 오메가이십니다. 만일 내가 경건하다면, 나를 경건케 만드신 분은 하나님이십니다. 내가 은혜를 소유하고 있다면 그것은 하나님이 내게 주신 은사입니다. 내가 꾸준한 생활을 영위하고 있다면, 그것은 하나님이 손으로 나를 부축하여 주시기 때문입니다. 하나님이 먼저 내 안에서 역사하시지 않는다면, 나는 자신의 보존을 위해 아무 일도 할 수 없습니다. 그러나 만일 내가 범죄한다면 그것은 나 자신의 소행이고, 내가 의로운 행동을 한다면 그것은 전적으로 하나님의 행위입니다. 내 안에 살아계시는 분은 내가 아니라 그리스도이십니다.

나는 성화되었는가? 나는 나 자신을 정결케 하지 못했습니다. 그러나 하나님의 성령께서는 나를 거룩하게 하십니다. 나는 세상을 버렸는가? 하나님은 나의 유익을 위해 나를 징계하시어 세상을 버리게 하십니다. 나의 지식은 성장하고 있는가? 그렇다면 그것은 위대한 교사가 나를 가르치시기 때문입니다. 그분만이 나의 반석이요 나의 구원이십니다. 나는 말씀을 먹고 살아가는가? 만일 여호와께서 말씀을 내 영혼의 양식으로 만들어주시며 나를 도와 그것을 먹게 하시지 않는다면, 말씀은 나의 양식이 되지 못할 것입니다. 나는 끊임없이 새로운 힘을 더해가고 있는가? 나의 힘은 어디에서 오는 것는가? 나의 도움은 하늘나라 산에서 오는 것입니다. 예수님이 함께 하시지 않으면 나는 아무 일도 할 수가 없습니다.

가지가 포도나무에 붙어 있지 않으면 열매를 맺을 수 없듯이, 나도 그리스도 안에 거하지 않으면 열매를 맺을 수 없습니다.

주여, 요나가 깊은 곳에 빠져서 배운 것을 이 아침에 내 기도의 골방에서 배우게 하소서. 구원은 여호와께로서 말미암습니다.

그가 진찰할 것이요 나병이 과연 그의 전신에 퍼졌으면 그 환자를 정하다 할지니 다 희어진 자인즉 정하거니와(레 13:13).

이상하게 보이지만 이 규정 안에는 지혜가 있습니다. 나병이 표면에 나타난 것은 그 나병 환자의 육체적 성질이 온전하다는 것을 증명해줍니다.

우리는 이 특이한 규칙에서 교훈을 배워야 합니다. 우리도 나병 환자입니다. 그러므로 나병 환자에 대한 규칙을 우리에게 적용해야 합니다. 스스로 완전히 파멸하였으며 죄의 더러움으로 덮인 것을 발견한 사람은 자신의 의를 완전히 포기하고 주님 앞에서 죄인이 됩니다. 그때 그는 예수의 피와 하나님의 은혜로 깨끗해집니다. 고백하지 않고 감추고 느끼지 못하는 불의가 진짜 나병입니다. 그러나 죄를 보고 느낄 때 죄는 치명적인 일격을 당하며, 주님은 고통받는 그 영혼을 자비의 눈으로 보십니다.

독선이나 회개하지 않고 소망을 갖는 것보다 더 치명적인 일은 없습니다. 우리는 죄인임을 고백해야 합니다. 이런 고백이야말로 참된 것입니다. 성령께서 우리 안에서 역사하여 죄를 깨닫게 해주신다면, 스스로 죄인임을 인정하는 것은 그다지 어렵지 않을 것입니다. 죄인이라는 고백이 저절로 우리 입에서 나올 것입니다.

본문의 말씀은 진정으로 각성한 죄인에게 큰 위로가 됩니다. 그들을 크게 낙심하게 하던 상황이 변하여 희망적인 상태의 상징입니다. 건물을 지을 때 가장 먼저 해야 할 일은 기초를 세우는 일입니다. 마찬가지로 죄를 철저히 자각하는 것은 심령 안에서 역사하는 은혜의 사역의 첫 단계입니다.

오, 불쌍하게도 나병 환자가 된 죄인이여, 지금의 모습 그대로 예수께 나아가라!

네가래 말하기를 여호와는 나의 피난처시라 하고 지존자를 너의 거처로 삼았으므로(시 91:9).

이스라엘 백성들은 광야를 여행하는 동안 끊임없이 변화를 겪었습니다. 그들은 불기둥과 구름 기둥이 멈출 때 장막을 세웠습니다. 그러나 다음날이면 아침 해가 뜨고 나팔 소리가 울리며 언약궤가 움직이고 불기둥과 구름 기둥이 좁은 산길이나 불모의 광야로 그들을 인도해 주었습니다. 백성들이 잠시 휴식을 취하려면 곧 "떠나라. 이곳은 너희의 쉴 곳이 아니니 계속 가나안을 향해 가야 한다"라는 소리가 들려 왔습니다. 우물이나 종려나무도 그들을 붙잡아둘 수는 없었습니다.

그러나 그들은 하나님 안에 있는 영원한 고향을 갖고 있었습니다. 하나님의 구름기둥이 그들의 지붕이요, 밤에는 불기둥이 그들의 집을 밝혀 주는 불이 되어 주었습니다. 그들은 끊임없이 변화를 겪으며 이곳에서 저곳으로 다녀야만 했습니다. 모세는 "주여, 주는 대대에 우리의 거처가 되셨나이다"라고 기도했습니다.

믿는 자는 하나님과의 관계에 있어서는 전혀 변화를 겪지 않습니다. 우리는 오늘은 부유하지만, 내일은 가난하게 될 수도 있고, 오늘은 병들었으나 내일은 건강해질 수 있으며, 오늘은 행복하다가도 내일은 괴로움을 당할 수도 있습니다. 그러나 하나님과의 관계에 관한 한 전혀 변화를 겪지 않습니다. 어제 나를 사랑하신 하나님은 오늘도 나를 사랑하십니다. 하나님은 내가 무시로 피하여 숨을 산성이 됩니다(시 71:3). 나는 이 세상에서는 나그네요, 내 집은 내 하나님 안에 있습니다.

베들레헴 에브라다야 너는 유다 족속 중에 작을지라도 이스라엘을 다스릴 자가 네게서 내게로 나올 것이라 그의 근본은 상고에, 영원에 있느니라(미 5:2).

주 예수는 자기 백성들이 시간의 무대에 등장하기 오래전에 이미 보좌 앞에서 자기 백성을 대표하셨습니다. 주님은 태초부터 자기 백성들을 대신하여 피를 피로, 고난을 고난으로, 고통을 고통으로, 사망을 사망으로 갚기로 성부와 협정을 맺으셨습니다. 또 영원 전부터 한 마디 불평도 하지 아니하시고 머리 꼭대기부터 발끝까지 온통 피를 흘리셨고, 침 뱉음을 당하시고 창으로 찔림을 당하시고 조롱을 받으시고 사망의 고통을 당하셨습니다.

그리스도는 내가 태어나기 전부터 나를 사랑하셨습니다. 주님은 태초부터 나를 구원하려 하셨습니다. 그런데 주님이 지금 나를 잃으시겠습니까? 주님은 당신을 귀한 보석처럼 손에 넣고 다니십니다. 내가 주님의 손가락에서 빠져나가는 것을 주님이 버려두시겠습니까? 주님은 산이 생기기 전, 깊은 계곡이 생기기 전에 나를 택하셨습니다. 그런데 지금 나를 거부하시겠습니까? 그렇지 않습니다.

주님이 변함이 없으신 연인이 아니셨다면 나를 그처럼 오랫동안 사랑하시지 않았을 것입니다. 만일 주님이 지금 내게 싫증을 내실 분이라면 이미 오래전에 싫증을 내셨을 것입니다. 주님이 지옥처럼 깊고 사망처럼 강력하게 나를 사랑하시지 않았다면, 이미 오래전에 내게서 돌아서셨을 것입니다.

우리가 세상에 생기기 전에 아버지께서 주님께 주신바 영원하고 빼앗을 수 없는 주님의 기업이라는 것은 참으로 기쁜 확신입니다.

오늘 밤 영원한 사랑이 내 베개가 되어지이다.

나의 영혼아 잠잠히 하나님만 바라라 무릇 나의 소망이 그로부터 나오는도다(시 62:5).

믿는 자가 세상에서 무엇을 기대한다면 그것을 얻을 가능성은 거의 없습니다. 그러나 육체적인 축복이든 영적인 축복이든 자신에게 필요한 것을 하나님이 주시기를 구한다면 그의 기대는 전혀 헛되지 않을 것입니다.

믿는 자는 항상 믿음이라는 은행에서 필요한 것을 꺼내어 쓰며, 하나님의 인애라는 보화로 자신의 궁핍함을 채웁니다. 내 주님은 결코 약속을 지키시는 데 실수가 없으십니다. 우리가 약속하고 주님의 보좌로 나아가기만 하면 절대로 응답지 않고 되돌려 보내시지 않습니다. 그러므로 나는 하나님의 문 앞에서 기다리기만 하면 됩니다. 그분은 언제나 은혜의 손으로 그 문을 열어 주시기 때문입니다.

그러나 우리는 이 세상을 초월하는 소망이 있습니다. 머지않아 우리는 죽게 되는데, 그때 우리의 소망은 하나님에게서 나옵니다. 사망이 우리에게 다가올 때 하나님이 천사를 보내시어 우리를 하나님의 품으로 데려가실 것이라고 기대하지 않습니까? 우리는 맥박이 희미해지고 깊은숨을 몰아쉴 때 하늘나라의 천사가 곁에 서서 사랑스러운 눈으로 우리를 지켜보며 "자매 영이여, 이리로 오시오"라고 말한다고 믿고 있습니다. 우리는 우리가 영광스러운 주님처럼 될 날을 갈망하며 기다립니다. 왜냐하면 "그의 참모습 그대로 볼 것"(요일 3:2)이기 때문입니다.

오, 내 영혼아, 하나님을 위해 살라. 네 모든 것을 공급해 주시는 하나님께 영광을 돌리려는 소망을 가지고 살라.

여호와께서 엘리야를 통하여 하신 말씀 같이 통의 가루가 떨어지지 아니하고 병의 기름이 없어지지 아니하니라(왕상 17:16).

하나님의 사랑이 얼마나 성실한 것인지 살펴보십시오. 사르밧의 과부에게는 양식이 필요했습니다. 기근이 들었는데, 과부 자신과 아들이 먹을 것이 필요했습니다. 선지자 엘리야도 음식을 먹어야 했습니다. 이처럼 그들에게 필요한 양식은 세 배가 되었지만, 그 여인은 항상 넉넉히 음식을 먹을 수 있게 되었습니다. 여인은 매일 통에 있는 가루를 사용했지만, 항상 동일한 분량의 가루가 통 안에 남아 있었습니다.

우리에게도 양식이 필요합니다. 우리는 너무나 빈번하게 궁핍함을 느끼므로 언젠가는 양식통이 비고 병의 기름이 없어질 날이 오지 않을까 염려합니다. 그러나 하나님의 말씀에 따르면, 이런 일은 일어나지 않을 것이니 믿고 안심하십시오. 우리가 므두셀라보다 더 오래 살며 우리에게 필요한 것이 바닷가의 모래알처럼 많더라도 하나님의 은혜와 자비는 우리에게 필요한 것을 모두 충족시켜 주실 수 있을 것입니다. 우리는 절대 부족을 느끼지 않을 것입니다.

이 과부가 살던 시대에 삼 년간 하늘에는 구름 한 점 없었고 별들은 악한 세상에 거룩한 눈물을 한 방울도 흘리지 않았습니다. 기근과 황폐함과 사망이 그 땅을 황량한 광야로 만들었습니다. 그러나 이 과부는 항상 기쁨으로 충만했습니다.

우리도 이 과부와 같을 것입니다. 우리는 자기의 힘을 의뢰하는 죄인의 소망이 멸하는 것을 볼 것입니다. 또 모래 위에 소망을 세운 교만한 바리새인의 확신이 무너지는 것을 볼 것입니다. 또 우리 자신의 계획이 시들고 꺾이는 것을 볼 것입니다. 그러나 우리는 구원의 반석에서 안전한 보호처를 발견할 것입니다.

옛적에 여호와께서 나에게 나타나사 내가 영원한 사랑으로 너를 사랑하기에 인자함으로 너를 이끌었다 하였노라(렘 31:3).

율법과 심판은 우리를 그리스도께 데려가기 위해 사용됩니다. 그러나 궁극적인 승리는 인자함으로 얻어집니다. 탕자는 궁핍함을 느꼈기 때문에 아버지의 집을 향해 출발했습니다. 아버지는 멀리서 아들을 알아보고 달려가 그를 맞아주었습니다. 탕자는 아버지의 따뜻한 입맞춤을 받으며 기분 좋은 환영의 말을 들으며 아버지의 집으로 들어갔다.

주님이 문 앞에 오셔서 율법이라는 냉혹한 손으로 문을 두드립니다. 문의 돌쩌귀가 흔들립니다. 그러나 주인은 온갖 가구들을 문 앞에 쌓아두어 문을 열지 못 하게 합니다. 그리고 "나는 그 사람을 영접하지 않겠다"라고 말합니다. 주님은 돌아갔으나 다시 돌아와 이번에는 부드러운 손으로 부드럽게 문을 두드렸습니다. 이번에는 문이 흔들리지 않았습니다. 그러나 이상하게도 문이 열렸습니다. 그리고 먼젓번에는 그를 영접하지 않으려 했던 주인은 기뻐하며 손님을 맞이했습니다. "어서 오십시오. 당신의 노크 소리에 내 마음이 끌렸습니다. 나는 당신이 상하신 손으로 내 집 문에 핏자국을 남기고 그대로 돌아가게 할 수 없었습니다. 내가 졌습니다. 당신의 사랑이 내 마음을 정복했습니다."

이처럼 모든 일에 있어서 인자함은 승리를 거둡니다. 모세가 십계명을 새긴 석판으로 할 수 없었던 일을 그리스도는 그 찢어진 손으로 해내셨습니다.

> 우리가…오직 하나님으로부터 온 영을 받았으니 이는 우리로 하여금 하나님께서 우리에게 은혜로 주신 것들을 알게 하려 하심이라(고전 2:12).

당신은 하나님의 영을 받았습니까? 성령께서 신자들의 심령 속에서 역사해야 합니다. 성부와 성자께서 행하신 일이라도 성령께서 그것들을 우리에게 계시하여 주시지 않으면 그것들은 가치가 없는 것이 됩니다. 하나님의 영이 속에 들어오지 않았는데 구원이 어떻게 효과를 발휘할 수 있을 것입니까? 하나님의 영이 어둠 속에 있는 나를 빛으로 불러내시지 않는 한, 나는 구원을 의식하지 못합니다. 성령께서 부르실 때 나는 내, 목적을 깨닫습니다. 내가 영원하신 하나님의 계획 속에서 택함을 받았음을 압니다.

성부 하나님은 주 예수 그리스도와 언약을 맺으셨습니다. 그러나 성령께서 우리에게 그 축복을 가져다주시며 우리 마음을 열어 그 축복을 받아들이게 해주시지 않는다면, 그 언약이 무슨 유익이 있겠습니까? 그 축복은 우리의 손이 닿지 않는 곳에 있으므로, 하나님의 영이 우리에게 전해주어야만 진정으로 우리의 것이 됩니다.

언약의 축복 자체는 하늘에 있는 만나와 같아서 인간의 손에는 닿지 않습니다. 그러나 하나님의 영은 하늘 문을 열어 영적 이스라엘 진영 주위에 생명의 떡을 뿌려줍니다. 그리스도의 완성된 사역은 통에 저장된 포도주와 같습니다. 그러나 우리는 불신앙 때문에 그것을 꺼내어 마시지 못합니다. 성령이 이 귀한 포도주를 그릇에 담아 주어야 우리는 마실 수 있습니다.

성령이 없으면 우리는 마치 성부께서 우리를 택하지 않으셨으며 성자께서 피로 우리를 사시지 않은 것처럼 죄 속에 죽어 있습니다. 성령은 우리의 행복에 절대적으로 필요합니다. 우리는 사랑하는 마음으로 성령을 향하여 걸어가며, 성령을 근심하게 할 생각도 하지 맙시다.

북풍아 일어나라 남풍아 오라 나의 동산에 불어서 향기를 날리라 나의 사랑하는 자가 그 동산에 들어가서 그 아름다운 열매 먹기를 원하노라 (아 4:16).

주님께서 우리를 어떻게 대해 주셔도 무관심하고 냉담하게 버려두시는 것보다는 낫다. 이 노래에 등장하는 신부는 연인의 책망에 겸손하게 복종하게 했습니다. 그녀는 연인에게 어떤 형태로든 은혜를 보내 달라고 간청하면서도 은혜의 형태를 특별히 정하지 않았습니다.

그녀도 우리처럼 냉담하게 지내는 데 완전히 지쳤으므로 자신을 분발하게 하여 행동하게 해줄 고난을 그리워하지 않았습니까? 아울러 그녀는 위안, 거룩한 사랑의 미소, 구속자의 임재의 기쁨을 원하였습니다. 이것들은 우리의 나태한 생활을 분발하게 하는 데 크게 효과가 있습니다.

그녀는 전자나 후자, 또는 양자 모두를 원하였습니다. 그녀는 자기의 연인을 자기 정원에서 풍기는 향기로 기쁘게 해줄 수 있기를 원했습니다. 그녀는 자신이 무익한 것은 견딜 수 없었으며, 우리 역시 견디지 못합니다. 예수님께서 우리의 보잘것없는 장점에서 위로를 발견하실 수 있다고 생각하면 참으로 힘이 솟습니다. 그것은 너무나 즐거운 일이기 때문에 사실이 아닌 듯이 생각됩니다.

위대하시고 지혜로우신 농부께서는 다양하고 상반되는 원인을 다스리시어 하나의 바람직한 결과를 만들게 하십니다. 그의 지혜는 고통과 위로가 믿음, 사랑, 소망, 인내, 인종(忍從), 기쁨 및 여러 가지 아름다운 꽃을 피우게 만듭니다.

주여, 우리로 이 말씀의 의미를 직접 경험하여 깨닫게 하여 주소서.

그러므로 믿는 너희에게는 보배이나 믿지 아니하는 자에게는 건축자들이 버린 그 돌이 모퉁이의 머릿돌이 되고(벧전 2:7).

강물이 바다로 흘러 들어가듯이, 모든 기쁨은 사랑하는 주님에게 중심을 둡니다. 주님의 눈길은 태양 빛을 능가하며, 주님의 아름다운 얼굴은 아름다운 꽃보다 더 어여쁩니다. 이 세상의 보석과 바다의 진주도 주님의 보배로움에는 비교할 수 없습니다. 우리는 하나님의 큰 선물의 가치를 계산할 수 없습니다. 주 예수가 자기 백성에게 얼마나 귀하신 분인지, 또는 그들의 만족과 행복에 얼마나 필요한 분인지는 말로 표현할 수 없습니다.

믿는 자여, 당신은 풍족한 중에도 주님이 계시지 않으면 기근을 발견합니까? 빛나는 샛별이 사라진다면, 다른 별은 그러한 빛을 발하지 못할 것이라고 느낍니까? 주님이 없는 세상은 쓸쓸한 광야가 됩니다. 주님이 한순간이라도 몸을 숨기시면 우리 정원의 꽃은 시들고, 우리의 기쁨의 열매는 썩고, 새들은 노래를 그치고, 폭풍이 우리의 소망을 전복시킬 것입니다. 의의 태양이 빛을 잃는다면, 이 세상의 모든 촛불을 켜도 낮의 빛을 만들지 못합니다.

이 세상의 유혹과 염려 속에 있을 때 주님이 함께하시지 않는다면 어떻게 하겠습니까? 아침에 잠에서 깨어나 또다시 전쟁의 하루를 맞아야 할 때 주님이 함께하시지 않으면 어떻게 하겠습니까? 저녁에 지치고 피곤한 몸으로 집에 돌아왔을 때 그리스도와의 교제의 문이 열리지 않는다면 어떻게 하겠습니까?

그러나 주님은 하루도 빠짐없이 우리와 함께하십니다. 주님은 절대 자기 백성을 버리시지 않습니다.

온 이스라엘 사람들이 각기 보습이나 삽이나 도끼나 괭이를 벼리려면 블레셋 사람들에게로 내려갔었는데(삼상 13:20).

우리는 악한 블레셋 사람들과 큰 전쟁을 하고 있습니다. 그러므로 우리 수중에 있는 무기를 모두 사용해야 합니다. 설교, 교훈, 기도, 구제 등 모든 것을 행동화해야 하며, 이제까지 무익하다고 생각했던 재능도 사용해야 합니다. 모든 순간, 지극히 작은 능력, 좋은 기회나 좋지 않은 기회 등 모든 것을 사용해야 합니다.

우리의 원수는 심히 많은데 우리의 군대는 너무나 미약합니다. 우리의 도구도 날카롭게 갈아야 합니다. 우리에게는 재빠른 지각, 전략, 힘, 기지 등이 필요합니다. 이것들을 모두 주님의 일을 위해 사용해야 합니다. 기업을 경영하는 기독교인에게서 실질적인 상식을 발견하기는 참으로 어렵습니다. 우리는 원수들에게서라도 배울 것은 배워야 하며, 블레셋 사람들에게 우리의 무기를 벼리게 해야 합니다. 오늘 아침 성령의 도우심을 받아 종일 우리의 열심을 날카롭게 벼리도록 합시다.

이교를 믿는 광신자들을 잘 살펴보십시오. 그들은 자기의 신을 섬기기 위해서 무서운 고문도 참고 견디어내지 않습니까! 인내와 자기희생을 나타내는 것은 이교도들 뿐이 아닙니다. 어두움의 왕자를 지켜주십시오. 얼마나 끈질기게 노력하며, 얼마나 뻔뻔스럽게도 전하며, 얼마나 담대한 계획을 세우며, 얼마나 정력적으로 일하고 있는가.

마귀들은 파렴치한 반역을 시도하는 데 있어서 일치단결하여 일하고 있는데 반해, 우리 믿는 자들은 하나님을 섬기는 일에 있어서 서로 분열하고 일치를 이루지 못하고 있습니다. 비록 악하지만, 사탄의 근면함을 배워 선한 사마리아인들처럼 힘써 찬양할 분을 구하게 되었으면 얼마나 좋겠습니까!

모든 성도 중에 지극히 작은 자보다 더 작은 나에게 이 은혜를 주신 것은 측량할 수 없는 그리스도의 풍성함을 이방인에게 전하게 하시고(엡 3:8).

바울은 복음을 전파하는 일이 허락된 것을 큰 특권으로 여겼습니다. 그는 그 소명을 짐으로 여기지 않고 지극히 기쁜 마음으로 그 소명을 이루었습니다. 바울은 자신의 사역을 감사하게 여겼으며, 사역의 성공은 더욱 그를 겸손하게 만들었습니다.

좋은 배일수록 물에 깊이 잠깁니다. 게으른 사람들은 한 번도 시험을 받은 일이 없으므로 교만하게도 자신의 능력을 믿습니다. 그러나 부지런한 일꾼은 곧 자신의 연약함을 깨닫습니다. 당신이 겸손을 구하고 있다면, 열심히 일하십시오. 그대의 무가치함을 알려 한다면 예수를 위해 큰일을 시도해 보십시오. 살아 계신 하나님을 떠나서는 무력하다는 것을 깨닫고 싶으면 그리스도의 신비한 보화를 전파하는 일을 해보십시오. 그리하면 전에는 알지 못했던 사실, 즉 그대 자신이 연약하고 무가치한 존재임을 알게 될 것입니다.

사도 바울은 자신이 연약하다는 것을 알았고 그렇게 고백했지만, 절대 무엇을 전파해야 할지 몰라 당황하지 않았습니다. 바울은 처음부터 끝까지 오직 그리스도만 전파했습니다. 그는 십자가를 높이 들고 하나님의 아들을 찬양했습니다.

우리도 사도 바울을 본받아 구원의 기쁜 소식을 전파합시다. 신자는 의의 태양에 자신을 내어 주는 꽃이 되어야 합니다. 그리스도는 씨 뿌리는 자의 씨앗이요, 먹을 양식이 됩니다.

보라 내가 너를 연단하였으나 은처럼 하지 아니하고 너를 고난의 풀무불에서 택하였노라(사 48:10).

시련을 겪고 있는 신자여, 하나님은 "내가 너를 고난의 풀무에서 택하였노라"고 말씀하셨으니, 이 말씀으로 위로를 받기를 바랍니다. 이 말씀은 시원한 소나기처럼 사나운 불길을 꺼지게 하지 않습니까? 그것은 뜨거운 열기를 차단해주는 방화복이 아닙니까? 이 눈물의 골짜기에서 내게 어떤 일이 닥치더라도 나는 하나님이 나를 택하셨음을 알고 있습니다.

믿는 자들이여, 만일 우리가 더욱 큰 위로를 필요로 한다면 풀무불 속에 인자가 우리와 함께 계신다는 것을 기억하십시오. 고요한 당신의 방, 우리 곁에는 보이지 않으나 사랑하는 그분이 앉아 계십니다.

우리는 알지 못하지만, 그분은 고난을 겪고 있는 우리를 위해 상을 준비해 주며 베개를 마련하십니다. 우리의 친구이신 그분은 우리의 곁에서 떠나지 않으십니다. 우리는 그분을 보지는 못하지만, 그의 손길을 느낄 수 있습니다. 그분의 음성이 들리지 않습니까?

그분은 사망의 음침한 골짜기에서라도 "두려워하지 말라 내가 너와 함께 하리라"고 약속하십니다(사 43:5). 이 말씀은 고난의 풀무 속에서 택한 자들에게 주시는 확실한 약속입니다.

예수께서 세례를 받으시고 곧 물에서 올라오실새 하늘이 열리고 하나님의 성령이 비둘기 같이 내려 자기 위에 임하심을 보시더(마 3:16).

하나님의 성령이 주 예수께 임하셨던 것처럼, 주님도 자기 몸의 지체들에 임하십니다. 우리는 스스로 의식하지도 못하고 있는 사이에 계속 하늘을 향하여 전진하라는 재촉을 받습니다. 그러나 그것은 세상적인 서두르므로 행해지는 것이 아닙니다. 비둘기의 날개는 신속하며 부드럽기 때문입니다. 영적 활동의 특성은 고요함입니다. 주님은 고요하고 세미한 음성 속에 임재하시며, 주님의 은혜는 이슬처럼 침묵 중에 스며 나옵니다.

하나님은 순결의 상징으로 비둘기를 택하셨습니다. 성령은 거룩함 그 자체입니다. 성령께서 오실 때는 순결하고 사랑스러운 것, 좋은 것이 풍성해지며 죄와 불결함은 떠납니다. 성령께서 권능으로 임하시는 곳에서는 평화가 지배합니다. 성령께서는 거룩한 진노의 수면이 잠잠해졌음을 보여 주는 감람나무 가지를 가지고 오십니다.

온유함도 성령의 변화시키시는 능력에서 얻어지는 결과입니다. 성령의 감동을 받은 심령은 온유하고 겸손해집니다. 당연히 악의도 사라집니다. 비둘기는 자기에게 가해지는 악은 참고 견디지만, 남에게 악을 가하지는 못합니다. 우리는 비둘기처럼 악의가 없이 순진해야 합니다.

비둘기는 사랑의 표상이요, 비둘기의 소리에는 사랑이 가득차 있습니다. 복되신 성령이 임하시는 영혼 안에는 하나님을 향한 사랑, 형제를 향한 사랑, 죄인들을 향한 사랑이 풍성해집니다. 무엇보다도 예수를 향한 사랑이 풍성해집니다.

깊음의 수면에 운행하시는 하나님의 신은 처음으로 질서와 생명을 만들어 내셨습니다. 오늘도 성령은 우리의 심령에 새 생명과 빛을 가져오십니다.

나에게 이르시기를 내 은혜가 네게 족하도다 이는 내 능력이 약한 데서 온전하여짐이라 하신지라 그러므로 도리어 크게 기뻐함으로 나의 여러 약한 것들에 대하여 자랑하리니 이는 그리스도의 능력이 내게 머물게 하려 함이라(고후 12:9).

하나님의 성도들이 전혀 시련을 겪지 않고 가난하지도 않다면 우리는 하나님의 은혜가 주는 위로를 절반도 이해하지 못할 것입니다. 우리는 자기 머리를 둘 곳도 없는 방랑자가 "그래도 나는 내 주님을 믿겠습니다"라고 말하는 것을 발견할 수 있습니다. 빵과 물이 없어 굶주리는 거지가 예수 안에서 찬미하는 모습을 볼 수도 있습니다. 또한 남편을 잃은 여인이 고통 중에도 여전히 그리스도를 믿는 모습도 볼 수 있습니다. 그들은 참으로 복음에 큰 영광을 돌리는 사람들입니다.

하나님의 은혜는 신자들의 빈곤과 시련 속에서 증명되고 증대됩니다. 성도들은 낙심되는 일에서도 인내하며, 그것들이 협력하여 자기의 선을 이룬다고 믿습니다. 그들은 겉으로 볼 때는 분명한 재앙에서부터 궁극적으로 참 축복이 나타난다고 믿습니다. 즉 그들은 자기의 하나님이 그들을 구원해 주시며, 또 환난을 당할 때 확실하게 도와주신다고 믿습니다.

이처럼 성도들이 인내할 수 있는 것은 하나님의 은혜의 힘입니다. 하나님이 하시는 가장 위대한 사역은 신자들이 환난을 겪으면서도 견고하며 요동하지 않게 하시는 것입니다. 자비의 하나님께 영광을 돌리려는 사람은 많은 시련을 당하는 일을 귀히 여겨야 합니다. 많은 싸움에 참여하지 않은 신자는 하나님 앞에서 화려한 공적을 나타내지 못합니다.

그러므로 몹시 괴로운 길을 걸을 때 기뻐하십시오. 하나님의 풍족한 은혜를 더욱 잘 나타낼 수 있을 것입니다. 결코 하나님이 우리를 버리고 돌보지 않으실 것으로 생각하지 마십시오. 지금까지 충분히 도와주신 하나님은 끝까지 신뢰할 수 있는 분이십니다.

그들이 주의 집에 있는 살진 것으로 풍족할 것이라 주께서 주의 복락의 강물을 마시게 하시리이다(시 36:8).

스바의 여왕은 솔로몬의 풍요한 생활을 보고 놀랐으며, 또 왕의 식탁에서 음식을 먹는 많은 하인을 보고 놀랐습니다. 그러나 이것은 은혜로우신 하나님의 자비에는 비교가 되지 않습니다. 날마다 수십만 명의 하나님의 백성들이 하나님의 식탁에서 양식을 먹습니다. 굶주리고 목마른 자들이 연회장에 와서 마음껏 먹고 마십니다. 그런데도 배부르게 먹지 못하고 돌아가는 사람은 한 사람도 없습니다. 여호와의 식탁에서 먹는 무리가 하늘의 별처럼 많지만, 각 사람은 모두 자기 몫의 음식을 받습니다. 한 사람의 성도가 얼마나 많은 은혜가 있어야 하는지 생각해 보십시오. 무한자(無限者)만이 하루 동안 필요한 것을 공급할 수 있을 것입니다.

주님은 세세토록 많은 성도를 위해 식탁을 차리십니다. 자비의 연회에 초청을 받은 손님들은 하나님의 집의 풍성한 것으로 만족을 누립니다. 여호와의 날개 그늘 아래 피하는 사람에게 주신 신실하신 약속은 이러한 연회를 보증해줍니다.

과거에 나는 "하나님의 은혜의 뒷문에서 음식 부스러기라도 먹을 수 있으면 얼마나 좋을까"라고 생각했었습니다. 나는 "개들도 제 주인의 상에서 떨어지는 부스러기를 먹나이다"라고 말했던 여인 같았습니다(마 15:27).

그러나 하나님은 자기 자녀에게 절대 부스러기를 먹이시지 않습니다. 하나님의 자녀들은 모두 왕의 식탁에 앉아서 음식을 먹습니다. 은혜에 관한 한 우리는 모두 베냐민의 몫을 가지고 있습니다. 우리가 기대할 수 있는 것보다 다섯 배나 소유하고 있습니다(창 43:34). 우리가 아무리 궁핍해도 하나님이 주시는 풍족한 은혜에 끊임없이 놀라게 됩니다.

그러므로 우리는 다른 이들과 같이 자지 말고 오직 깨어 정신을 차릴지라(살전 5:6).

신자들을 깨어 근신하도록 장려하는 방법은 여러 가지가 있습니다. 신자들은 성도들과 함께 교제하며 주님의 도에 관해 대화를 나누는 것이 좋다. 스스로 고립하여 혼자 길을 가는 신자들은 졸기 쉽습니다. 믿는 동료와 함께 걸으십시오. 그러면 깨어 근신할 수 있으며, 또한 새 힘과 용기를 얻어 하늘나라로 가는 길을 빨리 걸을 수 있을 것입니다.

그러나 하나님의 도에 대해 다른 사람들과 상담하며 지혜를 나눌 때 대화의 주제는 주님이 되어야 합니다. 믿음의 눈으로 항상 주님을 바라보며, 당신의 마음에 그분을 충만히 받으십시오. 입술로 그분의 가치를 이야기하십시오. 십자가 가까이에서 생활하는 사람은 잠자지 않을 것입니다. 당신의 목적지의 가치를 깊이 인식하십시오.

만일 우리 뒤에 지옥이 있으며 마귀가 쫓아오고 있다고 생각한다면 지체하며 빈둥거리지 못할 것입니다.

믿는 자들이여, 하늘나라의 진주문이 열려 있고, 천사들이 우리와 함께 어울리기를 기다리며 노래하고, 황금 면류관이 우리를 기다리고 있는데도 잠을 자려고 합니까? 그리하지 마십시오. 성도들과 함께 거룩한 교제를 나누면서 시험에 들지 않도록 깨어 기도하십시오.

창을 빼사 나를 쫓는 자의 길을 막으시고 또 내 영혼에게 나는 네 구원이라 이르소서(시 35:3).

이 아름다운 기도가 오늘 저녁 나의 간구가 됩니다. 나는 이 말씀에서 다음과 같은 교훈을 얻습니다.

첫째, 다윗은 의심했습니다. 만일 그가 의심과 두려움을 느끼지 않았다면, 왜 "내 영혼에게 나는 네 구원이라 이르소서"라고 기도했겠습니까? 자신의 허약한 믿음으로 인해 불평하는 성도가 나 하나가 아니니 용기를 냅시다. 다윗도 의심했는데, 내가 의심을 느낀다고 해서 신자가 아니라고 할 수 없습니다.

둘째, 다윗은 의심과 두려움을 느끼는 동안에는 만족하지 못했습니다. 그는 속죄소로 가서 자신이 순금처럼 귀하게 여기는 확신을 달라고 기도했습니다. 나도 사랑하는 주님 안에 영접되었다는 의식을 구해야 합니다. 주님의 사랑이 내 영혼을 채우지 않으면 나는 기쁨을 느끼지 못합니다.

셋째, 다윗은 어디에서 충만한 확신을 얻어야 할지 알고 있었습니다. 그는 하나님께 "내 영혼에게 나는 네 구원이라 이르소서"라고 외쳤습니다. 나는 주님의 사랑을 분명하게 의식하기를 원한다면, 홀로 하나님과 함께 있어야 합니다. 내 기도가 그치면 내 믿음의 눈은 희미해집니다.

넷째, 다윗은 자기의 확신이 거룩한 하나님께 근원을 둔 것이 아닌 한 만족하지 않았습니다. "내 영혼에 이르소서." 참신자는 하나님이 영혼에게 친히 증언하시지 않는 한 만족하지 않습니다.

다섯째, 다윗은 자기의 확신이 분명한 인격을 갖지 않으면 만족할 수 없었습니다.

내 영혼에게 나는 네 구원이라 이르소서. 주여. 비록 당신이 모든 성도에게 이렇게 말씀하셨다 해도 지금 나에게 말씀하시지 않는 한 아무 의미가 없습니다. 주여, 나는 범죄 하였으므로 감히 요청할 수 없사오나, 내 영혼에게 "나는 네 구원이라"고 이르소서. 나로 내가 당신의 것이요 당신은 내 것임을 지금 확실히 의식하게 하소서.

내가 네게 거듭나야 하겠다 하는 말을 놀랍게 여기지 말라(요 3:7).

중생은 구원의 기초에 놓여 있는 주제입니다. 우리는 진실로 "거듭나기" 위해 노력해야 합니다. 많은 사람이 스스로 거듭났다고 생각하나 실제로는 거듭나지 못하고 있습니다. 성령의 능력에 의해 "거듭나지" 않은 채, 기독교 국가에 태어났기 때문에 기독교 신자로 인정되는 것은 무익한 일입니다. "거듭난다"라는 일은 매우 신비한 것이기 때문에 인간의 말로는 설명하기 어렵습니다.

> "바람이 임의로 불매 네가 그 소리는 들어도 어디서 와서 어디로 가는지 알지 못하나니 성령으로 난 사람도 다 그러하니라"(요 3:8).

그러나 "거듭난다"라는 것은 우리가 느끼고 알 수 있는 변화입니다. 이것은 초자연적인 위대한 역사입니다. 그것은 인간이 스스로 행하는 일이 아닙니다. 그것은 내 이름의 변화가 아니라, 내 본성이 완전히 바뀌어 과거의 나는 사라지고 그리스도 안에서 새사람이 되는 일입니다. 거듭난 사람은 이렇게 고백할 것입니다.

> **오 주 예수님, 영원하신 성부여, 당신은 나의 영적인 부모이십니다. 당신의 영이 내 안에 새롭고 거룩하고 영적인 생명을 불어넣어 주시지 않는 한 나는 죄로 말미암아 죽을 수밖에 없습니다. 내 하늘나라 생명은 온전히 당신에게서 나온 것입니다. 내 생명은 그리스도와 함께 하나님 안에 숨겨져 있습니다. 이제 내 안에 사는 것은 내가 아니라 그리스도이십니다.**

주님이 우리로 하여금 이 사실을 분명히 확신할 수 있게 해주시기를 기원합니다. 중생치 못한 자는 구원받지 못하고 죄사함을 받지 못하며 하나님이 함께 하시지 않고, 또한 소망도 갖지 못합니다.

사람의 마음의 교만은 멸망의 선봉이요 겸손은 존귀의 길잡이니라(잠 18:12).

"사건이 일어나기 전에 먼저 그 전조가 나타난다"라는 말이 있습니다. 잠언을 기록한 사람은 교만한 마음이 멸망의 선봉이라고 가르치고 있습니다.

교만은 멸망의 표징입니다. 다윗이 자신의 위대함을 보면서 느낀 아픈 마음은 인간의 영광에 한계가 있음을 보여줍니다(삼하 24:1). 바벨론 제국을 세운 느부갓네살은 소처럼 풀을 먹으며 땅을 기어 다니는 신세로 전락했습니다(단 4:33). 교만은 천사를 마귀로 만들었고, 뽐내는 자를 짐승으로 만듭니다.

하나님은 교만한 사람을 미워하시며 반드시 그들을 거꾸러뜨리십니다. 하나님의 화살은 교만한 심령을 겨냥합니다.

이 밤, 당신의 심령은 교만하지 않습니까? 교만은 죄인들의 마음은 물론이요, 신자들의 마음속에도 들어가서 그를 미혹하여 "나는 부자라 부요하여 부족한 것이 없다"(계 3:17)라고 생각하게 합니다.

자신의 은혜나 재능을 자랑하고 있습니까? 거룩한 외모와 향기로운 경험이 있다고 해서 자만하고 있습니까? 당신에게도 멸망이 다가오고 있을 수 있습니다. 당신에게서 자만심의 양귀비는 뿌리째 뽑힐 것이요. 그대의 은혜는 타오르는 열기 속에서 시들 것이요, 그대의 자족함은 지푸라기처럼 될 것입니다. 겸손한 마음으로 십자가 밑에서 살기를 망각하면, 하나님은 매로 우리를 치십니다.

오, 교만한 신자여, 멸망이 그대에게 다가오고 있도다. 그대의 영혼은 멸망할 수 없지만, 그대의 기쁨과 위로는 멸망할 것이다. 그러므로 "자랑하는 자는 주 안에서 자랑하라"(고전 1:31).

예수께서 그들에게 대답하여 이르시되 하나님을 믿으라 내가 진실로 너희에게 이르노니 누구든지 이 산더러 들리어 바다에 던져지라 하며 그 말하는 것이 이루어질 줄 믿고 마음에 의심하지 아니하면 그대로 되리라(막 11:22-23).

믿음은 영혼을 움직이게 해주는 발이요, 사랑은 그 발을 빨리 움직이게 해줍니다. 믿음은 거룩한 헌신이라는 바퀴와 열심 있는 신앙심이라는 바퀴를 잘 굴러가게 해주는 기름입니다. 믿음이 없으면 결국 마차의 바퀴가 빠집니다. 믿음이 있으면 무슨 일이든지 할 수 있습니다. 그러나 믿음이 없으면 하나님을 섬기는 일을 하려는 마음도 갖지 못하며 능력도 갖지 못합니다.

우리가 하나님을 가장 훌륭하게 섬기는 사람을 발견하려면 가장 믿음 있는 사람을 찾아보아야 합니다. 적은 믿음도 인간을 구원하지만, 하나님을 위한 큰일은 하지 못합니다. 적은 믿음은 쉽게 낙심하며 홍수를 만날 때에 눈물을 많이 흘립니다. 그러나 위대한 믿음은 "네가 바다를 건널 때에 내가 너와 함께 하며 강물이 너를 뒤덮지 못하리라"라고 노래하며 시냇물을 단숨에 건넙니다.

우리가 편안하고 행복하기를 원합니까? 우울한 신앙생활이 아니라 즐거운 신앙생활을 원합니까? 그렇다면 하나님을 믿으십시오.

만일 우리가 어두움을 사랑하며 우울과 불행 속에 거하는 데 만족한다면 적은 믿음으로 만족하십시오. 그러나 당신이 햇빛을 사랑하며 즐거운 노래를 부르기를 원한다면, 이 훌륭한 은사, "큰 믿음"을 갈망하십시오.

여호와께 피하는 것이 사람을 신뢰하는 것보다 나으며(시 118:8).

신자들은 인간에게서 도움과 조언을 구하기 때문에, 하나님을 의뢰하는 고귀한 덕을 해치는 일이 있습니다. 이 밤, 당신은 세상의 일로 근심하고 있습니까? 구원을 예수께 의뢰하고 있는데 왜 걱정 합니까? 당신은 "내 큰 근심 때문이다"라고 대답할 것입니다. 그러나 성경에는 이렇게 기록되어 있습니다.

"네 짐을 여호와께 맡기라"(시 55:22)

"아무 것도 염려하지 말고 다만 모든 일에 기도와 간구로, 너희 구할 것을 감사함으로 하나님께 아뢰라"(빌 4:6)

물질적인 일에 있어서 하나님을 의뢰하지 못하는 신자가 어찌 영적인 일을 하나님께 의뢰할 수 있겠습니까? 영혼의 구속을 위해서는 범죄자 주님을 의뢰하면서도, 그보다 못한 것이 필요할 때는 주님을 의뢰할 수 없다는 말입니까? 하나님은 그대에게 필요한 것을 주기에 충분하신 분이 아니십니까? 하나님의 지극히 풍족하심이 적게 느껴집니까? 하나님의 마음이 연약합니까? 하나님의 팔이 지쳐 있습니까? 그렇다면 다른 하나님을 찾으십시오. 그러나 만일 하나님이 무한하시며 전능하시며 신실하시며 참되시며 지극히 지혜로우신 분이라면 다른 확신을 찾아다니는 광신적 탐색을 그만두십시오. 어찌하여 집을 지을 튼튼한 기초가 있는데도 다른 기초가 필요하다고 생각합니까?

순금 같은 그 대신의 믿음에 인간의 확신이라는 불순물을 섞지 마십시오. 오직 하나님만 바라며 모든 것을 하나님께 기대하십시오. 세상이라는 모래밭에 기초를 두는 것은 어리석은 자가 선택하는 일입니다. 폭풍을 예견하는 자처럼 반석 위에 집을 지으십시오.

우리가 하나님의 나라에 들어가려면 많은 환난을 겪어야 할 것이라(행 14:22).

하나님의 백성은 많은 시련을 겪습니다. 하나님은 자기 백성을 선택하실 때 결코 그들이 시련을 겪지 않는 백성이 되게 하시려 하지 않았습니다. 시련은 우리의 운명의 일부입니다. 그것은 하나님의 지엄한 섭리 속에서 우리를 위해 예정되어 있었으며, 그리스도의 마지막 유산으로 우리에게 남겨진 것입니다. 하나님이 손으로 하늘의 별을 만드시고 그 궤도를 정하신 것처럼 확실하게 우리에게는 환난이 배정되어 있습니다. 하나님은 환난이 임할 때와 장소, 그 강도(强度)와 우리에게 미칠 효과까지도 정해 놓으셨습니다.

선한 사람들은 결코 환난을 피하려 해서는 안 됩니다. 만일 피하려다가는 실망할 것입니다. 우리의 선조들도 모두 시련을 겪었습니다.

욥의 인내를 주목하십시오. 아브라함을 기억하십시오. 아브라함은 시련을 겪었지만 믿음으로 말미암아 "믿음의 조상"이 되었습니다. 모든 족장, 선지자들, 사도들, 순교자들의 전기를 읽어보십시오. 하나님의 자비를 담는 그릇인 성도 중에 고난의 풀무를 통과하지 않은 사람이 하나도 없음을 알게 될 것입니다.

예로부터 모든 자비의 그릇에는 환난의 십자가가 새겨졌습니다. 그것은 왕의 그릇임을 나타내는 왕의 낙인이었습니다. 비록 하나님의 자녀가 가는 길에는 환난이 있지만, 주님이 앞서가시면서 그것을 통과하셨다는 사실을 알 때 그들은 위로를 얻습니다.

그들은 기운을 북돋아 줄 주님의 임재와 공감, 그들을 붙들어 지탱해줄 은혜와 시련을 인내하는 법을 가르쳐줄 주님의 모범을 가지고 있습니다. 장차 하늘나라에 도착한 후 그들은 그곳에 오기까지 통과해야 했던 많은 환난에 대한 보상을 받을 것입니다.

그가 죽게 되어 그의 혼이 떠나려 할 때에 아들의 이름을 베노니라 불렀으나 그의 아버지는 그를 베냐민이라 불렀더라(창 35:18).

모든 일에는 어두운 면과 밝은 면이 공존합니다. 라헬은 난산으로 죽었습니다. 야곱은 아내를 잃고 슬퍼하면서도 어린아이가 탄생하는 아름다움을 보았습니다. 우리의 육신이 시련을 겪어 슬퍼하더라도 우리의 믿음이 거룩하고 확고부동하게 승리한다면 좋은 일입니다. 폭풍우가 치는 바다는 많은 사람이 먹을 생선을 공급해 줍니다. 거친 숲에서 아름다운 꽃이 피어납니다. 홍수는 더러운 질병을 휩쓸어가며, 찬 서리는 토양을 부드럽게 해줍니다. 검은 구름은 맑은 빗방울을 떨어뜨리며, 검은 땅에서 아름다운 꽃이 자랍니다. 탄광에서 금광맥이 발견됩니다.

슬픈 마음을 가진 사람들은 시련을 보는 최악의 관점을 발견하는 특별한 기술을 가지고 있습니다. 그들은 세상에 늪이 하나뿐이라고 해도 그 늪에 빠질 것입니다. 정글 속에 사자가 한 마리만 있어도 그들은 그 포효하는 소리를 듣고 두려워할 것입니다. 우리는 모두 때때로 이러한 경향을 나타냅니다. 우리는 야곱처럼 "다 나를 해롭게 함이니라"고 외치기도 합니다.

그러나 믿음은 모든 염려를 주께 맡기므로 재난 중에서 선한 결과를 기대합니다. 믿음은 거친 조개껍데기 속에서 귀한 진주를 캡니다. 믿음은 깊은 바닷속 비통의 동굴 속에서 귀중한 산호를 채취합니다.

번영의 물결이 빠져나간 뒤, 믿음은 모래 속에서 감추인 보화를 발견합니다. 즐거움의 태양이 지고 나면 믿음은 소망이 하는 망원경으로 하늘나라에 빛나는 약속을 봅니다.

사망이 그 모습을 드러낼 때, 믿음은 무덤 저편에 있는 부활의 빛을 가리킵니다.

입은 심히 달콤하니 그 전체가 사랑스럽구나 예루살렘 딸들아 이는 내 사랑하는 자요 나의 친구로다(아 5:16).

예수님의 완벽하신 아름다움은 모든 사람의 마음을 끌어당깁니다. 주님은 감탄의 대상이라기보다는 사랑의 대상이라 할 수 있습니다. 예수님은 호감이 간다거나 아름답다기보다는 오히려 사랑스러운 분이십니다. 하나님의 백성들은 이 귀중한 말씀을 정당하게 사용할 권리가 있습니다. 왜냐하면 주님은 그들의 따뜻한 사랑의 대상이시기 때문입니다.

주의 제자들이여, 당신의 주님의 입술을 바라보고 말해보십시오. 그 입술이 지극히 향기롭지 않습니까? 주님이 당신과 함께 가시면서 하시는 말씀이 당신의 마음을 불타게 하지 않습니까? 많은 정금으로 된 주님의 머리를 올려다보며 말하십시오. 주님의 사상이 당신에게 귀하지 않습니까? 당신이 레바논의 백향목처럼 "빼어난 그분 앞에서 겸손하게 허리를 굽혀 절하며 드리는 예배에는 사랑이 배어들지 않습니까? 주님의 모든 성품에는 그 훌륭한 향기가 배어 있지 않습니까?

우리의 사랑은 주님의 사랑의 마음에만 찍힌 인이 아닙니다. 그것은 주님의 능력의 팔에도 찍혀 있습니다. 주님의 온몸에 우리 사랑의 인이 찍혀 있습니다. 우리는 그의 인격 전체에 우리의 열렬한 사랑의 감송향을 바릅니다. 우리는 그의 모든 생활을 모방합니다. 우리는 그의 모든 인격을 본받습니다. 우리는 모든 인간에게서 부족한 점을 발견하지만, 주님 안에는 온전함만 있을 뿐입니다. 아무리 주님의 사랑을 받는 훌륭한 성도들일지라도 그들의 옷에는 얼룩이 있으며 이마에는 주름이 있습니다. 그러나 주님에게는 오로지 사랑스러움만 있을 뿐입니다. 예수 그리스도는 불순물이 섞이지 않은 순금이요, 어두움이 없는 빛이요, 구름 없는 영광이십니다.

"그 전체가 사랑스럽구나."

내 안에 거하라 나도 너희 안에 거하리라 가지가 포도나무에 붙어 있지 아니하면 스스로 열매를 맺을 수 없음 같이 너희도 내 안에 있지 아니하면 그러하리라(요 15:4).

그리스도와 교제하는 것이 질병을 치료하는 확실한 방법입니다. 주님과의 친밀한 교제는 쓰라린 고통에서 비통을, 지나치게 과중한 세상의 기쁨에서 그 과중함을 제거해 줍니다. 주님 곁에 있을 수만 있다면 영광의 산꼭대기에 살거나 굴욕의 골짜기에 살거나 그리 중요한 것이 되지 못합니다. 우리는 하나님의 날개, 영원하신 팔 아래 거할 것입니다.

주님과 혼인한 영혼의 특권인 이 교제를 그 무엇도 가로막지 못 하게 하십시오. 항상 주님과 함께 있기를 구하십시오. 주님의 임재 안에만 위로와 안전이 있습니다. 주님은 이따금씩 우리를 방문하는 친구가 아니라 날마다 우리와 동행하는 친구가 되셔야 합니다.

오, 하늘나라를 향해 가는 순례자여, 그대의 앞길은 험난합니다. 그러므로 안내인 없이 다니지 마십시오. 당신은 뜨거운 풀무불을 통과해야 할 것입니다. 하나님의 아들을 동반자로 삼기 전에는 절대 그 속에 들어가지 마십시오. 당신은 자신의 허물이라는 여리고 성과 싸워야 할 것입니다. 여호수아처럼 주님의 사자가 손에 칼을 들고 접대하는 것을 보지 않는 한 싸움을 시작하지 마십시오.

어떤 일, 어떤 처지에서든 당신에게 예수님이 필요합니다. 사망의 문이 열릴 때, 예수가 절대적으로 필요할 것입니다. 영혼의 신랑에게 꼭 붙어 그 가슴에 기대십시오. 이 세상에서 주님과 함께 살았고 주님 안에서 살았으므로, 장차 영원토록 주님과 함께 거할 것입니다.

내가 형통할 때에 말하기를 영원히 흔들리지 아니하리라 하였도다(시 30:6).

사람에게 부귀를 주며, 그가 소유한 배들이 화물을 가득 실어 나르게 해 주십시오. 그의 땅이 곡식을 풍성히 맺으며 날씨가 좋아 풍년이 들게 해 주십시오. 계속 성공하게 하십시오. 그로 하여금 항상 건강하게 하며 기쁜 마음을 갖게 해 주십시오. 그의 눈을 기쁨으로 반짝이게 해 주십시오. 아무리 훌륭한 신자라 해도 이처럼 쉽고 안일한 상태에 있으면 건방진 사람이 될 것이다. 다윗처럼 훌륭한 사람도 "내가 흔들리지 아니하리로다"라고 교만하게 말했습니다. 우리는 다윗의 절반만큼도 되지 못합니다.

우리가 평탄한 길을 걷고 있다면 그로 인해 하나님께 감사하십시오. 하나님이 항상 우리를 풍요라는 요람 속에 두고 흔들어 주신다면, 언제나 하늘이 구름 한 점 없이 맑다면, 이 세상에서 향긋한 포도주만 맛본다면, 우리는 즐거움에 도취할 것이요, 돛대 위에서 잠자는 사람처럼 항상 위험에 처할 것입니다.

우리는 고난을 당할 때 하나님을 찬미하며, 변화를 겪게 하시는 하나님께 감사하며, 성공하지 못할 때 하나님의 이름을 찬양해야 합니다. 하나님이 이처럼. 징계하지 않으신다면 우리는 지극히 안일해질 것입니다. 세상의 성공이 계속되는 것이야말로 무서운 시련입니다.

사람은 생애가 짧고 걱정이 가득하며(욥 14:1).

역경 속에 있다는 것은 절대 즐거운 일은 아닙니다. 그러나 그것은 우리를 겸손하게 하고 자만을 방지하여, 시편 기자처럼 내가 "영원히 흔들리지 아니하리라"(시 30:6)고 말하지 못 하게 합니다. 그것은 우리가 이 세상에 깊이 뿌리를 내리지 못 하게 합니다.

우리는 머지않아 하늘나라 정원에 옮겨 심길 것입니다. 세상의 축복을 붙잡으려는 덧없는 요구를 버립시다. 나무꾼이 세상이라는 숲에 있는 모든 나무를 베려고 표시해 놓았다는 것을 기억한다면, 우리는 그 숲속에 둥지를 지으려 하지 않을 것입니다.

우리는 사망과 이별을 기대하며 서로를 사랑해야 합니다. 사랑하는 친척이나 친구는 하나님이 잠시 우리에게 빌려주셨던 것입니다. 그들을 주인에게 반환해야 할 시간이 얼마 남지 않았습니다. 세상 재물 역시 하나님이 빌려주신 것입니다. 부귀는 자기 스스로 날개를 길러 날아가 버립니다. 건강도 역시 불확실한 것입니다. 우리는 들에 핀 연약한 들꽃과 같아서 영원히 꽃을 피우리라고 기대할 수 없습니다.

우리는 고통의 날카로운 화살을 피할 수 있기를 바랄 수 없습니다. 짧은 인생에서 하루도 슬픔이 없는 날이 없습니다. 인간의 일생은 쓴 포도주가 가득한 술통과 같습니다. 이 세상에 살면서 기쁨을 기대하느니 차라리 소금물 바다에서 꿀을 구하는 편이 나을 것입니다.

이 세상 것에 애정을 쏟지 말고 오직 위의 것을 구하십시오. 이 세상에서는 좀이 먹고 도둑이 훔치려고 구멍을 뚫지만, 하늘나라에는 기쁨만이 영원토록 지속됩니다.

그런즉 선한 것이 내게 사망이 되었느냐 그럴 수 없느니라 오직 죄가 죄로 드러나기 위하여 선한 그것으로 말미암아 나를 죽게 만들었으니 이는 계명으로 말미암아 죄로 심히 죄 되게 하려 함이라(롬 7:13).

죄를 가볍게 여기지 마십시오. 우리가 처음 회심하는 순간에는 양심이 매우 예민하여 지극히 사소한 죄까지도 두려워합니다. 처음 회심한 사람들은 하나님께 범죄하지 않으려는 거룩한 근심, 경건한 두려움을 가지고 있습니다. 그러나 이 처음 익은 열매에서 피어난 아름다운 꽃은 곧 그를 에워싸고 있는 세상의 거친 손길에 의해 떨어지고 맙니다. 안타깝게도 믿는 신자들조차 차츰 냉담해져서 한때는 크게 두려워했던 죄를 조금도 두려워하지 않게 됩니다. 사람들은 점점 더 죄와 친숙해집니다.

대포 소리에 익숙해진 귀는 작은 소리를 듣지 못합니다. 우리는 처음에는 작은 죄를 짓고서 깜짝 놀라 두려워 떨지만 얼마 후면 "하찮은 작은 죄에 불과하다"라고 말합니다. 그다음에는 더 큰 죄가 임하고 또다시 더 큰 죄가 임하여 마침내 죄를 조그마한 허물 정도로 여기게 됩니다.

그다음에는 경건하지 못하게 건방을 떨게 됩니다. 그리하여 "우리는 공공연하게 범죄하지 않았습니다. 사실 약간의 실수는 범했지만 대체로 의로운 생활을 했습니다. 경건치 못한 말 한마디를 했을 뿐 대부분의 대화는 건전했다"라고 자위합니다. 이렇게 죄를 변명하고 은폐하며 미화시킵니다.

우리가 조금씩 죄에 빠지지 않도록 조심하십시오. 죄는 사소한 것입니까? 죄란 독약이 아닙니까? 커다란 떡갈나무가 작은 도끼질로 쓰러지지 않습니까? 작은 물방울이 계속 떨어지면 돌이 패이지 않습니까? 죄는 과연 사소한 것입니까? 죄는 구세주의 머리를 가시로 장식하며 구세주의 가슴을 찌르지 않았던가요? 만일 우리가 지극히 작은 죄의 무게를 영원의 저울에 달아본다면 독사에게서 도망치듯이 도망칠 것이며, 악의 모습조차 혐오할 것입니다. 모든 죄가 구세주를 십자가에 못 박았다고 여기십시오. 그리하면 우리는 죄를 "심히 죄 되게" 여기게 될 것입니다.

사람들이 너를 일컬어 거룩한 백성이라 여호와께서 구속하신 자라 하겠고 또 너를 일컬어 찾은 바 된 자요 버림 받지 아니한 성읍이라 하리라(사 62:12).

하나님이 우리를 찾기만 하신 것이 아니라 찾아내셨다는 사실 속에 탁월한 하나님의 은혜가 나타납니다. 우리는 진흙과 섞여 있었습니다. 사금을 채취하는 사람들은 흙을 모아서 금이 발견될 때까지 흙을 체로 칩니다. 다른 예를 든다면, 우리는 미로에서 길을 잃은 사람처럼 희망도 없이 이리저리 배회했습니다. 그런데 자비가 복음을 가지고 우리를 따라온 것입니다. 자비는 쉽게 우리를 발견한 것이 아니라 찾아 헤매다가 찾아내었습니다.

우리는 길 잃은 양처럼 절망적인 상태에 있었습니다. 선한 목자조차 우리를 찾아낼 수 없을 것 같았습니다. 그러나 무적의 은혜에게 영광을 돌리십시오. 우리는 마침내 찾은 바 되었습니다. 어두움이 우리를 감추지 못하며, 더러움이 우리를 숨기지 못했습니다. 하나님은 우리를 발견하여 집으로 데려오셨습니다. 무한하신 사랑에게 영광을 돌리십시오. 성령께서 우리를 되찾으셨습니다.

하나님은 자기 백성을 찾아오기 위해 가끔 기이하고 놀라운 방법을 사용하십니다. 하나님의 이름을 찬미하십시오. 하나님은 그 택하신 자를 찾아내실 때까지 수색을 포기하지 않으십니다. 하나님은 오늘은 그들을 찾아내었다가 다음날에는 내어 쫓는 것이 아닙니다. 전능하신 능력과 지혜가 결합된 의지에는 절대 실수가 없습니다. 하나님의 백성은 "찾은 바 되었다"라고 일컬어질 것입니다. 어떤 사람이 찾은 바 된 것은 비길 데 없이 큰 은혜요, 우리가 찾은 바 된 것은 한량없는 은혜입니다. 우리가 찾은바 되는 것은 오직 하나님의 주권적 사랑 때문입니다. 그밖에 다른 이유는 없습니다.

오늘 밤 "찾은 바 된 자"라는 이름을 갖게 되었으므로 인해 마음을 다하여 하나님을 찬양합시다.

또 네 이웃을 사랑하고 네 원수를 미워하라 하였다는 것을 너희가 들었으나(마 5:43).

이웃을 사랑하십시오. 당신의 이웃은 크고 호화로운 저택에서 살고, 자신은 그 옆 가난한 오두막집에 살고 있다고 합시다. 이웃 사람은 많은 재산을 가지고 좋은 옷을 입고 매일 호화로운 잔치를 벌입니다. 그러나 이것은 하나님이 그에게 주신 선물이므로 절대 그의 부를 시기하거나 악하게 여기지 마십시오. 나의 운명을 더 낫게 개선할 수 없더라도 자신의 처지를 만족하십시오. 또 이웃이 당신처럼 되기를 바라지 마십시오. 그를 사랑하십시오. 그러면 질투하지 않게 될 것입니다.

반면에 당신이 부자이고 가난한 사람들이 옆에 살고 있더라도 교만하여 그들을 이웃이 아니라고 여기지 않도록 하십시오. 세상에서는 그들이 당신보다 못하다고 말합니다. 그러나 무엇으로 그들이 당신보다 못하다고 생각합니까? 그들은 당신과 같은 사람입니다.

왜냐하면 하나님은 땅 위에 사는 모든 사람을 한 핏줄로 지으셨기 때문입니다. 그들보다 나은 점이 있다면 그것은 당신을 싸고 있는 겉껍데기일 뿐이며 모두가 똑같은 인간입니다. 그러므로 비록 누더기를 걸친 사람들일망정 이웃을 사랑하십시오. 아마 "내 이웃을 사랑할 수 없어. 이웃을 사랑해도 그들에게서 받을 것은 무례함과 경멸뿐이기 때문이다"라고 말할는지도 모르겠습니다. 그러나 그럴수록 영웅적인 사랑을 할 기회가 주어지는 것입니다. 결렬한 사랑의 싸움에 참전하지 않고 편안한 용사가 되려는 것입니까?

큰 의지를 가진 사람이 가장 많은 것을 얻습니다. 비록 우리가 걷는 사랑의 오솔길이 험하더라도 담대하게 그 길을 걸으십시오. 그들의 머리 위에 뜨거운 숯을 쌓아 놓으십시오. 만일 그들을 기쁘게 하기가 어렵다면 그들을 기쁘게 만들려 하지 말고 주님을 기쁘게 하십시오. 이웃을 사랑하십시오. 그것이 그리스도의 발자취를 따라가는 일입니다.

> 다윗이 그에게 이르되 너는 누구에게 속하였으며 어디에서 왔느냐 하니 그가 이르되 나는 애굽 소년이요 아말렉 사람의 종이더니 사흘 전에 병이 들매 주인이 나를 버렸나이다(삼상 30:13).

기독교 신앙에는 중립주의가 있을 수 없습니다. 우리는 임금 되신 예수의 군기 아래서 주님을 섬기며 싸우거나, 악한 사탄의 도구가 됩니다. "당신은 누구에게 속하였습니까? **당신은 중생하였습니까?** 중생하였습니다. 당신은 그리스도에게 속한 자입니다. 새로 탄생하지 않고는 그리스도의 것이 될 수 없습니다. **당신은 누구를 의뢰합니까?** 예수를 믿는 사람은 하나님의 자녀입니다. **당신은 누구의 일을 하고 있습니까?** 당신은 주인을 섬겨야 합니다. 당신이 섬기는 사람이 당신의 주인입니다. **당신은 누구와 사귑니까?** 예수에게 속한 자라면 십자가의 특성을 가진 사람들과 사귈 것입니다. **당신은 무슨 이야기를 합니까?** 하늘나라의 일을 이야기합니까, 세상의 것을 이야기합니까? 주님께 대해 무엇을 알고 있습니까? 만일 주님과 함께 시간을 보냈다면, 사람들은 당신에 대해서도 베드로와 요한에게 말했듯이 " 전에 예수와 함께 있던 줄도 알고"(행 4:13)라고 말했을 것입니다. **당신은 누구에게 속해 있습니까?** 만일 그리스도에게 속하지 않다면 당신은 지독한 주인을 섬기고 있는 것입니다. 잔인한 주인에게서 도망쳐 사랑의 주님을 섬기십시오. 그러면 복된 삶을 누릴 것입니다.

그리스도에게 속한 자인 당신은 네 가지 일을 해야 합니다. 첫째, 예수에게 속해 있으니 **순종**하십시오. 주님의 말씀을 자신의 법으로 삼으며, 주님의 소원을 자기 뜻으로 여기십시오. 둘째, 사랑하는 자에게 속해 있으니 그분을 **사랑**하십시오. 마음으로 그분을 포옹하며, 자신의 영혼을 그분으로 가득 채우십시오. 셋째, 하나님의 아들에게 속해 있으니 그분을 **신뢰**하십시오. 오직 주님만 의지하십시오. 넷째, 왕 중의 왕에게 속해 있으니 그분을 위한 **결단**을 내리십시오. 삶으로써 그 대가 누구에게 속해 있는지 세상에 나타내십시오.

성문 어귀에 나병환자 네 사람이 있더니 그 친구에게 서로 말하되 우리가 어찌하여 여기 앉아서 죽기를 기다리랴(왕하 7:3).

사랑하는 자들이여, 이 책의 주된 목적은 구원받은 신자들의 덕을 기르려는 것입니다. 그러나 만일 아직도 구원을 얻지 못하고 있다면 진심으로 동정하는 바입니다. 성경을 펴서 이 문둥이에 관한 기사를 읽어보십시오. 그들의 처지를 주목하십시오. 그들의 처지는 우리의 처지와 너무나 흡사합니다. 만일 지금 그대로의 상태에 머물러 있는다면 멸망할 것입니다. 만일 우리가 절망 속에 그대로 머물러 앉아 있다면 우리에게 멸망이 임한다 해도 아무도 불쌍히 여기지 않을 것입니다.

예수님을 바라보기를 거절하는 자는 멸망을 피할 수 없습니다. 멸망한다는 것은 매우 두려운 일이므로 자기보존의 본능은 우리가 지푸라기라도 붙잡게 할 것입니다. 우리가 주님을 찾기만 하면 발견할 수 있습니다. 예수님은 자기에게 오는 자를 결코 내쫓지 아니하십니다. 우리가 예수님을 믿는다면 절대로 멸망치 않을 것입니다. 오히려 우리는 불쌍한 문둥이들이 시리아 군대가 버리고 떠난 진영에서 모아들인 재물보다 훨씬 귀한 보물을 발견하게 될 것입니다.

성령께서 당신을 격려하시사 즉시 예수님께로 나아가게 하시며, 우리의 믿음이 헛된 것이 되지 않기를 기원합니다. 우리가 구원을 받은 후에는 그 기쁜 소식을 다른 사람들에게 전하십시오. 그것을 우리만의 비밀로 간직하지 마십시오. 교회에 그 사실을 이야기하고 교회 안에서 교제하며 연합하십시오. 목사님께 당신이 발견한 것을 알리며, 그 후에는 도처에 그 기쁜 소식을 전파하십시오. 주님이 오늘 해가 지기 전에 우리를 구원하시기를 기원합니다.

온 지면에 물이 있으므로 비둘기가 발 붙일 곳을 찾지 못하고 방주로 돌아와 그에게로 오는지라 그가 손을 내밀어 방주 안 자기에게로 받아들이고(창 8:9).

방주를 떠나 배회하다가 지친 비둘기는 마침내 유일한 휴식처인 방주로 돌아왔습니다. 얼마나 많이 날아다녔겠습니까? 비둘기는 방주에 도착하지 못하고 떨어질 것으로 생각하여 필사적으로 노력했을 것입니다. 그러나 종일 기다리고 있었던 노아는 비둘기를 맞아들일 준비가 되어 있었습니다. 사력을 다해 방주에 도착한 비둘기는 쓰러질 것 같았습니다. 그러나 노아는 손을 내밀어 비둘기를 받아들였습니다.

비둘기를 "자기에게로 받아들이고"라는 구절에 유의하십시오. 비둘기는 너무나 지치고 두려움에 사로잡혀 있었기 때문에 스스로 날아들지 않았습니다. 비둘기는 자신의 능력이 닿는 곳까지 날아왔고, 노아가 손을 내밀어 자기에게로 받아들였습니다. 노아는 비둘기가 방황하고 다닌 일을 꾸짖지 않고 그대로 방주 안에 받아들였습니다. 죄인인 당신도 죄를 지닌 그대로 받아들여질 것입니다.

"돌아오라." 이것은 하나님의 자비하신 말씀입니다. 비둘기는 입에 감람나무 가지를 물고 오지 않고 몸만 돌아왔습니다. 여기에서 전하는 메시지는 "다만 돌아오라"는 것입니다. 노아는 돌아온 비둘기를 자기에게 받아들였습니다. 비록 당신의 영혼이 죄로 인해 까마귀처럼 검을지라도 구세주께로 돌아오십시오. 주저하면 그만큼 불행만 증가합니다. 스스로 자신을 정결케 하며 예수님께 합당하게 만들려고 하는 것은 헛된 일입니다. 지금 모습 그대로 주님께 나아가십시오.

"배역한 이스라엘아 돌아오라"(렘 3:12). 하나님은 "회개하는 이스라엘아, 돌아오라"고 하시지 않고, "배역한 이스라엘"이라고 부르셨습니다. 주님은 지금도 당신을 기다리고 계십니다. 주님은 손을 내밀어 당신을 자기에게로, 당신의 심령의 본향으로 받아들여 주실 것입니다.

그런즉 선 줄로 생각하는 자는 넘어질까 조심하라(고전 10:12).

이상하게도 사람들은 은혜를 받으면 오히려 그로 인해 교만해집니다. 그리하여 "나는 큰 믿음을 가지고 있으니 절대로 타락하지 않을 것이다." 나는 열렬한 사랑을 가지고 있다." "나는 똑바로 설 수 있다. 나는 결코 길을 잃을 염려가 없다"라고 말합니다.

자신이 받은 은혜를 자랑하는 사람은 자랑할 은혜가 별로 없는 사람입니다. 이렇게 자만하는 사람 중에는 자기의 은혜가 자기를 지켜줄 수 있다고 생각하는 사람들도 있습니다. 등잔에 기름이 계속 공급되지 않으면 오늘은 밝게 타오르지만, 내일은 연기를 내고 해로운 냄새를 풍기면서 꺼질 것입니다. 그러므로 당신의 은혜를 자랑하지 않도록 조심하십시오.

우리는 오직 그리스도와 그의 능력만 자랑해야 합니다. 그것만이 넘어지지 않는 유일한 길입니다. 기도하는 데 더 많은 시간을 보내십시오. 예배하는 데 더 많은 시간을 보내십시오. 더 꾸준히, 더 열심히 성경을 읽으십시오. 자신의 생활을 더욱 조심스럽게 지켜주십시오. 더욱 하나님께 가까이 가는 생활을 하십시오. 우리가 본받을 가장 좋은 본을 취하십시오. 우리의 대화를 거룩하게 하십시오. 인간의 영혼을 진정으로 불쌍히 여기십시오.

장차 예수님께서 당신에게 "더 높은 곳으로 오라"고 부르시는 기쁜 날이 임할 때, "네가 선한 싸움을 싸우고 달려갈 길을 마치고 믿음을 지켰으니 너를 위하여 절대로 시들지 않을 의의 면류관이 예비되었도다"라는 기쁜 말씀을 듣게 되기를 기원합니다. 예수만이 홀로 "우리를 보호하사 거침이 없게 하시고 그 영광 앞에 흠없이 즐거움으로 서게 하실"분이십니다.

내가 말하기를 나의 행위를 조심하여 내 혀로 범죄하지 아니하리니 악인이 내 앞에 있을 때에 내가 내 입에 재갈을 먹이리라 하였도다(시 39::1).

우리는 범죄의 위험에서 멀리 떨어져 있지 않으므로 안전하다고 자랑할 수 없습니다. 우리는 진흙탕으로 가고 있으므로 옷을 더럽히지 않을 길을 택하기가 어려울 것입니다. 이 세상은 타락한 세상이므로 손을 깨끗이 하려면 항상 경계해야 합니다. 길모퉁이마다 보석을 빼앗으려는 도둑이 숨어 있습니다. 우리가 하늘나라에 도착하는 것은 온전히 거룩한 은혜로 말미암은 아버지의 권능에서 비롯한 기적입니다.

조심합시다. 휘발유를 운반하는 사람이 불가에 가지 않으려고 조심하듯이, 우리도 시험에 들지 않도록 조심해야 합니다. 우리가 날마다 행하는 행동은 날카로운 연장이므로 조심해서 다루어야 합니다. 이 세상에 있는 것은 온통 믿음을 자라게 하는 것이 아니라, 파괴하려는 것입니다. 우리는 하나님을 우러러보아야 합니다. 하나님이 지켜주실 것입니다. 우리는 "나를 붙들어 주소서. 그리하면 내가 안전하리다"라고 기도해야 합니다.

생각과 말과 행동을 거룩한 질투를 두고 지킵시다. 필요 없이 자신을 나타내지 마십시오. 반드시 화살이 날고 있는 곳으로 가야 한다면 방패를 가지고 갑시다. 마귀는 우리가 무방비 상태임을 발견하면 즉시 승리의 순간이 왔다고 기뻐할 것입니다. 우리는 죽지는 않지만, 상처를 입을 것입니다. 그러므로 행위를 조심하며 부지런히 기도합시다. 지나치게 조심하여 잘못에 빠진 사람은 없습니다.

성령이여, 우리의 모든 길을 인도하여 주시사 우리로 항상 주님을 즐건게 하게 하여 주소서.

내 아들아 그러므로 너는 그리스도 예수 안에 있는 은혜 가운데서 강하고(딤후 2:1).

그리스도 안에는 측량할 수 없이 많은 은혜가 있습니다. 그러나 그것은 그리스도 자신을 위해 사용하실 것이 아닙니다. 기름통에 있는 기름이 파이프를 통해 공급되듯이 그리스도께서도 자기 백성들을 위해 자기가 소유하고 계신 은혜를 비우십니다.

"우리가 다 그의 충만한 데서 받으니 은혜 위에 은혜러라"(요 1:16).

주님은 오직 우리에게 베풀어 주시기 위해서 은혜를 소유하고 계신 듯합니다. 주님은 마치 달콤한 열매를 맺으면 사람들이 따가는 과일나무와 같습니다. 그러므로 우리는 언제나 값없이 주님의 은혜를 사용할 수 있습니다. 혈액은 심장에서부터 흐르지만, 온몸의 모든 지체에 속해 있는 것이듯이 은혜의 감화도 어린 양에게 연합하는 모든 성도의 기업이 되는 것입니다. 그 안에 그리스도와 그의 교회의 아름다운 교제가 있습니다. 왜냐하면 그들은 모두 동일한 은혜를 받고 있기 때문입니다. 이것이 참된 교제입니다. 은혜라는 수액이 줄기를 거쳐 가지로 흘러 들어갈 때, 그리고 가지에 공급되는 것과 동일한 양분으로 줄기가 지탱된다는 것을 깨달을 때 참된 교제가 성립됩니다.

우리가 예수에게서 은혜를 받으며, 또 항상 그것이 주님에게서 오는 것임을 깨닫게 됨에 따라 우리는 우리와 교제하시는 주님을 보게 되며 그와 교제하는 기쁨을 누리게 됩니다. 우리는 지갑에서 돈을 꺼내어 쓰듯이 날마다 우리에게 필요한 모든 것을 주님에게서 꺼내어 사용합시다.

그가 행하는 모든 일 곧 하나님의 전에 수종드는 일에나 율법에나 계명에나 그의 하나님을 찾고 한 마음으로 행하여 형통하였더라(대하 31:21).

전심으로 일하는 사람은 성공합니다. 그러나 일을 하면서도 다른 일을 했으면 하는 마음을 품는 사람은 실패합니다. 하나님은 게으른 사람에게 풍성한 수확을 주시지 않으며, 감추인 보물을 찾으려고 땅을 파지 않는 사람에게 부를 주시지 않습니다. 성공을 원하는 사람은 부지런히 일해야 합니다.

이 원리는 신앙생활에도 적용됩니다. 우리가 예수를 위해 행하는 일이 성공하기를 원한다면, 그 일이 우리 마음에서 우러난 일이어야 하고, 또 마음을 다하여 그 일을 행해야 합니다. 일할 때 하나님과 우리의 관계 속에 힘과 정력과 열심을 쏟아 넣어야 합니다.

성령께서는 우리의 연약함을 도와주시지만, 게으름을 장려하시지는 않습니다. 성령은 적극적인 신자를 사랑하십니다. 교회 안에서 가장 유익한 사람은 하나님을 위해 마음을 다하여 일하는 사람들입니다. 가장 훌륭한 성경 교사는 지식이 많은 학자가 아니라, 열심 있는 사람입니다. 마음을 다하여 일에 임하면 인내심이 생깁니다. 처음에는 실패도 하겠지만 열심 있는 일꾼은 “이것은 주님의 일이니 반드시 이루어야 합니다. 주님께서 나에게 명하셨으니, 주님의 능력 안에서 그 일을 이루겠다”라고 말할 것입니다.

당신은 마음을 다하여 주님을 섬기고 있습니까? 주님의 열심을 기억하십시오. 예수님은 “주의 전을 사모하는 열심이 나를 삼키리라”(요 2:17)고 말씀하셨습니다. 주님이 피 흘리며 지신 십자가는 결코 가벼운 짐은 아니었습니다. 주님이 자기 백성의 구원을 위해 십자가에서 돌아가신 것은 결코 미약한 노력이 아니었습니다. 그런데 우리는 미지근하지 않습니까?

여호와여 나의 기도를 들으시며 나의 부르짖음에 귀를 기울이소서 내가 눈물 흘릴 때에 잠잠하지 마옵소서 나는 주와 함께 있는 나그네이며 나의 모든 조상들처럼 떠도나이다(시 39:12).

주 여호와여, 당신의 은혜는 본성적으로 당신에게서 멀어져 있는 나를 가까이 인도하셨습니다. 이제 나는 당신과 교제하면서 낯선 땅을 여행하는 순례자처럼 이 죄악된 세상을 통과하고 있습니다. 당신은 지으신 이 세상의 나그네이십니다. 인간은 당신을 망각하고, 당신의 이름을 더럽히며, 새로운 율법과 생소한 관습을 만들어내며, 당신을 알지 못합니다. 당신의 사랑하는 독생자께서 자기 땅에 오셨으나 백성들은 그를 영접하지 아니하였습니다. 그분은 세상에 계셨으며 세상은 그분에 의해 지은 바 되었으나, 세상이 그를 알지 못하였습니다. 그러므로 예수님을 본받아 사는 내가 이 세상에서 이방인이 되고 알지 못하는 자가 되는 것은 조금도 이상한 일이 아닙니다.

주님, 나는 예수님께서 이방인이 되셨던 곳의 시민이 되기를 원하지 않습니다. 주님은 상하신 손으로 내 영혼을 세상에 묶었던 밧줄을 풀어 주셨습니다. 이제 나는 이 땅에서 나그네가 되었음을 깨닫습니다. 나와 함께 거하는 바벨론 사람들에게는 나의 말이 이상한 나라의 말로 들리며 내 행동도 이상하게 보입니다.

그러나 당신과 함께 나그네가 되는 것은 나의 즐거운 운명입니다. 당신은 나와 함께 고난을 겪는 동료요, 나와 함께 여행하는 순례자이십니다. 이처럼 축복된 교제 안에서 이 세상을 여행하는 것이야말로 큰 기쁨이 아니겠는지요. 당신께서 내게 말씀하실 때 내 속에서 내 마음이 뜨겁게 타오릅니다.

주의 종에게 고의로 죄를 짓지 말게 하사 그 죄가 나를 주장하지 못하게 하소서(시 19:13).

이것은 하나님의 마음을 닮은 다윗의 기도입니다. 다윗은 이렇게 기도했는데, 영적으로 어린아이에 불과한 우리는 어떻게 기도해야 할까? 다윗은 "나로 고의로 죄를 짓지 말게 하소서. 그렇지 아니하면 죄의 절벽에서 거꾸러 떨어지겠나이다"라고 말하는 듯합니다. 우리의 악한 본성은 성질이 좋지 않은 말과 같아서 도망치려는 유혹을 받습니다.

하나님의 은혜로 우리에게 재갈을 먹이사 악으로 달려가지 못하게 하여 주소서.

주님이 은혜로 섭리하시어 한계를 정해 주시지 않았다면 우리가 어떻게 행동할 것인지를 상상해 보면 그다지 유쾌하지 않습니다. 아무리 거룩한 사람이라도 큰 죄를 범하지 않도록 저지해만 할 것입니다. 사도 바울은 성도들에게 가증한 죄를 대적하라고 경고했습니다.

"그러므로 땅에 있는 지체를 죽이라 곧 음란과 부정과 사욕과 악한 정욕과 탐심이니 탐심은 우상 숭배니라"(골 3:5).

실족하지 않도록 막아주시는 주님에게서 얼굴을 돌리면 우리는 반드시 넘어질 것입니다. 우리의 사랑이 뜨겁고 믿음이 한결같으며 소망이 밝다면, "나는 절대 범죄하지 않을 것이다"라고 말하지 말고, "우리를 시험에 들지 말게 하소서"라고 기도하십시오. 지극히 선한 사람의 마음속에도 하나님이 이끄시지 않는 한 지옥 끝까지 타오를 수 있는 불쏘시개가 있습니다.

"당신의 개 같은 종이 무엇이기에 이런 큰일을 행하오리이까"(왕하 8:13).

우리에게도 이런 독선적인 질문을 하려는 경향이 있으므로, 무한하신 지혜로 자만하는 우리의 어리석음을 치료해 주셔야 합니다.

다만 우리에게 가난한 자들을 기억하도록 부탁하였으니 이것은 나도 본래부터 힘써 행하여 왔노라(갈 2:10).

하나님이 자기 자녀들을 가난하게 만드시는 이유는 무엇입니까? 하나님은 원하시기만 하면 자기 자녀들 모두를 부자로 만드실 수 있습니다. 그들의 문 앞에 황금 자루를 놓아두실 수도 있습니다. 또는 매년 많은 수입을 올리게 하실 수도 있으며, 그들의 집 주위에 풍성한 양식을 뿌려 주실 수도 있습니다. 옛날 하나님은 이스라엘 백성들의 진영 주위에 메추라기를 무더기로 내려보내셨고, 떡을 비처럼 내려 보내주셨습니다.

"이는 삼림의 짐승들과 뭇 산의 가축이 다 내 것이며"(시 50:10).

하나님은 이 세상에서 가장 부요하고 강한 자로 하여금 자기의 능력과 보화를 하나님 자녀들의 발 앞에 가져오게 만드실 수도 있으십니다. 만백성의 마음은 모두 하나님의 지배에 있기 때문입니다. 그러나 하나님은 결코 그렇게 행하지 않으십니다. 그 이유는 무엇입니까? 많은 이유가 있습니다. 그중 한 가지는 이미 넉넉한 은혜를 받는 우리에게 예수님을 향한 우리의 사랑을 나타낼 기회를 주시려는 것입니다. 우리는 예수님을 찬양하며 예수님께 기도할 때 주님을 향한 우리의 사랑을 나타냅니다.

만일 이 세상에 궁핍한 사람들이 없다면 우리는 불쌍한 형제들에게 구제함으로써 우리의 사랑을 증거하는 기회를 상실하게 될 것입니다. 주님은 우리의 사랑이 말에만 있지 않고 행동과 진리 안에 있음을 증명하라고 하셨습니다. 진실로 그리스도를 사랑하는 사람은 주님이 사랑하는 자들을 돌볼 것입니다. 주님이 귀히 여기시는 사람들은 우리에게도 귀한 사람들이 될 것입니다. 그러므로 주님의 양무리 안에 있는 가난한 자들을 구제하는 일을 의무로 여기지 말고 특권으로 여기며, 주 예수님께서 친히 말씀하신바 "너희가 여기 내 형제 중에 지극히 작은 자 하나에게 한 것이 곧 내게 한 것이니라"(마 25:40)는 말씀을 기억하십시오.

화평하게 하는 자는 복이 있나니 그들이 하나님의 아들이라 일컬음을 받을 것임이요(마 5:9).

이것은 팔복 중에서 일곱 번째 복입니다. 히브리 사회에서 일곱이라는 숫자는 완전 수를 나타냅니다. 주님께서 화평케 하는 자를 팔 복 중 일곱 번째에 놓으신 것은 화평케 하는 자는 예수 그리스도 안에서 거의 완전한 사람이기 때문일 것입니다. 이 말씀 앞에는 "마음이 청결한 자는 복이 있나니 저희가 하나님을 볼 것임이요"라 는 말씀이 있습니다.

우리는 "첫째 성결하고 다음에 화평"(약 3:17 참조)해야 합니다. 우리의 화평한 본성은 죄나 악을 용납하지 않습니다. 우리는 하나님과 그의 거룩하심을 거스르는 모든 것을 대적해야 합니다. 영혼은 깨끗하게 된 후에 화평함으로 나아갈 수 있습니다.

그러나 우리가 세상에서 아무리 화평을 사랑해도 세상 사람들은 우리를 오해하며 우리에 대해 허위 진술을 합니다. 그러나 놀라지 말아야 합니다. 평화의 왕은 세상에 불을 가져오셨습니다. 그분은 인류를 사랑하시며 악을 행하지 아니하셨지만 "멸시를 받아 사람들에게 버림받았으며 간고를 많이 겪었으며 질고를 아는 자"(사 53:3)이셨습니다. 그러므로 마음이 화평한 사람들은 원수를 만나도 놀라서는 안 됩니다. 본문 말씀 뒤에는 "의를 위하여 핍박을 받는 자는 복이 있나니 천국이 저희 것임이라"고 기록되어 있습니다. 화평케 하는 자는 복이 있을 뿐 아니라 축복으로 둘러싸입니다.

주여, 우리에게 은혜를 주시사 이 일곱 번째 복을 얻게 하여 주십시오! 우리 마음을 청결하게 하사 먼저 성결하고 다음에 화평하게 해주소서. 우리 영혼을 튼튼하게 해 주셔서, 당신을 위해 박해를 받을 때 비겁하거나 절망하지 않게 해 주십시오.

너희가 다 믿음으로 말미암아 그리스도 예수 안에서 하나님의 아들이 되었으니(갈 3:25).

하나님은 자기 자녀들의 아버지가 되십니다. 믿음이 적은 자들이여. 흔히 "나에게 위대한 마음의 용기가 있다면 얼마나 좋겠습니까, 하나님의 검을 휘두를 수 있으며 하나님만큼 용감하다면 얼마나 좋겠습니까? 슬프게도 나는 "조그마한 지푸라기에도 걸려 넘어지며 그림자를 두려워하는구나"라고 합니다.

믿음이 적은 자들이여, 귀를 기울여 하나님의 말씀을 들어 보십시오. 하나님의 자녀는 마음이 위대하며, 우리 역시 하나님의 자녀입니다. 지극한 사랑을 받은 사도 바울과 베드로는 지존자의 가족이며, 우리 역시 지존자의 가족입니다. 강건한 신자만이 아니라 연약한 신자들 역시 하나님의 자녀입니다. 그들의 이름은 모두 같은 족보에 기록되어 있습니다.

다른 신자보다 더 많은 은혜를 소유하는 신자도 있겠지만, 하늘에 계신 우리 아버지 하나님은 만백성에게 동일한 자비로운 마음을 품으십니다. 다른 신자보다 큰일을 행하여 아버지께 더 많은 영광을 돌리는 신자도 있겠지만, 하늘나라에서는 강한 자들 가운데 있는 자나, 지극히 작은 자 가운데 있는 자나 모두 동일한 하나님의 자녀입니다. 우리가 하나님께 나아가 "우리 아버지여"라고 부를 때 이 사실을 기억하여 위로를 받고 기운을 냅시다.

그러나 우리는 이 사실을 기억하여 위로를 받아야 하지만, 결코 연약한 믿음으로 만족하지 말고 사도들처럼 믿음을 키워야 합니다. 비록 우리의 믿음이 연약할지라도, 그리스도 안에 있는 참믿음이라면 우리는 마침내 하늘나라에 도착할 것입니다.

그러므로 우리가 그리스도의 영광을 위해 살며, 주를 위해 봉사하는 일에서 기쁨을 느끼려 한다면, 양자의 영을 더욱 완전히 채워 주시기를 구하십시오. 그리하면 마침내 온전한 사랑이 두려움을 내쫓게 될 것입니다.

아버지께서 나를 사랑하신 것 같이 나도 너희를 사랑하였으니 나의 사랑 안에 거하라(요 15:9).

하나님의 사랑은 어떤 것입니까? 아버지께서는 시작도 없이 예수를 사랑하셨으며, 예수께서도 동일한 방법으로 자기 백성을 사랑하십니다.

"내가 영원한 사랑으로 너를 사랑하기에"(렘 31:3).

그리스도를 향한 우리 사랑의 출발점을 쉽게 발견할 수 있습니다. 그러나 우리를 향한 주님의 사랑은 그 근원이 영원 속에 감추인 시냇물과 같습니다.

아버지께서는 변함없이 예수를 사랑하십니다. 자기를 의뢰하는 자들을 향한 예수 그리스도의 사랑도 변함이 없습니다. 어제 우리가 산꼭대기에 서서 "그가 나를 사랑하신다"라고 했다면, 오늘 우리가 굴욕의 골짜기에 있어도 주님은 동일한 사랑으로 우리를 사랑하십니다. 우리는 높은 곳에 섰을 때 주님이 사랑의 음악으로 부드럽고 분명하게 말씀하시는 소리를 들었습니다. 지금 우리가 바닷속에 잠겨 물결과 파도가 우리의 머리 위에서 출렁거릴 때도 주님의 마음은 자신이 옛적에 택한 자에게 신실하십니다.

아버지께서는 끝없이 아들을 사랑하셨으며, 아들도 자기 백성을 동일하게 사랑하십니다. 우리를 향한 주님의 사랑은 절대 그치지 않을 것이므로 두려워할 필요가 없습니다. 그리스도께서 무덤까지라도 우리와 함께 가실 것입니다. 그때 주님은 우리를 거룩한 산으로 인도하는 안내자가 되실 것입니다.

아버지는 한량없이 아들을 사랑하시며, 아들도 택한 백성들에게 동일한 사랑을 베푸십니다. 그리스도는 자기 마음을 자기 백성들에게 주고 계십니다. 주님은 우리를 사랑하셨으며 우리를 위해 자신을 주셨습니다. 주님의 사랑은 지식을 초월합니다. 우리는 불변하시고 귀하신 구주, 변함이 없고 시작도 끝도 없는 사랑으로 사랑하시는 분을 소유하고 있습니다.

믿음이 없어 하나님의 약속을 의심하지 않고 믿음으로 견고하여져서 하나님께 영광을 돌리며(롬 4:20).

복을 받는 길은 믿음뿐이라는 것을 기억하십시오. 믿는 사람의 열심 있는 기도가 아니면 하나님의 보좌로부터 응답이 임하지 않습니다. 믿음은 영광중에 계신 주 예수님과 우리 영혼을 이어주는 거룩한 사신입니다. 믿음이 사라지면 우리는 기도하지 못하고 응답도 받지 못합니다. 믿음은 이 세상과 하늘나라를 이어주는 무선전신입니다. 이 전신을 통해 하나님의 사랑의 메시지가 전달되므로, 우리가 부르기 전에 하나님은 우리의 기도를 들으십니다.

그런데 이 무선전신이 단절된다면 어떻게 약속을 받을 수 있겠습니까? 우리가 환난 중에 있습니까? 믿음으로 말미암아 환난 중에서 도움을 얻을 수 있습니다. 우리가 원수의 공격을 받고 있습니까? 내 영혼은 믿음으로 말미암아 하나님 안에 있는 견고한 피난처에 피합니다. 그러나 믿음이 사라지면 내가 하나님께 외치는 것이 헛된 것이 됩니다. 영혼과 하늘나라를 잇는 길이 없어졌기 때문입니다.

믿음이 나를 거룩함과 연결합니다. 믿음은 나에게 하나님의 권능의 옷으로 입혀줍니다. 믿음은 여호와의 전능하심으로 내 옆에서 시중을 들어줍니다. 믿음은 하나님의 모든 속성이 나를 옹호해 주실 것을 보장합니다. 믿음은 내가 지옥의 군대에 도전하도록 도와줍니다. 그것은 나로 원수의 목을 쳐서 승리하게 해줍니다.

믿음이 없다면 내가 어찌 주님의 것을 한 가지인들 받을 수 있겠습니까? 믿음이 흔들리는 자는 결코 하나님에게서 무엇을 받으리라고 기대하지 마십시오.

"믿는 자에게는 능히 하지 못할 일이 없느니라"(막 9:23).

> 식사할 때에 보아스가 룻에게 이르되 이리로 와서 떡을 먹으며 네 떡 조각을 초에 찍으라 하므로 룻이 곡식 베는 자 곁에 앉으니 그가 볶은 곡식을 주매 룻이 배불리 먹고 남았더라(룻 2:14).

우리는 룻처럼 예수께서 주신 떡을 배불리 맛있게 먹을 수 있습니다. 예수께서 주인이 되어 접대하시는 식탁에서 배불리 먹지 못하고 떠나는 손님은 없습니다.

우리의 두뇌는 그리스도께서 계시하시는 귀한 진리로 만족합니다. 우리의 마음은 사랑의 대상이신 예수와 더불어 만족을 느낍니다. 우리의 소망도 충족됩니다. 우리가 하늘나라에서 예수 외에 누구를 소유하겠습니까? 우리의 소원도 이루어집니다. 그리스도를 알고 그 안에서 발견되는 것 외에 무엇을 바랄 수 있을까요? 주님은 우리의 양심을 채워 완전한 평화를 누리게 해주십니다. 주님의 확실한 가르침을 받을 때 우리의 판단도 안전합니다. 우리의 기억은 주님이 행하신 일에 대한 추억으로 반짝이며, 우리의 상상력은 장차 주님이 하실 일을 보고 기뻐합니다.

룻이 배불리 먹고 남았던 것처럼 우리도 배불리 먹을 수 있습니다. 우리는 그리스도의 모든 것을 받아들일 수 있다고 생각했습니다. 우리는 주님의 사랑의 식탁에 앉아서 "오직 무한함이 나를 만족하게 할 수 있습니다. 나는 큰 죄인이므로 무한한 은혜가 있어야 나의 죄를 씻을 수 있습니다"라고 했습니다. 그러나 하나님 말씀에는 아직 우리가 누리지 못한 향기로운 것이 있습니다.

우리는 예수께서 "내가 아직도 너희에게 이를 것이 많으나 지금은 너희가 감당하지 못하리라"(요 16:12)고 하셨던 제자들과 흡사합니다. 아직 우리가 얻지 못한 은혜, 아직 도달하지 못한 그리스도와의 친밀한 교제, 아직 우리가 오르지 못한 영적 교제의 높은 그곳이 있습니다. 사랑의 연회장에는 항상 부스러기가 많이 남아 있습니다. 영화로우시고 자비하신 주님을 찬양하십시오.

내 사랑하는 자의 목소리로구나 보라 그가 산에서 달리고 작은 산을 빨리 넘어오는구나(아 2:8).

"나의 사랑하는 자"라는 명칭은 고대 교회에서 기름 부음을 받은 주님에 바친 훌륭한 명칭이었습니다. 고대 교회에서는 "내 사랑하는 자는 내게 속하였고 나는 그에게 속하였도다 그가 백합화 가운데에서 양 떼를 먹이는구나"(아 2:16)라고 노래했습니다. 그 당시에는 언제나 주님을 노래할 때 "나의 사랑하는 자"라고 즐겨 이 명칭을 사용하였습니다. 심지어 우상숭배가 주님의 동산을 시들게 했던 기나긴 겨울에도 선지자들은 잠시나마 주님의 경고를 치워놓을 공간을 발견하였습니다. 그리하여 이사야는 "나는 내가 사랑하는 자를 위하여 노래하되 내가 사랑하는 자의 포도원을 노래하리라"(사 5:1)고 했습니다. 비록 당시의 성도들은 주님의 얼굴을 보지 못했고, 아직 주님이 육신을 입고 인간들과 함께 거하거나 인간들로 그의 영광을 보게 하시지 않았으나, 주님은 이스라엘의 위로요, 모든 택한 자들의 소망과 기쁨이요, 지존자 앞에서 의로운 자들의 "사랑하는 자"이셨습니다.

오늘날 우리는 교회사로 보면 여름철에 살고 있습니다. 우리는 그리스도를 우리 영혼의 사랑하는 자라고 말하며 그리스도가 지극히 사랑스럽고 가장 귀하신 분이심을 느끼게 되기를 갈망합니다.

진실로 교회는 예수님을 사랑하며 자기의 사랑하는 자라고 선포합니다. 사도 바울은 교회를 그리스도의 사랑에서 떼어 놓으려 하는 세상에 도전하며, "누가 우리를 그리스도의 사랑에서 끊으리요 환난이나 곤고나 박해나 기근이나 적신이나 위험이나 칼이랴"(롬 8:35)고 선포했습니다. 그는 자랑스럽게 "이 모든 일에 우리를 사랑하시는 이로 말미암아 우리가 넉넉히 이기느니라"(롬 8:37)고 했습니다.

지극히 귀하신 분에 대해 더욱 많이 알게 되기를 원합니다.

남편들아 아내 사랑하기를 그리스도께서 교회를 사랑하시고 그 교회를 위하여 자신을 주심 같이 하라(엡 5:25).

“내 가르침을 실천하려면 내 생활을 본받으라”고 말할 수 있는 선생은 매우 드뭅니다. 그러나 예수의 생활은 완덕을 닮은 것이었으므로, 주님은 자신을 완덕의 교사요 동시에 성결의 표본으로 지적하실 수 있었습니다. 기독교인들은 그리스도를 모범으로 삼아야 합니다. 우리는 주님 안에 있었던 은혜를 반영하지 않는 한 어떤 환경에서도 만족해서는 안 됩니다.

신자는 신랑 되시는 예수 그리스도의 모습을 바라보고 주님이 보여 주신 대로 따라 살아야 합니다. 남편의 사랑은 특별합니다. 주님은 교회를 특별히 사랑하십니다. 주님은 “내가 비옵는 것은 세상을 위함이 아니요 내게 주신 자들을 위함이니이다”라고 기도하셨습니다(요 17:9). 교회는 하늘나라의 총아요 그리스도의 보화입니다. 교회는 주님의 머리의 면류관이요 팔의 팔찌요 가슴의 흉배요 사랑의 초점입니다.

남편은 한결같은 사랑으로 아내를 사랑해야 합니다. 예수께서 교회를 그렇게 사랑하십니다. 사랑의 표현은 달라질 수 있지만 사랑 자체는 언제나 같습니다. 남편은 아내를 지속적인 사랑으로 사랑해야 합니다. 아무것도 “우리를 우리 주 그리스도 예수 안에 있는 하나님의 사랑에서 끊을 수”(롬 8:39) 없습니다.

진실한 남편은 아내를 진정으로 사랑합니다. 그것은 말로만 그치는 사랑이 아닙니다. 그리스도는 행위로 자기의 사랑을 충분히 증거하시지 않았습니까? 주님은 신부를 향해 기뻐하는 사랑을 가지고 계십니다. 주님은 그녀의 사랑을 소중히 여기시며 그녀를 기뻐합니다.

우리의 가정생활에서 이것이 사랑의 척도요 기준이 되고 있습니까? 우리는 그리스도께서 교회를 사랑하신 것 같이 사랑하고 있습니까?

보라 너희가 다 각각 제 곳으로 흩어지고 나를 혼자 둘 때가 오나니 벌써 왔도다 그러나 내가 혼자 있는 것이 아니라 아버지께서 나와 함께 계시느니라(요 16:32).

예수님은 겟세마네 동산에서 고민하실 때, 주님의 슬픔에 동참한 제자는 없었습니다. 제자들 대부분은 그 고통의 비밀을 목격할 만큼 은혜 안에서 성장하지 못했습니다. 자기 집에서 유월절을 보낸 그들은 율법에 따라 생활하는 많은 사람을 대표합니다. 그들은 복음의 정신에 대해서는 어린아이에 불과합니다. 오직 열한 명의 제자에게만 겟세마네 동산에 들어가 "이 위대한 광경"을 목격하는 특권을 받았습니다. 그리고 열 한 제자 중에서도 여덟 제자는 멀리 떨어져 있었고 가장 총애를 받은 세 제자만 주님의 신비한 슬픔의 베일에 접근할 수 있었습니다. 그러나 이 세 제자도 베일 안으로 들어가지는 못했습니다. 그들은 돌 하나를 던질 만한 거리를 두고 떨어져 있었습니다.

주님은 포도즙을 짜는 기구를 홀로 통과해야 했습니다. 몇 명의 선택된 영혼에게는 고민으로 가득 찬 대제사장의 간구를 듣는 특권이 주어졌으니, 이것은 다른 사람들에게 유익을 주며 장차 있을 싸움을 위해 그들을 견고케 하기 위한 것이었습니다. 그들은 주님의 고난에서 주님과 교제했으며, 주님의 죽으심에 연합하게 되었습니다. 그러나 이들조차도 구세주의 슬픔의 은밀한 장소에는 접근할 수 없었습니다. 우리 주님의 슬픔에는 인간의 지식이나 교제와는 단절된 은밀한 방이 있었습니다. 그곳에 주님은 홀로 거하였습니다. 이곳에서 주님은 "형언할 수 없는 큰 은사"가 되셨습니다.

네가 묘성을 매어 묶을 수 있으며 삼성의 띠를 풀 수 있겠느냐(욥 38:31).

자연은 우리가 얼마나 하찮은 존재임을 가르쳐 줍니다. 우리는 반짝이는 별 중에 가장 작은 별 하나도 움직일 수 없고, 아침 햇빛 한 줄기도 소멸시키지 못합니다. 우리가 권능에 대해 말할 때 하늘은 우리를 비웃습니다. 우리는 봄의 장려한 묘성이 빛날 때 그 광채를 억누를 수 없으며 오리온자리가 높이 뜨고 겨울이 다가올 때도 그 차가운 속박을 풀 수도 없습니다. 계절은 하나님이 정하신 대로 회전하며, 인간은 그 계획을 바꿀 수 없습니다.

"사람이 무엇이기에 주께서 그를 생각하시며 인자가 무엇이기에 주께서 그를 돌보시나이까"(시 8:4).

신령한 세계에서도 인간의 능력은 한정되어 있습니다. 인간의 교묘한 솜씨나 악의로는 생명을 주시는 보혜사의 권능을 저지할 수 없습니다. 보혜사께서 교회를 방문하여 소생시키려 할 때는 적대적인 원수라도 그 선한 사역에 저항할 수 없습니다. 그들이 주님의 사역을 조롱할 수는 있을지 모르나, 묘성이 하늘에 떠 있을 때 봄철을 뒤로 물릴 수 없듯이, 그 사역을 저지할 수는 없습니다. 그것은 하나님이 원하시는 일이므로 반드시 이루어져야 합니다. 하나님만이 교회나 개인에게서 영적 사망의 겨울을 제거하실 수 있습니다. 하나님 께서 겨울을 제거하실 수 있다는 것은 얼마나 큰 축복입니까!

주여, 내 겨울이 끝나고 봄이 시작되게 해주십시오. 나는 영혼으로 사망과 침체를 벗어나게 할 수 없지만, 당신은 모든 일을 하실 수 있습니다 나에게는 하늘의 감화, 당신 사랑의 빛, 은혜의 빛, 당신의 얼굴빛이 필요합니다. 이것들은 내게는 묘성과 같습니다. 나는 죄와 시험으로 많은 고난을 받습니다. 이것들은 내게 겨울을 알려주는 징후, 무서운 오리온자리입니다. 주님, 내 속에서 나를 위해 이적을 행하여 주소서.

조금 나아가사 얼굴을 땅에 대시고 엎드려 기도하여 이르시되 내 아버지여 만일 할 만하시거든 이 잔을 내게서 지나가게 하옵소서 그러나 나의 원대로 마시옵고 아버지의 원대로 하옵소서 하시고(마 26:39).

구세주께서 고난을 당하실 때 하신 기도에는 몇 가지 교훈적인 특징이 있습니다. 첫째, **고독한 기도**였습니다. 주님은 사랑하는 세 제자에게서도 떨어져 홀로 기도하셨습니다. 믿는 자여, 홀로 기도하는 시간을 많이 갖도록 하십시오. 특히 시련을 겪을 때 그리하십시오. 가정 기도, 대중 기도, 예배 때의 기도로는 부족합니다. 이것들도 물론 매우 귀중합니다. 그러나 가장 선한 기도는 듣는 사람이 없이 오직 하나님만을 대좌하는 곳에서 이루어집니다. 둘째, 그것은 **겸손한 기도**였습니다. 누가는 주께서 무릎을 꿇었다고 했으나(눅 22:41 참조), 마태는 "얼굴을 땅에 대셨다"라고 기록했습니다(마 26:39 참조). 겸손은 기도의 좋은 발판입니다. 우리는 자신을 낮추며, 하나님이 때가 되어 우리를 높이시지 않는 한 하나님과 겨루어 이길 수 없습니다. 셋째, 그것은 **아들의 기도**였습니다. "아빠 아버지여."(막 14:36) 시련을 겪을 때 이 말이 우리를 양자로 택해 주시기를 구하는 성채(城砦)가 된다는 것을 알게 될 것입니다. "내 아버지여, 내 기도를 들어주소서"라고 기도하기를 두려워 마십시오. 넷째, 그것은 **끈질긴 기도**였습니다. 주님은 세 차례나 기도하셨습니다. 기도할 때 승리를 얻기까지 그치지 말고 기도하십시오. 처음에는 애원해도 얻지 못했으나 끈질기게 탄원하여 자기가 원하는 바를 이룬 과부와 같이 기도하십시오. 계속 기도하며 깨어 감사하십시오. 마지막으로 그것은 **인종(忍從)의 기도**였습니다. "그러나 내 원대로 마시옵고 아버지의 원대로 되기를 원하나이다"(눅 22:42)라고 기도하셨습니다.

하나님께 굴복하십시오. 그러면 하나님도 굴복하십니다. 하나님의 원대로 하시도록 하십시오. 그리하면 하나님이 가장 선하게 결정하실 것입니다. 우리의 기도를 하나님께 맡기십시오. 하나님은 언제 무엇을 어떻게 주는지 아시는 분이십니다. 그러므로 열심히, 겸손하게, 자기의 뜻을 버리는 기도를 하십시오. 그러면 반드시 승리할 것입니다.

아버지여 내게 주신 자도 나 있는 곳에 나와 함께 있어 아버지께서 창세 전부터 나를 사랑하시므로 내게 주신 나의 영광을 그들로 보게 하시기를 원하옵나이다(요 17:24).

사망아. 너는 어찌하여 사랑하는 사람들을 이 세상에서 빼앗아 가는가? 네 사역을 멈추며 의를 소중히 하라!

사망은 우리의 사랑하는 친구를 데려갑니다. 아무리 자비하고 기도를 많이 하며 거룩하며 헌신적인 사람들이라도 인간은 모두 죽습니다. 그 이유는 무엇입니까? 주님은 "아버지여, 내게 주신 자도 나 있는 곳에 나와 함께 있게 하시기를 원하옵니다"라고 기도하셨습니다. 이 기도는 성도들을 독수리의 날개에 태워 하늘나라로 데려갑니다. 신자가 이 세상을 떠나 낙원으로 가는 것은 주님의 기도에 대한 응답입니다. 옛 성도는 이렇게 말했습니다: 예수님과 그의 백성들은 여러 차례 기도로 서로를 잡아당깁니다. 당신이 기도할 때 무릎을 꿇고 "아버지여, 나 있는 곳에 성도들도 함께 있게 하시기를 원하나이다"라고 기도하며, 그리스도는 "아버지여, 내게 주신 자도 나 있는 곳에 나와 함께 있기를 원하옵니다"라고 기도합니다.

이 제자는 주님의 뜻을 거스르고 있습니다. 영혼은 두 곳에 동시에 존재할 수 없습니다. 사랑하는 자가 그리스도와 함께 있으면서 당신과 함께 있을 수 없습니다. 어떤 기도가 응답을 받겠습니까? 비록 큰 고통을 초래하겠지만, 당신이 "예수님, 내 뜻대로 마시고 당신의 뜻대로 이루어지이다"라고 말할 것이라고 나는 확신합니다. 그리스도께서 그대와 반대되는 기도를 하고 계심을 깨닫는다면, 당신은 사랑하는 자의 생명을 구하는 기도를 하지 않을 것입니다.

주여, 당신은 우리의 시량이라는 자들을 소유하소서. 우리는 믿음으로 그들을 보내오리다.

예수께서 힘쓰고 애써 더욱 간절히 기도하시니 땀이 땅에 떨어지는 핏방울 같이 되(눅 22:44).

주님에게 가해진 정신적 압박은 주님을 극도로 흥분하게 만들었습니다. 그리하여 주님의 땀구멍에서 커다란 핏방울이 배어 나와 땅에 떨어졌습니다. 이것은 주님의 사랑이 얼마나 강력했는지를 나타내줍니다. 사람들이 커다란 정신적 고통을 겪으면 피가 거꾸로 흘러 얼굴이 창백해지며 기절합니다. 마치 고난을 당하고 있는 내면의 존재에게 영양을 공급하려는 듯 피가 거꾸로 순환하는 것입니다.

고민하시는 우리 주님을 보십시오. 주님은 자아를 완전히 망각하였으므로 그의 번민은 혈액을 심장으로 공급하지 않고 몸 밖으로 몰아냈습니다. 그리스도의 고민은 그가 인간을 위해 얼마나 완전하게 헌신하였는지를 묘사해줍니다. 이 말씀을 통해서 우리는 주님이 얼마나 치열한 내적 싸움을 하셨는지 깨달을 수 있습니다.

"너희가 죄와 싸우되 아직 피흘리기까지는 대항하지 아니하고"(히 12:4).

우리의 영혼을 유혹하는 자에게 굴복하지 말고, 위대한 대제사장께서 땀을 피처럼 흘리시는 모습을 바라십시오.

대답하여 이르시되 내가 너희에게 말하노니 만일 이 사람들이 침묵하면 돌들이 소리 지르리라 하시니라(눅 19:40).

돌들이 과연 소리를 지를 수 있을까요? 벙어리의 입을 여시는 분께서 명하신다면 돌들도 소리를 지를 수 있을 것입니다. 돌들이 말 할 수 있다면, 그것은 권능의 말씀으로 자기를 창조하신 하나님을 찬양하며 증언할 것입니다.

우리는 우리를 새로운 피조물로 창조하시고 돌 중에서 아브라함의 자녀를 일으켜 세우신 분을 찬양해야 합니다. 옛날의 바위는 혼돈과 질서에 대해 말할 수 있었습니다. 그것들은 단계적으로 창조하신 하나님의 솜씨를 묘사할 수 있었습니다. 우리는 하나님의 섭리, 오래전에 행하신 하나님의 크신 역사, 옛날 교회를 위해 하나님이 행하신 모든 일을 말할 수 있습니다.

만일 돌들이 말을 한다면, 그것들은 채석장에서 돌을 캐내어 성전에 합당하게 다듬으신 석수(石手)에 대해 말할 수 있을 것입니다. 영화로우신 석수께서는 말씀의 망치로 우리 마음을 깨뜨리시어 하나님의 성전으로 만드셨습니다. 만일 돌들이 소리를 지른다면, 그것들은 자기를 다듬어 궁전에 합당하게 만들어 주신 건축자를 찬양할 것입니다. 우리의 건축자께서는 살아계신 하나님의 성전 안에 우리를 놓으셨습니다.

돌들이 소리를 지를 수 있다면, 그것은 기념하기 위해 긴 이야기를 할 것입니다. 간혹 커다란 돌이 주님 앞에 기념비로 세워지곤 합니다. 우리도 역시 하나님이 우리를 위해 행하신 위대한 일들을 증거할 수 있습니다. 깨진 율법의 돌들은 우리를 대적하여 소리치지만, 무덤 문에 막힌 돌을 굴려내신 그리스도는 우리를 위하여 말씀해 주십니다.

우리는 돌들로 소리 지르게 하지 않을 것입니다. 우리는 거룩한 노래를 부르며 이스라엘의 돌이요 목자이신 분께 영원히 영광을 돌릴 것입니다.

그는 육체에 계실 때에 자기를 죽음에서 능히 구원하실 이에게 심한 통곡과 눈물로 간구와 소원을 올렸고 그의 경건하심으로 말미암아 들으심을 얻었느니라(히 5:7).

경외함이란 예수님께서 완전히 버림을 받으셨다는 무서운 암시에서부터 솟아나지 않았습니까? 물론 더 가혹한 시련도 있을 수 있겠지만 완전히 버림을 받는 것이야말로 가장 무서운 시련 중의 하나입니다. 사탄은 다음과 같이 말했습니다:

"보라. 너의 친구는 어느 곳에도 없다. 네 아버지는 네게 대한 긍휼을 완전히 단절하셨다. 하나님의 궁에 사는 어떤 천사도 네게 손을 내밀어 너를 돕지 않을 것이다. 하늘나라는 완전히 네게서 멀어졌다. 마리아의 아들아, 네 형제 야고보를 보라. 너의 사랑하는 제자 요한을 보아라. 담대한 제자 베드로를 보라. 네가 고통을 받는 동안에 그 겁쟁이들은 잠을 자고 있구나. 이 세상에도 저 천국에도 네 친구는 없다. 온통 지옥만이 너를 대적하고 있다. 나는 내 지옥을 휘저어 놓았다. 사방에 사신을 보내어 오늘 밤 모든 어두움의 왕자들로 너를 대적하라고 호출했습니다. 우리는 화살을 아끼지 않을 것이다. 너를 이기기 위해서 우리의 극악한 힘을 모두 사용할 것이다. 자, 이제 어떻게 하겠느냐?"

주님은 경외하심에 의하여 응답을 받으셨습니다. 주님은 혼자 계신 것이 아니라, 하늘나라가 함께 계셨습니다. 주님은 가장 깊은 슬픔 속에서 응답을 받으셨습니다.

내 영혼아, 너의 기도도 응답받을 것이다.

그 때에 예수께서 성령으로 기뻐하시며 이르시되 천지의 주재이신 아버지여 이것을 지혜롭고 슬기 있는 자들에게는 숨기시고 어린 아이들에게는 나타내심을 감사하나이다 옳소이다 이렇게 된 것이 아버지의 뜻이니이다(눅 10:21).

주님은 "슬픔의 사람"이셨습니다. 그러나 주님은 영혼 깊은 곳에 말할 수 없이 귀한 하늘나라의 기쁨을 가지고 계셨습니다. 예수 그리스도만큼 깊고 순결하고 영속적인 평화를 소유했던 사람은 없습니다. 주님은 동료들보다 더 많은 기쁨의 기름으로 부음을 받으셨습니다(시 45:7).

주님의 광대한 자비는 주님에게 지극한 즐거움을 주었습니다. 자비는 기쁨이기 때문입니다. 예수님의 지상 생활에 이 기쁨이 나타난 것을 기록하고 있습니다.

"그 때에 예수께서 성령으로 기뻐하시며"(눅 10:21).

그리스도는 비록 어두움이 자기를 에워싸고 있었지만, 노래를 가지고 계셨습니다. 주님의 얼굴은 상하고 얼굴빛에는 세상 행복의 빛이 없었지만, 자기 사역에 대한 최후의 상급을 생각하실 때 비길 데 없는 만족감으로 빛나셨습니다. 주님은 회중들 가운데서 하나님을 찬양하는 노래를 부르셨습니다.

이런 점에서 주 예수는 세상에 있는 교회의 복된 모범이 되십니다. 지금 교회는 주님과 함께 가시밭길을 걸어야 합니다. 십자가를 지는 것이 교회의 소명이요, 형제에게서 멸시를 받는 것이 교회의 운명입니다.

그러나 교회는 하나님의 성도들을 지탱해줄 깊은 기쁨의 우물을 가지고 있습니다. 우리도 구세주처럼 강렬한 기쁨을 느낄 때가 있습니다.

"한 시내가 있어 나뉘어 흘러 하나님의 성 곧 지존하신 이의 성소를 기쁘게 하도다"(시 46:4).

우리는 비록 유배 생활을 하고 있으나 우리의 임금으로 인하여 기쁘기만 합니다.

예수께 입을 맞추려고 가까이 하는지라 예수께서 이르시되 유다야 네가 입맞춤으로 인자를 파느냐 하시니(눅 22:48).

세상이 당신을 향하여 사랑한다는 표정을 지을 때 경계하고 조심하십시오. 옛날 주님에게 했듯이 세상은 입맞춤으로 당신을 배반할 것입니다. 종교를 공격하려는 사람은 종교에 대한 지극한 경외심을 공개적으로 고백합니다. 이단과 불신앙의 시종인 위선을 조심하십시오. 불의에 속아 넘어가기가 쉽다는 것을 알고, 뱀과 같이 지혜롭게 원수의 흉계를 탐지하여 피하십시오. 지혜 없는 청년은 이방 여인의 입맞춤으로 인해 길을 벗어납니다. 오늘 우리의 영혼이 많은 교훈을 받아 세상의 "그럴듯한 말"에 넘어가지 않기를 기원합니다.

만일 우리가 저 멸망의 아들 유다처럼 저주받은 죄를 범한다면 어떤 일입니까? 우리는 주 예수님의 이름으로 세례를 받았습니다. 우리는 눈에 보이는 주님 교회의 지체이고 우리는 성찬에 참여합니다. 이 모든 조건은 내 입의 입맞춤입니다. 당신은 성실하게 그것들을 지키고 있습니까? 당신은 다른 사람들과 마찬가지로 부주의하게 세상에서 살면서도 예수님을 따른다고 고백합니까? 그렇다면 분명 당신은 모순되게 행동하고 있습니다. 당신은 유다 같은 사람입니다. 당신은 아예 세상에 태어나지 않았으면 좋았을 사람입니다.

주님, 우리를 성실하고 참되게 만들어 주십시오.
우리를 거짓된 길에 빠지지 않도록 지켜 주십시오.
구세주를 배반하지 않게 해 주십시오.
예수님, 당신을 사랑합니다.
때때로 당신을 슬프게 하는 일이 있으나,
우리는 죽기까지 신실한 자가 되기를 갈망합니다. 아멘.

하늘에서 내려온 자 곧 인자 외에는 하늘에 올라간 자가 없느니라(요 3:13).

주님은 "인자"라는 칭호를 많이 사용하셨습니다. 주님이 원하셨다면, 자신을 하나님의 아들, 영원하신 아버지, 기묘자, 권고자, 평화의 왕이라 부르실 수도 있었습니다. 그러나 겸손하신 주님은 자신을 인자라 부르시기를 더 좋아하셨습니다. 주님께 겸손의 교훈을 배웁시다. 절대 위대한 칭호나 교만한 학위를 얻으려 하지 맙시다.

주님의 이름에는 훨씬 더 감미로운 의미가 있습니다. 주님은 인간 됨을 사랑하시고 존중하셨습니다. 주님이 인자라는 사실은 인격에 대한 큰 명예요 영광입니다. 주님은 이 이름을 사용하심으로써 인격의 가슴에 왕족의 훈장을 달아주셨으며, 아브라함의 자손을 향한 하나님의 사랑을 나타내셨습니다. 예수께서는 "인자"라는 단어를 사용하실 때마다 아브라함 자손의 머리 주위에 후광을 비추어 주셨습니다.

이보다 더 귀한 사상이 있습니다. 예수 그리스도는 자신이 자기 백성들과 하나요, 서로 공감하고 있다는 것을 나타내시기 위해 스스로를 인자라 하셨습니다. 주님은 우리가 두려움 없이 주님께 접근할 수 있음을 상기시켜 주십니다. 우리는 모든 근심과 괴로움을 주님께 가져갈 수 있습니다. 주님도 친히 그것을 겪으셔서 알고 계시기 때문입니다. 주님은 친히 "인자"로서 고난을 받으셨기 때문에 우리를 위로해 주실 수 있습니다.

복되신 주님, 주님은 친히 우리의 형제요 친구가 되심을 인정하는 이름을 사용하셨습니다. 주님의 이름은 당신의 은혜와 겸손과 사랑을 나타내는 귀한 증표입니다.

예수께서 대답하시되 너희에게 내가 그니라 하였으니 나를 찾거든 이 사람들이 가는 것은 용납하라 하시니(요 18:8).

내 영혼아, 예수님께서 시련을 받으시는 중에도 자기 양들을 위해 나타내신 배려를 주목하십시오. 인간의 주도적 욕망은 죽을 때 강력하게 나타납니다. 그러나 주님은 원수에게 잡히시면서도 제자들을 석방하기 위해 능력의 말씀을 하셨습니다. 주님은 자신에 관 한한 마치 털 깎는 자 앞에 있는 한 마리 어린 양처럼 입을 열지 않으셨습니다.

그러나 제자들을 위해서는 전능하신 능력으로 말씀하셨습니다. 이것이 사랑입니다. 한결같으며 사심이 없고 신실한 사랑입니다. 그러나 여기에는 표면에 드러난 것 이상의 의미가 있지 않습니까? 이 말씀에는 속죄의 참뜻이 들어 있습니다. 선한 목자는 양들을 위해 자기 목숨을 버리며, 또한 자기 양들이 자유로이 갈 수 있게 되기를 탄원하십니다. 그리스도께서 확실한 담보가 되셨으므로 공의는 그리스도께서 대속하신 사람들을 석방할 것을 요구합니다.

이스라엘 백성이 애굽에서 노예 생활을 할 때, 하나님은 "내 백성을 가게 하라"고 말씀하셨습니다. 구속함을 받은 사람들은 죄와 사탄의 노예 생활에서 빠져나와야 합니다. 절망의 감옥 속 모든 감방에 "이 백성으로 제 길을 가게 하라"는 소리가 울려 퍼집니다. 사탄은 이 음성을 잘 알고 있으므로 넘어진 자의 목을 짓밟고 있던 발을 거둡니다. 사망이 그 소리를 들으며, 무덤이 그 입을 열어 죽은 자들을 일어나게 합니다. 그들의 길은 발전과 거룩함과 승리와 영광의 길입니다. 아무도 그들을 가로막지 못할 것입니다.

암사슴이 잔인한 사냥꾼을 몰아내며 겁 많은 수사슴과 암사슴이 자기들이 사랑하는 백합화 들판에서 지극히 평화롭게 풀을 뜯어 먹습니다. 갈보리 십자가 위에서 암운(暗雲)이 찢어졌으므로 이제 시온의 순례자들은 복수의 벼락을 맞지 않을 것입니다.

오라. 구세주께서 당신을 위해 확보해 주신 죄사함을 기뻐하며 밤낮으로 그의 이름을 찬미하라.

누구든지 이 음란하고 죄 많은 세대에서 나와 내 말을 부끄러워하면 인자도 아버지의 영광으로 거룩한 천사들과 함께 올 때에 그 사람을 부끄러워하리라(막 8:38).

우리가 주님의 부끄러움에 동참하면 장차 주님이 오실 때 주님의 영광에 동참하게 될 것입니다. 오늘 그리스도와 함께 있습니까? 우리는 그리스도와 굳게 결합했습니까? 그렇다면 우리는 주님의 부끄러움도 함께 해야 합니다. 주님의 십자가와 그 능욕을 지고 주님과 함께 영문 밖으로 가야 합니다. 그리하면 장차 십자가가 면류관으로 바뀔 때 우리는 그리스도와 함께 있을 것입니다.

그러나 신생의 경험에서 그리스도와 함께 거하지 않는다면, 장차 주님이 영광 중에 오실 때 주님과 함께 거하지 못할 것입니다. 주님과 함께 고난받기를 회피한다면, 왕께서 거룩한 천사들과 함께 오실 때 충만한 기쁨을 느끼지 못할 것입니다.

천사들이 주님과 함께 온다는 말씀에 유의하십시오. 주님은 아브라함의 자손을 택하셨습니다. 주님의 사랑하는 백성이라면 절대 주님에게서 멀어질 수 없습니다. 그리스도와 혼인한 사람이 어떻게 주님과 멀어질 수 있습니까? 비록 심판 날이라 해도 우리는 천사들과 친밀하게 됨을 허락하고 우리를 연합으로 인도하는 그 마음으로부터 떨어질 수 없습니다. 주님은 "내가 네게 장가 들어 영원히 살되 공의와 정의와 은총과 긍휼히 여김으로 네게 장가 들며 진실함으로 네게 장가 들리니 네가 여호와를 알리라"(호 2:19-20)고 하십니다. 주님은 친히 "나는 너희 남편임이라"(렘 3:14)고 하셨습니다.

천사들이 주님과 함께 있다면, 주님이 크게 기뻐하시고 사랑하는 백성들도 주님 가까이 서며 그 오른편에 앉을 것입니다. 여기에 지극히 어둡고 황폐한 경험을 밝혀줄 찬란한 소망의 새벽 별이 있습니다.

그러나 이렇게 된 것은 다 선지자들의 글을 이루려 함이니라 하시더라 이에 제자들이 다 예수를 버리고 도망하니라(마 26:56).

주님은 결코 제자들을 버리지 않으셨습니다. 그러나 주님의 고난이 시작될 때, 제자들은 비겁하게도 자신의 목숨을 부지하려고 주님을 버리고 도망쳤습니다. 이것은 신자들을 제멋대로 행동하도록 내버려 둘 때 그들이 나타내는 연약함의 예입니다. 그들은 양에 지나지 않으므로 늑대가 다가오면 도망칩니다. 주님은 제자들에게 이미 위험이 임하리라는 경고를 했으며, 그들은 죽을지언정 결코 주님을 떠나지 않겠다고 약속했습니다. 그러나 그들은 갑작스러운 공포에 사로잡혀 부리나케 도망쳤다.

하루가 시작되는 이 아침에 나는 주님을 위해 시련을 인내하려는 마음을 품으며 나의 완전한 신앙을 분명히 나타내겠다고 다짐하기를 원합니다. 그러나 내게는 불신앙이라는 악한 마음도 있습니다. 그러므로 사도들처럼 내 주님을 버려두고 떠나지 않기 위해서는 자아를 용서하지 말아야 합니다. 약속하는 것과 실천하는 것은 별개의 일입니다. 만일 제자들이 예수님의 편에 섰더라면 그들의 영원한 영광이 되었을 것이지만 그들은 영광으로부터 도망쳤습니다.

내가 그들을 본받지 않기를 기원합니다. 마음만 먹으시면 열두 군단의 천사들이라도 쉽게 부르실 수 있는 주님 곁보다 더 안전한 곳이 어디 있을까? 그러나 그들은 참된 안식처로부터 도망쳤습니다.

"오 하나님, 나도 동일한 어리석음을 범하지 않게 하소서."

하나님의 은혜는 겁쟁이도 용감하게 만들 수 있습니다. 이 가련한 사도들, 산토끼처럼 겁이 많았던 사도들에게 성령이 임하시니 그들은 사자처럼 담대해졌습니다. 그러므로 성령은 내 영혼으로 담대하게 주님께 대한 신앙을 고백하며 주님의 진리를 증언하게 하실 수 있습니다. 친구들이 신앙 없음을 보시는 구세주의 마음은 얼마나 괴로우셨겠습니까! 이것은 그의 잔에 담긴 쓴 포도주였습니다. 주님은 그 잔을 마셔야 했습니다.

여자가 이르되 주여 옳소이다마는 개들도 제 주인의 상에서 떨어지는 부스러기를 먹나이다(마 15:27).

여인은 그리스도에 대해 위대한 생각을 함으로써 불행 중에 위로를 얻었습니다. 주님은 자녀들의 떡에 대해 말씀하셨습니다. 그러나 여인은 "당신은 은혜의 식탁의 주인이시며, 나는 당신이 관대한 주인이심을 압니다. 당신의 식탁에는 분명히 풍성한 떡이 있습니다. 당신 자녀들의 먹을 것이 풍부하여 그 부스러기가 마루에 떨어지면 개들이 먹을 것입니다. 개들이 그 부스러기를 먹는다고 해서 자녀들에게 조금도 손해가 되지 않을 것입니다"라고 설득했습니다. 이 여인은 주님은 풍성한 것을 가지고 계시며, 자기에게 필요한 것은 그 부스러기에 불과하다고 생각했습니다.

이 여인이 자기 딸에게서 귀신을 쫓아내기를 원했음을 기억하십시오. 이것은 그녀에게는 매우 중요한 일이었지만, 그녀는 그리스도를 대단히 존중하고 있었으므로 "이것은 주님에게는 아무것도 아닙니다. 그것은 그리스도의 식탁에서 떨어지는 부스러기일 뿐이다"라고 했습니다.

우리가 우리의 죄만 크게 생각하면 절망에 빠집니다. 그러나 그리스도를 크게 생각하면 평화의 항구에 이르게 됩니다. 내 죄가 많으나 주님은 그것을 모두 제거하실 수 있습니다. 내 죄악은 마치 거인이 구더기를 짓밟듯이 나를 억누르지만, 주님은 이미 십자가에 달리셔서 친히 그 저주를 감당하셨으므로, 그것은 주님에게는 먼지에 불과합니다. 주님이 나를 완전히 대속하시는 것은 지극히 적은 일이요, 내가 대속함을 받는 것은 무한한 축복입니다.

이 여인은 주님께서 큰 것을 주실 것을 기대하여 영혼의 입을 크게 벌렸으므로 주님은 사랑으로 그 입을 채워주셨습니다. 이 여인의 믿음은 승리하는 믿음의 본보기입니다. 우리가 승리자가 되기를 원한다면 이 여인의 전술을 모방해야 합니다.

능히 모든 성도와 함께 지식에 넘치는 그리스도의 사랑을 알고 그 너비와 길이와 높이와 깊이가 어떠함을 깨달아 하나님의 모든 충만하신 것으로 너희에게 충만하게 하시기를 구하노라(엡 3:18-19).

그리스도의 사랑은 인간의 이해를 초월하는 사랑입니다. 인간을 향한 주님의 비길 데 없는 사랑은 뭐라 묘사할 수 없습니다. 그 사랑은 지극히 방대하고 무한합니다. 제비가 바다의 표면만 스치며 날아갈 뿐, 바닷속으로 잠수하지 못하듯 인간이 사용하는 모든 단어는 그 사랑의 그 표면만을 묘사할 뿐이요, 묘사되지 못하는 무한한 진리가 내포되어 있습니다.

예수님의 사랑을 올바르게 이해하려면 먼저 그의 영광을 이해해야 합니다. 과연 누가 그리스도의 위엄을 우리에게 말할 수 있겠습니까? 주님은 지극히 높은 하늘나라 보좌에 앉으신 참 하나님이셨습니다. 그분에 의하여 하늘과 모든 천군이 지음을 받았습니다. 그분은 전능하신 팔로 천체를 받들고 계셨습니다. 그룹 천사와 스랍 천사들의 찬양이 영원히 그를 에워쌌습니다. 온 우주가 부르는 할렐루야 합창 소리가 끊임없이 그의 보좌 아래로 흘러 들어갔습니다. 그분은 모든 피조물을 다스리셨습니다. 만물 위에 계신 하나님은 영원히 찬양받으실 분이셨습니다.

주님이 얼마나 자신을 낮추셨는지 과연 누가 말할 수 있겠습니까? 인간이 되신 일도 중요했지만 슬픔의 인간이 되신 것은 더욱 의미 있는 일이었습니다. 하나님의 아들이신 주님이 피 흘리고 고난을 받으시고 돌아가신다는 것은 참으로 큰일이었습니다. 그처럼 큰 고통을 당하시고 수치스러운 죽임을 당하시며 아버지로부터 버림을 받은 것은 아무리 영감을 받은 심령이라도 헤아릴 수 없는 심오한 사랑이었습니다.

내가 너희를 인도하여 여러 나라 가운데에서 나오게 하고 너희가 흩어진 여러 민족 가운데에서 모아 낼 때에 내가 너희를 향기로 받고 내가 또 너희로 말미암아 내 거룩함을 여러 나라의 목전에서 나타낼 것이며(겔 20:41).

지극히 높으신 하나님은 구속자의 공로를 향기로 받으십니다. 그리스도의 소극적 의와 적극적 의는 동일한 향기를 소유합니다. 주님의 적극적인 생활 속에는 향기가 있었습니다. 주님은 그 향기로 하나님의 율법에 영광을 돌리셨으며, 모든 교훈을 자신의 인격 속에서 귀한 보석처럼 반짝이게 하셨습니다. 주님은 소극적인 순종 속에서 불평 없이 복종하시며 배고픔과 목마름과 추위와 벌거벗음을 인내하셨습니다. 주님은 겟세마네 동산에서 피땀을 흘리시며, 등에 채찍을 맞으셨으며, 수염을 뽑는 자에게 뺨을 맡기셨습니다(사 50:6). 결국 주님은 우리를 대신하여 하나님의 진노를 감당하기 위해 십자가에 달리셨습니다.

주님의 대속의 고난과 순종으로 인해 하나님은 우리를 받아주십니다. 우리의 악취를 제거하기 위해서는 향기가 필요합니다. 우리의 죄를 제거한 주님의 보혈에는 정결케 하는 놀라운 능력이 있습니다. 절대 용납되지 못할 피조물을 사랑하는 자 안에서 용납되게 하신 주님의 의에는 큰 영광이 있습니다. 우리는 주님 안에서 용납되었으므로 확실하고 확고하게 받아들여집니다. 우리는 그리스도 안에서 받아들여졌음을 조금도 의심해선 안 됩니다. 그리스도가 없으면 우리는 절대 받아들여질 수 없습니다. 그러나 그리스도의 은혜를 받아들이면 하나님도 우리를 받아들이지 않을 수 없습니다. 우리의 의심과 두려움과 죄에도 불구하고 여호와의 자비하신 눈은 진노의 눈으로 우리를 바라보지 않습니다. 그리스도를 통해서 우리를 보실 때 하나님은 절대 죄를 보시지 않습니다. 우리는 항상 그리스도 안에서 받아들여지며, 항상 축복받으며, 하나님 마음에 귀한 자가 됩니다. 그러므로 하늘 높이 찬송을 부릅니다. 구세주의 공로의 향기가 하늘 보좌 앞에서 피어오를 때, 찬양의 향기도 함께 올라가게 합시다.

그가 아들이시면서도 받으신 고난으로 순종함을 배워서(히 5:8).

우리 구원의 주님은 고난을 통해서 완전하게 되셨습니다. 그러므로 죄악 되고 완전치 못한 우리는 고난을 통과하라는 부름을 받게 되어도 기이하게 생각해서는 안 됩니다. 머리 되신 주님이 가시관을 쓰셨는데, 어찌 다른 지체들은 안일이라는 진미를 맛보며 기분 좋게 지낼 수 있습니까? 그리스도는 면류관을 얻기 위해 자기 피로 이룬 바다를 건너야 했는데, 우리가 어찌 은으로 만든 신발을 신고 하늘나라로 가기를 기대합니까?

주님이 겪으신 일은 우리에게도 고난이 필요하다는 것을 가르쳐줍니다. 그러나 그리스도께서 "받으신 고난으로 순종함을 배워서 온전하게 되셨다"라는 사실 속에는 큰 위로를 주는 사상이 들어 있습니다. 그것은 그리스도께서 우리와 완전히 공감하실 수 있다는 것입니다. 그리스도는 결점투성이인 우리의 감정으로는 만질 수 없는 대제사장이 아니십니다. 이와 같은 그리스도와의 공감대 속에서 우리는 기운을 북돋아 주는 능력을 발견합니다.

믿는 자여, 고난을 받을 때 이 사상을 굳게 붙잡으십시오. 주님의 발자취를 따라갈 때 예수님을 생각하여 힘을 얻으십시오. 고난을 받는 것이 영광스러운 일인 것을 기억하십시오. 그리스도를 위해 고난 당하는 것은 영광입니다. 사도들은 자신이 이 일을 행할 자격이 있다고 여겨진 것을 기뻐했습니다. 주님은 우리에게 그리스도를 위하여 그리스도와 함께 고난당하는 은혜를 주십니다. 믿는 자의 보화는 그가 당하는 고난입니다. 하나님이 기름 부으신 왕들의 왕관은 그들이 당하는 환난과 애통과 슬픔입니다.

"참으면 또한 함께 왕 노릇 할 것이요"(딤후 2:12).

> 내가 내 사랑하는 자를 위하여 문을 열었으나 그는 벌써 물러갔네 그가 말할 때에 내 혼이 나갔구나 내가 그를 찾아도 못 만났고 불러도 응답이 없었노라(아 5:6).

기도하는 사람은 왕께서 들어주실 때까지 문 앞에서 탄원하는 사람처럼 기다립니다. 주님은 오래 지체하심으로써 큰 믿음을 시험하신다고 합니다. 주님은 자기 종들의 음성이 그들의 귀에 메아리쳐 돌아가게 하십니다. 그들은 황금 문을 두드리지만, 그 문의 돌쩌귀는 녹이 슨 듯 열리지 않습니다. 그들도 예레미야처럼 "주께서 구름으로 자신을 가리사 기도가 상달되지 못하게 하시려고"(애 3:44) 소리칩니다.

참 성도는 응답이 없어도 오래 참으며 기다립니다. 그들의 기도가 강력하지 못하거나 하나님이 그들을 받아들이시지 않았기 때문에 응답이 없는 것은 아닙니다. 주권자이신 하나님, 자신의 기뻐하시는 뜻대로 주시는 하나님은 응답을 지체하시기를 즐기십니다. 만일 하나님이 우리의 인내심을 원하신다면, 그 뜻대로 자기 백성에게 행하실 것입니다. 기도로 구하는 사람은 기도에 대한 응답의 시기와 처소와 형태를 선택할 수 없습니다.

우리는 응답이 지체된다고 해서 기도가 거부되었다고 여겨서는 안 됩니다. 사탄이 응답받지 못한 기도를 빌미로 진리의 하나님에 대한 우리의 확신을 흔들게 허락해서는 안 됩니다. 기도에 응답이 없다고 해서 하나님이 그 기도를 듣지 않으신 것은 아닙니다.

하늘나라 법정에는 모든 기도가 기록된 등기소가 있습니다. 주님은 거룩한 근심으로 인해 흘린 값비싼 눈물을 저장하는 병과 거룩한 탄식을 헤아려 기록한 책을 가지고 계십니다. 우리의 기도는 응답을 받을 것이니 잠시만 인내하며 기다리십시오. 우리가 선택하는 때 보다 주님이 정하시는 때가 더 좋을 것입니다.

주님은 장차 응답해 주실 것이요, 우리는 오래 기다림의 재와 베옷을 벗게 될 것이고 주님은 우리가 원하던 세마포로 지은 옷을 입혀 주실 것입니다.

그가 자기 영혼을 버려 사망에 이르게 하며 범죄자 중 하나로 헤아림을 받았음이니라(사 53:12).

주님의 겸손에 대한 근거가 많습니다. 주님은 범죄자들의 변호인이 되실 수도 있었습니다. 어떤 소송에 있어서는 변호사와 소송 의뢰인이 같을 수 있습니다. 죄인이 법정에 출두할 때 예수님께서 친히 출두하십니다. 예수님은 친히 답변하기 위해 서십니다. 주님은 자신의 옆구리, 손과 발을 보여주시며 재판관에게 자신이 변론하고 있는 죄인들을 더는 괴롭히지 말라고 하십니다. 주님은 자기의 피를 증거로 내세우기 때문에 재판관은 “그들을 석방하시오. 그들을 지옥 구덩이에 떨어지는 일에서 구원하시오. 그가 이미 몸값을 지불했소”라고 선언하십니다.

주님은 범죄자들이 주님에게 마음에 끌리지 않도록 범죄자 중 하나로 헤아림을 입으셨습니다. 우리와 동일한 명부에 기록된 사람을 누가 두려워하겠습니까? 우리는 담대하게 주님께 나아가 우리 죄를 고백할 것입니다. 우리와 같이 죄인으로 헤아림을 받으신 분은 우리를 정죄하실 수 없습니다. 주님은 거룩하셨으며 우리는 죄악 되었습니다.

그러나 주님은 거룩한 명부에 기록된 자기 이름을 이 더러운 고소장에 옮겨 적으셨습니다. 그리하여 우리의 이름은 고소장에서 삭제되고 영접받는 자의 명부에 기록되었습니다. 예수님은 우리의 비참하고 죄악된 지위를 대신 지셨고, 예수님께서 소유하신 것은 우리의 것이 되었습니다.

믿는 자들이여, 범죄자 중 하나로 헤아림을 받으신 분과 연합하게 됨을 기뻐하십시오. 그리스도 안에서 새로운 피조물이 된 사람 중 하나로 헤아림을 받음으로써 진실로 구원받았음을 증명하십시오.

우리가 스스로 우리의 행위들을 조사하고 여호와께로 돌아가자 (애 3:40).

남편이 집을 떠나면 아내는 그가 돌아오기를 기다립니다. 사랑하는 남편과의 오랜 이별은 아내의 마음에 아픈 공허함을 남겨 줍니다. 구세주를 지극히 사랑하는 영혼도 마찬가지로 반드시 주님의 얼굴을 봐야 합니다. 그들은 주님이 멀리 산꼭대기에 계시거나 그들과 교제하지 않는 것을 견디지 못합니다. 사랑하는, 아버지를 노하게 하는 것을 두려워하는 자녀들에게는 나무라는 눈길이 나 치켜든 손도 슬픔을 줍니다.

사랑하는 자여, 당신도 과거에는 그러했습니다. 성경을 읽거나 위협을 받거나 고통이라는 매를 맞으면, 아버지의 발 앞에 가서 "당신이 내게 노하신 이유를 보여 주십시오"라고 외쳤습니다. 그러나 지금은 어떻습니까? 멀리서 예수를 따라가는 데 만족하지 않습니까? 그리스도와의 교제를 종식시키는 일을 냉정하게 생각할 수 있습니까? 죄가 우리와 하나님을 분리했는데도 마음이 평안합니까?

주님의 얼굴을 보지 않고도 만족하며 산다는 것은 정말 슬픈 일입니다. 우리를 위해 돌아가신 주님을 사랑하지 않는 것, 귀하신 주님 안에서 기쁨을 느끼지 못하는 것, 사랑하는 주님과 교제를 하지 않은 것이 얼마나 악한 일인지 생각해 봅시다.

우리의 완악한 마음을 애통해하며 진정으로 회개합시다. 애통하는 데서 그쳐서는 안 됩니다. 우리가 처음 구원을 얻었던 곳을 기억합시다. 즉시 십자가 밑으로 가십시오. 그곳에서만 우리의 영은 소생할 수 있습니다.

아무리 완악하고 무감각하고 죽었더라도 우리의 육체적인 누더기, 빈곤, 더러움을 그대로 가지고 다시 십자가로 가서 십자가를 붙듭시다.

주님은 우리에게 최초의 사랑을 돌려주실 것이며, 우리의 단순한 믿음과 인자한 심령이 회복될 것입니다.

그가 찔림은 우리의 허물 때문이요 그가 상함은 우리의 죄악 때문이라 그가 징계를 받으므로 우리는 평화를 누리고 그가 채찍에 맞으므로 우리는 나음을 받았도다(사 53:5).

빌라도는 주님을 로마 병사들에게 내어주어 채찍질을 당하게 했습니다. 로마인의 채찍은 대단히 끔찍한 고문 기구였습니다. 그것은 황소의 가죽으로 만든 것으로 가죽끈 사이에 날카로운 뼈를 얽어 놓은 것입니다. 그것으로 한 번 후려칠 때마다 이 뼈가 살을 찢고 뜯어내어서 뼈가 드러나게 됩니다. 아마 주님은 기둥에 묶여 매질을 당하셨을 것입니다. 과거에도 매를 맞으신 일이 있었지만, 로마 병사들의 채찍질이 아마도 가장 혹독한 매질이었을 것입니다.

내 영혼아, 일어나라. 그리고 주님의 매 맞으신 몸으로 인해 눈물을 흘리라. 그리스도를 믿는 자여, 고민하는 사랑의 본보기로 당신 앞에 서신 주님을 눈물 없이 바라볼 수 있는가?

주님은 백합화처럼 무죄하셨으며, 주님이 흘리신 피는 장미꽃처럼 붉으셨습니다. 그분이 채찍에 맞으심으로 우리가 확실하게 나음을 얻었음을 깨달을 때 우리의 마음이 사랑과 슬픔으로 녹아내리지 않습니까? 우리가 주 예수님을 조금이라도 사랑한다면 지금 가슴 속에서 애정이 자라는 것을 느껴야 합니다.

사랑하는 분이여,
오늘 종일 우리 마음에 피 흘리시는
당신의 형상을 새겨 주소서.
밤에 집에 돌아와 당신과 교제하며
우리 죄로 인해 당신이 큰 대가를 치르셨음을
슬퍼하게 하소서.

자기를 위하여 바위 위에 펴고 곡식 베기 시작할 때부터 하늘에서 비가 시체에 쏟아지기까지 그 시체에 낮에는 공중의 새가 앉지 못하게 하고 밤에는 들짐승이 범하지 못하게 한지라(삼하 21:10).

죽임을 당한 아들들에 대한 사랑이 리스바로 하여금 오랫동안 애통하며 시체를 지키게 했습니다. 그런데 우리가 어찌 복되신 주님의 고난을 묵상하는 데 싫증을 낼 수 있겠습니까?

리스바는 육식조가 시체에 접근하지 못하도록 쫓았습니다. 묵상할 때 정신을 더럽히는 세속적이고 죄악된 생각을 쫓아내야 합니다. 악의 날개를 단 새들이여, 물러가십시오.

리스바는 뜨거운 여름 햇볕, 밤, 이슬, 비를 맞으며 홀로 시신을 지켰습니다. 그녀의 눈물 어린 두 눈에서 잠은 쫓겨갔습니다. 그녀가 얼마나 아들을 사랑했는지 보십시오.

우리는 작은 시련이나 불편을 감당하지 못할 만큼 겁쟁이입니까? 리스바는 용감하게도 사나운 짐승들까지도 쫓아냈습니다. 이렇게 우리는 예수를 위해 원수를 대적해서 싸울 준비가 되어 있습니까?

리스바는 죽임을 당한 자녀들의 시체를 울며 지켰습니다. 주님을 십자가에 못 박은 우리는 어떻게 해야 합니까? 우리는 무한한 빚을 지고 있으므로 뜨겁게 주님을 사랑하고 철저히 회개해야 합니다. 주님과 함께 깨어서 지키는 것이 우리의 일이 되어야 하며, 주님의 명예를 보호하는 것이 우리가 할 일이 되어야 하며, 주님의 십자가 곁에 거하는 것이 우리의 평화가 되어야 합니다.

그 시신들은 특히 밤에 리스바를 무섭게 했습니다. 그러나 십자가에 달리신 주님에게는 조금도 무서운 것이 없으며, 오히려 모든 것이 사랑스러울 뿐입니다.

예수님, 우리가 당신과 함께 깨어 지키리다.
은혜를 베푸사 우리에게 당신을 계시해주소서.
그리하면 우리는 베옷을 입지 않고 왕의 궁전에 앉으리다.

내게 입맞추기를 원하니 네 사랑이 포도주보다 나음이로구나(아 1:2).

새달이 시작됨에 즈음하여 우리는 이 택함을 받은 우리는 이 택함을 받은 배우자의 마음속에서 타오르던 것과 동일한 갈망으로 주님을 찾도록 합시다. 그녀가 단도직입적으로 연인에게 도약하는 것을 보십시오. 그녀는 그분의 이름조차도 언급하지 않습니다. 그녀의 사랑은 참으로 담대한 사랑입니다.

눈물을 흘리는 여인이 발에 나드향을 붓는 것을 허락하신 것은 주님의 큰 겸손이셨습니다. 베다니 마리아로 하여금 자기 발 앞에 앉아 가르침을 받게 하신 것은 풍성한 사랑이셨습니다.

에스더는 아하수로 왕 앞에서 두려워 떨었지만, 완전한 사랑이 주는 기쁜 자유 안에 있는 배우자는 두려움을 모릅니다. 우리가 이와 동일한 자유의 영을 받았다면 우리도 동일한 요청을 할 것입니다.

"입맞춤"이란 여러 가지 사랑의 표현으로서 이것에 의해 신자는 예수님의 사랑을 즐기게 됩니다. 회심할 때 우리는 화해의 입맞춤을 받습니다. 용납의 입맞춤은 우리 이마를 뜨겁게 해줍니다. 그리하여 우리는 주님이 풍성하신 은혜로 말미암아 우리 자신과 우리의 행위를 용납하셨음을 알게 됩니다.

날마다 우리는 일상적인 교제의 입맞춤을 원하며, 마침내 그 입맞춤은 영접의 입맞춤으로 바뀝니다. 그것은 영혼을 세상에서 데려갑니다. 그다음에는 절정의 입맞춤을 원하게 되는바, 그것은 영혼을 하늘나라의 기쁨으로 가득 채웁니다.

믿음은 우리의 걸음걸이입니다. 그리고 민감하게 느끼는 교제는 우리의 안식이 됩니다. 믿음은 우리가 걸어가는 길이요, 예수와의 교제는 순례자가 목을 축이는 우물입니다.

너희가 자기를 위하여 공의를 심고 인애를 거두라 너희 묵은 땅을 기경하라 지금이 곧 여호와를 찾을 때니 마침내 여호와께서 오사 공의를 비처럼 너희에게 내리시리라(호 10:12).

사월(April)이라는 명사는 "열다"(open)를 의미하는 라틴어 *operio*에서 파생된 단어입니다. 이제 꽃봉오리가 맺히고 꽃이 피기 시작합니다. 우리는 바야흐로 꽃피는 계절의 문턱에 서 있습니다. 자연이 깨어나는 시기와 조화를 이루어 마음 문을 열고 주님을 받아들이기를 기원합니다. 피어나는 꽃은 "지금이 곧 주님을 찾을 때라"고 경고합니다. 자연과 일치하여 마음에 거룩한 소원들을 꽃 피우시기 바랍니다.

당신에게 젊은 생명력으로 가득차 있습니까? 그렇다면 주님께 열정을 바치십시오. 구원은 어느 시기에 받든지 고귀하지만, 일찍 받는 구원은 두 배나 가치가 있습니다.

젊은 청년이여, 늙기 전에 멸망할 수 있으니 지금 여호와를 찾으십시오. 이미 쇠약해지는 징후를 느끼는 이여, 발걸음을 재촉하여 여호와를 찾으십시오. 헛기침이 나고 숨이 가쁜 것은 절대 가볍게 여겨서는 안 될 경고입니다.

지금은 정말로 주님을 찾아야 할 때입니다. 검고 윤기 흐르던 머리카락에 흰머리가 생겼겠습니까? 세월은 쏜살같이 흐르며 사망이 다가오고 있습니다.

매년 봄이 찾아올 때마다 가정의 질서를 새로이 세우십시오. 이미 지긋한 나이라면 더는 지체하지 마십시오. 지금은 은혜의 때니 감사하십시오. 그러나 그것은 시계가 째깍거릴 때마다 점점 짧아지는 한정된 시간입니다.

지금 새달의 첫날 밤, 이 고요한 방에서 경고하니 지금은 여호와를 찾을 때입니다. 이 말씀을 무시하지 마십시오. 그것은 우리를 멸망으로부터 막아주는 마지막 부름이요, 은혜의 입술에서 나오는 최후의 말씀이기도 합니다.

한 마디도 대답하지 아니하시니 총독이 크게 놀라워하더라(마 27:14).

주님은 인간을 축복하실 때는 조금도 주저하지 않는 분이셨습니다. 그러나 주님 자신을 위해서는 한마디도 하려 하지 않으셨습니다. 주님처럼 말한 사람이 없었고 주님처럼 침묵을 지킨 사람도 없었습니다.

이 신비한 침묵은 그의 완전한 자기희생을 가리키고 있습니다. 이것은 우리를 위한 제물로 바치신 거룩한 주님을 살해하려는 자를 막아보려고 주님이 한마디 말씀도 하지 않았음을 보여줍니다. 주님 아버지의 뜻에 완전히 복종하셨으므로 자기를 위해서는 전혀 개입하지 않으셨으며 아무런 저항이나 불평 없는 희생제물로 죽임을 당하려 하셨습니다.

인간은 자기의 죄를 변명하기 위해 아무 말도 할 수 없습니다. 그러므로 인간의 죄짐을 지신 주님은 자기를 재판하는 자 앞에서 아무 말씀도 하시지 않았습니다. 모든 것을 반박하는 세상에 대한 가장 좋은 대답은 침묵이 아니겠습니까? 침착하게 인내하는 것이 유창한 웅변보다 훨씬 더 함축성 있는 답변이 이루어질 수 있습니다.

침묵하시는 하나님의 어린 양은 우리에게 훌륭한 지혜의 본보기를 제공합니다. 주님은 침묵으로써 예언을 성취하셨습니다. 만일 장황하게 자신을 변론하셨다면 "마치 도수장으로 끌려 가는 어린 양과 털 깎는 자 앞에 잠잠한 양 같이 그 입을 열지 아니하였도다"(사 53:7)라고 한 예언과는 반대가 되었을 것입니다. 주님은 침묵을 지키심으로써 자신이 참된 하나님의 어린 양이심을 증명하셨습니다. 그러므로 이 아침에 우리는 주님께 경의를 표합시다.

예수님, 우리와 함께하소서. 우리가 마음의 침묵 속에서 당신의 사랑의 음성을 듣게 하소서. 아멘.

> 여호와께서 그에게 상함을 받게 하시기를 원하사 질고를 당하게 하셨은즉 그의 영혼을 속건제물로 드리기에 이르면 그가 씨를 보게 되며 그의 날은 길 것이요 또 그의 손으로 여호와께서 기뻐하시는 뜻을 성취하리로다(사 53:10).

주님을 사랑하는 자여, 이 약속이 속히 성취되기를 구하십시오. 하나님의 약속에 기초를 둔 것을 원할 때는 기도하기가 쉽습니다. 말씀을 주신 분께서 어찌 그대로 지키시기를 거부하실 수 있겠습니까? 불변의 진리는 거짓말로 자신의 품위를 떨어뜨리지 못하며, 영원한 성실하심은 말씀을 방치함으로써 자신을 욕되게 하지 못합니다.

그리스도의 나라가 이루어지기를 기도할 때 당신의 눈으로 다가오는 복된 날의 새벽을 바라보십시오. 십자가에 달리신 주님은 인간이 주님을 배격한 곳에서 면류관을 받으실 것입니다. 표면적으로는 그다지 성공한 것 같지 않지만, 그리스도를 위해 기도하며 일하는 자여, 용기를 냅시다. 믿음이라는 망원경을 빌리고 유리창에 낀 의심이라는 안개를 닦은 뒤 그 창으로 다가오는 영광을 바라봅시다.

당신은 항상 이 말씀을 당신의 기도로 삼고 있습니까? "오늘날 우리에게 일용할 양식을 주옵소서"라고 기도하라고 가르치신 그리스도는 먼저 "이름이 거룩히 여김을 받으시오며 나라가 임하시오며 뜻이 하늘에서 이루어진 것 같이 땅에서도 이루어지이다"라는 기도를 가르치셨습니다. 단지 우리의 죄, 우리에게 필요한 것, 우리의 불완전함, 우리의 시련에 관련된 기도만 드려서는 안 됩니다.

높은 사다리의 끝에 올라 그리스도께 올라가십시오. 그리고 피 뿌린 속죄소에 가서 "당신의 사랑하는 아들의 나라를 확장하소서"라고 기도합시다. 이렇게 열심히 기도하면 우리의 헌신의 정신도 고취될 것입니다. 주님의 영광을 진작시키기 위해 일함으로써 기도의 성실성을 증명합시다.

이에 예수를 십자가에 못 박도록 그들에게 넘겨 주니라(요 19:16).

주님은 밤새도록 고통을 당하셨고 아침 시간은 가야바의 법정에서 보냈습니다. 가야바는 서둘러 주님을 빌라도에게 보냈고, 빌라도는 헤롯에게 보냈으며, 헤롯은 다시 빌라도에게 보냈습니다. 주님은 완전히 기진맥진하셨지만, 휴식이 허락되지 않았습니다. 주님의 피에 굶주린 사람들은 예수님에게 십자가를 지우고 처형장으로 끌어냈습니다. 대제사장이 속죄양의 머리에 두 손을 얹고 백성들의 죄를 그 양에게 전가하려고 백성들의 죄를 고백하던 일을 기억합니까? 이 속죄양은 광야로 쫓겨갑니다. 그 양은 백성들의 죄를 지고 갑니다. 지금 우리는 제사장들과 통치자들 앞에 서 계신 주님을 봅니다. 그들은 주님을 유죄라고 선고합니다. 하나님은 우리의 죄를 주님에게 전가하셨습니다.

"여호와께서는 우리 모두의 죄악을 그에게 담당시키셨도다"(사 53:65).

"하나님이 죄를 알지도 못하신 이를 우리를 대신하여 죄로 삼으신 것은 우리로 하여금 그 안에서 하나님의 의가 되게 하려 하심이라"(고후 5:21).

우리는 위대하신 속죄양이 우리의 죄를 대신하여 두 어깨에 우리의 죄를 지고 끌려가시는 모습을 봅니다. 주님의 어깨에 지신 십자가를 보십시오. 그것은 당신의 죄를 나타내고 있습니다.

주님이 당신의 죄를 지고 가셨는지 아닌지 판단할 방법이 있습니다. 당신은 주님의 머리에 손을 얹고 자기의 죄를 고백하였습니까? 그리고 주님을 신뢰하였습니까? 그렇다면 당신의 죄는 당신에게 머물러 있지 않습니다. 그것은 모두 그리스도에게로 옮겨졌습니다.

그분은 십자가보다 더 무거운 당신의 죄짐을 지고 계십니다.

우리는 다 양 같아서 그릇 행하여 각기 제 길로 갔거늘 여호와께서는 우리 모두의 죄악을 그에게 담당시키셨도다(사 53:6).

하나님의 백성들이 해야 하는 죄 고백이 있습니다. 그들은 모두 타락한 자들이므로 처음 하늘나라에 들어간 자부터 마지막으로 들어갈 사람에 이르기까지 모두 "우리는 다 양 같아서 그릇 행하였도다"라고 말합니다.

"우리는 각기 제 길로 갔도다."

이 고백은 누구에게나 해당하면서 동시에 개인적이며 특별합니다. 사람들에게는 각기 특별한 죄악이 있습니다. 모두가 죄인이지만 사람마다 특별한 죄를 가지고 있습니다. "우리가 각기 제 길로 갔도다"라는 고백은 각 사람이 자기만의 특별한 방법으로 범죄하였거나, 다른 사람에게서는 감지할 수 없는 죄를 범했다는 고백입니다.

이 고백은 숨김없는 솔직한 고백입니다. 여기에는 전혀 핑계나 변명을 내세우는 단어가 없습니다. 이 고백은 독선적인 탄원을 포기하고 있습니다. 그것은 죄를 자각하는 사람들의 선언입니다. 그들은 패역이라는 무기를 산산 조각내고 "우리는 다 양 같아서 그릇 행하여 각기 제 길로 갔도다"라고 외칩니다.

그러나 그다음 문장은 그 고백을 노래로 만들어 줍니다.

"여호와는 우리 무리의 죄악을 그에게 담당시키셨도다."

이것은 세 문장 중에서 가장 쓰라린 문장이면서도 위로로 넘쳐흐르고 있습니다. 불행이 가중되는 곳에 자비가 임하는 것입니다. 지친 영혼은 슬픔의 절정에서 안식을 발견합니다. 타박상을 입으신 구세주는 상한 심령을 치료해 주십니다. 겸손한 회개는 단순히 십자가에 달리신 그리스도를 바라봄으로써 얻는 확신에 길을 비켜줍니다.

하나님이 죄를 알지도 못하신 이를 우리를 대신하여 죄로 삼으신 것은 우리로 하여금 그 안에서 하나님의 의가 되게 하려 하심이라(고후 5:21).

슬퍼하는 신자여, 왜 울고 있습니까? 자신의 타락 때문에 슬퍼하는 온전하신 주님을 바라십시오. 그리고 우리는 주님 안에서 완전한 자임을 기억하십시오. 하나님이 보시기에 전혀 죄를 범하지 않는 자처럼 온전합니다. 게다가 우리의 의보다 훌륭한 의, 즉 하나님의 의를 소유하고 있습니다.

타고 난 죄와 타락 때문에 슬퍼하고 있는 자여, 우리의 죄가 우리를 정죄할 수 없음을 기억하십시오. 우리는 죄를 미워해야 한다는 것을 배웠으며, 또한 죄가 우리의 것이 아니라는 것, 즉 주님의 머리 위로 옮겨졌다는 것도 배웠습니다. 우리는 자기 안에서 존재하는 것이 아니라 그리스도 안에서 존재합니다. 우리가 용납됨은 우리 자신 안에 있는 것이 아니라 주님 안에 있습니다. 하나님은 지극히 죄악된 우리를 장차 모든 더러움 없이 하나님의 보조 앞에 설 우리를 용납하시듯이 용납해 주십니다.

"그리스도 안에서의 온전함"을 굳게 생각하십시오. 이것은 참으로 귀한 생각입니다. 우리는 그리스도 안에서 완전합니다. 우리는 구주의 옷을 입었으므로 거룩하신 분과 마찬가지로 거룩합니다. 그리스도는 죽었다가 부활하셨으며 하나님의 우편에서 우리를 위해 중재하고 계십니다. 때가 되면 주님이 모든 것을 이기시고 아버지의 우편에 앉으신 것과 마찬가지로 우리도 주님이 앉아 계신 곳으로 올라가 주님의 우편에서 다스리게 될 것입니다.

이 모든 일은 거룩하신 주님이 "죄를 알지도 못하신 자로 우리를 대신하여 죄가 되시어 저의 안에서 우리가 하나님의 의가 되게" 하셨기 때문에 가능한 것입니다.

> 많은 백성이 가며 이르기를 오라 우리가 여호와의 산에 오르며 야곱의 하나님의 전에 이르자 그가 그의 길을 우리에게 가르치실 것이라 우리가 그 길로 행하리라 하리니 이는 율법이 시온에서부터 나올 것이요 여호와의 말씀이 예루살렘에서부터 나올 것임이니라(사 2:3).

우리 영혼이 악한 세상을 초월하여 고귀하고 선한 경지에 이르는 것은 유익한 일입니다. 이 세상의 염려와 헛된 부귀는 우리 안에 있는 선한 것을 질식시키려 합니다. 그래서 우리는 조급하고 낙심하거나 교만하고 육욕적인 사람이 됩니다. 우리는 이러한 가시나무와 찔레 덤불을 베어내야 합니다. 하늘의 씨앗은 그 속에서는 풍성한 수확을 내지 못하기 때문입니다. 그것들을 잘라내는 낫으로는 하나님과 하늘나라의 일과 교제하는 것이 가장 훌륭합니다.

스위스 계곡에 사는 주민들은 대체로 병약합니다. 왜냐하면 대기가 오염되어 있기 때문입니다. 그러나 산꼭대기에 사는 사람들은 눈 덮인 알프스로부터 불어오는 깨끗하고 신선한 공기를 호흡하기 때문에 건강합니다. 계곡에 사는 주민들도 자주 습하고 안개 낀 지역을 떠나 상쾌한 산의 공기를 마시면 튼튼해질 것입니다.

하나님의 성령이여, 우리를 도우사 두려움의 안개, 걱정이라는 열병. 그리고 이 세상 골짜기에 있는 모든 질병을 떠나게 하옵소서.

기쁨과 축복의 산으로 올라갑시다. 성령께서 우리를 세상에 묶어 두는 밧줄을 끊어 주시고 높은 곳으로 올라가도록 도와주실 것입니다. 우리는 사슬로 바위에 묶인 독수리와 같습니다. 그러나 우리는 독수리와 달리 우리를 묶고 있는 사슬을 사랑하기 시작하며, 아마 그 사슬을 끊는 것을 싫어할지도 모릅니다.

하나님, 우리는 육체라는 사슬로부터 도망칠 수 없으니 은혜를 주셔서 우리 영을 자유케 하여 주십시오 우리 영혼이 산기슭에 육을 남겨두고 산꼭대기에 올라가 지극히 높으신 하나님과 교제하게 하소서. 아멘.

그들이 예수를 끌고 갈 때에 시몬이라는 구레네 사람이 시골에서 오는 것을 붙들어 그에게 십자가를 지워 예수를 따르게 하더라(눅 23:26).

구레네 시몬이 주님을 대신하여 십자가를 지고 가는 모습에서 교회가 해야 할 일이 무엇인지 알 수 있습니다. **교회는 십자가를 지고 예수님을 좇아가는 사람**입니다. 예수님은 당신의 고난을 제거하기 위해 고난을 받으신 것이 아닙니다. 주님이 십자가를 지신 것은 당신이 십자가를 지지 않게 하려는 것이 아니라 당신도 십자가를 참고 지게 하기 위한 것입니다. 그리스도는 당신에게서 죄를 제거해 주신 것이지, 슬픔을 제거해 주시지는 않았습니다. 이것을 기억하고 고난받을 것을 기대하십시오.

그러나 우리는 시몬처럼 자신의 십자가가 아니라, 그리스도의 십자가를 지고 있다고 생각함으로 위로를 받읍시다. 당신이 신앙 때문에 공격을 받을 때, 당신의 신앙으로 인해 잔인한 조롱을 받을 때, 당신이 지고 있는 십자가는 당신 자신의 것이 아니라 그리스도의 십자가임을 기억하십시오. 우리 주 예수님의 십자가를 지는 것이야말로 기쁜 일이 아닌지요! 당신은 십자가를 지고 주님을 좇아가고 있습니다.

당신에게는 복된 동료가 있습니다. 당신이 가는 길에는 주님이 걸어가시면서 남긴 발자국이 있습니다. 당신이 지고 있는 무거운 십자가에는 피로 물든 주님의 어깨의 흔적이 남아 있습니다. 그것은 주님의 십자가다. 목자가 양들을 앞서 가며 양을 인도하듯이 주님은 당신의 앞에서 가고 계십니다.

날마다 당신의 십자가를 지고 주님을 따르십시오. 그리고 당신이 주님과 협력하여 십자가를 지고 있다는 것을 잊지 마십시오. 당신은 십자가의 가벼운 쪽을 지고 있을 뿐입니다. 무거운 쪽은 그리스도께서 지셨습니다. 또한 시몬이 잠시 십자가를 지고서 영원한 영광을 얻었음을 기억하십시오.

우리도 잠시 십자가를 진 후에 면류관과 영광을 얻을 것입니다.

여호와를 경외하는 것은 지혜의 훈계라 겸손은 존귀의 길잡이니라(잠 15:33).

겸손은 언제나 복을 가져옵니다. 우리 마음에서 자아를 제거하면 하나님은 사랑으로 가득 채워주십니다. 그리스도와의 친밀한 교제를 원하는 사람은 "무릇 마음이 가난하고 심령에 통회하며 내 말을 듣고 떠는 자 그 사람은 내가 돌보려니와"(사 66:2)라고 하신 말씀을 기억해야 합니다. 겸손한 영혼만이 하늘나라와의 아름다운 교제를 누릴 수 있습니다. 하나님은 완전히 겸손한 영에게 축복하시기를 거절하지 않으실 것입니다.

"심령이 가난한 자는 복이 있나니 천국이 그들의 것임이요"(마 5:3).

지극히 겸손하여 절대 교만해지지 않을 영혼에게 하나님은 모든 보화를 주십니다. 하나님은 우리에게 한없는 복을 주실 것입니다. 당신이 복받지 못하는 것은 그 복을 받으면 당신이 안전하지 못하기 때문입니다. 만일 하늘에 계신 우리 아버지께서 겸손하지 못한 영을 하나님의 거룩한 싸움에서 승리하게 하신다면 그는 자신을 위한 면류관을 가지려 할 것이며, 그때 새로운 원수를 만나게 되면 반드시 패배할 것입니다. 그러므로 당신은 자신의 안전을 위해 겸손해야 합니다. 진실로 겸손하며 조금도 칭찬받으려 하지 않는 사람의 일생에는 하나님이 무한한 축복을 베풀어주십니다.

겸손은 지극히 은혜로우신 하나님의 복을 받을 준비입니다. 또한 겸손은 우리가 동료들을 효율적으로 대할 수 있게 해줍니다. 진정한 겸손은 정원을 장식하는 한 송이 꽃과 같습니다. 그것은 당신의 생활 속의 향료가 됩니다. 기도할 때나 찬송할 때, 일할 때나 고통을 받을 때 겸손이라는 소금을 아무리 사용해도 지나치지 않을 것입니다.

그런즉 우리도 그의 치욕을 짊어지고 영문 밖으로 그에게 나아가자(히 13:13).

예수님은 십자가를 지시고 고난을 받으러 나가셨습니다. 기독교인들이 세상의 죄라는 진영을 떠나야 하는 것은 유별나게 되기를 좋아하기 때문이 아니라 예수님께서 친히 그렇게 하셨기 때문입니다. 제자는 반드시 자기 주인을 따라야 합니다. 그리스도는 세상에 속한 분이 아니었습니다. 주님의 생애와 증언은 언제나 세상에 일치하는 생활을 대적하는 항의였다.

예수님은 자기 백성들이 성화를 위해 영문 밖으로 나가기를 원하십니다. 세상을 따르는 생활을 하는 한 당신은 은혜 안에서 성장할 수 없습니다. 세상과의 분리의 생활은 슬픔의 길이 될 수도 있겠지만 안전한 고가도로입니다. 분리의 생활은 당신에게 많은 고통을 주며 매일의 생활을 싸움으로 만들겠지만, 결국 그것이 행복한 생활입니다. 그리스도의 군사의 기쁨보다 더 큰 기쁨은 없습니다. 주님은 인자하게 자신을 계시하시며 기운을 북돋아 주시므로 휴식 시간을 맞은 군사들은 다른 사람들보다 더 평온하고 평화를 느낍니다.

성결의 고가도로는 거룩한 교제의 고가도로입니다. 그러므로 우리가 거룩한 은혜를 받아 영문 밖으로 그리스도를 따라갈 수 있게 된다면, 면류관을 얻으리라는 소망을 가질 수 있습니다. 분리의 십자가 뒤에는 영광의 면류관이 따릅니다.

한순간 수치를 당하면 영원한 영광으로 보상받게 될 것입니다. 우리가 장차 영원히 주님과 함께 거하게 될 때, 이 세상에서 잠시 고난 당한 일은 아무것도 아닌 것처럼 여겨질 것입니다.

그들이 벌들처럼 나를 에워쌌으나 가시덤불의 불 같이 타 없어졌나니 내가 여호와의 이름으로 그들을 끊으리로다(시 118:12).

예수님은 십자가에 달려 죽으심으로 우리를 온전히 다스릴 권리를 사셨습니다. 주님의 사망과 부활은 우리의 영과 혼과 몸의 성화를 성취하셨습니다. 하나님이 신자에게 주신 새로운 본성은 예수 그리스도의 권리를 주장해야 합니다. 우리는 하나님의 자녀이므로 그리스도께 복종치 않는 자아를 정복해야 합니다. 왕 되신 그리스도가 우리의 모든 것을 지배하시며 마음속의 지존자로 다스리게 되기 전에는 절대 만족해선 안 됩니다.

죄는 우리의 어느 부분도 다스릴 권리는 갖지 못합니다. 그러므로 우리는 예수의 이름으로 죄를 몰아내는 선한 싸움을 해야 합니다. 내 몸은 그리스도의 지체니 어두움의 왕에게 굴복해서는 안 됩니다.

그리스도는 내 죄로 인해 고난을 받으셨으며 귀하신 보혈로 나를 대속하셨습니다. 어떻게 내 기억을 악의 창고가 되도록 하며, 내 정욕으로 불의가 가득 차게 할 수 있겠으며 어떻게 내 판단을 왜곡되게 하며, 내 의지를 죄의 사슬에 묶이게 할 수 있겠습니까? 그럴 수 없습니다. 나는 그리스도에게 속해 있으므로 죄는 나에게 아무런 권리도 갖고 있지 않습니다.

믿는 자여, 낙심하여 원수를 쳐부술 수 없으리라 생각하지 맙시다. 우리의 능력으로는 그들을 이길 수 없지만, 어린 양의 피로 말미암아 능히 이길 수 있습니다. 전능하신 하나님께 나아가 힘을 구하며, 겸손하게 하나님을 바라면 하나님은 분명 우리를 구하러 오실 것이요, 그의 은혜로 말미암아 승리의 노래를 부르게 될 것입니다.

> 인생들아 어느 때까지 나의 영광을 바꾸어 욕되게 하며 헛된 일을 좋아 하고 거짓을 구하려는가(시 4:2).

판단력을 잃은 이스라엘 백성들은 오랫동안 기다리던 왕이 오셨을 때 그에게 어떤 영광을 돌렸습니까?

(1) 그들은 로마 군인들과 유대의 제사장들과 수많은 백성이 참여하는 행렬을 벌였습니다. 그 행렬에서 주님은 주인공이 되어 친히 십자가를 지고 가셔야 했습니다. 이것이 인간의 원수들을 타도하시기 위해 오신 주님께 세상이 수여한 개선식이었습니다. 주님께서 받으신 환호는 오직 조롱의 외침이었으며, 잔인한 모욕이 주님께서 받으신 찬양이었습니다.

(2) 그들은 주님에게 영광의 포도주를 드렸습니다. 그들은 황금잔에 가득 찬 포도주를 드린 것이 아니라, 죄수들을 마취시키는 죽음의 잔을 주님께 드렸습니다. 그러나 주님은 그 잔을 거절했습니다. 그 후 주님이 "내가 목마르다"라고 하셨을 때 그들은 신 포도주를 적신 해면을 예수님의 입에 밀어 넣었습니다. 오. 하나님의 아들에게 이 얼마나 지독하고 가증스러운 불친절입니까?

(3) 그들은 주님에게 영광의 호위병을 제공하였습니다. 그들은 주님의 옷을 제비뽑아 나누어 가짐으로써 주님께 대한 존경심을 나타냈습니다.

(4) 피로 얼룩진 십자가 위에 주님을 위한 보좌가 마련되었습니다. 십자가는 주님께 대한 세상의 감정을 완전히 표현하였습니다.

(5) 그들은 주님에게 "유대인의 왕"이라는 명목상으로는 영예로운 칭호를 부여했습니다. 그러나 눈먼 백성들은 실제로는 치욕스럽게도 두 강도 사이에 예수님을 세움으로써 "강도들의 왕"이라고 불렀습니다.

이처럼 주님의 영광은 인간의 아들들에 의해 수치로 바뀌었습니다. 그러나 장차 영원한 세상에서 그것은 성도들과 천사들의 눈을 기쁘게 할 것입니다.

하나님이여 나의 구원의 하나님이여 피 흘린 죄에서 나를 건지소서 내 혀가 주의 의를 높이 노래하리이다(시 51:14).

다윗은 이처럼 엄숙하게 죄를 고백하며 자기 죄를 분명히 지적했습니다. 그는 그것을 살인이라고 하지 않았고, 또 불행한 사건으로 말미암아 실수로 선한 사람을 죽였다고 하지도 않았습니다. 그는 솔직하게 그것을 피 흘린 죄라 했습니다. 다윗은 실제로 밧세바의 남편을 죽이지는 않았으나 마음속으로 우리아가 죽도록 계획을 세웠습니다. 그러므로 다윗은 하나님 앞에 살인자로서 섰습니다.

하나님 앞에서 정직하게 행하기를 배우십시오. 더러운 죄에 아름다운 이름을 붙이지 마십시오. 그것을 아무리 아름다운 이름으로 불러도 그것들은 절대 향기를 품지 못할 것입니다. 우리의 죄를 바라보되 하나님이 보시는 것처럼 보고, 솔직하게 그것의 본질을 인정합시다.

다윗은 분명히 자기 죄의 심각함으로 인해 고통을 받았습니다. 말하기는 쉬우나 그 말의 깊은 의미를 깨닫기는 어렵습니다. 시편 51편은 죄를 뉘우치는 상한 심령의 초상화입니다. 우리도 다윗처럼 상한 마음을 갖기를 구합시다. 우리가 말로는 우리의 죄를 회개하면서도 마음으로는 그것이 지옥에 떨어질 죄임을 의식하지 못한다면 용서를 기대할 수 없습니다. 본문의 기도는 구원의 하나님께 드리는 진지한 기도입니다.

용서는 하나님의 특권입니다. 하나님은 자기 얼굴을 구하는 자들을 용서하겠다고 약속하십니다. 하나님은 내 구원의 하나님이십니다. 시편 기자는 칭찬할 만한 맹세로 기도를 마치고 있으니, 곧 하나님이 그를 구원하여 주시면 높이 찬양하겠다고 서원합니다. 지극히 자비하신 하나님 앞에서 다른 방법으로 노래할 수 있는 사람은 없을 것입니다.

그 노래의 주제에 주목하십시오. 그는 의의 하나님을 노래하겠다고 했습니다.

우리도 귀하신 구세주의 완성된 사역을 노래해야 합니다. 용서하시는 사랑을 많이 알고 있는 사람은 더욱 높이 노래할 것입니다.

푸른 나무에도 이같이 하거든 마른 나무에는 어떻게 되리요 하시니라 (눅 23:31).

하나님은 죄인들을 대신하신 예수님을 용서하지 아니하셨습니다. 하나님은 그리스도를 받아들여 중생치 아니한 자들을 용서하지 아니하실 것입니다.

오, 죄인이여, 예수님은 원수들에게 끌려가셨습니다. 그러므로 우리도 정해진 곳에 끌려갈 것입니다. 하나님은 예수님을 버리셨습니다. 주님은 인간의 허물을 대신하신 죄인이신데도 아버지로부터 버림받았을진대, 우리는 어떻게 되겠는가. "엘리 엘리 라마 사박다니"(마 27:46). 이 얼마나 두려운 부르짖음인가!

"하나님. 어찌하여 나를 버리셨나이까?"라고 외치는 우리의 부르짖음은 어떻겠습니까? 그때 하나님은 "도리어 나의 모든 교훈을 멸시하며 나의 책망을 받지 아니하였을 즉, "너희가 재앙을 만날 때에 내가 웃을 것이며 너희에게 두려움이 임할 때에 내가 비웃으리라"(잠 1:26)고 대답하실 것입니다. 자기의 독생자조차 용서치 않으신 하나님이시거늘 하물며 우리를 용서하시겠는가!

독선적인 죄인이여, 하나님이 "오, 칼이여 일어나 나를 거역한 자를 치라. 그로 하여금 영원히 고통을 느끼게 하라"고 말씀하실 때, 누가 우리를 대신하여 당신의 자리에 서겠습니까?

죄인이여, 예수님은 침 뱉음을 받으셨거늘 우리는 어떤 수치를 당하겠습니까? 우리를 위해 죽으신 주 예수님께서 당하신 그 많은 슬픔을 한마디로 요약할 수는 없습니다. 그러므로 만일 당신이 현재의 상태에서 죽는다면 당신의 영이 얼마나 큰 슬픔을 당할지 당신에게 말해줄 수 없습니다.

그리스도가 당하신 고통, 그리스도의 상처, 그리스도의 보혈로 자신에게 진노를 초래하지 않도록 하십시오. 하나님의 아들을 신뢰하십시오. 그러면 우리는 절대로 죽지 않을 것입니다.

내가 사망의 음침한 골짜기로 다닐지라도 해를 두려워하지 않을 것은 주께서 나와 함께 하심이라 주의 지팡이와 막대기가 나를 안위하시나이다(시 23:4).

성령께서는 신자를 표면적인 환경에 초연하게 만드십니다. 주위가 온통 어두움에 잠겨있어도 우리의 내면에는 밝은 빛이 비칠 수 있습니다. 세상이 흔들리고 땅의 기둥이 무너질 때라도 우리는 견고하고 행복하며 평온하고 평화로울 수 있습니다. 사망도 신자의 마음에서 음악을 그치게 할 능력을 갖추지 못합니다. 오히려 그것은 그 음악을 더욱 아름답고 분명하고 거룩하게 만들어 줍니다. 사망이 행할 수 있는 마지막 친절은 세상의 가락을 하늘의 합창에 녹아들게 하며, 일시적인 기쁨이 영원한 축복 속에 녹아들게 하는 것입니다. 그러므로 우리를 위로하시는 복된 성령의 능력을 확실히 믿으십시오.

가난합니까? 두려워 마십시오. 거룩하신 성령은 부유함보다 더 큰 풍성함을 주실 수 있습니다. 슬퍼하지 마십시오. 우리가 당하는 모든 아픔은 불순물을 제거하는 풀무불이 될 것이요, 우리 영혼의 은밀한 부분을 밝혀주는 영광의 빛이 될 것입니다. 우리의 두 눈이 희미해지고 있습니까? 예수께서 빛이 되어 주실 것입니다. 귀가 잘 들리지 않습니까? 예수의 이름이 영혼의 음악이 될 것입니다. 소크라테스는 "철학자들은 음악을 듣지 않고도 행복할 수 있다"라고 했습니다. 그러나 믿는 자들은 표면적으로 모든 기쁨의 원인들이 사라졌을 때도 철학자보다 더 행복할 수 있습니다. 어떤 일이 닥쳐도 우리 마음은 하나님 안에서 승리할 것입니다.

오, 복되신 성령이여, 당신의 능력으로 말미암아 이 세상 모든 일이 나를 낙심케 할 때도 내 마음은 기쁨을 누리리다.

또 백성과 및 그를 위하여 가슴을 치며 슬피 우는 여자의 큰 무리가 따라오는지라(눅 23:27).

구세주를 죽음으로 몰아가는 사나운 폭도들 사이에는 애통한 마음을 슬피 울며 탄식으로 표현한 관대한 영혼이 있었습니다. 그들의 눈물과 탄식은 그 비통한 행진에 꼭 들어맞는 음악이었습니다.

만일 내 영혼이 십자가를 지시고 갈보리 언덕을 오르시는 구세주를 본다면, 내 영혼도 경건한 여인들과 합류하여 함께 울 것입니다. 그곳에는 슬퍼해야 할 참된 원인이 있기 때문입니다. 내가 채찍이 되어 거룩하신 주님의 어깨에 상처를 내었고 주님의 이마에 가시면류관을 씌워 피가 흐르게 했기 때문입니다.

내 죄는 "십자가에 못 박으라. 십자가에 못 박으라"고 소리치며 주님의 인자하신 두 어깨에 십자가를 지웁니다. 주님이 죽임을 당하러 끌려가신 것은 영원히 슬퍼해야 할 슬픔이요, 내가 주님을 살해한 사람이라는 사실은 눈물로는 표현할 수 없는 크게 슬퍼해야 할 일입니다.

저 여인들이 왜 예수님을 사랑했으며 왜 슬피 울었는지를 추측하는 것은 어렵지 않습니다. 그들도 내 심령과 마찬가지로 주님을 사랑하고 슬퍼해야 할 이유기 있었습니다. 나인 성의 과부는 자기 아들이 되살아나는 것을 목격했습니다. 그러나 나는 새 생명을 얻었습니다.

베드로의 모친은 열병이 나음을 받았지만, 나는 죄라는 더 큰 질병에서 나음을 받았습니다. 그리도 주님은 막달라 마리아를 사로잡고 있던 일곱 마귀를 쫓아내셨지만, 나에게서는 군대 마귀가 쫓겨갔습니다.

주님은 마르다와 마리아를 사랑하시어 그들의 집을 자주 방문하셨지만, 주님은 나와 함께 계십니다. 주님의 모친은 주님의 육신을 잉태하셨습니다. 그러나 주님은 내 안에서 영광의 소망으로 계십니다.

주님, 나도 지 거룩한 여인들 못지않게 주님을 사랑하며, 주님이 당하신 고난으로 인하여 슬퍼하게 하소서.

또 주께서 주의 구원하는 방패를 내게 주시며 주의 오른손이 나를 붙들고 주의 온유함이 나를 크게 하셨나이다(시 18:35).

이 말씀은 "당신의 선하심이 나를 크게 하셨나이다"라고 번역할 수도 있습니다. 다윗은 자신이 위대하게 된 것이 하나님의 선하심 때문이라고 했습니다. "선하심" 대신에 "섭리"라고도 할 수 있을 것입니다.

선하심을 꽃봉오리라고 하면 섭리는 꽃입니다. 선하심은 씨앗이요 섭리는 수확입니다. 어떤 이는 그것을 "당신의 도움"이라고 번역하기도 하는데, 그것은 "섭리"를 달리 표현한 것입니다. 섭리는 성도들이 주님을 섬기도록 도와주는 든든한 협력자입니다.

이것은 "주의 겸손"이라는 뜻도 포함하고 있습니다. 어쨌든 하나님이 스스로를 낮추시기 때문에 우리는 크게 될 수 있는 것입니다. 그 밖에도 다른 해석이 있는바, 예를 들어 칠십인 역 성경에는 "주의 징계가 나를 크게 하셨나이다"라고 했으며, "당신의 말씀이 나를 크게 하셨나이다"라고 번역한 성경도 있습니다. 표현이야 어쨌든 모두 공통된 사상을 뜻이 있으니, 다윗은 자신이 크게 된 것을 모두 하늘에 계신 아버지의 선하심 덕택으로 돌리고 있습니다.

오늘 밤, 우리가 주님의 발 앞에 우리의 면류관을 벗고 "주의 온유하심이 나를 크게 하셨나이다"라고 외칠 때, 우리 심령에 다윗과 같은 감정이 물결치기를 기원합니다. 우리는 놀라운 하나님의 온유하심을 경험했습니다. 하나님의 징계와 오래 참으심과 가르침은 얼마나 온유합니까!

당신 마음에 감사함을 일깨우며 더욱 겸손하기를 바랍니다. 오늘 밤 당신이 잠들기 전에 사랑의 불을 다시 붙입시다.

해골이라 하는 곳에 이르러 거기서 예수를 십자가에 못 박고 두 행악자도 그렇게 하니 하나는 우편에, 하나는 좌편에 있더라(눅 23:33).

해골(갈보리)언덕은 위로의 언덕입니다. 십자가의 재목으로 위로의 집이 건축되었습니다. 쪼개진 반석 위에 거룩한 축복의 성전이 세워졌습니다. 그 반석은 주님의 옆구리를 찌른 창에 의해 쪼개졌습니다. 거룩한 역사에 있어서 이 갈보리 산의 비극만큼 우리 영혼을 기쁘게 해주는 장면은 없습니다. 골고다 언덕을 뒤덮었던 한낮의 어둠을 뚫고 빛이 비치고 있습니다. 옛날 저주받았던 나무 그늘에 초목들이 향기로운 꽃을 피우고 있습니다. 저 목마름의 장소에는 수정같이 맑은 물, 인류의 슬픔을 덜어줄 물이 쏟아져 나오는 샘물이 생겼습니다.

갈등의 시절을 겪어온 당신은 위로를 발견한 곳이 감람산도, 시내 산도, 다볼 산도 아닌, 겟세마네와 가바다(빌라도의 뜰; 요 19:13)와 골고다가 당신에게 위로의 방편이 되었다고 고백하게 될 것입니다. 겟세마네 동산의 초목은 당신 생활의 쓰라림을 제거해 줍니다. 가바다에서의 채찍질은 당신의 염려를 채찍질하여 쫓아내며, 갈보리의 신음은 다른 모든 신음을 도망가게 만듭니다. 갈보리는 우리에게 희귀하면서도 풍성한 위로를 제공해 줍니다.

그리스도께서 우리를 위해 죽지 않으셨다면 우리는 주님의 사랑의 높이와 깊이를 알지 못했을 것입니다. 성부께서 아들을 죽음에 내어주시지 않으셨다면 우리는 성부의 깊은 사랑을 짐작조차 못 했을 것입니다.

내가 속한 바 곧 내가 섬기는 하나님의 사자가 어제 밤에 내 곁에 서서 말하되(행 27:23).

바울이 탄 배는 폭풍을 만나 파선할 위험에 처해 있었으며, 선원들은 두려워하고 있었습니다. 그런데 바울만은 지극히 침착했으며, 그의 말을 듣고 모두 안심했습니다. 바울은 "여러분이여…안심하라"고 말할 수 있는 용기를 가지고 있었습니다.

배에는 용감한 로마 군인들과 노련한 선원들이 타고 있었습니다. 그런데도 가련한 유대인 죄수가 그들 모두보다 더 큰 용기를 가지고 있었습니다. 주 예수께서 자기의 신실한 종 바울에게 하늘의 사자를 보내셔서 위로의 말을 속삭여 주셨으므로 바울은 확신을 두고 밝은 표정으로 말할 수 있었습니다.

만일 우리가 주님을 경외한다면, 우리는 최악의 환경 속에서 주님의 적절한 개입을 기대할 수 있을 것입니다. 천사들은 폭풍우나 어두움 때문에 우리에게 오지 못하거나 방해를 받지 않습니다. 평상시에는 천사들이 우리를 방문하는 일은 거의 없지만, 폭풍우가 몰아치는 밤에는 자주 우리를 방문할 것입니다. 우리가 핍박을 받을 때 친구들은 우리를 외면하지만, 거룩한 세상 주민들의 방문은 증가할 것입니다. 우리는 야곱의 사다리를 통해 보좌로부터 우리에게 전해지는 사랑의 말씀을 듣고 힘을 얻으며 강건해져서 하나님을 위해 큰일을 하게 될 것입니다.

비통한 시간을 보내고 있습니까? 주님은 언약의 사자이십니다. 우리가 진심으로 주님의 임재를 구한다면 주님은 절대 도움을 거절하지 않으실 것입니다. 믿는 자들은 바울처럼 폭풍우가 밀려와 닻이 소용없고 암초가 다가오고 있는 어두운 밤에 자기 곁에 하나님의 사자를 소유하는 위로를 느낄 수 있습니다.

나는 물 같이 쏟아졌으며 내 모든 뼈는 어그러졌으며(시 22:14).

하늘과 땅에서 주님이 십자가에 달리신 일보다 더 슬픈 광경이 있었겠습니까? 주님은 물이 땅에 쏟아지듯이 몸과 영혼이 연약해지셨습니다. 십자가를 땅에 세울 때 주님의 몸은 몹시 흔들렸고 온몸의 근육이 뒤틀려 극심한 고통을 주었으며 온몸의 뼈가 어그러졌습니다. 주님은 여섯 시간을 십자가에 매달려 계셨는데, 자신의 몸무게로 인해 매 순간 고통이 더해감을 느끼셨습니다. 주님의 의식은 점차 희미해지고 기운은 사라졌습니다.

하나님의 진노를 보며 그것을 자기 영혼 안에서 느낄 때 주님은 기절할 것 같았을 것입니다. 우리는 주님처럼 모든 고통스러운 감각을 견딜 수 없었을 것이며, 무의식이 우리의 구원이 되었을 것입니다.

그러나 주님은 창과 칼에 찔림을 당하셨습니다. 주님은 자기의 잔을 마지막 한 방울까지 모두 마셨습니다. 지금은 승천하여 아버지의 우편에 앉아 계신 구세주의 보좌 앞에 무릎을 꿇을 때 우리는 주님이 우리를 위한 은혜의 보좌로서 그것을 예비하신 방법을 기억해야 합니다. 우리에게 시련의 시간이 닥쳐올 때마다 우리는 영적으로 주님의 잔을 마시며, 힘을 얻어야 합니다.

나의 곤고와 환난을 보시고 내 모든 죄를 사하소서(시 25:18).

슬픔에 관한 기도를 죄와 관련된 간구와 연결하는 것이 유익합니다. 우리는 환난에 압도되어 자신이 하나님께 범죄했음을 잊어서는 안 됩니다. 다윗은 자기의 슬픔을 하나님께 가져가고 죄를 고백했습니다.

우리도 우리의 슬픔을 하나님께 가져가야 합니다. 작은 슬픔이라도 하나님께 가져갑시다. 하나님은 당신의 머리카락까지도 세고 계십니다. 당신의 큰 슬픔을 하나님께 맡기십시오. 하나님은 큰 바다를 손에 쥐고 계시는 분이십니다. 당신이 지금 어떤 환난을 겪든지 하나님께 나아가십시오. 그리하면 하나님이 당신을 받아주실 능력이 있으시며 또 기꺼이 받아주신다는 것을 알게 될 것입니다.

그러나 우리의 죄도 하나님께 가져가야 합니다. 우리는 자기의 죄를 십자가로 가져가야 합니다. 그리스도의 보혈은 그 죄악을 깨끗게 하며 더럽게 하는 힘을 파괴할 것입니다.

마지막으로 우리는 올바른 정신 속에서 자기의 불행과 죄를 가지고 주님께 나아가야 합니다. 다윗이 자기의 불행과 관련하여 요청한 것은 "나의 곤고와 환난을 보소서" 였습니다. 그러나 그다음에는 "내 모든 죄를 사하소서"라고 분명히 탄원했습니다. 고난을 겪는 자들은 "내 곤고와 환난을 제거하여 주시고 내 죄를 보소서"라고 말하려 할 것입니다.

그러나 다윗은 "내 곤고와 환난에 관한 한 나는 지혜로우신 당신께 명령하지 않겠습니다. 주여, 그것들을 보소서. 나는 그것들을 당신께 맡기옵니다. 주여, 나는 당신께서 내 죄를 용서하실 것이라고 믿습니다. 나는 한순간도 죄의 저주 아래 놓이는 것을 견딜 수 없습니다"라고 외치는 것입니다.

신자는 슬픔이 죄보다 견디기 쉽다는 것을 압니다. 계속되는 환난은 참고 견딜 수 있지만 죄 짐은 지탱하지 못합니다.

내 마음은 밀랍 같아서 내 속에서 녹았으며(시 22:14).

거룩하신 주님은 영혼이 무섭도록 쇠하고 약해지는 일을 겪으셨습니다.

"사람의 심령은 그의 병을 능히 이기려니와 심령이 상하면 그것을 누가 일으키겠느냐"(잠 18:14).

심령이 크게 의기소침해지는 것이 가장 큰 시련입니다. 믿는 자들이여, 세상 어떤 인간보다 더 많은 정신적 고통과 내면의 고통을 겪으신 영광의 왕을 겸손하게 찬미하십시오.

우리는 신실하신 대제사장이신 주님을 우리의 허약함을 느끼면서 만져볼 수 있습니다. 특별히 하나님의 사랑의 임재 의식이 떠나는 데서 솟는 슬픔을 가지고 있는 사람들은 예수님과 가깝고도 친밀한 교제에 들어갈 수 있습니다.

절대 절망하지 마십시오. 주님은 이 어두운 방을 통과하여 우리 앞으로 지나가십니다. 때때로 우리 영혼은 주님의 얼굴빛을 보기를 동경하여 목말라 하며 기절할 듯이 느낍니다.

예수님의 강하고 깊은 사랑이여, 여름철 홍수 때의 바닷물처럼 내게로 밀려와 내 모든 죄를 물에 빠뜨려 버리며, 내 모든 염려를 씻어내며, 땅에 묶인 내 영혼을 들어 올려 주님의 발 앞으로 떠오르게 하십시오. 가련하게도 깨진 조개껍데기와 같은 내 영혼, 비록 아무 덕도 없고 가치도 없는 영혼이지만 그곳에 누워 주님의 사랑에 의해 씻김을 받게 하십시오.

나는 그분에게 속삭이려고 노력합니다. 혹시 그분이 내 말에 귀를 기울이신다면 내 마음이 그분의 사랑의 큰 물결의 여파로 찰싹거리는 소리를 들을 것입니다. 주님의 발 앞에라도 영원히 거하는 것이 나의 기쁨입니다.

> 샘문은 미스바 지방을 다스리는 골호세의 아들 살룬이 중수하여 문을 세우고 덮었으며 문짝을 달고 자물쇠와 빗장을 갖추고 또 왕의 동산 근처 셀라 못 가의 성벽을 중수하여 다윗 성에서 내려오는 층계까지 이르렀(느 3:15).

느헤미야가 언급한 왕의 동산은 왕의 왕께서 아담을 위해 예비하셨던 낙원을 기억하게 합니다. 죄는 기쁨의 아름다운 처소를 멸망케 했으며, 인간의 자녀들은 그곳에서 쫓겨나 가시와 찔레만 생산하는 땅을 경작하게 되었습니다. 아담의 타락을 기억하십시오. 그것은 당신의 타락이기도 합니다. 인류의 우두머리가 사랑의 주님을 그처럼 치욕스럽게 대접하였으니 눈물을 흘리십시오. 한때 기쁨의 동산이었던 이 아름다운 땅 위에 용과 마귀들이 거하는 것을 보십시오.

왕께서 피땀으로 가꾸시는 또 하나의 동산이 있으니, 곧 겟세마네 동산입니다. 이 동산에 있는 슬픔의 식물은 중생한 영혼에게는 에덴동산의 달콤한 열매보다 훨씬 감미롭습니다. 에덴동산에서 뱀이 저지른 해악은 겟세마네 동산에서 원래 상태로 회복되었습니다. 약속된 여인의 자손이 그 저주를 땅에서 들어 올려 감당하셨습니다.

우리 주님의 번민과 수난을 묵상하십시오. 감람산으로 돌아가 길 잃은 세상을 구하시는 위대하신 구속자를 바라보십시오. 이곳은 영혼이 죄악과 사랑의 능력을 보게 되는 동산입니다. 내 마음도 역시 주님의 동산이 되어야 합니다. 꽃들은 얼마나 잘 자라고 있습니까? 훌륭한 열매들이 나타나고 있습니까?

왕께서 내 영의 피난처에서 쉬시며 내 내면에서 걷고 계십니까? 나무에 물을 주고 가지를 잘라주며 악한 여우를 쫓아내십시오. 교회라는 왕의 동산을 잊지 말고 기억해야 합니다.

> 주여, 오소서. 거룩한 바람과 함께 오소서. 당신 동산의 향기가 널리 퍼지게 하소서. 주님, 교회를 번성하게 하소서. 그 담을 다시 갈으시며, 그 식물에 양분을 주시며, 그 열매를 익게 하소서. 광야에서 무익한 쓰레기를 제거하시어 그곳을 왕의 동산으로 만드소서.

나의 사랑하는 자는 내 품 가운데 몰약 향주머니요(아 1:13).

몰약은 귀중함, 향기, 상쾌함, 치료, 보존성, 살균 작용, 그리고 희생 제사와의 관련 등으로 인해 예수님을 상징하는 전형(典型)으로 적격입니다. 왜 주님을 "몰약 향낭"으로 비유했습니까?

첫째, 그 풍성하심 때문입니다. 주님은 한 방울의 몰약이 아니라 몰약이 가득한 보물함입니다. 하나의 가지나 꽃 한 송이가 아니라 한 다발입니다. 그리스도 안에는 내게 필요한 모든 것이 충분히 있습니다.

"그 안에는 신성의 모든 충만이 육체로 거하시고"(골 2:9).

우리에게 필요한 모든 것이 주님 안에 있습니다. 여러 가지 다양한 특성의 예수님을 살펴보십시오. 주님은 예언자요 제사장이요 왕이요, 신랑이요 친구요 목자이십니다. 주님의 덕, 온유하심, 용기, 자기 부인, 사랑, 신실하심, 진리, 그리고 의를 보십시오. 어디에서 나 주님은 귀중함의 다발입니다.

주님은 소중히 간직해야 한다는 점에서 "몰약 향낭"이십니다. 몰약은 한 방울이라도 바닥에 떨어뜨리거나 발로 밟아서는 안 됩니다. 그것은 완전히 봉해 보물 함에 넣어 보관해야 합니다. 우리는 주님을 귀한 보물로 여겨야 합니다. 주님의 말씀과 명령을 소중히 여겨야 합니다.

주님은 그 특별하심에서도 몰약에 비교할 수 있습니다. 이것은 뛰어나고 출중한 은혜라는 개념을 암시해 줍니다. 주님은 자기 백성들을 위해 세상이라는 토대로부터 분리되셨습니다. 주님과 사귀는 방법을 아는 사람, 주님과 친밀한 교제를 갖는 방법을 아는 사람들에게만 주님은 향기를 발산하십니다.

"나의 사랑하는 자는 내 품 가운데 몰약 향주머니요"라고 말할 수 있는 자는 복 있는 자입니다.

그는 번제물의 머리에 안수할지니 그를 위하여 기쁘게 받으심이 되어 그를 위하여 속죄가 될 것이라(레 1:4).

이 말씀에는 죄를 소에게 전가함으로 주님이 우리를 대신하여 죄가 되신 전형이 나타나 있습니다. 안수한다는 것은 단순히 손을 얹는 것 이상의 의미를 지닙니다. 성경 어떤 곳에서는 "안수한다"는 것을 "몹시 기대다"라는 의미로도 사용합니다. 이것은 신앙의 정수요 본질입니다. 그것은 우리를 위대하신 대속자와 접촉하게 해줄 뿐만 아니라, 우리로 하여금 모든 죄짐을 지고 주님께 기대라고 가르쳐 줍니다.

여호와는 언약의 백성의 모든 죄를 대속자의 머리에 얹으셨습니다. 택한 백성들은 각기 이 엄숙한 언약의 법을 비준해야 합니다. 그는 은혜에 의해 자기 손을 "창세 이후로 죽임을 당한 어린 양"의 머리 위에 얹을 것입니다.

믿는 자여, 죄를 담당하신 예수로 말미암아 처음으로 죄 사함을 얻었던 기쁨의 날을 기억합니까? 내 영혼은 기쁨으로 그 구원의 날을 회상합니다. 나는 죄책감으로 고통하고 두려움으로 가득차서 나의 대속주를 보았습니다. 나는 처음에는 겁을 내며 그분에게 내 손을 얹었습니다. 그러나 내 용기는 성장하고 확신은 굳건해졌고, 마침내 내 영혼을 완전히 주님께 맡겼습니다.

이제 나는 내 죄가 더는 헤아림을 당하지 아니하며 구세주에게 전가되었음을 알고 끝없이 기뻐합니다. 예수께서는 나의 장래의 죄악에 대해서도 "그것의 값을 내게 청구하라"고 말씀하십니다.

나를 보는 자는 다 나를 비웃으며 입술을 비쭉거리고 머리를 흔들며 말하되(시 22:7).

주님이 당하신 고난의 중요한 요소는 조롱이었습니다. 유다는 겟세마네 동산에서 주님을 조롱했습니다. 대제사장들과 서기관들도 주님을 비웃었습니다. 헤롯은 주님을 업신여겼고, 하인들과 군인들은 주님을 조롱하며 모욕했습니다. 빌라도와 그의 군사들은 주님의 왕권을 조롱했습니다. 십자가에 달리신 예수님에게는 온갖 소름이 끼치는 희롱과 악랄한 욕설이 퍼부어졌습니다. 조롱을 받는 것은 견디기 어려운 일입니다. 그러나 극심한 고통을 겪고 있을 때 받는 조롱은 지극히 무자비하고 잔인한 것으로, 우리의 가슴을 찌른다.

십자가에 달리셔서 인간이 상상치도 못할 고통을 겪고 계신 예수님을 생각해 보십시오. 그리고 온갖 사람들이 가련하게 고난을 겪고 계신 희생자를 멸시하여 고개를 흔들거나 입을 삐쭉이는 모습을 그려보십시오. 십자가에 달리신 주님에게는 그들이 보는 것 이상의 무엇이 있었을 것입니다. 그렇지 않았다면 그렇게 많은 군중이 한결같이 멸시하는 태도를 보이지는 않았을 것입니다. 그 위대한 승리의 순간 십자가 위에서 영향을 발휘하고 있는 선하신 승리를 조롱할 수밖에 없다는 것은 악한 고백이 아니겠습니까?

오 예수님, 인간들에게서 멸시와 배척을 받으신 분이시여,
당신을 그처럼 잔인하게 취급한 사람들을 대신하여
어떻게 죽을 수 있으셨습니까?
우리도 완고하게 생활하던 시절에는 당신을 멸시하였으며,
새 생명을 얻은 후에도 마음으로 세상을 소중히 여겨왔습니다.
그러나, 당신은 피 흘려 우리의 상처를 고쳐주시며
죽임을 당하시어 생명을 주십니다.

너희는 의인에게 복이 있으리라 말하라 그들은 그들의 행위의 열매를 먹을 것임이요(사 3:10).

의인에게는 항상 복이 있습니다. 만일 이사야가 "너희는 의인에게 항상 번영하리라고 말하라"고 말했다면, 우리는 그 큰 축복을 감사하게 여길 것입니다. 만일 "그가 박해를 받을 때 복이 있으리라"고 기록되었다면, 우리는 그 보증을 감사할 것입니다. 왜냐하면 박해를 견디기 어렵기 때문입니다.

이 말씀에는 시간이 언급되어 있지 않으므로 모든 시간이 포함됩니다. 일 년이 시작될 때부터 한 해가 끝날 때까지, 땅거미가 질 때부터 샛별이 빛날 때까지, 어떤 처지, 어떤 환경에서든 의인은 복을 받습니다. 그는 예수의 살과 피를 먹고 삽니다. 그는 그리스도의 의의 옷을 입고 하나님 안에서 거합니다. 그의 영혼은 그리스도와 결혼 관계로 연합합니다. 주님이 그의 목자가 되셔서 그를 위한 모든 것을 예비해 주십니다. 그는 하늘나라를 기업으로 받습니다. 의인은 하나님의 권위 위에서 복을 받습니다.

하나님은 우리에게 위로가 되는 보증의 말씀을 하십니다. 그러므로 일만 마귀들이 우리에게 소망이 없다고 선언해도 우리는 그들을 비웃고 조롱해야 합니다. 우리가 처한 환경이 하나님을 반박할 때도 우리로 하나님을 믿게 하는 믿음을 주신 하나님을 찬양하십시오. 그것을 볼 수 없다면 시력 대신 하나님의 말씀을 믿으십시오. 하나님이 축복하시는 자가 진정으로 축복받는 자입니다.

내 하나님이여 내 하나님이여 어찌 나를 버리셨나이까 어찌 나를 멀리 하여 돕지 아니하시오며 내 신음 소리를 듣지 아니하시나이까(시 22:1).

갈보리는 그리스도의 비애를 가장 잘 나타낸 곳입니다. 주님이 갈보리 산에서 "내 하나님이여 내 하나님이여 어찌하여 나를 버리셨나이까?"라고 외치던 순간만큼 고통으로 가득 찬 순간도 없었습니다. 그 순간 주님이 당하신 수치와 치욕에서 비롯된 정신적 고통과 육체의 연약함이 합쳐졌습니다. 그리스도의 비애를 절정에 이르게 만든 것은 주님이 겪으신 말로 표현할 수 없이 큰 영적 고통으로서, 그것은 아버지의 면전에서 분리됨에서 비롯된 것이었습니다.

그것은 두려움의 어두운 밤이었습니다. 그때 주님은 고난의 심연으로 떨어지셨습니다. 인간은 결코 "내 하나님이여 내 하나님이여 어찌 나를 버리셨나이까?"라는 외침의 의미를 완전히 이해할 수 없습니다. 어떤 사람들은 우리도 "나의 하나님, 나의 하나님, 어찌하여 나를 버리셨나이까?"라고 외칠 수 있을 것으로 생각합니다.

때때로 우리 하나님의 밝은 미소가 구름과 어두움 때문에 가려지는 때가 있습니다. 그러나 우리는 하나님이 결코 우리를 정말로 버리시지 않는다는 것을 기억해야 합니다. 그것은 외관상 우리를 버리는 것처럼 보일 뿐입니다. 그러나 그리스도는 정말로 버림을 받으셨습니다.

우리의 울부짖음은 불신앙에서 비롯된 것입니다. 그러나 주님의 부르짖음은 하나님이 잠시 주님에게서 떠나가셨다는 두려운 사실에서 비롯된 것이었습니다. 하나님은 우리를 버리셨다고 생각만 해도 괴롭거든, 하물며 "나의 하나님, 나의 하나님, 어찌하여 나를 버리셨나이까?"라고 외치신 주님의 고통은 얼마나 크셨겠습니까?

또 그들의 목자가 되시어 영원토록 그들을 인도하소서(시 28:9).

하나님의 백성들은 들림을 받아야 합니다. 그들이 은으로 덮이고 황금빛으로 덮인 날개를 타려면 하나님의 은혜가 필요합니다. 본래 불꽃은 위로 올라가며, 죄악된 영혼은 아래로 떨어지게 되어 있습니다. 주여, 그들을 영원토록 드소서. 다윗은 "여호와여 나의 영혼이 주를 우러러보나이다"라고 했습니다(시 25:1). 당신은 자신을 위해서만 이 축복을 구하지 말고 다른 사람의 축복도 구하십시오. 하나님의 백성이 들림을 요구하는 방법에는 세 가지가 있습니다. 그 들의 성품이 들려 올라야 합니다.

주님, 당신의 백성들이 세상 사람들과 연결되지 않게 하소서.

세상은 악한 자의 권세 안에 있으니 당신의 자녀들을 세상 밖으로 들어 올리십시오. 세상 사람들은 금과 은을 구하고, 쾌락과 정욕으로 만족을 구합니다. 그러므로 신자들은 세상과의 싸움에서 승리해야 합니다.

주여, 당신의 백성들을 이 모든 것 위로 들어 주소서. 황금을 긁어모으는 구두쇠가 되지 않게 하여 주소서. 그들의 마음을 부활하신 주님과 하늘나라의 기업에 세워 주소서. 주님, 그들을 실족하지 않게 하시며 싸움에서 승리하게 하소서. 원수의 발이 그들의 목을 짓밟을 때 성령의 검을 꼭 쥐고 전쟁에서 이길 수 있도록 도와주소서. 주여, 전쟁의 날에 당신 자녀들의 영을 들어 올려 주소서. 원수가 그들을 괴롭히지 못하게 하여 주소서. 박해를 받을 때 구원의 하나님의 자비를 노래하게 하소서.

우리는 주님께 마지막 날에 그들을 들어 올려달라고 요청할 수도 있을 것입니다.

그들의 육신을 무덤에서 들어 올리시며 그들의 영혼을 영광중에 계신 영원하신 왕께로 들어 올려 주소서.

오직 흠 없고 점 없는 어린 양 같은 그리스도의 보배로운 피로 된 것이니라(벧전 1:19).

우리는 십자가 밑에 서서 진홍빛 보배로운 피가 흐르고 있는 주님의 손과 발과 옆구리를 봅니다. 주님의 피는 대속하고 속죄하는 능력이 있어서 보배롭습니다. 주님의 피에 의해 그리스도 백성들의 죄가 대속되며, 율법들이 구속을 받습니다. 그들은 하나님과 화목게 되어 하나님과 하나가 됩니다.

또 그리스도의 피는 정결케 하는 능력이 있어서 보배롭습니다. 그 피는 "우리를 모든 죄에서 깨끗하게 하십니다"(요일 1:7).

> "너희의 죄가 주홍 같을지라도 눈과 같이 희어질 것이요 진홍 같이 붉을지라도 양털 같이 희게 되리라"(사 1:18).

예수님의 보혈로 말미암아 믿는 신자에게는 더러움이 남지 않게 됩니다. 우리를 깨끗하게 하는 보혈은 많은 불의의 얼굴을 제거하며, 우리가 하나님을 여러 번 배반했음에도 사랑하는 그분 안에 영접하게 해줍니다.

그리스도의 피는 그 보존하는 능력 때문에 보배롭습니다. 우리가 주님이 흘리신 보혈 밑에 있으면 멸망의 사자의 공격에서 안전하게 있을 수 있습니다. 우리가 용서함을 받는 참된 이유는 하나님이 주님의 보혈을 보시기 때문임을 기억하십시오.

그리스도의 피는 성화하게 하는 능력이 있어서 보배롭습니다. 예수님의 혈관에서 흐르는 피만큼 성결하게 하는 것은 없습니다.

또한 주님의 피에는 승리하는 능력이 있어서 말할 수 없이 보배롭습니다. 성경에는 "어린 양의 피와 자기들이 증언하는 말씀으로써 그를 이겼으니"(계 12:11)라고 기록되어 있습니다. 예수님의 피. 그 앞에서 죄가 사망하며, 사망은 사망이기를 멈추며, 하늘나라의 문들이 열립니다.

아론과 훌이 한 사람은 이쪽에서, 한 사람은 저쪽에서 모세의 손을 붙들어 올렸더니 그 손이 해가 지도록 내려오지 아니한지라(출 17:12).

모세의 기도는 대단히 능력이 있었기 때문에 모든 사람이 그 기도를 의지했습니다. 모세의 기도는 여호수아의 싸움보다 더 효과적으로 원수를 패배시켰습니다. 그러나 모세의 기도와 여호수아의 싸움 모두가 필요했습니다. 영적 전투에는 힘과 열정, 결단력과 헌신, 용기와 열심 등이 함께해야 합니다. 당신은 자기의 죄와 씨름해야 합니다. 그러나 크게는 기도로 하나님과 씨름해야 합니다. 기도는 모세처럼 하나님 앞에 언약을 떠받치는 것입니다. 주님은 자신이 선포하신 것을 부인하실 수 없습니다.

약속의 지팡이를 높이 들어 올리십시오. 그리하면 응답을 받을 것입니다. 모세가 피곤하여 지쳤을 때 친구들이 그를 도와주었습니다. 우리의 기도가 그 생명력을 잃을 때, 믿음이 한쪽 손을, 거룩한 소망이 다른 손을 붙들어 올리게 하십시오. 그리하면 그 기도는 구원의 반석 위에 자리를 잡고 앉았으므로 지치지 않고 승리하는 기도가 될 것입니다.

헌신에 있어서 무기력해지는 것을 조심하십시오. 모세도 그것을 느꼈는데 누가 그것을 피할 수 있겠습니까? 은밀한 기도로 죄와 대적하기보다는 공개적으로 죄와 싸우기가 더 쉽습니다. 여호수아는 지치지 않고 싸웠지만 모세는 기도하다가 피곤해졌습니다. 혈과 육은 신령한 일을 지탱하지 못합니다. 우리의 연약함을 도우시는 성령께서 우리의 손이 "해가 지도록" 내려오지 않게 해주시기를 기원합니다.

간헐적으로 드리는 기도는 효과가 없습니다. 우리는, 밤새도록 씨름하며 "해가 지도록" 손을 들고 있어야 합니다. 우리는 인생의 밤이 지나가고, 기도가 찬양 속에 삼키어지는 나라, 찬란한 태양이 떠오르는 곳에 이르기까지 흔들리지 않고 견고하게 존속해야 합니다.

너희가 이른 곳은 시온 산과 살아 계신 하나님의 도성인 하늘의 예루살렘과 천만 천사와 하늘에 기록된 장자들의 모임과 교회와 만민의 심판자이신 하나님과 및 온전하게 된 의인의 영들과 새 언약의 중보자이신 예수와 및 아벨의 피보다 더 나은 것을 말하는 뿌린 피니라(히 12:22).

믿는 자여, 당신은 뿌린 피에 이르렀습니까? 이것은 당신이 교리를 알았다거나 의식을 준수했다거나 어떤 일을 경험했느냐는 질문이 아니라, 예수님의 피에 이르렀느냐는 질문입니다.

예수님의 피는 모든 필수적인 경건의 생명입니다. 만일 당신이 진실로 예수님께로 나아왔다면, 그것은 성령께서 인도하셨기 때문입니다. 당신은 자신의 공로는 없이 뿌린 피로 왔습니다.

범죄하고 길을 잃은 무기력한 당신은 그 피를 취하려고 왔습니다. 그 피만이 당신의 영원한 소망입니다. 당신은 떨리고 아픈 마음으로 그리스도의 십자가 앞으로 나아왔습니다. 당신에게 들리는 예수님 보혈의 소리는 얼마나 귀한 소리인지요! 주님의 핏방울이 떨어지는 소리는 회개하는 세상의 아들들에게는 마치 하늘나라의 음악 소리 같습니다.

우리는 죄로 충만합니다. 그러나 구세주께서는 우리에게 눈을 들어 자기를 바라보라고 명하십니다. 우리가 피 흐르는 주님의 상처를 바라볼 때, 떨어지는 핏방울 하나하나는 “다 이루었다. 내가 죄의 종말을 이루었다. 나는 영원한 의를 이루었다”라고 외칩니다.

오, 예수님의 보혈이 발하는 아름다운 언어여. 당신이 한 번 그 피에로 나아오면 계속 나아오게 될 것입니다. 당신은 날마다 그리스도께 나아감으로써만 기쁨과 위로를 발견할 것입니다.

그들이 갈릴리 벳새다 사람 빌립에게 가서 청하여 이르되 선생이여 우리가 예수를 뵈옵고자 하나이다 하니(요 12:21).

인류는 "누가 우리에게 선을 보여 줄 것입니까?"라고 외칩니다. 사람들은 세상의 위로와 오락과 부귀 속에서 만족을 찾으려 합니다. 그러나 죄를 자각한 죄인은 오직 하나의 선을 알 뿐입니다. 나는 그분을 어디에서 발견할 수 있는지 알기를 원합니다. 진실로 각성하여 자기의 죄악을 느끼기 시작한 사람의 발 앞에 황금을 쏟아보십시오. 그는 아마 "그것을 가져가십시오. 나는 그분을 발견하기를 원합니다"라고 말할 것입니다. 자기 소원의 초점을 하나의 대상에 집중한다는 것은 좋은 일입니다. 50개의 소원을 가지고 있는 사람의 마음은 질병이 있는 썩은 연못과 같습니다. 그러나 모든 소원을 하나의 통로로 흐르게 한 사람의 마음은 맑은 물이 신속하게 흘러 들판에 물을 대주는 강과 같습니다. 그리스도를 향한 하나의 소원을 가진 자는 복 있는 사람입니다.

예수께서 영혼의 소원이 됨은 영혼에서 거룩한 사역이 이루어진다는 복된 징조입니다. 이런 사람은 단순한 신앙생활에 만족하지 않을 것입니다. 그는 "나는 주님을 원합니다. 나는 반드시 주님을 소유해야 합니다. 종교적인 의식은 나에게 아무 소용이 없습니다. 나는 주님을 원합니다. 당신은 목말라 죽어가는 나에게 빈 주전자를 주고 있습니다. 나에게 물을 주십시오. 아니면 나는 죽을 것입니다. 주는 내 영혼의 소원입니다. 나는 주를 보기를 원합니다"라고 할 것입니다.

우리도 이렇게 애원하고 있습니까? 유일한 소원이 그리스도입니까? 그렇다면 우리는 하늘나라와 가까운 곳에 있습니다. "기독교인이 된다면 나는 내가 가진 모든 것을 다 바치겠습니다. 내가 그리스도를 일부라도 알 수 있다면 내 모든 소원을 포기하겠다"라고 할 수 있습니까? 그렇다면, 두려워 말고 기운을 내십시오. 주님이 우리를 사랑하시니 곧 밝은 빛을 볼 것입니다. 주님이 우리를 자유케 하셨으니, 자유를 누리십시오.

라합이 이르되 너희의 말대로 할 것이라 하고 그들을 보내어 가게 하고 붉은 줄을 창문에 매니라(수 2:21).

라합은 여리고 성이 함락될 때 그녀를 살려 주겠다는 이스라엘 첩자들의 약속을 믿었습니다. 그녀는 그들을 이스라엘의 하나님의 대리인으로 여겼습니다. 그녀의 믿음은 단순하고 굳건했으며 대단히 순종하는 믿음이었습니다. 창문에 붉은 줄을 매는 것은 사소한 행동이었지만, 그녀는 그 일을 생략하는 모험을 하지 않았습니다.

오라. 내 영혼아. 이 말씀 안에 당신을 위한 교훈이 들어 있지 않은가? 그대는 때로 주님의 명령이 불필요한 것처럼 보일 때도 주님의 뜻에 주의를 기울였는가? 세례와 성만찬이라는 두 가지 의식을 주님의 방법대로 준수했는가? 예수님의 보혈을 절대적으로 신뢰했는가? 주님의 보혈을 바라보지 않고서 내 죄의 사해(死海)나 내 소망의 예루살렘을 바라볼 수 있는가? 눈에 뜨이는 색깔의 끈이 창문에 드려져 있다면 지나가는 사람이 그것을 볼 수 있을 것이다. 만일 내 생활이 구경꾼들에게 속죄를 나타낸다면 내게는 그것으로 족할 것이다. 무엇이 부끄러운가? 사람들이나 마귀들이 원한다면 나를 보라고 하라. 주님의 피는 나의 자랑이요 나의 노래이다.

내 영혼아, 너는 믿음이 연약하여 보지 못할 때도 그 붉은 줄을 보시는 분이 한 분 계신다. 보수하시는 하나님 여호와께서 그것을 보시고 너를 해치지 않고 그냥 넘어가실 것이다. 여리고 성은 함락되었다. 라합의 집은 성벽 위에 있었지만 조금도 요동하지 않았다. 나의 본성은 인간성의 벽을 만들고 있다. 인류에게 파멸이 임할 때 나는 안전할 것이다. 내 영혼아, 다시 창문에 붉은 끈을 매달아 놓고 평안히 쉬라.

주께서 말씀하시기를 내가 반드시 네게 은혜를 베풀어 네 씨로 바다의 셀 수 없는 모래와 같이 많게 하리라 하셨나이다(창 32:12).

압복강에 도착한 야곱은 형 에서가 무장한 사람들을 데리고 오고 있다는 소식을 듣고서 하나님의 보호하심을 간절히 구했습니다. 그는 "주께서 말씀하시기를 내가 반드시 네게 은혜를 베풀어 네 씨로 바다의 셀 수 없는 모래와 같이 많게 하리라 하셨나이다"라고 탄원했습니다. 이 탄원은 참으로 강력한 항변이었습니다. 야곱은 하나님의 말씀을 빌미로 하나님께 꼭 매달렸습니다. 우리는 언제나 하나님의 신실하심을 의지할 수 있습니다. 하나님이 왜 자신의 말대로 행하시지 않겠습니까?

"사람은 다 거짓되되 오직 하나님은 참되시다"(롬 3:4).

하나님의 입에서 나온 말씀은 변함이 없으며 반드시 이루어집니다. 솔로몬도 성전을 헌당하며 역시 같은 호소를 했습니다. 그는 하나님이 다윗에게 하셨던 말씀을 기억하여 그곳을 축복해 달라고 탄원했습니다. 사람이 약속 어음을 발행할 때는 그의 명예가 담보됩니다. 그는 약속 어음에 자신의 이름으로 서명하며, 지급 일이 되면 반드시 지불해야 합니다. 그렇지 않으면 신용을 잃게 됩니다. 하나님이 자신이 발행하신 어음의 지급을 거부하신다는 것은 결코 있을 수 없습니다. 하나님은 정확히 그 기일을 지키십니다. 하나님은 정해진 날짜보다 일찍, 기일이 지난 후에도 내지 않으십니다. 주님의 말씀에서 하나님 백성들의 경험을 이와 비교해 보십시오. 당신은 이 두 가지가 모두 일치함을 발견할 것입니다. 많은 족장은 여호수아와 함께 "너희의 하나님 여호와께서 너희에 대하여 말씀하신 모든 선한 말씀이 하나도 틀리지 아니하고 다 너희에게 응하여 그중에 하나도 어김이 없음을 너희 모든 사람은 마음과 뜻으로 아는 바라"(수 23:14)고 했습니다. 거룩한 약속을 소유하고 있다면 분명히 그 권리를 주장하십시오. 주님은 분명히 그 약속을 이루려 의도하셨을 것이고, 그렇지 않다면 약속을 주시지 않았을 것입니다. 주님은 행하실 뜻이 있어서 말씀하십니다.

이에 성소 휘장이 위로부터 아래까지 찢어져 둘이 되고 땅이 진동하며 바위가 터지고(마 27:51).

두껍고 튼튼한 성소의 휘장이 찢어진 것은 단순히 권능을 발휘하려는 의도에서 이루어진 일은 아니었습니다. 우리는 여기에 많은 교훈을 얻을 수 있습니다.

의식(儀式)에 관한 옛날 법이 제거되었습니다. 예수님께서 운명하심으로써 희생제사는 완전히 이루어졌습니다. 또 휘장이 찢어짐으로써 옛 세대에는 숨겨져 있던 모든 것을 드러내 주었습니다. 이제 자비의 보좌를 볼 수 있게 되었고 하나님의 영광이 저 높은 곳에서 나타났습니다.

우리 주 예수님의 죽으심에 의해 우리는 분명한 하나님의 계시를 소유합니다. 주님은 얼굴에 베일을 써야 했던 모세와는 다른 분이셨습니다. 이제 생명과 불멸이 밝히 드러났으며 세상이 지어진 이래 계속 숨겨져 왔던 것들이 주님 안에서 나타났습니다. 그리하여 매년 연례적으로 거행되던 속죄 의식이 폐지되었습니다. 매년 성소의 휘장 안에서 뿌려지던 속죄의 피를 위대하신 대제사장께서 단번에 제공하셨습니다. 이제 수송아지와 어린 양의 피는 더는 필요하지 않습니다. 왜냐하면 예수님께서 자신의 피를 가지고 성소 안으로 들어가셨기 때문입니다. 이제 하나님께 접근하는 일이 허용됩니다. 그것은 그리스도 안에 있는 모든 신자의 특권이기도 합니다.

자비의 보좌를 내다볼 수 있는 조그마한 구멍이 생긴 것이 아니라 휘장이 위에서부터 아래까지 완전히 둘로 갈라졌습니다. 그러므로 우리는 거룩하신 은혜의 보좌 앞으로 담대하게 나갈 수 있습니다.

우리 주님은 하늘나라의 열쇠이십니다. 우리는 주님과 함께 하늘나라로 들어가 우리의 원수들이 주님의 발등상이 될 때까지 주님과 함께 그곳에 앉아야 합니다.

라오디게아 교회의 사자에게 편지하라 아멘이시요 충성되고 참된 증인 이시요 하나님의 창조의 근본이신 이가 이르시되(계 3:14).

"아멘"은 앞에서 말한 내용을 엄숙히 확인하는 말입니다. 주님은 위대하신 확인자입니다. 주님의 모든 약속 안에 있는 "아멘"은 영원히 동일합니다. 예수 그리스도는 "수고하고 무거운 짐 진 자들아 다 내게로 오라 내가 너희를 쉬게 하리라"(마 11:28)고 하셨습니다. 그러므로 당신이 주님께 가면, 주님은 당신의 영혼에서 "아멘"이라 하실 것이고, 주님의 약속이 당신에게 이루어질 것입니다. 예수께서는 이사야가 말한바 "상한 갈대를 꺾지 아니하신다"라는 말을 그대로 이루셨습니다. 우리의 불쌍하고 깨진 상한 마음을 주님께 가져갑시다. 주님은 우리에게 "아멘"이라 하실 것이요, 과거에 그랬듯 우리의 영혼 안에서 그대로 이루어질 것입니다. 주님은 친히 하신 말씀을 취소하시지 않습니다. 하늘과 땅이 없어져도 주님의 말씀은 그대로 존속할 것입니다.

예수님은 자신이 맡으신 모든 직무 안에서 아멘이십니다. 주님은 과거에 용서하시고 정결케 하시는 제사장이셨으며, 지금도 제사장으로서 아멘이십니다. 주님은 자기 백성을 다스리시고 지배하시며 강한 팔로 보호하시는 왕이셨습니다. 주님은 지금도 아멘이신 왕이십니다. 주님은 과거에 장차 임할 좋은 일을 예고하시는 선지자셨습니다. 주님의 입술은 꿀처럼 달고 아멘이신 선지자입니다. 주님은 보혈의 공로에 대해 아멘이시며, 의의 아멘이십니다. 자연은 부패하지만, 그 거룩한 제복은 아름답고 영광스럽게 존속할 것입니다.

주님은 자신이 지닌 모든 칭호에서도 아멘이십니다. 주님은 절대 이혼하지 않으실 신랑이시오, 형제보다 가까운 친구요, 사망의 음침한 골짜기에서 동행하실 목자입니다. 주님은 우리의 도움이며 구원자요, 요새이며 높은 망대이십니다. 주님은 능력의 뿔이요, 확신이요, 기쁨이요, 모든 것의 모든 것이십니다. 주님은 우리의 아멘이십니다.

> 자녀들은 혈과 육에 속하였으매 그도 또한 같은 모양으로 혈과 육을 함께 지니심은 죽음을 통하여 죽음의 세력을 잡은 자 곧 마귀를 멸하시며(히 2:14).

하나님의 자녀여, 죽음을 두려워 마십시오. 당신이 갈보리 십자가 가까이에 살면 사망을 기쁘게 여길 수 있을 것입니다. 죽음이 다가올 때 큰 기쁨으로 환영하십시오. 주님 안에서 죽는 것은 기쁜 일입니다. 예수 안에서 잠드는 것은 언약의 축복입니다.

사망은 더는 추방이 아닙니다. 그것은 유배지에서 고향으로 귀환하는 일, 이미 사랑하는 자들이 있는 고향으로 돌아가는 일입니다.

영광스러운 영들이 사는 곳과 전투적 성도들이 사는 이 세상은 무척 먼 것 같지만, 사실 그렇지 않습니다. 우리는 결코 고향에서 멀리 떨어져 있는 것이 아닙니다. 금방 그곳에 갈 수 있습니다.

영혼이 파도에 밀려 폭풍우가 없는 바다에 도착하는 데 시간이 얼마나 걸리겠습니까? 대답을 들어 보십시오.

"몸을 떠나 주와 함께 거하는 것이라"(고후 5:8).

갈릴리 호수에 떠 있던 낡은 배는 폭풍우에 휩싸여 이리저리 흔들렸지만, 예수님이 "바다여, 잠잠하라"고 하시니 즉시 육지에 닿았습니다. 죽음의 순간과 영원한 영광 사이에 기나긴 기간이 가로놓여 있다고 생각하지 마십시오. 우리가 세상에서 눈감은 후 눈을 뜨게 되면 자신이 하늘나라에 있는 것을 발견할 것입니다.

하나님의 자녀여, 주의 사망으로 말미암아 저주와 고통이 멸망하였으므로 사망을 두려워할 이유가 없습니다. 죽음이란 야곱의 사닥다리와 같아서 그 밑바닥은 저 어두운 무덤에 놓여 있지만, 꼭대기는 영원한 영광에 닿아 있습니다.

> 사울이 다윗에게 이르되 내 맏딸 메랍을 네게 아내로 주리니 오직 너는 나를 위하여 용기를 내어 여호와의 싸움을 싸우라 하니 이는 그가 생각하기를 내 손을 그에게 대지 않고 블레셋 사람들의 손을 그에게 대게 하리라 함이라(삼상 18:17).

하나님의 택한 자들은 여전히 세상에서 싸우고 있으며, 예수 그리스도는 그들 구원의 대장이십니다. 주님은 "볼지어다 내가 세상 끝날까지 너희와 항상 함께 있으리라"(마 28:20)고 하셨습니다. 전쟁의 소리에 귀를 기울이십시오. 하나님의 백성들아, 자기 위치에 굳게 서며 두려워하지 마십시오. 그 전쟁은 우리를 대적하는 전쟁입니다. 주 예수께서 칼을 높이 들지 않으신다면 교회가 어떻게 될지 우리는 알지 못합니다. 그러나 용기를 내십시오.

기독교가 지금보다 더 요동했던 날은 없었던 것 같습니다. 적 그리스도를 권세의 자리에 앉히려는 맹렬한 노력이 생기고 있습니다. 우리는 순교자들이 피를 흘리면서까지 옹호한 복음을 전파하기 위해 담대한 음성과 튼튼한 손이 필요합니다.

구세주께서는 지금도 성령에 의해 세상에 거하십니다. 주님은 전쟁터의 한복판에 계시므로 이 전쟁의 결과는 확실합니다. 싸움이 치열해질 때, 우리의 위대한 중보자이신 주 예수는 자기 백성들을 위해 탄원하십니다. 이 세상에서 벌어지는 전쟁터를 바라보지 마십시오. 우리는 그곳에서 피어오르는 연기에 휩싸이며 피 묻은 옷을 보고 질리게 될 것입니다. 눈을 들어 구세주가 계신 곳을 바라보며 주님께 탄원합시다. 주님이 중보하시는 한 하나님의 재판은 안전합니다. 싸움을 싸울 때 그 싸움의 승패가 오로지 우리에게 달린 듯이 열심히 싸우되 하늘을 바라보며 모든 것이 주님께 달려 있음을 아십시오. 예수를 사랑하는 우리는 기독교적 순결이라는 백합화와 구세주의 대속이라는 장미꽃을 갖고 용감히 거룩한 전쟁에 참여하여 주님의 나라와 면류관을 위해 싸웁시다.

"이 전쟁은 너희에게 속한 것이 아니요 하나님께 속한 것이니라"(대하 20:15).

내가 알기에는 나의 대속자가 살아 계시니 마침내 그가 땅 위에 서실 것이라(욥 10:25).

욥이 위로의 핵심은 "나의 구속자"라는 단어, 그리고 구속자가 살아 계신다는 사실에 있었습니다. 살아계신 그리스도를 굳게 붙잡으십시오. 믿음으로 "나는 살아 계신 나의 주님을 의지합니다. 주님은 나의 것입니다"라고 말할 수 있게 되기까지는 절대로 만족하지 마십시오. 당신은 혹시 "그분은 나의 구속자로서 살아 계시다"라고 말하는 것이 주제넘은 짓이라고 생각할지도 모릅니다. 그러나 당신에게 겨자씨만한 믿음이라도 있다면, 적은 믿음이 당신에게 그렇게 말할 수 있는 자격을 준다는 것을 기억하십시오.

욥의 말에는 강한 확신을 나타내고 있는 말이 있으니 그것은 "내가 알기에는"이라는 말입니다. "내가 바라기에는, 내가 믿기에는"이라고 말하는 것으로도 충분한 이유가 있습니다. 주님의 양우리 안에는 그만한 경지에 이르지 못한 자들도 많습니다. 그러나 당신이 위로의 핵심에 도달하려면 "내가 알기에는"이라고 해야 합니다. "혹시" 또는 "그러나"라고 단서를 다는 것은 평화와 위로를 죽이는 것입니다.

슬픔을 겪을 때 의심하는 것은 따분한 일입니다. 그리스도가 나의 구주가 아니라고 의심하는 것은 사망의 쓸개즙을 탄 식초를 마시는 일입니다. 그러나 예수님께서 나를 위해 살아 계신다는 것을 알 때 어두움은 어두움이 되지 못하며, 캄캄한 밤도 내 주위에서는 빛이 됩니다.

그리스도의 강림 이전 시대에 살았던 욥이 "내가 알기에는"이라고 말할 수 있었지만, 우리는 더욱 적극적으로 '내가 알기에는"이라고 말할 수 있어야 합니다. 진실로 나의 구속자가 살아 계신다는 사실은 형언할 수 없는 큰 기쁨입니다.

누가 정죄하리요 죽으실 뿐 아니라 다시 살아나신 이는 그리스도 예수시니 그는 하나님 우편에 계신 자요 우리를 위하여 간구하시는 자시니라(롬 8:34).

과거 사람들에게서 멸시와 배척을 받으셨던 그리스도는 지금 사랑받고 존경받는 아들의 자리에 계십니다. 하나님의 우편은 위엄 있고 총애를 받는 자의 자리입니다.

주 예수는 자기 백성들의 대표자이십니다. 주님이 그들을 대신하여 돌아가셨으므로 그들은 용서를 받았습니다. 주님이 그들을 위해 부활하셨으므로 그들은 자유를 얻었습니다. 주님이 아버지 우편에 앉으셨으므로 그들은 은총과 영예와 권위를 소유합니다. 그리스도께 서 높은 자리로 올라가셨으므로 주님의 백성들은 높임을 받고 영접되며 영광을 받습니다. 하나님 우편에 있는 그리스도의 자리는 구원의 담보물이신 그리스도께서 받아들여졌음을 나타냅니다. 우리의 대표자께서 영접되셨음은 우리의 영혼들이 영접됨을 의미하며, 이것은 정죄함으로부터의 자유를 제공해줍니다.

"누가 정죄하리요"(롬 8:34).

예수 안에서 하나님의 우편에 있는 자들을 누가 정죄할 것입니까? 하나님의 우편은 권세의 자리입니다. 하나님 우편에 계신 그리스도는 하늘과 땅의 모든 권세를 가지고 계십니다. 대장되시는 그리스도 안에서 수여되는 큰 권세를 가진 백성을 대적하여 누가 싸울 수 있겠습니까? 또 전능자께서 도와주시는데 누가 우리를 멸할 수 있으며 전능하신 하나님이 그 날개로 우리를 덮으시는데 어떤 칼이 해칠 수 있겠습니까? 안심합시다.

예수는 우리의 왕이 되시며, 원수들을 그 발로 짓밟으셨습니다. 예수는 죄와 사망과 지옥을 모두 정복하셨으며, 우리를 대표하시는 분이시므로 우리는 절대 멸망하지 않습니다.

이스라엘에게 회개함과 죄 사함을 주시려고 그를 오른손으로 높이사 임금과 구주로 삼으셨느니라(행 5:31).

주 예수님은 십자가에 못 박혀 돌아가셨으나 지금은 영광의 보좌에 앉아 계십니다. 주님은 하늘나라에서 가장 높은 보좌를 차지하고 계십니다. 여호와이신 그분은 유한한 피조물은 갖지 못하는 뛰어난 영광을 가지십니다. 중보자이신 그분은 모든 성도의 재산인 거룩한 영광을 입으십니다. 그리스도께서 자기 백성들과 얼마나 긴밀하게 연합하여 있는지 생각하는 일은 매우 즐거운 일입니다.

우리는 실제로 주님과 하나입니다. 우리는 주님의 몸의 지체요, 주님이 높아지시는 것은 우리가 높아지는 일입니다. 주님은 면류관을 가지고 계시며 우리에게도 면류관을 주십니다. 주님은 보좌를 가지고 계십니다. 그러나 주님만 보좌에 앉아 계시는 일에 만족하지 못하십니다. 주님의 오른편에 황금으로 치장한 신부가 있어야 합니다. 신부가 곁에 없는 한 주님은 영광을 받지 못하십니다.

지금 주 예수님을 쳐다보십시오. 믿음의 눈으로 면류관을 쓰신 예수를 바라십시오. 우리도 장차 주님처럼 될 것이며, 그날에는 주님을 계신 그대로 보게 될 것입니다. 우리는 주님만큼 위대하거나 거룩해지지는 못하지만, 어느 정도 동일한 영광에 참여하며 동일한 행복을 누리며 주님과 같은 위엄을 지니게 될 것입니다.

잠시 알려지지 않고 사는 것에 만족하십시오. 장차 우리는 그리스도와 함께 다스릴 것입니다. 그리스도는 우리를 왕으로 만드시고 하나님을 섬기는 제사장으로 만드실 것이 그때는 우리도 영원토록 다스릴 것입니다. 이것은 하나님의 자녀들에게 참으로 위로를 주는 생각입니다.

지금 하늘나라 궁전에 계신 영광스러운 그리스도는 우리의 대리인이십니다. 머지않아 주님이 우리에게 오시며, 우리를 하늘나라로 영접하시며, 그곳에서 주님과 함께 거하게 하시고, 주님의 영광을 보며 주님의 기쁨에 동참하게 하실 것입니다.

너는 밤에 찾아오는 공포와 낮에 날아드는 화살과 어두울 때 퍼지는 전염병과 밝을 때 닥쳐오는 재앙을 두려워하지 아니하리로다(시 91:5-6).

이 말씀 중에 "놀램"이란 무엇인가? 화재로 인한 소동, 도둑이 쳐들어온 소리, 또는 갑작스러운 죽음의 비명일 수도 있습니다. 우라 는 사망과 슬픔의 세상에 살고 있으므로 오후의 빛나는 태양 아래서는 물론이요, 밤에 깨어 지킬 때도 어려움을 겪을 것입니다. 그러나 믿는 자는 절대 두려워하지 않을 것이라 하신 약속이 있으므로 그 무엇도 우리를 놀라게 하지 못합니다. 아버지 하나님은 지금 여기에 계시며, 장차 모든 고독한 시간에도 여기에 계실 것입니다. 그분은 전능하신 파수꾼이요, 졸지 않으시는 보호자요, 신실한 친구입니다.

어두움은 그분에게 어두움이 되지 못합니다. 하나님은 자기 백성들을 에워싸는 불기둥이 되시겠다고 약속하셨습니다. 과연 누가 이러한 방벽을 뚫고 들어올 수 있겠습니까?

하나님을 모르는 자들은 두려워해야 합니다. 그들의 머리 위에는 노한 하나님이 계시며, 내면에는 죄책감을 느끼는 양심과 그들 밑에는 입을 벌린 지옥이 있기 때문입니다. 그러나 예수 안에 안식하는 우리는 풍성한 자비하심으로 말미암아 이런 것들로부터 구원을 받습니다. 우리가 어리석게도 두려움에 굴복하면, 자신의 신앙고백을 더럽게 하며, 다른 사람을 인도하여 경건의 실재를 의심하게 할 것입니다.

우리는 두려움을 두려워해야 합니다. 그렇지 않으면 우리는 어리석은 불신으로 인해 성령을 근심하게 만듭니다. 불길한 예감이나 근거 없는 근심을 버립시다. 하나님은 절대 자비하심을 잊거나 자비의 문을 닫으신 적이 없습니다.

영혼의 밤이 와도 놀라지 말아야 합니다. 사랑의 하나님은 변치 않으시기 때문입니다. 빛의 자녀들도 어두움 속을 걷는 일은 있지만 절대 쫓겨나지 않습니다. 그들은 거룩하신 하나님을 신뢰함으로써 양자임을 증명합니다.

그러나 이 모든 일에 우리를 사랑하시는 이로 말미암아 우리가 넉넉히 이기느니라(롬 8:37).

우리는 용서받기 위해 그리스도께 갑니다. 그러나 우리는 죄와 싸울 힘을 우리 자신에게서 구하는 일이 많습니다. 바울은 이런 태도를 꾸짖었습니다.

“어리석도다 갈라디아 사람들아 예수 그리스도께서 십자가에 못 박히신 것이 너희 눈 앞에 밝히 보이거늘 누가 너희를 꾀더냐 내가 너희에게서 다만 이것을 알려 하노니 너희가 성령을 받은 것이 율법의 행위로냐 혹은 듣고 믿음으로냐 너희가 이같이 어리석으냐 성령으로 시작하였다가 이제는 육체로 마치겠느냐”(갈 3:1-3).

우리는 죄를 그리스도의 십자가로 가져가야 합니다. 옛사람은 오직 십자가에만 못 박을 수 있습니다. 우리는 그리스도와 함께 십자가에 못 박힙니다. 우리의 나쁜 성품은 어떻게 극복해야 합니까? 그 성품을 가지고 예수님께로 나아가는 것이 바른 방법입니다. 나는 어떻게 구원을 얻었습니까? 나는 옛사람 그대로 예수님께 나아갔으며 주께 나의 구원을 의뢰했습니다. 잘 노하는 성격도 같은 방법으로 죽여야 합니다. 그것이 성격을 고치는 유일한 방법입니다. 그것을 가지고 십자가로 나아가서 “주여, 당신이 나를 그 나쁜 성질로부터 구해 주시리라 믿습니다”라고 말해야 합니다. 이것이 그 성격에 치명적 타격을 줄 수 있는 유일한 방법입니다. 당신은 탐욕스러운 입입니까?

우리가 원한다면 이러한 악과 대적해 싸울 수 있습니다. 그러나 우리를 죄악된 길에서 구원하는 유일한 방법은 예수님의 피입니다. 모든 것을 그리스도께 맡기십시오. 예수님을 떠난 우리의 기도, 회개, 눈물은 전혀 무가치합니다. 오직 예수만이 죄인이나 방황하는 성도들에게 유익을 주실 수 있습니다. 예수 그리스도를 통해서만 승리자가 될 수 있습니다.

> 내가 또 보니 보좌와 네 생물과 장로들 사이에 한 어린 양이 서 있는데 일찍이 죽임을 당한 것 같더라 그에게 일곱 뿔과 일곱 눈이 있으니 이 눈들은 온 땅에 보내심을 받은 하나님의 일곱 영이더라(계 5:6).

존귀하신 주님은 왜 상처를 가지고 나타나셔야 했습니까? 예수의 상처는 그의 영광이요 보석이요 거룩한 장신구입니다. 믿는 자가 볼 때 예수님은 "희고도 붉기" 때문에 더욱 아름답게 보입니다(아 5:10). 예수님은 무죄하므로 희고, 보혈을 흘렸기 때문에 붉습니다. 우리는 비길 데 없이 순결한 백합꽃 예수, 흘리신 피로 붉어진 장미꽃 예수를 봅니다. 해변가와 감람산에서 가르치신 그리스도는 사랑스러운 분이시나, 십자가에 달리신 그리스도는 비길 데 없이 사랑스러우신 분이십니다. 우리는 그곳에서 완전한 주님의 아름다움, 발달한 주님의 모든 속성과 사랑을 볼 수 있습니다.

예수님의 상처는 세상 왕들의 영광과 화려함보다 훨씬 아름답습니다. 가시 면류관은 제왕의 면류관보다 더 귀합니다. 주님은 이제 갈대 홀을 쥐고 계시지 않지만, 그 갈대 안에는 순금으로 만든 홀에서는 발휘되지 않는 영광이 있었습니다.

예수는 우리 영혼을 찾아 완전히 대속하신 분, 죽임을 당한 어린양으로 나타나십니다. 주님의 상처는 주님의 사랑과 승리의 상 패입니다. 주님은 전리품을 강한 자들과 분배하셨습니다. 주님은 수없이 많은 사람을 친히 대속하셨습니다. 주님의 상처는 전쟁의 기념물입니다. 그리스도께서 자기 백성을 위해 겪으신 고난을 기쁜 마음으로 기억하실진대, 우리는 주님의 상처를 얼마나 귀하게 여겨야 하겠습니까?

> 우리가 이 모든 일로 말미암아 이제 견고한 언약을 세워 기록하고 우리의 방백들과 레위 사람들과 제사장들이 다 인봉하나이다 하였느니라(느 9:38).

우리에게는 하나님과의 언약을 새롭게 하길 원하게 되는 경우가 많습니다. 히스기야 왕처럼 병에서 회복되어 우리의 수명이 몇 년 더해졌을 때, 우리는 언약을 새롭게 하려는 마음을 갖게 될 수 있을 것입니다.

환란에서 빠져나와 기쁨이 새로이 솟아날 때, 십자가 밑에 가서 새로이 헌신합시다. 특히 성령을 근심케 하거나 하나님의 뜻을 더럽힌 죄를 범한 뒤에는 반드시 이렇게 해야 합니다. 우리를 눈보다 더 희게 만들어 다시 주께 우리를 바칠 수 있게 해주는 보혈을 의지해야 합니다.

우리가 당하는 환난뿐만 아니라 성공도 하나님에 관한 우리의 헌신을 견고하게 해주는 것이 되어야 합니다. 우리에게 "더할 나위 없는 자비"라고 부를 일들이 생긴다면, 그것은 분명 하나님이 우리에게 면류관을 씌워 주신 것이므로, 우리도 하나님께 면류관을 드려야 합니다. 우리가 우리의 성공과 번영으로써 유익을 얻는 방법을 배울 수 있다면 우리에게는 그다지 다른 역경이 필요하지 않을 것입니다.

혹시 거의 기대하지 않던 축복을 받은 일이 있습니까? 주님이 우리의 발을 넓은 방에 세우신 일이 있습니까? 주님의 자비를 노래할 수 있습니까? 그렇다면 우리 손을 제단 위에 올리고 "나의 하나님, 나를 이곳에 묶어 주소서. 영원히 끈으로 나를 묶으소서"라고 말하십시오. 주께로 향한 우리의 감사로 견고한 언약을 세웁시다.

지면에는 꽃이 피고 새가 노래할 때가 이르렀는데 비둘기의 소리가 우리 땅에 들리는구나(아 2:12).

봄은 아름다운 계절입니다. 길고 지루했던 겨울은 우리에게 봄의 따뜻함을 즐길 수 있게 해주며, 장차 여름이 다가오리라는 약속은 현재 느끼는 기쁨을 더욱 크게 해줍니다. 영적 불황이 지나고 다시 의의 태양을 보면 즐겁습니다. 우리의 잠자던 심령들은 수선화나 크로커스가 화단에서 싹을 내밀듯 깨어납니다. 우리는 지저귀는 새들의 노래보다 훨씬 아름다운 감사의 노래를 부릅니다. 우리의 영혼 속에서는 비둘기의 노래보다 훨씬 기쁨에 찬 평화의 확신이 들려옵니다.

지금은 영혼이 사랑하는 자와의 교제를 추구해야 할 때입니다. 영혼은 자신의 더러움을 벗어나며 과거의 교제를 탈피해야 합니다. 순풍이 불어올 때 돛을 달아 항해하지 않고 그 상쾌한 시기를 그대로 보내는 것은 잘못입니다. 예수께서 찾아오셔서 일어나라고 타이르시는데, 우리가 어리석게도 주님의 요청을 거절할 수 있겠습니까? 주님은 우리를 자기에게로 끌어가시려고 부활하셨습니다. 주님은 우리가 새로운 생명 속에서 거룩하게 되며, 주님과의 교제에 동참하게 하시려고 우리를 소생시키셨습니다.

겨울같이 냉혹한 우리의 상태는 우리를 냉담과 무관심으로 가득 채울 것입니다. 그러나 주님이 우리의 내면에 봄을 창조하실 때 우리의 수액은 활기차게 줄기를 타고 올라가며, 나뭇가지는 결단의 꽃을 피우게 됩니다.

주님, 내 차가운 마음속에 봄이 아직 오지 않았다면 내 마음에 봄을 만들어 주소서. 성령이여, 오셔서 내 영혼을 새롭게 하여 주소서. 나를 회복시켜 주시며 자비를 베푸소서. 당신의 종을 불쌍히 여기사 영적 생명을 소생케 해주소서.

나의 사랑하는 자가 내게 말하여 이르기를 나의 사랑, 내 어여쁜 자야 일어나서 함께 가자(아 2:10).

나는 나의 사랑하는 자의 음성을 듣고 있습니다. 그분이 나에게 말씀하십니다. 그분은 나에게 "일어나라"고 명령하십니다. 이것은 당연한 명령입니다. 왜냐하면 나는 너무 오래 세상 속에 누워있었기 때문입니다. 그분은 일어나셨고, 나도 그분 안에서 일어났습니다.

그런 내가 어찌 먼지에 집착할 수 있습니까? 나는 저급한 사랑과 욕망, 일, 야망을 버리고 주님을 향해 일어나려 합니다. 주님은 "나의 사랑"이라는 아름다운 칭호로 나를 부르시며, 어여쁘게 여기십니다. 주님이 나를 높이시며 아름답다고 생각하시는데, 어떻게 인간의 아들 속에서 머물며 친구를 구할 수 있겠습니까?

그분은 나에게 "함께 가자"라고 하십니다. 그분은 나를 모든 이기적인 것에서부터 멀리 데려가십니다. "함께 가자"라는 말씀은 조금도 귀에 거슬리지 않습니다. 이 헛되고 죄악된 광야에 나의 마음을 붙들 것이 무엇이겠습니까?

오 나의 주여. 나는 죄를 보지도 듣지도 않고 마음에도 두지 않길 원합니다. 당신에게로 가는 것은 유배지를 떠나 본향으로 가는 것이요, 사나운 폭풍우를 빠져나와 육지에 닿는 일이요, 오랜 노동 뒤에 휴식을 취하는 일이요, 내 소망의 목표와 정상에 도착하는 일입니다.

주여, 그러나 어찌 돌멩이가 설 수 있겠습니까? 어찌 한 줌 진흙이 그 무서운 구덩이를 빠져나올 수 있습니까? 오직 당신의 은혜로만 그 일을 하실 수 있습니다. 당신의 성령을 보내주사, 내 마음에 거룩한 사랑의 불을 지펴 주십시오 그리면 내가 일어나 이 세상을 뒤로 하고 당신과 함께 떠나겠습니다.

내 음성을 듣고 문을 열면 내가 그에게로 들어가 그와 더불어 먹고 그는 나와 더불어 먹으리라(계 3:20).

오늘 밤, 우리는 무엇을 원하고 있습니까? 하늘나라의 일을 원하고 있습니까? 하늘 아버지의 영원한 사랑을 동경하고 있습니까? 하나님과의 친밀한 교제 속에 있는 자유를 원합니까? 하나님의 높이와 깊이와 길이와 넓이를 알기를 원합니까? 그렇다면 예수께 가까이 가십시오. 고귀하시고 완전하신 주님을 분명히 보십시오. 주님의 사역, 직무, 인격 속에서 주님을 보십시오. 그리스도를 이해하는 사람은 성령의 기름 부음을 받으며, 그로 말미암아 모든 것을 알게 됩니다. 그리스도는 하나님의 집에 있는 모든 방을 열 수 있는 만능열쇠이십니다. 주님 가까이에서 사는 영혼은 하나님의 집에 있는 방을 모두 열어 그 보화를 얻을 수 있습니다.

"하나님이 내 심령을 영원토록 하나님의 거처로 삼으신다면 얼마나 좋을까?" 라고 말합니까? 그러면 문을 여십시오. 그러면 주님이 들어오실 것입니다. 주님이 우리와 우리는 주님과 교제하기 위해서 주님은 오랫동안 문을 두드리고 계셨습니다. 우리가 주님을 마음속에 영접하기만 하면 주님은 우리와 함께 음식을 드십니다. 주님은 양식을 가지고 오시기 때문에 우리는 주님과 더불어 먹을 수 있습니다.

영혼의 문을 열라. 주님은 우리가 느끼기를 갈망하는 사랑, 우리 자신의 힘으로는 발견할 수 없는 기쁨을 가지고 오실 것입니다. 주님은 맛 좋은 사랑의 열매와 포도주를 가져오실 것이요, 우리의 힘을 돋우셔서 마침내 "압도적인 사랑, 거룩한 사랑"의 병 외에 다른 질병을 앓지 않게 될 것입니다. 주님께 문을 열어 두드리십시오. 주님의 원수를 내어쫓으십시오. 주님께 우리 마음의 열쇠를 드리십시오. 그리하면 주님은 영원토록 그곳에 거하실 것입니다.

지극히 비천한 마음에 지극히 훌륭하신 손님을 모시게 하는 놀라운 사랑이여!

축사하시고 떼어 이르시되 이것은 너희를 위하는 내 몸이니 이것을 행하여 나를 기념하라 하시고(고전 11:23).

죽임을 당하신 어린 양의 피로 구속함을 얻었으며 영원하신 하나님 아들의 영원한 사랑을 받은 사람들이 은혜로우신 구세주를 망각한다는 것은 거의 있을 수 없는 일처럼 보입니다. 어떻게 우리를 잊지 않으시는 그분을 잊을 수 있습니까? 우리의 죄를 대속하기 위해 피를 흘리신 분을 잊을 수 있습니까? 죽기까지 우리를 사랑하신 분을 잊을 수 있습니까? 그것이 가능합니까? 그렇다. 그것은 가능한 일입니다.

우리의 양심은 우리 모두 그분을 마치 하룻밤 묵어가는 여행자처럼 여기는 잘못을 범하고 있다고 고백합니다. 우리 기억 속에 영원히 거할 주인으로 모셔야 할 분을 지나가는 방문객으로 취급하는 것입니다. 항상 기억하며 염두에 두어야 할 십자가가 망각의 발에 밟혀 모독받고 있습니다. 당신은 자신이 예수님을 잊고 있음을 발견합니까? 당신은 피조물에 마음을 빼앗겨 주님을 잊고 있습니다.

당신은 세상에 몰두하여 주님이 지신 십자가를 보지 않고 있습니다. 소란한 세상에 빠져 살며 세상일에 끌려 지내는 생활은 우리 영혼을 그리스도로부터 떼어냅니다. 우리는 무엇이든지 세상의 것들은 우리 손과 정신에서 쫓아내고, 오직 예수만 굳게 붙잡을 것을 결심해야 합니다.

누구든지 깨어 자기 옷을 지켜 벌거벗고 다니지 아니하며 자기의 부끄러움을 보이지 아니하는 자는 복이 있도다(계 16:15).

사도 바울은 "나는 날마다 죽노라"고 했습니다. 초대 기독교인들에게는 항상 생명의 위협이 따랐습니다. 오늘 우리는 그처럼 두려운 박 해를 통과해야 한다는 소명을 받고 있지 않습니다. 그러나 만일 그렇게 해야 한다면, 주님은 우리에게 그러한 시험을 견딜 수 있는 은혜를 주실 것입니다. 오늘날 우리는 무서운 핍박을 받던 시대의 신자들보다 쉽게 시험에 굴복하는 것 같습니다. 세상의 조롱을 받는 것은 쉬운 시험입니다. 세상의 아첨, 달콤한 말, 위선 등은 그보다 훨씬 좋지 못한 시험입니다. 우리가 부유해지고 교만해지며 이 악한 세상을 중요하게 여기고 신앙을 잃는 것이 가장 위험합니다. 세상 염려도 마찬가지로 위험합니다. 우리는 으르렁거리는 사자에게 물리지 않아도 곰에게 짓밟힐 수도 있습니다. 마귀는 그리스도를 향한 우리의 사랑과 신뢰를 파괴하기 위해서 수단 방법을 가리지 않습니다. 과거 험한 시대보다는 지금처럼 순탄한 시대에 교회는 더욱 쉽게 그 의를 잃습니다.

우리는 지금 위험한 여행을 하고 있으므로 깨어 있어야 합니다. 예수를 믿으며 주님을 향한 불타는 사랑을 갖지 못하면 쉽게 잠들어 멸망에 이르게 됩니다. 오늘처럼 편안하게 신앙생활을 할 수 있는 시대에 스스로 기독교인이라고 주장하던 많은 사람이 장차 밀이 아니라 가라지로 판명될 것입니다.

믿는 자여, 지금 깨어 거룩한 열심을 내지 않아도 된다고 생각하지 마십시오. 지금이야말로 깨어 있어 열심을 내야 할 때입니다. 영원하신 성령께서 우리 안에서 전능하심을 나타내시기를 기원합니다. 성령께서 우리에게 능력을 주시면 험한 시대에는 물론이요, 요즘처럼 순탄한 시대에도 "이 모든 일에 우리를 사랑하시는 이로 말미암아 우리가 넉넉히 이기느니라"(롬 8:37)고 말하게 될 것입니다.

땅이 그의 소산을 내어 주었으니 하나님 곧 우리 하나님이 우리에게 복을 주시리로다(시 67:6).

우리는 이상하게도 하나님이 주신 영적인 복을 거의 사용하지 않고 있습니다. 더욱 이상한 일은 우리가 하나님을 거의 이용하지 않는 것입니다. 우리는 하나님의 지혜를 거의 요청하지 않습니다. 우리는 자기의 일을 할 때도 하나님의 인도하심을 구하지 않고 지내는 일이 빈번합니다. 시험당할 때 우리는 우리의 힘이 되어 주실 주께 짐을 맡기지 않고 스스로 그 짐을 지려 애를 씁니다.

주님은 우리에게 "영혼아, 나는 너의 것이다. 와서 마음껏 나를 이용하여라. 너는 자유로이 내 창고에 올 수 있다. 나는 언제든지 너를 환영하겠다"라고 말씀하십니다. 우리가 하나님을 이용하지 않는 것은 잘못입니다.

당신에게는 이처럼 좋은 친구가 있으며, 또 그가 당신을 초청하고 있으니 날마다 그를 이용하십시오. 당신에게 하나님이 있는 한 전혀 부족함을 느낄 이유가 없습니다. 당신을 도와주실 하나님이 있는 한 결코 두려워하거나 기운을 잃지 마십시오. 그분은 당신에게 모든 것을 공급해 주실 수 있습니다. 다시 말하거니와 당신의 하나님을 이용하십시오. 기도로써 그분을 이용하십시오. 자주 하나님께 나아가십시오.

그분은 당신의 하나님이십니다. 당신이 필요로 하는 것을 모두 말씀드리십시오. 항상 믿음에 의해 그분을 이용하십시오. 당신의 길에 구름이 낄 때는 하나님을 당신의 방향지시기로 이용하십시오. 강한 원수가 당신을 괴롭힐 때는 여호와 하나님 안에서 방패를 발견하십시오.

하나님은 자기 백성을 인도하시고 보호하시는 분이십니다. 당신이 인생의 짙은 안개 속에서 길을 잃었다면 하나님을 안내인으로 사용하십시오. 하나님이 당신을 인도하실 것입니다.

"우리 하나님이 우리에게 복을 주시리로다."

여호와께서는 영원무궁하도록 왕이시니 이방 나라들이 주의 땅에서 멸망하였나이다(시 10:16).

예수 그리스도는 독재자처럼 신적 권리를 주장하시지 않습니다. 주님은 진실로 여호와의 기름 부음을 받은 자이십니다.

"아버지께서는 모든 충만으로 예수 안에 거하게 하시고"(골 1:19).

하나님은 그리스도에게 모든 권위와 권세를 주셨습니다. 사람의 아들이신 그리스도는 교회의 머리가 되십니다. 주님은 생명과 사망의 열쇠를 가지시고 하늘과 땅과 지옥을 다스리십니다. 어떤 왕들은 대중의 뜻에 따라서 왕이라 불리는 것을 기뻐했습니다. 교회 안에 계신 주님도 그러실 것입니다. 만일 교회 안에서 주님이 왕이 되어야 하느냐는 문제로 투표를 한다면 믿는 사람들은 모두 주님께 면류관을 씌우려 할 것입니다.

우리는 그리스도께 영광을 돌리기 위해 치른 비용을 낭비라 여기지 않을 것입니다. 우리가 주님의 머리에 찬란한 면류관을 씌우며 사람과 천사들 앞에서 주님을 더욱 영광스럽게 만들 수 있다면, 우리의 고난은 즐거움이 되며, 손해는 이익이 될 것입니다. 그리스도는 왕이 되어 다스리실 것입니다. 주님을 사랑하는 자여, 앞으로 나아가십시오. 그 발 앞에 경배하고 백합과 감사의 장미로 그 길을 덮고 왕관을 가져가 만백성의 주님께 씌웁시다.

예수 그리스도는 시온을 정복하시고 그곳의 왕이 되십니다. 주님은 자기 백성들의 심령을 되찾으셨으며 그들을 속박하고 있던 잔인한 원수들을 멸망시키셨습니다. 구속자께서는 자기 피로 이루어진 홍해에서 죄를 빠져 죽게 하셨습니다. 그는 우리를 죄로 만든 멍에와 율법의 저주에서 구해 주셨고 사망의 권세에서 구원해 주셨습니다. 누가 주님의 승리를 빼앗을 수 있겠습니까?

왕이신 주 예수 그리스도, 만세!

아름다우신 평화의 왕이시여, 우리 마음을 영원토록 다스리소서!

주의 종에게 하신 말씀을 기억하소서 주께서 내게 소망을 가지게 하셨나이다(시 119:49).

우리에게 필요한 모든 것과 관련된 약속을 성경 속에서 쉽게 발견할 수 있습니다.

"피곤한 자에게는 능력을 주시며 무능한 자에게는 힘을 더하시나니"(사 40:29): 이 약속을 주신 위대하신 하나님께로 가서 말씀하신 대로 이루어 달라고 요청합시다. 그리스도를 찾고 있으며, 그리스도와의 친밀한 교제를 애타게 기다리고 있는 사람에게 적합한 약속이 있습니다.

"의에 주리고 목마른 자는 복이 있나니 그들이 배부를 것임이요"(마 5:6): 이 약속을 끊임없이 보좌 앞으로 가져가십시오. 몇 번이라도 하나님께 나아가서 "주여, 당신이 말씀하신 대로 행하소서"라고 아뢰십시오. 죄 때문에 고통받으며 불의의 무거운 짐을 지고 있다면, 다음의 말씀에 귀 기울여보십시오.

"나 곧 나는 나를 위하여 네 허물을 도말하는 자니 네 죄를 기억하지 아니하리라"(사 43:25): 끝까지 신앙을 유지하지 못할까 염려하는 사람이 있다면, 다음과 같은 은혜의 말씀으로 보좌 앞에 나아가 아뢰십시오.

"산들이 떠나며 언덕들은 옮겨질지라도 나의 자비는 네게서 떠나지 아니하며 나의 화평의 언약은 흔들리지 아니하리라"(사 54:10): 구세주의 임재의 기쁨을 잃고 슬픔으로 주님을 찾고 있는 사람은 "내게로 돌아오라 그리하면 나도 너희에게로 돌아가리라"(말 3:7)는 약속을 기억하십시오.

우리 믿음의 기초를 하나님의 말씀 위에 두자. 염려하거나 원하는 일이 있을 때마다 아버지께 아뢰니다.

"주의 종에게 하신 말씀을 기억하소서 주께서 내게 소망을 가지게 하셨나이다."

그러나 이스라엘 족속은 이마가 굳고 마음이 굳어 네 말을 듣고자 아니하리니 이는 내 말을 듣고자 아니함이니라(겔 3:7).

이 말씀에 해당하지 않는 사람은 한 사람도 없습니다. 하나님의 은총을 받은 족속인 이스라엘이 이마가 굳고 마음이 강퍅하다고 기록되어 있습니다. 우리는 이 보편적인 비난에 해당하는지 생각해보고 자신의 죄악을 인정하십시오.

첫 번째 고발은 **이마가 굳다**는 것입니다. 이것은 경솔하고 무분별함, 다시 말하면 거룩한 수치심이 부족하며 대담하게 악을 행한다는 뜻입니다. 회심하기 전에 나는 죄지으면서도 전혀 후회하지 않았으며, 내 죄악에 관한 이야기를 듣고서도 전혀 겸손해지지 않으며, 불의를 행하면서도 그로 인한 내적 슬픔을 느끼지 않았습니다. 죄인이 하나님의 집으로 가서 하나님께 기도하며 찬양하는 체하는 것은 악하고 철면피 같은 위선입니다. 그러나 나는 중생한 후에도 주님의 면전에서 주님을 의심하며, 거만하게도 주님께 불평하며, 나태한 태도로 주님 앞에서 예배하며, 범죄하고도 정직한 회개를 하지 않았습니다. 만일 이마가 굳지 않았다면 나는 크고 거룩한 경외심, 그리고 깊이 뉘우치는 상한 마음을 가졌을 것입니다.

두 번째 고발은 **마음이 강퍅하다**는 것입니다. 나는 이 점에서도 무죄를 주장할 수 없습니다. 과거에 나는 돌 같이 굳은 마음을 가지고 있었습니다. 지금 나는 은혜로 말미암아 새로운 마음을 가지고 있으나, 이전에 지니고 있던 완악함이 아직도 많이 남아 있습니다. 나는 마땅히 예수의 죽으심에 감명을 받아야 하지만 그렇지 못합니다. 또 내 동료들의 멸망, 시대의 사악함, 하늘 아버지의 징계, 나 자신의 실패에 의해서도 감동하지 못하고 있습니다.

오, 구세주의 고난과 사망을 언급할 때, 내 심령이 녹아지게 하소서.

구세주의 보혈은 보편적인 용제(溶劑)입니다. 그것이 나를 부드럽게 해주면 내 심령은 밀랍이 불 앞에서 녹듯 녹을 것입니다.

주는 내게 두려움이 되지 마옵소서 재앙의 날에 주는 나의 피난처시니이다(렘 17:17).

기독교인이 가는 길이 항상 밝고 양지바른 길은 아닙니다. 그곳에는 어두움의 계절도 있고 폭풍우의 계절도 있습니다. 하나님의 말씀에 "그 길은 즐거운 길이요 그의 지름길은 다 평강이니라"(잠 3:17)고 기록되어 있는데 물론 이것은 진리입니다. 하나님을 신뢰하는 사람은 이 세상에서 행복을 느끼며 저세상에서 축복받는다는 것은 참으로 위대한 진리입니다.

"의인의 길은 돋는 햇살 같아서 크게 빛나 한낮의 광명에 이르거니와"(잠 4:18)라는 것은 경험이 증명하는 진리입니다. 그러나 때로 그 빛이 쇠하는 때도 있습니다. 때로 구름이 태양을 가리기도 하며, 어둠 속을 행하며 전혀 빛을 보지 못하는 때도 있습니다.

많은 사람이 하나님의 임재를 보고 기뻐합니다. 그들은 지금까지는 잔잔한 물가에 있는 푸른 초장을 따라 걸어왔습니다. 그러나 갑자기 빛나던 하늘에 구름이 낀 것을 발견하게 될 때, 그들은 "만일 내가 하나님의 자녀라면 이런 일은 절대로 일어나지 않을 것이다"라고 말합니다. 절대로 그렇게 말하지 마십시오.

성도 중에서도 가장 훌륭한 성도들은 반드시 시련을 겪어야 합니다. 가장 사랑받는 자녀들은 십자가를 져야 합니다. 영원한 번영을 누리는 신자는 없습니다. 당신이 처음 길을 걷기 시작했을 때는 연약하고 겁이 많았기 때문에 주님이 평탄한 길과 청명한 날씨를 배정하여 주셨을 것입니다. 그러나 이제 당신의 영적 생명이 건강해졌으므로 당신은 장성한 하나님의 자녀들이 겪어야 하는 거친 일을 통과해야 합니다.

우리가 믿음을 연단하고 이기적인 존재라는 썩은 가지를 꺾어내며 그리스도 안에 굳게 뿌리를 박으려면 바람과 태풍이 필요합니다. 재앙의 날은 우리에게 영광스러운 소망을 계시해 줍니다.

여호와께서는 자기 백성을 기뻐하시며 겸손한 자를 구원으로 아름답게 하심이로다(시 149:4).

사랑이 많으신 주님은 자기 백성들에게 필요한 것을 충분히 공급해 주십니다. 주님은 자기 백성의 행복에 관계된 것은 모두 중요하게 여기십니다. 주님은 우리를 영원한 존재라고 생각하시면서도, 당신이 유한한 존재임을 아십니다.

"너희에게는 머리털까지 다 세신 바 되었나니"(마 10:30).

"여호와께서 사람의 걸음을 정하시고 그의 길을 기뻐하시나니"(시 37:23).

주님의 사랑은 우리와 관계된 모든 것을 포용합니다. 믿는 자여, 주님은 진심으로 우리의 일상생활에 관심이 있다고 확신하십시오. 주님은 자비하시고 사랑이 풍성하시니 무슨 일을 만나든지 주님께 달려가십시오.

"아버지가 자식을 긍휼히 여김 같이 여호와께서는 자기를 경외하는 자를 긍휼히 여기시나니"(시 103:13)

하나님의 아들께서는 자기의 넓은 가슴 속에 모든 성도의 관 심사를 품으십니다. 주님의 마음은 자기 백성들의 다양하고 무수한 관심사를 포용하십니다. 그리스도의 사랑을 측량할 수 있습니까? 주의 사랑이 우리에게 가져다준 것, 즉 칭의, 양자됨, 성화, 영생을 생각해 보십시오. 주님의 풍성하심은 매우 신비합니다. 그리스도의 사랑은 무엇에도 비길 수 없습니다. 그런데 어떻게 그 사랑에 우리가 냉랭한 사랑으로 보답할 수 있고 주님의 놀라운 인자하심과 돌보심을 인정하며 응답하기를 지체하려 합니까?

기쁜 감사의 노래를 부릅시다. 우리는 쓸쓸한 방랑자가 아니라 사랑받는 자녀이니 기뻐하며 잠자리에 듭시다. 주님은 우리를 지켜주시고 돌봐주시며 보호해 주시고, 우리에게 필요한 것을 공급해 주십니다.

이스라엘 자손이 다 모세와 아론을 원망하며 온 회중이 그들에게 이르되 우리가 애굽 땅에서 죽었거나 이 광야에서 죽었으면 좋았을 것을(민 14:2).

과거 이스라엘 백성들이 모세와 아론을 원망했듯이, 오늘날 신자들도 하나님을 원망합니다. 하나님의 매를 맞을 때 그 고통스러운 섭리를 대적하여 소리치는 신자들이 있습니다. 그들은 "내가 왜 고통을 받아야 합니까? 내가 무슨 일을 했기에 이런 징계를 받아야 합니까?"라고 묻습니다. 이처럼 원망하는 자에게 해주고 싶은 말이 있습니다. 당신은 왜 거룩하신 하나님의 섭리를 대적하여 원망합니까? 하나님이 당신을 필요 이상으로 거칠게 다투실 분입니까?

과거 당신이 얼마나 패역한 사람이었는지 생각해 보십시오. 하나님은 그런 당신을 용서해 주셨습니다. 그러므로 하나님이 당신을 징계하기에 적당하다고 지혜롭게 판단하신 일에 대해 불평해서는 안 됩니다.

당신의 영이 교만하고 패역하다는 사실은 당신의 심령이 아직 완전히 성화하지 못하였음을 증명해주지 않습니까? 원망하는 것은 거룩하고 순종하는 하나님 자녀들의 본성에 어긋나는 것입니다.

잘못된 일을 고치기 위해 징계가 필요한 것이 아닙니까? 그런데도 징계에 대해 불평을 합니까? 조심하십시오. 불평하는 사람들에게 징계가 더 임할 것입니다. 그러나 "주께서 인생으로 고생하게 하시며 근심하게 하심은 본심이 아니심"(애 3:33)을 알아야 합니다. 하나님의 징계는 모두 사랑에서 나온 것으로 당신을 정결케 하며 하나님께 더욱 가까이 이끌기 위한 것입니다. 당신이 아버지의 징계하시는 손을 인식할 수 있다면 그 징계를 견디는 데 도움이 될 것입니다.

"주께서 그 사랑하시는 자를 징계하시고 그가 받아들이시는 아들마다 채찍질하심이라"(히 12:6).

"그들 가운데 어떤 사람들이 원망하다가 멸망시키는 자에게 멸망하였나니 너희는 그들과 같이 원망하지 말라"(고전 10:10).

하나님이여 주의 생각이 내게 어찌 그리 보배로우신지요 그 수가 어찌 그리 많은지요(시 139:17).

하나님의 전지하신 생각은 경건치 못한 자에게는 위로를 주지 못하지만, 하나님의 자녀에게는 넘치는 위로를 줍니다. 하나님은 항상 우리를 생각하고 계십니다. 단 한 순간도 거룩하신 아버지의 돌보심 없이 존재한다는 것은 두려운 일입니다. 하나님의 생각은 언제나 은유하고 사랑으로 가득하고 지혜로우며 신중하고 멀리까지 뻗습니다. 또 우리에게 무한한 유익을 가져다줍니다. 여호와는 언제나 자기 백성을 생각하셨고 그들의 구원을 확보해 줄 은혜의 언약을 공급해 주셨습니다. 지금, 하나님은 자기 백성들을 안전하게 최후의 안식으로 인도해 줄 견인(堅忍)의 힘을 주십니다.

우리가 방황할 때 영원하신 하나님의 눈은 계속 우리를 지켜보십니다. 우리는 절대 목자의 보호를 벗어나 방황할 수 없습니다. 우리가 슬픔을 당할 때도 주님은 쉬지 않고 지켜보십니다. 하나의 고통도 남김없이 지켜보십니다. 또 우리가 수고할 때는 우리의 피곤함을 보시며, 신실한 자의 싸움을 모두 기록해 두십니다. 여호와의 생각은 우리가 어떤 길로 가든지 항상 우리를 에워싸며, 우리의 존재 깊은 곳을 꿰뚫어 보십니다. 우리 몸의 신경 세포나 혈관 까지도 하나님은 돌보십니다. 위대하신 하나님은 이 작은 세상의 모든 문제를 곰곰이 생각하십니다. 비인격적인 하나님을 가르치며, 자존하고 스스로 다스리는 물질에 관해 이야기하는 현학적인 바보들의 말에 현혹되지 맙시다.

하나님은 살아 계시며 우리를 생각하십니다. 아무도 당신에게서 이 확신을 빼앗지 못 하게 합니다. 왕의 총애는 대단히 귀한 것이므로 그것을 소유한 사람은 행운을 얻은 것으로 여깁니다. 하물며 왕 중의 왕의 보살핌을 받는 사람은 얼마나 복 받은 자이겠습니까. 여호와께서 우리를 생각해 주시는 것은 매우 좋은 일이므로 우리는 영원히 기뻐해야 합니다.

빰은 향기로운 꽃밭 같고 향기로운 풀언덕과도 같고 입술은 백합화 같고 몰약의 즙이 뚝뚝 떨어지는구나(아 5:13).

이 말씀 안에 나타난 계절은 꽃피는 계절입니다. 삼월의 바람과 사월의 비가 역사하여 땅은 아름다움을 입고 있습니다. 당신은 "향기로운 꽃밭"을 잘 알고 있습니다. 당신은 가끔 향기로운 꽃 냄새를 맡아 보았습니다.

지금 곧 당신의 사랑하는 자에게로 가서, 모든 사랑스러움과 기쁨을 발견하십시오. 과거 모진 매를 맞았던 뺨, 연민의 눈물로 얼룩졌던 뺨, 침 뱉음을 당하여 더러워졌던 뺨이지만, 지금 자비의 미소를 머금은 그 뺨은 내 마음에 향기가 됩니다.

오 주 예수님, 당신은 수치와 침 뱉음을 피하려고
당신의 얼굴을 숨기지 아니하셨습니다.
그리므로 나는 당신을 찬미하는 데서
지극한 기쁨을 발견하리다.
당신의 두 뺨은 슬픔으로 주름졌으며,
당신의 가시면류관을 쓴 이마에서 흘러내리는 피로
붉게 물들어 있었습니다.
그 무한한 사랑의 흔적이 내 영혼을 사로잡았습니다.

나는 예수 안에서 향기뿐만 아니라 꽃밭을 발견합니다. 한 송이의 꽃이 아니라 온갖 종류의 향기로운 꽃을 발견합니다. 그분은 내게 백합화요, 장미꽃이요, 오랑캐꽃입니다. 주님이 나와 함께 하시면 나에게는 일년내내 오월이 계속됩니다. 내 영혼은 주님의 은혜의 아침 이슬로 세수하며, 주님의 약속을 노래하는 새들의 노래를 듣고 위로를 얻습니다.

귀하신 주여, 당신과의 영원하며 깨지지 않는 교제 안에 거하는 것이 얼마나 큰 축복인지 알게 해주소서.

나는 사론의 수선화요 골짜기의 백합화로다(아 2:1).

예수 그리스도는 세상에서 가장 귀한 아름다움의 열 배나 되는 영적 아름다움을 가지고 계십니다. 많은 사람은 수선화가 아름답다고 생각합니다. 그러나 영혼의 동산에 피어있는 그리스도는 세상의 수선화보다 무한히 더 아름답다. 예수는 모든 것 중에서 가장 어여쁘신 분이십니다. 주님은 태양이시오, 다른 것들은 별입니다. 왕의 아름다움은 모든 것을 능가하므로, 주님과 비교할 때 하늘과 낮도 어둡게 여겨집니다.

"나는 샤론의 수선화요."

주님은 수선화 중에서도 가장 훌륭하고 귀한 수선화입니다. 예수는 그저 수선화가 아니라 사론의 수선화, 가장 훌륭한 수선화이십니다. 주님은 절대적으로 사랑스럽고 최고로 사랑스러우십니다.

수선화는 사람의 눈을 즐겁게 해주며, 그윽한 향기를 냅니다. 마찬가지로 영혼의 모든 감각도 예수 안에서 만족을 느낍니다. 주님의 사랑을 회상하기만 해도 기분이 좋아집니다. 샤론의 수선화 잎들을 떼어 추억의 그릇에 넣어두십시오. 그리하면 그 향기는 오랫동안 남아 있어 방 안을 향기롭게 할 것입니다.

그리스도는 최고의 교육을 받은 영의 최고의 미각을 충만히 만족시켜 주십니다. 향기를 구분하는 최고의 기술자는 수선화 향기에 만족을 느낍니다. 참된 미각의 최고봉에 도달한 영혼은 그리스도에 게서 만족을 느끼며 그리스도를 더욱 잘 감상할 수 있게 될 것입니다. 하늘나라도 사론의 수선화보다 더 위대한 것은 가지고 있지 않습니다. 인간의 말과 세상의 것들로는 주님을 묘사할 수 없습니다. 땅에서 최고로 아름다운 것으로도 주님의 귀중함을 희미하게 묘사할 뿐입니다.

복된 수선화여, 내 마음속에서 영원토록 피어나라.

내가 비옵는 것은 그들을 세상에서 데려가시기를 위함이 아니요 다만 악에 빠지지 않게 보전하시기를 위함이니이다(요 17:15).

모든 신자는 장차 하나님이 예정하신 때에 본향으로 돌아가 예수와 함께 거하게 됩니다. 그것은 지극히 즐겁고 복된 일입니다. 지금 믿음의 선한 싸움을 싸우고 있는 주님의 군사들도 몇 년 후에는 그 싸움을 마치고 주님의 기쁨에 들어갈 것입니다.

그러나 그리스도는 궁극적으로는 자기 백성들이 자기가 있는 곳에 함께 있게 되기를 기도하면서도, 그들을 당장에 하늘나라로 데려가 달라고 요청하지는 않으셨으며, 그들이 이 세상에 머물기를 원하셨습니다. 옥수수가 완전히 익듯이 우리도 완전히 성숙하여 주님의 창고에 들어가게 되기까지는 우리를 아버지의 수중에 남겨 두셨습니다. 육신을 입고 사는 것은 우리 자신에게는 유익하지 못할지는 모르나 다른 사람들을 위해 필요한 일입니다.

예수님은 우리를 악에서 보전해 달라고 기도하셨습니다. 그러나 장성하여 어른이 되기 전에 우리가 영광을 상속받는 것을 원하지 않으십니다. 믿는 신자들은 환난을 당할 때 때때로 죽기를 원하는 일이 있습니다. 그 이유를 물어보면 그들은 "주님과 함께 거하고 싶습니다"라고 대답할 것입니다.

그러나 그들이 죽기를 원하는 것은 주님과 함께 있고픈 갈망 때문이기보다는 자신의 환난을 없애기 위한 것입니다. 그렇지 않다면 환난을 당하지 않았을 때도 역시 죽기를 원했을 것입니다.

우리가 사도 바울과 같은 정신을 하고 있다면, 죽기를 원하는 것이 매우 옳은 일입니다. 그리스도와 함께 거하는 것은 지극히 좋은 일입니다. 그러나 환난에서 도피하려는 것은 이기적인 생각입니다.

주님께서 원하시는 동안 이 세상에 살면서 하나님께 영광 돌리기를 원하십시오. 우리가 고난과 투쟁과 수고를 할 때도 하나님은 "내 은혜가 네게 족하다"라고 말씀하십니다.

이 사람들은 다 믿음을 따라 죽었으며 약속을 받지 못하였으되 그것들을 멀리서 보고 환영하며 또 땅에서는 외국인과 나그네임을 증언하였으니(히 11:13).

주님이 강림하시기 전에 죽은 성도들의 묘비를 보십시오. 그들이 어떻게 죽었는지, 늙어 죽었거나 폭력으로 죽었거나 그것은 문제가 되지 않습니다. 그들이 모두 일치하고 있는 한 가지 사실, "이 사람들은 다 믿음을 따라 죽었다"라는 것은 매우 가치 있는 기록입니다. 그들은 믿음 안에서 살았습니다. 믿음은 그들의 위로요, 안내자요, 행동의 원인이요, 그들을 지탱해주는 힘이었습니다. 그들은 신령한 은혜 안에서 죽었으며, 자신이 오랫동안 불러온 아름다운 노래를 부르며 생을 마쳤습니다. 그들은 죽을 때 육체나 자신의 업적을 의지하지 않았습니다. 그들은 최초로 하나님께 자신을 맡긴 후로 전혀 요동하지 않고 끝까지 믿음의 길을 지켰습니다.

믿음으로 죽는 것은 믿음으로 사는 것만큼 귀한 일입니다. 믿음 안에서의 죽음은 과거와 분명한 관계가 있습니다. 그들은 하나님이 옛적에 하신 약속을 믿었습니다. 그들은 자기의 죄가 하나님의 자비로 말미암아 도말되었다고 확신합니다. 믿음 안에서 죽는 것은 현재와도 관계가 있습니다. 이 성도들은 하나님이 자기를 받아들여 주셨다고 확신했습니다. 그들은 하나님의 사랑의 빛을 받았으며, 하나님의 성실하심 속에서 잠들었습니다. 믿음 안에서 죽는 것은 미래와도 관계가 있습니다. 그들은 메시아가 분명 오시리라 신뢰하며 잠들었습니다. 마지막 날 메시아께서 세상에 나타나실 때 그들은 무덤에서 일어나 그분을 볼 것입니다. 그들에게 있어서 사망이란 보다 훌륭하게 태어나기 위한 탄생의 아픔에 불과했습니다.

이 말씀을 읽으며 용기를 냅시다. 우리는 이 세상에서 믿음의 여행을 하고 있으며, 주위의 환경은 그리 기쁨을 주지 못하고 있습니다. 가장 밝고 선한 성도들도 같은 길로 걸어갔습니다. 믿음의 창시자요 완성자인 예수를 바라보십시오. 지금 영광중에 있는 영혼과 같이 귀한 믿음을 주신 주님께 감사합시다.

이것을 너희에게 이르는 것은 너희로 내 안에서 평안을 누리게 하려 함이라 세상에서는 너희가 환난을 당하나 담대하라 내가 세상을 이기었노라(요 16:33).

믿는 자여, 왜 우리가 세상에서 환난을 당해야 하느냐고 묻지 마십시오. 하늘에 계신 아버지를 바라십시오. 순결하고 거룩하신 주님을 바라십시오. 장차 우리도 주님처럼 될 것입니다. 당신은 쉽게 주님의 형상과 같이 되기를 바랍니까? 그렇지 않습니다. 많은 시련의 과정을 거쳐야 합니다. 인간에게서 부패한 것을 제거하여 하늘에 계신 아버지와 같이 완전하게 되기가 어떻게 쉽겠습니까?

믿는 자여, 이제 시선을 아래쪽으로 돌려봅시다. 우리의 발아래 어떤 원수가 있는지 압니까? 우리는 한때 사탄의 종이었습니다. 자기 신하를 잃어버리는 것을 좋아하는 왕이 없듯이 사탄 역시 우리를 놓아주려 하지 않습니다. 그렇습니다. 사탄은 항상 우리 앞에 있습니다. 그는 "우는 사자 같이 두루 다니며 삼킬 자"(벧전 5:8)를 찾습니다.

믿는 자여, 닥쳐올 환난을 대비하십시오. 당신의 주위를 돌아보십시오. 당신은 원수의 나라에 살고 있습니다. 당신은 잠시 머물다가 떠나는 나그네요 이방인입니다. 세상은 당신의 친구가 아닙니다. 만일 당신이 세상과 친구가 된다면 하나님과 친구가 될 수 없습니다. 세상과 친구가 되는 자는 하나님과 원수가 되기 때문입니다. 어디를 가든지 원수를 발견하게 된다는 것을 아십시오. 당신은 잘 때도 전쟁터에서 잠시 쉰다고 생각하십시오. 걸어갈 때는 원수가 울타리 뒤에 숨어 있는지 살펴보십시오. 모기도 원주민보다는 나그네들을 더 많이 문다고 하는데, 세상의 시련은 나그네인 당신에게 가장 날카롭게 임할 것입니다.

마지막으로 자신의 마음을 들여다보고 그곳에 무엇이 있는지 조사하십시오. 아직도 죄와 자아가 그곳에 있을 것입니다. 환난을 기대하십시오. 그러나 절대로 낙심하지 마십시오. 하나님은 "그들이 환난 당할 때에 내가 그와 함께 하여 그를 건지고 영화롭게 하리라"(시 91:15)고 말씀하셨습니다.

하나님은 우리의 피난처시요 힘이시니 환난 중에 만날 큰 도움이시라 (시 46:1)

우리는 언약의 축복을 우리의 것이 되게 해야 합니다. 믿는 자여, 우리는 마땅히 그리스도를 의지해야 함에도 실상 의지하지 않고 있습니다.

환난 중에 있을 때 그리스도께 슬픔을 모두 말씀드립니까? 그리스도의 긍휼하신 마음이 위로하며 슬픔을 덜어줄 수 있습니다. 가장 선하신 친구인 그리스도에게 가지 않고 다른 친구들에게 갑니까? 사방으로 다니며 자신의 불행을 이야기하면서도 주님에게는 말하지 않는지요? 죄짐을 지고 있습니까? 여기에 피로 가득 찬 샘물이 있으니 그것을 사용하십시오. 죄의식이 돌아왔습니까? 주님의 죄사함의 은혜는 거듭 증명될 수 있을 것입니다. 즉시 그리스도께 나와 깨끗함을 얻으십시오. 연약함을 멸시합니까? 주님을 의지하면 주님이 힘이 되어 주실 것입니다. 벌거벗었다고 느낍니까? 여기 예수의 의의 옷이 있습니다. 바라보지만 말고 그 옷을 입으십시오. 자신의 의와 두려움을 벗어버리고 깨끗하고 흰 세마포 옷을 입으십시오. 병이 들었습니까? 기도라는 비상용 종을 흔들어서 사랑하는 의원을 부르십시오. 그가 소생케 할 약을 주실 것입니다.

우리에게는 가난하지만 “유력한 친족”(룻 2:1)이 있습니다. 그분께로 가서 그의 풍성함을 나눠달라고 요청하십시오. 그분은 우리를 공동상속인으로 삼으셨습니다. 그분의 존재와 소유는 모두 우리의 소유가 될 수 있습니다. 그리스도는 자기 백성들이 자기를 과시하기만 하고 이용하지 않는 것을 싫어하십니다. 그리스도는 우리가 자기를 고용해주기를 원하십니다. 우리가 그리스도의 어깨에 많은 짐을 지울수록 그리스도는 우리에게 귀한 분이 됩니다.

사람이 어찌 신 아닌 것을 자기의 신으로 삼겠나이까 하리이다(렘 16:20).

고대 이스라엘 백성이 지은 죄 중에서 가장 골치아픈 것이 우상숭배였습니다. 그런데 오늘날 영적 이스라엘 백성들도 이와 같은 경향으로 기울어지고 있습니다. 우리의 자아는 여러 가지 형태로 택한 백성들을 지배하려고 싸우고 있습니다.

믿는 신자들이 크게 범죄하게 되는 원인 중에는 지나친 자녀 사랑이 있습니다. 우리가 자녀들을 맹목적으로 사랑할 때 주님은 근심하십니다. 다윗의 아들 압살롬과 같이 버릇없이 자란 자녀들은 우리에게 큰 저주 거리가 될 수도 있습니다. 자신의 베개를 가시로 채우기를 원한다면, 사랑하는 자녀들을 맹목적으로 키우십시오.

왜 우리는 돌로 새긴 신을 예배하는 이교도들을 가련하게 여기면서 육신을 입은 신을 섬깁니까? 돌로 새긴 우상과 육신을 입은 우상의 차이점이 무엇입니까? 어느 것을 섬기든지 근본적으로 같은 일입니다.

그러나 우리가 자식을 맹목적으로 사랑하는 죄는 이교도들이 우상을 섬기는 죄보다 더 중합니다. 왜냐하면 우리는 그들보다 더 많은 빛을 받았으면서도 죄를 범하기 때문입니다. 이교도들은 거짓 신에게 절을 하지만, 참 하나님을 알지 못하고 있습니다. 그러나 우리는 두 가지 악을 범합니다. 즉 살아계신 하나님을 버리고 우상을 의지하는 죄입니다.

주여, 우리를 이 중한 죄에서 깨끗하게 해주시옵소서.

> 너희가 거듭난 것은 썩어질 씨로 된 것이 아니요 썩지 아니할 씨로 된 것이니 살아 있고 항상 있는 하나님의 말씀으로 되었느니라(벧전 1:23).

베드로는 흩어진 성도들을 열심히 권면하여 깨끗한 마음으로 피차 뜨겁게 사랑하게 했습니다. 그는 지혜롭게도 논증의 토대를 인간 본성의 법이나 철학에 두지 않고 하나님이 자기 백성의 마음에 심어 주신 고귀하고 거룩한 본성에 두었습니다. 하나님의 백성은 영광의 상속인이요, 왕의 피가 흐르는 왕자요, 세상에서 가장 진실하며 가장 오래된 계급, 왕의 왕의 후손입니다.

베드로는 "너희는 썩지 아니할 씨로 거듭난 고귀한 백성이니 서로 사랑하라. 너희는 만물을 창조하신 하나님의 후손입니다. 너희는 불멸의 운명을 가졌으니, 육체의 영광은 시들고 그 생존이 그치더라도 너희는 절대 사라지지 않을 것이다"(벧전 1:22-25 참조)라고 했습니다.

우리는 겸손한 마음으로 중생한 우리의 본성이 얼마나 참되고 품위가 있는 것인지 인식하고 그에 따라 살아야 합니다.

기독교인이란 어떤 사람입니까? 비교하자면 그는 왕의 기품 위에 제사장의 고결함을 더한 사람입니다. 왕의 왕권은 그가 쓰고 있는 면류관에 나타납니다. 그러나 기독교인의 왕권은 그의 본성 깊숙이 스며들어 있습니다. 인간이 짐승보다 우위에 있듯이, 중생한 기독교인은 다른 사람보다 우위에 있습니다. 그는 어떤 일을 할 때나 이 세상에 속한 자같이 행하지 않고, 주권적 은혜로 구별되어 선택된 사람처럼 행동해야 합니다. 그러므로 그는 세상 시민들과 똑같은 방법으로 살 수 없습니다.

당신의 품위 있는 성품과 밝은 미래가 당신을 강권하여 거룩함을 굳게 붙들며 악의 모양이라도 피하게 하기를 원합니다.

> 하나님의 성전과 우상이 어찌 일치가 되리요 우리는 살아 계신 하나님의 성전이라 이와 같이 하나님께서 이르시되 내가 그들 가운데 거하며 두루 행하여 나는 그들의 하나님이 되고 그들은 나의 백성이 되리라(고후 6:16).

"나의 백성"이란 말은 참으로 기분 좋은 호칭입니다. "저희 하나님"은 매우 유쾌한 계시입니다. 온 세상은 하나님의 것입니다. 그러나 하나님은 특히 택하신 자, 친히 값 주고 사신 사람들을 "나의 백성"이 라고 부르십니다.

이 단어에는 소유 의식이 들어 있습니다. 이 세상에 있는 모든 나라는 하나님의 것입니다. 온 세상은 하나님의 권세 안에 있습니다. 그러나 하나님의 택한 자들, 하나님의 백성들은 하나님의 특별한 소유물입니다. 하나님은 택함을 받은 우리를 위해 더 많은 일을 하십니다. 하나님은 피로 우리를 사셨습니다. 하나님은 우리를 자기에게 더 가까이 인도하십니다. 또 영원하신 사랑으로 사랑하십니다.

사랑하는 친구여, 당신은 자신이 이 무리 안에 있음을 믿습니까? 당신은 하늘나라를 올려다보면서 "나의 주, 나의 하나님"이라고 말할 수 있습니까? 당신은 보배로운 피로 기록된 당신의 이름을 읽을 수 있습니까? 당신은 겸손한 믿음으로 예수님의 옷자락을 잡고 "나의 그리스도시여"라고 말할 수 있습니까? 만일 그렇게 할 수 있다면, 하나님은 당신과 당신을 닮은 사람들을 "나의 백성"이라고 부르실 것입니다.

만일, 하나님이 당신의 하나님이요 그리스도가 당신의 그리스도라면, 주님은 당신에게 특별한 주의를 기울이실 것입니다. 당신은 주님의 택하신 백성이요 사랑하는 아들 안에서 영접된 자입니다.

삼가 말씀에 주의하는 자는 좋은 것을 얻나니 여호와를 의지하는 자는 복이 있느니라(잠 16:20).

지혜는 인간의 참된 능력입니다. 지혜의 인도함을 받는 사람은 인생의 목표를 훌륭하게 달성합니다. 지혜롭게 행하는 사람은 풍족함을 누리며, 자기의 재능에 합당한 직업을 얻습니다. 그는 지혜로 완전한 선을 발견합니다. 지혜가 없는 사람은 필요없이 날뛰는 야생마 같아서 유익하게 사용해야 할 힘을 낭비합니다.

지혜는 인간이 인생이라는 길 없는 황무지를 지나갈 때 그 방향을 가리키는 나침반입니다. 그것이 없는 사람은 버려진 배와 같아서 바람과 파도에 밀려다닙니다.

이 세상에 사는 동안 신중히 행하지 않는 사람은 무수한 난관을 겪게 됩니다. 우리가 위대하신 교사께서 이끄시는 대로 따르면 비록 이 어두운 세상에서도 좋은 것을 발견하게 될 것입니다. 에덴 이편에서도 거룩한 열매를 딸 수 있으며, 세상의 숲에서도 찬송을 부를 수 있습니다.

그러면 어디에서 이 지혜를 발견할 수 있습니까? 많은 사람이 지혜를 꿈꾸었지만 소유하지 못했습니다. 우리는 어디에서 지혜를 배울 수 있습니까? 주님의 음성에 귀를 기울이십시오. 주님은 비밀을 선포하셨습니다. 본문에는 "여호와를 의지하는 자가 복이 있다"라고 했습니다. 일할 때 진실로 지혜로운 방법은 여호와를 의지하는 것입니다. 이것은 인생이라는 복잡한 미로를 헤치고 나갈 수 있는 확실한 해결책입니다. 지혜를 따르십시오. 그리하면 영원한 복을 발견할 것입니다. 여호와를 의지하는 사람은 영감에 의해 수여되는 지혜의 학위를 소유합니다.

주여, 오늘 밤 나와 함께 동산을 걸으시면서 믿음의 지혜를 가르쳐 주소서.

그의 성령을 우리에게 주시므로 우리가 그 안에 거하고 그가 우리 안에 거하시는 줄을 아느니라(요일 4:13).

우리는 영혼이 거할 집이 필요합니까? 우리는 "집값이 얼마입니까?"라고 묻고 있습니까? 그것은 교만한 인간 본성이 치르려는 것보다 싼값에 살 수 있습니다. 그 집은 값이 없습니다. 당신은 그 집의 임대료를 치르려 합니까? 당신은 그리스도를 얻기 위해서라면 무슨 일이라도 기꺼이 하려고 합니까? 그렇다면 당신은 그 집을 소유할 수 없습니다. 그 집은 값이 없기 때문입니다. 당신은 전혀 값을 치르지 않고 영원히 주님을 사랑하고 섬기겠다는 조건만으로 영원토록 주님의 집을 빌리려고 합니까? 예수님을 취하여 그 안에 거하려고 합니까?

보십시오. 이 집에는 우리가 원하는 모든 것이 있습니다. 이 집에는 평생 쓰고 남을 보화가 가득합니다. 이곳에서 우리는 그리스도와 친밀하게 교제하며 그의 사랑을 누릴 수 있습니다. 피곤할 때 예수와 함께 그 안에서 안식을 발견할 수 있습니다. 이곳에서는 하늘나라를 내다볼 수 있습니다.

이 집을 소유하려는 것입니까? 집이 없다면 "그 집을 갖고 싶습니다. "가져도 됩니까?"라고 말하십시오. 그 집의 열쇠는 "예수님께로 나아오는 것"입니다. 그러나 우리는 "나는 너무나 누추해서 그런 집을 소유할 자격이 없습니다"라고 말합니다.

염려하지 마십시오. 그 집에는 의복이 준비되어 있습니다. 죄의식과 양심의 가책을 느끼고 있습니까? 때가 되면 그리스도께서 우리를 그 집에 살 수 있을 만큼 선하게 해주실 것입니다.

그리스도는 우리를 깨끗게 해주실 것이며, "우리가 그 안에 거하도다"라고 노래할 수 있게 될 것입니다. 주님 안에 거할 때 당신은 완전하고 안전하며 영원한 집을 소유하게 됩니다. 이 세상이 꿈처럼 사라질 때, 우리의 집은 대리석보다 더 영구하며 화강암보다 더 단단하게 서 있을 것이며 하나님처럼 자존(自存)할 것입니다. 왜냐하면 그것은 곧 하나님 자신이기 때문입니다.

"우리가 그 안에 거하도다."

장정이라도 죽으면 어찌 다시 살리이까 나는 나의 모든 고난의 날 동안을 참으면서 풀려나기를 기다리겠나이다(욥 14:14).

세상에서 사는 우리의 생활은 하늘나라를 더욱 거룩하게 보이게 해줍니다. 수고하며 일한 후에 누리는 휴식이 달콤한 법입니다. 위험에 직면해 본 사람은 안전함을 기뻐합니다. 세상의 쓴 열매는 영광스러운 황금 그릇에서 반짝이는 새 포도주를 더욱 맛있게 해줍니다. 우리가 영접을 받아 세상을 이긴 사람들의 자리로 가게 될 때 우리의 찢어진 갑옷과 상처난 얼굴은 우리의 승리를 한층 더 찬란하게 해줄 것입니다. 우리가 잠시 이 세상에 머무르지 않는다면 그리스도와 충만한 교제를 누릴 수 없을 것입니다.

그리스도는 고난이라는 세례를 받으셨습니다. 그러므로 우리가 그리스도의 나라에 참여하기를 원한다면 우리도 동일한 세례를 받아야 합니다. 그리스도와의 교제는 영광스러운 것이요, 아무리 지독한 슬픔을 겪어도 그것의 값이 되지 못합니다.

우리가 이 세상에 머무르는 또 한 가지 이유는 다른 사람의 행복을 위해서입니다. 우리는 맡은 일을 끝마치기 전에 하늘나라에 들어가기를 원해서는 안 됩니다. 우리는 어두운 죄의 광야에서 덫에 걸린 영혼에 빛을 전하라는 소명을 받았습니다.

우리가 이 세상에 머무르는 것은 하나님의 영광을 위해서입니다. 시련을 겪은 성도들은 잘 세공된 다이아몬드처럼 왕의 면류관에 박혀 빛을 발합니다. 장인(匠人)이 혹독한 시련을 겪으며 이루어 낸 작품은 그의 솜씨를 정확하게 반영해줍니다. 호된 시련을 겪어낸 건축물은 그 건축자에게 영광을 줍니다. 우리는 하나님의 작품이므로 우리의 견실함은 하나님께 영광이 될 것입니다. 우리가 믿음의 시련을 거룩한 기쁨으로 견뎌내는 것은 예수님께 영광이 됩니다.

우리 모두 주님의 영광 나타내기를 갈망합시다. 우리의 수명은 영원하신 섭리로 정해져 있으니 걱정하지 말며, 진주문이 열릴 때까지 인내하며 기다립시다.

예수께서 아시고 거기를 떠나가시니 많은 사람이 따르는지라 예수께서 그들의 병을 다 고치시고(마 12:15).

온갖 무서운 병에 걸린 사람들이 예수님 앞에 나아왔습니다. 그러나 우리는 주님이 혐오감을 느끼셨다는 기록을 찾아볼 수 없습니다.

주님의 발 앞에는 온갖 다양한 악이 몰려들었습니다. 그러나 주님은 모든 새로운 형태의 악을 만날 준비가 되어 있었으며 그것을 극복하여 이기신 승리자셨습니다. 열병이든 중풍이든 정신병이든 문둥병이든 눈먼 소경이든, 모든 질병이 주님 말씀의 능력을 알고 주님의 명령 앞에서 도망쳤습니다.

오늘 아침에도 마찬가지입니다. 내가 어떤 병에 걸렸든지 사랑하는 의원께서는 나를 치료하실 수 있습니다. 나는 병든 사람을 위해 기도하면서 그들이 어떤 병에 걸려 있든지 주님이 낫게 해주실 것이라는 소망을 갖습니다.

친구여, 나는 주님의 치료하시는 능력을 생각할 때 모든 사람을 위한 소망을 가집니다. 주님은 지금도 인간들 사이에 은혜를 베풀어주시며 이적을 행하십니다.

우리는 열심을 내어 주님께 나아갑시다. 오늘 아침 우리의 병마를 친히 짊어지심으로 영적 치료를 행하신 주님을 기억하며 주님을 찬양합시다.

"그가 채찍에 맞으므로 우리는 나음을 받았도다"(사 53:5).

이 세상에 있는 교회에는 사랑하시는 의원께서 치료해 주신 영혼들로 가득합니다. 하늘나라의 주민들도 주님이 그들을 치료해 주셨다고 고백합니다. 그러므로 주님의 은혜를 널리 전파하십시오. 그리고 "이것이 여호와의 기념이 되며 영영한 표징이 되어 끊어지지 아니하리라"(사 55:13)고 말하십시오.

예수께서 이르시되 일어나 네 자리를 들고 걸어가라 하시니(요 5:8).

삼십팔 년 된 병자는 이적이 일어나기를 기다리고 있었습니다. 그는 지치도록 연못을 지켜보았지만 천사는 나타나지 않았습니다. 그러나 그는 이것이 자기의 병이 나을 유일한 기회라고 생각해서 계속 기다렸습니다. 그는 말씀으로 한순간에 자기의 병을 고쳐주실 분이 가까이 계심을 알지 못했습니다.

많은 사람이 이와 같은 문제를 가지고 있습니다. 그들은 특이한 감정, 놀라운 감동, 또는 하늘나라의 환상 등을 기다립니다. 그러나 그들의 기다림은 헛된 것입니다. 놀라운 징조가 나타나는 경우도 간혹 있지만, 그것은 매우 드문 일이요, 인간에게는 그것을 기대할 권리가 없습니다.

수많은 사람이 자신의 신앙을 이용하고 맹세하고 헛된 결심을 하면서 이적을 기다리고 있습니다. 그러나 이 불쌍한 영혼들은 구원을 원한다면 자기를 바라보라고 명령하시는 구세주를 잊고 있습니다. 주님은 당장 그들을 치료해 주실 수 있건만, 그들은 천사가 나타나 이적을 행해 주시기를 기다립니다.

주님을 의뢰하는 것은 축복에 이르는 확실한 길입니다. 주님은 절대적으로 신뢰할 수 있는 분이십니다. 그러나 불신앙은 사람들이 사랑하시는 주님의 따뜻한 품보다 차가운 베데스다의 행각을 택하게 합니다.

오늘 밤 이러한 상태에 있는 수많은 사람을 주님이 굽어보시기를 기원합니다. 주님의 거룩한 능력을 의심한 그들의 죄를 용서하시며, 부드러운 음성으로 절망의 침상에서 일어나라고 말씀하시기를 기원합니다. 믿음의 힘으로 일어나 걸으십시오.

오 주님, 해가 지는 이 고요한 시간에 우리 기도를 들어주소서. 새날이 밝아오기 전에 주님을 바라보며 살게 하여 주소서.

고침을 받은 사람은 그가 누구인지 알지 못하니 이는 거기 사람이 많으므로 예수께서 이미 피하셨음이라(요 5:13).

건강하고 행복할 때는 세월이 빠른 것처럼 느낍니다. 그러나 가난하고 연약한 사람이 병들어 삼십팔 년 동안 생활한다면 정말 긴 세월입니다. 베데스다라는 연못가에 누워있는 병자는 예수님께서 말씀으로 병을 고쳐주셨을 때 자신에게 변화가 일어난 것을 알고 기뻐했습니다.

이와 마찬가지로 절망으로 인해 마비된 죄인은 주 예수님께서 권능의 말씀을 하시고 믿는 일의 기쁨과 평화를 주실 때 변화를 인식합니다. 그때 제거되는 악은 너무나 큰 것이므로 우리는 그것이 제거되는 것을 당연히 깨닫게 됩니다. 또 그때 이루어진 변화는 매우 놀라운 것이므로 당연히 그것에 주목하게 됩니다.

그러나 이 불쌍한 사람은 자기를 고쳐주신 분이 누구인지 몰랐습니다. 그는 거룩한 사명을 가지고 세상에 오신 주님을 알지 못했습니다. 우리는 성급하게 사람들의 지식이 부족한 것을 정죄해서는 안 됩니다. 영혼을 구원하는 믿음을 가진 사람을 보면 우리는 그에게 구원이 주어졌다고 믿어야 합니다. 성령은 사람들을 거룩하게 만드시기 전에 회개하게 만드십니다.

그러나 무지는 악입니다. 이 불쌍한 사람은 바리새인들에게서 힐문을 당했으나 그들의 질문에 대처할 수 없었습니다. 반박하는 대답을 할 수 있다면 좋을 것입니다. 그러나 주님을 분명하게 알고 이해하지 못한다면 반박하려 해서는 안 됩니다.

그러나 이 병자의 무지함은 곧 성전에서 예수님을 만남으로써 치료되었습니다. 이 은혜로운 만남이 있고 난 뒤 그는 자신을 온전하게 그분이 예수라고 증언하였습니다.

너는 하나님과 화목하고 평안하라 그리하면 복이 네게 임하리라(욥 22:21).

하나님과 친분을 맺고 화목하기를 원한다면 자신을 계시하신 그대로의 하나님을 알아야 합니다. 하나님은 "우리의 형상을 따라 우리의 모양대로 우리가 사람을 만들자"(창 1:26)라고 하셨습니다. 인간은 자기의 존재의 근원이신 "우리"에 대해 알기까지 만족해서는 안 됩니다. 성부 하나님을 알기 위해 노력하십시오. 깊이 뉘우치는 마음으로 하나님의 품에 기대며, 아들이라 불릴 자격이 없는 자라고 고백하십시오. 그리하면 하나님은 사랑의 입맞춤을 해주시며, 영원하신 신실하심의 표시로 우리의 손에 반지를 끼워주실 것입니다. 아버지의 식탁에 앉으며, 마음으로 하나님의 은혜를 기뻐하십시오.

다음에는 아버지의 영광의 광채이신 하나님의 아들을 알기를 구하십시오. 놀랍도록 복합적인 본성을 지니신 성자를 아십시오. 그는 영원하신 하나님이시면서도 유한한 인간으로서 고난을 겪으셨습니다.

그가 신성(神性)의 걸음으로 물 위를 걸을 때 그를 따라가며, 인성(人性)의 피곤함 때문에 우물가에 앉으실 때 그 곁에 앉으십시오. 우리의 친구요 형제요 신랑이요 모든 것이 되시는 예수 그리스도를 알기 전에는 만족하지 마십시오.

성령을 잊지 마십시오. 성령의 성품, 속성과 사역을 분명히 알게 되기를 구하십시오. 여호와의 신은 혼돈 위를 운행하시며 질서를 가져오셨습니다(창 1:2 참조). 성령은 지금 우리 영혼의 혼돈을 방문하시어 성결의 질서를 창조하십니다. 주님, 영적 생명을 주시는 분, 진리를 조명해 주시는 분, 교사, 보혜사, 성화시켜 주시는 분이신 성령을 바라보십시오.

참되신 하나님을 알게 될 때 우리는 성 삼위에 관한 지혜롭고 성경적인 신앙을 소유하게 되며, 그 지식은 깊고도 영속적인 평화를 가져올 것입니다.

찬송하리로다 하나님 곧 우리 주 예수 그리스도의 아버지께서 그리스도 안에서 하늘에 속한 모든 신령한 복을 우리에게 주시되(엡 1:3).

그리스도는 과거와 현재와 미래의 모든 복을 자기 백성들에게 주십니다. 주 예수님은 신비에 싸인 과거에 아버지의 첫 번째 택함을 받으신 분이었습니다. 주님은 영원 천부터 아들의 특권을 받으신 분이었습니다. 주님은 우리를 중생케 하시고 양자로 삼으심으로써 우리도 아들로 승격시키셨습니다. 우리에게는 보증인이신 주님의 지위에 기초를 두고 맹세로써 비준된 영원한 언약이 있습니다.

영원하신 예정의 지혜와 전능하신 섭리 안에서 주님의 눈은 항상 우리를 주시하고 있습니다. 하늘에 계신 하나님의 성육신, 그리고 그에 따르는 겸손과 겸양이 우리의 것입니다.

겟세마네 동산에서 흘린 피와 땀, 예수님께서 당하신 채찍질, 그리고 십자가는 영원히 우리의 것입니다. 완전한 순종, 대속 사역, 부활, 승천, 또는 중보 등에서 흘러나온 모든 복된 결실은 모두 주님이 우리에게 선물로 주신 것, 우리의 것입니다.

주님은 지금 흉배 위에 우리의 이름을 달고 계십니다. 주님은 주님을 신뢰하는 자들을 위해 정사와 강대국을 지배하십니다. 비천하게 되셨던 주님은 물론이요 고귀하게 되시어 열광 중에 계신 주님도 섬겨야 합니다. 우리를 위해 고난을 받으시고 죽으신 주님은 이제 지극히 높은 하늘나라 보좌에 앉아 계시며 그 은혜를 거두지 않으십니다.

> 내 사랑하는 자야 우리가 함께 들로 가서 동네에서 유숙하자 우리가 일찍이 일어나서 포도원으로 가서 포도 움이 돋았는지, 꽃술이 퍼졌는지, 석류 꽃이 피었는지 보자(아 7:11-12).

교회는 열심으로 일할 준비를 하고 주님이 그 일에 동참해 주시기를 원했습니다. 교회는 "내가 가리라"고 하지 않고 "우리가…가자"라고 말합니다. 당신이 일할 때 주님이 곁에 계시면 기쁨이 됩니다. 우리는 첫 조상들과 마찬가지로 뜻이 있어서 주님의 동산에 들어가게 되었습니다. 들로 나갑시다. 교회는 그리스도를 위해 일하는 동안에 그리스도와 교제하기를 원합니다.

어떤 신자는 그리스도를 적극적으로 섬기지 않으면서 자신이 그리스도와 교제를 누린다고 생각합니다. 그들의 생각은 잘못된 것입니다. 사실 표면적 활동 때문에 내면의 신령한 생활을 낭비하기가 쉽습니다. 우리는 불평하는 문제, 즉 "내 어머니의 아들들이 나에게 노하여 포도원 지기로 삼았음이라 나의 포도원을 내가 지키지 못하였구나"(아 1:6)라는 경지에 이를 수도 있습니다. 그러나 우리가 어리석고 게으르지 않다면 반드시 이렇게 되지는 않습니다. 전혀 일하지 않는 신자도 바삐 일하는 사람과 같이 영적 생명을 잃을 수 있습니다.

예수님이 마리아를 칭찬하신 것은 그녀가 잠잠히 앉아 있었기 때문이 아니라 주님의 발 앞에 앉아 있었기 때문입니다(눅 10:39-42 참조). 그러므로 신자들이 주님과 은밀한 교제를 한다는 핑계로 의무를 게을리하는 것은 칭찬할 일이 되지 못합니다. 단순히 앉는 것이 아니라 예수의 발 앞에 앉는 일이 훌륭한 일입니다.

행위 자체를 악으로 생각하지 마십시오. 행위는 복이요, 은혜를 가져오는 방편입니다. 은자(隱者)라고 해서 그리스도와 깊은 교제를 누리는 것은 아닙니다. 오히려 예수를 위해 지치지 않고 수고하는 일꾼이 더 깊은 교제를 누립니다. 예수님은 그들 곁에 계시며, 그들을 동역자로 삼으십니다. 우리는 예수를 위해 일하면서 예수와 친밀한 교제를 누릴 수 있으며, 또 그렇게 해야 합니다.

그러나 이제 그리스도께서 죽은 자 가운데서 다시 살아나사 잠자는 자들의 첫 열매가 되셨도다(고전 15:20).

기독교 신앙은 그리스도께서 죽은 자들 가운데서 다시 살아나셨다는 사실에 기초를 둡니다: "그리스도께서 만일 다시 살아나지 못하셨으면 우리가 전파하는 것도 헛것이요 또 너희 믿음도 헛것이며…너희가 여전히 죄 가운데 있을 것이요"(고전 15:14-17).

그리스도의 신성은 주님의 부활에서 확실히 증명됩니다. "죽은 자들 가운데서 부활하사 능력으로 하나님의 아들로 선포되셨기"(롬 1:4) 때문입니다. 그리스도의 주권과 신성은 그의 부활에 의존합니다: "이를 위하여 그리스도께서 죽었다가 다시 살아나셨으니 곧 죽은 자와 산 자의 주가 되려 하심이라"(롬 14:9).

우리의 칭의, 곧 언약의 최고의 축복은 그리스도께서 무덤과 사망을 이기시고 거두신 승리와 연결되어 있습니다: "예수는 우리가 범죄한 것 때문에 내줌이 되고 또한 우리를 의롭다 하시기 위하여 살아나셨느니라"(롬 4:25).

우리의 중생은 주님의 부활과 연결되어 있습니다. 우리는 "예수 그리스도를 죽은 자 가운데서 부활하게 하심으로 말미암아 우리를 거듭나게 하사 산 소망이 있게"(벧전 1:3) 되었습니다.

우리의 궁극적인 부활은 "예수를 죽은 자 가운데서 살리신 이가 너희 안에 거하시는 그의 영으로 말미암아 너희 죽을 몸도 살리시리라"(롬 8:11)고 하신 약속에 기초를 둡니다. 그리스도께서 부활하지 않으셨다면 우리도 부활하지 못할 것입니다.

그러나 주님이 부활하셨으므로 그리스도 안에서 잠자는 자들은 멸망하지 않고 육체 안에서 자기 하나님을 보게 될 것입니다. 부활의 은실은 신자의 중생에서부터 영원한 영광에 이르기까지 모든 축복을 하나로 묶습니다.

말씀이 육신이 되어 우리 가운데 거하시매 우리가 그의 영광을 보니 아버지의 독생자의 영광이요 은혜와 진리가 충만하더라(요 1:14).

믿는 자여, 그리스도가 죽은 자들의 첫 열매요 아버지의 독생자임을 증거할 수 있습니까? 다음과 같이 말할 수 있습니까?

"온 세상이 그리스도를 인간으로 여긴다 해도 나는 그분을 거룩하신 분으로 하나님으로 생각합니다. 그분은 나를 위해 하나님만이 하실 수 있는 일을 행하셨습니다. 그분은 나의 억센 뜻을 꺾으시고 돌 같은 마음을 녹이셨습니다. 주님은 내 슬픔을 웃음으로, 쓸쓸함을 기쁨으로 바꾸셨습니다. 주님은 내 마음이 말할 수 없는 기쁨과 충만한 영광으로 기뻐하게 하셨습니다. 주님은 은혜로 충만하십니다. 이것이 사실이 아니라면 나는 구원받지 못했을 것입니다. 내가 주님의 은혜로부터 도망치려 할 때 주님은 나를 끌어당기셨습니다. 결국 내가 사형선고를 받은 범죄자처럼 두려워하며 주님 자비의 자리로 나아갈 때, 주님은 '네 죄가 크지만 모두 용서함을 받았으니 기운을 내라'고 말씀하셨습니다."

"주님은 진리로 충만하십니다. 주님의 약속은 모두가 진리이며 한 가지도 그대로 이루어지지 않은 것이 없습니다. 내 주님과 같은 주인을 모신 하인은 없었습니다. 내 영혼의 신랑이신 그리스도와 같은 신랑을 소유한 신부도 없었습니다. 그리스도는 죄인에게는 선하신 구세주시요, 통하는 자에게는 선하신 위로자가 되십니다. 나는 오직 주님만을 원합니다."

"살아계신 주님은 나의 생명이 되시며, 사망을 이기신 주님은 사망의 종말이 되십니다. 내가 가난할 때 그리스도는 나의 부유함이 되며, 어두울 때 나의 별이 되시며, 밝을 때 태양이 되십니다. 주님은 광야의 만나시오, 가나안 땅에 도착한 무리의 첫 수확이 됩니다. 주님은 지극히 은혜로우신 분이요, 절대 진노하지 아니하십니다. 지극히 진실하신 분이요 절대 거짓이 없으십니다. 주님은 진리와 은혜가 무한히 충만한 분이십니다."

내가 너희에게 분부한 모든 것을 가르쳐 지키게 하라 볼지어다 내가 세상 끝날까지 너희와 항상 함께 있으리라 하시니라(마 28:20).

언제나 같으신 분이 언제나 우리와 함께 계신다는 것을 안다는 것은 좋은 일입니다. 인생의 바다에 큰 파도가 치는 중에도 흔들리지 않는 반석이 있다는 것은 좋은 일입니다.

오, 내 영혼아, 녹슬고 좀먹고 썩는 보물을 사랑하지 말고 마음을 영원토록 신실하신 분께 드리라. 이 무상한 세상의 모래밭에 집을 짓지 말고, 조금도 요동하지 않는 안전한 반석 위에 소망을 두라. 모든 것을 주님께 맡기라. 주님을 사랑하며, 주님의 공로에 소망을 두며, 주님의 능력 있는 보혈을 믿으며, 주님의 임재를 기뻐하면 손해를 볼 때 웃고 멸망에 도전할 수 있을 것이다.

검고 차디찬 흙만 남을 날이 오리라는 것을 기억하십시오. 사망의 음침함이 곧 당신의 촛불을 꺼버릴 것입니다. 그 촛불이 꺼졌을 때 햇빛이 비친다면 얼마나 즐거운 일이겠습니까! 머지않아 어두움의 홍수가 당신에게 밀려와 너를 모든 소유로부터 떼어놓을 것입니다.

그때 결코 당신을 버리지 않으실 분께 네 마음을 결합하십시오. 소용돌이치는 검은 사망의 시냇물을 함께 건너 거룩한 하늘나라 해안에 데려다주시며, 영원토록 자기와 함께 하늘나라에 있게 해주실 분께 우리를 맡기십시오. 형제보다 더 가까운 친구이신 주님께 당신의 비밀을 털어놓으십시오. 당신의 모든 염려를 주께 맡기십시오. 주님은 결코 당신을 떠나지 않으며 당신으로 주님을 떠나게 하시지도 않을 것입니다.

"예수 그리스도는 어제나 오늘이나 영원토록 동일하시니라"(히 13:8).

이 말씀은 내 영혼이 의지하고 살아가기에 충분한 말씀입니다.

오직 강하고 극히 담대하여 나의 종 모세가 네게 명령한 그 율법을 다 지켜 행하고 우로나 좌로나 치우치지 말라 그리하면 어디로 가든지 형통하리니(수 1:7).

하나님은 자기 종들을 사랑하시기 때문에 우리의 감정 상태에 관심을 가지십니다. 특히 하나님은 우리가 담대하기를 원하십니다. 어떤 사람들은 신자들이 의심과 두려움에 시달리는 것을 하찮은 일로 여기지만 하나님은 그렇지 않으십니다. 하나님은 우리가 걱정, 의심, 비겁함에서 자유하기를 원하십니다. 주님은 우리의 불신앙을 우리보다 더 심각하게 걱정하십니다. 낙심할 때 우리는 절대 소홀히 다루어서는 안 될 심각한 병에 걸립니다. 그것을 즉시 사랑하는 의원에게로 가져가십시오. 주님은 우리의 슬픈 얼굴을 보시면 근심하십니다.

아하수에로 왕의 법에 따라 상복을 입은 사람은 궁전에 들어가지 못했습니다. 그러나 왕의 왕이 되신 주님의 법은 그렇지 않습니다. 우리는 주님께 가서 우리가 느끼는 대로 말할 수 있습니다.

주님은 우리가 슬픔의 영에서 해방되며 찬양의 옷을 입기를 원하십니다. 우리가 용감한 태도로 시련을 견디는 것은 주님께 영광이 됩니다. 두려워하고 나약하게 행하는 것은 하나님의 이름을 부끄럽게 하는 일이요, 참으로 좋지 못한 본보기가 됩니다.

의심과 낙심이라는 질병은 순식간에 주님의 양 떼에게 전염되는 전염병입니다. 낙심한 한 명의 신자는 이십 명의 신자를 슬프게 만듭니다.

우리가 용기를 갖지 않으면 사탄은 우리를 완전히 정복할 것입니다. 주님은 기쁨은 우리의 힘이 되므로, 악한 마귀가 당신을 대적하여 돌진하지 못합니다. 기운찬 영을 가진 사람에게 있어서 노동은 빛이 됩니다. 기운차게 일하는 사람에게는 성공이 따릅니다. 하나님 안에서 기뻐하며 마음을 다하여 믿으며 수고하는 사람에게는 성공이 보장됩니다. 그러므로 “오직 강하고 담대하십시오.”

나의 계명을 지키는 자라야 나를 사랑하는 자니 나를 사랑하는 자는 내 아버지께 사랑을 받을 것이요 나도 그를 사랑하여 그에게 나를 나타내리라(요 14:21).

주 예수님은 자기 백성에게 특별 계시를 주십니다. 성경에는 구체적인 예가 실려 있지 않으나 이를 증거할 수 있는 하나님의 자녀들이 많습니다.

성인들의 전기를 보면, 주님이 매우 특별한 방법으로 그들의 영혼에 말씀하시며 자신에 대해 많은 놀라운 사실을 밝히셨음을 찾아볼 수 있습니다. 그럴 때면 이들의 영혼은 하늘나라에 있다고 생각할 만큼 행복했습니다. 그들은 하늘나라에 들어가지는 못했지만, 문턱에까지는 간 것 같습니다. 예수님께서 백성들에게 자신을 계시하실 때는 그들의 마음에 거룩한 감화를 끼치십니다. 그로 인한 결과의 하나가 겸손입니다. 만일 사람이 "나는 많은 영적 교통을 해오고 있다. 나는 위대한 사람이다"라고 말한다면 그는 전혀 예수와 교통하지 않는 사람입니다.

"여호와께서는 높이 계셔도 낮은 자를 굽어살피시며 멀리서도 교만한 자를 아심이니이다"(시 138:6).

주님이 자기 백성에게 자기를 계시하심으로써 나타나는 또 하나의 결과는 행복입니다. 하나님의 임재 안에는 영원한 즐거움이 있기 때문입니다. 성결도 반드시 따르게 됩니다. 성결하지 못한 사람은 결코 이러한 주님의 현시를 받지 못한 사람입니다. 아무리 거창하게 신앙을 고백해도 그의 언행이 일치하지 않는 한 믿지 말아야 합니다.

"스스로 속이지 말라 하나님은 업신여김을 받지 아니하시나니 사람이 무엇으로 심든지 그대로 거두리라"(갈 6:7).

하나님은 악인들에게는 은총을 베풀지 아니하십니다. 하나님은 온전한 사람을 버리지 아니하시며, 악을 행하는 자를 중히 여기지도 아니할 것입니다.

> 애굽으로 내려가기를 두려워하지 말라 내가 거기서 너로 큰 민족을 이루게 하리라 내가 너와 함께 애굽으로 내려가겠고 반드시 너를 인도하여 다시 올라올 것이며(창 46:3-4).

야곱은 아버지의 땅을 떠나 낯선 이교도들 사이에서 살게 된다고 생각할 때 두려워했을 것입니다. 그것은 새로운 사건이며 괴로운 일이 될 것 같았습니다. 그러나 그 길이 정해져 있었으므로 그는 떠나기로 했습니다.

오늘날 신자들도 때때로 위험한 일과 시험을 당합니다. 그럴 때 야곱을 본받아 기도의 제단을 쌓으며 하나님의 지시를 구해야 합니다. 하나님이 축복을 주시기까지 한 걸음도 옮기지 말아야 합니다. 그리하면 야곱과 동행하신 하나님이 그들의 친구요 조력자가 되실 것입니다.

주님은 겸손하게도 우리와 함께 비천한 처지로 내려가십니다. 우리는 여호와께서 임재하시겠다고 약속하신 곳으로 주저하지 말고 가야 합니다. 비록 사망의 골짜기라도, 이러한 확신의 빛이 있으면 방게 빛날 것입니다. 하나님은 믿음을 가지고 전진하는 신자들을 환난과 사망의 땅에서 끌어 올려 주실 것입니다. 야곱의 자손은 적절한 시기에 애굽에서 탈출했습니다. 그러므로 신실한 백성들은 전혀 상처를 입지 않고 환난과 사망의 두려움을 통과할 것입니다.

우리도 야곱처럼 확신을 가집시다. "두려워 말라"는 말씀은 하나님의 말씀에 순종하여 바다로 출항하는 사람들에게 주시는 주님의 명령이요 거룩한 격려입니다. 주님의 거룩한 임재와 보호하심은 조그마한 두려움이나 불신앙도 금하십니다. 우리는 하나님이 없으면 움직이기를 두려워해야 합니다. 그러나 하나님이 우리에게 가라고 명하실 때 머물러 있는 것은 위험한 일입니다. 그러므로 두려워 말고 전진하십시오.

그의 노염은 잠깐이요 그의 은총은 평생이로다 저녁에는 울음이 깃들 일지라도 아침에는 기쁨이 오리로다(시 30:5).

믿는 자여, 당신이 환난을 당하고 있다면 장래를 생각하십시오. 장차 주님이 강림하실 일을 생각하여 마음에 힘을 얻으십시오. 주님이 구름을 타고 오실 것입니다. 환난 중에 인내하고 또 인내하십시오.

하나님은 농부이시니 곡식이 익을 때까지 기다리십니다. 예수님께서 "보라 내가 속히 오리니 내가 줄 상이 내게 있어 각 사람에게 그가 행한 대로 갚아 주리라"(계 22:12)고 하셨습니다.

지금 우리의 생활은 환난으로 가득 찼을지 모르나 머지않아 모든 염려를 벗어나게 될 것입니다. 지금 우리의 옷은 먼지가 묻어 더러울지 모르나 머지않아 눈같이 희게 될 것입니다.

조금만 더 기다리십시오. 지금 보면 우리가 당하고 있는 시련이 무척 크게 보이겠지만, 훗날 뒤돌아보면 참으로 하찮게 보일 것입니다. 그러므로 담대하게 앞으로 나아갑시다.

밤이 깊으면 아침이 가까운 것입니다. 지옥의 어두움에 갇혀있는 사람들은 이런 말을 할 수 없습니다. 소망을 가지고 살아가는 것, 즉 하늘나라를 예상하는 것이 어떤 것인지 압니까?

복된 신자여, 지금은 주위가 무척 어둡지만, 곧 밝아질 것입니다. 지금은 온통 시련투성이지만, 곧 완전한 행복이 임할 것입니다.

저녁에 울음이 기숙한들 어떻습니까? 아침에 기쁨이 올 것입니다.

여호와는 나의 분깃이시니 나는 주의 말씀을 지키리라(시 119:57).

우리가 가진 재산을 동료들과 비교해 보십시오. 어떤 사람들은 들에 나가 일해 생계를 유지합니다. 그러나 그들이 아무리 풍성하게 수확하여도 추수하시는 하나님과 비교할 수 없습니다. 당신에게 하늘의 떡을 먹여주시는 하나님과 비교할 만한 곡식 창고도 없습니다.

어떤 사람은 도시에서 사업을 하며 삽니다. 그들은 점점 부유해져서 황금 창고를 소유하게 됩니다. 그러나 황금과 하나님을 어떻게 비교할 수 있습니까? 우리는 황금을 먹지 못하며, 영성 생활이 황금에 의해 유지될 수는 없습니다. 슬픔을 당해 낙심한 심령에 황금을 줌으로써 그들의 신음을 한 마디라도 멈추게 하고 고통을 줄일 수 있는지 보십시오. 우리는 주 안에서 인간이 소유할 수 있는 것보다 많은 황금과 보화를 소유합니다.

어떤 사람은 명예와 갈채를 받고 삽니다. 그러나 우리에게 하나님은 명예나 갈채 이상의 의미를 지니시고 있지 않습니까? 수천 명에게 박수갈채를 받아도 그것이 요단강을 건너는 준비가 되며 심판을 맞는 데 도움이 됩니까?

삶에는 부귀로도 완화할 수 없는 슬픔이 있습니다. 임종 때는 재산이 충족시켜 주지 못하는 것이 있습니다. 그러나 살아있을 때나 죽는 순간이나 주님 안에 있으면 모든 부족함이 채워집니다. 주님이 우리의 분깃이 되면 진실로 부유한 자가 됩니다. 주님은 필요한 것을 공급해 주시고, 마음을 위로하며, 슬픔을 완화하시며, 우리의 발걸음을 인도하시며, 어두운 골짜기를 갈 때 함께 하시고, 본향으로 인도하여 영원히 주님과 함께 즐기게 해주십니다.

성경 말씀에 "내게 있는 것이 족하니"(창 33:9)라고 기록되어 있습니다. 이것은 세속적인 사람이 할 수 있는 가장 선한 말입니다. 또, 야곱은 "내 소유도 족하오니"(창 33:11)라고 대답했습니다. 이는 육욕적 생각이 있는 사람이 이해하기에는 너무나 고귀한 말입니다.

> 자녀이면 또한 상속자 곧 하나님의 상속자요 그리스도와 함께 한 상속자니 우리가 그와 함께 영광을 받기 위하여 고난도 함께 받아야 할 것이니라(롬 8:17).

예수님은 만물의 상속자로서 하나님이 지으신 방대한 피조 세계의 유일한 증인이십니다. 주님은 택한 백성들과 함께 비준하신 공동 상속 행위에 따라 우리에게도 세상을 우리의 것이라고 주장할 권리를 허락하셨습니다. 복되신 주님은 낙원의 황금길, 진주문, 생명의 강, 뛰어난 축복, 형언할 수 없는 영광을 우리의 영원한 소유물로 주셨습니다. 주님은 소유하고 계신 모든 것을 자기 백성과 공유하십니다. 머리에 면류관을 쓰면 온몸이 그 영광을 나누어 갖습니다.

이 말씀 안에는 믿는 승리자에게 주는 상급이 나타나 있습니다. 그리스도의 보좌, 면류관, 홀, 궁전, 보물, 예복 모든 유산이 당신의 것입니다. 그리스도는 그것을 자기 백성과 나누어 가짐으로써 자기의 행복이 완전해진다고 여기십니다.

> "내게 주신 영광을 내가 그들에게 주었사오니 이는 우리가 하나가 된 것 같이 그들도 하나가 되게 하려 함이니이다"(요 17:22).

> "내가 이것을 너희에게 이름은 내 기쁨이 너희 안에 있어 너희 기쁨을 충만하게 하려 함이라"(요 15:11).

주님의 나라의 영광은 더욱 즐거운 것입니다. 주님의 백성들과 함께 영광중에 거하게 됩니다. 주님이 거두신 승리는 주님의 백성에게 정복하는 법을 가르치기 때문에 더욱 귀한 것이 됩니다.

보좌에 앉으신 주님은 기뻐하십니다. 왜냐하면 그 보좌에는 백성들을 위한 자리도 있기 때문입니다. 주님이 입으신 왕의 예복을 기뻐하십니다. 왜냐하면 주님의 옷자락이 백성들 위에 펼쳐졌기 때문입니다. 주님이 자기 백성들을 자기 기쁨에 참여하라고 하실 때 주님의 즐거움은 한층 더 커집니다.

그는 목자 같이 양 떼를 먹이시며 어린 양을 그 팔로 모아 품에 안으시며 젖먹이는 암컷들을 온순히 인도하시리로다(사 40:11).

선한 목자는 온유한 마음을 가지고 계시므로 양들을 품에 안고 다니십니다. 그는 어린 양들의 한숨과 무지함과 연약함을 긍휼히 여기십니다. 신실하신 대제사장이신 주께는 연약한 자를 돌봐야 하는 책임이 있습니다. 주님이 자기 피로 그들을 사셨으니 그들은 주님의 소유입니다. 주님은 한 마리의 양도 잃어서는 안 된다는 언약의 속박을 받고 계십니다. 그들은 모두 주님의 영광과 상급의 일부분입니다.

목자는 양을 품에 안고 다니십니다. 목자는 그들을 많은 시련을 겪게 하지 않으십니다. 또 주님은 무한한 사랑으로 그들을 충만하게 하시고 품에 안고 다니시므로 그들은 견고하게 설 수 있는 능력을 소유합니다. 비록 그들이 알고 있는 지식은 그다지 깊지 못하지만, 자신이 알고 있는 것 속에서 큰 기쁨을 누립니다. 목자는 하나님의 약속을 그대로 받아들이는 단순한 믿음을 그들에게 주심으로써 그들을 데리고 다니십니다. 그들은 어떤 문제든지 즉시 예수에게로 가지고 달려갑니다. 이처럼 단순한 믿음은 그들에게 세상을 초월하게 만드는 특별한 확신을 줍니다.

목자는 자기 양을 품에 안으십니다. 여기에는 무한한 사랑이 있습니다. 양들을 깊이 사랑하시지 않는다면 품에 안으시겠습니까? 여기에는 친밀함이 담겨 있습니다. 그보다 더 목자와 가까이 있을 수는 없을 것입니다. 또한 완전한 안전함도 담겨 있습니다. 목자의 품에 안겨 있는 양을 누가 해칠 수 있겠습니까? 원수가 양을 해치려 한다면 먼저 목자를 해쳐야 할 것입니다.

여기에는 완전한 안식과 큰 위로가 있습니다. 우리가 예수의 무한히 인자하심을 충만하게 깨닫게 되기를 기원합니다.

너희가 알 것은…믿는 자마다 의롭다 하심을 얻는 이것이라(행 13:38-39).

그리스도를 믿는 사람은 현재의 칭의를 받습니다. 칭의는 믿음에 의해 점진적으로 얻을 수 있는 열매가 아니라 믿는 순간에 얻게 되는 열매입니다. 칭의는 믿음의 산물이므로 믿음으로 주님을 받아들이는 순간에 영혼에게 주어집니다. 하나님의 보좌 앞에 선 사람들도 지금 칭의를 얻습니까? 우리는 흰옷을 입고 천국 거문고 소리에 맞추어 아름다운 찬양을 하는 성도들처럼 분명히 칭의를 얻습니다.

예수님 곁에서 십자가에 달린 강도는 마음의 눈으로 예수를 보는 순간에 의롭다 하심을 얻었습니다. 여러 해 동안 하나님을 위해 봉사하였던 바울이라고 해서 전혀 봉사하지 않은 강도보다 더 많은 칭의를 얻지는 않았습니다.

우리는 오늘 사랑하는 자 안에서 영접을 받습니다. 오늘 죄를 용서를 받습니다. 오늘 무죄하게 됩니다. 하나님은 우리에게 필요한 것을 공급해 주십니다. 우리는 지금 죄 사함을 받습니다. 지금 우리의 죄가 제거됩니다. 우리는 지금 전혀 죄를 짓지 않은 사람인 듯 영접을 받아 하나님 앞에 섭니다.

"그러므로 이제 그리스도 예수 안에 있는 자에게는 결코 정죄함이 없나니"(롬 8: 1).

하나님의 책에는 자기 백성들을 고발하는 죄는 하나도 기록되어 있지 않습니다. 누가 그들을 고발하여 죄목을 늘어놓을 수 있습니까? 신자에게는 반점도 없고 얼룩도 없고 구겨진 것도 없습니다.

우리는 현재의 특권을 깨닫고 각성하여 현재의 의무를 행해야 합니다. 그리고 우리 생명이 지속되는 한 사랑스러운 주 예수님을 위해 살아야 합니다.

> 너희 발을 위하여 곧은 길을 만들어 저는 다리로 하여금 어그러지지 않고 고침을 받게 하라(히 12:13).

기독교인이 걸어야 하는 곧은 길에는 두 가지가 있으니, 곧 예수 안에서 얻는 칭의와 성령에 의한 성화입니다. 중생한 신자들의 마음에도 여전히 부패함이 남아 있으며 우리는 이런 사실을 경험으로 깨닫습니다. 그러나 하나님이 시작하신 일을 끝마치실 날이 다가오고 있습니다. 하나님은 우리 영혼을 그리스도 안에서 성령으로 말미암아 흠과 허물이 없이 완전케 해주실 것입니다.

불쌍하고 죄악된 내 마음이 하나님의 거룩하심 같이 거룩해질 수 있습니까? 내 영혼은 종종 "오호라 나는 곤고한 사람이로다 이 사망의 몸에서 누가 나를 건져내랴"(롬 7:24)라고 외칩니다. 그러나 장차 나는 죄와 사망에서 완전히 자유함을 얻게 되며, 악한 것들이 내 귀를 괴롭히지 못하고, 거룩하지 못한 생각들이 내 평화를 어지럽히지 않게 될 것입니다. 성화 사역은 내가 요단강을 건널 때 완성될 것입니다. 그때 내 영은 성령의 불 속에서 최후의 세례를 받을 것입니다. 나는 죽어서 하늘나라로 나를 인도해 줄 궁극적인 정화(淨化)를 얻어 "예수의 보혈과 성령의 역사로 말미암아 깨끗해졌다"라고 말할 수 있기를 갈망합니다.

우리는 우리를 하늘나라에 가서 아버지 앞에 서기에 합당하게 만들어 주시는 성령의 능력을 찬양해야 합니다. 그러나 후에 완전하게 되기를 바란다고 해서 지금 불완전한 상태에 만족해서는 안 됩니다. 우리가 지금 불완전한 상태에 만족하고 있다면 장래의 완전함을 바라는 우리의 소망은 참된 것이 아닙니다. 은혜의 사역이 지금 우리 안에 거하지 않으면 그것은 완전해질 수 없습니다.

성령 충만을 받아 의의 열매를 맺게 되기를 기도합시다.

네가 이 세대에서 부한 자들을 명하여 마음을 높이지 말고 정함이 없는 재물에 소망을 두지 말고 오직 우리에게 모든 것을 후히 주사 누리게 하시는 하나님께 두며(딤전 6:17).

우리 주 예수님은 언제나 주시는 분이시며, 한순간이라도 그 손을 거두지 않으십니다. 은혜의 그릇의 가장자리까지 가득차지 않는 한 기름은 그치지 않고 흐릅니다. 주님의 은혜의 비는 항상 내리고 있습니다. 주님의 인자하심의 강은 항상 흐르고 있으며, 주님 사랑의 샘물은 끊임없이 넘쳐흐르고 있습니다.

우리의 왕은 결코 죽음을 모르시는 분이므로 왕의 은혜도 결코 부족함이 없습니다. 우리는 날마다 주님의 열매를 따며, 주님의 가지들은 날마다 우리 손에 신선한 자비를 제공해줍니다. 하나님의 달력에는 일곱 개의 명절이 있습니다.

주님의 문 앞에서 축복을 받지 않고 돌아간 자가 있습니까? 주님의 식탁에서 배불리 먹지 못하고 일어선 자가 있습니까? 하나님의 자비는 매일 아침 새로워지고 매일 저녁 신선해집니다.

뉘라서 하나님의 은혜를 헤아릴 수 있겠습니까? 하늘에 있는 수많은 별은 무수한 축복의 기수와 같습니다. 하나님이 야곱에게 주신 은혜를 누가 셀 수 있으며, 이스라엘에게 베푸신 긍휼의 사 분의 일인들 말할 수 있겠습니까?

내 영혼아, 날마다 은혜를 베풀어주시며 인자하심을 베푸시는 주님을 찬양하라.

"오 주님의 은혜가 무한하오니 나로 쉬지 않고 주님을 찬양하게 하소서."

> 여호와의 말씀이 이 골짜기에 개천을 많이 파라 하셨나이다 여호와께서 이르시기를 너희가 바람도 보지 못하고 비도 보지 못하되 이 골짜기에 물이 가득하여 너희와 너희 가축과 짐승이 마시리라 하셨나이다(왕하 3:16-17).

이스라엘 왕과 유다 왕과 에돔 왕의 군대가 물이 부족하여 죽어가고 있었으므로 하나님은 그들에게 물을 보내주려 하셨으며 선지자 엘리사는 장차 임할 축복을 발표하였습니다.

이 말씀에는 인간의 무력함이 나타나 있습니다. 용사들은 땅의 우물에서 물을 한 방울도 얻지 못했습니다. 하나님의 백성들은 자신의 불완전함을 깨달으며, 하나님만이 도우실 수 있다는 것을 알았습니다. 그들은 하나님의 축복을 받기 위해서 믿음으로 준비하라는 가르침을 받아 귀한 물이 담길 개천을 팠습니다.

교회도 축복을 받을 준비를 해야 합니다. 연못을 파 놓으면 주님이 그 연못을 채워주실 것입니다. 이러한 행위는 축복이 곧 임할 것이라는 확신을 품고 행해야 합니다. 결국 기적적으로 물이 공급되었습니다. 엘리야의 경우에는 하늘에서 소나기가 쏟아져 내렸지만, 지금 여기에는 조용하고 신비한 방법으로 개천에 물이 가득 찼습니다. 하나님은 주권적인 행동 방식을 가지고 계십니다. 그러므로 우리는 감사한 마음으로 하나님이 주시는 것을 받아들이며 결코 하나님께 명령하지 말아야 합니다.

또 물아 놀랍도록 풍족하게 공급되었음에 유의해야 합니다. 모든 사람이 마시기에 충분했습니다. 복음도 이와 마찬가지입니다. 기도의 응답으로 임하는 거룩한 능력은 온 교회에 필요한 것을 충족시켜 주십니다.

나는 예수를 위해 무엇을 하고 있습니까? 나는 어떤 개천을 파고 있습니까? 생각해봅시다.

주님 ! 나로 당신께서 기꺼이 주시는 축복을 받아들일 준비를 하게 하여 주소서.

그의 안에 산다고 하는 자는 그가 행하시는 대로 자기도 행할지니라(요일 2:6).

기독교인들은 왜 그리스도를 본받아야 합니까?

첫째, 자신을 위해서 그리스도를 본받아야 합니다. 자기 영혼이 건강한 상태에 있기를 원한다면, 죄라는 병마에게서 도망치며 성장하는 은혜의 활력을 누리고자 한다면 예수님을 모본으로 삼아서 본받아야 합니다. 당신의 마음이 그리스도의 형상을 입고 모든 행동을 지배할 때 당신은 빠른 속도로 하늘나라를 향해 갈 수 있습니다. 그리스도의 발자취를 따라 그리스도와 함께 걸을 때 당신은 지극히 행복하게 되며 하나님의 아들로 여겨집니다.

둘째, 믿음을 위해서 그리스도처럼 되려고 분투해야 합니다. 믿음은 잔인한 원수들의 공격을 받습니다. 그러나 원수에 공격보다는 친구에 의해 배나 큰 상처를 입습니다. 누가 저 어여쁘고 경건한 손에 상처를 내었습니까? 위선이라는 단검을 사용하는 신앙 고백자입니다. 양의 옷을 입고 양우리에 들어온 늑대는 양우리 밖에 있는 사자보다 훨씬 양을 괴롭힙니다. 유다의 입맞춤만큼 치명적인 무기는 없었습니다. 언행이 일치하지 않는 신앙 고백자들은 냉소적인 비판자나 불신자보다 더 크게 복음을 해칩니다.

셋째, 그리스도를 위해서 그리스도를 본받아야 합니다. 신자여, 당신은 구세주를 사랑합니까? 주님의 이름을 귀하게 여깁니까? 당신은 세상이 주님의 나라가 되기를 원합니까? 주님이 영광을 받으시는 것이 당신의 소원입니까? 당신은 영혼들이 회심하여 그리스도께 나아가기를 갈망합니까? 그렇다면 예수님을 본받으십시오.

모든 사람이 읽는 그리스도의 편지가 되십시오.

> 내가 땅 끝에서부터 너를 붙들며 땅 모퉁이에서부터 너를 부르고 네게 이르기를 너는 나의 종이라 내가 너를 택하고 싫어하여 버리지 아니하였다 하였노라(사 41:9).

우리 마음속에 계신 하나님의 은혜는 우리를 하나님의 종으로 만드셨습니다. 우리는 성실하지 못한 종이요 무가치한 자들이지만 하나님의 식탁에서 음식을 먹으며 하나님의 명령에 순종합니다. 과거에 우리는 죄의 종이었습니다. 그러나 우리를 자유케 해주신 하나님은 우리를 자기 가족으로 삼아 주시고 자기의 뜻에 복종하라고 가르치셨습니다. 우리는 주님을 완전하게 섬기지 않고 있으나 할 수만 있다면 완전히 섬기려 합니다.

하나님이 우리에게 "너는 나의 종이라"고 하실 때, 우리는 다윗처럼 "나는 진실로 주의 종이요 주의 여종의 아들 곧 주의 종이라 주께서 나의 결박을 푸셨나이다"(시 116:16)라고 대답할 수 있습니다.

주님은 우리를 "종"이라고 부르실 뿐 아니라 "택한 자"라고 부르십니다. 우리가 먼저 하나님을 택한 것이 아니라 하나님이 우리를 택하셨습니다. 지극히 선하신 하나님의 눈이 우리를 뽑아내셨으며, 변치 않는 은혜의 음성으로 "내가 영원한 사랑으로 너를 사랑하기에 인자함으로 너를 이끌었다 하였노라"(렘 31:3)고 선포하셨습니다. 시간과 공간이 생기기 전에 하나님은 이미 자기 마음에 택한 백성들의 이름을 기록해 두셨습니다. 하나님은 그들을 택하시어 아들의 형상을 닮게 하셨으며, 하나님의 모든 충만한 사랑과 은혜와 영광의 후사로 정하셨습니다. 하나님은 우리 마음이 악하다는 것을 아시면서도 우리를 택하셨습니다.

구세주는 절대 변덕스럽게 사랑하시는 분이 아닙니다. 주님은 교회의 눈에서 아름다운 눈빛을 보시면 잠시 기뻐하다가 성실치 못함을 보시면 내쫓아버리시는 분이 아닙니다. 주님은 영원 전부터 교회와 결혼한 신랑이십니다. 여호와는 이혼하는 것을 미워하십니다(말 2:16 참조).

영원하신 택하심은 하나님의 성실하심에 토대를 두고 있는 것으로써 우리는 절대 그것을 부인할 수 없습니다.

그 안에는 신성의 모든 충만이 육체로 거하시고 너희도 그 안에서 충만하여졌으니 그는 모든 통치자와 권세의 머리시라(골 2:9-10).

우리는 신인(神人)이신 그리스도의 모든 속성을 마음대로 할 수 있습니다. 주님은 우리에게 신성을 주실 수 없으나 친히 하실 수 있는 모든 일을 행하셨습니다. 그의 신실하심이 얼마나 견고하며, 그의 능력이 얼마나 무한하고 불변하며, 그의 지식은 얼마나 광대합니까! 주님은 이 모든 것들을 구원의 성전의 기둥으로 삼으셨으며, 우리의 기업으로 주시겠다고 언약하셨습니다. 하나님의 아들이신 그리스도의 흠모할 만한 모든 특성을 우리는 즐길 수 있습니다.

주님의 지혜는 우리의 인도자요, 주님의 지식은 우리의 교훈이요, 주님의 권능은 우리의 보호자요, 주님의 공의는 우리의 보증이요, 주님의 사랑은 우리의 위로요, 주님의 자비는 우리의 위안입니다. 주님은 우리에게 아낌없이 주십니다. 주님은 하나님의 산 깊은 곳을 우리에게 개방하시며, 광맥을 따라서 파고 들어가서 감추인 보물을 캐내라고 명령하십니다. 주님은 "모두가 너의 것이다. 주님의 선하심으로 충만히 채우고 만족하라"고 말씀하십니다.

오, 주님께서 이미 신실하게 약속하신 사랑과 능력을 요청한다는 확신으로 예수님을 바라보고 예수님을 부르는 것은 참으로 즐거운 일이 아닌가!

무릇 징계가 당시에는 즐거워 보이지 않고 슬퍼 보이나 후에 그로 말미암아 연단 받은 자들은 의와 평강의 열매를 맺느니라(히 12:11).

지금 시련을 겪는 신자들은 후에 복을 받으리로다. 폭풍우 후에 찾아온 고요보다 더 깊은 고요는 없습니다. 비가 온 후에 비취는 햇빛을 보고 기뻐하지 않는 사람이 어디 있겠습니까?

우리는 환난의 산을 오른 후에 그늘에 앉아 휴식을 취합니다. 우리가 굴욕의 골짜기를 지나며 어두움의 왕과 싸우고 난 후에 빛나는 주님은 생명나무에서 꺾은 치료의 나뭇가지를 가지고 나타나십니다.

우리의 고통은 바다 위를 지나간 배의 자취처럼, 거룩한 은빛을 남깁니다. 죄책감을 느끼는 영혼을 지배하던 무서운 혼란이 지나가고 나면 상쾌하고 깊은 평화가 찾아듭니다.

신자들은 최후에 가장 선한 것을 받습니다. 지금 겪는 최악의 일이 후에는 선한 것이 될 것입니다. 어렵게 경작한 논에서 풍성한 수확을 하듯이 지금 손해를 봄으로써 부유해지며, 넘어지기 때문에 일어나며, 죽음으로써 생명을 얻으며, 비움으로써 충만해집니다.

이 세상에서의 중한 고통이 이처럼 평화로운 열매를 맺어주는데, 후에 하늘나라에서는 얼마나 충만한 기쁨을 누리겠습니까? 감옥에 갇혀서도 노래할 수 있는데 하늘나라에서는 얼마나 즐겁게 노래하겠으며, 지금 환난이 유익이 될진대 그때는 하나님의 선 하심이 얼마나 넘쳐흐를 것입니까? 후에 면류관을 받기 위해서 지금 십자가를 지지 않으려는 사람이 있습니까? 안식을 얻는 데 필요한 인내는 오늘을 위한 것이 아니요, 승리도 현재를 위한 것이 아닙니다. 그것들은 후일을 위한 것입니다. 그러므로 기다리며 인내로 맡은 소명을 다하십시오.

또 내가 보았노니 종들은 말을 타고 고관들은 종들처럼 땅에 걸어 다니는도다(전 10:7).

때로 진실로 위대한 사람들은 낮은 신분에 처하여 수척해지는 반면 벼락부자들이 최고의 지위를 강탈하는 일들이 있습니다.

이것은 장차 때가 되면 의로운 자들의 마음을 기쁘게 해주실 분의 섭리 안에 있는 수수께끼입니다. 그러므로 우리 자신이 이런 운명에 빠진다 해도 절대로 불평하지 말아야 합니다. 주님은 세상에 계실 때 종들의 종이 되셔서 남을 봉사해야 하는 피곤하고 좁은 길을 걸으셨습니다.

세상은 완전히 전도(顚倒)되어 있습니다. 그러므로 먼지 된 자는 나중이 되고, 나중 된 자가 먼저 됩니다. 바퀴가 굴러감에 따라 가장 낮은 곳이 가장 높이 올라가고 가장 높았던 곳이 밑으로 내려갑니다.

믿는 자여, 인내하십시오. 영원한 세상에 이르면 유한한 세상의 잘못된 것이 바르게 될 것입니다. 은혜가 군주로서 다스리며 몸의 지체를 의의 도구로 만들어야 합니다. 성령은 질서를 사랑하시므로 우리의 능력과 기능들을 적절한 위치와 지위에 배치하시며, 우리를 위대하신 왕과 연결하는 영적 기능에 가장 좋은 방을 제공하십니다.

우리는 거룩하신 성령께서 정리해 놓으신 것을 어지럽히지 말고, 다만 우리의 몸으로 순종하게 만드는 은혜를 구해야 합니다. 정욕의 지배를 허락하지 말고, 스스로 왕이 되어 그리스도 안에서 우리의 영과 혼과 육체를 다스려 성부 하나님께 영광을 돌려야 합니다.

> 자기 자신은 광야로 들어가 하룻길쯤 가서 한 로뎀 나무 아래에 앉아서 자기가 죽기를 원하여 이르되 여호와여 넉넉하오니 지금 내 생명을 거두시옵소서 나는 내 조상들보다 낫지 못하니이다 하고(왕상 19:4).

엘리야는 죽음을 보지 않고 불수레를 타고 하늘나라로 옮기운 선지자입니다. 그런데도 그는 몹시 낙심하였을 때 "내 생명을 거두시옵소서 나는 내 조상들보다 낫지 못하니이다"라고 기도했습니다.

하나님은 항상 우리의 기도에 응답해 주시지만, 우리가 기도한 대로 정확하게 들어주시지는 않습니다. 하나님은 엘리야에게 그가 요청한 것보다 더 좋은 것을 주셨습니다. 하나님은 진실로 엘리야의 기도를 들으시고 응답하셨습니다. 용감한 엘리야가 이세벨의 위협 때문에 낙심하여 죽기를 구한 것은 이상한 행동입니다. 그러나 하나님은 지극히 자비하신 분이시므로 낙심한 종의 말을 그대로 듣지 아니하십니다.

믿음의 기도의 교리에는 제한이 있습니다. 우리는 하나님이 우리의 요청을 모두 들어주시리라고 기대해서는 안 됩니다. 우리는 때때로 그릇된 것을 구하기 때문에 응답을 받지 못합니다.

우리는 하나님이 약속하지 않은 것을 구하거나, 또는 주님께서 우리로 배양하기를 원하시는 영을 거역할 수도 있습니다. 우리는 때로 하나님의 뜻이나 섭리와 반대되는 것을 구하기도 합니다. 또 하나님의 영광은 고려하지 않고 자신의 안일함을 충족시켜 주실 것을 구하는 일도 있습니다. 이런 기도에는 응답을 기대하지 마십시오.

확고한 믿음 속에서 기도했는데도 요청한 것을 받지 못할 때는 요청한 것보다 더 많은 것을 받게 될 것입니다. 어떤 사람은 "주님은 은으로 주지 않으실 때는 금으로 주십니다. 금으로 주지 않으실 때는 다이아몬드로 주실 것입니다"라고 했습니다.

당신이 요청한 것을 주님이 지금 주지 않으시면 장차 그것과 같은 다른 것이거나, 더 좋은 것을 주실 것입니다.

주께 피하는 자들을 그 일어나 치는 자들에게서 오른손으로 구원하시는 주여 주의 기이한 사랑을 나타내소서(시 17:7).

우리는 구제할 때 물질만 아니라 마음도 함께 주어야 합니다. 이점에 있어서 우리는 가끔 실수합니다. 그러나 우리 주 예수님은 그렇지 않으십니다. 주님은 항상 마음에서 우러나는 사랑으로 호의를 베푸십니다. 주님은 자신의 호화로운 식탁에서 먹고 남은 부스러기와 차가운 고기를 우리에게 보내시지 않습니다. 주님은 자기의 접시에 우리의 음식을 담으시고 향기로운 사랑으로 조미하십니다.

주님은 자비하신 심부름으로 우리 가정에 오실 것입니다. 주님은 가난한 사람의 오두막을 방문하는 사람처럼 행하시지 않을 것입니다. 주님은 우리 곁에 앉으시며 결코 우리의 가난함을 멸시하지 않으실 것입니다.

주님의 인자하신 입에서 흘러나오는 말씀은 얼마나 위로를 줍니까! 주님은 얼마나 자애롭게 우리를 포옹하시는지요! 주님의 신실한 사랑을 의심한다는 일은 있을 수가 없습니다. 왜냐하면 주님의 자비로운 인품의 표면에는 피 흐르는 마음이 찍혀 있기 때문입니다.

주님은 우리를 조금도 부담스럽게 여기시지 않고 마음껏 주시며 조금도 나무라시지 않습니다. 주님은 기뻐 자비를 행하시며, 우리를 위해 자신의 생명을 쏟으시며 우리를 품에 안으십니다. 주님의 벌집 안에는 주님의 사랑의 본질이 섞여 있는 달콤한 꿀이 들어 있습니다. 우리가 쉼 없이 그 축복을 맛보아 알게 되기를 기원합니다.

내가 사람의 줄 곧 사랑의 줄로 그들을 이끌었고 그들에게 대하여 그 목에서 멍에를 벗기는 자 같이 되었으며 그들 앞에 먹을 것을 두었노라 (호 11:4).

우리의 하늘 아버지께서는 사랑의 줄로 우리를 이끄시지만, 우리는 하나님을 향해 달려가기를 주저합니다. 우리는 하나님의 온유하신 자극에 몹시 더디게 반응합니다.

하나님은 우리를 이끄시어 하나님 안에서 더욱 단순한 믿음을 발휘하라 하시지만, 우리는 하나님께 세속적인 염려를 맡기지 않고 마르다처럼 스스로 많은 봉사의 짐을 지려고 합니다. 이처럼 빈약한 믿음은 우리 영혼을 메마르게 합니다. 하나님은 우리의 입을 가득 채워주시겠다고 약속하셨건만 우리는 입을 벌리지 않고 있습니다.

하나님은 오늘 밤도 우리를 자신에게로 이끌고 계십니다. 우리는 "내 자녀여, 와서 나를 의지하라. 휘장이 찢어졌으니 내 앞으로 들어오라. 담대하게 은혜의 보좌로 나아오라. 나는 네가 믿고 의뢰할 만한 자이니 네 모든 염려를 벗어버리고 기쁨의 옷을 입으라"는 하나님의 음성을 들을 수 있습니다.

아버지께서는 우리를 이끌어 아버지와 친밀하게 교제하게 하십니다. 우리는 하나님의 집 문턱에 앉아 있습니다. 하나님은 우리를 연회장으로 불러들이시어 함께 음식을 먹자고 초청하시지만, 우리는 그 영광을 거절하고 있습니다.

아직 우리에게 개방되지 않은 은밀한 방이 있으며, 주님은 우리에게 그 방으로 들어오라고 하시지만 우리는 망설이고 있습니다.

우리는 사랑스러운 주 예수의 연인으로서 부족하며, 주님의 종이 되기에 합당치 못하며, 더욱이 그의 신부가 되기에는 더욱 부족합니다. 그런데도 주님은 우리를 자기 뼈 중의 뼈요 살 중의 살이라고 치켜올리십니다. 우리는 영광스러운 혼인으로 예수와 결혼합니다. 이것이 참사랑입니다. 그것은 거절하지 않는 사랑입니다. 이 사랑의 끈을 거부하다니 얼마나 어리석은 자녀입니까!

너희가 주의 인자하심을 맛보았으면 그리하라(벧전 2:3).

"너희가 주의 인자하심을 맛보았으면"이라고 한 것은 주의 인자하심을 맛보지 못하는 사람들도 있을 수 있다는 뜻입니다. 누구나 마음으로 영적 은총을 구합니다. 그러나 이것은 간절하게 기도해서 구해야 합니다. 주의 인자하심을 맛보는 일에 대하여 "만일"이라는 가정이 있는 한 누구도 만족해서는 안 됩니다. 신자 자신에 대한 거룩한 불신 때문에 마음에 그러한 의심이 일어날 수도 있겠지만, 그러한 의심이 계속 지속되는 것은 악입니다.

우리는 믿음의 팔로 그리스도를 붙들려고 필사적으로 노력하지도 않으면서 "나의 의뢰한 자를 내가 알고 또한 나의 의탁한 것을 그날까지 저가 능히 지키실 줄을 확신하노라"(딤후 1:12)라고 말하며 쉬어서는 안 됩니다. 무모(無誤)한 성령이 당신의 영을 증언하시기 전까지는 하나님의 자녀라고 확신하기까지는 절대로 만족해서는 안 됩니다.

"아마", "만일", "혹시" 등의 가정으로 당신의 영혼을 만족시키지 마십시오. 다윗처럼 확실한 자비를 얻으십시오. 이 따분한 가정(假定)을 초월하십시오.

더는 의심과 공포의 황야(荒野)에 거하지 마십시오. 불신이라는 요단강을 건너 평화로운 가나안으로 들어가십시오. 그곳은 아직도 거기에는 가나안 사람들이 살고 있지만, 젖과 꿀이 그치지 않고 흐르는 땅입니다.

내가 들은즉 저 애굽에 곡식이 있다 하니 너희는 그리로 가서 거기서 우리를 위하여 사오라 그러면 우리가 살고 죽지 아니하리라(창 42::2).

가뭄이 온 나라를 강타하였으므로 야곱과 그 가족들도 크게 고난을 겪게 되었습니다. 그러나 사랑하는 백성을 잊지 아니하시는 하나님의 섭리는 자기 백성을 위해 곡물 창고를 예비하셨습니다. 하나님은 이미 애굽 사람들에게 흉년이 들 것이라고 경고하여 풍년이 들었을 때 곡식을 저장하게 하셨습니다. 야곱은 애굽으로부터의 도움을 기대하지 않았지만. 애굽에는 그를 위한 곡식이 있었습니다.

믿는 자여, 비록 만사가 불리한 듯해도 하나님이 우리를 위해 예비하고 계심을 믿고 안심하십시오. 우리가 겪고 있는 슬픔의 한복판에 구원의 은혜가 있습니다.

하나님은 어떻게 해서든지 우리를 구하실 것이며, 어디에선가 당신에게 필요한 것을 주실 것입니다. 구원의 처소는 전혀 예측하지 못한 곳에 있습니다. 어쨌든 도움은 분명히 우리에게 임할 것입니다. 사람들이 우리를 먹여주지 않으면 까마귀가 먹을 것을 가져다줄 것입니다.

땅이 밀을 생산해내지 않으면 하늘이 만나를 내려 줄 것입니다. 그러므로 용기를 갖고 주님 안에서 고요히 쉬십시오. 하나님은 원하신다면 해를 서쪽에서 뜨게 하실 수도 있습니다. 하나님은 비통의 원천을 기쁨의 수로(水路)로 만드실 수 있습니다.

애굽의 곡식은 요셉이 관리하고 있었습니다. 마찬가지로 풍성한 축복은 우리 주 예수의 절대적인 권세 안에 있습니다. 주님은 그것을 자기 백성들에게 아낌없이 나누어 주실 것입니다. 예수님은 자기의 형제들을 쉬지 않고 성실하게 돌보십니다. 기도는 사랑하는 우리의 형제, 예수 앞으로 우리를 인도해줍니다. 우리는 주님 보좌 앞에 서면 반드시 요청하여 받아야 합니다.

주여, 우리의 믿음이 적을 것을 용서해 주소서. 오늘 밤 우리를 당신의 충만하심으로 이끄시고 은혜의 은혜를 받아들이게 하소서.

또 바른 길로 인도하사 거주할 성읍에 이르게 하셨도다(시 107:7).

걱정이 많은 신자는 자기에게 변화가 임하면 이렇게 묻을 수 있습니다.

"왜 나에게 이런 일이 임했는가? 나는 빛을 구하였는데 어두움이 임하였구나. 나는 평화를 구했으나 환난을 당하였구나. 나는 마음속으로 '나의 산은 견고히 있도다. 나는 결코 요동하지 아니하리라'고 말했다. 그런데 이제 비로소 나는 내 위치를 분명히 알 수 있게 되었다. 오늘 내 소망은 구름에 가렸다. 이것이 나를 위한 하나님 계획의 일부인가? 이것이 하나님께서 나를 하늘나라로 데려가는 방법인가?"

그럴 수도 있습니다. 당신의 믿음이 쇠하여지며 마음이 어두워지고 소망이 희미해지는 것은 하나님이 이제 머지않아 당신이 받게 될 큰 유산을 받을 준비를 갖추게 하도록 사용하시는 방법의 한 부분입니다.

이러한 시련은 당신의 믿음을 시험해보고 튼튼하게 만들기 위한 것입니다. 그것들은 당신을 멀리 반석 위로 떠밀고 갈 파도입니다. 그것들은 당신의 배를 더욱 빨리 원하는 항구에 닿게 해주는 바람입니다. 당신은 다윗처럼 "여호와께서 그들이 바라는 항구로 인도하시는도다"(시 107:30)라고 말할 수 있을 것입니다.

당신의 영혼의 생명은 영예와 치욕, 좋지 못한 평판과 좋은 평판, 풍족함과 빈곤함, 기쁨과 고통, 박해와 평화 등에 의해 유지됩니다.

믿는 자여, 당신의 슬픔이 하나님의 계획 밖의 것으로 생각하지 마십시오. 그것은 하나님의 계획에 필요한 부품입니다.

우리가 하나님 나라에 들어가려면 많은 환난을 겪어야 할 것입니다. 그러므로 여러 시험을 만나거든 온전히 기쁘게 여기는 법을 배우십시오.

내 사랑아 너는 어여쁘고 어여쁘다 네 눈이 비둘기 같구나(아 1:15).

사랑하는 주님은 모든 면에서 지극히 아름다우십니다. 우리가 산꼭대기에서 그를 보았을 때, 그는 태양처럼 강력하게 우리를 비추어 주셨습니다. 또 사자 굴과 표범 산에서 그를 내려다보았을 때도 그는 자기의 어여쁨을 조금도 잃지 않으셨습니다. 우리는 병상에서나 무덤가에서도 영혼의 신랑을 바라보았습니다. 그분은 항상 "어여쁘고 어여쁘셨습니다." 많은 성도가 음침한 감옥에 갇혀서나 화형 장의 불길 속에서 주님을 바라보면서 한 마디도 주님을 비방하지 않고 오히려 주님의 지극한 위대하심을 찬미하며 죽었습니다.

영원토록 사랑스러운 주님만 응시한다는 것은 참으로 고귀하고 기쁜 일입니다. 구세주의 모든 직무를 생각하며 주님과 비길 만한 분이 없음을 생각하면 말할 수 없는 기쁨을 느낍니다. 마치 주님의 성품이라는 만화경을 움직여 비길 데 없이 아름다운 은혜의 결합체를 발견하는 것 같습니다. 주님은 말구유에서나 영원 속에서, 십자가 위에서나 보좌 위에서, 동산에서나 주님의 나라에서, 강도 사이에서나 그룹 천사 사이에서나, 어디에서든 어여쁘고 어여쁜 분이십니다.

주님이 살아 계실 때 향하신 모든 행위와 주님의 모든 성품을 주의깊게 보십시오. 그러면 주님에게 선한 것이 조금도 부족하지 않았음을 발견할 것입니다. 세월이 흐름에 따라 주님의 감추인 영광은 더욱 찬란하게 빛날 것이요, 주님의 사랑스러움은 모든 거룩한 심령의 마음에 황홀한 기쁨을 채워줄 것입니다.

여호와께서 나를 위하여 보상해 주시리이다 여호와여 주의 인자하심이 영원하오니 주의 손으로 지으신 것을 버리지 마옵소서(시 138:8).

시편 기자는 이 말씀 속에 거룩한 확신을 표현하였습니다. 그는 "나는 내게 관계된 것을 완전케 하기에 충분한 은혜를 가지고 있다. 내 믿음은 지극히 견고하여 요동치 않을 것이다. 내 사랑은 지극히 따뜻하며 절대 식지 않을 것이다. 내 결심은 대단히 확고하여 그 무엇도 내 결심을 움직일 수 없을 것이다"라고 말하지 않았습니다. 그는 오직 주님만 의지했습니다. 반석에 기초를 두지 않은 확신은 물거품과 같은 것입니다. 그것은 우리를 습격하고 멸망으로 덮어 우리를 슬프게 하고 당황하게 할 것입니다. 본성이라는 실로 짠 것은 모두 시간이 흐르면 풀어지게 마련입니다. 그러므로 그것을 입고 있는 사람들은 영원히 당황하게 될 것입니다.

시편 기자는 지혜로운 사람이었습니다. 그는 주님의 사역이 아닌 것에는 조금도 의지하지 않았습니다. 우리 안에서 선한 일을 시작하시는 분은 주님이시요, 또 그 일을 추진하시는 분도 주님이십니다. 주님이 그 일을 끝내시지 않으면 그것은 결코 완전하게 되지 못할 것입니다. 주님이 시작하신 일을 주님이 온전케 하신다는 것이 우리의 확신입니다.

우리는 절대 우리가 행한 것을 신뢰하지 말고 다만 주님이 행하실 일에 확신을 두어야 합니다. 불신앙은 당신에게 자신이 결코 똑바로 설 수 없을 것이라는 의심을 심어 줍니다.

그렇습니다. 당신 자신의 힘에만 의지한다면 당신은 영원히 멸망할 것입니다. 그러나 고마우신 우리 하나님은 우리와 관련된 것을 완전하게 해주시며 우리를 원하는 항구로 데려다주십니다. 우리가 오직 하나님만 신뢰할 때는 아무리 자신을 가져도 지나치지 않습니다.

너는 나를 위하여 돈으로 향품을 사지 아니하며 희생의 기름으로 나를 흡족하게 하지 아니하고 네 죄짐으로 나를 수고롭게 하며 네 죄악으로 나를 괴롭게 하였느니라(사 43:24).

성전에서 예배하는 사람들은 제단에서 태울 향을 사야 했습니다. 그러나 패역한 이스라엘은 이기적인 백성이 되어 여호와께 봉헌물을 거의 바치지 않았습니다. 이것은 하나님과 하나님의 집에 대한 그들의 냉담함을 나타내는 증거였습니다. 본문의 불평이 이따금 당신에게 적용됩니까?

하나님은 주머니는 가난하지만 믿음이 부요한 사람들이 드리는 선물은 비록 적은 것일지라도 받아주십니다. 당신은 주님께 바쳐야 할 분량대로 바칩니까, 아니면 과부의 동전 두 푼마저 바치지 않고 감추어 둡니까? 부유한 신자는 자기에게 맡겨진 부를 감사히 여기는 동시에 자신의 책임이 크다는 것을 잊지 말아야 합니다. 하나님은 많이 주신 자에게 많은 것을 요청하십니다(눅 12:48). 당신은 받은 축복에 따라 주님께 바쳐야 한다는 것을 깨닫고 있습니까?

주님은 우리를 위해 피를 흘리셨으니, 우리는 주님께 무엇을 드릴 것입니까? 우리의 존재 소유는 모두 주님의 것입니다. 주님이 친히 우리를 값 주고 사셨기 때문입니다. 그런데 어떻게 우리가 계속 스스로를 자기의 것인 양 행할 수 있습니까?

더 많이 헌신하고 더 많이 사랑하게 하소서. 복되신 주여, 비길 데 없는 당신의 사랑을 기리기 위해서는 아무리 값비싼 것을 드려도 부족합니다. 그래도 당신은 작은 것이라도 성실한 사랑의 표시라면 기꺼이 받아주십니다. 당신은 어린아이가 어머니에게 꺾어 드리는 들꽃다발과 흡사한 우리의 보잘것없는 제물을 무한히 귀한 것인 듯 받아주십니다. 우리로 결코 당신께 인색하지 않게 하소서. 이 시간부터 우리가 사랑의 선물을 드리지 않고 있다는 불평을 듣지 않게 하소서.

하나님을 찬송하리로다 그가 내 기도를 물리치지 아니하시고 그의 인자하심을 내게서 거두지도 아니하셨도다(시 66:20).

우리가 정직하게 자기의 기도를 돌이켜보면 하나님이 언제나 그 기도에 응답해 주셨다는 놀라움을 느끼게 될 것입니다.

성도 중에는 바리새인처럼 자신의 기도는 주님이 기쁘게 받아주실 것으로 생각하는 사람도 있습니다. 그러나 진정한 신자라면 자신의 기도를 살펴볼 때 눈물을 흘릴 것입니다. 그는 다시 과거로 되돌아갈 수 있다면 더욱 열심으로 기도하겠다고 다짐할 것입니다.

믿는 자여, 당신의 기도가 얼마나 차가운 것이었는지 생각해 보십시오. 당신은 기도의 골방에서 야곱처럼 씨름하고 기도를 드려야 합니다. 그런데 당신의 기도는 무기력했고 자주 기도하지도 않았습니다. 또 "당신이 내게 축복하지 아니하면 가게 하지 아니하겠나이다"라고 외치는 겸손하고 끈기가 있고 신뢰하는 기도와는 전혀 거리가 먼 기도였습니다. 그러나 놀라게도 하나님은 당신의 기도를 들어 주셨습니다. 그 기도를 듣기만 하신 것이 아니라 응답까지 주셨습니다.

또 당신이 얼마나 기도를 등한히 했는지 살펴보십시오. 하나님은 쉬지 않고 축복해 주십니다. 하나님은 우리의 필요에 따라오고 가는 간헐적인 기도를 중시하십니다. 자신에게 절박할 필요가 있을 때는 하나님께 나아가지만, 자비를 얻은 후에는 하나님을 등한히 하는 사람들의 기도도 들어주시는 하나님은 정말 자비하신 분이십니다.

사람들은 어쩔 수 없을 때는 하나님께 접근하다가도, 자비가 풍성하며 슬픈 일이 없을 때는 기도하는 것을 잊습니다. 이러한 이기적인 기도까지 들어주시는 하나님의 은혜로우신 인자하심이 우리 심령을 감동시켜 이제부터는 우리가 "모든 기도와 간구를 하되 항상 성령 안에서 기도하고 이를 위하여 깨어 구하기를 항상 힘쓰며 여러 성도를 위하여 구하게"(엡 6:18) 되기를 바랍니다.

오직 너희는 그리스도의 복음에 합당하게 생활하라(빌 1:27).

"생활"이라는 말에는 이 세상에서의 우리의 모든 생활 과정과 행위가 포함됩니다. 그것은 시민의 특권과 행동을 의미하는 그리스에서 파생되었습니다. 그러므로 우리는 새 예루살렘의 시민으로서 행동으로 그리스도의 복음에 영광을 돌리라는 명령을 받고 있습니다.

복음은 매우 **단순**합니다. 그러므로 우리의 말, 태도, 의복, 그리고 모든 행동도 단순해야 합니다. 이것이 복음의 정수입니다. 복음은 **진실**합니다. 진리라는 보석이 없는 기독교인의 생활은 무가치하고 광채가 없을 것입니다. 복음은 매우 **담대**합니다. 그것은 사람들이 좋아하건 말건 담대하게 진리를 전파합니다. 우리는 신실하며 위축되지 말아야 합니다. 그러나 복음은 또한 대단히 **온유**합니다. 복음을 세우신 자의 정신을 살펴보십시오. 주님은 상한 갈대도 꺾지 아니하신다고 하셨습니다. 우리는 온유한 말과 행동으로 사람들을 권면합시다. 복음은 대단히 **자애롭**습니다. 그것은 길을 잃고 타락한 인류에게 보내시는 사랑의 하나님의 메시지입니다. 제자들에게 남기신 그리스도의 최후 명령은 "서로 사랑하라"(요 13:34)는 것이었습니다. 성도들은 더욱 일치하고 사랑해야 합니다. 악한 영혼일수록 더욱 긍휼히 여겨야 합니다. 우리는 그리스도의 복음이 **거룩**한 것임을 잊어서는 안 됩니다. 그것은 절대 죄를 용서하지 않습니다. 그것은 죄를 용서하되 대속을 통해서 용서합니다.

우리의 생활이 복음을 닮은 생활이라면, 우리와 그리스도와의 일치를 방해하는 것을 모두 피해야 합니다. 주님을 위해서, 우리 자신을 위해서, 이웃을 위해서, 우리는 날마다 그리스도의 복음에 합당하게 살려고 노력해야 합니다.

여호와여 나를 버리지 마소서 나의 하나님이여 나를 멀리하지 마소서 (시 38:21).

우리는 시련을 겪고 유혹을 받을 때는 자주 하나님께 나아가 우리를 버리지 말라고 기도합니다. 그러나 우리는 항상 이렇게 기도해야 한다는 사실을 잊고 있습니다. 우리의 일생에는 하나님의 끊임없는 도우심과 격려 없이 우리 스스로 일할 수 있는 거룩한 순간은 한순간도 없습니다. 우리가 빛 가운데 있거나 암흑 속에 있거나, 하나님과 교통하는 생활 속에 있거나 유혹 속에 있거나, 우리에게는 "여호와여, 나를 버리지 마소서. 나를 도우소서. 그러면 내가 안전하리다"라는 기도가 필요합니다.

걸음마를 배우는 어린아이에게 항상 부모의 도움이 필요하듯 우리에게도 위로부터 오는 도움이 필요합니다. 항해사가 조종하지 않고 버려둔 배는 즉시 항로를 벗어나고 맙니다.

아버지여, 당신의 자녀를 원수의 손에 걸려 실족하게 버려두지 마소서.

선한 목자여, 당신의 양을 버려두지 마시며 안전한 양 우리를 떠나 방황하게 하지 마소서.

나를 내 기쁨에 취하도록 버려두시지 마시며 이 기쁨이 내 마음을 사로잡지 못하게 하소서.

슬픔 중에 당신을 원망하게 버려두지 마소서.

나를 버리지 마소서. 당신과 함께 하지 않을 때 나는 연약하오나, 당신과 함께 거할 때는 강건하옵니다.

나를 버리지 마소서. 내가 가는 길은 위험하며 많은 시험이 있습니다. 당신이 인도하시지 않으면 그 길을 갈 수 없습니다.

나를 멀리하지 마옵소서. 환난이 가깝고 도울 자 없습니다.

나의 구원의 하나님이시여, 나를 버리지 마시고 떠나지 마소서.

곧 그 때로 일어나 예루살렘에 돌아가 보니…두 사람도 길에서 된 일과 예수께서 떡을 떼심으로 자기들에게 알려지신 것을 말하더라(눅 24:33, 35).

엠마오에 도착한 두 제자는 저녁을 먹고 기운을 되찾았습니다. 엠마오로 가는 도중에 그들을 매료시켰던 낯선 사람은 떡을 떼어 그들에게 자신이 누구인지를 나타내셨습니다. 그러나 이미 저녁이 되었으니 함께 머물자고 설득하는 그들을 남겨두고 주님은 사라지셨습니다. 그러나 지금 밤이 이슥해졌음에도 그들의 내면에서 타오르는 사랑은 그들의 앞을 밝혀주는 등불이요, 발에 달린 날개가 되었습니다. 그들은 주님이 부활하셨다는 영광스러운 소식을 전해주려고 7.5마일을 되돌아갔습니다.

예루살렘으로 되돌아가 보니 그곳에 남아 있던 제자들도 기쁜 소식을 가지고 그들을 맞아 주었습니다. 그들은 열심히 그리스도의 부활을 이야기하며 주님에 대해 알고 있는 바를 전파했습니다.

우리도 예수를 증언해야 합니다. 빈 무덤에 관한 요한의 보고를 베드로가 보충해 주었고, 마리아가 상세한 사실을 추가했습니다. 그것들을 종합하면 우리는 완전한 증거를 소유하게 됩니다.

우리는 각기 특이한 은사와 능력을 가지고 있습니다. 그러나 하나님의 궁극적인 목표는 그리스도의 몸을 완전하게 하는 것입니다.

우리는 하나님이 주신 신령한 재산을 사람들에게 나누어 주어야 합니다. 알고 있는 것을 전파하고 본 것을 증언하십시오. 친구들이 한순간이라도 희생되고 우매하게 지내거나 불신앙에 짓눌려 지내게 하지 마십시오. 일어나 맡은 바 의무를 행하고, 하나님이 우리에게 행하신 큰일을 이야기하십시오.

네 짐을 여호와께 맡기라 그가 너를 붙드시고 의인의 요동함을 영원히 허락하지 아니하시리로다(시 55:22).

지나친 염려에는 죄의 본질이 들어 있습니다. 주님은 자주 염려를 버리라고 말씀하셨습니다. 사도들도 그러한 교훈을 되풀이했습니다. 이 교훈을 소홀히 여기는 것은 범죄하는 것입니다. 우리는 마치 주님이 우리의 짐을 대신 질 능력이 없거나 지려고 하지 않으신다는 듯이 스스로 짐을 지려고 애를 씁니다. 이처럼 주님의 교훈에 불순종하는 것, 주님의 말씀을 불신하는 것은 지극히 죄악된 것입니다.

또한 염려는 흔히 죄를 짓는 행위로 이어집니다. 자기 일을 하나님의 손에 맡기지 못하는 사람은 스스로 해결하기 위해 잘못된 수단을 이용하기 쉽습니다. 이것은 우리의 조언자이신 하나님의 지혜를 버리고 인간의 지혜에 의지하는 죄가 됩니다. 이것은 "샘"이 아니라 물이 고이지 않는 "터진 웅덩이"에서 물을 구하는 격이 됩니다. 이것이 옛날 이스라엘 민족이 범했던 실수입니다.

염려는 우리가 하나님의 인자하심을 의심하게 만들며, 하나님을 향한 우리의 사랑을 식게 만듭니다. 우리가 불신을 느끼면 성령을 근심하게 합니다. 따라서 염려는 우리의 기도를 방해하고, 우리의 철저한 모범에 상처를 입히며, 우리의 생활을 이기적인 생활로 만듭니다.

이처럼 하나님에 대한 신뢰의 부족은 우리를 하나님에게서 멀리 떠나 방황하게 합니다. 모든 짐을 주께 맡기며, 하나님이 돌보심을 믿고 염려를 하지 않으면 우리는 하나님께 더욱 가까워지며 유혹을 당할 때 강건하게 될 것입니다.

"주께서 심지가 견고한 자를 평강하고 평강하도록 지키시리니 이는 그가 주를 신뢰함이니이다"(사 26:3).

제자들의 마음을 굳게 하여 이 믿음에 머물러 있으라 권하고 또 우리가 하나님의 나라에 들어가려면 많은 환난을 겪어야 할 것이라(행 14:22).

견인(堅忍)은 참 성도들의 휘장입니다. 기독교인의 생활은 하나님의 길을 걷기 시작하는 것 이상의 일입니다. 그것은 삶이 계속되는 한 믿음 안에서 거하는 것입니다. 나폴레옹은 “승리가 오늘날의 나를 만들었으며, 승리가 나를 지탱해줄 것이다”라고 말했는데, 이것은 기독교인에게도 적용됩니다. 장차 면류관을 쓸 참된 승리자는 전쟁의 나팔 소리가 울리지 않을 때까지 싸워 이긴 사람입니다.

그러므로 견인은 모든 영적 원수들의 과녁이 됩니다. 세상은 우리를 유혹하여 여행을 그만두고 허영의 광장에 정착하게 할 수만 있다면, 우리가 잠시 기독교인이 되는 것을 반대하지 않습니다. 육은 우리를 얽어매려 하며 영광으로 전진하지 못 하게 합니다. 육은 “기독교인이 된다는 것은 피곤한 일이다. 그러니 포기하라. 내가 항상 겸손해야만 하나? 방종하면 왜 안 되는가? 최소한 계속되는 전쟁에서 쉬게 해달라”고 속삭입니다.

우리의 견인은 사탄이 쏘는 화살의 과녁이 됩니다. 사탄은 여러 차례 사납게 공격할 것입니다. 사탄은 우리가 하나님을 섬기지 못하도록 방해하며 선을 행하지 못하도록 교사(巧詐)할 것입니다. 사탄은 당신이 고난을 받는 데 싫증을 내게 할 것이며, “하나님을 욕하고 죽으라”고 속삭일 것입니다(욥 2:9). 그는 당신의 견고함을 공격하여 “그렇게 열심을 내어보았자 무슨 소용이 있는가? 다른 사람처럼 조용히 하라”고 말할 것입니다. 또 우리의 교리적 신앙을 공격하여 “너는 왜 이 분파적인 신조를 신봉하는가? 지각이 있는 사람들은 진보적인 신앙을 가지고 있다. 그들은 옛날의 경계표를 제거하고 있다. 시대의 흐름에 따르라”고 유혹합니다.

신자여. 방패를 들고 갑옷을 입으십시오. 성령의 도우심을 받아 끝까지 인내하여 승리하게 해달라고 하나님께 기도하십시오.

므비보셋이 항상 왕의 상에서 먹으므로 예루살렘에 사니라 그는 두 발을 다 절더라(삼하 9:13).

므비보셋은 왕의 식탁에 그다지 어울리는 인물은 아니었습니다. 그러나 다윗은 그의 얼굴에서 사랑하는 요나단과 닮은 모습을 볼 수 있었기 때문에 그를 항상 왕의 식탁에 앉게 했습니다. 우리도 므비보셋처럼 영광의 왕께 "이 종이 무엇이기에 왕께서 죽은 개 같은 나를 돌아보시나이까"(삼하 9:8)라고 외칠 수 있을 것입니다. 그러나 여호와는 우리의 얼굴에서 사랑하는 아들 예수님을 기억하실 수 있어서 우리와 교제하는 것을 허락하십니다.

이것이 성부께서 자기 독생자에게 품으시는 사랑입니다. 하나님은 자기의 독생자를 사랑하시기 때문에 그의 비천한 형제들을 빈곤한 처지에서 일으켜 세우사 왕의 성에서 살게 하시며, 귀족이 되게 하시며, 왕의 음식을 먹게 하십니다. 그들이 장애인이라도 이 특권은 빼앗기지 않습니다. 절뚝발이라도 아들이 되는 데는 장애가 되지 않습니다. 절뚝발이도 상속자가 될 수 있습니다. 그러나 심각한 무능은 지극히 사랑받는 성도들의 인격을 손상할 수도 있습니다.

믿음이 연약하며 지식이 빈약한 성도는 커다란 패배자입니다. 그들은 많은 원수에게 노출되며 왕이 가는 곳마다 따라갈 수가 없습니다. 영적인 유아기에 그릇된 양육을 받은 회심자는 결코 회복할 수 없는 낙심에 빠지는 일이 많습니다.

"주여, 지는 자로 암사슴처럼 뛰게 하소서. 당신의 모든 백성을 당신 식탁의 음식으로 배불리 먹이소서."

그가 절하여 이르되 이 종이 무엇이기에 왕께서 죽은 개 같은 나를 돌아보시나이까 하니라(삼하 9:8).

은혜를 풍성히 받은 신자일수록 겸손하게 자신을 생각하게 됩니다. 은혜는 빛과 같아서 우리의 불순함을 드러냅니다. 훌륭한 성도들은 자신의 무가치함을 심각하게 의식했기 때문에 스스로를 어디에 비교할 것인지 알지 못했습니다. 루터포드는 "나는 시들어 말라 버린 나뭇가지요, 죽어 버린 시체요, 말라버린 뼈다귀요, 지푸라기조차 건너갈 수 없는 존재입니다"라고 말했습니다.

자연계에서 가장 악한 사물에도 죄에 물들지 않았다는 장점이 있습니다. 개는 탐욕스럽고 사납고 또는 더럽지만, 더럽힐 양심이나 거역할 성령을 가지고 있지 않습니다. 개는 무가치한 동물이지만, 그 주인을 사랑하며 죽을 때까지 충성을 다합니다. 그러나 우리는 주님의 선하심을 망각하며, 주님이 부르실 때 따라가지 않습니다.

"죽은 개"라는 표현은 가장 큰 경멸을 나타내지만, 하나님의 교훈을 받은 신자의 자기혐오를 표현하기에는 충분하지 못합니다. 그들은 겸손한 체하지 않으며, 지성소의 저울에 자신을 달아보고 자신의 헛된 본성을 발견해냅니다. 우리는 기껏해야 진흙이요 생명을 담고 있는 티끌에 불과합니다. 참으로 괴물과 같은 존재인 죄인을 주 예수께서 사랑하시는 것은 놀라운 일입니다. 비록 우리는 먼지요 재에 불과한 존재이나 그의 넘치도록 강하신 능력을 찬양해야 합니다.

주님의 마음이 하늘나라에서 안식을 발견하실 수 있습니까? 주님은 순결하고 흠 없는 신부를 다른 곳에서 찾아야 합니까?

또 미리 정하신 그들을 또한 부르시고 부르신 그들을 또한 의롭다 하시고 의롭다 하신 그들을 또한 영화롭게 하셨느니라(롬 8:30).

믿는 자여, 이 말씀 안에 우리를 위한 귀중한 진리가 있습니다. 우리가 가난하거나 고난을 받고 있다면, 우리를 부르신 소명과 그로부터 흘러나오는 결과를 돌이켜 보고 힘을 얻으십시오. 특히 이 말씀에 기록된 복된 결과를 기억하십시오. 우리가 오늘 분명한 하나님의 자녀이듯, 우리가 당하는 모든 시련도 결국 끝나게 될 것입니다. 우리의 지친 머리에는 영광의 면류관이 씌워질 것이며, 수고한 손에는 승리의 종려나무 가지가 들리울 것입니다.

환난을 당할 때 슬퍼하지 말고 오히려 기뻐하십시오. 오래지 않아 우리는 "애통하는 것이나 곡하는 것이나 아픈 것이 다시 없는" 곳에 거하게 될 것이기 때문입니다. 불수레가 문 앞에 기다리고 있습니다. 잠시 후면 우리는 영화롭게 될 것입니다. 하늘나라 문은 우리를 위해 열려 있습니다.

주님이 우리를 부르셨으므로 그 무엇도 우리를 주님의 사랑에서 끊을 수 없습니다. 고통이 그 결합을 절단하지 못합니다. 지옥의 망치라도 그 사슬을 끊지 못합니다. 우리는 안전합니다. 처음 우리를 부르셨던 그 음성은 또다시 우리를 불러 이 세상에서 하늘나라로, 사망의 음침함에서 영원한 나라의 말할 수 없는 영광으로 데려갈 것입니다. 안심하십시오. 우리를 의롭다 하신 분의 심장은 우리를 향한 무한한 사랑으로 뛰고 있습니다.

우리는 곧 영광중에 있는 성도들과 함께 거할 것이며, 그곳에 우리의 몫이 있습니다. 우리는 이 세상에서 장차 유업을 받을 준비를 하며 기다리는 것입니다. 그 준비가 되기만 하면 천사들이 우리를 평화와 기쁨과 축복의 산으로 데려갈 것이며, 우리는 영원토록 그곳에서 안식을 누릴 것입니다.

> 이것을 내가 내 마음에 담아 두었더니 그것이 오히려 나의 소망이 되었사옴은 여호와의 인자와 긍휼이 무궁하시므로 우리가 진멸되지 아니함이니이다(애 3:21-22).

우리는 옛일을 기억하다 보면 낙심하게 되는 일이 많습니다. 절망에 빠진 사람은 과거의 온갖 어두운 일을 기억하며 그 음울한 전망을 현재까지 확장합니다. 추억은 베옷을 입고 쓴 쓸개즙을 마음에 제공합니다. 그러나 지혜는 쉽사리 추억을 위로의 천사로 변형시킬 수 있습니다. 많은 음울한 예감을 가져오는 회상이 희망적인 징조를 품기도 합니다.

예레미야가 바로 이런 일을 경험했습니다. 추억은 그의 영혼을 깊은 굴욕으로 이끌어갔으므로 그는 "내 마음이 그것을 기억하고 내가 낙심이 되오나"(애 3:20)라고 했지만, 이제 동일한 기억이 그에게 생명과 위로를 주었으므로 그는 "내 마음에 담아 두었더니 그것이 오히려 나의 소망이 되었다"라고 했습니다.

우리가 지혜롭게 기억력을 발휘하면 지극히 큰 비통함 속에서도 위로의 등불을 밝혀줄 성냥을 그을 수 있습니다. 하나님이 신자들의 기쁨을 회복시킬 새로운 길을 만드실 필요가 없습니다. 신자들은 과거라는 재를 기도하는 마음으로 샅샅이 뒤져보면 현재를 밝혀 줄 불씨를 발견할 것입니다. 진리의 책과 은혜의 보좌를 의지하면 곧 그들의 촛불은 다시 빛을 발할 것입니다. 우리는 주님의 인자하심을 기억하며 그 은혜의 행위를 회상해야 합니다. 우리는 자비가 풍성하게 기록된 회상의 책을 펼쳐야 합니다.

기억은 소중한 기쁨의 샘입니다. 거룩한 위로자께서 자기를 섬기는 일에 그것을 돌리실 때, 추억은 세상의 위로자 중에 으뜸이 될 것입니다.

왕은 정의를 사랑하고 악을 미워하시니 그러므로 하나님 곧 왕의 하나님이 즐거움의 기름을 왕에게 부어 왕의 동료보다 뛰어나게 하셨나이다(시 45:7).

악을 미워하며 죄짓지 마십시오. 죄를 보고 노하지 않는 사람 안에는 선(善)이 존재한다고 볼 수 없습니다. 진리를 사랑하는 사람은 반드시 거짓된 길을 미워합니다. 예수님은 자기에게 임한 시험을 얼마나 미워하셨습니까! 마귀는 세 차례나 각기 다른 형태로 주님을 시험하였지만, 주님은 "사탄아, 내 뒤로 물러가라"(막 8:33)고 말씀하셨습니다.

주님은 다른 사람들에게 임한 시험도 미워하셨습니다. 주님은 책망의 말보다는 연민의 눈물로 자신의 증오를 표현하셨습니다. 그러나 "그들은 과부의 가산을 삼키며 외식으로 길게 기도하는 자니 그 받는 판결이 더욱 중하리라"(막 12:40)라고 하신 말씀은 준엄하기 짝이 없는 말씀이었습니다. 주님은 악을 무척 미워하셨기 때문에 그것을 멸하기 위해 십자가 위에서 피 흘리셨습니다.

주님은 영원히 악을 짓밟기 위해 부활하셨습니다. 그리스도는 복음 안에 계시며, 복음은 모든 형태의 악을 대적합니다. 악은 그럴듯한 옷으로 치장하며 거룩한 말을 모방합니다. 그러나 예수님의 교훈들은 마치 주님의 채찍처럼 그것을 성전에서 쫓아내며 그것이 교회 안에 있는 것을 절대 용납하지 않을 것입니다. 우리의 구속자께서 심판주로 오실 때 주님의 말씀은 그가 불의를 미워하심을 나타낼 것입니다. 주님의 의가 온전한 만큼 온갖 형태의 악은 철저히 멸망할 것입니다.

"오 영화로우신 의의 투사 악의 정복자시여.
당신의 하나님은 이런 이유로 당신에게 기쁨의 기름을 부으셨습니다."

여호수아가 그 때에 맹세하게 하여 이르되 누구든지 일어나서 이 여리고 성을 건축하는 자는 여호와 앞에서 저주를 받을 것이라 그 기초를 쌓을 때에 그의 맏아들을 잃을 것이요 그 문을 세울 때에 그의 막내아들을 잃으리라 하였더라(수 6:26).

여리고를 재건하는 사람이 저주를 받을진대, 사탄의 나라를 전파하려고 수고하는 자는 더욱 큰 저주를 받을 것입니다. 믿음의 힘과 끈질긴 노력과 복음의 나팔 소리에 의해 거대한 죄의 요새가 무너질 것입니다. 그러므로 우리는 그리스도를 향한 경건치 못한 원리와 미지근한 사랑의 노예가 된 정신을 조장하는 오류를 제거하는데 열심을 내야 합니다.

우리는 먼저 자기 집 안을 깨끗이 청소한 후에 교회와 세상에 죄가 퍼지는 것을 막을 방법을 찾아야 합니다. 이것은 은밀하고도 열심 있는 기도와 대중 앞에서 담대하게 증언함으로써 이루어질 수 있습니다. 우리는 거짓 신앙의 오류를 믿는 사람들에게 경고해야 하며, 청년들을 복음의 진리 안에서 교육해야 하며, 온 나라에 빛이 철저하게 전파되도록 도와야 합니다. 사탄의 사자는들은 올빼미처럼 낮의 빛을 싫어하기 때문입니다.

예수와 복음을 위하여 할 수 있는 일을 모두 하고 있습니까? 그렇지 못하면, 나태함 때문에 원수가 이익을 얻게 됩니다. 마귀에게 파멸이요 독약이 되는 성경을 전파하기 위해 무엇을 하고 있습니까? 선하고 온전한 복음서를 보내고 있습니까? 마틴 루터는 "마귀는 펜을 싫어한다"라고 말했습니다. 성령의 축복을 받은 능란한 작가들이 사탄의 나라에 큰 피해를 준 것을 생각하면 이것은 일리 있는 말입니다.

오늘 밤, 이 말씀을 읽는 사람들이 이 저주받은 여리고의 재건을 막기 위해 최선을 다한다면 사람의 자손들 사이에 주님의 영광이 신속히 퍼질 것입니다. 당신이 할 수 있는 일은 무엇입니까? 무슨 일을 하려는 것입니까?

우리를 위하여 여우 곧 포도원을 허는 작은 여우를 잡으라 우리의 포도원에 꽃이 피었음이라(아 2:15).

작은 가시도 우리를 고통스럽게 할 수 있고, 작은 구름이 태양을 가릴 수 있습니다. 작은 여우들이 포도원을 망치며, 작은 죄들이 민감한 심령에 해를 끼칩니다. 이 작은 죄들이 영혼을 잠식해 들어가 예수 그리스도께서 미워하시는 것들로 가득 차게 하면 그리스도는 우리와 교제하고 교통하지 않으실 것입니다.

큰 죄는 신자를 유혹하여 멸망시키지 못하지만, 작은 죄는 능히 그를 불행하게 만들 수 있습니다. 신자들이 모든 죄를 몰아내지 않는 한 예수님은 그들과 동행하지 않으실 것입니다. 주님은 "내가 아버지의 계명을 지켜 그의 사랑 안에 거하는 것 같이 너희도 내 계명을 지키면 내 사랑 안에 거하리라"(요 15:10)고 말씀하십니다.

신자 중에는 구세주의 임재를 거의 누리지 못하는 사람들이 있습니다. 그 이유는 무엇입니까? 어린아이가 자기 아버지와 헤어지는 것은 분명히 고통스러운 일일 것입니다. 그런데 우리는 어떻게 그리스도의 배우자가 되고서도 주님과 교제가 없이 만족할 수 있습니까? 무엇이 우리로부터 그리스도를 몰아냈는지 찾아보십시오.

그리스도와 함께 살고, 그리스도와 동행하며, 그리스도와 교제하기를 원한다면 포도원을 허는 작은 여우를 조심하십시오. 우리 포도원에는 어린 포도가 있습니다. 예수님은 우리에게 함께 가자고 청하십니다. 주님은 삼손처럼 쉽게 여우를 잡으실 것입니다.

주님과 함께 여우를 잡으러 가십시오.

우리가 알거니와 우리의 옛 사람이 예수와 함께 십자가에 못 박힌 것은 죄의 몸이 죽어 다시는 우리가 죄에게 종 노릇 하지 아니하려 함이니 (롬 6:6).

믿는 자여, 아직도 죄와 관계합니까? 이미 죄로 인해 충분한 대가를 치르지 않았습니까? 화상을 입은 자녀여, 그래도 불장난을 계속하려는 것입니까? 이미 사자에게 물렸음에도 또다시 사자 굴로 들어가려는 것입니까? 이미 옛 뱀의 해독을 충분히 겪어보지 않았습니까? 그런데 또다시 독사의 구멍 가까이에서 놀며 코브라의 굴에 손을 집어넣으려는 것입니까? 어리석은 짓을 하지 맙시다. 죄가 참된 기쁨을 준 일이 있었습니까? 죄 속에서 실질적인 만족을 발견했습니까? 그렇다면 다시 과거의 노예 생활로 돌아가 쇠고랑을 차게 될 것입니다.

그러나 죄는 절대 주겠다고 약속한 것을 주지 않았고 오히려 거짓말로 우리를 미혹하였습니다. 다시는 그 유혹에 빠져선 안 됩니다. 죄에서 자유하며, 과거의 노예 생활을 기억하여 다시는 그 올무에 걸리지 맙시다.

죄는 영원하신 사랑의 계획과 어긋나는 것입니다. 순결함과 거룩함을 원하시는 하나님의 뜻을 거역하지 마십시오. 기독교인들이 범죄 하면 반드시 비싼 대가를 치러야 합니다. 범죄는 마음의 평화를 파괴하며, 예수와의 교제를 어둡게 하고, 기도를 방해하며, 영혼에 어두움을 가져옵니다. 그러므로 죄의 노예가 되지 마십시오. 죄의 종이 될 때마다 "하나님의 아들을 다시 십자가에 못 박아 현저히 욕을 보이는 것"(히 6:6)입니다. 그렇게 생각하고도 견딜 수 있습니까?

우리가 오늘 하루 범죄한 일이 있다면, 주님께서 이 밤에 이 권고를 우리에게 보내사 크게 배교하지 못 하게 하실 것입니다. 다시 주님을 의뢰하십시오. 우리를 향한 주님의 사랑은 변치 않으시며 주님의 은혜도 동일합니다. 뉘우치고 눈물을 흘리며 주님의 발 앞에 나아갑시다. 주님은 다시 우리를 받아주실 것입니다

온 땅 사람이 큰 소리로 울며 모든 백성이 앞서 건너가매 왕도 기드론 시내를 건너가니 건너간 모든 백성이 광야 길로 향하니라(삼하 15:23).

다윗은 패역한 아들로부터 도망치며 슬픈 마음으로 시내를 건넜습니다. 다윗은 하나님의 마음을 좇는 사람이었지만 환난이 면제되지 않았습니다. 사실 그의 일생은 환난의 일생이었습니다. 그는 여호와의 기름 부음을 받은 자인 동시에 고통을 받은 자였습니다. 그런데 우리는 왜 고통을 피하려고 합니까? 우리는 왜 자신에게 이상한 일이 발생한 듯 불평합니까? 만왕의 왕께도 유쾌하고 평탄한 길이 제공되지 않았습니다. 그분은 예루살렘의 오물이 흐르는 더러운 기드론 시내를 건넜습니다. 하나님에게는 죄가 없으신 아들이 한 분 계셨습니다. 하나님은 모든 자녀에게 매를 보내십니다. 예수님께서 모든 면에서 우리와 같은 시험을 받으셨다고 믿는 것은 기쁨이 됩니다.

오늘 아침 우리가 건너야 하는 기드론 시내는 무엇입니까? 신실치 못한 친구입니까? 사랑하는 자의 죽음입니까? 아니면 비방하는 질책입니까? 왕께서도 이 모든 것을 건넜습니다. 육체의 고통, 빈곤, 박해, 멸시가 우리의 기드론입니까? 왕께서 우리보다 먼저 이것들을 건너셨습니다.

"그들의 모든 환난에 동참하사"(사 63:9).

시련 당함을 이상히 여기는 생각은 우리에게서 영원히 추방되어야 합니다. 모든 성도의 머리가 되시는 주님은 우리가 매우 특이하게 생각하는 슬픔을 경험하여 알고 계십니다. 다윗의 주님은 무덤에서 승리하여 부활하셨습니다. 장차 우리도 승리할 것입니다. 용기를 냅시다. 비록 우리가 잠시 죄와 슬픔의 독한 시내를 건너야 하지만, 장래에는 기쁨으로 구원의 우물에서 물을 긷게 될 것입니다.

십자가의 군사여, 용기를 내십시오. 왕께서 친히 기드론 시내를 건넌 후에 승리하셨으니, 우리도 그리할 것입니다.

그가 네 모든 죄악을 사하시며 네 모든 병을 고치시며(시 103:3).

우리는 누구나 어느 정도 죄라는 질병에 걸려 고생하고 있습니다. 우리를 고쳐주실 능력이 있으시며, 또 기꺼이 고쳐주려 하시는 위대한 의사가 있다는 것을 알면 얼마나 큰 위로가 되겠습니까? 그분은 신속히 우리를 고쳐주십니다. 우리는 그분을 바라보기만 해도 생명을 얻습니다. 그분은 우리의 질병을 근본적으로 고쳐주십니다. 그분은 우리 병의 근원을 죽이십니다. 그분은 절대 치료에 실패하지 않으시며, 우리는 다시 그 병에 걸리지 않습니다. 그리스도께 서 고쳐주신 질병은 재발하지 않습니다. 주님은 일시적으로 증세만 가라앉히시는 것이 아니라 새 사람으로 만드십니다. 그들의 내면에 올바른 정신을 넣으시며 새 마음을 주십니다. 주님은 모든 질병을 치료하시는 훌륭한 의사이십니다.

의사들은 일반적으로 특정 분야의 질병만을 다룹니다. 그들은 우리의 모든 고통과 병고에 대해 조금은 알겠지만, 특별한 한 가지 질병에 관해서만 공부를 했습니다. 그러나 예수님은 인간의 본성을 철저히 알고 계십니다. 그분은 어떤 죄인이든지 쉽게 고치십니다. 주님이 고치시지 못하는 질병은 없습니다. 주님은 이상한 질병에 걸린 환자를 어떻게 다루어야 하는지 정확히 알고 계십니다.

주님이 주시는 약은 모든 질병에 적용되는 유익하고 진실한 처방입니다. 우리는 어떤 질병에 걸렸든지 즉시 거룩한 의원을 불러야 합니다. 예수님은 아무리 상한 심령이라도 고쳐주실 수 있습니다.

> "그 아들 예수의 피가 우리를 모든 죄에서 깨끗하게 하실 것이요"(요일 1:7).

많은 영혼이 주님의 능력으로 말미암아 온갖 질병에서 구원을 얻었습니다. 그러므로 기쁜 마음으로 우리 자신을 주님의 손에 맡깁시다.

하나님이 빛을 낮이라 부르시고 어둠을 밤이라 부르시니라 저녁이 되고 아침이 되니 이는 첫째 날이니라(창 1:5).

하나님은 세상을 창조하신 첫째 날에 빛과 어두움의 영역을 구분하셨습니다. 그러므로 내 환경이 번영이라는 빛의 영역에서 역경의 암야로 바뀌는 것도 전혀 기이한 일이 아닙니다. 나는 계절이 바뀌면 과거의 기쁨이 사라져 슬퍼하게 되며 밤에 내 사랑하는 자를 찾게 되리라고 예상해야 합니다.

그러나 이런 환경 속에 나 홀로 있는 것이 아닙니다. 모든 주님이 사랑하는 자들이 심판과 긍휼, 시련과 구원, 슬픔과 기쁨이 섞인 노래를 불러야 했습니다. 영적 세계나 자연 세계에 낮과 밤이 계속되는 것은 거룩한 하나님의 섭리에 따른 현상이며, 마침내 우리는 “다시 밤이 없는”(계 22:5 참조) 땅에 도착하게 됩니다. 우리 아버지께서 정하신 것은 지혜로우며 선한 것입니다.

내 영혼아, 네가 해야 할 최선의 일은 무엇인가? 먼저 이 거룩한 질서에 만족하는 법을 배우라. 아침 해가 떠오를 때 기쁨의 태양을, 해가 지는 저녁의 장엄함을 찬양하라. 일출과 일몰에는 아름다움이 있다. 나이팅게일처럼 항상 아름다운 곡조로 노래하라. 밤도 낮과 마찬가지로 유익한 때임을 믿으라. 칠흑 같은 슬픔 속에서 약속의 별들이 영광스럽게 빛을 말하도다. 어떤 변화가 임하더라도 꾸준히 하나님을 섬기라. 주님의 종으로서의 자신의 소명에 충실하라. 그리하면 마침내 주께서 영광중에 나타나실 것이다.

> 나 여호와가 시온의 모든 황폐한 곳들을 위로하여 그 사막을 에덴 같게, 그 광야를 여호와의 동산 같게 하였나니 그 가운데에 기뻐함과 즐거워함과 감사함과 창화하는 소리가 있으리라(사 51:3).

나는 환상 중에 사하라 사막처럼 크고 무서운 사막, 황량한 광야를 봅니다. 나는 사람들의 해골이 가득한 뜨겁고 메마른 모래벌판에 에워싸여 있습니다. 그들은 이 무정한 황무지에서 길을 잃고 고생하다가 숨을 거둔 사람들입니다. 얼마나 소름 끼치는 광경입니까! 오아시스도 없이 끝없이 뻗어있는 모래바다입니다. 버림받은 인류를 위한 쓸쓸한 묘지입니다.

그러나 보십시오. 기적이 일어났습니다. 나는 갑자기 타는 듯한 모래 사 막에서 한 그루 푸른 식물이 솟아오르는 것을 봅니다. 그것은 자라면서 꽃봉오리를 내밉니다. 그것은 장미입니다. 그 옆에는 백합이 겸손하게 고개를 숙이고 있습니다. 그 꽃의 향기가 퍼지면서 광야는 비옥한 들판으로 변합니다. 사막은 마치 레바논의 영광을 부여받은 듯이 꽃을 피우기 시작합니다. 보십시오. 해골들이 태양 아래 누워있던 곳에 부활이 선포됩니다. 죽은 자들이 일어나 영원한 생명으로 가득한 강한 군대가 됩니다.

예수님은 사막에서 피어난 장미입니다. 주님의 임재는 만물을 새롭게 해줍니다. 사망에서 솟아나는 생명의 기적은 각 개인의 구원입니다. 아버지께서는 우리를 벌거벗고 피투성이가 되어 들에 버린 갓난아이로 묘사하십니다(겔 16:3-6). 그러나 거룩하신 섭리는 우리를 불쌍히 여겨서 구해 주십니다. 우리는 모든 더러움을 씻어 깨끗하게 되고 하늘나라의 가족으로 입양되며, 우리의 이마에는 사랑의 인이 찍히고, 손가락에는 신실함의 반지가 끼워집니다.

오, 사막을 동산으로 변하게 하며, 메마른 심령으로 기뻐 노래하게 하시는 큰 능력과 은혜의 귀중함이여!

육체의 소욕은 성령을 거스르고 성령은 육체를 거스르나니 이 둘이 서로 대적함으로 너희가 원하는 것을 하지 못하게 하려 함이니라(갈 5:17).

신자들의 마음속에서는 옛 본성과 새로운 본성이 끊임없는 싸움을 합니다. 옛 본성은 대단히 적극적입니다. 그것은 기회를 잃지 않고 새로 탄생한 은혜를 대적하여 치명적인 무기로 계속 공격합니다.

반면에 새로운 본성은 우리를 파멸하려는 원수를 저항하고 항상 깨어 있어 경계합니다. 우리 안에 있는 은혜는 악을 물리치기 위해 기도와 믿음과 소망과 사랑을 고용합니다. 그것은 하나님의 전신갑주를 입고 열심히 분투합니다. 이 두 가지 상반된 본성은 우리가 이 세상에 사는 한 그치지 않고 싸웁니다. 그러나 우리가 항상 예수와 동행할 때 새로 탄생한 본성은 원수를 능히 물리칠 수 있습니다.

오늘 역경과 싸우고 있습니까? 사탄과 세상과 육체 모두가 공격하고 있습니까? 절대로 낙심하지 말고 계속 싸우십시오. 하나님이 친히 당신과 함께하십니다.

여호와 닛시. 여호와는 당신의 깃발이 됩니다. 여호와 로피. 여호와가 당신의 상처를 치료해 주십니다. 우리는 결국 적을 정복하게 될 것입니다.

누가 이 전능하신 분을 이길 수 있습니까? 예수님을 의지하며 계속 싸우십시오. 싸움이 길고 어려우면 승리는 더 달콤할 것입니다.

우리 구원의 대장되시는 예수님, 우리가 사랑하는 주님으로 말미암아 종국에는 승리자가 될 것이라는 확신을 주십니다.

어떤 사람이 주께 와서 이르되 선생님이여 내가 무슨 선한 일을 하여야 영생을 얻으리이까(마 19:16).

이 말씀에 등장하는 청년은 주님을 "선생님이여"라고 불렀습니다. 우리도 주님을 이렇게 불러야 합니다. 주님은 진실로 나의 선생이십니다. 주님은 나를 다스리시고 가르치시는 선생이십니다. 나는 기꺼이 주님의 심부름을 하며 그의 발 앞에 앉습니다. 나는 주님의 종이요 동시에 제자입니다. 주님이 나에게 왜 주님을 "선한 선생"이라고 부르냐고 물으신다면, 나는 "선한 이는 오직 한 분이시라"고 대답하겠습니다(마 19:17).

주님은 하나님이시므로 모든 신성의 선한 것이 주님 안에서부터 빛을 발합니다. 내가 가지고 있는 선은 주님을 통해서 내게 온 것입니다. 주님은 죄 가운데서 죽은 나에게 선을 행하여 주시사 성령의 권능으로 일으켜 주셨습니다. 또 내가 궁핍함과 시련과 투쟁과 슬픔을 겪을 때도 선하게 대해 주셨습니다. 주님보다 더 선하신 선생은 절대 없을 것입니다. 주님은 값없이 봉사하시며 사랑으로 다스리십니다.

나의 랍비가 되셔서 나를 가르치시는 주님은 말할 수 없이 선하십니다. 주님의 교리는 거룩하고, 주님의 태도는 끈기가 있으며, 주님의 정신은 지극히 온유합니다. 주님의 교훈에는 전혀 오류가 있지 않습니다. 주님이 가르치시는 황금률은 순수하며, 주님의 교훈은 제자들의 덕을 기르고 성화시키십니다. 옛 성도들은 주님이 선한 선생이심을 증명했습니다. 그들은 모두 "오 주여, 나는 당신의 종이옵니다"라고 기뻐 노래했습니다.

나도 겸손하게 똑같이 증언해야 합니다. 나는 내 친구와 이웃에게 주님의 위대하심을 전파하겠습니다. 그들이 내 증언을 듣고 나의 주 예수를 자기들의 선생으로 찾게 된다면, 그들은 그와 같이 지혜롭게 행동한 것을 후회하지 않을 것입니다. 만일 그들이 그리스도의 쉬운 멍에를 맨다면 영원토록 매우 고귀한 일에 종사하게 될 것입니다.

이 모든 사람은 토기장이가 되어 수풀과 산울 가운데에 거주하는 자로 서 거기서 왕과 함께 거주하면서 왕의 일을 하였더라(역상 4:23).

토기장이는 그다지 귀한 직업이 아닙니다. 그러나 왕에게는 토기장이가 필요했기 때문에 진흙을 만지는 토기장이들이 왕을 섬기게 되었습니다. 우리도 토기장이처럼 주님의 사역 중에서 가장 비천한 부분에 종사하고 있을지 모릅니다. 그러나 어떤 일이든 왕을 위한 일은 큰 특권입니다.

숲속에 사는 사람들은 거칠고 단순한 일, 울타리나 도랑을 손질하는 일 등을 해야 합니다. 아마 그들은 도시의 문화적 환경 속에 살기를 원할 것입니다. 그러나 그들은 왕의 일을 하고 있었기 때문에 그들에게 지정된 장소를 떠나지 않고 지켰습니다.

우리에게도 있어야 할 장소가 정해져 있습니다. 우리는 제멋대로 떠나서는 안 됩니다. 그곳에서 주님을 섬기며 함께 사는 사람들에게 축복이 되어야 합니다.

이 토기장이와 정원사들은 왕과 함께 거했으므로 왕의 친구였습니다. 우리가 하는 일과 직업이 아무리 천해도 그것이 거룩하신 우리 주님과의 사귐을 방해하지는 못합니다. 우리는 복잡한 주택가, 작업장, 또는 감옥을 방문할 때 왕과 함께 갈 수 있습니다. 모든 믿음의 일을 할 때 예수님의 교제를 의지할 수 있습니다. 우리가 주님의 일을 할 때 주님의 인정을 받으리라 확신합니다.

주님을 위해 지극히 비천한 일에 종사하고 있는 무명의 일꾼이여, 기운을 내십시오. 거름더미 속에서 보석이 발견되며, 흙으로 만든 토기에 거룩한 보화가 채워지며, 잡초가 귀한 화초로 변화되었습니다.

왕과 함께 거하며 왕의 일에 종사하십시오. 그러면 왕께서 연대기를 기록하실 때 우리의 이름도 기록하실 것입니다.

그는 근본 하나님의 본체시나 하나님과 동등됨을 취할 것으로 여기지 아니하시고 오히려 자기를 비워 종의 형체를 가지사 사람들과 같이 되셨고 사람의 모양으로 나타나사 자기를 낮추시고 죽기까지 복종하셨으니 곧 십자가에 죽으심이라(빌 2:6-8).

예수님은 겸손을 가르치신 위대한 교사이십니다. 주님이 수건을 허리에 차시고 제자들의 발을 씻어 주시는 모습을 보십시오. 그리스도를 따르는 자여, 자신을 낮추렵니까? 종의 종이 되신 주님을 바라보면 절대 교만할 수 없을 것입니다.

"자기를 낮추다"라는 말은 세상에서의 주님의 일생을 한마디로 요약한 것입니다. 주님은 존귀의 옷들을 차례로 벗으셔서 마침내 벌거벗은 채 십자가에 달리셨습니다. 그곳에서 주님은 자아를 비우셨고 피를 쏟으시면서 우리를 위해 자신을 주셨습니다. 결국 사람들은 남의 무덤을 빌려 그 안에 예수를 눕혔습니다. 사랑하는 우리의 구속자께서 이처럼 낮아지셨는데 우리가 어떻게 교만할 수 있겠습니까?

십자가 밑에 서서 우리의 죄를 깨끗이 씻은 핏방울을 세어 보십시오. 가시 면류관, 채찍을 맞아 아직도 붉은 피가 솟는 두 어깨를 보십시오. 쇠못이 박힌 두 손과 발을 보십시오. 조롱과 멸시를 받으신 주님을 보십시오. 표면에 나타난 주님의 내적 고통과 아픔과 괴로움을 보십시오. "나의 하나님, 나의 하나님, 어찌하여 나를 버리셨나이까?"라고 외치신 주님의 쓸쓸한 절규를 들어 보십시오.

주님 앞에서 겸손하지 않은 사람은 주님을 알지 못하는 사람입니다. 우리는 완전히 버림을 받았으므로 독생자의 희생만이 우리를 구원할 수 있습니다. 예수께서 우리를 굽어보실 때 그 발 앞에 겸손히 경배하십시오. 그리스도의 놀라운 사랑을 깨달은 사람은 자신의 죄악을 의식할 때보다 더 겸손하게 됩니다. 십자가 밑에서는 교만이 존재할 수 없습니다. 십자가 밑에서 교훈을 배우고 일어나서 그것을 실천합시다.

우리 구주 하나님의 자비와 사람 사랑하심이 나타날 때에 우리를 구원하시되 우리가 행한 바 의로운 행위로 말미암지 아니하고 오직 그의 긍휼하심을 따라 중생의 씻음과 성령의 새롭게 하심으로 하셨나니(딛 3:4-5).

구세주께서 사랑하는 백성들과 교제하는 모습을 그려보십시오. 얼마나 유쾌하겠습니까? 잠시 주님 사랑의 역사를 생각해 보십시오. 수천 가지 사랑의 행위들이 떠오를 것입니다.

이처럼 놀라운 사랑을 묵상할 때 우리 영혼이 기쁨으로 인해 실신하는 것은 당연합니다. 뉘라서 그 사랑의 무게를 감당하겠습니까? 우리의 영혼은 성령께서 때때로 제공해 주시는 부분적 사랑의 의식조차 감당하지 못합니다. 그 사랑을 완전히 본다면 그 얼마나 영광스럽겠습니까!

우리 영혼이 구세주의 은사를 모두 무분별하여 지혜롭게 평가하며 시간을 내어 그것들을 묵상할 수 있게 될 때, 우리는 비로소 예수와 더욱 긴밀한 교제를 할 수 있을 것입니다. 누가 그 교제의 감미로움을 상상할 수 있겠습니까? 그것은 인간의 마음에는 들어갈 수 없지만, 하나님이 자기를 사랑하는 자들을 위해 예지하신 것 중의 하나일 것입니다.

우리의 요셉이신 주님의 창고 문을 활짝 열고 우리를 위해 저장해 둔 풍성한 양식을 보는 기쁨! 우리는 그의 사랑에 압도될 것입니다.

우리는 믿음이라는 거울을 통해 희미하게나마 주님의 무한한 보화를 봅니다. 그러나 우리 눈으로 직접 하늘나라의 날들을 볼 때 우리 영혼은 깊은 교제에서 헤엄치며 즐길 것입니다.

크도다 경건의 비밀이여, 그렇지 않다 하는 이 없도다 그는 육신으로 나타난 바 되시고 영으로 의롭다 하심을 받으시고 천사들에게 보이시고 만국에서 전파되시고 세상에서 믿은 바 되시고 영광 가운데서 올려지셨느니라(딤전 3:16).

우리는 사랑하는 주님께서 굴욕을 받으시고 버림을 받으셨다는 것을 알고 있습니다. 주님은 "멸시를 받아 사람들에게 버림 받았으며 간고를 많이 겪었으며 질고를 아는 자"(사 53:3)이시지만, 어두움의 권세를 이기고 승리하셨습니다. 우리는 믿음으로 찬란한 승리의 옷을 입으신 왕을 바라봅니다. 구름을 타고 승천하실 때 천사들의 눈에 비친 주님의 모습은 매우 영광스러우셨을 것입니다. 주님은 지금 세상이 창조되기 전에 하나님과 함께 소유했던 영광을 입고 있으십니다. 이 영광 외에도 또 하나의 훌륭한 영광이 있습니다. 주님은 죄와 사망과 지옥을 대적하여 싸우심으로써 이 영광에 들어가셨습니다. 승리자이신 주님은 빛나는 면류관을 쓰고 계십니다. 높이 울려 퍼지는 노래에 귀를 기울이십시오: "죽임을 당하신 어린 양이여! 저는 사람들을 사서 하나님께 드리셨도다"(계 5:9-14).

주님은 절대 부족함이 없으신 중보자, 패배하지 않는 왕, 모든 원수를 물리치신 정복자로 영광을 입으십니다. 주님은 모든 신자를 신실하게 대하시는 분이십니다. 주님은 하늘나라의 찬란함이 수여할 수 있는 모든 영광, 일만 천사들이 바칠 수 있는 영광의 일만 배나 되는 영광을 입고 있으십니다. 우리는 주님의 위대하심을 결코 이해할 수 없습니다. 그러나 주님이 거룩한 천사들과 함께 그 능력을 갖추고 하늘에서 내려오실 때 그 영광이 드러날 것입니다: "인자가 자기 영광으로 모든 천사와 함께 올 때에 자기 영광의 보좌에 앉으리니(마 25:31).

이것은 시작에 불과합니다. 하늘나라에서는 영원히 주님을 찬양하여 "하나님이여 주의 보좌는 영원하며 주의 나라의 규는 공평한 규이니이다"(시 45:6)라고 노래할 것입니다. 후에 그리스도의 영광을 누리길 원한다면, 지금 앞에 계신 주께 영광을 돌립시다!

들어간 것들은 모든 것의 암수라 하나님이 그에게 명하신 대로 들어가 매 여호와께서 그를 들여보내고 문을 닫으시니라(창 7:16).

노아는 거룩한 사랑의 손에 의해 온 세상으로부터 분리되어 방주 안에 갇혔습니다. 우리 주 예수님께서 세상에 속하지 않으셨듯이, 우리도 세상에 속한 자가 아닙니다. 우리는 죄에 빠지거나 많은 무리를 좇아갈 수 없습니다. 우리는 어두움의 자녀들과 함께 놀 수 없습니다. 우리 하늘 아버지께서 우리를 방주 안에 닫아 넣으셨기 때문입니다. 주님은 "방주 안에 들어오라"고 청하시며, 자신도 자기의 종 및 그 가족과 함께 방주 안에 거하실 작정임을 분명히 나타내셨습니다.

택한 자들은 성부와 성자와 성령의 삼위 안에 하나님을 포함하고 있는 것과 동일한 범주 안에 에워싸입니다. 우리는 그 관대하신 부르심에 무관심해서는 안 됩니다.

"내 백성아, 오라. 내 방으로 들어와 문을 닫고 잠시 몸을 숨기라." 노아는 완전히 방주 안에 갇혀있었으므로 악이 전혀 그에게 접촉하지 못했습니다. 홍수는 그를 하늘을 향해 들어 올렸고, 그가 가는 길에는 바람도 불어왔습니다. 방주 밖의 세상은 완전히 멸망했지만, 방주 안에는 오직 안식과 평화만 있었습니다.

우리는 그리스도를 벗어나면 멸망하며, 그리스도 안에 있으면 완전한 안전 속에 거합니다. 노아는 완전히 방주 안에 갇혀있었으므로 밖으로 나가려고 하지 않았습니다. 예수 그리스도 안에 있는 사람들은 영원토록 그 안에 거합니다. 영원한 신실하심이 그들을 그 안에 넣고 문을 닫습니다.

마지막 때에 그 집의 주인이 부활하셔서 문을 닫으실 것입니다. 그때 단순한 철학자들이 문을 두드리며 "주여, 주여, 우리에게 문을 열어 주소서"라고 부르짖어도 소용이 없을 것입니다. 지혜로운 처녀들을 닫아 넣은 문은 어리석은 처녀들에게는 영원히 열리지 않을 것입니다.

"주여, 당신의 은혜로 나를 방주 안에 닫아 넣으소서."

사랑하지 아니하는 자는 하나님을 알지 못하나니 이는 하나님은 사랑이심이라(요일 4:8).

기독교인의 특징이 되는 표시는 그리스도의 사랑 안에 있는 확신과 그리스도를 향한 깊은 사랑입니다. 믿음은 우리의 영혼이 사도 바울처럼 "나를 사랑하사 나를 위하여 자기 자신을 버리신 하나님의 아들을 믿는 믿음 안에서 사는 것이라"(갈 2:20)고 말할 수 있게 해줍니다. 또 사랑은 사랑받은 보답으로 예수께 사랑과 감사를 드립니다.

"우리가 사랑함은 그가 먼저 우리를 사랑하셨음이라"(요일 4:19).

담대한 믿음을 지니고 있었던 초대 교회의 신자들에게서는 이 두 가지 특징이 분명히 나타났습니다. 주님을 향한 그들의 사랑은 영혼의 은밀한 방에 감추어 둔 고요한 감정이 아니었습니다. 그것은 주일 예배를 드리면서 예수 그리스도를 기리는 찬송을 부를 때 아뢰는 감정이 아니었습니다. 그것은 열정적인 감정이요, 모든 것을 태우는 정력이었습니다. 그것은 그들의 말과 행동에 나타났고 그들의 눈에서 번뜩였습니다. 예수를 향한 그들의 사랑은 존재의 중심에서 타오르는 불길이었습니다. 그 불은 표면으로 퍼져 나왔습니다. 그들은 그리스도의 사랑을 의지했기 때문에 용감했으며, 그리스도를 사랑했기 때문에 많은 일을 했습니다. 오늘날도 마찬가지입니다. 하나님 자녀들의 내면 깊은 곳은 사랑의 지배를 받습니다.

"그리스도의 사랑이 우리를 강권하시는도다"(고후 5:14).

그들은 성령께서 마음에 거룩한 사랑의 빛을 널리 비추는 것을 기뻐하며, 감사로 충만하여 순결한 마음으로 열렬히 구세주를 사랑합니다.

"주님을 사랑하고 있는가?" 이 밤 잠자리에 들기 전에 이 질문에 정직하게 대답해 봅시다.

보소서 나는 비천하오니 무엇이라 주께 대답하리이까 손으로 내 입을 가릴 뿐이로소이다(욥 40:4).

길 잃은 죄인이여, 당신에게 격려가 될 말이 있습니다. 당신은 자신이 비천해서 하나님께 나아올 수 없다고 생각합니까?

이 세상에 사는 성도는 누구나 한 번쯤 자신이 비천하다고 느낀 일이 있습니다. 욥, 이사야, 바울 등 모두가 "나는 비천하다"라고 말했다면, 우리는 같은 고백에 참여하는 것을 부끄럽게 여기겠습니까? 하나님의 은혜가 신자에게서 모든 죄를 뿌리 뽑지는 않으시는데 당신이 어찌 스스로 그 일을 하기를 소망합니까? 하나님이 비천한 자기 백성들을 사랑하시는데 왜 당신은 자신의 비천함이 하나님이 당신을 사랑하시는 데 방해가 될 것으로 생각합니까?

예수님을 믿으십시오. 예수님은 지금 그대로의 당신을 부르십니다. 지금 "주님은 죄인을 위해 죽으셨으며 나는 죄인입니다. 주 예수님, 당신의 피를 나에게 뿌리소서"라고 말하십시오. 당신이 죄를 고백하면 사함을 얻을 것입니다. 지금 마음을 다하여 "나는 비천하오니 나를 씻어주소서"라고 아뢰면 깨끗하게 해주실 것입니다.

오늘 아침 이 말씀을 읽고 일어설 때 우리는 모든 죄 사함을 받을 수도 있을 것입니다. 비록 오늘 아침 눈을 뜰 때는 인류가 지금껏 범해온 모든 죄와 더불어 잠이 깨었을지라도, 오늘 밤에는 사랑하는 자 안에 영접을 받아 쉬게 될 것입니다. 과거에는 죄라는 누더기를 입은 비천한 자였지만, 장래에는 천사들처럼 희게 되며 의의 옷을 입게 될 것입니다.

지금은 영접받는 순간입니다. 경건치 못한 자들을 의롭다 하시는 주님을 믿으면 구원을 얻습니다. 성령께서 지극히 비천한 자를 영접하시는 분을 믿는 구원의 믿음을 주시기를 기원합니다.

그들이 히브리인이냐 나도 그러하며 그들이 이스라엘인이냐 나도 그러하며 그들이 아브라함의 후손이냐 나도 그러하며(고후 11:22).

이 말씀에는 증명을 필요로 하는 우리의 개인적인 권리가 들어 있습니다. 영적 이스라엘인이라고 주장하는 사람 중에는 그 칭호를 가질 권리가 없는 사람이 많습니다. 우리는 하나님 앞에서 자기 마음을 살펴본 후에 "나도 이스라엘인이라"고 말해야 합니다. 우리가 진심으로 "나는 하나님을 온전히 신뢰하며, 영원히 신뢰하나이다"라고 말할 수 있다면 그리스도를 따르고 있다는 것이 증명됩니다.

우리는 하나님의 성도들이 지니는 지위를 가지고 있으며, 그들이 누리는 것을 누립니다. 우리는 아마 이스라엘 중에서 가장 작은 자일지 모릅니다. "모든 성도 중에 지극히 작은 자보다 더 작은 자"(엡 3:8)일 수도 있습니다.

또한 성도들은 자비하신 하나님께 속해 있으므로, 우리는 "그들이 이스라엘인이냐? 나도 그러합니다. 그러므로 약속이 내 것이요, 은혜가 내 것이며, 영광이 내 것이 될 것이다"라고 말할 수 있습니다. 하나님의 백성들이 자신이 하나님께 속한 자임을 기뻐할 때, 내가 "나도 그러하다"라고 말할 수 있다는 것은 얼마나 큰 축복입니까. 그들이 사랑하는 자 안에서 죄 사함을 받고 의롭다 함을 얻고 영접되었다고 말할 때, 나는 기쁜 마음으로 "하나님의 은혜로 말미암아 나도 그러하다"라고 응답할 것입니다.

그러나 이 권리에는 조건과 의무가 따릅니다. 우리는 햇빛이 비칠 때는 물론이요 어두운 곳에서도 하나님의 백성과 운명을 같이 해야 합니다. 그들이 기독교인이라는 이유로 멸시와 조롱받을 때, 우리도 담대하게 앞으로 나서 "나도 그러하다"라고 말해야 합니다. 그들이 그리스도를 위해 일하며, 시간과 재능과 마음을 예수께 바치는 것을 볼 때, 우리는 "나도 그리하겠다"라고 말할 수 있어야 합니다. 우리는 권리만 주장하지 말고 그에 따르는 책임을 기꺼이 받아들여야 합니다.

여호와를 사랑하는 너희여 악을 미워하라 그가 그의 성도의 영혼을 보전하사 악인의 손에서 건지시느니라(시 97:10).

당신에게는 악을 미워해야 할 충분한 이유가 있습니다. 악이 당신에게 어떤 해를 끼쳤는지 생각해 보십시오. 죄는 당신의 눈을 멀게 하여 구세주의 아름다움을 볼 수 없게 만들었고 귀머거리로 만들어 구세주의 부드러운 초청을 들을 수 없게 했습니다. 또 죄는 당신의 발을 사망의 길로 향하게 했으며, 당신 존재의 샘에 독을 쏟아부었습니다. 죄는 당신의 마음을 부패하게 했습니다. "만물보다 거짓되고 심히 부패한 것은 마음이라 누가 능히 이를 알리요"(렘 17:9)라고 했습니다.

당신도 다른 죄인들과 마찬가지로 진노의 상속자였습니다. 당신은 다른 많은 사람처럼 악을 행하기 위해 달음질쳤습니다. 우리가 모두 그랬습니다. 그러나 사도 바울은 "우리 하나님의 성령 안에서 씻음과 거룩함과 의롭다 하심을 받았음"(고전 6:11)을 상기시켜 주었습니다. 우리가 돌이켜 악의 치명적인 사역을 추적해 볼 때 악을 미워해야 할 충분한 이유가 있습니다.

전능하신 사랑이 우리를 구속하시지 않았다면 우리 영혼은 버림을 받았을 것입니다. 지금, 이 순간에도 악한 원수는 우리 영혼을 해치려고 지켜보고 있습니다.

믿는 자여, 당신이 환난을 원치 않는다면 악을 미워하십시오. 행복하게 살다가 평화로운 죽음을 맞으십시오. 항상 악을 미워하며 끝까지 성결의 길을 걸으십시오. 진실로 구세주를 사랑하며 주께 영광 돌리기를 원한다면 악을 미워하십시오. 예수와 함께 많은 시간을 보내는 사람은 결코 악과 화평을 맺을 수 없습니다.

무릇 내가 사랑하는 자를 책망하여 징계하노니 그러므로 네가 열심을 내라 회개하라(계 3:19).

영혼들이 회심하는 것을 보기를 원한다면, "이 세상 나라들이 우리 주님의 나라가 되었다"라는 외침을 듣기를 원한다면, 면류관을 쓰신 구세주, 높이 들린 보좌를 보기를 원한다면, 열심을 내십시오. 교회가 열심을 내면 세상을 회심시킬 수 있을 것입니다. 신중, 지식, 인내, 용기도 필요하지만, 그 행렬의 서두에는 **열심이 앞서야** 합니다. 승리를 끌어내는 것은 깊은 지식이나 광대한 재능이 아닙니다. 위대한 수훈을 세우는 것은 당신의 열심입니다. 열심은 영혼 안에서 역사하시는 성령의 계속되는 활동에서 그 힘을 얻습니다. 우리의 영적 생명이 쇠퇴한다면 열심을 내지 못할 것입니다. 그러나 우리의 내면이 튼튼하고 활력이 넘쳐흐른다면 우리는 그리스도의 나라가 임하며 뜻이 하늘에서 이룬 것같이 땅에서도 이루어지기를 갈망할 것입니다.

깊은 감사를 느끼는 것은 기독교인의 열심을 성장하게 합니다. 우리가 어찌하여 대속함을 받았는지 알게 될 때 우리는 하나님을 위해 살며, 하나님께 바쳐야 하는 많은 이유를 발견합니다.

영원한 미래를 생각할 때 열심이 일어나기도 합니다. 우리는 눈으로 지옥 불을 내려다보면서 절대 나태할 수 없으며. 하늘나라의 영광을 올려다볼 때는 스스로 분발하지 않을 수 없습니다. 해야 할 일은 많으나 시간은 짧습니다. 그러므로 열심 있는 사람은 주의 일을 위해 자신이 가지 모든 것을 헌신합니다.

마지막으로 그리스도께서 보이신 본보기를 기억함으로써 열심은 강해집니다. 주님은 마치 외투를 입듯이 열심을 입으셨습니다. 우리도 동일한 열심을 나타냄으로써 주님의 제자임을 증명합시다.

죽임을 당한 자가 많았으니 이 싸움이 하나님께로 말미암았음이라 그들이 그들의 땅에 거주하여 사로잡힐 때까지 이르렀더라(대상 5:22).

주님의 깃발 아래 싸우는 군사여, 거룩한 기쁨으로 이 말씀을 음미해 보십시오. 옛날이나 지금이나 상황은 동일합니다. 하나님께로 말미암은 싸움은 분명 승리합니다. 르우벤 자손과 갓 사람과 므낫세 반 지파에서 싸울 수 있는 용사는 사만오천 명 정도에 불과했습니다. 그러나 그들은 하갈 사람들과의 싸움에서 "사람 십만"을 사로잡았습니다. 그들이 싸움터에서 하나님께 부르짖었으며 하나님을 의뢰했기 때문에 하나님은 그들을 위해 중재해 주셨습니다.

우리가 여호와의 이름을 가지고 전진하면 만군의 주님이 우리와 함께 계시면서 우리의 지도자가 되십니다. 이스라엘 사람들은 방패와 칼과 활을 등한히 하지 않았으나 이 무기들을 의뢰하지도 않았습니다.

우리도 우리의 싸움에 적합한 방편을 사용해야 합니다. 그러나 신뢰해야 할 분은 오직 주님 한 분이십니다. 주님은 자기 백성의 칼과 방패가 되십니다. 옛날 그들이 뛰어난 성공을 거둔 큰 원인은 그 전쟁이 "하나님께로 말미암았기" 때문이었습니다.

사랑하는 자여, 교리적인 오류나 실질적인 오류, 높은 곳이나 낮은 곳에서의 영적인 사악, 악마들과 악마의 동료들로부터 안팎으로 죄의 공격을 받을 때, 당신은 여호와의 싸움을 하는 것입니다. 그 전쟁은 여호와의 전쟁이므로 여호와는 원수들을 우리 수중에 몰아넣으실 것입니다.

여호와께서 모세에게 이르시되 여호와의 손이 짧으냐 네가 이제 내 말이 네게 응하는 여부를 보리라(민 11:23).

하나님은 모세에게 이스라엘 백성을 광야에서 한 달 동안 고기를 먹여주시겠다고 약속하셨습니다. 그러나 의심에 사로잡혀 있던 모세는 표면적인 환경을 바라보면서 그 약속이 과연 이루어질 것인지 몰라 당황했습니다. 그는 창조주 하나님을 보지 않고 피조 세계를 보았습니다. 창조주께서는 피조 세계가 하나님의 약속을 이루리라고 기대하셨습니까? 그렇지 않습니다. 하나님은 자신의 전능하심으로 그 약속을 이루셨습니다. 하나님의 말씀은 그대로 이루어집니다. 하나님의 약속 성취는 미약한 인간의 힘에 의지하지 않습니다.

우리는 모세가 잘못을 범했다는 것을 쉽게 알 수 있습니다. 그러나 우리도 이와 같은 잘못을 자주 범합니다. 하나님은 우리에게 필요한 것을 공급해 주시겠다고 약속하셨지만, 우리는 하나님이 약속하신 일을 피조물에서 기대합니다. 그리고 피조물이 연약하고 미약하다는 것을 인식하기 때문에 불신앙에 빠집니다.

우리는 왜 인간을 의지하려고 그처럼 애를 씁니까? 우리는 알프스 산꼭대기에서 여름의 열기를 느끼려 하며 태양 볕에 익은 과일을 따기 위해 북극으로 가려 하고 있습니다. 연약한 자에게서 힘을 기대하며, 창조주 하나님의 역사를 피조물에서 기대하는 것보다 더 어리석은 일은 없습니다.

믿음은 눈에 보이는 방편에 기초를 두고서 약속의 실현을 기대하지 않습니다. 믿음은 눈에 보이지는 않으나 반드시 말씀하신 대로 행하시는 하나님의 전능하심을 의지합니다. 약속을 실천할 책임이 하나님께 있음을 분명히 깨닫고 난 후에도 우리는 불신앙에 빠지겠습니까? 하나님의 질문이 강력하게 우리에게 임합니다.

"여호와의 손이 짧아졌느냐? 네가 이제 내 말이 네게 응하는 여부를 보리라."

여호와께서 우리를 위하여 큰 일을 행하셨으니 우리는 기쁘도다(시 126:3).

안타깝게도 신자 중에는 모든 일의 어두운 면만 보며, 하나님이 그들을 위해 행하신 일보다 그들이 겪은 일을 더 생각하는 사람들이 있습니다. 그들에게 신앙생활에 대한 느낌을 물어보십시오. 그들은 하나님이 그들에게 베푸신 자비와 도움은 거의 언급하지 않고, 다만 자신이 겪은 끊임없는 투쟁, 깊은 고난, 서글픈 역경, 죄악된 마음 등을 묘사할 것입니다.

그러나 영혼이 건강한 신자라면 기쁘게 나아와 이렇게 말할 것입니다.

"나는 나 자신에 관해 말하지 않고 하나님의 영광을 위해 말하겠다. 나의 하나님은 나를 무서운 구덩이와 깊은 수렁에서 건져내셨다. 그는 내 발을 반석 위에 세우셨으며 내 길을 단단하게 하셨다. 그는 내 입에 새 노래, 곧 우리 하나님을 찬양하는 노래를 주셨다. 주님이 나를 위해 대사를 행하셨으니 나는 기쁘다."

이처럼 농축된 경험이 하나님의 자녀가 바칠 수 있는 가장 선한 것입니다. 물론 우리는 시련을 겪습니다. 그러나 또한 그 시련에서 구원을 받습니다. 과거에 우리가 시련을 겪었다는 사실을 망각하는 것은 옳지 못합니다. 그러나 우리가 그 시련을 안전하고도 유익하게 통과했다는 사실을 망각하는 것 역시 옳지 못합니다. 우리의 환난이 깊을수록 그 환난을 통과하게 하시며 보존해 주신 하나님께 우리의 감사의 소리가 크게 울려 퍼집니다.

너희가 성경에서 영생을 얻는 줄 생각하고 성경을 연구하거니와 이 성경이 곧 내게 대하여 증언하는 것이니라(요 5:39).

"연구하다"라는 말은 엄격하고 세밀하며 부지런하며 면밀하게 조사한다는 뜻입니다. 우리는 성경을 한두 장 피상적으로 읽는 것으로 만족하지 말고, 성령의 등불 아래 감추인 말씀의 의미를 신중히 찾아내야 합니다. 우리는 성경을 반드시 연구해야 합니다. 면밀하게 연구해야 그 말씀을 깨달을 수 있습니다. 그 안에는 어린아이를 위한 젖이 있고, 장성한 어른을 위한 고기도 있습니다. 위대한 신학자 터툴리안은 "나는 성경의 충만함을 흠모한다"라고 했습니다.

하나님의 책을 대충 읽는 사람은 절대 유익을 얻지 못합니다. 우리는 감추인 보화를 찾아낼 때까지 깊이 파야 합니다. 말씀의 문은 근면이라는 열쇠로만 열 수 있습니다. 성경은 연구할 만한 가치가 있는 책입니다. 그것은 하나님이 기록하신 것이요, 하나님이 인정하시는 거룩한 소인(素因)이 있습니다. 뉘라서 그 책을 소홀히 다룰 수 있겠습니까? 성경을 멸시하는 사람은 그 책을 기록하신 하나님을 멸시하는 것입니다.

하나님의 말씀을 연구하는 사람은 그 보답을 받습니다. 하나님은 산더미 같은 쭉정이 속에 밀알을 드문드문 넣어두고서 우리에게 체질하라는 것이 아닙니다. 성경은 이미 키질을 끝낸 곡식이므로 창고의 문을 열기만 하면 그 곡식을 찾아낼 수 있습니다. 성령의 가르치심을 받아 성경을 연구할 때, 성경은 찬란한 계시의 빛을 발산합니다. 그것은 순금으로 포장되고 루비와 에메랄드로 지붕을 입힌 화려한 성전과 같습니다. 성경은 예수를 계시해줍니다.

"성경이 곧 내게 대하여 증언하는 것이니라"(요 5:39).

성경을 읽는 사람에게 이 말씀은 강력한 동기가 됩니다. 예수를 발견하는 사람은 생명과 하늘나라와 만물을 발견합니다. 성경을 연구하여 구세주를 찾아내는 사람에게는 큰 기쁨이 예비되어 있습니다.

우리가 살아도 주를 위하여 살고 죽어도 주를 위하여 죽나니 그러므로 사나 죽으나 우리가 주의 것이로다(롬 14:8).

하나님이 원하셨으면 우리는 모두 회심하는 순간에 하늘나라에 들어갔을 수도 있습니다. 우리가 이 세상에 머무는 것은 불멸을 위한 우리의 준비가 필요하기 때문은 아닙니다. 하나님은 당장에 불완전한 우리를 완전하게 변화시키시어 하늘나라로 데려가실 수도 있습니다.

그런데 우리는 왜 이 세상에 머물러 있습니까? 하나님은 자기 자녀들을 필요 이상으로 낙원 밖에 머물게 하기를 원하십니까? 한 번의 돌격으로도 능히 승리를 거둘 수 있을 텐데 왜 살아계신 하나님의 군대는 아직도 전쟁터에 머물러 있습니까? 그들은 "주를 위해 살기 위하여, "그리고 다른 사람들에게 하나님의 사랑을 알리기 위하여 이 세상에 있습니다.

우리는 좋은 씨를 뿌릴 농부로, 굳은 땅을 경작할 사람으로, 구원을 전파할 전령으로 이 세상에 머무르고 있습니다. 우리는 세상에 축복이 되기 위해, 세상의 소금으로 이 세상에 살고 있습니다. 우리는 매일의 생활 속에서 그리스도를 영화롭게 하려고 이 세상에 삽니다. 우리는 주님을 위해, 주님과 함께 일하는 일꾼으로서 이 세상에 삽니다.

우리의 생활이 이 목적에 부합되는지 살펴봅시다. 진지하고 유익하고 거룩한 생활을 하여 주님의 영광을 찬양합시다.

너희가 성경에서 영생을 얻는 줄 생각하고 성경을 연구하거니와 이 성경이 곧 내게 대하여 증언하는 것이니라(요 5:39).

예수 그리스도는 성경의 알파요 오메가이십니다. 예수는 성경 전체에 등장하는 한결같은 주제입니다. 성경은 처음부터 끝까지 예수에 관해 증언합니다.

우리는 창조 때 예수가 거룩한 삼위 중 한 분이셨음을 깨닫습니다. 또 여인의 후손에 대한 약속에서 예수의 모습을 볼 수 있습니다. 노아의 방주로 상징된 예수를 봅니다. 아브라함 이 메시아의 시대를 볼 때 우리도 아브라함과 동행합니다.

우리는 이삭과 야곱의 장막 안에 거하면서 은혜로우신 약속을 먹고 삽니다. 우리는 덕망 있는 이스라엘이 실로에 대해 말하는 소리를 듣습니다. 우리는 수많은 율법의 전형 안에 예시된 구속자를 발견합니다. 선지자, 왕, 제사장, 전도자들 모두가 예수를 대망했습니다. 그들은 스랍 천사들이 언약 위에 서듯이 인간의 구속이라는 하나님의 위대한 비밀을 들여다보고 파악하기를 원했습니다.

신약에서도 주님은 유일한 주제가 되십니다. 신약의 핵심은 십자가에 달리신 예수입니다. 신약을 끝맺음하는 문장에도 구속자의 이름이 보석처럼 박혀있습니다.

우리는 이런 관점에서 성경을 읽어야 합니다. 말씀은 하늘나라에 계신 그리스도의 모습을 비추어 주는 거울이라 여겨야 합니다. 거울에 비친 모습은 비록 희미하지만, 그것은 장차 우리가 주님의 얼굴을 직접 대면할 때를 위한 훌륭한 준비가 됩니다. 성경에는 그리스도의 사랑의 향기와 우리에게 주시는 그리스도의 편지도 있습니다. 성경은 우리 임금의 옷이요, 몰약과 육계와 계피 향을 발합니다. 성경은 거룩한 아기 예수의 몸을 싸고 있는 강보입니다. 그것을 풀면 구세주를 발견하게 됩니다.

하나님 말씀의 정수는 그리스도이십니다.

우리가 사랑함은 그가 먼저 우리를 사랑하셨음이라(요일 4:19).

이 세상에는 태양에서 나온 빛이 있을 뿐입니다. 주님을 향한 우리 마음의 사랑이 주 예수로부터 나온 사랑이 아니면 그것은 참사랑이 아닙니다. 하나님의 사랑이 무한히 넘쳐흐르는 샘에서 하나님을 향한 우리의 사랑이 솟아오릅니다. 주님이 먼지 우리를 사랑하셨기 때문에 우리가 주님을 사랑한다는 것은 진리입니다. 주님을 향한 우리의 사랑은 우리를 향한 주님의 사랑에서 나은 아름다운 자손입니다. 하나님이 행하신 일을 연구하면서 누구나 경탄할 것입니다. 그러나 사랑의 열기는 하나님의 영에 의해서만 불붙을 수 있습니다.

주님을 배반한 우리에게 주님께서 놀라운 사랑을 나타내셔서 우리를 돌아오게 하신 것은 참으로 놀라운 일이십니다. 우리를 향한 하나님의 사랑의 아름다운 씨앗이 우리 안에 뿌려지지 않았다면 우리는 전혀 하나님을 사랑하지 않았을 것입니다. 그러므로 먼저 하나님의 사랑이 마음에 널리 비추고, 그 뒤에 하나님을 향한 사랑이 탄생하여 거룩한 양육을 받아야 합니다.

사랑은 인간이라는 토양에서 저절로 자라나는 식물이 아닙니다. 위에서 물을 주셔야 합니다. 예수님을 향한 사랑은 민감한 본성을 지닌 꽃과 같아서 우리 마음의 반석에서 끌어낸 양분을 받지 못하면 곧 시들어버립니다.

사랑은 하늘나라에서 비롯된 것이므로, 하늘의 떡을 먹고 자라야 합니다. 만일 하늘에서 만나가 내려오지 않으면 그것은 광야에서 살아남지 못합니다. 사랑은 사랑을 먹고 살아야 합니다. 하나님을 향한 우리 사랑의 생명과 정수는 우리를 향한 하나님의 사랑입니다.

거기에서 그가 화살과 방패와 칼과 전쟁을 없이하셨도다(시 76:3).

“다 이루었다”라는 주님의 영광스러운 외침은 백성들에게 원수들의 죽음을 알리는 조종(弔鐘)이었습니다. 그것은 “화살과 방패와 칼과 전쟁”을 깨치는 것으로 상징되어 있습니다. 골고다의 영웅은 자기의 십자가를 모루로, 자기의 비애를 망치로 사용하셨습니다. 그는 우리의 죄라는 독화살을 한 다발씩 계속 꺾으셨습니다. 주님은 우리를 고발한 고소장을 짓밟아버리시며, 고발을 파기하셨습니다. 악한 화살은 산산조각이 났고 악마의 방패는 토기장이의 그릇처럼 부서졌습니다.

예수께서는 사탄의 권세의 칼을 그 칼집에서 꺼내어 마른 나무를 부러뜨리듯이 부러뜨리셨습니다. 그리스도는 죄로 인한 우리의 형 벌을 대신 지셨습니다. 복되신 대속자께서는 우리의 불의를 완전히 대속하셨습니다. 누가 우리를 고발할 수 있으리요? 누가 우리를 정죄할 수 있으리요?

“누가 정죄하리요 죽으실 뿐 아니라 다시 살아나신 이는 그리스도 예수시니”(롬 8:34).

예수는 지옥의 화살통을 비우시고 모든 불화살을 끄셨으며 진노의 화살촉을 꺾으셨습니다. 땅은 지옥의 전쟁 무기 파편으로 덮여있습니다. 그것은 우리에게 과거의 위험과 큰 구원을 기억나게 해줍니다.

“죄가 너희를 주장하지 못하리니”(롬 6:14).

예수께서는 죄를 종식하시고 영원히 제거하셨습니다. 원수의 멸망이 종료되었습니다.

데겔은 왕을 저울에 달아 보니 부족함이 보였다 함이요(단 5:27).

가끔 하나님 말씀의 저울에 우리 자신을 달아보는 것이 좋습니다. 우리는 날마다 다윗의 시편을 읽는 것이 거룩한 훈련이 되는 것을 발견할 것입니다. 말씀을 한 절 한 절 묵상할 때마다 자신에게 질문하십시오. "나도 이렇게 말할 수 있는가? 나도 다윗처럼 느낀 일이 있었는가? 다윗이 참회의 시편을 지었을 때 죄로 인해 마음이 상하였듯이 내 마음도 상한 일이 있는가? 내가 어려움을 당할 때 내 영혼은 참된 확신으로 가득 찼는가? 나는 구원의 잔을 받아들고 주님의 이름을 부르는가?"라고 말입니다.

말씀을 읽을 때는 얼마나 주님의 모습을 닮아가고 있는지 자문해 보십시오. 주님이 항상 나타내신 온유하고 겸손하며 사랑하는 정신이 우리에게 있는지 살펴보십시오.

바울 서신을 읽을 때 사도가 말한 경험에 당신도 동참할 수 있는지 살펴보십시오. 우리가 사도 바울처럼 "오호라 나는 곤고한 사람이로다 이 사망의 몸에서 누가 나를 건져내랴"(롬 7:24)고 부르짖어 본 일이 있습니까? 우리 자신을 성도 중에 가장 작은 자보다 더 작은 자요, 죄인의 괴수라고 여긴 일이 있습니까? 사도 바울처럼 "이는 내게 사는 것이 그리스도니 죽는 것도 유익함이라"(빌 1:21)고 말할 수 있습니까?

우리 자신의 영적 상태를 시험해보기 위해 이러한 태도로 하나님의 말씀을 읽노라면 여러 번 다음과 같이 외치게 될 것입니다.

"주여, 나에게 참된 회개를 주소서. 나에게 진정한 마음과 뜨거운 열심과 사랑을 주소서. 나를 더욱 예수님처럼 되게 하여 주소서. 나를 성소의 저울에 다실 때 부족함이 없게 하시며 심판의 저울에도 부족하지 않게 하여 주소서."

> 하나님이 우리를 구원하사 거룩하신 소명으로 부르심은 우리의 행위대로 하심이 아니요 오직 자기의 뜻과 영원 전부터 그리스도 예수 안에서 우리에게 주신 은혜대로 하심이라(딤후 1:9).

사도 바울은 "하나님이 우리를 구원하셨다"라고 말합니다. 신자들은 궁극적으로 구원을 받을 것이라는 희망을 품는 사람이 아니요, 이미 구원을 얻은 사람들입니다. 구원은 임종할 때 누리는 축복이 아니요, 장래의 약속으로 노래할 축복도 아닙니다. 구원은 지금, 이 순간에 얻고 받아들여 누리는 것입니다. 하나님은 신자들이 구원을 받도록 정하셨으며, 그것은 완전한 목표입니다. 믿는 자는 자기의 죗값이 치러졌으므로 구원을 받습니다. 구세주는 운명하시기 전에 "다 이루었다"라고 말씀하셨습니다.

믿는 자는 아담 안에서 범죄하고 그리스도 안에서 생명을 얻습니다. 이것은 거룩한 부르심에 동반되는 완전한 구원입니다. 구세주께서 대속하신 사람들은 성령의 권능에 의해 거룩함으로 나가라는 부르심을 받습니다. 그들은 죄를 떠나 그리스도를 닮으려고 노력합니다. 그들은 강요에 마지못해 거룩을 선택하는 것이 아니라, 새로운 본성의 이끌림을 받아 기꺼이 거룩함을 선택합니다. 믿는 자들은 과거에 죄 가운데서 기뻐했듯이, 이제는 거룩함으로 기뻐합니다.

하나님은 그들이 거룩해서 그들을 택하시고 부르신 것이 아닙니다. 하나님을 그들을 거룩하게 만들기 위해서 그들을 부르셨습니다. 거룩함이란 하나님이 그들의 내면에서 만드신 아름다움입니다. 우리가 믿는 자에게서 발견하는 그리스도를 닮은 성품은 하나님의 솜씨입니다. 구원의 창시자는 주님이시며, 구원은 은혜로 이루어집니다. 주님은 우리의 의는 영원히 배제하시고 일하십니다. 현재의 구원은 믿는 자의 특권이며, 우리가 구원으로 부르심을 받았음을 나타내주는 증거는 우리의 거룩한 생활입니다.

성령과 신부가 말씀하시기를 오라 하시는도다 듣는 자도 오라 할 것이요 목마른 자도 올 것이요 또 원하는 자는 값없이 생명수를 받으라 하시더라(계 22:17).

예수님은 "값없이 받으라"고 말씀하십니다. 주님은 전혀 대가나 준비를 원치 않으십니다. 주님은 우리의 고결한 감정에서 비롯된 추천도 구하지 않으십니다. 우리에게는 전혀 신앙이나 회개가 없습니다. 그러나 우리의 그 모습 그대로 주님께 나아가십시오. 그러면 주님이 그것들을 주실 것입니다.

주님은 궁핍한 자에게 자신을 주십니다. 샘물 앞에 서서 "나는 돈이 없습니다. 그래서 나는 물을 마실 수 없습니다"라고 말하는 사람은 어리석습니다. 그 샘물은 아무리 가난한 사람이라도 값없이 마실 수 있습니다. 비단옷을 입었거나 털옷을 입었거나 목마른 사람들은 물을 마시기 위해 보증을 구하지 않습니다. 샘물 그 자체가 값없이 물을 마시라는 보증이기 때문입니다.

흔한 샘물에서 물을 마시는 것이 자신의 품위를 해친다고 생각하는 사람들은 목을 축이지 못한 채 돌아가야 할 것입니다. 그들은 입술이 바싹 마른 채로 샘을 지나갑니다. 자신의 선행이 많아서 그리스도께 나아오지 못하는 사람이 참으로 많습니다.

그들은 "나는 창녀나 타락한 자들과 동일한 방법으로는 구원받지 않겠다. 내가 어찌 굴뚝 청소부와 똑같은 방법으로 하늘나라에 가겠는가? 주님의 옆에 달렸던 강도들과는 다른 방법으로 영광에 이를 수는 없을까? 나는 그런 길로는 구원받지 않겠다"라고 말합니다. 이렇게 교만한 사람은 생명수를 마시지 못합니다. 그러나 "원하는 자는 값없이 생명수를 받으십시오.

헛된 것과 거짓말을 내게서 멀리 하옵시며(잠 30:8); 여호와여 나를 버리지 마소서 나의 하나님이여 나를 멀리하지 마소서(시 38:21).

이 말씀에서 우리는 두 가지 교훈을 얻습니다. 즉 우리는 무엇으로부터 구원을 얻기 위해 기도하며, 무엇을 요청해야 하는가입니다. 믿는 사람은 가장 거룩한 상태에 있을 때 가장 행복합니다. 세속적인 쾌락을 시선에 두고 있는 신자는 위로를 받지 못합니다. 영혼이 하나님의 도(道) 안에서 살지 못하는 사람은 절대 만족을 발견하지 못합니다. 세상 사람들은 이곳저곳에서 행복을 발견하겠지만 믿는 자는 그렇게 하지 못합니다.

나는 불신자들이 쾌락을 향해 달려가는 것을 비난하지 않습니다. 그들에게는 그것밖에 즐길 것이 없습니다. 남편의 구원을 단념한 어느 믿는 부인은 항상 남편에게 친절히 해주었습니다. 그 부인은 "아마 그 사람이 행복하게 지낼 수 있는 곳은 이 세상밖에 없을 겁니다. 그래서 그 사람이 세상에 있는 동안 할 수 있는 대로 행복하게 해주기로 했습니다"라고 말했습니다.

믿는 사람들은 세상의 죄악된 즐거움보다는 고귀한 차원에서 즐거움을 구해야 합니다. 중생한 영혼이 헛된 것을 추구하는 것은 위험합니다. 영적으로 나태한 신자는 절대 안전하지 못합니다. 신자들은 확실히 구원을 소유하고 있으나, 이 세상에 있으면 예수와 교제하며 거룩한 경험을 하는데 상처를 받기 쉽습니다. 사탄은 하나님 가까이 사는 사람은 공격하지 않습니다. 믿는 자가 하나님을 떠나면 영적으로 굶주리고 허탄한 것을 추구하여 마귀에게 공격하는 기회를 제공합니다. 때로 마귀는 적극적으로 하나님을 섬기는 하나님의 자녀들을 대적하기도 합니다. 매번 거짓된 발걸음하여 굴욕의 골짜기에 빠지는 사람은 사탄이 자신을 공격하라고 초청하는 사람입니다. 겸손하게 하나님과 동행하는 은혜를 구하십시오.

또 여호와를 기뻐하라 그가 네 마음의 소원을 네게 이루어 주시리로다 (시 37:4).

절대적인 경건을 알지 못하는 사람들이 볼 때 이 말씀이 주는 교훈은 대단히 놀라운 것입니다. 그러나 성실한 신자들이 볼 때 그것은 단지 이미 알고 있는 진리의 되풀이에 불과합니다. 이 말씀에서 신자의 생활이 하나님 안에 있는 기쁨으로 표현되어 있습니다. 우리는 참 신앙에는 행복과 기쁨이 넘쳐흐른다는 위대한 사실을 확인하게 됩니다.

경건치 못한 사람들이나 명목상의 신자들은 신앙생활을 즐거운 일로 여기지 않습니다. 그들에게 있어서 신앙생활은 심기는 일이요 의무요 당연할 뿐, 결코 기쁨이나 즐거운 것이 아닙니다. 이들은 유익을 얻기 위해서, 또는 달리 행할 용기가 없어서 신앙생활을 할 뿐입니다. 많은 사람은 신앙생활에서의 기쁨이란 대단히 낯설고 기이한 생각으로 여기며, “성결”과 “기쁨”이란 단어처럼 생소한 것은 없습니다.

그러나 그리스도를 아는 신자들은 믿음과 기쁨은 밀접한 관계가 있어 지옥문조차 이들을 떼어 놓을 수 없다는 것을 알고 있습니다. 마음을 다하여 하나님을 사랑하는 사람들은 하나님 의도는 즐거운 도(道)요, 하나님의 길은 평화의 길임을 발견합니다.

우리의 믿음은 우리를 속박하는 족쇄가 아니요, 우리의 신앙고백은 우리를 예속시키는 굴레가 아닙니다. 우리는 마지못해 성결해야 한다거나 의무를 행하도록 내몰리지 않습니다.

우리의 경건은 우리의 기쁨이요, 우리의 소망은 행복이요, 우리의 의무는 즐거움입니다.

주여 수치가 우리에게 돌아오고 우리의 왕들과 우리의 고관과 조상들에게 돌아온 것은 우리가 주께 범죄하였음이니이다(단 9:8).

죄의 쓴맛과 그에 합당한 형벌을 분명히 보고 깊이 깨달은 사람은 보좌 앞에서 겸손하게 경배하게 됩니다. 우리는 기독교인이지만 범죄하였습니다. 풍성한 복을 받고 있으면서도 감사하지 않았습니다. 크나큰 특권을 받았으면서도 받은 은혜에 비례하여 열매를 맺지 않았습니다. 과거를 돌이켜볼 때 얼굴을 붉히지 않을 신자가 어디 있겠습니까? 구원받기 이전의 생활은 용서받고 잊어야 합니다. 그러나 구원받은 이후로도 우리는 빛과 사랑, 우리 마음에 스며들었던 빛과 우리가 누린 사랑을 대적하여 범죄하였습니다.

용서받지 못한 죄인의 범죄는 그리스도와 교제를 누린 택한 자들의 죄와 비교할 때 그다지 큰 대가를 치르지 않습니다. 다윗을 보십시오. 그의 범죄는 많은 사람의 입에 오르내릴 것입니다. 그러나 그의 회개를 보십시오. 그의 상한 뼈마디들이 신음하며 내뿜는 비애로 가득 찬 고백을 들어 보십시오. 땅에 떨어지는 그의 눈물, 아름다운 수금 가락에 동반되는 깊은 탄식을 들어 보십시오.

우리는 범죄하였습니다. 그러므로 회개의 영을 구해야 합니다. 베드로를 보십시오. 우리는 베드로가 주님을 부인했다는 이야기를 많이 합니다. 그러나 그가 슬피 울었음을 기억하십시오. 우리는 눈물을 흘리며 탄식해야 할 만큼 주님을 배반한 일이 없습니까? 하나님이 주권적인 자비를 베푸시지 않으시면 우리는 회심하기 전이나 후에 범한 죄로 말미암아 꺼지지 않는 불에 들어가게 될 것입니다.

자신의 죄악됨을 깨닫고 겸손히 하나님을 예배하십시오. 우리를 구원하시는 은혜, 용서하시는 자비, 죄를 사하시는 사랑을 흠모하십시오.

사라가 이르되 하나님이 나를 웃게 하시니 듣는 자가 다 나와 함께 웃으리로다(창 21:6).

늙은 사라가 아들을 낳는다는 것은 자연법에도 맞지 않으며 자연의 능력을 벗어난 일이었습니다. 마찬가지로 나 같은 죄인이 내 안에 주 예수님의 영이 거하시는 은혜를 발견하는 것도 일상적인 규칙을 초월한 일입니다. 메마르고 시들고 황무(荒蕪)하며 황량한 황야처럼 저주를 받은 나의 본성이 성결의 열매를 맺게 된다는 것입니다. 내 입에는 주께 받은 은혜로 말미암은 즐거운 웃음으로 가득차 있습니다. 나는 약속된 씨앗, 곧 예수님을 발견했으며, 그분은 영원히 나의 것입니다. 오늘 주님이 나의 비천한 지위를 기억해 주셨음으로 인하여 나는 승리의 시를 노래하리라!

> "한나가 기도하여 이르되 내 마음이 여호와로 말미암아 즐거워하며 내 뿔이 여호와로 말미암아 높아졌으며 내 입이 내 원수들을 향하여 크게 열렸으니 이는 내가 주의 구원으로 말미암아 기뻐함이니이다"(삼상 2:1).

내 가족은 나의 풍성한 평화를 보고 놀라움을 느낍니다. 내 친구들은 항상 증가하는 나의 행복을 보고 기뻐합니다. 나는 내 감사의 고백으로 교회에 덕을 끼칩니다. 나는 날마다 즐거운 대화로 세상에 감명을 줍니다. 주 예수님은 깊은 기쁨의 바다입니다. 내 영혼은 그 바닷속으로 잠수해 들어가며, 그와 교제하는 기쁨에 침몰할 것입니다. 사라는 자기의 아들 이삭을 보며 넘치는 기쁨으로 웃었고, 그녀의 친구들도 함께 웃었습니다.

내 영혼아, 예수님을 바라보라. 그리고 하늘과 땅에게 너의 형언할 수 없는 기쁨에 연합하라고 명령하라.

빌라델비아 교회의 사자에게 편지하라 거룩하고 진실하사 다윗의 열쇠를 가지신 이 곧 열면 닫을 사람이 없고 닫으면 열 사람이 없는 그가 이르시되(계 3:7).

예수는 낙원의 문을 지키는 수문장이십니다. 그분은 신자에게 문을 열어 주시며, 인간이나 마귀는 그 문을 닫을 수 없습니다. 예수를 믿는 믿음은 영원한 문을 여는 황금 열쇠입니다. 우리는 항상 이 열쇠를 가지고 다닙니까? 우리는 기대를 저버릴 기만적인 수단에 의지합니까? 다음의 비유에 귀를 기울이고 기억해 두십시오.

어느 임금이 잔치를 벌이고는 아름다운 꽃을 가져오는 사람만 잔치에 참여할 수 있다고 선포했습니다. 수많은 사람이 각기 정원의 여왕이라고 생각하는 꽃을 가지고 문 앞으로 왔지만, 왕은 그들을 모두 연회장에 들이지 않고 쫓아냈습니다. 그들은 치명적인 독초 벨라도나, 눈부시게 아름다운 양귀비, 또는 독선이라는 독당근을 가져왔습니다. 왕은 그것들을 소중하게 여기지 않았으므로 그것을 가지고 온 사람들은 진주문 밖에서 쫓겨난 것입니다.

샤론의 장미를 들고 있습니까? 가슴에 골짜기의 백합화를 달고 있습니까? 그렇다면 천국 문에 이르렀을 때 그것의 가치를 발견하게 될 것입니다. 그 훌륭한 꽃을 보여주면 하늘 문이 열릴 것입니다. 손에 샤론의 장미를 들고 있는 당신은 하나님의 보좌로 나아가는 길을 발견할 것입니다. 하늘나라에는 그 꽃의 아름다움을 능가하는 것이 없습니다. 낙원에 피는 꽃들은 골짜기의 백합과 비교가 되지 못합니다. 믿음으로 갈보리에 핀 붉은 장미를 꺾어 드십시오. 사랑으로 그것을 몸에 달고, 교제함으로 그것을 보존하며, 날마다 깨어 지킴으로 그것을 가장 귀한 것으로 삼으십시오. 그리하면 모든 복을 능가하는 복을 받을 것이요, 상상할 수 없을 만큼 복을 받을 것입니다.

내가 그들에게 영생을 주노니 영원히 멸망하지 아니할 것이요 또 그들을 내 손에서 빼앗을 자가 없느니라(요 10:28).

기독교인은 결코 불신앙을 가볍게 여기거나 가볍게 말해서는 안 됩니다. 하나님은 자기 자녀가 하나님의 사랑과 진리와 신실하심을 불신할 때 크게 불쾌하게 여기십니다. 우리가 어찌 하나님의 확실한 은혜를 의심하여 그분을 슬프게 할 수 있습니까?

믿는 자여, 우리가 잊히거나 버림을 받아 멸망하게 된다면 그것은 하나님의 약속에 어긋나는 일입니다.

만일 그런 일이 있을 수 있다면 "여인이 어찌 그 젖 먹는 자식을 잊겠으며 자기 태에서 난 아들을 긍휼히 여기지 않겠느냐 그들은 혹시 잊을지라도 나는 너를 잊지 아니할 것이라"(사 49:15)고 말씀하신 분이 어찌 참되신 분이겠습니까?

또한 "산들이 떠나며 언덕들은 옮겨질지라도 나의 자비는 네게서 떠나지 아니하며 나의 화평의 언약은 흔들리지 아니하리라 너를 긍휼히 여기시는 여호와께서 말씀하셨느니라"(사 54:10)는 약속이 어찌 가치가 있겠습니까?

그리고 "내가 저희에게 영생을 주노니 영원히 멸망치 아니할 터이요 또 저희를 내 손에서 빼앗을 자가 없으니라 저희를 주신 내 아버지는 만유보다 크시매 아무도 아버지 손에서 빼앗을 수 없느니라"(요 10:28-29)고하신 그리스도의 말씀이 어찌 진리이겠습니까?

그리스도를 신뢰하는 자가 버림을 받는다면 하나님의 존재와 능력과 은혜나 언약과 맹세가 어찌 성실하다고 하겠습니까? 하나님의 이름을 더럽히는 불신앙의 두려움을 추방하십시오. 우리가 결코 멸망치 아니하리라고 약속하신 하나님의 말씀을 의심하는 것은 죄악된 일임을 기억하십시오.

여호와는 나의 빛이요 나의 구원이시니 내가 누구를 두려워하리요 여호와는 내 생명의 능력이시니 내가 누구를 무서워하리요(시 27:1).

여호와는 나의 빛이요 구원이라는 이 말씀 안에는 개인적인 유익이 들어 있습니다. 영혼은 그것을 확신하기 때문에 담대하게 선호합니다. 구원을 얻기 전에 먼저 거룩한 빛이 영혼 안에 부어집니다. 우리의 어두움을 드러내 주고 우리가 주 예수를 열망하게 하는 빛이 없는 곳에는 구원의 증거가 없습니다.

우리가 회심한 후에 하나님은 우리의 기쁨이요, 위로요, 안내자요, 교사요, 모든 의미에서 우리의 빛이 되십니다. 하나님은 우리 내면의 빛이시요, 우리 주위의 빛이시요, 우리에게서 반사되는 빛이시요, 우리에게 계시하는 빛이십니다. 주님은 단순히 빛을 주시는 것이 아니요, 주님 자신이 빛이 되십니다. 주님은 단순히 구원을 주시는 분이 아니요, 주님이 구원이십니다. 믿음으로 하나님을 굳게 붙들면 언약의 축복이 모두 당신의 것이 됩니다.

"내가 누구를 무서워하리오?"

우리는 어두움의 권세를 무서워할 필요가 없습니다. 우리의 빛이 되시는 주님이 그것을 멸하시기 때문입니다. 지옥의 저주를 두려워하지 않아도 됩니다. 주님이 우리의 구원이 되시기 때문입니다. 이것은 교만한 골리앗의 도전과는 현저하게 다른 것입니다. 이것은 믿을 수 없는 인간의 힘을 의지하지 않고 전능하신 여호와의 참된 능력을 의지합니다. 여호와는 내 생명의 능력이십니다. 주님이 은혜의 행위를 아낌없이 베풀어주실 때 찬양하기는 쉽습니다. 우리의 생명의 힘은 모두 하나님에게서 나옵니다. 하나님이 우리를 튼튼하게 해주시면 원수의 계획이 우리를 약하게 하지 못합니다.

"내가 누구를 무서워하리오?"

이 담대한 질문은 현재는 물론이요. 미래까지도 내다보고 있습니다. 하나님이 우리를 위하시면 현재나 미래에나 우리를 대적할 사람이 없습니다(롬 8:31 참조).

여호와여 도우소서 경건한 자가 끊어지며 충실한 자들이 인생 중에 없어지나이다(시 12:1).

다윗은 신실한 사람들이 없음을 슬퍼하였습니다. 그리하여 마음을 다해 하나님께 호소했습니다. 피조물인 그가 실패했을 때 창조주 하나님께로 도피했습니다. 그는 자신의 연약함을 분명히 느꼈습니다. 그렇지 않았다면 도와달라고 애원하지 않았을 것입니다. 동시에 그는 진리를 지키기 위해 전력을 다했습니다. 우리 자신이 아무 일도 하지 않을 때 "도움"이란 말은 적절치 않습니다. 다윗은 깊은 기도로써 하나님께 바로 달려갑니다. 그는 자신이 무엇을 어디에서 구해야 하는지 알고 있습니다.

"주여, 우리도 다윗처럼 기도할 수 있도록 가르쳐 주소서."

우리도 이 기도를 이용해야 할 때가 자주 있습니다. 우리가 하나님이 섭리하신 고통 중에 있으나 도울 능력이 있는 사람들조차 우리를 돕지 않을 때, 이 기도는 매우 적절한 기도입니다. 교리적인 어려움에 봉착한 신학생도 위대하신 교사가 되시는 성령께 "주여, 도와주소서"라는 기도를 드릴 수 있습니다. 내면의 싸움을 하는 용사들은 보좌 앞으로 나아가 원조를 요청할 수 있으며, 그때 이 기도가 좋은 모범이 될 수 있을 것입니다. 하늘나라의 일을 하는 일꾼들은 궁핍한 때 이렇게 기도함으로써 은혜를 얻게 될 것입니다. 회의(懷疑)와 놀라움에서 주님의 은혜를 구하는 죄인들도 동일한 간구를 할 수 있을 것입니다. 언제 어디서나 어떤 경우에든지 이 기도는 궁핍한 영혼에 유익을 줄 것입니다.

"여호와여, 도우소서." 이 기도는 우리가 살아갈 때나 임종할 때, 고난을 받거나 수고할 때, 기도할 때나 슬퍼할 때 언제든지 적합한 기도입니다. 우리의 도움은 주님 안에서 찾을 수 있습니다. 우리는 주께 부르짖기를 태만해서는 안 됩니다. 예수님의 이름으로 진정으로 기도하면 분명히 응답해 주십니다. 주님은 결코 자기 백성을 버려두지 않겠다고 약속하셨습니다.

그 때에 이스라엘이 노래하여 이르되 우물물아 솟아나라 너희는 그것을 노래하라(민 21:17).

이 광야의 우물은 약속의 주제이기 때문에 유명했습니다. “브엘은 여호와께서 모세에게 명령하시기를 백성을 모으라 내가 그들에게 물을 주리라 하시던 우물이라”(민 21:16).

백성들은 물이 필요했으며, 은혜로우신 하나님은 그것을 약속하셨습니다. 우리에게는 날마다 거룩한 은혜의 공급이 필요하며, 주님은 우리에게 필요한 모든 것을 주시겠다고 맹세하셨습니다. 그 우물은 노래할 근거가 되었습니다. 물이 솟아나기 전의 힘찬 믿음은 백성들이 노래하게 만들었습니다. 수정 같은 샘물이 솟는 것을 볼 때 그들은 더욱 즐겁게 노래했습니다. 하나님의 약속을 믿는 우리는 영혼 속에서 거룩한 신앙 부흥이 있을 것을 기대하고 기뻐해야 합니다. 그것을 체험할 때 우리의 거룩한 기쁨이 넘쳐흐를 것입니다.

지금 목이 마릅니까? 불평하지 말고 노래를 부릅시다. 영적 목마름은 견디기 힘들지만, 하나님의 약속은 우물을 주시니 용기를 내어 그 우물을 찾읍시다. 그 우물은 기도의 중심지였습니다.

“우물물아, 솟아나라.” 하나님이 주시겠다고 약속하신 것을 요청하지 않음은 우리가 전혀 소망이나 믿음을 갖고 있지 않다는 것을 나타냅니다. 오늘 밤, 우리가 지금껏 읽은 성경이나 책들이 헛된 형식에 지나지 않게 해달라고 요청합시다. 그것들이 영혼에 은혜를 부으시는 통로가 되게 합시다. 우물은 노력의 대상이었습니다.

“이 우물은 지휘관들이 팠고 백성의 귀인들이 규와 지팡이로 판 것이로다”(민 21:18). 주님은 우리가 은혜를 얻기 위해 적극적으로 행하길 원하십니다. 기도를 게을리하지 말며, 신자들과의 교제를 버리지 말고, 예배를 소홀히 하면 안 됩니다. 주님은 우리에게 아낌없이 은혜를 주십니다. 그러나 그것은 우리의 게으름에 대한 상급은 아닙니다. 우리는 기쁨의 우물이 되시는 주님을 찾아갑시다.

이는 너를 지으신 이가 네 남편이시라 그의 이름은 만군의 여호와이시며 네 구속자는 이스라엘의 거룩한 이시라 그는 온 땅의 하나님이라 일컬음을 받으실 것이라(사 54:5).

구속자이신 예수님은 영원히 우리의 것입니다. 주님은 우리의 왕이시요 제사장이시요 예언자이십니다. 우리는 구속자를 일컫는 새로운 칭호를 대할 때마다 우리의 구속자를 이 이름에 적용시킵시다.

그분은 목자요, 지도자요, 왕이시요, 예언자이십니다. 주님은 자기의 모든 권위를 우리를 높이기 위해 사용하시며, 모든 특권은 우리를 옹호하기 위해 사용하십니다.

주님 안에 충만한 신성은 절대 고갈되지 않는 보물창고입니다. 우리를 위해 취하신 그의 완전한 인성 역시 우리의 것입니다. 은혜로우신 주님은 우리에게 녹슬지 않는 흠 없는 덕을 전해주십니다.

주님은 우리의 순복함과 끊임없는 섬김에 의해 확보된 상을 우리에게 주십니다. 주님은 하나님이 어떻게 인간에게 내려오셨는지 알게 해주시려고 우리에게 주님의 구유를 물려주십니다. 주님의 십자가는 인간이 어떻게 하면 하나님께 올라갈 수 있는지 가르쳐주십니다.

주님의 생각과 감정과 행동과 말씀과 기적과 중보는 모두 우리를 위한 것입니다. 주님은 우리를 위해 슬픔의 길을 걸으셨으며, 일생 수고하신 일의 결과를 하늘나라의 기업으로 우리에게 물려주셨습니다.

“오, 영혼아. 이 아침에 성령의 능력을 힘입어 당신의 구속자를 부르라.”

> 내 누이, 내 신부야 내가 내 동산에 들어와서 나의 몰약과 향 재료를 거두고 나의 꿀송이와 꿀을 먹고 내 포도주와 내 우유를 마셨으니 나의 친구들아 먹으라 나의 사랑하는 사람들아 많이 마시(아 5:1).

믿는 자의 마음은 그리스도의 동산입니다. 그것은 그리스도께서 보혈로 사신 것입니다. 주님은 그 안에 오시며, 자기 것이라 주장하십니다.

"동산"이라는 단어에 "분리"라는 뜻이 들어있습니다. 그곳은 공동의 재산이 아니요, 광야도 아닙니다. 그 둘레에는 울타리와 담을 쌓습니다. 교회와 세상 사이에 분리의 담을 튼튼하고 높이 쌓아야 합니다. "이 안에는 새로운 것이 없다. 저곳도 전혀 새롭지 않다"라고 말하는 신자는 점점 세상에 가까워집니다. 자신이 세상과 얼마나 조화를 이룰 수 있는지 묻는 사람의 영혼은 저급한 은혜를 갖습니다.

동산은 아름다운 곳입니다. 거칠고, 개간되지 않는 땅과는 전혀 다릅니다. 참된 신자는 선한 도덕주의자가 되기보다는 가장 선한 생활을 구해야 합니다. 그리스도의 동산에서는 세상에서 가장 아름다운 꽃을 피워야 하기 때문입니다. 예수께서 동산이라고 하시는 곳에서는 진기하고 풍요롭고 아름다운 백합과 장미가 피어야 합니다.

동산은 성장하는 곳입니다. 성도들은 정체된 상태에 머물러 있어서는 안 됩니다. 우리는 "우리 주 곧 구주 예수 그리스도의 은혜와 저를 아는 지식에서 자라야 합니다"(벧전 3:18 참조). 예수께서 정원사가 되시고 성령께서는 이슬이 되실 때 우리는 신속하게 성장합니다.

동산은 은둔처입니다. 주 예수 그리스도는 우리 영혼을 주님이 자신을 나타내실 처소로써 보존해 두라고 하셨습니다. 우리는 때때로 마르다처럼 많이 봉사하느라고 걱정하고 고민하면서, 마리아처럼 그리스도를 방에 모시지 못하며 그리스도의 발 앞에 앉지 않습니다. 이 밤 주님이 동산에 은혜의 소나기를 내려 주시기를 기원합니다.

그들이 다 성령의 충만함을 받고 성령이 말하게 하심을 따라 다른 언어들로 말하기를 시작하니라(행 2:4).

성령의 충만함을 받는 것은 풍성한 축복입니다. 영혼이 성령 충만을 받음으로 생기는 결과는 아무리 강조해도 지나치지 않습니다. 생명, 위로, 빛, 순결, 능력, 평화 여러 가지 귀중한 축복은 성령의 임재와 불가분의 관계에 있습니다.

성령은 거룩한 기름으로써 신자의 머리 위에 부어지며, 성도들을 제사장으로 구분하며, 자신이 맡은 직분을 수행할 은혜를 주십니다. 유일하고도 참되며 정결케 하는 물이신 성령은 우리의 죄를 깨끗이 씻어 주시고 성화시키시며 우리 안에 역사하시어 주님을 기쁘시게 만들어 주십니다.

빛이신 성령은 처음에는 우리에게 우리의 잃어버린 지위를 보여주셨습니다. 이제 그분은 주 예수님을 계시해주시며. 우리 안에 계시면서 의의 길로 인도해 주십니다. 성령의 거룩한 빛으로 조명된 우리에게는 더는 어두움이 없으며 오직 주님 안에서 빛이 있을 뿐입니다. 성령은 우리의 온 영혼을 살아있는 제물로 하나님께 바칠 수 있게 해주는 제단의 불입니다. 또한 하늘나라의 이슬이신 그분은 우리의 메마름을 제거하시며 우리의 삶을 비옥하게 해주십니다.

평화의 날개를 가진 비둘기이신 성령은 교회와 모든 신자의 영혼을 그 날개로 덮으십니다. 보혜사이신 그분은 사랑하는 자들의 평화를 손상하는 염려와 의심을 쫓아내십니다. 그분은 택한 자들에게 내려오시며, 그들의 양자됨을 증언하시어 아빠 아버지라 부를 수 있게 해주십니다. 바람이신 성령은 인간에게 생명의 호흡을 주십니다. 그분은 자신이 원하는 곳에 불어와 영적 피조물들이 생기를 얻어 소생케 하십니다.

날마다 우리가 성령의 임재를 느끼게 되기를 하나님께 기도하십시오.

> 내 사랑하는 자는 내게 속하였고 나는 그에게 속하였도다 그가 백합화 가운데에서 양 떼를 먹이는구나 내 사랑하는 자야 날이 저물고 그림자가 사라지기 전에 돌아와서 베데르 산의 노루와 어린 사슴 같을지라(아 2:16-17).

성경 중에서 큰 기쁨을 주는 말씀이 있다면 "나의 사랑하는 자는 내게 속하였고 나는 그에게 속하였구나"라는 말씀일 것입니다. 이 말씀은 평화와 확신으로 가득차 있으며 행복과 만족이 넘치는 말씀음로서, 시편 23편을 쓴 같은 사람의 손으로 썼을 것입니다. 그러나 그곳에는 그늘도 있습니다. 비록 주위가 아름답고 사랑스럽지만, 완전히 양지바른 풍경은 아닙니다. 하늘에 구름이 떠 있어서 그늘을 만들며, 이윽고 "날이 저물고 그림자가 사라지게" 됩니다.

이 말씀에 "베데르의 산", 또는 "분리의 산"을 언급하고 있습니다. 우리의 사랑이 나누어지면 슬픔이 됩니다. 우리는 구원을 의심하지 않으며 그리스도를 우리의 것이라고 알고 있지만, 그리스도와 함께 잔치에 참여하지 않습니다. 우리는 그리스도의 것이요, 그리스도가 당신의 것이라고 확신하는 것을 의심하는 그림자는 주님의 부재로 인한 것입니다. 그러므로 우리는 "날이 밝아지고 그림자가 사라질 때까지" 무릎을 꿇고 기도할 수밖에 없습니다.

"그분은 어디에 계시는가?"라는 질문에 이렇게 대답하십시오. "그는 백합화 안에 계십니다."

그리스도를 찾으려면 주님의 백성들과 친밀하고 그분의 성도들과 함께 규례를 지켜야 합니다.

보라 내가 명령하여 이스라엘 족속을 만국 중에서 체질하기를 체로 체질함 같이 하려니와 그 한 알갱이도 땅에 떨어지지 아니하리라(암 9:9).

우리에게 임하는 체질은 모두 하나님의 명령과 허락에 따른 것입니다. 사탄은 욥을 괴롭히기 전에 하나님에게 허락받아야만 했습니다. 사탄은 체를 들고 있으며 곡식을 망치기를 원합니다. 그러나 주님의 다스리시는 손은 원수가 파괴하기 위해 밟는 과정에 의해 곡식을 깨끗게 하십니다.

주님이 체질하여 자신에게 영광이 되며 당신의 영원한 유익이 되게 하신다는 복된 사실에서 위로받으십시오. 주 예수님은 분명히 손에 들고 계신 키를 사용하시어 악한 자와 귀한 자를 구분하실 것입니다. 체 안에서는 속이 꽉 찬 알곡만 남습니다. 껍질과 쭉정이는 속이 비었으므로 바람에 불려 날아가고 알곡만 남습니다. 주님의 밀알이 얼마나 안전한지 살펴보십시오. 지극히 작은 낱알 하나까지도 보존된다는 약속이 있습니다.

하나님은 친히 모든 장소, 모든 나라에서 가장 효과적인 방법으로 체질하십니다. 이렇게 체질을 하시는 과정에서 지극히 작고 가벼우며 오그라진 낱알 하나도 땅에 떨어지지 않게 하십니다.

신자들 하나하나가 하나님 보시기에 귀한 것입니다. 그러므로 하나님은 구속받은 백성은 한 사람도 잃지 않으실 것입니다. 비록 지극히 보잘것없더라도 주님의 백성인 이상 우리는 그리스도 안에 보존된다는 사실로 기뻐할 수 있습니다.

곧 그물을 버려 두고 따르니라(막 1:18).

시몬과 안드레는 예수의 부르심을 받고 즉시 그 부르심에 순종했습니다. 우리가 들은 것을 즉시 실천에 옮긴다면 우리가 읽은 성경은 우리를 영적으로 부요하게 해줄 것입니다. 즉시 빵을 먹는 사람은 그 빵을 잃어버리지 않을 것이며, 또 말씀에 근거를 두고 행동하는 사람은 그 말씀에서 유익을 얻을 것입니다.

많은 사람이 성경을 읽거나 말씀을 들으면서 그 메시지에 감동하여서 변하겠다고 생각하지만, 그 생각은 곧 나무에서 떨어지는 꽃과 같아 열매를 맺지 못합니다.

그들은 주저하고 흔들리다가는 그 결심을 잊고 맙니다. 진흙이 추운 밤에 얼었다가 낮에는 녹듯이, 그들은 잠시 녹았으나 다시 얼어버립니다. 운명의 내일은 아름다운 결심을 살해한 피로 붉게 물들 것입니다. 그것은 선한 의도를 죽이는 도살장입니다.

하나님의 말씀을 행하는 자가 되십시오. 진리를 읽고 실천할 때 가장 큰 유익을 얻습니다. 우리가 이 책을 읽으면서 어떤 일을 행해야 한다는 감동을 받았으면, 그 거룩한 열심이 우리의 영혼을 떠나기 전에 서둘러 그것을 실천하십시오.

주님의 부르심을 거역한 자가 되지 말고, 우리의 그물과 소유를 모두 버리고 떠나십시오. 지체함으로써 마귀에게 기회를 주지 마십시오. 기회가 있을 때 서둘러 행하십시오. 우리 자신의 그물에 걸리지 마십시오. 세속이라는 그물을 찢어버리고 영광이 우리를 부르는 곳으로 가십시오.

> 왕은 사람들보다 아름다워 은혜를 입술에 머금으니 그러므로 하나님이 왕에게 영원히 복을 주시도다(시 45:2).

주님은 지극히 완전하신 분이십니다. 주님은 아름다운 그림이요, 영광스러운 흉배이십니다. 모든 선한 것들이 주님 안에 있습니다. 그것들은 서로 치장하는 일을 돕습니다. 주님의 영화로우신 성품의 한 가지 특성이 다른 특성을 희생시키고 주의를 끌지는 않습니다. 주님은 완전히 사랑스러우십니다.

오 예수님. 당신의 능력과 은혜와 공의, 그리고 인자와 진리와 위엄과 불변하심은 하늘이나 땅이 한 번도 본 일이 없는 신인을 이루고 있습니다. 당신의 유년기, 당신의 영원하심, 당신의 고난과 승리, 당신의 죽으심과 불멸하심이 어우러져 만들어 낸 멋진 융단에는 틈도 없고 찢어진 곳도 없습니다.

당신은 불협화음이 없는 음악이십니다. 당신은 다수이시나 나누이지 않습니다. 당신은 만물이시나 잡다하지 않습니다. 일곱 가지 색깔이 어울려 눈부신 무지개를 이루듯, 하늘과 땅의 모든 영광이 당신 안에서 만나 멋지게 결합합니다.

만물 중에 당신과 같은 것은 하나도 없습니다. 모든 지극히 탁월한 덕을 하나로 묶는다고 해도 당신과 비교할 수는 없습니다. 당신은 거룩한 몰약과 계피의 기름으로 기름 부음을 받으셨으니, 그것은 하나님께서 오직 당신만을 위하여 예비하셨던 것입니다. 당신의 거룩한 향기는 아무도 만들지 못하는 것입니다. 각각의 향료는 향기로우나, 그것들이 복합된 향기는 거룩합니다.

그러나 하나님의 견고한 터는 섰으니 인침이 있어 일렀으되 주께서 자기 백성을 아신다 하며 또 주의 이름을 부르는 자마다 불의에서 떠날지어다 하였느니라(딤후 2:19).

믿음의 기초는 "하나님이 그리스도 안에 계시사 세상을 자기와 화목하게 하시며 저희의 죄를 저희에게 돌리지 아니하신다"(고후 5:19)라는 것입니다. 진정한 믿음은 "말씀이 육신이 되어 우리 가운데 거하신다"(요 1:14)라는 사실을 의지합니다.

"그리스도께서도 단번에 죄를 위하여 죽으사 의인으로서 불의한 자를 대신하셨으니 이는 우리를 하나님 앞으로 인도하려 하심이라"(벧전 3:18).

"그가 징계를 받으므로 우리는 평화를 누리고 그가 채찍에 맞으므로 우리는 나음을 받았도다"(사 53::5)

한 마디로 신자들의 소망을 버티게 해주는 큰 기둥은 "대속"입니다. 그리스도는 죄인들을 위한 제물이 되셨습니다. 주님은 우리를 자기 안에서 하나님의 의가 되게 하시려고 죄가 되셨습니다(고후 5:21 참조).

이 터는 하나님의 보좌만큼 견고합니다. 그것을 믿으며 묵상하며 전파하는 데 우리의 기쁨이 있습니다. 구원에 감사함이 우리의 말과 행동의 구석구석에 있어야 합니다.

사람 중에는 대속의 교리를 직접 공격하는 사람도 있습니다. 어떤 사람들은 대속을 받아들이지 않습니다. 그들은 인간의 죄를 담당하신 하나님의 어린 양이라는 생각이 못마땅하여 이를 갑니다. 그러나 우리는 이 귀한 진리를 체험하였으므로 그것을 쉬지 않고 자신 있게 전파할 것입니다.

우리는 그것을 조금도 희석하거나 바꾸지 않을 것입니다. 그것은 우리의 생명이므로 우리는 그것을 포기할 수 없으며 절대 포기하지 않습니다. 여러 가지 논쟁이 많으나 우리는 하나님의 견고한 터가 섰다는 사실을 알고 있습니다.

그가 여호와의 전을 건축하고 영광도 얻고 그 자리에 앉아서 다스릴 것이요 또 제사장이 자기 자리에 있으리니 이 둘 사이에 평화의 의논이 있으리라 하셨다 하고(슥 6:13).

그리스도는 친히 영적 성전을 건축하십니다. 그는 불변하시는 사랑의 산, 전능하신 은혜의 산, 무오(無誤)한 진리의 산 위에 성전을 건축하셨습니다. 이 성전도 솔로몬의 성전처럼 건축되어야 합니다. 먼저 성전 건축에 필요한 재료를 준비해야 합니다. 주님은 아직 건축에 쓰일 레바논의 백향목을 준비하지 않고 있습니다. 주님은 그것들을 베어내고 가다듬어 백향목 널판으로 만드실 것이며, 백향목의 향기로운 아름다움은 낙원에 있는 여호와의 집의 궁전을 찬란하게 만들 것입니다. 거친 돌도 아직 채석장에 그대로 놓여 있습니다.

주님은 그 돌을 잘라 사각형으로 다듬으실 것입니다. 신자들은 각기 준비되고 다듬어져, 성전에 있는 자기 처소를 위해 예비하고 있습니다. 그리스도의 손이 친히 그 준비 사역을 하십니다.

주님이 성화의 목적으로 사용하시지 않는다면 고통은 우리를 성화시키지 못합니다. 우리 마음을 조정하시는 예수님의 손길 없이 우리의 기도와 노력만으로는 하늘나라에 갈 준비를 할 수 없습니다.

솔로몬의 성전을 건축할 때 망치나 도끼나 그밖의 쇠로 만든 연장 소리가 들리지 않았습니다. 그 성전을 지을 모든 재료는 완전히 준비된 상태로 운반되어 왔기 때문입니다. 예수님께서 지으시는 성전도 마찬가지입니다. 모든 준비는 이 세상에서 다 이루어집니다. 우리가 하늘나라에 도착한 후에 다시 우리를 성화시킨다거나, 고통으로 연단한다거나, 고난으로 다듬는 일은 없을 것입니다.

이 또 한 번이라 하심은 진동하지 아니하는 것을 영존하게 하기 위하여 진동할 것들 곧 만드신 것들이 변동될 것을 나타내심이라(히 12:27).

우리의 재산 중에는 진동하는 무상(無常)한 것이 많습니다. 그것을 의지하는 것은 어리석은 일입니다. 이 세상에는 영속하는 것이 없습니다. 그러나 우리에게는 "진동하지 아니하는 것"이 있습니다. 진동할 것이 모두 제거된다면 우리는 진동치 아니하며 영존할 것에서 위로를 받을 수 있을 것입니다.

이제까지 어떤 손해를 겪었든지 당신은 지금 구원을 받아 누리고 있습니다. 당신은 예수께서 흘리신 보혈의 공로를 의지하면서 십자가 밑에 서 있습니다. 시세의 등락이 그리스도 안에 있는 당신의 구원을 해치지 못하며, 실패나 파산이 당신의 구원을 해치게 하지 못합니다.

당신은 하나님의 자녀입니다. 환경이 바뀌어도 당신에게서 구원을 빼앗아가지는 못합니다. 헐벗고 가난하게 되어도 "하나님은 여전히 나의 아버지이십니다. 내 아버지의 집에는 거할 곳이 많습니다. 그러므로 나는 걱정 하지 않겠다"라고 말할 수 있습니다.

또 하나의 영원한 축복은 예수 그리스도의 사랑입니다. 하나님이시요 인간이신 그리스도는 사랑을 다 하여 당신을 사랑하십니다. 그 무엇도 그 사랑에 영향을 주지 못합니다. "나는 내 사랑하는 자에게 속하였고 내 사랑하는 자는 내게 속하였다"(아 6:3)라고 노래할 수 있는 사람에게는 이 세상의 것이 전혀 문제가 되지 않습니다.

우리는 가장 귀한 유산을 잃어버릴 수 없습니다. 그러므로 환난이 닥쳐올 때마다 견고히 섭시다. 이 덧없는 세상에서 일어나는 일에 의해 무너질 자녀가 아님을 나타냅시다.

우리의 나라는 임마누엘의 나라요, 우리의 소망은 하늘 위에 있습니다. 그러므로 여름의 대양(大洋)처럼 냉정하게 세상 것이 파선하는 것을 바라보며, 구원의 하나님을 기뻐하십시오.

에브라임이 여러 민족 가운데에 혼합되니 그는 곧 뒤집지 않은 전병이 로다(호 7:8).

전병을 뒤집지 않으면 한쪽은 익지 않습니다. 에브라임은 여러 면에서 뒤집지 않은 전병 같았습니다. 에브라임의 생활 영역에는 거룩한 은혜가 닿지 않은 곳들이 있었습니다. 그는 부분적으로는 순종했지만 반항하는 일이 많았습니다.

하나님의 일을 할 때 철저히 양심적으로 합니까? 하나님의 은혜가 당신 존재의 중심을 관통합니까? 당신의 목표와 기도 제목은 당신의 영과 혼과 몸이 성화되는 것이어야 합니다. 한쪽에는 성결이 나타나고 다른 쪽에서는 죄가 다스리는 일이 있어서는 안 됩니다. 그렇지 않으면 당신도 역시 뒤집지 않은 전병이 될 것입니다.

겉으로 탁월한 성화를 이룬 척하지만, 근본적인 경건은 전혀 없는 일이 많습니다. 공식 석상에서는 성인이지만 은밀한 곳에서는 마귀가 되는 사람도 있습니다. 그런 사람은 낮에는 밀가루를 판매하고 밤에는 술을 판매하는 사람입니다. 뒤집지 않은 전병의 한쪽은 익지 않은 반죽 그대로입니다.

주님,
뒤집지 않은 전병 같은 나를 뒤집어 주옵소서.
성화되지 못한 나의 본성을 뒤집어 주시어
당신 사랑의 거룩한 불에서 타오르게 하소서.
내가 당신의 거룩한 불길에서 떠나면
자신의 연약함을 배우고 뜨거움을 요구하게 될 것이오니,
나의 뜨거워진 부분을 잠시 식혀 주소서.
나로 두 마음을 품은 자가 되지 않게 하시며,
나를 다스리시는 강력한 은혜의 감화를 받아
완전히 하나가 되게 하소서.
나를 뒤집지 않은 전병처럼 홀로 버려두시면,
내 양면이 당신 은혜를 받지 못하면,
나는 영원한 불길 속에서 영원히 타버리고 말 것입니다.

그뿐 아니라 또한 우리 곧 성령의 처음 익은 열매를 받은 우리까지도 속으로 탄식하여 양자 될 것 곧 우리 몸의 속량을 기다리느니라(롬 8:23).

성도들은 하나님의 자녀입니다. 그러나 인간은 특별한 도덕적 특성을 보지 않는 한 이것을 깨닫지 못합니다. 양자 됨은 겉으로 나타나지 않으며 하나님의 자녀들은 공개적으로 선포되지 않습니다. 로마인들은 자녀를 입양한 후에도 오랫동안 그 사실을 공개하지 않다가 얼마 후에 어린아이를 관공서에 데려가 공적으로 입양 절차를 밟습니다. 그때 아버지는 아이의 옛 옷을 벗기고 그의 새로운 신분에 맞는 옷을 입힙니다.

"사랑하는 자들아 우리가 지금은 하나님의 자녀라 장래에 어떻게 될지는 아직 나타나지 아니하였으나 그가 나타나시면 우리가 그와 같을 줄을 아는 것은 그의 참모습 그대로 볼 것이기 때문이니"(요일 3:2).

우리는 아직은 하늘나라의 가족에게 합당하게 치장하지 않고 있습니다. 우리는 아직도 아담의 후손의 살과 피를 입고 있습니다. 그러나 장차 "많은 형제 중에서 맏아들"(롬 8:29)이신 주님이 나타나시면 우리도 주와 같게 되며, 그의 계신 그대로 볼 것을 알고 있습니다(요일 3:2).

비천한 신분의 아이가 로마 원로원 의원의 가정에 입양되었다면, 그 아이는 "나는 공적으로 입양될 날을 기다립니다. 그때가 되면 나는 헐벗은 옷을 벗고 지금의 내 신분에 맞는 옷을 입게 될 것이다"라고 중얼거릴 것입니다.

오늘 우리의 처지도 이와 같습니다. 우리는 하나님의 자녀로 나타나 그에 합당한 옷을 입게 되기를 기다리고 있습니다. 우리는 어린 귀족이므로 아직 면류관을 쓰지 않습니다. 우리는 어린 신부이므로 아직 결혼식이 다가오지는 않았습니다. 우리의 기쁨은 마치 분수처럼 하늘 높이 솟아오르기를 기다립니다. 그것은 우리 영혼 안에서 신음하고 탄식하면서 자신을 사람들에게 나타낼 방을 찾습니다.

이 말씀을 하실 때에 무리 중에서 한 여자가 음성을 높여 이르되 당신을 밴 태와 당신을 먹인 젖이 복이 있나이다 하니 예수께서 이르시되 오히려 하나님의 말씀을 듣고 지키는 자가 복이 있느니라 하시니라(눅 11:27-28).).

어떤 사람들은 주님의 모친이 된다는 사실에는 특별한 특권이 포함된다고 생각합니다. 그들은 마리아는 우리가 바랄 수 없는 방법으로 주님의 마음을 들여다보는 은사를 가졌다고 가정합니다.

우리는 마리아가 다른 사람들보다 더 많은 지식을 가진 여인이었는지는 알 수 없습니다. 복음서를 읽어보면 마리아가 그리스도의 다른 제자들보다 훌륭한 교육을 받은 신자였던 것 같지는 않습니다. 그녀가 알고 있었던 것은 모두 우리도 발견할 수 있는 것입니다. 이 말이 이상하다고 생각합니까? 그러나 이것을 증명해주는 주님의 말씀을 기억하십시오.

"여호와의 친밀하심이 그를 경외하는 자들에게 있음이여 그의 언약을 그들에게 보이시리로다"(시 25:14).

"이제부터는 너희를 종이라 하지 아니하리니 종은 주인이 하는 것을 알지 못함이라 너희를 친구라 하였노니 내가 내 아버지께 들은 것을 다 너희에게 알게 하였음이라"(요 15:15).

이처럼 거룩한 비밀을 계시하시는 주님은 우리에게 자기 마음을 털어놓으십니다. 우리에게 유익한 것은 한 가지도 감추지 않으십니다. 그러므로 우리는 무지하게 "당신을 밴 태와 당신을 먹인 젖이 복이 있나이다"(눅 11:27)라고 부르짖어서는 안 될 것입니다.

우리는 말씀을 듣고 보존하여 마리아가 얻었으리라고 추정되는바 주님의 마음의 비밀을 알게 되었음으로 하나님을 찬양해야 할 것입니다. 우리가 이러한 특권을 소유하였으니 얼마나 행복한지요!

사드락과 메삭과 아벳느고가 왕에게 대답하여 이르되…왕이여 우리가 왕의 신들을 섬기지도 아니하고 왕이 세우신 금 신상에게 절하지도 아니할 줄을 아옵소서(단 3:16, 18).

이 세 명의 히브리 청년은 독재자의 폭정과 사망의 아궁이에 있으면서도 진리 안에 굳게 서서 담대함과 놀라운 구원을 나타냈습니다. 하나님을 향한 믿음이나 사업을 할 때 의를 지키며 절대 양심을 희생시키지 마십시오. 의를 잃느니 차라리 모든 재산을 잃는 편이 낫습니다. 모든 것이 사라지더라도 인간의 마음을 치장할 수 있는 진기한 보석인 깨끗한 양심을 굳게 붙드십시오.

정책이라는 유사(類似)에 휩쓸리지 않는 길을 따르십시오. 지금은 아무런 유익을 발견하지 못하더라도 눈에 보이는 것을 따라가지 말고 믿음으로 걸어가십시오. 진리를 위해 물질을 잃게 되는 일이 있을 때는 하나님을 신뢰 함으로써 영광을 돌리십시오. 하나님은 "자족하는 마음이 있으면 경건은 큰 이익이 되느니라"(딤전 6:6); "너희는 먼저 그의 나라와 그의 의를 구하라 그리하면 이 모든 것을 너희에게 더하시리라"(마 6:33)고 하신 말씀을 증명하실 것입니다.

하나님의 섭리에 의하면 양심을 따름으로써 손해를 보는 일도 있을 수 있습니다. 그러나 주님이 세상에서의 성공이라는 은으로 갚아주시지 않으면 장차 신령한 기쁨이라는 황금으로 갚아주신다는 것을 발견할 것입니다. "사람의 생명이 그 소유의 넉넉한 데 있지 아니하니라"(눅 12:15)라는 말씀을 기억하십시오.

정직한 영, 범죄함이 없는 심령, 하나님의 은총은 다이아몬드 광산보다 더 훌륭한 보배입니다.

"채소를 먹으며 서로 사랑하는 것이 살진 소를 먹으며 서로 미워하는 것보다 나으니라"(잠 15:17).

적지만 깊고 상구(常久)한 평화는 많은 황금보다 가치가 있습니다.

아름다운 소식을 시온에 전하는 자여 너는 높은 산에 오르라 아름다운 소식을 예루살렘에 전하는 자여 너는 힘써 소리를 높이라 두려워하지 말고 소리를 높여 유다의 성읍들에게 이르기를 너희의 하나님을 보라 하라(사 40:9).

그리스도를 아는 일은 산에 오르는 것과 같습니다. 산 밑에 있을 때는 산을 다 보지 못하며 실제 높이의 절반 정도로밖에 보이지 않습니다. 작은 계곡에 있으면 산 아래 시내로 흘러내리는 개울밖에 보지 못합니다. 첫째 작은 봉우리에 올라가 보십시오. 그러면 발밑에 있는 길고 넓은 계곡을 볼 수 있을 것입니다. 더 높이 올라가십시오. 그러면 사방을 많이 볼 수 있어서 마음이 상쾌할 것입니다. 산을 더 높이 올라갈수록 더욱 넓게 볼 수 있을 것입니다. 그리하여 마침내 정상에 서게 됩니다.

기독교인의 생활도 산을 오르는 것과 같습니다. 처음 그리스도를 믿기 시작했을 때는 거의 그리스도를 알지 못합니다. 그러나 높이 올라갈수록 그리스도의 아름다움을 더 많이 발견할 것입니다. 그러나 지금껏 그 정상에 오른 사람이 있습니까? 지식에 넘치는 그리스도의 사랑의 높이와 넓이를 모두 깨달은 사람이 있었습니까?

늙어 백발이 되어 로마 감옥에 갇힌 바울은 우리보다 더욱 강력하게 "내가 믿는 그분을 안다"라고 말할 수 있었습니다. 그가 경험한 하나하나의 일은 언덕을 오르는 것과 같았으며, 그가 겪은 하나하나의 시련은 또 다른 정상에 오르는 일이었으며, 그의 죽음은 산꼭대기에 오르는 일과 같습니다. 그곳에서 그는 자신의 영혼을 위탁한 주님의 신실하심과 사랑을 볼 수 있었습니다.

사랑하는 친구들이여, 일어나 높은 산으로 올라가십시오.

온 지면에 물이 있으므로 비둘기가 발 붙일 곳을 찾지 못하고 방주로 돌아와 그에게로 오는지라 그가 손을 내밀어 방주 안 자기에게로 받아 들이고(창 8:9).

예수 그리스도를 떠나서도 쉴 곳을 발견할 수 있습니까? 그렇다면 우리의 신앙은 헛된 신앙이고, 우리가 그리스도와의 연합이나 그리스도 안에 있는 유익에 대한 지식이 아닌 다른 지식에 만족한다면 우리의 믿음은 무가치한 것입니다. 또 기독교인이라 고백하지만, 세상적인 일과 쾌락에서 충분한 만족을 발견한다면 우리의 신앙고백은 거짓이며, 우리의 영혼이 죄 안에서도 평안을 느낀다면 우리는 위선자입니다.

그러나 범죄하고 벌 받지 않는 것이 더 가혹한 형벌이라고 느끼고, 온 세상을 소유하며 영원토록 살 수 있다고 해도 영혼이 갈망하는 하나님이 없으면 불행할 것으로 생각한다면, 우리는 하나님의 자녀이니 용기를 냅시다. 비록 죄와 불완전함이 있더라도 그 사실에서 위로를 받으십시오. 영혼이 죄 속에서 안식을 느끼지 못한다면 우리는 죄인이 아닙니다. 아직도 선한 것을 추구하고 있다면 그리스도는 우리를 잊지 아니하십니다. 우리가 주님을 잊지 않았기 때문입니다.

신자는 주님 없이는 살지 못합니다. 우리는 광야의 모래벌판에서는 살지 못합니다. 우리는 하늘에서 내려오는 만나를 원합니다. 자기 과신의 물병에서는 물을 조금도 얻지 못합니다. 우리는 우리를 따르는 바위 곧 그리스도의 반석에서 물을 마십니다(고전 10:4). 그리스도를 먹고 살 때 당신의 영혼은 "좋은 것으로 네 소원을 만족하게 하사 네 청춘을 독수리 같이 새롭게 하시는도다"(시 103:5)라고 노래할 수 있습니다. 그러나 당신이 그리스도의 백성이 되지 못하면 부귀와 성공도 당신에게 만족을 주지 못합니다. 장차 어느 날 당신은 "헛되고 헛되며 헛되고 헛되니 모든 것이 헛되도다"(전 1:2)라고 탄식할 것입니다.

그들은 다 네게 말하여 이르기를 너도 우리 같이 연약하게 되었느냐 너도 우리 같이 되었느냐 하리로다(사 14:10).

하나님 앞에 선 배교자의 운명은 어떻게 될 것입니까? "저주받은 자여, 내게서 떠나라. 네가 나를 배격하였으니 나도 너를 배격하노라. 너는 창녀같이 행하였으니 내게서 떠나라. 내가 너를 내 앞에서 영원히 추방하였으며 자비를 베풀지 아니하리라"고 하시는 말씀을 어떻게 견딜 것입니까?

마지막 날에 많은 무리 앞에서 배교자의 가면이 벗겨질 때 얼마나 수치스럽겠습니까? 마귀들이 위선자의 영혼을 영원한 지옥으로 끌고 갈 그날에 사탄의 형리들은 큰 열심을 낼 것입니다.

존 번연의 『천로역정』에서는 일곱 마귀가 불쌍한 영혼을 아홉 개의 끈으로 묶은 뒤 하늘 가는 길에서 끌어내 지옥으로 들어가는 뒷문으로 밀어 넣었다고 했습니다.

지옥으로 가는 길을 조심하십시오. 자신이 믿음 안에 있는지 살펴보십시오. 자신의 상태를 잘 살펴보며 자신이 과연 그리스도 안에 있는지 알아보십시오. 자신의 자아를 시험할 때 점수를 관대하게 주는 것은 세상에서 가장 쉬운 일입니다. 모든 사람에게 공평하여지기를 바랍니다.

그러나 자신에게는 엄격하라 반석 위에 집을 세우지 않았다면 집이 무너질 때 그 무너짐이 크리라는 것을 기억하십시오.

주께서 우리에게 성실함과 견고함과 굳건함을 주시며, 아무리 악한 날에도 결코 길을 벗어나지 않게 해주시기를 기원합니다.

이로써 그 보배롭고 지극히 큰 약속을 우리에게 주사 이 약속으로 말미암아 너희가 정욕 때문에 세상에서 썩어질 것을 피하여 신성한 성품에 참여하는 자가 되게 하려 하셨느니라(벧후 1:4)

부활하신 주님의 능력 안에서 살기를 원하는 사람은 육체를 즐겁게 하려는 방탕한 생각을 영원히 추방해야 합니다. 그리스도 안에서 사는 사람이 더러운 죄 속에 거하는 것은 비극입니다.

"어찌하여 살아 있는 자를 죽은 자 가운데서 찾느냐"(눅 24:5).

어떻게 산 자가 무덤 안에 거하겠으며 거룩한 생명이 육체의 정욕이라는 무덤 안에 묻혀 있겠고 주님의 잔에 참여하면서 사탄의 잔을 마실 수 있겠습니까?

우리는 분명히 정욕과 죄에서 구원을 받았습니다. 우리는 사탄이라는 사냥꾼의 은밀하고 미혹하는 덫을 피하고, 나태함에서 도피했으며, 육체의 안일함에서 해방되었습니까? 또 날마다 세상과 교만한 생활과 탐욕을 극복하는 생활을 추구합니까? 우리에게 하나님의 보화가 풍성하게 주어진 것은 그 때문입니다. 모든 풍성한 은혜의 보물을 낭비하지 않도록 하십시오. 성결(聖潔)을 좇으십시오. 그것은 신자의 영광이요 면류관입니다.

거룩하지 못한 교회는 세상에 유익을 주지 못하며 사람들의 존경을 받지 못합니다. 그것은 가증한 것이요, 지옥의 웃음거리요, 하나님이 혐오하시는 것입니다. 거룩하지 못한 교회가 가져온 재앙은 이 세상 그 무엇이 초래한 것보다 더 악한 것이었습니다.

당신은 하나님의 제사장이니 제사장답게 행하십시오. 하나님의 왕이니 정욕을 다스리십시오. 하나님의 택한 자이니, 죄와 사귀지 마십시오. 하늘나라가 당신이 물려받을 기업이니 거룩한 영처럼 생활하십시오. 그러면 예수 안에 있는 참믿음을 가지고 있음을 증명하게 될 것입니다. 거룩한 생활을 하지 않는 사람의 마음에 믿음이 존재하지 못합니다.

바로가 이르되 내가 너희를 보내리니 너희가 너희의 하나님 여호와께 광야에서 제사를 드릴 것이나 너무 멀리 가지는 말라 그런즉 너희는 나를 위하여 간구하라(출 8:28).

이것은 바로의 간교한 말입니다. 노예 생활을 하는 불쌍한 이스라엘 백성이 애굽을 벗어나려 했을 때 그는 그들에게 멀리 가서는 안 된다고 했습니다. 그들은 첩자를 보내어 감시하며 무력을 뻗을 수 있는 범위를 벗어나지 못하도록 흥정했습니다. 세상도 우리에게 같은 태도를 보입니다. 세상은 우리에게 더욱 관대하게 대하며 잔인하지 않은 것처럼 일을 처리합니다.

그리스도와 함께 세상에 대하여 죽어 장사되는 것은 육욕적인 마음이 조롱하는 일을 경험하는 것입니다. 세상의 지혜는 타협의 길과 중용의 대화를 추천합니다. 이 육욕적인 지혜는 순결은 매우 바람직하지만, 너무 순결에 치중하지는 말라고 경고합니다. 물론 진리를 따라야 하지만 오류를 가혹하게 비난해서도 안 된다고 합니다.

세상은 우리에게 "어떻게 해서든 영적인 생각을 하라. 그러나 사소한 일에 있어서는 자기를 부인하지 말라. 모든 사람에게서 인기를 얻고 있는 일을 비판해서 얻는 유익이 무엇인가?"라고 말합니다.

많은 신자가 이 교활한 충고에 굴복하여 영원한 멸망을 자초하고 맙니다.

우리가 온전히 주님을 따르고자 할진대 정욕적인 세상을 버리고 곧바로 광야로 나아가야 합니다. 우리는 세상의 처세술이나 쾌락이나 세상적인 신앙을 버리고 주님이 성화된 자기 백성들을 부르시는 곳으로 멀리 나가야 합니다. 그리하면 도시가 불탈 때 우리의 집은 멀리 떨어져 있어 불길을 피할 수 있을 것입니다.

모든 참 신자에게 "너희는 그들 중에서 나와서 따로 있고 부정한 것을 만지지 말라"(고후 6:17)는 나팔 소리가 울리게 하십시오.

각 사람은 부르심을 받은 그 부르심 그대로 지내라(고전 7:20).

어떤 사람들은 어리석게도 하나님을 위해 살 수 있는 길이 목회자나 선교사가 되는 것으로만 생각합니다. 만일 이것이 사실이라면 높으신 하나님을 찬양할 기회를 박탈당하는 사람들이 많을 것입니다.

사랑하는 자여, 일 자체가 아니라 그 일을 얼마나 열심으로 하느냐에 따라 하나님을 찬양합니다. 우리가 하나님을 영화롭게 할 수 있게 하는 것은 지위가 아니라 은혜입니다. 하나님은 직업적인 종교가가 의무적으로 설교하는 강단보다는 경건한 노동자가 공장에서 일하면서 구세주의 사랑을 찬양할 때 큰 영광을 받으십니다. 하나님을 찬양하거나 동료들에게 예수를 전하는 약국의 점원에 의해서도 온 나라를 다니며 우레 같은 소리로 복음을 전파하는 전도사에 의해서와 마찬가지로 영광을 받으십니다.

우리가 각기 자기에게 맡겨진 일을 하면서 하나님을 섬길 때 하나님은 영광을 받으십니다. 우리의 직업을 버림으로써 의무의 길을 저버리지 않도록 하며 자기의 직업을 부끄럽게 여기지 맙시다. 우리의 소명을 과소평가하지 맙시다. 복음에 따라 행하는 합법적인 교역은 거룩한 것이 될 수 있습니다.

성경을 보십시오. 그러면 지극히 하찮은 수고가 담대한 믿음의 행위와 연결되어 있음을 발견할 것입니다. 그러므로 우리의 소명을 불만스럽게 생각하지 맙시다. 하나님이 우리를 어떤 지위에 놓으시든지 하나님이 다른 소명을 주셨다고 확신하지 않는 한 거기에 거하십시오. 무엇보다도 우리가 있는 자리에서 전력을 다하여 하나님께 영광을 돌리십시오. 만일 하나님이 다른 곳에서 당신을 필요로 하신다면 그것을 가르쳐 주실 것입니다.

오늘 밤, 허탄한 야심을 버립시다. 그러면 평화로 만족을 느낄 것입니다.

믿음의 주요 또 온전하게 하시는 이인 예수를 바라보자 그는 그 앞에 있는 기쁨을 위하여 십자가를 참으사 부끄러움을 개의치 아니하시더니 하나님 보좌 우편에 앉으셨느니라(히 12:2).

자기 자신을 보던 시선을 예수님께로 돌리게 하는 것이 성령의 사역입니다. 사탄은 이와 정반대의 일을 합니다. 사탄은 언제나 그리스도 대신 우리 자신을 중요시하게 하려고 노력하고 있습니다. 사탄은 우리에게 자아에 관한 생각을 심어 주므로 우리는 내면을 들여다볼 때 확신에서 비롯되는 위로를 발견하지 못합니다. 그러나 성령은 우리의 시선을 자아로부터 완전히 돌려놓습니다. 성령은 우리는 아무것도 아닌 존재이며 "그리스도는 만유"(골 3:11)라고 합니다.

그러므로 우리가 그리스도를 붙들기 때문에 구원을 얻는 것이 아니요, 그리스도께서 우리를 구원하신다는 것을 기억하십시오. 그리스도 안에 있는 믿음이 우리를 구원하는 것이 아닙니다. 그것은 하나의 도구로 사용될 뿐이요, 그리스도의 보혈과 공로가 우리를 구원 합니다.

그러므로 그리스도를 붙잡고 있는 우리의 손을 바라보지 말고 그리스도 자체를 바라십시오. 우리의 소망의 근원이요, 믿음의 창시자요 완성자이신 예수님을 바라십시오. 자신의 기도, 행위, 또는 감정 등을 바라보는 한 결코 행복을 찾지 못할 것입니다.

우리 영혼에 안식을 주는 것은 우리의 존재가 아니라 예수님의 존재이십니다. 우리가 사탄을 정복하고 하나님과 화평을 누리게 되는 것은 "예수님을 바라봄"에 의해서입니다. 우리의 시선을 예수님께 두기만 하십시오. 주님의 죽음, 고통, 공로, 영광, 중보 등을 항상 마음에 기억하십시오. 아침에 눈을 뜰 때 주님을 바라십시오.

밤에 잠자리에 누울 때도 주님을 바라십시오. 그러면 주님은 결코 우리를 실망하게 하지 않으실 것입니다.

각 사람이 지팡이를 던지매 뱀이 되었으나 아론의 지팡이가 그들의 지팡이를 삼키니라(출 7:12).

이 사건은 모든 공격을 이겨내시는 하나님의 놀라운 승리를 나타냅니다. 사람의 마음에서 거룩한 덕이 형성될 때마다 마귀는 위조품을 만들고 수많은 반대 요소를 주조해냅니다. 그러나 하나님의 역사는 그 모든 적수를 삼켜버리십니다. 하나님이 사람을 자기 것으로 삼으실 때, 세상의 마법사들은 지팡이를 내려놓을 것입니다. 아론의 지팡이는 뱀처럼 교활하고 유독한 지팡이를 모두 삼켜버릴 것입니다. 십자가의 그윽한 매력이 그 사람의 마음을 권면하여 자기 것으로 만드시면 이제까지 거짓된 세상을 위해 살았던 사람이 높은 세계를 바라보며 날개를 달고 하늘 높이 날게 될 것입니다.

우리의 믿음은 무수한 원수를 만나 싸워야 합니다. 마귀는 우리 앞에 과거의 죄를 던지는데, 그것은 뱀이 됩니다. 그러나 예수의 십자가는 그것들을 모두 멸망시킵니다. 그러면 마귀는 세속적인 시련과 유혹과 불신앙 등의 형태를 한 또 다른 뱀을 발진시키지만, 그것들은 예수 안에 있는 믿음의 적수가 되지 못하므로 패하고 맙니다.

성실하게 하나님을 섬기는 데도 같은 원리가 나타납니다. 예수를 향한 뜨거운 사랑이 있으면 난관도 극복할 수 있고, 희생도 기쁨이 되며, 고난은 영광이 됩니다. 그러나 신앙을 고백하면서도 신앙을 소유하지 못한 사람은 이러한 시련을 통과하지 못합니다.

이러한 관점에서 우리 자신을 살펴보십시오. 아론의 지팡이는 하나님이 주신 권능을 증명했습니다. 당신의 생활도 하나님이 주신 능력을 증명하고 있습니까? 그리스도는 우리의 모든 것이 되셔야 합니다. 예수 안에 있는 사랑과 믿음이 우리 영혼의 소원을 다스리는 주인이 되기 전에는 절대 안심하지 마십시오.

우리가 예수께서 죽으셨다가 다시 살아나심을 믿을진대 이와 같이 예수 안에서 자는 자들도 하나님이 그와 함께 데리고 오시리라(살전 4:14).

죽은 자의 영혼이 무감각하게 잠을 잔다고 생각하지 마십시오. 그리스도는 임종하는 모든 성도에게 "오늘 네가 나와 함께 낙원에 있으리라"고 속삭이십니다. 그들은 "예수 안에서" 잠을 잡니다. 그러나 그들의 영혼은 하나님의 보좌 앞에 거하면서 하나님의 전에서 밤낮으로 하나님을 찬양하며 보혈로 자기의 죄를 씻어주신 주님께 할렐루야를 노래합니다.

육신은 풀로 덮인 땅속에 외로이 누워 잠을 잡니다. 이 잠은 어떤 것입니까? 잠은 안식이라는 개념과 관계가 있습니다. 이것이 하나님의 성령이 우리에게 전해 주려 하는 사상입니다. 잠은 영혼의 문을 닫아 잠그고 모든 침입자에게 잠시 기다리라고 명합니다.

일생 수고하여 지친 신자들은 마치 어머니의 품에서 자는 어린아이처럼 고요히 잠을 잡니다. 주 안에서 죽는 사람은 복된 사람입니다. 그들은 자신의 수고를 떠나 안식을 누리며, 그들이 이룬 행위는 그들을 따라갑니다. 그들의 육체의 몸은 천사들이 지킴을 받으며 영원한 비밀에 덮인 채 완전한 구속이 임하는 시기까지 계속 잠을 잡니다.

그들은 이마에 주름살이 패이고 쇠퇴해진 몸으로 잠을 자기 시작했지만, 다시 깨어날 때는 아름답고 영광스러운 모습을 갖출 것입니다. 볼품없이 쪼그라진 씨앗이 흙 속에서 한 송이 아름다운 꽃으로 피어나는 것입니다. 무덤에서 잠자야 했던 겨울은 물러가고 구속의 봄과 영광의 여름이 다가옵니다.

"예수 안에서 잠자는" 자는 복되도다.

그러나 바벨론 방백들이 히스기야에게 사신을 보내어 그 땅에서 나타난 이적을 물을 때에 하나님이 히스기야를 떠나시고 그의 심중에 있는 것을 다 알고자 하사 시험하셨더라(대하 32:31).

히스기야는 영적으로 크게 성장했지만, 하나님의 은총을 자랑하였으므로 결국 그의 마음에 독선이 들어왔습니다. 히스기야의 정욕적인 방심 때문에 하나님의 은혜는 잠시 그에게서 떠나갔습니다. 이것이 그가 바벨론 사람들에게서 어려움을 겪은 이유입니다.

선한 신자에게서 하나님의 은혜가 떠나면, 그의 마음에 있는 죄는 그를 극악한 범죄자로 만듭니다. 만일 당신이 홀로 버려진다면 그리스도를 향해 뜨거운 믿음을 가졌던 당신이지만, 라오디게아 교인들처럼 차갑게 식어 미지근하게 될 것입니다. 우리는 지금은 튼튼한 믿음이 있어도 하나님의 은혜가 떠나면 거짓 교리라는 나병에 걸릴 것입니다.

지금은 주님 앞에서 훌륭하고, 고결하게 행하고 있지만, 하나님의 은혜가 떠나면 악한 정욕에 취해 비틀거릴 것입니다. 달이 태양 빛을 반영하듯 우리도 스스로 빛을 발하는 것이 아니라 하나님의 빛을 받아 반영합니다. 우리는 은혜가 우리를 비추면 밝음이 되지만, 의의 태양이 우리에게서 떠나면 어두움이 됩니다.

주여, 당신의 내주하시는 은혜를 거두어 가지 마십시오. 당신은 "나 여호와는 포도원지기가 됨이여 때때로 물을 주며 밤낮으로 간수하여 아무든지 이를 해치지 못하게 하리로다"(사 27:3)라고 하셨습니다. 주님. 어디에서든 우리를 지켜주소서. 골짜기에서 우리를 지켜 주시사 당신의 낮추시는 손을 불평하지 않게 해주소서. 산꼭대기에서 우리를 지키시라, 교만하지 않게 해주소서. 정욕이 강하게 일어나는 청년의 때에 우리를 지켜주소서. 자기 지혜에 도취되어 청년이나 어린아이보다 더 어리석기 쉬운 노년기에도 우리를 지켜주소서. 살아 있을 때나 죽을 때. 수고할 때나 고난 당할 때, 싸울 때나 휴식할 때, 언제 어디에서나 우리를 지켜주소서. 하나님, 우리는 어디에서나 당신을 필요로 합니다 내게 주신 영광을 내가 그들에게 주었사오니 이는 우리가 하나가 된 것 같이 그들도 하나가 되게 하려 함이니이다(요 17:22

우리에게 자신의 모든 것을 주신 주 예수님의 무한한 도량을 보십시오. 주님의 소유의 십 분의 일만 주셔도 세상을 상상할 수 없을 만큼 부유하게 하실 수 있으셨건만, 주님은 자신이 가지고 있는 모든 것을 우리에게 주시지 않고서는 만족하실 수 없었습니다.

우리에게 주님의 식탁 밑에 앉아서 식탁에서 떨어지는 은혜의 부스러기를 먹으라고만 하셔도 우리는 만족했을 것입니다. 그러나 주님은 결코 부분적으로 행하시지 않습니다.

주님은 우리로 주님과 함께 잔치에 참여하게 하십니다. 주님이 자신의 왕실에서 나오는 약간의 금을 주셨어도 우리는 그를 영원히 사랑하게 되었을 것입니다.

그러나 주님은 그렇게 행하지 않으셨습니다. 주님은 자기의 신부가 주님 자신만큼 부유하기를 원하십니다. 주님은 신부와 함께 공유하지 않는 영광이나 은혜를 원치 않으십니다. 주님은 우리를 공동상속인으로 만드셔서 주님과 동일한 재산을 소유하게 하시지 않고서는 만족하시지 않습니다. 주님은 자기 백성에게 자기 집에 있는 모든 방의 열쇠를 주십니다. 주님은 그들에게 주님이 소유하고 있는 모든 것을 자기 것으로 삼을 수 있는 전한 자유를 주십니다.

그리스도는 신자들의 입술에 사랑과 은혜의 잔을 대시며 영원히 그것을 마시라고 명하십니다. 신자가 그것을 완전히 마셔버린다고 해도 주님은 기뻐하실 것입니다. 그러나 주님의 은혜는 결코 고갈되지 아니하는 것이요, 우리에게 마음껏 마시라고 하십니다. 하늘과 땅에서 이보다 더 진실한 우정의 증거가 어디 있겠습니까?

슬프도소이다 주 여호와여 주께서 큰 능력과 펴신 팔로 천지를 지으셨사오니 주에게는 할 수 없는 일이 없으시니이다(렘 32:17).

갈대아인이 예루살렘을 포위하였으며, 칼과 기근과 염병이 온 나라를 황폐하게 하였을 때, 하나님은 예레미야에게 은으로 밭을 사고 증인을 세우라고 명령하셨습니다. 이성이 있는 사람이라면 이럴 때 밭을 사지 않을 것입니다. 분별력이 있는 사람이라면 그런 행동을 할 수 없습니다. 예레미야가 그 밭을 소유하는 기쁨을 누릴 가능성은 거의 없었습니다. 그러나 하나님이 요청하신 일이었기 때문에 예레미야는 능히 할 수 있었습니다. 그는 이렇게 생각했습니다: "하나님, 당신은 이 작은 땅이 내게 유익을 주게 만들 수 있습니다. 당신은 이 땅에서 압제자들을 쫓아낼 수 있습니다. 당신은 내가 산 땅에 있는 무화과나무와 포도나무 아래 나를 앉게 하실 수 있습니다. 당신은 하늘과 땅을 지으신 분이시니 능치 못한 일이 없으십니다"

이것이 초기 성도들에게 권위를 주었습니다. 그들은 하나님의 명령에 따라 인간의 이성으로는 정죄할 일을 용감하게 행했습니다. 노아는 육지 위에서 배를 만들었고, 아브라함은 외아들을 제물로 바쳤고, 모세는 애굽의 부귀를 멸시하였고, 여호수아는 전혀 무기를 사용하지 않고 뿔로 만든 나팔을 불면서 칠 일간 여리고 성을 포위했습니다. 그들은 인간 이성의 명령을 거슬러 하나님의 명령에 기초를 두고 행동했습니다. 하나님은 그들의 순종하는 믿음에 대해 후한 상을 주십니다.

우리도 이처럼 영웅적인 믿음에 강력하게 빠져들게 되기를 기원합니다. 예레미야의 확신의 처소가 우리의 것이 되기를 기원합니다. 하늘과 땅을 지으신 하나님은 능치 못한 일이 없으십니다.

그 날에 생수가 예루살렘에서 솟아나서 절반은 동해로, 절반은 서해로 흐를 것이라 여름에도 겨울에도 그러하리라(슥 14:8)

예루살렘에서 솟아나서 흐르는 생수는 햇볕이 뜨거운 여름에도 마르지 않으며 추운 겨울바람에도 얼지 않습니다.

오, 내 영혼아, 기뻐하라. 너는 살아서 주님의 신실하심을 증언하리로다. 계절이 변하고 너도 변하지만, 너의 주님은 항상 같으시며, 주님의 사랑의 시냇물은 변함없이 깊고 넓고 충만하도다.

사업의 염려와 호된 시련은 나로 하여금 주님의 은총의 강에서 그 열기를 식혀야 할 필요를 느끼게 합니다. 나는 이 다함이 없는 샘으로 가서 풍족하게 마실 수 있습니다. 그 샘은 여름이나 겨울이나 넉넉히 솟아오릅니다. 위에서 흐르는 샘이 절대 부족하지 않으며, 낮은 곳에서 흐르는 샘도 역시 우리의 기대를 저버리지 않습니다.

엘리야는 그릿 시내가 완전히 말라 버린 것을 발견했습니다. 그러나 여호와는 여전히 섭리의 하나님이셨습니다. 욥은 자기 형제들이 속이기를 잘하는 개울 같다고 했습니다. 그러나 그는 하나님은 넘쳐흐르는 위로의 강이심을 발견했습니다. 나일강은 애굽의 커다란 자랑거리입니다. 그러나 나일강에는 때때로 홍수가 납니다. 그러나 우리 주님은 언제나 동일하신 분이십니다. 고레스는 유프라테스강의 흐름을 바꾸어 놓음으로써 바벨론을 정복했습니다. 그러나 인간이나 악마의 능력으로는 결코 거룩한 은혜의 흐름을 바꾸어 놓을 수 없습니다. 옛날 흐르던 강이 완전히 말라 황폐해진 흔적이 발견됩니다. 그러나 거룩한 주권과 무한한 사랑의 산 위에서 솟아나는 샘물은 언제나 가장자리까지 가득할 것입니다. 인간의 세대는 사라지지만 은혜의 흐름은 절대로 변하지 않습니다. 하나님의 강은 언제나 마르지 않고 흐를 것입니다.

내 영혼아, 이 강가로 인도되어가면 얼마나 기쁘겠는가! 결코 다른 강가를 배회하지 말라. 주님의 책망을 받게 될 것이다.

그들이 그 날 바람이 불 때 동산에 거니시는 여호와 하나님의 소리를 듣고 아담과 그의 아내가 여호와 하나님의 낯을 피하여 동산 나무 사이에 숨은지라(창 3:8).

이제 하루 중에서도 시원한 시간이 되었으니 잠시 쉬면서 하나님의 음성에 귀를 기울이십시오. 하나님은 당신이 들을 준비를 하고 있으면 언제라도 말씀하실 준비를 갖추고 계십니다. 하나님과 우리 사이의 교통을 막는 장애물은 하나님 편에 있는 것이 아닙니다. 하나님은 문 앞에 서서 두드리고 계십니다. 하나님의 백성들이 마음 문을 열면 하나님은 기꺼이 들어가십니다.

그런데 주님의 등산인 내 마음의 상태는 어떠합니까? 그것은 잘 가다듬어지고 물을 주었으며, 하나님을 위해 선한 열매를 맺고 있습니까? 그렇지 못하다면 하나님은 나를 크게 책망하실 것입니다. 그래도 나는 하나님이 내게 오시기를 요청합니다. 빛의 날개에 치료를 담아 오시는 의의 태양의 임재만이 내 마음을 올바른 상태에 있게 해줄 수 있습니다.

오. 나의 주 하나님, 오시옵소서. 내 영혼은 진심으로 당신을 초청하며 간절히 당신을 기다립니다. 당신의 비길 데 없이 훌륭하신 성품 안에서 완전하게 피어나는 꽃을 나의 동산에도 심어 주소서. 인자하고 지혜롭게 나를 다루어 주소서. 저녁 이슬에 초목이 생기를 얻듯이 나의 본성에 비를 내려 주십시오.

주여, 말씀하소서. 당신의 종은 듣고 있습니다. 나와 동행해 주십시오. 나는 주께서 저와 교제하기를 원하신다고 확신합니다. 주님은 나에게 성령을 주시사 영원히 나와 함께 거하게 하셨습니다. 별이 하늘나라의 눈인 듯 반짝이며, 시원한 바람이 거룩한 사랑의 숨결인 듯 불어오는 황혼은 참으로 아름답습니다. 내 아버지여, 내 형님이시여, 내 위로자시여, 이제 인자하게 말씀하소서. 당신은 내 귀를 열어 주셨나이다.

우리 마음이 그를 즐거워함이여 우리가 그의 성호를 의지하였기 때문이로다(시 33:21).

신자들이 깊은 고통 속에서도 기뻐할 수 있다는 것은 축복입니다. 그들은 환난으로 에워싸여도 노래합니다. 그들은 새장에 갇힌 새처럼 환난을 겪지만 아름다운 노래를 부릅니다. 파도가 덮쳐와도 그들의 영혼은 일어나서 하나님의 얼굴빛을 바라봅니다. 그들에게는 태풍 속에서도 항상 머리를 수면 위로 내밀고 노래하도록 도와주는 부력, 즉 낙천적인 기질이 있습니다. 그것은 "하나님이 항상 나와 함께 하신다"라는 확신입니다.

우리는 누구에게 그 영광을 돌려야 합니까? 예수님께 돌려야 합니다. 모두가 예수님께서 행하시는 일이기 때문입니다. 환난이 반드시 신자에게 위로를 가져오는 것은 아닙니다. 그러나 뜨거운 용광로 속이지만, 하나님의 아들이 함께 계신다면 우리 마음에는 기쁨이 가득 차게 됩니다.

주님은 병들어 고통하는 자를 찾아오시어 그를 위한 침상을 마련해 주십니다. 주님은 차가운 요단강물이 목까지 차올라 죽어가는 사람에게 찾아오시어 얼싸안으며 "사랑하는 자여, 두려워 말라. 죽음은 곧 축복이다. 사망의 강의 수원지는 하늘나라이다. 그 물은 절대 쓰지 않으며 감로수처럼 달콤하다. 그것은 하나님의 보좌에서 흘러나오는 것이다"라고 말씀하십니다.

임종하는 성도가 사망의 강을 건널 때, 그의 주위에 큰 물결이 맴돌 때, 그의 숨이 끊어질 때, 그의 귀에는 "두려워 말라. 너와 함께 하리라. 내가 네 하나님이 되리라"는 음성이 들려옵니다. 미지의 나라 국경에 이르러 사망의 세계에 들어가기를 두려워할 때 예수님은 "두려워 말라. 네 아버지께서는 그 나라를 너에게 주시기를 원하신다"라고 하십니다. 그러므로 그는 힘을 얻고 두려워하지 않으며, 오히려 죽음을 반기게 될 것입니다.

그는 이제껏 샛별 같은 예수님을 보았으므로, 태양 같은 주님을 보기를 갈망합니다. 실로 주님의 임재야말로 우리가 바라는 하늘나라입니다.

여호와여 내가 주께 부르짖으오니 나의 반석이여 내게 귀를 막지 마소서 주께서 내게 잠잠하시면 내가 무덤에 내려가는 자와 같을까 하나이다(시 28:1).

슬픔이 가득차 말이 나오지 않을 때 가장 적당한 표현 수단은 부르짖으며 외치는 것입니다. 무리는 주님을 향해 부르짖어야 합니다. 사람에게 부르짖는 것은 시간 낭비일 뿐입니다. 주님이 기꺼이 들어주신다는 것, 또 우리를 도울 능력을 갖추고 계신다는 것은 우리가 구원의 하나님에게 즉시 호소해야 할 근거가 됩니다. 심판날에 바위를 부르는 것은 무익한 일이지만 우리의 반석이신 주님은 우리의 부르짖음을 들으십니다.

“주여, 나의 부르짖음에 잠잠하지 마소서!”

단순히 기도하는 동작만 하는 사람은 응답을 받지 못해도 만족할지 모르나, 진정으로 간구하는 사람은 응답을 받지 못하면 만족하지 못하고 안심하지 못합니다. 그들은 즉시 응답을 받기를 원하며, 하나님이 잠시만 침묵하셔도 두려워합니다. 하나님의 음성은 때로 지극히 무시무시하여 광야를 뒤흔듭니다. 그러나 하나님의 침묵도 역시 두려움을 일으킵니다. 하나님이 귀를 막으신 것처럼 보일 때 더욱 열심히 부르짖어야 합니다. 우리가 간절하고도 서글픈 음성으로 외친다면, 하나님은 오랫동안 우리의 부르짖음을 거부하시지 않을 것입니다. 하나님이 영원토록 우리 기도에 응답하시지 않고 침묵을 지키신다면 얼마나 두렵겠습니까?

“주께서 내게 잠잠하시면 내가 무덤에 내려가는 자와 같을까 하나이다.”

기도에 응답하시는 하나님을 빼앗긴다면 우리는 죽 어 무덤에 누운 자들보다 더 불행할 것입니다. 우리는 곧 지옥에 있는 버림받은 자들과 똑같은 처지로 전락할 것입니다. 우리는 절박한 처지에 있으므로 반드시 기도의 응답을 받아야 합니다. 하나님은 분명히 우리의 동요하는 마음에 응답하시어 평화를 주실 것입니다. 하나님은 절대 사랑하는 자녀들을 멸망하도록 버려두지 않으실 것입니다.

그 흉하고 파리한 소가 그 아름답고 살진 일곱 소를 먹은지라 바로가 곧 깨었다가(창 41:4).

바로가 꾸었던 꿈은 종종 내가 겪는 체험이 되기도 합니다. 나태하게 보낸 시절은 열심히 일하던 때 이루어 놓은 것을 파괴했습니다. 나의 냉담한 시절은 내 열심의 시절의 것을 얼렸습니다.

내 변덕스러운 세속성은 이제까지 내가 도달한 영적인 생활로부터 떨어뜨리고 말았습니다. 나는 빈약한 기도와 찬양과 빈약한 근행(勤行)은 나의 살진 위로와 평화를 먹어치웠습니다. 내가 지극히 짧은 순간이라도 기도를 소홀히 하면 지금까지 얻은 모든 영성을 잃게 됩니다. 내가 하늘나라로부터 신선한 양식을 얻어내지 못한다면, 내 영혼의 기근 때문에 창고에 모아 두었던 곡식은 곧 소진될 것입니다.

무관심이라는 유충, 세속성이라는 자벌레, 방종이라는 해충은 내 심령을 완전히 황폐하게 만들고 내 영혼을 쇠약하게 만듭니다. 그리하여 이전에 내가 은혜 안에서 성장하여 열매를 맺었던 것들이 아무 소용이 없게 됩니다.

흉악한 시간이나 파리한 하루를 보내지 않기를 갈망해야만 합니다. 날마다 소원하는 목표를 향해 나아간다면 곧 그곳에 도착하게 될 것입니다. 그러나 배교하는 일은 나를 거룩한 부르심의 상으로부터 멀리 떨어지게 하며, 이제까지 수고하며 이룬 진보를 빼앗아갑니다.

내 모든 날이 "살진 소"처럼 되는 길은 그것들을 좋은 목초지에서 먹이며, 주님과 함께 주님을 섬기면서 주님을 경외하며, 주님의 방법으로 생활하는 것입니다. 그리하면 해가 갈수록 사랑과 유익과 기쁨이 풍성하게 될 것입니다.

나는 거룩한 산에 더욱 가까이 가며, 내 주님을 더 많이 체험하며, 더욱 주님을 닮아야 합니다.

**주님, 내 영혼이 파리해지지 않도록 내게서 지주를 멀리하여 주소서.
나로 하여금 "화로다. 내 빈약하고 파리함이여"라고 외치지 않게 하시며,
당신의 집에서 잘 먹고 영양을 취하여 당신의 성호를 찬양하게 하소서.**

참으면 또한 함께 왕 노릇 할 것이요 우리가 주를 부인하면 주도 우리를 부인하실 것이라(딤후 2:12).

그리스도 안에 거하지 않는 사람은 그리스도와 함께 그리스도를 위해 고난이 닥친다고 생각할 수 없습니다. 오직 예수만 의뢰하고 있습니까? 그렇지 않다면 이 세상에서 어떤 일로 슬퍼하든지 그것은 그리스도와 함께 고난 당하는 것이 아닙니다. 그런 고난은 하늘나라에서 그리스도와 함께 다스릴 것이라는 소망을 주지 않습니다. 기독교인이 겪는 고난이 모두 그리스도와 함께 당하는 고난이라고 할 수는 없습니다.

기독교인은 본질적으로 하나님의 부름을 받아 고난을 받아야 합니다. 우리가 경솔하고 무분별하게 행하며, 하나님의 섭리나 은혜에 의해 예비된 것이 아닌 위치로 간다면, 자신이 예수와 교제하는 것이 아니라 범죄하는 것이 아닌지 질문해 보아야 합니다. 만일 우리가 판단력 대신에 감정적으로 행하며, 성경의 권위 대신에 이기심으로 다스리게 한다면, 마귀의 무기를 가지고 주님의 전쟁을 하는 꼴이 됩니다. 그러므로 싸우다가 상처를 입어도 그다지 놀랄 일이 아닙니다.

죄의 결과로 환난이 임할 때 그리스도와 함께 고난당한다고 생각해서는 안 됩니다. 하나님이 인정하시고 받아주시는 고난은 하나님의 영광을 목표로 삼아야 합니다. 명성이나 칭찬을 얻기 위해 고난 당한다면 바리새인의 상급밖에 받지 못할 것입니다. 예수님과 형제자매를 향한 사랑에서 우러나 참고 고난 당해야 합니다. 온유하고 자비하고 용서하시는 그리스도의 성품을 나타내야 합니다.

진실로 그리스도와 함께 고난을 받고 있는지 성찰해 봅시다. 고난은 장차 주님과 함께 다스린 영광에 비할 수 없습니다. 그리스도와 함께 풀무불에 들어가며, 조롱과 능욕을 받는 것이야말로 큰 영광이요 축복입니다. 비록 장래의 상급이 없다 해도 스스로 행복하다고 여길 것입니다. 우리가 기대하는 것보다 무한히 큰 상급을 받게 될 일을 생각할 때, 어찌 십자가를 지고 가지 않으리오?

그들을 진리로 거룩하게 하옵소서 아버지의 말씀은 진리니이다(요 17:17).

성화는 중생에서 시작됩니다. 하나님의 영은 인간에게 그리스도 안에서 “새로운 피조물”이 되는 새 삶의 원리를 주십니다. 이 사역은 신생에서 시작되는바, 두 가지 방법으로 이루어집니다.

첫째는 육체의 정욕을 정복하고 억제하는 금욕고행이요, 둘째는 하나님이 우리 안에서 영생으로 솟아나는 생명의 샘이 되게 하신 생명을 생동하게 하는 것입니다. 성화는 “견인”이라는 덕에 의해 수행되는데, 신자는 은혜의 상태로 보존되고 존속하며, 선한 행위를 풍성하게 하여 하나님을 찬양하고 영광을 돌리게 됩니다. 그리고 그것은 완전히 정결하게 된 영혼이 높은 곳에 계신 하나님의 우편에서 거룩한 분들과 함께 거하게 될 때, “영광” 중에 완전함에 이릅니다. 이처럼 성화를 이루시는 분은 하나님의 영이지만, 우리가 잊어서는 안 될 분명한 동인(動因)이 있습니다. 주님은 “그들을 진리로 거룩하게 하옵소서 아버지의 말씀은 진리니이다”(요 17:17)라고 말씀하셨습니다.

하나님의 말씀이 성화의 도구임을 증명해주는 말씀이 많습니다. 하나님의 영은 우리 마음에 진리의 교훈과 교리를 가져와서 능력으로 그것을 적용합니다. 우리가 이것을 귀로 듣고 마음으로 받아들이게 되면, 그것들은 우리 안에서 하나님이 기뻐하시는 일을 하기를 원하게 하며 실제로 그렇게 하도록 합니다. 진리는 성화를 이루는 동인입니다. 우리가 진리를 듣거나 읽지 않는다면 성화되지 못합니다. 우리의 건전한 이해력이 향상함에 따라서 우리의 건전한 생활도 발전해 나갑니다.

“주의 말씀은 내 발에 등이요 내 길에 빛이니이다”(시 119:105).

자신의 잘못에 대해서 “단순히 견해의 차이”라고 말하지 마십시오. 잘못된 판단에 빠진 사람은 조만간 정말로 잘못을 범합니다. 진리를 굳게 붙드십시오. 그러면 하나님의 영은 우리를 성화 되게 하실 것입니다.

여호와의 산에 오를 자가 누구며 그의 거룩한 곳에 설 자가 누구인가 곧 손이 깨끗하며 마음이 청결하며 뜻을 허탄한 데에 두지 아니하며 거짓 맹세하지 아니하는 자로다(시 24:3-4).

은혜를 받은 사람은 외모도 거룩해집니다. 칭의의 교리를 왜곡시켜 선행을 경멸하는 사람은 심판날에 영원한 멸시를 받게 될 것입니다. 우리의 손이 깨끗하지 못하면 예수의 보혈로 씻어 정결한 손을 하나님께 들어 올립시다. 그러나 청결한 마음으로 이어지지 않은 청결한 손만으로는 충분하지 못합니다.

참된 경건은 마음의 역사입니다. 우리의 잔과 그릇의 표면은 깨끗하지만, 내면이 더럽다면 하나님이 보시기에 더러운 존재입니다. 우리 존재의 생명은 내적 본질에 있으며, 그것이 마음이 청결해야 하는 이유입니다. 마음이 청결한 자가 하나님을 볼 것입니다. 그렇지 못한 사람은 소경입니다.

하늘나라의 시민으로 탄생한 사람은 "뜻을 허탄한 데에 두지 아니합니다." 사람들은 모두 자기 영혼을 지탱해주는 기쁨을 가지고 있습니다. 불신자들은 헛되고 무익한 육체의 기쁨으로 영혼을 지탱합니다. 그러나 성도들은 여호와의 도를 즐거워합니다. 찌꺼기를 먹는 데 만족하는 사람은 돼지와 함께 거하게 될 것입니다.

세상에서 만족을 누리고 있습니까? 그렇다면 이미 세상에서 상급을 받았으니 그것을 최대한도로 이용하십시오. 당신은 그 외에 다른 기쁨을 알지 못하게 될 것입니다. 신자들의 한 마디는 다른 사람의 스무 마디 말보다 더 선합니다. 거짓말을 하는 사람은 하늘나라에 들어가지 못합니다.

오늘 밤, 이 말씀을 듣고 양심이 가책을 느끼며 여호와의 산에 오르기를 원합니까?

로마에서 하나님의 사랑하심을 받고 성도로 부르심을 받은 모든 자에게 하나님 우리 아버지와 주 예수 그리스도로부터 은혜와 평강이 있기를 원하노라(롬 1:7).

우리는 사도들은 다른 하나님의 자녀들보다는 더 특별한 성도인 듯이 여기기 쉽습니다. 하나님이 은혜로 부르셨으며 하나님의 성령에 의해 성화된 사람은 모두 "성도"입니다. 그런데도 사도들은 우리와 동일한 연약함이나 유혹에 굴복하지 않는 특별한 사람으로 간주합니다. 우리가 하나님과 가까이 생활할수록 그만큼 더 자신의 악한 심령으로 인해 애통하며, 주님이 주님을 섬기는 영광을 주시면 주실수록 악한 육체는 날마다 괴롭히고 귀찮게 합니다.

우리가 사도 바울을 보았다면 그가 택한 다른 백성들과 너무나 비슷하다고 생각할 것입니다. 또 그와 이야기를 해보았다면 "그의 체험과 우리의 체험은 너무나 닮았습니다. 그는 우리보다 훨씬 신실하고 거룩하고 더 많은 가르침을 받았지만, 우리와 똑같은 시련을 겪습니다. 어떤 면에서는 우리보다 더 아픈 시련을 겪습니다"라고 말할 것입니다.

그러므로 옛 성도들이 연약함이나 죄와 무관했다고 생각하지 마십시오. 또한 그들을 지나치게 존경하여 우상숭배자와같이 되지 않도록 하십시오. 우리도 그들처럼 거룩해질 수 있습니다. 우리는 그들을 강권하여 고귀한 소명을 맡기신 것과 같은 음성에 의해 성도로 부르심을 입었습니다. 신자는 더욱 자신의 길을 재촉하여 성도들 가운데로 나아가야 합니다. 이 성도들이 얻은 것이 우리보다 우월하다면 그들의 열심과 거룩함을 모방합시다. 우리는 그들과 똑같은 빛을 소유하고 있고, 똑같은 은혜에 접근할 수 있습니다. 우리의 거룩한 성품이 그들에 필적할 만큼 되기까지 만족해서는 안 됩니다.

그들은 예수님과 함께, 예수님을 위하여 살았으며, 예수님처럼 되었습니다. 우리도 같은 영에 의해 그들처럼 "예수님을 바라보며" 살아갑시다. 그러면 곧 성도의 지위가 분명해질 것입니다.

너희는 여호와를 영원히 신뢰하라 주 여호와는 영원한 반석이심이로다 (사 26:4).

우리에게는 의뢰할 하나님이 있으니, 그분을 의지합시다. 불신앙을 몰아내며, 우리의 위로를 해치는 의심과 두려움을 제거합시다. 하나님이 우리의 의뢰할 기초가 되므로 우리는 두려워할 필요가 없습니다. 사랑하는 자녀가 부모를 신뢰하지 않을 때 그 부모는 크게 슬퍼합니다. 지금껏 우리의 기대를 저버리지 아니하셨으며 앞으로도 저버리지 아니할 하늘 아버지를 신뢰하지 않는 것은 매우 인색하고 몰인정한 행위가 아닐 수 없습니다.

하나님의 가족들은 의심을 추방해야 합니다. 그러나 오늘날에도 과거 시편 기자가 "그의 인자하심은 영원히 끝났는가, 그의 약속하심도 영구히 폐하였는가"(시 77:8)라고 물었던 것과 같은 불신앙이 퍼져 있습니다. 우리는 유혹을 받아도 의심하지 말고 하나님을 찬양해야 합니다. 하늘이나 땅에서도 하나님 같으신 분은 없습니다. 거룩하신 하나님은 "그런즉 너희가 나를 누구에게 비교하여 나를 그와 동등하게 하겠느냐"(사 40:25)라고 말씀하셨습니다.

야곱의 바위와 같은 바위는 없습니다. 원수들도 이것을 알고 있습니다. 우리는 마음에 의심이 자리 잡는 것을 허락하지 말며, 엘리야가 바알의 선지자들을 모두 붙잡아 기손 시내에서 죽인 것처럼 우리도 모든 혐오할 것을 붙잡아 구세주의 상하신 옆구리에서 솟아 나는 거룩한 샘에서 죽여야 합니다.

우리는 많은 실연을 당했지만, 그때마다 우리에게 필요한 모든 것을 하나님 안에서 발견할 수 있었습니다. 그러므로 앞으로도 하나님의 영원하신 능력이 우리의 도움이요, 요새가 되실 이라는 확신 속에서 힘을 얻고 영원토록 주님을 의뢰합시다.

오직 내 말을 듣는 자는 평안히 살며 재앙의 두려움이 없이 안전하리라 (잠 1:33).

하나님의 사랑은 심판의 한가운데서 빛날 때 더욱 두드러져 보입니다. 먹구름 사이로 빛나는 외로운 별은 아름답습니다. 거친 사막의 오아시스는 무척 선명합니다. 그러므로 진노의 한복판에서 맛보는 사랑은 더욱 아름답고 선명한 법입니다.

이스라엘 백성들이 우상숭배로 지존자를 진노하게 했을 때 하나님은 이슬과 비를 거두어들임으로써 벌하셨습니다. 그리하여 땅에는 극심한 기근이 임하였습니다. 그러나 하나님은 이렇게 벌하시는 중에도 당신의 선민을 돌보셨습니다. 모든 시냇물이 말라도 엘리야를 위한 하나의 시냇물은 남겨 두셨으며, 그것마저 마를 때 하나님이 그를 위한 생명의 처소를 보존해 주셨습니다. 그뿐만 아닙니다. 하나님에게는 오십 명씩이나 굴에 숨어 있는 선택된 남은 자들이 있었습니다. 온 나라에 기근이 들었을 때 하나님을 경외하는 청지기 오바댜는 아합의 식탁에서 음식을 가져다가 동굴에 있는 남은 자들에게 주었습니다.

우리는 이 사실로 어떤 일이 닥쳐도 하나님의 백성들은 안전하다는 것을 알 수 있습니다. 지진이 나고 하늘이 둘로 갈라지고, 온 세상이 멸망하여도 믿는 자는 안식의 때와 마찬가지로 안전합니다.

하나님은 백성들을 이 세상에서 구원할 수 없다면 하늘나라에서 구원하십니다. 이 세상에 너무나 뜨거워 그들을 붙들지 못한다면 하늘나라에서 그들을 영접하게 해줄 것입니다. 그러므로 전쟁이 일어났다 해도 안연(安然)하십시오. 이 세상에 어떤 일이 임한다 해도 여호와의 날개 아래 있는 자는 안전할 것입니다.

여호와의 약속 위에 서며, 여호와의 신실하심 안에서 안식하며, 어두운 장래에 도전하십시오. 비록 암울해 보이지만, 우리의 장래에는 두려움은 없습니다. 우리는 지혜의 음성을 듣는 축복을 이 세상에 설명하는 일에만 관심을 두어야 합니다.

나의 죄악이 얼마나 많으니이까 나의 허물과 죄를 내게 알게 하옵소서 (욥 13:23).

하나님 백성의 죄가 얼마나 큰지 생각해 본 일이 있습니까? 우리의 심각한 죄를 생각해 보십시오. 지극히 성화된 하나님 자녀의 일생에도 많은 죄가 있습니다. 한 성도의 죄에다가 구속함을 받은 자의 수를 곱해보십시오. 그러면 예수께서 얼마나 많은 죄악을 대신하여 보혈을 흘리셨는지 어렴풋이나마 상상할 수 있을 것입니다. 우리는 죄를 대속하기 위해 제공하신 위대한 치료책에 의해서 죄의 크기를 잘 파악할 수 있습니다. 하나님의 사랑하는 독생자 예수 그리스도의 피가 치료제였습니다.

하나님의 아들. 천사들은 그 앞에서 면류관을 벗습니다. 그의 영화로우신 보좌는 하늘나라의 합창대가 에워싸고 있습니다. 그는 " 만물 위에 계셔서 세세에 찬양을 받으실 하나님이시니라"(롬 9:5). 그런데도 그는 종의 형체를 취하셨으며, 채찍에 맞으시고 창에 찔리시고 십자가에 달리셨습니다.

우리의 죄는 성육하신 하나님 아들의 피만이 대속할 수 있었습니다. 인간의 지혜로는 거룩하신 희생제물의 무한한 가치를 짐작조차 하지 못합니다. 하나님 백성들의 죄가 큰 만큼 그 죄를 제거한 대속은 측량할 수 없이 큰 것입니다. 그러므로 믿는 자는 죄가 홍수처럼 밀려오며 과거를 기억할 때 마음이 쓰리고 아파도, 위대하시고 거룩하신 하나님의 보좌 앞에 서서 "누가 정죄하리요 죽으실 뿐 아니라 다시 살아나신 이는 그리스도 예수시니 그는 하나님 우편에 계신 자요. 우리를 위하여 간구하시는 자시니라"(롬 8:34)라고 외칠 수 있습니다.

자기의 죄를 기억하고 애통하며 부끄러워하는 사람은 그것을 사용하여 하나님의 자비를 나타낼 수 있습니다. 죄악의 밤이 깊을 때 거룩하신 사랑의 별은 찬란하게 빛납니다.

형제들아 우리를 위하여 기도하라(살전 5:25).

우리도 사도 바울처럼 신자들에게 간절히 요청합니다. 복음의 사역자들에게는 막중한 책임이 있습니다. 그들은 그리스도의 군대의 장교들이기 때문에 특별히 사람들과 마귀의 증오의 대상이 됩니다.

그들의 거룩한 소명에는 우리에게는 닥치지 않는 시험이 있습니다. 무엇보다도 그것은 그들로 하여금 개인적으로 진리를 즐기는 일에서 끌어내어 목회자로서 사무적으로 진리를 생각하게 만듭니다. 그들은 참으로 슬픈 배교 행위를 목격해야 하므로 마음에 상처를 받습니다. 많은 영혼이 멸망하는 것을 볼 때 그들의 영은 기운을 잃습니다. 그들은 자신의 복음 전파로부터 이익을 얻기를 원합니다. 그들은 우리의 자녀들에게 축복이 되기를 갈망합니다. 그들은 성도들과 죄인들 모두에게 유익한 사람이 되기를 간절히 원합니다.

사랑하는 친구들이여, 목회 사역을 하는 자들을 위해 기도합시다. 우리는 그들에게서 영적인 축복을 구하지 않고 주님에게서 구합니다. 그러나 주님이 자기의 사역자들을 통해서 축복을 주는 일이 얼마나 많겠습니까? 그러므로 그들이 주님이 복음의 보화를 넣어두실 토기가 될 수 있게 해달라고 기도하고 또 기도합시다. 모든 선교사, 목회자, 교사, 학생들이 예수님의 이름으로 간구합니다.

"형제들이여, 우리를 위해 기도해 주십시오."

내가 네 곁으로 지나갈 때에 네가 피투성이가 되어 발짓하는 것을 보고 네게 이르기를 너는 피투성이라도 살아 있으라 다시 이르기를 너는 피투성이라도 살아 있으라 하고(겔 16:6).

구원받은 자여, 이 자비하신 말씀을 감사함으로 묵상하며, 이 장엄하신 하나님의 명령에 유의하십시오. 본문의 말씀에는 죄밖에 지닌 것이 없고 진노밖에 기대할 것이 없는 죄인이 등장합니다. 영원하신 하나님은 영광중에 지나가시다가 그를 보시고 멈추어 서서 "살아 있으라"고 말씀하십니다. 이 명령은 복합적인 명령입니다. "살아 있으라"는 말에는 여러 가지 뜻이 포함되어 있습니다. 그 죄인은 정죄 받아야 할 사람이었습니다. 그러나 강하신 하나님이 "살아 있으라"고 말씀하셨으므로 그는 모든 죄의 사함을 받고 일어섭니다.

이 명령은 영적 생명을 의미합니다. 우리는 예수를 알지 못했습니다. 우리의 눈은 그리스도를 보지 못했고, 우리의 귀는 그리스도의 음성을 듣지 못했습니다. 그러나 여호와께서 "살아 있으라"고 말씀하셨으므로 죄 가운데 죽었던 우리는 소생하였습니다. 이 명령은 신령한 생활의 완성인 영광스러운 생활을 포함합니다. "내가 네게 이르기를… 살아 있으라"는 말씀은 죽음이 임할 때까지 평생 지속됩니다. 사망의 그늘 속에서도 "살아 있으라"는 주님의 음성이 들려옵니다. 부활의 아침에도 천사장의 "살아있으라"는 음성의 메아리가 들려옵니다. 구속함을 받은 영들이 부활하여 하늘나라의 영광 속에서 영원토록 복을 받는 것은 "살아 있으라"는 말씀의 능력에 의한 것이 그것은 거역할 수 없는 명령입니다. 하나님의 성도들을 체포하려고 다메섹으로 가던 다소의 사울은 하늘로부터 음성이 들려오고 태양 빛보다 더 밝은 빛이 그를 비추었으므로 "주여 누구시니이까"(행 9:5)라고 외쳤습니다.

이 명령은 값없이 주는 은혜의 명령입니다. 죄인들이 구원을 받는 것은 하나님이 값없이 주시는 은혜를 크게 나타내기 위해서 행하시는 일입니다. 믿는 자여, 우리는 은혜에 빚진 자임을 알며. 열심히 그리스도를 닮은 생활을 함으로써 감사함을 나타냅시다.

들릴라가 삼손에게 말하되 청하건대 당신의 큰 힘이 무엇으로 말미암아 생기며 어떻게 하면 능히 당신을 결박하여 굴복하게 할 수 있을는지 내게 말하라 하니(삿 16:6).

믿음의 능력의 비밀은 어디에 있습니까? 그것은 믿음이 먹고 사는 음식에 있습니다. 믿음은 약속이 무엇인지를 연구합니다. 약속은 하나님 은혜의 발로요, 위대한 하나님의 넘쳐흐르는 마음입니다.

믿음은 "내 하나님은 사랑이 많으시며 은혜로우시므로 이 약속을 주셨습니다. 그러므로 나는 하나님의 말씀이 이루어질 것이라고 확신한다"라고 말합니다. 또 믿음은 "이 약속의 창시자는 누구인가?"를 생각합니다. 그것은 결코 거짓말을 하시지 않는 하나님, 전능하시고 불변하시는 하나님이 하신 약속입니다. 그러므로 믿음은 약속이 반드시 성취될 것이라고 결론을 내립니다. 믿음은 하나님이 약속을 우리에게 주신 이유가 하나님의 영광 때문인 것을 기억합니다.

하나님은 결코 자신의 성품을 더럽히거나 면류관의 광채를 해치지 않으실 것입니다. 그러므로 약속은 반드시 지속되어야 하며, 지속될 것입니다. 또 그리스도의 놀라운 사역이 자신의 말씀을 이루시려는 아버지의 뜻을 나타내주는 증거라고 생각합니다.

"자기 아들을 아끼지 아니하시고 우리 모든 사람을 위하여 내주신 이가 어찌 그 아들과 함께 모든 것을 우리에게 주시지 아니하겠느냐"(롬 8:32).

믿음은 과거를 돌아보며 하나님이 결코 자신의 기대를 버리지 않으셨음을 기억합니다. 믿음은 큰 위험을 만났을 때 구원이 임한 일, 무섭도록 곤궁한 때 능력을 발견했던 시기를 생각합니다.

그리하여 "주님이 지금까지 나를 도와주셨으며 장래에도 도와주실 것이로다"라고 외칩니다. 믿음은 확신을 가지고 "내 평생에 선하심과 인자하심이 반드시 나를 따르리니"(시 23:6)라고 노래하게 합니다.

주의 진리로 나를 지도하시고 교훈하소서 주는 내 구원의 하나님이시니 내가 종일 주를 기다리나이다(시 25:5).

처음 하나님의 길을 걷기 시작한 성도는 두려워 떨리는 걸음으로 걷습니다. 그는 부모가 어린 자녀의 손을 붙잡고 걸음마를 가르치듯이 하나님이 자기를 인도해주시기를 요청합니다. 그는 진리의 알파벳을 더 많이 가르쳐 주시기를 간절히 원합니다.

오늘 밤 본문은 우리가 하나님의 일을 가르쳐 달라고 기도해야 한다고 알려주고 있습니다.

다윗은 하나님의 일을 많이 알고 있었으면서 스스로 무지함을 인식하였습니다. 그는 하나님의 학교에 다니기를 원하여 네 번이나 은혜의 학교에서 가르침을 받기를 구했습니다. 신자들은 자신의 방법을 따르거나 스스로 계획한 사고의 길을 걷지 말고 선하신 하나님의 진리의 도를 구해야 합니다. 성령께서 그들에게 성화된 지혜와 가르침을 받아들이는 정신을 주시기를 구해야 합니다.

"주는 내 구원의 하나님이시니." 여호와는 구원의 창시자요 완전케 하시는 분입니다. 하나님은 구원의 하나님이십니까? 우리는 아버지의 자비하심, 성자의 대속하심과 성령의 소생케 하심 속에서 영원한 소망의 근거를 발견합니까? 하나님이 우리를 구원하기로 하셨다면 하나님의 길을 가르치시기를 거부하시지 않습니다. 다윗과 같은 확신을 두고 하나님께 말씀드릴 수 있습니다. 그것은 우리가 기도할 때 큰 능력을 주며, 시련 당할 때 위로를 줍니다.

"내가 종일 주를 기다리나이다." 인내는 믿음에서 탄생한 예쁜 딸입니다. 우리는 기다림이 헛되지 않을 것이라고 확신할 때 기쁜 마음으로 기다립니다. 평생 하나님을 섬기고 예배하고 기대하고 의뢰하며 하나님을 기다리는 것은 의무이자 특권입니다. 참믿음이 있다면 계속되는 환난에도 굴복하지 않고 견딜 것입니다. 과거 하나님이 얼마나 오래, 얼마나 관대하게 우리를 기다리셨는지 기억한다면, 우리는 하나님을 기다리는 데 지치지 않을 것입니다.

내 영혼아 여호와를 송축하며 그의 모든 은택을 잊지 말지어다(시 103:2).

옛 성도들의 생활 속에서 작용하신 하나님의 손길, 그들을 구원하신 하나님의 선하심, 그들과 맺은 언약을 지키신 신실하심을 관찰하는 것은 기쁜 일입니다. 그러나 우리 자신의 생활에서 하나님의 손길을 찾아보는 것은 더욱 흥미로운 일입니다.

하나님은 초대 시대의 성도들을 위해서는 놀라운 일을 행하셨지만, 지금 이 세상을 사는 성도들을 위해서는 이적을 행하시지 않는다고 생각하는 것은 매우 부당합니다.

우리 자신의 생활을 자세히 검토해봅시다. 분명히 우리의 기운을 북돋아 주시고 하나님께 영광이 되는 행복한 사건을 발견할 것입니다.

한 번도 고난 중에서 구원을 받은 적이 없습니까? 당신은 하나님의 임재의 도움을 받아 강을 건넌 일이 없습니까? 불 사이로 아무 상처도 입지 않고 걸어 보았습니까? 하나님으로부터 온 현시를 받지 못했습니까? 뛰어난 은총을 받지 못했습니까? 하나님이 한 번도 기도를 들으시고 응답해 주시지 않았습니까?

하나님은 옛 성도들에게 행하신 것과 마찬가지로 우리에게도 선을 베푸십니다. 우리는 하나님의 자비하심을 찬양하며 노래합시다.

우리의 영혼으로 다윗의 수금에서 흘러나온 것처럼 아름답고 상쾌한 곡을 연주하며 영원히 지속되는 자비를 베푸시는 주님을 찬양합시다.

빛이 하나님이 보시기에 좋았더라 하나님이 빛과 어둠을 나누사(창 1:4).

신자의 내면에는 두 가지 원리가 작용하고 있습니다. 본능적인 상태에 있었을 때 그는 어두움의 원리에 예속되어 있었습니다. 그러나 이제 빛이 그의 내면에 들어왔으므로 이 두 가지 원리가 서로 싸우고 있습니다. 사도 바울은 이것을 다음과 같이 묘사했습니다:

"그러므로 내가 한 법을 깨달았노니 곧 선을 행하기 원하는 나에게 악이 함께 있는 것이로다 내 속사람으로는 하나님의 법을 즐거워하되 내 지체 속에서 한 다른 법이 내 마음의 법과 싸워 내 지체 속에 있는 죄의 법으로 나를 사로잡는 것을 보는도다"(롬 7:21-23).

이런 사태는 어떻게 생겼습니까? 하나님이 빛과 어두움을 나누셨기 때문입니다. 어두움이 홀로 있을 때 우리 마음은 고요하고 조용합니다. 그러나 하나님이 우리 마음 빛을 들여보내시면 싸움이 일어납니다. 빛과 어두움은 서로를 대적하기 때문입니다. 그 싸움은 신자가 하나님 안에서 완전히 빛이 될 때까지 그치지 않고 계속됩니다. 신자들의 내면에 빛과 어두움의 구분이 있다면 표면에도 구분이 있습니다. 주님이 사람에게 빛을 주시면 그는 자신을 주위의 어두움에서 분리하기 시작합니다. 그는 표면적 의식에만 그치는 세속적 신앙에서 탈피합니다. 이제 그는 그리스도의 복음이 아닌 것으로는 만족하지 못합니다. 그는 세속적인 교제, 보잘것없는 오락을 멀리하며 성도들과의 교제를 구합니다.

우리는 하나님이 나누신 것을 결합하려 해서는 안 됩니다. 그리스도께서 자기의 능욕을 지시고 영문 밖으로 나가셨듯이 우리도 경건치 못한 자들에게서 나와 특별한 사람이 됩시다. 그리스도는 거룩하시고 해가 없으시며 더러움이 없으시며 죄가 없으셨습니다.

그러므로 우리도 주를 닮음으로 다른 사람으로부터 분리하도록 합시다.

그러므로 이제부터 너희는 외인도 아니요 나그네도 아니요 오직 성도들과 동일한 시민이요 하나님의 권속이라(엡 2:19).

우리가 하늘나라의 시민이 된다는 것은 무엇을 의미합니까? 그것은 우리가 하늘나라의 통치 아래에 있다는 의미입니다. 하늘나라의 임금이신 그리스도께서 우리의 심령을 다스리십니다. 우리는 날마다 "뜻이 하늘에서 이루어진 것 같이 땅에서도 이루어지이다"(마 6:10)라고 기도합니다. 우리는 영광 보좌에서 선포하신 것들을 아낌없이 받아들입니다. 우리는 위대하신 왕의 명령에 기쁜 마음으로 순종합니다. 그리하면 새 예루살렘의 시민으로서 하늘나라의 영광에 동참하게 됩니다.

아름답게 변화된 성도들의 영광은 우리의 것이기도 합니다. 왜냐하면 우리는 이미 하나님의 아들들이기 때문입니다. 이미 그리스도는 우리의 형제요, 하나님은 우리의 아버지시요, 불멸의 면류관이 우리의 상급입니다. 우리는 하늘나라 시민으로 영광에 동참합니다. 우리는 모든 하늘나라의 재산에 대한 소유권을 가집니다. 또한 하늘나라의 시민이므로 하늘나라의 즐거움을 누립니다.

하늘나라의 시민들은 죄인이 회개할 때, 즉 탕자가 돌아오는 것을 보고 기뻐하며, 우리도 역시 그렇게 행합니다. 하늘나라에서는 승리의 은혜를 찬송합니까? 우리도 그렇게 합니다. 하늘나라의 시민들은 주님의 발 앞에 자기의 면류관을 바칩니까? 우리도 그곳에 우리의 영광을 바칩니다. 그들은 주님의 미소에 매료되었습니까? 이 세상에 사는 우리에게도 주님의 미소는 대단히 감미롭게 느껴집니다. 그들은 주님의 재림을 고대하고 있습니까? 우리도 역시 주님의 나타나심을 바라고 기대합니다.

우리는 하늘나라 시민이므로 이 고귀한 지위에 어울리는 행동을 해야 합니다.

하나님이 빛을 낮이라 부르시고 어둠을 밤이라 부르시니라 저녁이 되고 아침이 되니 이는 첫째 날이니라(창 1:5).

저녁은 어두움이요 아침은 빛입니다. 그러나 이 두 가지가 합하면 빛에만 주어지는 이름, 즉 하루라는 이름으로 불립니다. 신령한 체험에도 이것과 똑같은 일이 일어납니다. 신자에게는 빛과 어두움이 있습니다. 그러나 그에게 죄가 있다고 해서 죄인이라고 하지 않습니다. 그는 비록 조금이지만 거룩함을 소유하므로 성도라고 합니다. 이것은 "내 안에 많은 어두움이 있는데 내가 하나님의 자녀가 될 수 있을까"라고 묻는 사람들에게 큰 위로가 되는 사상입니다.

그렇습니다. 저녁이 아니라 아침을 기준으로 당신의 이름을 취합니다. 하나님의 말씀은 장차 완전히 거룩하게 될 당신이기에 지금도 거룩하다고 하십니다. 내면에는 아직도 어두움이 있지만, 당신은 빛의 자녀라 불립니다. 하나님이 보시기에 장차 당신을 지배할 유일한 원리가 될 주도적 자질에 따라 이름을 취하게 됩니다.

이 말씀에서 저녁이 먼저 언급되었음에 유의하십시오. 본질적으로 우리는 먼저 어두움 안에 있었습니다. 우리가 근심할 때 때로는 우울함이 먼저 등장하여 우리가 겸손하게 "하나님이여, 나는 죄인이오니 긍휼히 여기소서"라고 외치게 만듭니다. 두 번째로 등장하는 것이 아침입니다. 은혜가 죄를 이기고 아침이 밝아옵니다.

존 번연은 "마지막에 오는 것이 영원히 지속된다"라고 했습니다. 먼저 된 것은 때가 되면 마지막 것 뒤에 오는 것은 없습니다. 비록 본질로 어두움이라도 주 안에서 빛이 되었으므로 다시는 저녁이 오지 않습니다.

"네 해가 지지 아니하며"(사 60:20).

세상에서의 첫째 날은 저녁과 아침입니다. 그러나 우리가 하나님과 함께 영원토록 거하게 될 둘째 날은 저녁이 없이 거룩하고 영원히 정오만 계속되는 하루가 될 것입니다.

모든 은혜의 하나님 곧 그리스도 안에서 너희를 부르사 자기의 영원한 영광에 들어가게 하신 이가 잠깐 고난을 당한 너희를 친히 온전하게 하시며 굳건하게 하시며 강하게 하시며 터를 견고하게 하시리라(벧전 5:10).

비가 온 후에 하늘에 걸린 무지개를 본 적이 있을 것입니다. 그것은 아름답지만, 곧 사라집니다. 그 아름다운 색깔들이 양털 같은 구름에 밀려 사라지면 하늘에는 하늘나라의 색조가 빛나지 못하게 됩니다. 그것은 굳게 터를 잡지 못합니다. 덧없는 햇빛과 지나가는 물방울로 이루어진 멋진 장면이 어찌 존속할 수 있습니까? 신자들의 성품은 아름답지만, 무상(無常)한 무지개를 닮아서는 안 됩니다.

믿는 자여, 우리가 소유하고 있는 모든 선한 것들이 온전하고 굳고 강하고 확고하게 되기를 구하십시오. 당신의 성품이 모래 위에 기록되지 않고 반석 위에 새겨지도록 하십시오. 사랑 안에서 뿌리가 박히고 사랑 안에 세워지게 하십시오. 우리의 모든 생활이 견고하게 되어 지옥의 돌풍이나 세상의 모든 폭풍우에도 흔들리지 않게 하십시오.

믿음 안에서 굳게 되는 이 복된 방법에 주목하십시오. 베드로는 “잠깐 고난을 당한 너희”라고 말함으로써 그 수단이 고난임을 지적해 줍니다. 거센 바람을 겪지 않은 채 자기 신앙의 뿌리가 든든해지기를 바라는 것은 소용없는 일입니다.

시련의 폭풍이 불어와도 조금도 움츠리지 마십시오. 하나님이 거친 훈련을 통해서 이러한 은혜를 베풀어 주심을 믿고 위로를 받으십시오.

너희는 이 일을 너희 자녀에게 말하고 너희 자녀는 자기 자녀에게 말하고 그 자녀는 후세에 말할 것이니라(욜 1:3).

은혜로운 하나님은 이 말씀에 기록된 것과 같이 단순한 방법으로 진리에 대한 살아있는 증언을 지속시켰습니다. 여호와의 백성들은 복음에 대한 자신의 증언을 자손에게 전해주어야 하며, 그 자손은 또 다음 후손에게 진리를 전해야 합니다. 이것은 우리의 으뜸가는 의무입니다.

자기 가정에서부터 사역을 시작하지 않는 전도자는 옳지 못한 전도자입니다. 어떤 수단을 써서라도 이교도에게 증언해야 하지만 그보다는 가정이 우선해야 합니다. 이처럼 하나님이 정하신 순서를 역행하는 사람에게는 화가 있습니다.

자녀들을 가르치는 것은 우리의 의무이며 그 일을 교회학교 교사나 목사에게 위임할 수 없습니다. 그들이 우리를 도울 수는 있지만, 우리에게서 거룩한 책임을 면하게 해주지는 못합니다. 부모들은 아브라함처럼 하나님을 경외하면서 가족을 가르치고, 지극히 높으신 하나님이 행하신 놀라운 일에 대해 자손들과 이야기해야 합니다.

부모로서 가르치는 것은 본연의 의무입니다. 낳아준 부모만큼 자녀들의 영적 행복을 돌볼 자격이 있는 사람이 어디 있겠습니까? 우리가 자녀들의 교육을 태만한 것은 잔인한 일 이상의 행동입니다.

가정 기도와 성경 공부는 국가와 가정과 교회를 위해 필요합니다. 사탄의 나라는 우리나라를 잠식하려고 끊임없이 노력하고 있습니다. 그런데도 그 나라의 침략을 저지할 수 있는 효과적인 방법, 즉 자녀들을 믿음 안에서 교훈하는 것이 거의 등한히 되고 있습니다.

부모들은 이 문제의 중요성을 깨달아야 합니다. 우리의 아들딸에게 예수에 관한 이야기를 해주는 것은 즐거운 의무이며, 그것이 하나님이 받아주시는 일임이 증명되었습니다. 하나님은 부모들의 기도와 권면을 통해 자녀들을 구원하셨습니다.

그리스도 예수 안에서 거룩하여지고(고전 1:2).
성령이 거룩하게 하심으로(벧전 1:2).
하나님 아버지 안에서 사랑을 얻고(유 1).

하나님의 삼위(三位) 중 어느 한 분을 편애하는 신자들은 참으로 어리석습니다. 그들은 예수님은 모든 사랑스럽고 은혜로운 것의 구현(具顯)으로 여기지만, 성부는 자비하심이 전혀 없으며 무자비할 정도로 공의로운 분이라 생각합니다. 성부의 섭리와 성자의 대속 사역을 중시하며 성령의 사역을 경시하는 것도 잘못된 일입니다. 삼위 중 어느 한 분이 홀로 은혜를 베푸시는 것이 아닙니다. 성 삼위 하나님은 본질상 한 분이시듯, 행동도 서로 연합하여 행하십니다. 택한 백성을 향한 사랑에서도 그분들은 하나이십니다. 크고 중심되는 원천에서 흘러나오는 행동을 하실 때도 삼위는 절대 나뉘지 않습니다.

특히 성화의 사역에 있어서 그리합니다. 우리가 성화는 성령의 사역이라고 말하는 것은 잘못된 일이 아닙니다. 그러나 성부와 성자는 성화의 사역에 있어서 아무런 역할도 하지 않는다고 여기지 않도록 조심해야 합니다. 성화는 성부와 성자와 성령의 사역이라고 해야 옳습니다. 여호와는 "우리의 형상을 따라 우리의 모양대로 우리가 사람을 만들자"(창 1:26)라고 말씀하셨습니다.

"우리는 그가 만드신 바라 그리스도 예수 안에서 선한 일을 위하여 지으심을 받은 자니 이 일은 하나님이 전에 예비하사 우리로 그 가운데서 행하게 하려 하심이니라"(엡 2:10).

하나님이 참된 거룩함을 귀히 여기십니다. 그러므로 그리스도를 좇아가는 우리도 거룩함을 크게 귀하게 여겨야 합니다. 순결한 생활과 경건한 대화를 중요시해야 합니다. 오늘부터 우리 안에 계신 삼위 하나님의 사역을 나타내는 생활을 합시다.

주께서 나를 모든 악한 일에서 건져내시고 또 그의 천국에 들어가도록 구원하시리니 그에게 영광이 세세무궁토록 있을지어다 아멘(딤후 4:18).

위대하신 왕이 다스리시는 성읍은 적극적인 봉사의 처소입니다. 구속함을 얻은 영들은 밤낮으로 그의 성전에서 예배합니다. 그들은 쉬지 않고 왕의 선하신 즐거움을 충족시켜 드립니다. 평안함과 염려로부터의 자유에 관한 한 그들은 언제나 안식을 누리지만, 자신이 활동하지 않고 있음을 의식하고서는 절대 안식하지 않습니다.

예루살렘은 하나님의 백성들이 서로 교통하는 곳입니다. 우리는 아브라함과 이삭과 야곱과 함께 앉아 영원히 교제할 것입니다. 우리는 많은 고귀한 성도와 대화하게 될 것인바, 그들은 사랑과 능력으로 자신을 안전하게 본향에 데려다주신 분과 함께 다스리고 있습니다. 우리는 독창을 하는 것이 아니라 합창으로 우리 왕을 찬양할 것입니다.

천국은 승리가 실현된 곳입니다. 정욕을 이기고 승리하며 유혹과 싸워 그것을 짓밟아 죽일 때마다 장차 주님이 사탄을 발로 짓밟으실 때 누리게 될 기쁨을 미리 맛봅니다. 그때 사랑하시는 주님으로 말미암아 정복자보다 더 위대한 자신을 발견할 것입니다.

낙원은 안전한 곳입니다. 믿음의 확신을 소유하면 자신이 거룩한 예루살렘의 시민이 될 때 소유하게 될 안전을 보증받게 됩니다.

오 나의 행복한 본향이여. 내 영혼이 쉴 행복한 항구 예루살렘이여! 사랑으로 나를 가르쳐 당신을 갈망하게 해주신 분께 감사하노라. 내가 네 거룩한 문안에 들어가 살게 될 때는 더욱 큰소리로 감사찬송을 하리라.

하나님이 요나에게 이르시되 네가 이 박넝쿨로 말미암아 성내는 것이 어찌 옳으냐 하시니 그가 대답하되 내가 성내어 죽기까지 할지라도 옳으니이다 하니라(욘 4:9).

성내는 것이 항상 죄가 되는 것은 아니지만 그것은 사람을 거칠게 만듭니다. 그래서 우리는 화를 내게 될 때마다 "너의 성냄이 합당하냐?"라며 그 본질에 관한 질문을 해야 합니다. 아마 "그렇다"라고 대답할 수도 있을 것입니다. 분노는 흔히 미친 사람의 손에 든 불이 되기 쉽습니다. 그러나 때로는 하늘로부터 내려온 엘리야의 불이 되기도 합니다. 우리의 유익과 은혜로우신 하나님을 거슬러 범하는 악으로 인해 성내는 것은 옳은 일입니다. 또 자신이 거룩한 가르침을 많이 받은 후에도 여전히 어리석을 때 자신에게 성을 내는 것도 합당합니다. 사악을 보고 의분(義憤)을 품지 않는 사람은 그 죄에 참여하는 것입니다. 죄는 혐오스럽고 미운 것이므로 중생한 심령은 결코 그것을 참고 견디지 못합니다. 하나님은 날마다 악인들로 인해 화를 내십니다. "여호와를 사랑하는 너희여 악을 미워하라 그가 그의 성도의 영혼을 보전하사 악인의 손에서 건지시느니라"(시 97:10).

그러나 일상에서 성내는 것은 권장할 만한 것이 못되며 정당하지 못합니다. 그럴 때 우리는 "아니오"라고 대답해야 합니다. 우리는 왜 자녀들에게 까다롭게 굴고, 아래 사람들을 조급하게 다루며, 친구들에게 화를 내는 것입니까? 그렇게 성내는 것이 우리의 신앙고백을 영화롭게 하고 하나님께 영광이 됩니까? 화를 낸다는 것은 우리를 지배하려는 악한 옛사람의 마음입니다. 우리는 신생한 본성의 힘을 다하여 그것을 대적해야 합니다. 많은 신자는 저항해도 소용없다고 여겨 분노에 굴복합니다. 그러나 믿는 자는 모든 면에서 정복자가 되어야 합니다. 그렇지 못하면 면류관을 얻지 못합니다.

은혜를 받은 우리는 분노를 억제할 수 있어야 합니다. 본성의 연약함을 핑계로 죄지어서는 안 됩니다. 우리는 주님께 우리의 분노를 십자가에 못 박아 주시며, 주님의 형상을 좇아 온유한 사람으로 중생하게 해달라고 해야 합니다.

내가 아뢰는 날에 내 원수들이 물러가리니 이것으로 하나님이 내 편이 심을 내가 아나이다(시 56:9).

"하나님이 나를 도우신다"라는 구절의 의미를 말로 표현한다는 것은 불가능한 일입니다. 하나님은 세상을 지으시기 전에 우리를 사랑하셨습니다. 우리를 사랑하지 않으셨다면 사랑하는 독생자를 주시지 않으셨을 것입니다. 하나님은 우리를 사랑하셨기 때문에 독생자로 고난받게 하시고 하나님의 진노를 감당하게 하셨습니다. 우리는 하나님을 거역했지만, 하나님은 여전히 우리를 사랑하셨습니다. 우리가 타락하여 멸망했을 때도 하나님은 우리를 사랑하셨습니다. 어쨌든 하나님은 우리를 사랑하셨습니다. 우리가 하나님을 대적하고 배반했을 때도 하나님은 우리를 사랑하셨습니다. 하나님이 우리를 사랑하지 않으셨다면 겸손하게 하나님의 얼굴을 찾게 하시지 않았을 것입니다.

우리가 싸울 때 하나님은 우리를 도우셨습니다. 우리는 무수한 위험을 만나고 그 안팎으로 많은 시험을 받았습니다. 만일 하나님이 돕지 않으셨다면 우리가 어찌 아무런 해도 입지 않고 지금까지 존재할 수 있었겠습니까?

하나님은 무한하신 자기의 존재 전체로 우리를 사랑하십니다. 전능하신 사랑을 가지고 사랑하십니다. 변하지 않는 지혜를 가지고 사랑하십니다. 신적 속성을 가지신 하나님이 영원토록 변하지 않고 우리를 사랑하시며 도와주십니다. 하나님이 우리를 사랑하시므로 우리의 기도는 하나님의 도움을 보장해줍니다.

"내가 아뢰는 날에 내 원수들이 물러가리니."

이것은 불확실한 소망이 아니라 근거가 확실한 확신입니다. 그러므로 시편 기자는 하나님이 나를 도우심인 줄 안다고 말했습니다. 나는 하나님께 기도를 드리며 응답이 올 것이라는 확신하고 기다립니다. 하나님이 돕기 때문에 내 원수들은 패배할 것입니다. 우리 곁에 왕의 왕이 계시니 얼마나 행복하며, 보호자가 계시니 얼마나 안전하겠습니까! 주님이 우리를 변호해주시니 얼마나 확실합니까. 하나님이 우리를 도와주시는데 누가 대적하겠습니까?

네가 내게 돌로 제단을 쌓거든 다듬은 돌로 쌓지 말라 네가 정으로 그 것을 쪼면 부정하게 함이니라(출 20:25).

하나님의 제단은 다듬지 않은 돌로 쌓아야 합니다. 인간의 재주나 수고를 찾지 못하도록 하는 것입니다. 인간의 지혜는 십자가의 교리를 다듬고 장식하여 타락한 본성의 취향에 어울리는 인위적인 체계로 만들어내는 것을 즐깁니다. 육욕적인 지혜는 복음을 발전시키기는커녕 오히려 부패하게 하여 다른 복음, 전혀 하나님의 진리가 아닌 것으로 나아가게 합니다. 하나님의 말씀을 수정하고 변화시키는 것은 말씀을 모독하는 행위입니다.

인간의 교만한 마음은 하나님 앞에서 영혼을 의롭다고 하시는 데 관여하며, 그리스도를 위한 준비를 꿈꾸고, 겸손함과 회개를 의뢰하며, 선행을 칭찬하며, 본성의 능력을 자랑합니다. 대속 사역에 있어서 찬양을 받으실 분은 주님뿐입니다. 인간의 정이나 망치로 돌을 쪼는 것은 예수 그리스도께서 임종하시는 순간에 "다 이루신 것"에 다른 것을 추가하는 모독 행위입니다.

두려워 떠는 죄인들이여, 그대의 연장을 치우십시오. 그리고 겸손하게 무릎을 꿇고 간구하십시오. 주 예수님을 당신의 속죄 제단으로 받아들이며, 주님 안에서 안식하십시오. 오늘 이 말씀을 통해서 많은 신자는 자신이 믿는 교리에 대한 경고를 받을 수 있을 것입니다.

신자들은 계시의 진리를 조정하려는 경향이 많습니다. 이것은 잘못된 비평이나 불신앙입니다. 그것을 맞서 싸우며 당신이 발견한 진리 그 자체를 받아들이라. 말씀의 교리는 다듬지 않은 돌이요 주님의 제단을 쌓기에 합당한 돌이라는 사실로 기뻐하십시오.

안식일이 다 지나고 안식 후 첫날이 되려는 새벽에 막달라 마리아와 다른 마리아가 무덤을 보려고 갔더니(마 28:1).

우리는 막달라 마리아가 어떻게 예수님과 교제하게 되었는지를 알고 거기에서 교훈을 얻어야 합니다. 그녀가 얼마나 주님을 기다렸는지 주목하십시오. 그녀는 이른 아침에 주님을 찾으러 갔습니다. 장차 그리스도와 교제할 수 있다는 기대로 주님을 기다린다면 절대 교제를 누리지 못할 것입니다. 주님과의 교제를 누리기에 합당한 심령은 굶주리고 목마른 심령입니다.

막달라 마리아는 지극히 담대하게 주님을 찾았습니다. 다른 제자들은 도망치고 숨었지만, 마리아는 무덤으로 갔습니다(요 20:11). 그리스도를 소유하기를 원하면 그 무엇도 방해하지 못하게 하고 세상을 무시하십시오. 다른 사람이 도망치는 곳에서 오히려 길을 재촉하십시오. 마리아는 믿음을 가지고 그리스도를 찾아 무덤 앞에 섰습니다. 사람 중에는 살아계신 구세주를 기다리기도 어렵게 여기는 사람들이 있습니다. 그런데 마리아는 죽으신 주님을 기다렸다. 우리는 사람들이 주님을 저버리더라도 신실하게 남아서 마리아처럼 그리스도를 찾읍시다. 마리아는 간절하게 예수를 찾았습니다. 그녀는 울면서 서 있었습니다. 그 눈물이 구세주가 그녀 앞에 나타나게 만든 것입니다. 당신이 예수님의 임재를 원한다면 눈물을 흘리면서 구하십시오. 예수께서 당신에게 오셔서 "너는 내 사랑하는 자라"고 말씀하셔야만 행복을 느낀다면 곧 주님의 음성을 듣게 될 것입니다.

마리아는 구세주만 찾았습니다. 그녀는 천사들을 기다리지 않았고 오직 주님만 찾았습니다. 그리스도께서 사랑의 대상이라면, 당신의 마음에 오직 주님만 모신다면, 주님의 임재의 위로가 부족함 없이 누릴 것입니다.

막달라 마리아는 예수를 지극히 사랑했기 때문에 예수께 갔습니다. 우리도 마리아처럼 강한 사랑을 가집시다. 마리아처럼 그리스도로 충만하게 합시다. 그리하면 우리 사랑도 주님만 으로 만족하게 될 것입니다.

은밀한 기도의 제단에 불이 꺼지지 않게 하십시오. 이것이 경건 생활의 생명입니다. 이 제단에서 당신의 제물을 태우십시오. 가능하다면 당신의 은밀한 근행을 규칙적으로, 자주 요동하지 않게 하십시오.

응답을 받는 기도는 매우 유익합니다. 당신에게는 기도의 제목이 없습니까? 교회, 목회자, 당신의 영혼, 당신의 자녀, 친척, 이웃, 조국, 하나님의 일과 진리를 세상에 퍼트리는 일 등 모두 기도의 제목입니다. 이 중요한 일에 관해 자신을 살펴봅시다. 우리는 냉담하게 근행합니까?

우리의 마음속에서 헌신의 불이 희미하게 타고 있습니까? 그것은 타락의 징조이니 경계해야 합니다. 은혜와 간구의 영을 요청하십시오. 특별한 기간을 정하여 특별한 기도를 하십시오. 만일 이 불이 세상과의 일치라는 재에 묻혀 꺼지면 그것은 가정 제단의 불을 희미하게 만들며 교회와 세상에 대한 우리의 영향력을 감소시킬 것입니다.

본문 말씀은 마음의 제단에도 적용됩니다. 이것은 황금으로 된 제단입니다. 하나님은 자기 백성의 마음이 하나님을 향해 타오르는 것을 좋아하십니다. 우리는 사랑으로 작열하며 하나님의 은혜를 구하는 마음을 하나님께 바칩시다. 그리하면 마음 제단의 불은 절대 꺼지지 않을 것입니다. 하나님이 불이 계속 타오르도록 지켜주시지 않는 한 그것은 타오르지 못할 것입니다.

많은 원수가 그 불을 끄려 할 것입니다. 우리는 우리 마음의 불을 태울 연료로 성경을 사용합시다. 성경은 불타고 있는 석탄입니다. 우리는 설교에 귀를 기울입시다. 그러나 무엇보다도 중요한 것은 홀로 예수님과 함께 있는 시간을 늘리는 것입니다.

예수께서 안식 후 첫날 이른 아침에 살아나신 후 전에 일곱 귀신을 쫓아내어 주신 막달라 마리아에게 먼저 보이시니(막 16:9).

예수님은 막달라 마리아의 큰 사랑과 인내 때문이라기보다는 그녀가 특별히 그리스도 구원의 능력을 체험했기 때문에 먼저 막달라 마리아에게 나타나셨을 것입니다. 회심하기 전에 지은 많은 죄가 우리가 누릴 교제의 등급을 결정하지는 않습니다. 막달라 마리아는 모든 것을 버리고 항상 구세주를 따라다녔습니다. 그녀의 으뜸가는 목표는 구세주였습니다.

많은 사람이 그리스도를 지지했지만, 그리스도의 십자가는 지지 않았습니다. 그러나 마리아는 십자가를 졌으며 주님을 섬기기 위해 자기의 물질을 사용했습니다. 우리가 그리스도를 많이 보기를 원한다면 우리도 그리스도를 섬겨야 합니다. 많은 것을 바치고 섬기며 사랑하는 주님의 피 흐르는 가슴 가까이에 거하는 사람은 그리스도의 사랑의 깃발 아래 앉으며 교제의 잔에서 많은 것을 마시게 됩니다.

그리스도는 이 슬퍼하는 여인에게 나타나셔서 "마리아야"라고 부르셨습니다. 그 말을 듣는 순간 마리아는 그분이 예수이심을 깨달았습니다. 그녀는 마음이 너무나 벅차서 다른 말은 하지 못하고 다만 "랍오니"(요 20:16)라고 불렀습니다.

우리의 영이 거룩한 불로 뜨겁게 달아오를 때, 우리는 "여호와여 나는 진실로 주의 종이요 주의 여종의 아들 곧 주의 종이라 주님이 나의 결박을 푸셨나이다"(시 116:16)라고 할 것입니다. 만일 우리가 "랍오니"라고 말할 수 있으며, 주님의 뜻을 우리의 뜻이라고 느낀다면 우리는 복되고 거룩한 곳에 선 사람입니다.

그리스도는 자기에게 영광을 돌리는 자를 존귀하게 해주시며, 자기를 사랑하는 자를 사랑하십니다. 주님은 말씀 한마디로 우리의 슬픔을 기쁨으로 변하게 하십니다. 주님의 임재는 우리 마음에 햇빛을 비추어 주십니다.

무리가 아침마다 각 사람은 먹을 만큼만 거두었고 햇볕이 뜨겁게 쬐면 그것이 스러졌더라(출 16:21).

우리의 풍성한 즐거움을 유지하기 위해서는 주님의 선하신 뜻과 즐거움을 온전히 의지하려는 생각을 유지해야 합니다. 묵은 만나를 먹거나 세상에서 도움을 찾으려고 하지 마십시오. 모든 것은 예수님으로부터 와야 합니다. 묵은 기름은 우리의 영에 부을 기름이 되기에는 부족합니다. 우리의 머리에는 성소의 황금 뿔에 담긴 신선한 기름이 부어져야 합니다. 그렇지 않으면 그것은 영광이 되지 못할 것입니다.

비록 오늘 우리가 하나님의 산꼭대기에 섰다고 해도 우리를 그곳에 세우신 분이 붙들어주지 않으면 떨어지게 될 것입니다. 우리의 산은 하나님이 그 자리에 세우실 때만 견고합니다.

하나님이 얼굴을 숨기시면 우리는 곧 어려움을 겪게 될 것입니다. 예수님만이 우리에게 마음의 즐거움, 눈의 빛, 생명의 힘을 공급해 주실 수 있습니다. 위로는 주님의 손에 있습니다. 주님은 우리가 끊임없이 주님을 의지해야 한다는 것을 알게 만들려 하십니다. 그래서 주님은 우리에게 일용할 양식을 위해 기도하는 것을 허락하셨습니다. 그분은 "네가 사는 날을 따라서 능력이 있으리로다"(신 33:25)고 약속하십니다. 우리가 주님의 보좌로 나아가 끊임없이 주님의 사랑을 기억하는 것은 우리를 위해 가장 좋은 일이 아닌지요?

우리의 몰염치에도 불구하고 끊임없이 공급되는 풍성한 은혜여! 황금의 소나기는 저대로 그치지 않으며 축복의 구름은 언제나 우리의 거처 위에 떠 있습니다.

오 주 예수님,
우리는 당신 없이는 아무 일도 할 수 없는 완전히 무능한 자입니다.
당신 발 앞에 끓어 경배합니다.

주께서 일어나사 시온을 긍휼히 여기시리니 지금은 그에게 은혜를 베푸실 때라 정한 기한이 다가옴이니이다 주의 종들이 시온의 돌들을 즐거워하며 그의 티끌도 은혜를 받나이다(시 102:13-14).

이기적인 사람은 환난을 당할 때 위로받기가 어렵습니다. 그의 위로의 샘은 온전히 그의 내면에 있기 때문입니다. 그러나 믿는 신자들에게는 내면에 있는 위로의 샘 곁에서 위로를 공급해 주는 또 다른 위로의 샘을 가지고 있습니다. 그는 하나님께 가서 풍성한 도움을 발견할 수 있습니다. 그는 크게는 세계로부터 시작해서 조국, 그리고 무엇보다도 교회에 관련된 일에서 위로를 받을 수 있습니다.

다윗은 지극히 슬퍼하며 "나는 광야의 올빼미 같고 황폐한 곳의 부엉이 같이 되었사오며 내가 밤을 새우니 지붕 위의 외로운 참새 같으니이다"(시 102:6-7)라고 했습니다. 그가 자신을 위로할 수 있는 유일한 방법은 하나님이 시온을 긍휼히 여기실 것이라고 묵상하는 것이었습니다. 비록 그는 슬펐지만, 시온은 번영할 것이요, 그 자신의 처지는 절망적이었지만 시온은 일어날 것이었습니다.

하나님이 교회를 인자하게 다루시는 데서 스스로 위로를 받으십시오. 비록 길은 어두워도 주님의 십자가 승리와 진리가 전파됨에서 기쁨을 얻을 수 있습니다. 하나님이 시온을 위해 행하신 일과 행하시는 일을 볼 때, 그리고 장차 하나님이 교회를 위해 행하실 영광스러운 일을 볼 때 우리는 자신이 당하는 환난을 잊습니다.

마음이 슬프고 영이 답답할 때는 자신이나 자신의 하찮은 관심사는 잊고 하나님 백성의 번영과 행복을 구하십시오. 무릎을 꿇고 하나님께 기도할 때 자신의 생활에 대해서만 기도하지 말고 교회의 번영을 위해서 기도하십시오.

"예루살렘을 위하여 평안을 구하라"(시 122:6).

그리하면 영혼이 새 힘을 얻을 것입니다.

하나님의 사랑하심을 받은 형제들아 너희를 택하심을 아노라(살전 1:4).

많은 사람은 그리스도를 바라보기 전에 먼지 자신이 택하심을 입었음을 알고자 합니다. 그러나 그것은 주 예수님을 바라봄으로써만 발견될 수 있습니다.

죄의식을 느끼고 있는 죄인이여, 당신은 자신이 버림을 받았다고 생각합니까? 그리스도의 십자가 밑에 서서 예수님께 말하십시오. "내게 오는 자는 내가 결코 내쫓지 아니하리라"(요 6:37)고 하신 말씀을 읽었다고 말씀드리십시오.

예수님을 바라보십시오. 예수님을 믿으십시오. 그리하면 당신이 택함을 받았음을 증명할 수 있을 것입니다.

우리가 믿는 것과 마찬가지로 분명히 우리는 택한 자입니다. 우리가 자신을 온전히 그리스도께 바치고 그분을 신뢰한다면 우리는 택한 백성입니다. 그러나 우리가 멈추어 서서 "먼저 내가 택한 자인지 알아야겠다"라고 한다면 우리는 무엇을 질문해야 하는지 알지 못하는 자입니다.

지금의 모습 그대로 예수님께로 가십시오. 예정에 대한 모든 질문은 버리십시오. 똑바로 예수님께 가십시오. 그러면 우리의 택하심에 대해 알게 될 것입니다. 성령의 확신이 당신에게 주어져 "나의 의뢰한 자를 내가 알고 또한 나의 의탁한 것을 그 날까지 저가 능히 지키실 줄을 확신한다"(딤후 1:12)라고 말할 수 있게 될 것입니다.

그리스도는 우리가 택함을 받았는지 받지 못했는지 말해주실 수 있습니다. 그것을 다른 방법으로는 알 수 없습니다. 다만 주께 나아가며 그분을 신뢰하십시오. 그리하면 주님이 "내가 영원한 사랑으로 너를 사랑하기에 인자함으로 너를 이끌었다"(렘 31:3)라고 대답하실 것입니다. 주님이 우리를 택하셨음에는 의심의 여지가 없습니다.

> 엘리야가 그들에게 이르되 바알의 선지자를 잡되 그들 중 하나도 도망하지 못하게 하라 하매 곧 잡은지라 엘리야가 그들을 기손 시내로 내려다가 거기서 죽이니라(왕상 18:40).

엘리야의 기도는 응답을 받아 모든 백성이 보는 앞에서 하늘로부터 불이 내려와 제물을 태웠습니다. 그는 이스라엘 사람들에게 바알의 선지자들을 잡으라고 요구했습니다. 그는 엄하게 "하나도 도망하지 못하게 하라"고 외쳤으며, 그들을 모두 기손 시내로 데리고 가서 죽였습니다.

우리도 자기의 죄를 이렇게 다루어야 합니다. 그것들을 하나도 남기지 말고 사형에 처해야 합니다. 소리치며 애원해도 살려두지 말고 비록 귀한 것이라도 내리치십시오. 하나님은 자기 아들에게 지워진 죄를 내리치셨으니 당신도 내리치십시오. 엄격하고 단호한 뜻을 가지고 과거 마음의 우상이었던 죄에 사형을 내려야 합니다.

예수께서 당신의 능력이 되실 것입니다. 예수 그리스도는 끝까지 당신과 함께 하시겠다고 약속하셨으므로 당신은 죄와의 싸움에서 능히 이길 힘을 소유할 것입니다. 어두움을 이기고 승리하기를 원한다면 의의 태양 앞에 서십시오. 그곳은 죄를 발견하기에 가장 좋은 곳이요, 죄악에서 회복하기에 가장 좋은 곳입니다. 욥은 믿음의 눈으로 하나님을 바라볼 때 죄를 제거할 수 있음을 알았으므로 재 속에 앉아 회개했습니다.

기독교인이 지닌 순금도 때로는 광채를 잃으므로 우리에게는 불순물을 태워버릴 거룩한 불이 필요합니다. 그러니 하나님께로 달려갑시다. 하나님은 태워버리시는 불이십니다. 하나님은 우리의 영을 태워 없애는 것이 아니요, 죄를 태워 소멸시키십니다. 하나님의 선하심이 우리 안에 거룩한 질투심을 불러일으키며, 하나님이 미워하시는 불의를 대적하는 복수심을 불러일으키게 하십시오. 여호와의 힘으로 전쟁터에 나아가 저주받은 무리를 완전히 멸망시키십시오. 하나도 도망치지 못하게 하십시오.

단의 진영에 속하여 계수함을 받은 군인의 총계는 십오만 칠천육백 명이라 그들은 기를 따라 후대로 행진할지니라 하시니라(민 2:31).

이스라엘 군대가 진군할 때 단 지파는 가장 후미를 맡았습니다. 그러나 진군하는 데 각 지파가 차지한 위치가 무슨 문제가 됩니까? 그들도 동일한 불기둥과 구름 기둥을 따라갔습니다. 그들도 역시 동일한 만나를 먹었고 동일한 반석에서 나온 동일한 기업을 받기 위해 여행을 했습니다.

내 심령아, 기운을 내라!

비록 가장 작고 가장 뒤에 있으나 군대의 일원으로 참가하여 선두에 선 사람들과 마찬가지로 진군한다는 것은 우리의 특권입니다. 누군가는 영예나 명성에 있어서 가장 뒤에 서야 하며 예수님을 위해 비천한 일을 해야 합니다. 그렇다면 그 사람이 내가 되어서는 안 될 이유가 없지 않겠습니까? 단 지파의 사람은 매우 좋은 위치를 차지합니다. 그들은 진군하는 동안 낙오자들을 모아들이고, 전쟁터에 많은 물건을 수집했습니다.

진보적인 영들은 새로운 진리를 배우기 위해 담대하게 미지의 길에 나서며 많은 영혼을 예수님께로 인도합니다. 그러나 보수적인 정신을 가진 사람들은 교회의 옛 신앙을 기억게 하고 기력을 잃어가는 자녀들을 회복시키는 일에 종사합니다. 각각 위치마다 거기에 따른 의무가 있습니다. 천천히 이동하는 하나님의 자녀들은 자신의 특별한 위치가 모든 군대에 탁월한 축복이 되는 것을 발견할 것입니다. 후미를 지키는 데 위험이 따릅니다. 우리의 앞에는 물론이요, 뒤에도 원수들이 있습니다. 공격은 어느 쪽에서나 가능합니다.

노련한 신자는 믿음과 지식과 기쁨에 있어 가장 후미에 있는 이 불쌍하고 의심 많으며 흔들리는 영혼을 돕는데 많은 일을 합니다. 이 사람들을 돕지 않고 버려두어서는 안 됩니다.

내 영혼아, 오늘 가장 후미에 있는 사람들을 친절하게 도우라.

피차에 부딪치지 아니하고 각기 자기의 길로 나아가며 무기를 돌파하고 나아가나 상하지 아니하며(욜 2:8).

메뚜기들은 질서정연하게 행렬을 지킵니다. 그것들은 수천 마리가 모여도 서로 밀쳐 혼란하게 만들지 않습니다. 자연계에 나타난 이 훌륭한 현상은 하나님이 우주에 질서의 정신을 주셨음을 잘 드러내 줍니다. 궤도를 도는 행성들은 물론이요 지극히 작은 피조물까지도 이 정신을 따릅니다.

신자들의 영성 생활도 이 정신의 지배를 받아야 합니다. 기독교적 은혜에 있어서 한 가지 덕이 다른 덕의 영역을 강탈하거나, 자신을 지탱하기 위해 나머지를 먹어버려서는 안 됩니다. 사랑이 정직의 발전을 방해해서는 안 되며, 담대함이 온유함을 길 밖으로 밀어내도 안 되며, 절제가 활력을 밀어내도 안 되며, 인내가 결단을 짓밟아도 안 됩니다.

우리의 의무에도 같은 원리가 적용됩니다. 한 가지 의무 때문에 다른 의무가 방해를 받아서는 안 됩니다. 대중의 유익 때문에 개인적인 기도가 손해를 입으면 안 됩니다. 교회 때문에 가정 예배를 등한히 해서는 안 됩니다. 다른 의무를 희생시키면서 하나님께 의무를 행하는 것은 무가치합니다. 예수님은 바리새인들에게 "너희가 박하와 회향과 근채의 십일조는 드리되 율법의 더 중한 바 정의와 긍휼과 믿음은 버렸도다 그러나 이것도 행하고 저것도 버리지 말아야 할지니라"(마 23:23)고 말씀하셨다.

이와 동일한 규칙이 교회 안에서 우리의 위치에도 적용됩니다. 우리는 성령에서 주신 능력에 따라 봉사하되 절대 동료 신자의 영역을 침범하지 말아야 합니다. 예수께서는 우리에게 높은 지위를 탐하지 말며, 형제 중에 지극히 작은 자가 되라고 하셨습니다. 우리는 탐욕적이고 야심적인 정신을 멀리해야 합니다. 주님 명령의 힘을 느끼며, 주님이 말씀하신 대로 행하며, 다른 신자들과 함께 질서를 유지하여 행렬을 흩뜨리지 말아야 합니다. 오늘 밤, 우리가 평안의 매는 줄로 성령의 하나 되게 하신 것을 힘써 지키고 있는지 살펴봅시다(엡 4:3).

말하되 우리 하나님 여호와께서 그의 영광과 위엄을 우리에게 보이시매 불 가운데에서 나오는 음성을 우리가 들었고 하나님이 사람과 말씀하시되 그 사람이 생존하는 것을 오늘 우리가 보았나이다(신 5:24).

우리처럼 타락한 피조물에 하나님의 영광은 어떻게 나타날 것입니까? 우리는 항상 자신의 영예를 곁눈질하며 자신의 능력을 과대평가합니다. 우리는 주님의 영광을 볼 자격이 없습니다. 그러므로 하나님이 영광을 받으실 자리를 만들려면 자아를 축출해야 합니다. 이런 이유로 하나님은 자기 백성들을 곤란과 어려움을 겪게 하시는 것입니다. 자기의 어리석음과 연약함을 의식해야 하나님이 구원을 이루시려 나타나실 때 그들은 하나님의 존엄을 보기에 합당하게 될 것입니다.

항상 평탄하고 순탄한 생활만 하는 사람은 좀처럼 하나님의 영광을 볼 수 없습니다. 그런 사람은 자아를 비울 기회를 얻지 못하며, 따라서 하나님의 계시로 채움을 받기에 합당치 못하게 됩니다. 우리는 사랑하는 사람과의 사별, 빈곤, 시험, 질책 등의 거대한 파도 속에서 인간의 무력함을 느끼고 여호와의 권능을 깨닫게 됩니다.

그러므로 우리가 험한 길로 인도함을 받을 때 하나님께 감사하십시오. 이것은 우리로 하여금 하나님의 위대하심과 인자하심을 경험하게 해줍니다. 우리는 다른 방법으로는 도저히 얻지 못하는 고귀한 지식을 환난 속에서 풍족히 얻게 됩니다. 끊임없는 번영 속에 함축된 무지와 암흑 속에 당신을 버려두지 않는 하나님을 찬양하십시오. 고통과 싸우는 동안 하나님은 당신으로 하여금 하나님의 영광을 볼 수 있는 능력을 갖추게 해주십니다.

상한 갈대를 꺾지 아니하며 꺼져가는 심지를 끄지 아니하기를 심판하여 이길 때까지 하리니(마 12:20).

상한 갈대나 꺼져가는 심지보다 더 약한 것이 무엇입니까가? 늪에서 자라는 갈대는 야생 오리가 건드리기만 해도 꺾이며, 사람의 발길에 치이기만 해도 상하고 부러집니다. 그것은 강바람에 이리저리 흔들립니다. 상한 갈대만큼 연약하고 쉽게 부러지는 것은 없습니다.

꺼져가는 심지를 생각해봅시다. 그것은 불씨는 가지고 있지만 꺼지려고 가물거리고 있어서 어린아이가 불어도 꺼지고 말 것입니다. 그러나 그 불꽃만큼 소중한 생존은 없습니다. 이처럼 연약한 것에 대해서 예수께서는 "상한 갈대를 꺾지 아니하며 꺼져가는 심지를 끄지 아니하리라"고 말씀하셨습니다.

하나님의 자녀 중에 매우 강건하여 하나님을 위해 큰일을 할 수 있는 사람들도 약간 있으나, 백성 대다수는 겁이 많고 겁이 많습니다. 그들은 사람들이 지나갈 때마다 깜짝 놀라는 찌르레기와 같습니다. 참으로 겁 많은 양 떼들입니다. 그들은 마치 어린 새들과 같아서 시험이 닥쳐오면 올무에 걸리며, 시련이 위협을 하면 기절합니다. 그들은 거친 바람이 불어올 때 파도 위에 앉아 있는 어린 새처럼 떠밀려 갑니다. 그들은 힘도 없고 지혜도 없고 예지도 없는 연약한 피조물입니다.

그러나 그처럼 연약하여서 그들은 이처럼 특별한 약속을 소유합니다. 이 약속은 예수님의 긍휼히 여기시는 마음을 잘 나타냅니다. 지극히 온유하시고 인자하시고 긍휼하신 주님이시므로 우리는 주님의 손길에 닿지 않으려고 움츠릴 필요가 없습니다. 주님에게서 무자비한 말이 나오지 않을까 두려워할 필요도 없습니다. 주님은 우리의 연약함을 꾸짖기는 하시지만 징계하지는 아니하십니다. 주님은 상한 갈대에 바람을 불게 하지 아니하시며. 꺼져가는 심지에 물을 끼얹지 아니하십니다.

이는 우리 기업의 보증이 되사 그 얻으신 것을 속량하시고 그의 영광을 찬송하게 하려 하심이라(엡 1:14).

오직 예수님만 믿고 살아가는 법을 터득한 사람은 기쁨과 위안과 환희와 빛의 조명을 받습니다. 그러나 이 세상에서 사는 한 그리스도의 귀중함을 깨닫는다고 해도 그것은 불완전할 뿐입니다. 어느 작가가 말한 것과 같이 그것은 맛을 보는 일에 지나지 않습니다. 우리는 주님이 은혜로우시다는 것을 맛보았지만 얼마나 선하고 얼마나 은혜로우신지 알지는 못합니다. 우리가 맛보는 주님의 감미로움은 우리로 하여금 더욱 그것을 동경하게 만듭니다. 우리는 성령의 처음 열매들을 맛보았으며, 그것들은 우리로 하늘나라의 포도를 모두 먹고픈 굶주림과 목마름으로 채웁니다.

우리는 하나님의 양자가 되기를 기다리면서 내면으로는 신음하고 있습니다. 우리는 이 세상에서 고수풀 열매처럼 떨어지는 조그만 만나를 맛봅니다. 그러나 하늘나라에 가면 하늘나라의 떡을 먹게 될 것입니다. 우리는 영적인 교육을 받기 시작한 초심자들입니다. 이제 겨우 알파벳을 배우기 시작했으므로 아직 낱말을 읽을 수 없으며, 물론 문장은 읽지 못합니다.

지금 우리에게는 충족되지 못한 소망이 많아 모든 소원이 충족될 것입니다. 때가 되면 우리의 시련과 환난은 모두 제거될 것입니다. 지금 우리의 눈에는 눈물이 가득하지만 더는 눈물을 흘리지 않게 될 날이 올 것입니다. 우리는 보좌에 앉아 계신 주님의 영광을 기쁨으로 바라보게 될 것입니다. 또 주님의 승리에 동참하게 될 것이며, 주님과 함께 공동상속인이 될 것입니다.

> 네가 시홀의 물을 마시려고 애굽으로 가는 길에 있음은 어찌 됨이며 또 네가 그 강물을 마시려고 앗수르로 가는 길에 있음은 어찌 됨이냐(렘 2:18).

여호와께서 여러 가지 이적을 행하시고 자비를 베푸시고 구원해 주심으로써 이스라엘의 신뢰할 만한 분이심을 증명하셨음에도 불구하고, 이스라엘은 살아 계신 참되신 하나님을 저버리고 거짓 신을 따라갔습니다. 그러므로 여호와는 그들의 신실치 못함을 끊임없이 책망하셨습니다. 오늘의 본문에는 하나님이 그들과 논쟁하신 예가 담겨 있습니다: "네가 흙탕물 강에서 물을 마시려고 애굽으로 가고 있음은 어찌 됨인가?"

이것은 다음과 같이 해석할 수 있을 것입니다. "너는 어찌하여 레바논에서 흐르는 시원한 샘물을 떠나 방황하느냐? 어찌하여 악한 일을 꾀하여 선하고 건전한 것에 만족하지 못하고 악하고 속이는 것들을 따라가느냐?"

이것은 신자들에게 주는 경고의 말입니다. 은혜로 부름을 받아 그리스도의 보혈로 씻음을 얻는 참된 신자여, 당신은 세상의 쾌락이라는 진흙탕 강물이 아닌 좋은 물을 맛보았습니다. 당신은 그리스도와 교제해왔으며 예수님을 보는 기쁨, 예수님의 가슴에 기대는 기쁨도 누려 보았습니다. 그런데도 이 세상의 노래와 명예와 즐거움에서 만족을 느낍니까? 천사들의 떡을 먹어본 당신이 찌꺼기를 먹고 살 수 있습니까? 루터포드는 "나는 그리스도의 만나를 맛보았습니다. 그것을 먹은 후로는 세상의 기쁨이라는 빵은 맛이 없어서 먹을 수 없었습니다"라고 했습니다. 당신도 그와 같이 되어야 합니다.

지금 애굽의 물을 구하고 있다면 어서 속히 생명샘으로 돌아오십시오. 애굽인들은 시홀의 물을 맛이 있다고 할지 모르나, 당은 쓴 물맛만 볼 것입니다.

"네가 시홀의 물을 마시려고 애굽으로 가는 길에 있음은 어찌 됨인가?"

여호와께서 그에 대하여 이같이 이르시되 처녀 딸 시온이 너를 멸시하며 조소하였고 딸 예루살렘이 너를 향하여 머리를 흔들었느니라(렘 37:22).

가련하게도 두려워 떨던 시온의 백성들은 여호와의 말씀으로 힘을 얻어 담대해졌고, 산헤립의 교만한 위협을 받고서도 고개를 흔들었습니다.

튼튼한 믿음은 하나님의 종들로 하여금 지극히 교만한 원수들을 비웃게 해줍니다. 우리는 원수들이 불가능한 일을 시도하고 있음을 알고 있습니다. 그들은 예수님께서 살아 계시는 한 결코 죽일 수 없는 영생을 파괴하기를 꾀합니다. 그들은 지옥문이 이기지 못할 성채를 넘어뜨리기를 원합니다. 우리는 그들의 연약함을 압니다.

그들은 인간에 불과합니다. 그리고 인간은 벌레와 같은 존재입니다. 주님이 일어나실 때, 그들은 마치 바람에 불려가는 쭉정이처럼 날아가며 마른 가시덤불처럼 타버릴 것입니다. 그들이 하나님의 뜻과 진리에 전혀 해를 끼칠 수 없다는 사실을 알기 때문에 시온의 군대에 속한 가장 연약한 군사까지도 그들을 비웃습니다.

무엇보다도 우리는 지존자께서 우리와 함께 계심을 압니다. 그가 전쟁 준비를 하실 때 원수들은 어떻게 됩니까? 여호와의 쇠막대기는 그들을 마치 토기장이의 그릇처럼 산산조각으로 부수실 것이며, 그들은 세상에서 영원히 잊혀질 것입니다. 왕의 나라는 왕의 수중에 있어 안전합니다. 여호와께서 우리를 다스리시며, 그의 원수들은 거름더미를 만들 밀짚처럼 될 것이니 우리는 기뻐 외칩시다.

내 반석이신 하나님께 말하기를 어찌하여 나를 잊으셨나이까 내가 어찌하여 원수의 압제로 말미암아 슬프게 다니나이까 하리로다(시 42:9).

당신이 기뻐하지 못하고 슬퍼해야 할 이유가 있습니까? 어찌하여 비관적인 예측에 굴복합니까? 밤이 계속되리라고 말한 자가 누구입니까? 우리의 환경이 계속 고갈되어 가난이라는 진흙밖에 남지 않을 것이라고 누가 말했습니까? 불만스러운 겨울이 계속되어 서리가 내리고 눈이 내리고 얼음이 얼며 더욱 맹렬한 절망의 태풍이 불어올 것이라고 말한 사람이 누구입니까?

낮이 가면 밤이 오고, 밀물 후에는 썰물이 되며, 봄과 여름이 지나면 겨울이 옵니다. 그러므로 소망을 가지십시오 하나님은 결코 당신의 기대를 저버리지 않으실 것입니다. 어떤 일이 닥쳐와도 하나님은 당신을 사랑하고 계십니다. 어두움 속에서는 감추어 보이지 않던 산이 낮에는 밝히 보이듯이, 하나님의 사랑은 과거 행복했던 시절이나 지금 환난을 당할 때나 여전히 진실합니다.

자녀를 날마다 벌하는 아버지는 없습니다. 당신이 매를 싫어하듯이 하나님도 매를 미워하십니다. 하나님은 당신이 기꺼이 매를 받아들일 이유가 있을 때만 매를 사용하시며, 그것은 당신에게 영원한 유익이 됩니다. 장차 천사들과 함께 야곱의 사닥다리 끝까지 올라가 그곳에 앉아 계신 분, 언약의 하나님을 뵐 때 당신은 영원한 세계의 찬란함 속에서 유한한 세상의 시련을 잊을 것입니다. 또 시련들을 통해서 당신을 이끌어주시어 영원한 유익을 얻게 하신 하나님을 기억하여 찬미할 것입니다.

환난 중에 노래하십시오. 풀무불 속에서도 기뻐하십시오. 광야로 장미꽃같이 피어나게 하십시오. 사막으로 하여금 큰 기쁨으로 외치게 하십시오. 이 가벼운 고난은 머지않아 끝날 것이며, 주님과 함께 결코 시들지 않을 축복을 누릴 것입니다.

여호와의 말씀이니라 배역한 자식들아 돌아오라 나는 너희 남편임이라 내가 너희를 성읍에서 하나와 족속 중에서 둘을 택하여 너희를 시온으로 데려오겠고(렘 3:14).

예수 그리스도는 자기 백성과 결혼하시어 결합하십니다. 주님은 교회를 사랑하시기 때문에 속박의 멍에 아래 매이지 않은 순결한 처녀인 교회와 결혼하십니다. 주님은 타는 듯한 사랑으로 가득 찼기 때문에 마치 야곱이 라헬을 아내로 맞기 위해 일했던 것처럼, 열심히 일하시어 마침내 그녀의 몸값을 완전히 치르셨습니다. 자기의 영에 의해 그녀를 찾아내었고, 그녀로 하여금 자기를 알게 하고 사랑하게 만드십니다.

주님은 어린 양의 혼인 잔치에서 상호 간의 축복이 절정에 이르게 될 영광스러운 시간을 기다리십니다. 영광스러운 신랑은 아직도 하늘나라 임금 앞에 자신의 온전하고 완전한 약혼자를 데려가지 않으셨습니다. 그녀는 아직도 슬픔의 나라를 방랑하며 게달의 장막에 있습니다. 그러나 그녀는 지금도 주님의 약혼자요 신부요 연인이요, 주님의 보시기에 귀한 자요, 주님과 연합한 자입니다.

주님은 이 세상에서 그녀의 남편으로서 사랑의 직무를 모두 행합니다. 주님은 그녀에게 필요한 모든 것을 풍성하게 공급하여 주며, 그녀의 빚을 모두 갚아주시며, 그녀가 주님의 이름을 취하며 주님의 재산을 나누어 갖는 것을 허락해 주십니다. 주님은 결코 그녀에게 달리 행하지 않으실 것입니다. 주님은 절대 "이혼"이라는 말을 하지 않으실 것입니다.

"이스라엘의 하나님 여호와가 이르노니 나는 이혼하는 것과 옷으로 학대를 가리는 자를 미워하노라"(말 2:16).

죽음은 사랑하는 부부도 갈라놓지만, 이 불멸의 혼인 관계를 갈라놓지는 못합니다. 하늘나라 시민들은 결혼하지 않으며 하나님의 천사들로 존재합니다. 그러나 이 규칙에 예외가 한 가지 있으니, 그리스도와 교회는 하늘나라에 기쁜 결혼식을 거행할 것입니다.

이에 예수께서 가시관을 쓰고 자색 옷을 입고 나오시니 빌라도가 그들에게 말하되 보라 이 사람이로다 하매(요 19:5).

주 예수는 깊은 슬픔 속에 뛰어내리심으로써 자기 백성들의 기쁨과 위로가 되셨습니다. 겟세마네 동산의 인간 예수를 보십시오. 그의 마음을 보십시오. 그의 마음은 사랑으로 넘쳐흐르고 있어 억제할 수 없었으며, 슬픔으로 가득차 있었기 때문에 배출구가 필요했습니다. 땅에 떨어지는 피와 땀을 보십시오. 손과 발에 못 박히신 인간 예수를 보십시오. 회개하는 죄인이여, 고난을 받고 계신 슬픈 주님의 모습을 보십시오. 가시 면류관에 어린 붉은 피는 귀중한 보석인 양 왕관을 장식해줍니다. 뼈마디가 어그러질 때 인간 예수를 보십시오. 피를 물 같이 쏟으시고 죽으신 예수를 보십시오. 하나님은 그를 버리셨으며 지옥이 그를 에워쌌습니다.

이 세상에 주님이 느끼신 것과 같은 슬픔이 있었습니까? 가까이서 이 슬픔의 광경을 바라보십시오. 이것은 독특하고 비길 데 없이 크며, 천사들과 사람들 모두에게 놀라운 슬픔이었습니다.

그를 뚫어지게 바라보십시오. 십자가에 달리신 예수 안에 위로가 없다면 이 세상이나 하늘에 기쁨이 있을 수 없습니다. 주님이 흘리신 대속의 피가 소망을 주지 못한다면 당신의 마음에 기쁨이 있을 수 없습니다.

십자가 밑에 앉을 때 우리의 의심이나 두려움의 고통이 줄어듭니다. 주님의 슬픔을 바라볼 때, 우리는 자기의 슬픔은 부끄러워서 언급할 수 없을 것입니다. 주님의 상처를 바라보기만 하면 우리의 상처가 나음을 받습니다.

주님의 죽으심을 묵상함으로써 우리는 의로운 생활을 하게 됩니다. 주님이 받으신 굴욕과 슬픔을 묵상함으로써 우리는 고귀하게 됩니다.

네가 멀리 섰던 날 곧 이방인이 그의 재물을 빼앗아 가며 외국인이 그의 성문에 들어가서 예루살렘을 얻기 위하여 제비 뽑던 날에 너도 그들 중 한 사람 같았느니라(옵 1:11).

본문에서는 특히 "너"라는 단어를 강조하고 있습니다. 똑같은 행위라도 누가 행했느냐에 따라서 더 나쁜 행위가 될 수 있습니다. 하나님의 택함을 받은 백성이 범죄하는 것은 더욱 악한 것입니다. 우리가 악을 행하는 것을 천사가 발견한다면 그는 달리 책망할 필요 없이 "너는 이곳에서 무엇을 하느냐?"라고 묻기만 하면 됩니다. 많은 용서를 받고 크게 구원을 받고 많은 가르침을 받은 우리가 어찌 악에 손을 댈 수 있습니까? 하나님은 그것을 금하십니다.

오늘 아침 몇 분간 죄를 자백하는 것이 우리에게 유익할 것입니다. 우리는 악인들처럼 행동한 적이 있습니까? 어느 날 저녁 파티에 참석한 사람들이 음탕한 농담을 듣고 웃음을 터뜨렸습니다. 그때 우리도 그들 중 한 사람이었으며 그 농담이 전혀 귀에 거슬리지 않은 것은 아니었습니다. 그러나 하나님의 도에 관해 지독한 말이 제기될 때 우리는 부끄러워 침묵을 지켰으므로 우리도 그들과 같았습니다.

우리는 그들과 다른 점이 있습니까? 우리는 그들과 매우 비슷합니다. 자신을 정직하게 살피십시오. 그리고 예수 그리스도 안에서 새로운 피조물임을 확신하십시오. 이것을 확신하게 되면 사람들이 다시 "너도 그들 중 한 사람 같았었느니라"고 말하지 못하도록 방심하지 말고 걸으십시오. 우리는 그들과 같은 운명에 동참하기를 원하지 않으면서, 어찌 이 세상에서는 그들과 같이 되려 합니까? 세상의 편에 서지 말고 고통받는 하나님의 백성 편에 서십시오.

그가 빛 가운데 계신 것 같이 우리도 빛 가운데 행하면 우리가 서로 사귐이 있고 그 아들 예수의 피가 우리를 모든 죄에서 깨끗하게 하실 것이요(요일 1:7).

우리는 모든 죄에서 깨끗하게 되었습니다. 많은 사람은 임종할 때 죄 사함을 기대할 수 있으리라고 생각합니다. 장차 죽음이 임박해 있을 때 용서함을 받을 수 있다는 가능성을 의지하는 것보다 지금 깨끗하게 함을 받는 것이 더 좋지 않겠습니까? 어떤 사람은 여러 해 기독교인으로 살아야만 죄 사함을 받았다는 의식을 얻을 수 있다고 생각합니다. 그러나 죄 사함은 현재의 일입니다. 그것은 오늘 누릴 특권이며, 지금 이 시각에 느낄 기쁨입니다. 죄인이 예수를 의뢰하는 순간에 완전히 사함을 받습니다.

본문 말씀은 지속성을 나타내기도 합니다. 우리의 죄는 어제 깨끗하게 되었고 오늘도 깨끗하게 되며 내일도 깨끗하게 될 것입니다.

믿는 자여, 요단강을 건널 때까지 정결케 함이 항상 우리와 함께 있을 것입니다. 시간마다 이 샘으로 나와도 항상 깨끗하게 해줍니다.

그리스도의 보혈이 우리 죄를 완전히 깨끗하게 한다는 것에 유의하십시오. 그 아들 예수의 피가 우리를 모든 죄에서 깨끗하게 하실 것입니다. 단순히 죄에서 깨끗하게 하는 것이 아니라, 모든 죄에서 깨끗하게 하십니다.

성령은 당신이 이것이 얼마나 아름다운 말인지 맛보게 하실 것입니다. 하나님을 거슬린 우리의 죄는 큽니다. 우리가 발행한 어음의 액수가 큰 것이든 작은 것이든 주님은 동일한 수표로 그것들을 갚으셨습니다. 예수 그리스도의 피는 하나님의 모독한 베드로의 죄나 사랑하는 요한의 결점을 모두 갚아주십니다. 우리의 불의는 영원히 사라집니다. 참으로 완전하고 복된 죄 사함입니다.

이제 잠자리에 들기 전 이 복된 주제를 묵상합시다.

모세가 백성에게 이르되 너희는 두려워하지 말고 가만히 서서 여호와께서 오늘 너희를 위하여 행하시는 구원을 보라 너희가 오늘 본 애굽 사람을 영원히 다시 보지 아니하리라(출 14:13).

이 말씀에는 특별한 곤경을 당하고 있는 신자에게 주시는 하나님의 명령이 들어 있습니다. 그는 후퇴하지도 못하고 전진할 수도 없습니다. 그는 좌우 양편으로 포위당하고 있습니다. 이제 그는 어떻게 해야 합니까? 주님은 "가만히 서라"고 하십니다. 이처럼 곤경에 처했을 때는 주님의 말씀에만 귀를 기울이는 것이 좋습니다. 다른 악한 조언자들이 당신에게 조언하기 때문입니다.

절망은 "누워서 죽어라. 모든 것을 포기하라"고 속삭입니다. 그러나 하나님은 우리가 용기를 가지며 하나님의 사랑과 신실하심을 기뻐하기를 원하십니다.

소심은 "후회하라. 다시 세상적인 태도로 행동하라. 너는 기독교인 역할을 할 수 없다. 그것은 너무 어려운 일이다. 네 신앙의 원리를 포기하라"고 속삭입니다. 사탄이 아무리 이렇게 속삭이더라도 하나님의 자녀인 우리는 그 말을 따라서는 안 됩니다. 우리는 잠시 가만히 서라는 명령을 받았다면, 그것은 우리의 힘을 회복시켜 때가 되면 크게 전진하게 하기 위한 것입니다.

성급함은 "무엇인가 행하라. 가만히 서서 당하는 것은 나태한 결과이다. 그러니 움직여라"고 외칩니다.

주제넘음은 "네 앞에 바다가 가로막고 있더라도 그것을 향해 진군하며 기적을 기대하라"고 뽐내며 말합니다. 그러나 믿음은 주제넘음, 절망, 소심, 성급함 등의 속삭임에 귀를 기울이지 않습니다. 그것은 "가만히 서라"고 하시는 하나님의 말씀을 듣고 반석처럼 움직이지 않습니다.

"가만히 서서." 이것은 행동을 위한 준비를 하고 다음 명령을 기다리는 자세, 즐거운 마음으로 인내하면서 하나님이 지시하시는 음성을 기다리는 태도입니다. 머지않아 하나님은 모세가 이스라엘 백성에게 명령하셨던 것처럼 "진군하라"고 하실 것입니다.

여호와께서 그의 군대 앞에서 소리를 지르시고 그의 진영은 심히 크고 그의 명령을 행하는 자는 강하니 여호와의 날이 크고 심히 두렵도다 당할 자가 누구이랴(욜 2:11).

큰 기쁨이요 방어자가 되실 여호와의 강하심을 생각해 보십시오. 하나님은 싸우시는 분이시오, 그의 이름은 여호와십니다. 모든 하늘나라 군대가 하나님의 부르심을 들으려고 귀 기울입니다. 스랍 천사와 그룹 천사 등 모두가 하나님의 뜻에 주의를 기울입니다. 우리의 눈이 육욕으로 말미암아 멀지 않았다면 우리는 여호와의 사랑 받는 자를 에워싸고 있는 불 수레와 말을 볼 것입니다.

자연계의 모든 것은 창조주의 절대적인 지배력에 복종합니다. 폭풍우, 태풍, 번개, 비, 눈 우박, 부드러운 이슬, 상쾌한 햇빛 등은 모두가 하나님의 명령에 따라서 오고 갑니다. 육지, 바다, 공기, 땅 밑 등은 여호와의 큰 군대가 머무는 병영입니다. 우주는 여호와의 야영지요, 빛은 여호와의 군기요, 불은 여호와의 칼입니다.

여호와께서 전쟁하러 나가실 때 기근이 땅을 파괴하고, 전염병이 국가를 강타하며, 허리케인이 바다를 쓸고, 우레가 산을 뒤흔들고, 지진이 견고한 땅을 진동합니다.

이 강대하신 임금과 화평하십시오. 이 임금의 군대에 속하십시오. 그분을 대적하여 싸우는 것은 미친 짓이요, 그분을 섬기는 것은 영광이 됩니다. 예수는 여호와의 군대에 지원하는 병사들을 기꺼이 받아들이십니다.

아직도 그리스도의 군사가 되지 못했다면 이 밤 잠들기 전에 그리스도께 나아가 그의 공로로 말미암아 영접을 받으십시오. 이미 십자가의 군사가 되었다면 용기를 내십시오. 주님과 비교할 때 원수는 지극히 무력합니다.

그 여인이 그의 옷을 잡고 이르되 나와 동침하자 그러나 요셉이 자기의 옷을 그 여인의 손에 버려두고 밖으로 나가매(창 39:12).

어떤 죄와 싸울 때는 도망치는 것이 곧 이기는 것이 될 때가 있습니다. 악의 행위로부터 안전하기를 원하는 사람은 그 유인(誘因)으로부터 도망쳐야만 합니다. 조그마한 불꽃이지만 순식간에 큰 화염으로 변하는 유혹의 원인은 쳐다보지도 않겠다는 언약을 세워야 합니다.

문둥병자의 병실에 들어가서 그 썩어가는 사람들과 함께 자기를 원하는 사람이 어디 있습니까? 자기 자신도 문둥병에 걸리기를 원하는 사람이 있다면 아마 전염을 자초할 것입니다. 폭풍우를 피하는 법을 아는 선원은 위험하게 폭풍우 속을 헤쳐나가려 하지 않고 다른 방법을 찾을 것입니다.

주여, 오늘 내가 큰 위험을 만나더라도 그것을 멀리하며 피할 수 있는 지혜를 주소서.

오늘 나에게는 사자의 발톱보다는 비둘기의 날개가 더 유용할 것입니다. 나는 타락해가는 악한 동료 때문에 분명한 패배자가 될 수도 있습니다. 그러나 내 인품을 잃기보다는 차라리 옷을 버리고 도망치는 편이 나을 것입니다. 내게 필요한 것은 부자가 되는 것이 아니요, 순결한 사람이 되는 것입니다.

우정의 끈, 아름다운 장신구, 번뜩이는 재능, 또는 부당한 조롱 등에 걸려 죄로부터 도망하려는 지혜로운 결단을 취소해서는 안 됩니다. 나는 마귀와 맞서 싸워야 하며 물리쳐야 합니다. 그러나 육체의 정욕과 맞서 싸우려 하지 말고 도망쳐야 합니다. 그렇지 않으면 그것들이 나를 정복하게 될 것입니다.

그들이 그 죄를 뉘우치고 내 얼굴을 구하기까지 내가 내 곳으로 돌아가리라 그들이 고난 받을 때에 나를 간절히 구하리라(호 5:15).

위대하신 목자는 방황하는 양을 집으로 데려오기 위한 수단으로 손해와 역경을 사용하십니다. 그것들은 사나운 개처럼 방황하는 자들을 우리로 돌아가게 만듭니다. 사자는 아무리 잘 먹여도 길들지 않으며 기력을 잃어야만 조련사에게 순종합니다.

신자들은 쓴 빵을 먹고 고된 시련을 겪음으로써 주님의 뜻에 순종하게 되기도 합니다. 많은 신자는 부유하고 재산이 많아지면 손을 높이들고 교만하게 말합니다. 그들은 다윗처럼 우쭐대면서 "영원히 흔들리지 아니하리라 하였도다"(시 30:6)라고 말합니다. 신자들이 부유해지고, 친구들에게 인기를 얻으며, 건강하고, 행복한 가정을 가지게 되면 육체적 안일함에 빠지기 쉽습니다. 그가 참 하나님의 자녀라면 이럴 때 하나님은 그를 매로 때리십니다. 그의 재산은 눈 녹듯 사라지며, 그의 땅은 남의 손에 넘어가고, 또 손해가 신속히 임합니다.

그 징계는 언제 그칠 것입니까? 이처럼 곤란을 당할 때 그가 자신의 패역함으로 인해 번민하여 하나님께 돌아온다면, 그것은 거룩한 생활이 시작되었다는 복된 징조입니다. 구원의 반석 위에 있는 선원을 씻어 주는 파도가 복됩니다. 사업에서의 손해가 우리 영혼을 풍성하게 해주는 거룩한 수단이 되기도 합니다.

택함을 받은 영혼이 두 손을 가득히 채워 주님께 나아오지 않으면 그 영혼은 텅 비게 될 것입니다. 우리가 부귀의 정상에 섰을 때 하나님께 영광을 돌리지 않는다면 하나님은 우리를 가난의 골짜기로 떨어뜨리실 것입니다.

슬픔의 상속인이여, 그러나 책망을 받을 때 기운을 잃지 마십시오. 징계하시는 사랑의 손을 깨닫고 탕자처럼 "내가 일어나 아버지께 가리라"(눅 15:18)라고 말씀하십시오.

그러므로 너희가 더욱 힘써 너희 믿음에 덕을, 덕에 지식을, 지식에 절제를, 절제에 인내를, 인내에 경건을, 경건에 형제 우애를, 형제 우애에 사랑을 더하라(벧후 1:5-7).

우리의 믿음이 올바른 믿음이 되도록 주의하십시오. 교리적인 신앙이 아니라 그리스도만 의지하는 단순한 믿음이 되도록 하십시오. 우리가 옳다는 의식을 가지고서 담대하게 앞으로 나아가도록 주의를 기울이라. 성경을 잘 연구하여 지식을 얻으십시오. 교리에 관한 지식은 신앙을 굳게 해줍니다. 하나님의 말씀을 이해하려고 노력하십시오. 우리의 마음속에 말씀이 풍성하게 거하게 하십시오.

이처럼 한 후에는 우리의 지식에 절제를 공급하십시오. 우리의 육체를 조심하여 표면적으로 절제하며, 당신의 영혼에 주의를 기울여 내면적으로 절제하십시오. 말과 생각과 마음과 생활을 절제하십시오.

여기에 하나님의 성령에 의해 인내를 더 하십시오. 고난을 참고 견딜 수 있는 인내를 달라고 요청하십시오. 고난을 견뎌내면 정금 같이 됩니다.

우리 자신을 인내로 치장하여 불평하지 않으며 고난 중에 낙심하지 않도록 하십시오. 이 은총을 얻은 후에는 경건을 기대하십시오. 경건은 신앙심 이상의 것입니다.

하나님께 영광을 돌리는 것을 삶의 목표로 삼으십시오. 거기에다 형제 우애를 더하십시오.

모든 성도를 사랑하십시오. 모든 사람의 영혼을 사랑하십시오.

이러한 보석들로 치장을 하게 되면 우리는 자신의 소명과 택하심을 분명하게 알게 될 것입니다. 미지근함과 의심하는 태도는 항상 함께 나타난다는 것을 명심하십시오.

지도자들 곧 그의 백성의 지도자들과 함께 세우시며(시 113:8).

우리는 최고의 영적 특권을 가지고 있습니다. “방백”은 상류 계급입니다.

> “우리의 사귐은 아버지와 그의 아들 예수 그리스도와 더불어 누림이라”(요일 1:3).

이처럼 정선된 사귐은 어디에도 없습니다. 우리는 “택하신 족속이요 왕 같은 제사장들이요 거룩한 나라요 그의 소유가 된 백성”(벧전 2:9)이며, “하늘에 기록된 장자들의 모임”(히 12:23)에 들어갔습니다. 성도들에게는 왕을 알현할 수 있는 권리가 있습니다. 하나님의 자녀는 하늘나라의 궁전 안에 자유로이 들어갈 수 있습니다. “이는 그로 말미암아 우리 둘이 한 성령 안에서 아버지께 나아감”(엡 2:18)을 얻었기 때문입니다.

히브리서 기자는 우리가 “은혜의 보좌 앞에 담대히 나아갈 것이니라”(히 4:16)고 했습니다. 방백들에게는 풍부한 재산이 있습니다. 그러나 그것은 신자들이 가진 재산에는 비교가 되지 않습니다.

> “다 너희의 것이요 너희는 그리스도의 것이요 그리스도는 하나님의 것이니라”(고전 3:22-23).

> “자기 아들을 아끼지 아니하시고 우리 모든 사람을 위하여 내주신 이가 어찌 그 아들과 함께 모든 것을 우리에게 주시지 아니하겠느냐”(롬 8:32).

방백들에게 권세가 있듯이, 하늘나라 방백은 큰 권세를 소유합니다. 예수께서 “우리를 나라와 제사장으로 삼으셨기”(계 1:6) 때문입니다. 우리는 영원무궁한 나라를 다스립니다. 방백들은 특별한 영광을 누립니다. 우리는 은혜로 주어진 높은 지위에서 모든 세상 권위를 내려다볼 것입니다. 하나님은 우리를 “일으키사 그리스도 예수 안에서 함께 하늘”에 앉히셨습니다(엡 2:6). 우리는 그리스도의 영광을 소유합니다. 세상의 영광은 이것에 비교할 가치조차 없습니다. 그리스도와 교제하는 것은 황제의 왕관에 박혀 반짝이는 보석보다 더 귀합니다.

이로써 그 보배롭고 지극히 큰 약속을 우리에게 주사 이 약속으로 말미암아 너희가 정욕 때문에 세상에서 썩어질 것을 피하여 신성한 성품에 참여하는 자가 되게 하려 하셨느니라(벧후 1:4).

하나님의 약속의 귀함을 알며 마음으로 그것을 즐기려 한다면, 시간을 내어 그것들을 묵상하십시오. 거룩한 말씀을 묵상하는 것은 그것들의 성취의 전주곡이 되기도 합니다.

약속을 목말라 하는 많은 신자는 약속을 묵상하는 동안 자신이 추구했던 복이 영혼 안에 방울방울 떨어져 내림을 발견했습니다. 그는 자신이 약속을 자기 마음 가까이에 두게 되었음을 기뻐했습니다.

그러나 약속을 묵상하는 일 외에도 그것들을 하나님의 말씀으로 받아들이는 일이 긴요합니다. 당신의 영혼에게 이렇게 말하십시오.

"나는 사람과 약속을 할 때 상대방의 능력과 인품을 고려해 본다. 하나님의 약속에 대해서도 마찬가지다. 내 시선을 크신 자비에 두지 말고 약속을 주신 하나님의 위대하심에 두어야 한다. 내 영혼아, 네게 말씀하시는 분은 결코 거짓말을 하시지 않는 네 하나님이시다. 지금 네가 고려하고 있는 하나님의 말씀은 하나님이 존재하신다는 사실과 마찬가지로 참된 진리이다. 그분은 불변하시는 하나님이시다. 그분은 자기 입에서 나간 말씀을 결코 바꾸거나 취소하지 않으신다. 네게 약속하신 분은 하늘과 땅을 지으신 하나님이시다. 하나님은 언제 은총을 주어야 하며 언제 거두실지 아시므로 은혜를 베풀어야 하는 때를 가장 지혜롭게 택하실 분이시다. 그러므로 나는 그 약속을 믿어야 한다."

우리가 약속을 묵상하고 약속을 주신 하나님을 고려해 본다면 그 아름다운 약속을 경험하며 약속의 성취를 얻게 될 것입니다.

누가 능히 하나님께서 택하신 자들을 고발하리요 의롭다 하신 이는 하나님이시니(롬 8:33).

이것은 지극히 복된 도전의 말씀입니다. 누가 여기에 대답할 수 있겠습니까? 택하신 자들의 죄는 모조리 위대하신 구원의 투사에게 전가되며, 그는 대속 사역으로 그것들을 제거해 주십니다. 하나님의 책에는 자기 백성들의 죄가 기록되어 있지 않으며, 그들은 그리스도 안에서 영원토록 의롭다함을 얻습니다. 죄악이 제거될 때, 죄에 대한 형벌도 제거됩니다. 하나님은 노하신 손으로 기독교인을 때리지 아니하시며 찡그리시며 심판하시지도 않습니다. 믿는 자는 아버지에게서 징계를 받을 수는 있으나, 심판하시는 하나님은 "내가 너를 용서하였습니다. 너는 죄가 없다"라고 말씀하실 뿐 다른 말씀은 하지 않으십니다. 신자들은 모든 형벌과 죄책감에서 완전히 자유를 얻습니다.

죄의 세력도 제거됩니다. 그것이 계속 도전하여 우리를 방해하고 선동할지 모르나, 하나님만 의지하는 신자에게는 정복하지 못할 죄는 없습니다. 하늘나라에서 흰옷을 입고 있는 성도들은 어린 양의 피와 자기들이 증언하는 말씀으로써 죄를 이긴 사람들입니다(계 12:11). 우리도 그들과 동일하게 행할 수 있을 것입니다. 우리는 그리스도의 능력으로 말미암아 아무리 강한 정욕과 굳은 죄도 이길 수 있습니다.

믿는 자여, 우리는 죄는 이미 정죄 받고 있습니다. 발로 차며 싸운다고 해도, 죄는 결국은 죽을 운명에 처해 있습니다. 하나님은 죄의 이마에 사형 선고문을 기록하셨습니다. 그리스도는 그것을 자기 십자가에 매달고 못 박으셨습니다.

이제 가서 그것을 멸망시키십시오. 그러면 주님이 당신을 도와 주님을 찬양하는 생활을 하게 해주실 것이며, 마침 내 죄는 모든 죄악과 수치와 두려움과 함께 사라질 것입니다.

내가 이같이 우매 무지함으로 주 앞에 짐승이오나(시 73:22).

이 노래는 하나님의 마음을 따른 자의 고백입니다. 그는 우리에게 자신의 내적 생명에 대해 말하면서 "내가 이같이 우매 무지하다"라고 했습니다. 여기에서 "우매하다"라는 단어는 일상적으로 사용되는 것 이상의 의미를 갖습니다.

다윗은 "내가 악인의 형통함을 보고 오만한 자를 질투하였음이로다"(시 73:3)고 했습니다. 이것은 그가 의도한 어리석음 안에 죄가 포함되어 있었음을 보여줍니다. 그는 자기 자신을 "우매 무지"하고 표현하고 있습니다. 사악하여 정죄를 받아야 하는 우매(愚昧)함은 사악한 우매입니다. 왜냐하면 다윗은 경건치 않은 사람들을 기다리고 있는 두려운 종말은 생각하지 못하고 다만 그들이 누리고 있는 현재의 번영을 질투했기 때문입니다.

우리가 다윗보다 더 지혜롭다고 할 수 있습니까? 우리는 자신이 온전함에 이르렀다거나, 또는 징계의 매를 맞아 모든 고질적인 완강(頑强)함이 제거되었다고 공언할 수 있습니까? 이것은 정말로 큰 자만심입니다.

신자들이여, 회고하십시오. 우리를 신실하게 대해 주시는 하나님을 우리가 의심하고 있다는 것을 생각해 보십시오. 우리가 비통의 근원이 될 쾌락을 준다는 이유로 죄를 선택한 일이 얼마나 많이 있는지 생각해 보십시오. 자신의 마음을 안다면 그것이 죄악된 어리석음임을 인정하며 하나님이 우리의 권고자와 안내자가 되어 주실 것이라고 확신해야 합니다.

하나님이 나사렛 예수에게 성령과 능력을 기름 붓듯 하셨으매 그가 두루 다니시며 선한 일을 행하시고 마귀에게 눌린 모든 사람을 고치셨으니 이는 하나님이 함께 하셨음이라(행 10:38).

이 말씀은 예수님을 훌륭하게 묘사해줍니다. 이 말씀은 오직 구세주에게만 적용되는 무한히 참된 말씀입니다. 이 말씀으로 보건대 주님은 친히 선한 일을 하셨음이 분명합니다. 복음서에는 주님이 나병 환자를 손으로 만지셨고, 소경의 눈에 진흙을 발라주셨다고 합니다. 멀리서 말씀만 해달라는 요청을 받으셨을 때 주님은 친히 병자에게로 가셔서 낫게 해주셨습니다.

여기에서 우리는 선한 일을 하기를 원한다면 직접 행해야 한다는 교훈을 받습니다. 구제할 때는 직접하십시오. 인자한 표정이나 말 한마디가 당신이 베푸는 선물의 가치를 더 높여줄 것입니다. 친구에게 영혼에 대해 말해 주십시오. 애정어린 당신의 호소는 도서관에 보관된 많은 논문보다 더 설득력이 있을 것입니다. 우리는 주님이 끊임없이 활동하시면서 선을 행하셨음을 알 수 있습니다. 주님은 자기에게 나오는 사람들에게만 선을 행한 것이 아니요, 두루 다니시며 자비를 베푸셨습니다. 유대 전역에 주님을 보고 기뻐하지 않은 마을이 거의 없었습니다. 이것은 많은 신자가 주님을 섬기는 게으른 태도를 크게 책망합니다. 우리는 정력적으로 선 한 일을 합시다.

본문 말씀은 예수 그리스도께서 선한 일을 행하기 위해 각별 히 노력하셨음을 나타내줍니다.

"그가 두루 다니시며 선한 일을 행하시고"

주님은 위험하거나 어려운 일이라고 주저하지 않으셨습니다. 주님은 자기의 자비로우신 뜻이 목표하는 대상을 열심히 찾아다니셨습니다.

또한 그리스도의 인내하심과 한결같은 목표도 이 말씀에 함축되어 있습니다. 이 말씀이 전해주는 주제를 요약해보면 "그리스도도 너희를 위하여 고난을 받으사 너희에게 본을 끼쳐 그 자취를 따라오게 하려 하셨느니라"는 것입니다.

내가 항상 주와 함께 하니 주께서 내 오른손을 붙드셨나이다(시 73:23).

다윗은 자신의 고백처럼 우매 무지함에도 불구하고 구원을 얻고 영접을 받았으며, 하나님의 끊임없는 임재의 축복을 받았습니다.

믿는 자들이여, 다윗과 동일한 심령으로 "하오나 내가 그리스도께 속하였사오니 내가 항상 하나님과 함께 있도다"라고 하십시오. 주님은 항상 나의 유익을 생각하며 나를 염려해 주십니다. 주님은 결코 잠자지 아니하시며 내 행복을 지켜 주십니다.

나는 언제나 주님의 보호 아래 있으므로 아무도 나를 주님에게서 떼어내지 못합니다. 옛날 대제사장들이 가슴에 열두 지파의 이름을 달고 있었던 것처럼 나도 항상 주님의 마음에 있어 기억됩니다.

주님은 언제나 우리의 행복을 위해 섭리의 사역을 행하십니다. 참으로 놀라운 은혜입니다. 우리는 그리스도 안에 있는 나를 봅니다. 비록 내 본연의 모습은 혐오스럽지만, 그리스도의 옷을 입고 주님의 피로 씻음을 받은 내 모습을 봅니다. 나는 주님 앞에 영접을 받아 섭니다. 나는 항상 주님의 은총 안에 있습니다. 여기에 내적으로 환난을 당하고 고난받고 시련을 겪는 영혼을 위한 위안이 있습니다.

예수 안에 있는 평온함을 바라십시오. "내가 이같이 우매 무지하여 주의 앞에 짐승이오나"라고 마음속으로 말해보십시오. 그리하면 그 말씀이 위로를 줄 것입니다.

"내가 이같이 우매 무지함으로 주 앞에 짐승이오나"(시 73:22).

아버지께서 내게 주시는 자는 다 내게로 올 것이요(요 6:37).

이 말씀에는 예정의 교리가 내포되어 있습니다. 즉 아버지께서 그리스도에게 주신 영혼들이 있습니다. 이 말씀은 실효가 있는 소명도 포함하고 있으니, 곧 그리스도께 주신 바 된 영혼들은 결국 그리스도께로 올 것입니다. 비록 부르심에 반항하더라도 결국은 어두움을 벗어나 놀라운 하나님의 빛으로 나아오게 됩니다.

그것은 우리에게 믿음의 필요성을 가르쳐 줍니다. 비록 그리스도께 주어진 영혼일지라도 그리스도께 가지 않으면 구원받지 못합니다. 하늘나라에 들어가는 문은 예수 그리스도밖에 없습니다. 아버지께서 대속자에게 주신 영혼은 반드시 그에게 가야 하며, 그리스도께 나아가지 않은 영혼은 절대 하늘나라에 갈 수 없습니다.

"내게로 올 것이요."

이 말씀은 참으로 능력 있고 위엄있는 말씀입니다. 주 예수께서는 자기의 사자들, 말씀, 영을 사용하시어 부드럽고 자비하게 사람들을 강권하시며, 주님의 혼인 잔치에 참여하여 먹게 하십니다. 주님은 인간의 자유의지를 범하지 않으시며, 은혜의 힘으로 그를 이끄십니다. 다른 사람의 뜻을 지배하기 위해 힘을 발휘하기보다는 지성의 법에 합당한 방법을 사용하면, 그 사람의 뜻을 해치지 않고도 내 뜻대로 할 수 있습니다. 예수께서는 우리의 지성과 마음에 호소하는 강력한 논리, 신비한 성령의 감화력을 영혼의 힘과 욕망에 작용시키시므로 주님의 논거에는 저항할 수가 없습니다. 주님의 주권적 사랑에 압도된 사람은 과거에 주님을 배반했던 곳에서 기쁘게 주님의 법에 복종합니다.

택함을 받은 영혼들은 즐거운 마음으로 그리스도를 영접하며, 단순하고 순결한 믿음을 가지고 주께로 나아옵니다. 그들은 주님을 자기의 구원이요 소망으로 여기고 의지합니다. 우리도 이런 태도로 예수께 나아갔습니까?

닭이 곧 두 번째 울더라 이에 베드로가 예수께서 자기에게 하신 말씀 곧 닭이 두 번 울기 전에 네가 세 번 나를 부인하리라 하심이 기억되어 그 일을 생각하고 울었더라(막 14:72).

베드로는 자신이 주님을 부인한 일을 기억할 때마다 눈물을 흘렸다고 생각하는 사람들이 있습니다. 그럴 가능성도 있습니다. 왜냐하면 그의 죄는 무척 컸으며 후일 그의 안에 있는 은혜가 완전한 사역을 행했기 때문입니다. 구속함을 받은 성도들은 하나님의 성령께서 돌 같은 본성적인 마음을 제거해 주신 정도에 비례하여 이와 동일한 체험을 합니다.

우리도 베드로처럼 과장된 약속, "모든 사람이 당신을 버릴지라도 나는 버리지 아니하겠나이다"라고 말했던 일을 기억합니다. 자신이 어떠한 사람이 되겠다고 맹세했으며 어떻게 살아왔는지 생각할 때 우리는 비탄으로 눈물을 하염없이 흘리며 울게 될 것입니다.

지은 죄의 죄악 됨을 생각하면서도 무디고 고집스러운 상태로 그대로 남아 있을 수 있습니까? 우리는 용서하시는 사랑의 보증을 새롭게 해달라고 주님께 울부짖습니까? 오래지 않아 우리의 혀가 지옥 불에 타지 않으려면 죄를 냉정한 눈으로 보아서는 안 됩니다.

베드로는 주님의 사랑의 시선을 생각했습니다. 수탉의 경고의 울음을 울 때 주님은 슬픔과 연민과 사랑이 뒤섞인 훈계의 시선으로 베드로를 바라보았습니다. 그 시선은 평생 베드로의 마음에 박혀있었습니다. 그것은 성령이 없이 행해진 일만 번의 설교보다 훨씬 더 효과적이었습니다. 자신을 과거의 위치로 복귀시켜 주신 구세주의 완전한 용서를 생각하면서 이 회개한 사도는 분명히 눈물을 흘렸을 것입니다. 지극히 자비하시고 선하신 주님께 범죄한 것이야말로 일평생 생각할 때마다 울어야 할 충분한 이유가 됩니다.

주여, 우리의 굳은 심령을 깨어 부수사 생명의 물이 흐르게 하여 주소서.

내게 오는 자는 내가 결코 내쫓지 아니하리라(요 6:37).

이 약속은 언제까지나 효력을 발휘합니다. 주님은 "나는 처음으로 나에게 오는 죄인을 내어쫓지 아니하리라"고 하지 않고 "내가 절대 내어쫓지 아니하리라"고 하셨습니다. 이 말씀은 그리스도는 처음 주께로 나아오는 신자를 내어쫓지 아니하시며, 끝까지 내어 쫓지 아니할 것이라는 뜻입니다. 신자가 그리스도께로 나아간 후에 범죄한다면 어떻게 됩니까?: "만일 누가 죄를 범하면 아버지 앞에서 우리에게 대언자가 있으니 곧 의로우신 예수 그리스도시라"(요일 2:1).

신자들이 배교하면 어떻게 됩니까?: "내가 그들의 반역을 고치고 기쁘게 그들을 사랑하리니 나의 진노가 그에게서 떠났음이니라"(호 144).

신자들이 시험을 받아 타락하면 어떻게 됩니까?: "오직 하나님은 미쁘사 너희가 감당하지 못할 시험 당함을 허락하지 아니하시고 시험 당할 즈음에 또한 피할 길을 내사 너희로 능히 감당하게 하시느니라"(고전 10:13).

신자들도 다윗처럼 죄에 빠질 수 있습니다. 그러나 하나님은 회개하는 다윗의 기도에 응답해 주셨습니다: "우슬초로 나를 정결하게 하소서 내가 정하리이다 나의 죄를 씻어 주소서 내가 눈보다 희리이다"(시 51:7).

> "내가 그들을 내게 범한 그 모든 죄악에서 정하게 하며 그들이 내게 범하며 행한 모든 죄악을 사할 것이라"(렘 33:8).

예수님은 "내가 그들에게 영생을 주노니 영원히 멸망하지 아니할 것이요 또 그들을 내 손에서 빼앗을 자가 없느니라"(요 10:28)고 약속하십니다. 그리스도께 가면 주님은 우리를 영접하여 신부로 삼으실 것이요, 우리는 영원토록 그리스도의 것이 될 것입니다.

곧 내가 그들 안에 있고 아버지께서 내 안에 계시어 그들로 온전함을 이루어 하나가 되게 하려 함은 아버지께서 나를 보내신 것과 또 나를 사랑하심 같이 그들도 사랑하신 것을 세상으로 알게 하려 함이로소이다(요 17:23).

우리 영혼이 주님과 연합하면 얼마나 깊고 충만한 교제를 누릴 수 있을 것입니까! 그 교제의 통로는 실같이 가느다란 물이 흐르는 좁은 파이프가 아닙니다. 그것 놀랍도록 깊고 넓은 수로로써 엄청난 생명수가 흐를 수 있습니다.

이 교제의 도시에는 많은 진주문이 있는데 그 문은 모두 활짝 열려 있으므로 우리는 들어가 영접을 받을 수 있습니다. 그처럼 넓은 문이 있다는 것은 대단한 축복입니다. 만일 주 예수님이 폭풍우가 이는 바다를 사이에 두고 멀리 떨어져 계셨다면, 우리는 그분에게 사신을 보내어 주님을 향한 우리의 사랑을 전하고 아버지의 집으로부터 소식을 가져오게 하기를 갈망했을 것입니다.

주님의 자비하심을 보십시오. 주님은 가난하고 겸손한 심령 속에 장막을 지으시고 우리와 함께 거하십니다. 우리가 주님과 끊임없이 교제하지 않는 것은 어리석기 그지없는 일입니다. 길이 멀고 위험하며 험할 때 친구들이 거의 서로 만나지 않는 것은 그다지 이상한 일이 아닙니다.

그러나 요나단이 다윗과 함께 살면서 다윗을 잊을 수 있습니까? 남편이 여행을 떠나고 집에 없을 때 아내는 남편과 대화를 하지 못한 채 여러 날을 지냅니다. 그러나 남편이 자기 집 안방에 있는 것을 안다면 결코 남편에게서 떨어지지 않을 것입니다.

우리 곁에 계신 주님을 찾으십시오. 우리의 형제이신 주님을 포옹하십시오. 우리의 남편이신 주님을 굳게 붙드십시오. 우리의 혈육이신 주님을 가슴에 품으십시오.

또 찬송하는 자가 있으니 곧 레위 우두머리라 그들은 골방에 거주하면서 주야로 자기 직분에 전념하므로 다른 일은 하지 아니하였더라(대하 9:33).

하나님은 성전에서 거룩한 찬송이 그쳐서는 안 된다고 명하셨으므로 찬송하는 사람은 영원히 자비로우신 여호와를 끊임없이 찬양했습니다. 하나님의 자비가 밤낮으로 그치지 않고 다스렸으므로, 거룩한 찬송 소리도 밤낮으로 그치지 않았습니다. 시온의 성전에서 그치지 않고 찬송했다는 사실에는 우리에게 주는 교훈이 있습니다. 우리도 빚진 자이니 감사와 사랑이 부족하지 않도록 주의하십시오. 우리가 궁극적으로 거할 처소인 하늘나라에서는 항상 하나님을 찬양하는 소리가 울려 퍼집니다. 영원히 할렐루야를 노래하십시오.

태양이 땅에 빛을 비추듯이 하늘나라의 빛은 감사하는 신자들을 일깨워 아침 찬송을 부르게 합니다. 성도들은 제사장이므로 항상 찬양해야 합니다. 찬양은 감사의 외투로 지구를 덮어주며, 찬송이라는 황금띠로 지구를 고정시킵니다.

하나님이 만물을 창조하시고 섭리하신 일, 피조물을 향해 나타내시는 선하심, 특히 우리를 구속하심 등을 우리는 항상 찬양해야 합니다.

모든 놀라운 축복이 끝없는 시대가 되어 흐르고 있습니다. 하나님을 찬양하는 것은 유익한 일입니다. 그것은 낮의 기운을 돋우어 주며 밤을 밝게 해줍니다. 그것은 고생을 덜어주고 슬픔을 완화해 줍니다. 그것은 세상의 기쁨을 능가하는 성화의 빛을 비추어 주는바, 그로 말미암아 눈먼 자와 같던 우리는 앞을 보게 됩니다.

이 순간 우리에게 찬송할 일이 있습니까? 우리가 지금 누리고 있는 기쁨, 과거에 얻은 구원이나 장래의 소망을 바라보며 찬송할 수 있습니까?

예수의 사랑에 감격하여 오늘 하루를 마칩시다.

모압 여인 룻이 나오미에게 이르되 원하건대 내가 밭으로 가서 내가 누구에게 은혜를 입으면 그를 따라서 이삭을 줍겠나이다 하니 나오미가 그에게 이르되 내 딸아 갈지어다 하매(룻 2:2).

환난으로 낙심한 자여, 오늘 약속의 넓은 벌판으로 와서 이삭을 주우십시오. 이곳에는 우리의 궁핍함을 충족시켜 줄 풍성한 약속이 있습니다.

"상한 갈대를 꺾지 아니하며 꺼져가는 심지를 끄지 아니하기를 심판하여 이길 때까지 하리니"(마 12:20). 이 말씀은 당신에게 적합한 말씀이 아닙니까? 무력하고 연약한 갈대 같은 존재라도 주님은 꺾지 아니하시며 오히려 다시 회복시키고 힘을 주실 것입니다. 우리는 꺼져가는 심지와도 같아서 도발하지 못하고 열도 방출하지 못합니다. 그러나 주님은 우리를 꺼버리지 아니하십니다.

"수고하고 무거운 짐 진 자들아 다 내게로 오라 내가 너희를 쉬게 하리라"(마 11:28). 얼마나 온유한 말씀입니까! 우리의 심령은 손상되기 쉽습니다. 그러나 주님은 그것을 알고 계시므로 온유하게 말씀하십니다.

주님께 순종하여 지금 주께 가렵니까? 또 다른 이삭을 주워 봅시다. "버러지 같은 너 야곱아, 너희 이스라엘 사람들아 두려워하지 말라 나 여호와가 말하노니 내가 너를 도울 것이라"(사 41:14).

여호와께서 이처럼 훌륭한 보증을 제시하셨는데 왜 두려워합니까? 우리는 이처럼 익은 황금의 이삭을 수없이 주울 수 있을 것입니다. "내가 네 허물을 빽빽한 구름 같이, 네 죄를 안개 같이 없이하였으니"(사 44:22). "너희의 죄가 주홍 같을지라도 눈과 같이 희어질 것이요 진홍 같이 붉을지라도 양털 같이 희게 되리라"(사 1:18).

우리 주님의 밭에는 풍성한 이삭이 있습니다. 믿는 자여, 이삭이 우리 앞에 있습니다. 그것들을 주워 자신의 것으로 삼으십시오. 예수님은 우리에게 그것들을 주우라고 말씀하십니다.

두려워 말고 믿기만 하라. 이 달콤한 약속을 주우라. 그것을 묵상으로 타작하여 기쁨으로 먹으라.

주의 은택으로 한 해를 관 씌우시니 주의 길에는 기름 방울이 떨어지며 (시 65:11).

하나님은 매일 매시간 풍성하게 우리를 축복하십니다. 잠잘 때 나 깨어 있을 때나 하나님의 자비는 우리 곁에서 우리를 돌보십니다. 태양은 우리에게 어두움을 남기고 떠나지만, 하나님은 자기 자녀에게 사랑의 빛을 비추시기를 그치지 아니하십니다. 하나님의 인자하심은 언제나 마르지 않는 강물처럼 흐릅니다. 대기가 지구를 둘러싸고 있으면서 인간의 생명을 유지하게 해주듯이, 하나님의 자비는 피조물을 둘러싸고 있습니다.

비가 많이 내리는 계절에는 강물이 불어나며, 공기도 다른 때 보다 더 신선하고 상쾌하고 향기로워집니다. 하나님의 자비도 그러합니다. 하나님이 사람의 자손들 앞에서 은혜를 나타내시는 시간, 기쁨이 넘쳐흐르는 황금 시기가 있습니다. 즐겁게 추수하는 시절은 특별한 은총의 계절입니다. 가을의 영광은 풍성하게 주신 섭리의 은사들이 익어가는 데 있습니다. 가을은 단순히 바라고 기대하기만 했던 것들이 실현되는 원숙한 계절입니다.

추수하는 기쁨은 매우 큽니다. 하늘이 주신 것을 수확하여 두 팔에 가득 안은 농부는 행복합니다. 시편 기자는 추수기는 일 년 중 최고의 시기라고 말합니다. 이 더할 나위 없이 훌륭한 자비는 최고의 감사를 요구합니다.

우리는 진심으로 감사합시다. 우리 마음을 따뜻하게 하며, 우리 영으로 하나님의 선하심을 기억하고 묵상합시다. 우리의 입술로 하나님을 찬양하고 그의 이름을 찬미합시다. 이 모든 은혜는 하나님에게서 흘러나왔으니 하나님께 선물을 드림으로써 영광을 돌립시다.

모든 일을 그의 뜻의 결정대로 일하시는 이의 계획을 따라 우리가 예정을 입어 그 안에서 기업이 되었으니(엡 1:11).

하나님의 지혜를 믿는 사람은 하나님이 구원사 역의 목적과 계획을 확정하셨다고 생각합니다. 하나님의 뜻이 없었다면 피조 세계는 어떻게 되었을까? 당신은 육체의 뼈마디, 근육, 힘줄, 선(腺), 혈관 등 구석구석에서 무한하신 지혜의 계획에 따라 일하시는 하나님의 현존을 느낍니다. 하나님이 피조 세계를 은혜로 다스리시지 아니하겠습니까? 하나님의 지혜가 옛 피조물을 다스리실 때 새 피조물은 자신을 주재할 변덕스러운 성품, 자유의지를 소유할 것입니까?

하나님의 섭리를 보십시오. 하나님은 우리의 머리카락까지도 헤아리고 계십니다. 하나님은 우리의 산더미 같은 슬픔의 무게를 재시고 산과 같은 환난의 무게도 재십니다. 하나님이 모든 일을 섭리하실 때 은혜로 하시지 않겠습니까? 하나님은 모든 것을 처음부터 끝까지 아십니다. 하나님은 사랑하는 독생자의 피로 물든 모퉁이 돌을 보시며, 또한 택함을 받은 돌들이 그 본래의 채석장에서 채취되어 은혜로 씻김을 받는 것도 보십니다.

하나님은 예비된 곳에 놓여질 모든 돌에 대해 분명한 지식을 가지고 계십니다. 그 건물이 얼마나 방대할 것인지도 아시며, "은혜로다"라는 외침과 함께 마지막 꼭대기를 장식할 돌을 가져올 것도 알고 계십니다.

여호와는 모든 계획을 확정하신 후 택함을 받은 자비의 그릇 안에서 자신의 뜻하신 대로 일하십니다. 하나님은 은혜의 사역을 통해 자기 뜻을 이루시고 자기 이름을 영화롭게 하십니다.

룻이 밭에서 저녁까지 줍고 그 주운 것을 떠니 보리가 한 에바쯤 되는 지라(룻 2:11).

룻이 이삭을 주우러 갔듯이, 우리도 기도와 묵상과 말씀 경청의 들에 나아가 신령한 양식을 주워야 합니다. 이삭은 한 알씩 주워 모읍니다. 룻은 조금씩 이삭을 주워 모았습니다. 하나의 이삭이 모여 큰 다발이 되듯이, 하나의 복음적 교훈이 모이면 구원에 관한 지혜를 얻게 됩니다. 이삭을 줍는 사람은 눈을 크게 뜨고 이삭을 줍습니다. 종일 꿈속에서 헤매면 집에 가져갈 이삭을 줍지 못하게 됩니다. 경건한 활동들이 내게 무익한 것이 되지 않게 하려면 깨어 경건한 활동을 해야 합니다.

이삭은 몸을 굽히고 주워야 합니다. 나도 그렇게 행해야 합니다. 교만한 영은 비판하고 반대하지만, 겸손한 마음은 이삭을 주워 유익을 얻습니다. 겸손한 마음은 복음을 들어 유익을 얻는 데 큰 도움이 됩니다. 온유한 사람이 구원의 말씀을 받아들입니다. 교만은 악한 강도이므로 한순간도 용납해서는 안 됩니다. 이삭을 줍는 사람이 주운 것은 자기 몫이 됩니다. 만일 그가 다른 이삭을 찾기 위해 이미 주운 이삭을 떨어뜨린다면 종일 일한 성과가 그만큼 줄어듭니다.

이삭을 줍는 사람은 줍는 일은 물론이요, 주운 것을 떨어뜨리지 말아야 합니다. 그러면 많은 것을 얻을 수 있습니다. 나는 종종 듣기는 하지만 쉽게 잊습니다. 나중에 들은 진리가 내 머리에 있던 진리를 몰아내기 때문에 많이 읽고 많이 들어도 실제 적용되지 못하는 지식이 되고 맙니다. 나는 진리를 저장하는 일의 중요성을 인식하고 있습니까? 배고픈 사람은 지혜롭게 이삭을 줍습니다. 곡식이 없으면 빵을 먹지 못하게 되기 때문입니다. 그러나 내게는 그보다 더 큰 궁핍함이 있습니다.

주여, 나를 도우사 궁핍함을 느끼게 하여 주소서. 그리하면 그것이 나로 하여금 들에 나가 이삭을 줍게 할 것이요, 부지런히 일한 보답으로 많은 이삭을 주울 수 있으리다.

그 성은 해나 달의 비침이 쓸 데 없으니 이는 하나님의 영광이 비치고 어린 양이 그 등불이 되심이라(계 21:23).

하늘나라의 빛이 되시는 어린 양을 고요히 묵상해 보십시오. 성의 빛은 기쁨을 상징합니다. 그 안에는 하늘나라 성도들의 기쁨이 포함되어 있습니다. 예수님은 우리를 선택하셨고 값 주고 사셨으며 정결케 하시고 새 옷을 입히시고 사랑하셨습니다. 우리는 온전히 주 예수 그리스도로 말미암아 존재하고 있습니다.

빛은 또한 아름다움의 원인이 되기도 합니다. 빛이 없으면 사파이어의 광채가 빛나지 못하며 진주도 평화로운 빛을 내지 못합니다. 하늘나라 성도들의 아름다움은 모두 예수에게서 비롯됩니다. 그들은 행성처럼 의의 태양이신 예수님의 빛을 반사합니다. 그들은 중심이 되는 천체에서 발현하는 광선으로 살아가므로 주님이 떠나가시면 죽고 맙니다. 주님의 영광이 가려지면 그들의 영광도 사라지고 맙니다.

빛은 지식의 상징이기도 합니다. 우리의 지식은 하늘나라에서 완전하게 될 것이며 그 지식의 원천은 주 예수이십니다. 전에는 이해하지 못했던 불행한 일들도 그때는 분명히 이해하게 될 것입니다. 지금 우리를 당황하게 만드는 모든 것들이 어린양의 빛 속에서 분명하게 될 것입니다.

사랑의 하나님께 영광을 돌립시다. 빛은 또한 현시를 의미하기도 합니다. 빛은 드러냅니다. 이 세상에서는 아직 장차 우리가 어떻게 될 것을 드러내 주지 않습니다. 장차 우리는 어떻게 변화될 것입니까? 우리는 죄로 물들 수 있습니다. 그러나 주님이 손을 대기만 하시면 우리는 태양처럼 밝고 수정처럼 투명하게 됩니다. 아. 얼마나 훌륭한 광경입니까! 이 모든 것은 귀하신 어린 양에게서부터 시작됩니다.

오. 왕의 왕, 만주의 주여,
당신의 빛 속에 당신과 함께 있어 당신을 보게 되기를 원합니다.

이는 자기에게 열두 살 된 외딸이 있어 죽어감이러라 예수께서 가실 때에 무리가 밀려들더라(눅 8:42).

예수께서는 회당장의 야이로의 딸을 살리려고 무리에 에워싸여 야이로의 집으로 가고 계셨습니다. 선하심이 넘쳐흐르시는 주님은 그곳으로 가는 도중에 또 하나의 이적을 행하셨습니다.

만일 우리에게 하나의 목표가 있다면 지체하지 말고 그 일을 성취해야 하며, 도중에 시간을 낭비하는 것은 지혜롭지 못한 일이 됩니다. 친구가 물에 빠져 죽어가면서 살려달라고 하는데 비슷한 위험에 빠진 다른 사람에게 우리의 힘을 낭비할 수는 없을 것입니다. 사람은 자신에게 맡겨진 특별한 소명을 이루는 것으로 충분합니다.

그러나 주님은 능력이 무한하시며 사역의 범주도 무한하신 분이십니다. 주님의 은혜는 지극히 풍부하며, 주님이 행하시는 길은 인자하심으로 빛을 발합니다. 주님은 정해진 과녁에 명중하는 것은 물론이요, 날아가는 동안 대기를 향기롭게 해주는 빠른 사랑의 화살이십니다. 꽃이 향기를 풍기듯, 예수에게서는 덕이 흘러나옵니다. 그것은 마치 샘물에서 물이 솟아나듯이 언제나 솟아나 옵니다. 이 진리는 우리에게 지극히 즐거운 격려가 됩니다.

주님께서 병든 자를 치료하시고 궁핍한 자에게 축복을 내리시기로 작정하셨으니 주님이 다니시는 길로 나가십시오. 주님은 아낌없이 주시는 분이시니 주께 요청하기를 게을리하지 마십시오. 예수님이 우리의 마음에 말씀하시게 하려면 항상 말씀에 주의를 기울여야 합니다. 주님의 축복을 얻으려면 예수와 함께 거하십시오. 주님이 고쳐 주시려고 나타나시면, 분명히 고쳐주실 것입니다. 지금도 주님은 임재하여 계십니다. 주님은 언제나 자기를 필요로 하는 심령에 오십니다. 주님을 필요로 합니까? 주님은 참으로 많은 것을 알고 계십니다.

주여. 지금 당신 앞에 있는 고통을 굽어보셔서 당신의 종을 온전하게 하여 주소서.

그가 또 언약을 배반하고 악행하는 자를 속임수로 타락시킬 것이나 오직 자기의 하나님을 아는 백성은 강하여 용맹을 떨치리라(단 11:32).

신자들은 하나님을 아는 지식이 가장 고귀하고 훌륭한 지식이라는 것을 알고 있습니다. 영적 지식은 신자들의 능력의 원천입니다. 그것은 그의 믿음을 강하게 해줍니다. 성경은 항상 신자들은 주님의 교화와 가르침을 받는다고 말하고 있습니다. 성도들은 성령으로부터 기름 부음을 받으며, 또 그들을 진리로 인도하는 것이 성령의 특별한 직임이라고 합니다.

지식은 믿음은 물론이요, 사랑도 강하게 해줍니다. 지식은 문을 열어 주며, 우리는 그 문을 통해서 주님을 봅니다. 또는 지식은 다른 유사한 것을 사용하여 예수님의 초상화를 그려내며, 우리는 그 초상화를 보고서 주님을 사랑하게 됩니다. 어느 정도 그리스도를 알지 못하고서는 그리스도를 사랑할 수 없습니다. 예수님께서 우리를 위해 행하신 일, 지금 우리를 위해 하시는 일을 알지 못한다면 주님을 크게 사랑할 수 없습니다. 우리는 주님을 아는 분량에 비례하여 주님을 사랑하게 될 것입니다.

지식은 소망을 강하게 합니다. 우리는 존재한다는 것을 알지도 못하는 물건을 소망할 수는 없습니다. 지식은 우리에게 인내할 근거를 제공합니다.

기독교인의 은혜는 하나님 아래서 거룩한 지식에 의해 육성되고 온전케 됩니다. 우리가 은혜 안에서 성장하며. 또한 우리 주 예수 그리스도를 아는 지식 안에서 성장하는 것은 참으로 중요한 일입니다.

만군의 여호와가 말하노라 내가 너희 손으로 지은 모든 일에 곡식을 마르게 하는 재앙과 깜부기 재앙과 우박으로 쳤으나 너희가 내게로 돌이키지 아니하였느니라(학 2:17).

우박은 밭에 있는 귀중한 곡식에 큰 피해를 줍니다. 그러나 질병과 곰팡이는 더 큰 피해를 줍니다. 그것들은 곡식의 이삭을 꺼멓게 변하게 하거나 말려 죽입니다. 수많은 미세한 곰팡이도 곡식에 피해를 줍니다. 하나님의 선하심이 없다면 기근이 온 땅에 퍼질 것입니다. 우리는 추수할 곡식을 해치려는 여러 가지 작인(作因)을 생각할 때 "오늘 우리에게 일용할 양식을 주시옵고"(마 6:11)라고 기도하게 합니다. 저주가 맹렬하게 펴지고 있으며, 우리는 항상 축복이 필요합니다. 고조병(枯凋病)이나 곰팡이병은 하늘이 보낸 징계일 때가 있습니다. 사람들은 자신의 범죄가 초래한 징계를 인내하며 받는 법을 배워야 합니다.

영적인 곰팡이는 자주 발생하는 악입니다. 이 질병은 일이 순조로울 때 나타납니다. 우리는 많은 사람의 회심을 바라지만, 오히려 전반적인 무관심, 팽배해 있는 세속성, 또는 잔인할 만큼 완악한 마음이 우리를 대적하여 발진합니다. 우리가 회심시키려는 사람에게 공공연한 죄는 없더라도 성실함과 결단력이 부족하여 우리의 기대를 어긋나게 합니다. 우리는 이러한 체험을 통하여 주님을 의지해야 하며 기도가 필요하다는 것을 깨닫습니다. 영적 교만이나 게으름은 머지않아 무서운 재앙을 가져올 것입니다. 오직 주님만이 그것을 제거하실 수 있습니다.

곰팡이는 심지어 우리의 심령까지 공격하여 기도와 헌신을 시들게 합니다.

하나님, 우리를 이 무서운 재앙으로부터 막아주소서. 복되신 의의 태양이시여, 빛을 비추시며 이 질병을 몰아내소서.

우리가 알거니와 하나님을 사랑하는 자 곧 그의 뜻대로 부르심을 입은 자들에게는 모든 것이 합력하여 선을 이루느니라(롬 8:28).

어떤 신자들은 몇 가지 요점에 대해서 절대적인 확신을 하고 있습니다. 예를 들자면 하나님은 심히 요동하는 선미에 앉으신다는 것을 압니다. 또 이 세상은 언제나 보이지 않는 손이 경작하고 계시며, 여호와는 모든 일을 섭리하고 계신다는 것을 압니다.

이러한 확신은 신자로 하여금 모든 것을 대비하게 해줍니다. 그는 사납게 넘실대는 바닷물을 바라보며 예수의 영이 큰 파도 위를 걷는 것을 봅니다. 그리고 "안심하라 내니 두려워하지 말라"(막 6:50)는 음성을 듣습니다.

그는 또 하나님은 언제나 지혜로우신 분이심을 압니다. 이 사실을 알기 때문에 하나님이 하시는 일에는 전혀 사고나 실수가 있을 수 없다고 확신합니다. 그래서 그는 "하나님의 뜻이라면 내가 가진 모든 것을 잃는 것이 가지고 있는 것보다 나으리라"고 말할 수 있습니다.

"하나님을 사랑하는 자 곧 그의 뜻대로 부르심을 입은 자들에게는 모든 것이 합력하여 선을 이루느니라."

신자는 이 말씀을 이론적으로만 믿는 것이 아니라 사실로 믿고 있습니다. 지금까지 모든 일이 선을 이루어 왔습니다. 모든 사건이 지극히 거룩하고 복된 결과를 이루어 냈습니다.

그러므로 하나님 께서 만물을 지배하시며, 지혜롭게 다스리시며, 악을 선으로 만드신다고 믿는 신자의 마음은 든든합니다. 그는 어떤 시련이 닥쳐와도 평안한 마음으로 대처할 수 있습니다. 그는 참된 인종(忍從)의 정신으로 "내 하나님 이여, 당신이 뜻하시는 것을 내게 보내주소서. 당신께서 자녀에게 주시는 음식에는 결코 나쁜 것이 없었습니다"라고 기도할 수 있습니다.

모세가 갓 자손과 르우벤 자손에게 이르되 너희 형제들은 싸우러 가거늘 너희는 여기 앉아 있고자 하느냐(민 32:6).

가족에게는 각자의 의무가 있습니다. 만일 르우벤 자손과 갓 자손이 정복된 땅의 권리를 주장하며, 나머지 백성들로 하여금 싸워 자기들의 몫을 확보하라고 했다면 참으로 우애가 없는 사람들이었을 것입니다.

우리는 옛 성도들의 고난과 수고로 말미암아 많은 유익을 받아 누리고 있습니다. 그러므로 교회에게 우리의 힘을 바침으로써 보답하지 않는다면, 우리는 교회의 지체가 되기에 합당치 못한 자가 됩니다. 다른 신자들은 담대하게 시대의 오신(誤信)과 맞서 싸우며, 타락하여 죽어가는 자들을 건지려 노력하고 있는데, 우리가 나태하게 뒷짐을 지고 있다면 "와서 여호와를 돕지 아니한" 메로스에게 임했던 저주가 우리에게 임할 것입니다(삿 5:23).

포도원 주인은 "너희는 어찌하여 종일토록 놀고 여기 서 있느냐"(마 20:6)라고 물으십니다. 만일 우리가 나태하게 앉아 있다면 헌신적인 선교사들이나 열심 있는 목회자들의 수고가 우리를 부끄럽게 할 것입니다. 시련을 겪을 때 움츠리는 것은 시온에 안일하게 거하는 자들에게 임하는 시험입니다. 그들은 십자가를 피하면서도 면류관을 쓰려 합니다.

가장 귀한 보석은 불 속에서 정련됩니다. 우리는 거듭나는 데 따르는 호된 시련을 피하려고 합니까? 다이아몬드는 연마할 때 영롱한 빛을 발합니다. 우리가 고난을 받지 않고서 어떻게 완전해질 수 있습니까?

우리는 어찌하여 주님보다 더 나은 대접을 받으려고만 합니까? 맏아들께서 매를 맞으셨거늘 어찌 그 동생들이 매를 맞지 않겠습니까? 교만한 자는 비겁하게도 십자가의 군사가 되기보다는 오 리털 베개와 비단 의자를 택합니다. 하나님의 뜻에 복종하는 사람은 은혜를 받아 그 뜻을 기뻐할 것입니다.

두마에 관한 경고라 사람이 세일에서 나를 부르되 파수꾼이여 밤이 어떻게 되었느냐 파수꾼이여 밤이 어떻게 되었느냐(사 21:11).

우리의 주위에는 어떤 원수들이 있습니까? 나는 어떤 이단을 경계해야 합니까? 어두움이 지배할 때 죄는 그 숨었던 곳에서 나옵니다. 그러므로 나는 파수대에 올라가 기도로써 지켜야 합니다.

하늘에 계신 우리의 보호자께서는, 바야흐로 우리에게 임할 모든 공격을 예견하고 계십니다. 사탄이 우리에게 악을 행하려 할 때, 우리의 보호자께서는 곡식처럼 체질 당하는 우리의 믿음이 떨어지지 않기를 기도하십니다.

교회에 어떤 날씨가 다가오고 있습니까? 우리는 열렬한 사랑으로 교회를 돌보아야 합니다. 우리는 시대의 징조를 관찰하며 전투 준비를 해야 합니다.

"파수꾼이여 밤이 어떻게 되었느냐? 하늘에 어떤 별이 보이는가?"

우리의 현재의 처지에 맞는 귀한 약속은 무엇입니까? 우리는 경보를 울리며, 우리에게 위로를 주어야 합니다. 북극성이신 그리스도는 항상 자기 자리를 지키고 계시며 모든 별은 주님의 오른편에 안전하게 거합니다.

파수꾼이여, 언제 아침이 오는가? 신랑은 지체하고 있습니다. 의의 태양이 나아오는 징조가 보이지 않습니까? 아침을 알리는 샛별은 아직 떠오르지 않았습니까? 언제쯤 어두움이 사라질 것입니까?

**오 예수님, 한숨짓는 내 마음에 영으로 오셔서
기쁨으로 노래하게 하소서.**

그 영화로운 이름을 영원히 찬송할지어다 온 땅에 그의 영광이 충만할 지어다 아멘 아멘(시 72:19).

이것은 위대한 요청입니다. 우리는 한 사람을 위해 기도하면서도 비틀거릴 때가 있습니다. 그런데 시편 기자의 중보기도는 얼마나 그 범위가 넓겠습니까!

"온 땅에 그의 영광이 충만할지어다."

이 기도는 미신의 발에 짓밟힌 나라도 제외하지 않으며, 아무리 미개한 민족이라도 포함합니다. 이 기도는 문명인과 식인종, 모든 지방, 모든 민족을 위한 기도입니다. 이 기도는 아담의 자손 중 한 사람도 빠뜨리지 않고 모두를 그 대상으로 합니다.

우리는 일어나 주님을 위해 일해야 합니다. 그렇지 않으면 이런 기도를 정직하게 드릴 수 없습니다. 하나님이 도우실 때 우리가 주님의 나라를 확장하기 위해 노력하지 않는다면 우리는 성실한 마음으로 이 기도를 드리지 못합니다.

이런 기도를 드리고 있습니까? 시선을 갈보리에 두십시오. 머리에는 가시 면류관을 쓰시고 손과 발에서는 피를 흘리시며 십자가에 달리신 생명의 주를 바라보십시오. 주님이 그 피를 우리의 양심에 발라주시며 죄를 지워 없애 주셨음을 깨달았을 때, 무릎을 꿇고 "온 땅에 그의 영광이 충만할지어다. 아멘 아멘"이라고 외치지 않는다면 우리는 신자라고 할 수 없습니다.

우리의 임금을 사랑한다고 주장하면서도 우주의 통치자이신 그분을 보기를 원하지 않습니까? 믿음이 우리를 인도하여 당신에게 베풀어진 것과 동일한 자비가 온 세상을 축복하기를 구하게 하지 못한다면, 우리의 믿음은 전혀 무가치한 것이 됩니다.

왕이 나를 그의 방으로 이끌어 들이시니 너는 나를 인도하라 우리가 너를 따라 달려가리라 우리가 너로 말미암아 기뻐하며 즐거워하니 네 사랑이 포도주보다 더 진함이라 처녀들이 너를 사랑함이 마땅하니라(아 1:4).

신자들은 깊은 애정을 가지고 예수님을 사랑해야 합니다. 그들은 그리스도와 헤어지기보다는 차라리 부모를 잃는 편을 택하려 합니다. 그들은 모든 세상의 위로는 굳게 붙들지 않지만, 주님은 가슴에 품고 다닙니다. 그들은 주님을 위해서 자발적으로 자신을 부인하며, 결코 주님을 부인하지 않습니다. 빈약한 사랑은 박해의 불이 태워버릴 수 있습니다. 그러나 참 신자의 사랑은 보다 깊은 강물과 같습니다. 어느 시대에나 사람들은 신실한 자들을 주님에게서 떼어 놓으려고 노력했지만 그들의 노력은 열매를 맺지 못했습니다.

영광의 면류관도, 분노로 찌푸린 얼굴도 이 결합을 끊지 못했습니다. 그것은 세상 권력이 분해하려는 평범한 애착심이 아닙니다. 인간이나 마귀는 지금까지 이 자물쇠를 여는 열쇠를 발견하지 못했습니다. 이처럼 거룩하게 결합한 두 심령을 분리하려고 발휘한 사탄의 술수도 성공하지 못했습니다. "처녀들이 너를 사랑함이 마땅하니라"고 기록된 말씀은 누구도 지우지 못합니다.

의로운 자의 사랑이 얼마나 강력한지는 겉으로 드러난 것에 의해 판단되지 않으며 그가 동경하는 대상에 의해 판단되어야 합니다. 우리는 날마다 자신이 충분한 사랑을 발휘하지 못함을 한탄합니다. 우리 심령이 더 많은 것을 붙잡으며, 더 멀리 도달할 수만 있으면 얼마나 좋겠습니까? 우리의 뜻이라는 저울에 우리 사랑을 재어보십시오. 지극히 사랑스러우신 그분께 모든 심령의 사랑을 하나로 합하여 바칠 수 있다면 참으로 기쁠 것입니다.

그러므로 나 바울은 한번 두번 너희에게 가고자 하였으나 사탄이 우리를 막았도다(살전 2:18).

선이 악과 싸우기 시작한 이래 사탄은 우리가 신령한 일을 체험하지 못하도록 끊임없이 방해하고 있습니다. 사탄은 사방에서, 모든 전선에서, 전방이나 후방에서, 새벽이나 한밤중이나 항상 우리를 방해합니다. 사탄은 우리가 밭에서 일하면 쟁기를 부러뜨리려 하며, 성벽을 건축하면 돌을 무너뜨리려 합니다. 우리가 고난을 받거나 싸우면서 하나님을 섬기면 사탄은 사방에서 우리를 방해합니다. 사탄은 우리가 예수 그리스도께 처음 나아갈 때 방해합니다. 우리가 처음으로 십자가를 의지하고 살 때 우리는 사탄과 무서운 싸움을 해야 했습니다.

이제 우리가 구원을 받았으므로 사탄은 우리의 성품이 완전해지지 못하도록 방해합니다. 혹시 "나는 시종일관 걸어왔으니 아무도 나의 의에 도전할 수 없다"라며 기뻐하지 않습니까? 뽐내지 말도록 조심합시다. 조만간 우리의 덕은 시험을 받을 것입니다. 만일 우리가 견고한 신자라면 사탄은 우리의 믿음을 공격할 것입니다. 만일 모세처럼 온유한 사람이라면 우리의 입으로 어리석은 말을 하라는 시험을 받게 될 것입니다.

사탄은 우리가 열심으로 기도할 때 반드시 우리를 방해합니다. 사탄은 가능하다면 우리가 축복을 받지 못하도록 우리의 믿음을 약하게 만들어서 기도를 방해합니다. 사탄은 기독교인의 노력을 중단시키려고 불철주야 일합니다. 사탄을 대적하려는 노력이 소생하지 않는 한 영적 부흥은 있을 수 없습니다.

"호론 사람 산발랏과 암몬 사람 도비야는 에스라와 아라비아 사람 게셈"이 느헤미야가 성전 건축을 시작하자마자 방해했습니다(느 2:19). 그러므로 우리는 사탄이 방해해도 놀라지 말아야 합니다. 그것은 우리가 주님의 편에 서서 주님의 일을 하고 있다는 것을 증명해줍니다. 우리는 주님의 능력 안에서 원수를 이기고 승리합니다.

독사의 알을 품으며 거미줄을 짜나니 그 알을 먹는 자는 죽을 것이요 그 알이 밟힌즉 터져서 독사가 나올 것이니라(사 59:5).

거미줄을 관찰해 주십시오. 그 속에는 위선자의 신앙을 묘사한 그림이 나타나 있습니다. 거미는 먹이를 잡으려고 거미줄을 칩니다. 어리석은 사람들은 표면적으로 그럴듯한 사람들의 거창한 신앙고백에 쉽게 현혹됩니다. 현명한 사람들도 항상 그것을 피하지 못합니다. 위선자들은 관습, 명성, 칭찬, 승진 등의 파리들을 사냥감으로 삼습니다.

거미줄은 놀랍도록 기술적인 작품입니다. 거미줄을 살펴보십시오. 그리고 교활한 사냥꾼의 계략을 감상해 보십시오. 미혹자의 신앙도 마찬가지로 놀랍지 않습니까? 어찌 뻔뻔한 거짓말을 진리처럼 보이게 만들 수 있습니까?

거미줄은 거미의 배꼽에서 나옵니다. 벌은 꽃에서 꿀을 모읍니다. 그러나 거미는 꽃에서 꿀을 빨아 먹지 않지만 얼마든지 거미줄을 뽑아낼 수 있습니다. 위선자들도 자기 자신 안에서 신뢰와 소망을 발견합니다. 그들은 하나님의 주권적 은혜를 입으려 하지 않고 스스로 기초를 쌓고 자기 집의 기둥들을 다듬습니다.

그러나 거미줄은 대단히 약합니다. 그것은 영구적이 아닙니다. 그것은 하인들의 빗자루나 여행자의 지팡이에는 견디지 못합니다. 멸망의 빗자루가 그 정화의 사역을 시작할 때 위선자의 거미줄은 곧 파괴되고 맙니다. 이것은 우리에게 또한 가지를 생각하게 해줍니다. 즉 주님의 집에는 거미줄이 남아나지 못한다는 사실입니다. 주님은 거미줄을 치는 자와 거미줄을 영원히 멸망시키도록 조처하실 것입니다.

오, 내 영혼아. 거미줄이 아닌 선한 것을 의지하라. 주 예수님을 당신의 영원한 은신처로 삼아라.

예수께서 이르시되 할 수 있거든이 무슨 말이냐 믿는 자에게는 능히 하지 못할 일이 없느니라 하시니(막 9:23).

많은 신자는 항상 의심과 두려움에 빠져 지내면서 이것이 정상적인 신자들의 상태라고 생각합니다. 그러나 이것은 잘못된 생각입니다. 우리는 의심과 두려움을 영혼 안에 머물지 않고 훌쩍 날아가는 한 마리 새처럼 만들 수 있습니다. 당신은 신자들이 고귀하고 아름다운 교제를 누린다는 말씀을 대할 때 마음속으로 한숨지으며 "슬프도다. 그것들은 나를 위한 것이 아니구나"라고 불평합니다. 만일 믿음이 있다면 우리는 성전 꼭대기에 설 것입니다.

거룩한 성도들이 예수를 위해 행한 업적, 즉 그들이 주님에게서 무엇을 얻었으며, 주님을 얼마나 닮았으며, 주님을 위해 얼마나 큰 박해를 견디어냈는지 등에 대해 듣고서는 "아. 나는 구더기와 같은 존재다. 나는 그런 일을 할 수 없다"라고 말합니다. 그러나 과거 성도가 해낸 일을 하지 못하라는 법은 없습니다. 믿을 능력만 있으면 덕을 키우고, 영성을 얻으며, 분명한 확신을 소유하고, 의무를 행할 수 있게 됩니다.

베옷을 벗어버리고 재에서 일어나 주어진 고귀한 위치로 가십시오. 하늘나라에서 작은 자가 되는 것은 그럴 필요가 있어서가 아니라, 그렇게 하기 때문입니다. 위로 올라가십시오. 황금 보좌 가 기다리고 있습니다. 예수님과 교제를 누릴 수 있는 면류관이 기다리고 있습니다.

아름다운 자줏빛 옷을 입고 날마다 맛있는 음식을 먹으십시오. 믿기만 하면 기름진 것을 먹게 될 것입니다. 우리의 땅에서는 젖과 꿀이 흐르고, 영혼은 골수와 기름진 것을 배불리 먹을 것입니다. 황금빛 은혜의 단을 거두어들이십시오. 그것은 믿음의 들판에서 기다리고 있습니다.

"믿는 자에게는 능히 하지 못할 일이 없느니라."

그 성은 해나 달의 비침이 쓸 데 없으니 이는 하나님의 영광이 비치고 어린 양이 그 등불이 되심이라(계 21:23).

저 좋은 세상의 주민들은 피조 세계의 안락함을 의지하지 않습니다. 그들에게는 옷이 필요치 않습니다. 그들의 흰옷은 절대 헤지지 않고 더러워지지 않습니다. 그들에게는 병을 치료할 약이 필요치 않습니다. 육신을 회복시킬 잠이 필요치 않습니다. 그들은 밤이나 낮이나 쉬지 않으며 하나님의 전에서 지치지 않고 하나님을 찬양합니다.

그들은 위로를 베풀기 위한 사회적인 관계가 필요하지 않습니다. 동료들과의 교제로부터 얻는 행복은 그들이 누리는 지복(至福)에 꼭 필요한 것이 아닙니다. 주님과의 교제만으로도 그들의 큰 소망을 충족시킬 수 있기 때문입니다.

그곳에는 교사도 필요치 않습니다. 그들은 하나님의 일에 관하여 서로 친밀하게 이야기를 나눕니다. 그들은 모두 주님의 가르침을 받습니다. 우리는 왕궁의 대문에 놓인 구제물을 먹지만, 그들은 왕의 식탁에서 먹습니다. 이 세상에 사는 우리는 친구들의 팔에 기대지만 저세상 사람들은 사랑하는 자의 팔에 기댑니다. 우리는 동료들의 도움을 받아야 하지만, 그들은 예수 그리스도 안에서 원하는 모든 것을 발견합니다.

천사들은 이 세상에 사는 우리에게 축복을 가져다줍니다. 그러나 장차 저세상에 가면 하늘나라의 사자가 필요치 않을 것입니다. 저세상에서는 하나님이 보내신 사랑의 소식을 가져올 가브리엘 천사가 필요치 않을 것입니다. 그곳에서는 하나님을 직접 얼굴을 보게 될 것이기 때문입니다. 피조물이 아니라 하나님, 주님의 사역이 아니라 주님이 우리의 매일의 기쁨이 되는 시기야말로 영광스러운 시간일 것입니다. 그때 우리 영혼은 완전한 복을 얻게 될 것입니다.

[예수께서 안식 후 첫날 이른 아침에 살아나신 후 전에 일곱 귀신을 쫓아내어 주신 막달라 마리아에게 먼저 보이시니(막 16:9).

막달라 마리아는 무서운 재앙의 희생자였습니다. 그녀는 일곱 귀신에게 사로잡혀 있었습니다. 귀신들은 가엾은 여인의 내면을 더럽히고 많은 고통을 주었습니다. 그녀는 정말 소망 없는 무서운 처지에 있었습니다. 그녀도 스스로를 어쩔 수 없었고, 아무도 그 고통을 덜어주지 못했습니다. 그런데 예수께서 길을 지나시다가 능력의 말씀을 하셨습니다. 마리아는 주님을 찾지 않고, 오히려 저항했을 것입니다. 그러나 마리아는 치료해 주시는 예수님의 권능의 증거가 되었습니다. 일곱 귀신은 주님에 의해 쫓겨나 다시는 오지 않았습니다.

얼마나 복된 구원입니까! 그녀는 정신착란에서 기쁨으로, 절망에서 평안으로, 지옥에서 천국으로 올라갔습니다. 마리아는 그 후 항상 예수를 따라다니면서 주님의 말씀을 한마디로 놓치지 않고 듣고, 발자취를 따르며, 생활에 동참했습니다. 그녀는 주님의 조력자가 되었는데, 병 고침을 얻고 감사한 마음으로 주님을 섬긴 여인 중 으뜸이 되었습니다.

예수께서 십자가에 달리셨을 때, 마리아는 그 자리에 남아 주님의 수치에 동참했습니다. 예수와 함께 십자가에서 죽지는 못했지만, 십자가 가까이에 있었습니다. 주님의 시신이 십자가에서 내려졌을 때 그녀는 주님이 어디에 매장되는지 지켜보았습니다. 그녀는 신실하고 깨어 있는 신자였습니다. 그녀는 예수님의 무덤 앞에 마지막까지 있었던 사람이요, 부활하신 무덤에 처음 온 여인입니다. 사랑하는 주님은 그녀의 이름을 부르시며 두려워 떨고 있는 베드로와 제자들에게 좋은 소식을 전하라고 하셨습니다. 이처럼 은혜는 정신병자인 그녀로 하여금 주님을 섬기는 자가 되게 하셨고, 마귀를 내쫓고 천사들을 보게 했으며, 구원하여 영원히 주님과 하나가 되게 하셨습니다.

주여, 나에게도 은혜의 이적이 있기를 원합니다.

우리 생명이신 그리스도께서 나타나실 그 때에 너희도 그와 함께 영광 중에 나타나리라(골 3:4).

사도 바울은 그리스도가 우리 생명의 원천임을 잘 지적해 주고 있습니다.

"그는 허물과 죄로 죽었던 너희를 살리셨도다"(엡 2:1).

죽어 무덤에 묻힌 나사로를 살리신 음성이 우리에게도 새 생명을 주셨습니다. 그분은 우리의 영적 생명의 본질이십니다. 우리는 그분의 생명에 의해서 생존합니다. 그분은 우리 안에 거하십니다. 그리스도는 우리 생명을 유지케 해주는 양식이십니다.

"이는 하늘에서 내려오는 떡이니 사람으로 하여금 먹고 죽지 아니하게 하는 것이니라"(요 6:50).

그리스도는 우리 생명의 위로가 되십니다. 참된 기쁨은 모두 그리스도로부터 옵니다. 환난을 당할 때 그리스도의 임재는 우리의 위로가 됩니다. 우리 삶의 목표는 오직 그리스도뿐이며 주님의 인자는 생명보다 낫습니다.

그리스도는 우리 삶의 목적이십니다. 군인들이 대장을 위해 싸우며 대장이 승리할 때 영광을 얻는 것처럼 신자들은 그리스도를 위해 싸우며 주님의 승리 속에서 자신의 승리를 얻습니다.

"이는 내게 사는 것이 그리스도니 죽는 것도 유익함이라"(빌 1:21).

그리스도는 우리 삶의 모범이십니다. 내면에 생명이 있으면 표면에도 커다란 발전이 있을 것입니다. 우리가 주 예수와 친밀하게 교제하며 살면 주님을 닮게 될 것입니다. 우리는 주님을 거룩한 모범으로 삼으며 그의 발자취를 따라가, 마침내 그가 우리 삶의 면류관이 되기를 원할 것입니다.

인자가 세상에서 죄를 사하는 권능이 있는 줄을 너희로 알게 하려 하노라 하시고 중풍병자에게 말씀하시되 일어나 네 침상을 가지고 집으로 가라 하시니(마 9:6).

위대하신 의원이 행하시는 강대한 솜씨를 보십시오. 그분은 죄를 사하시는 권세를 지니셨습니다. 아직 죗값이 지급되기 전, 속죄소에 피가 뿌려지기 전, 즉 세상에 살아계시는 동안에도 예수님은 죄를 사하시는 권세를 가지고 계셨습니다. 죽으셨다 다시 사신 주님이 그 일을 행하실 권세를 가지지 못하고 계십니까? 자기 백성들이 진 빚을 갚아주신 그리스도 안에는 참으로 큰 권세가 있습니다. 죄와 범죄를 종식하신 주님은 지금 무한한 권세를 가지고 계십니다. 이것이 의심스럽다면 죽은 자들 가운데서 부활하시는 주님을 보십시오. 영광중에 승천하시어 하나님 우편으로 가신 주를 보십시오. 영원하신 아버지 앞에서 자기의 상처를 가리키시며, 자신이 당하신 거룩한 고난의 공로를 주장하시면서 하나님께 탄원하시는 주님을 보십시오. 여기에는 놀라운 죄 사함의 권세가 있습니다.

"그가 위로 올라가실 때에 사로잡혔던 자들을 사로잡으시고 사람들에게 선물을 주셨다"(엡 4:8).

주님은 "이스라엘에게 회개함과 죄 사함을 주시려고"(행 5:31) 승천하시어 존귀케 되셨습니다. 아무리 큰 죄라도 주님의 보혈로 제거됩니다. 그리스도는 우리의 모든 죄를 용서하실 권세를 가지고 계십니다. 그것은 기도로써 이루어집니다. 주님이 우리의 용서함을 사기 위해 더는 할 일은 없습니다. 대속 사역은 완전히 이루어졌습니다. 우리가 눈물로 회개하면, 주님은 오늘 우리의 죄를 사하실 수 있습니다. 주님은 바로 이 순간, 우리의 영혼 안에 이해를 초월하는 하나님의 평화를 불어 넣어 주실 수 있습니다. 우리의 영혼은 모든 불의에서 완전히 사함을 얻고 뛰어오를 것입니다.

이제 우리의 죄를 사하시는 예수님의 권세를 체험하기를 기원합니다. 지체하지 말고 영혼의 의사를 부르겠습니다!.

나는 지난 세월과 하나님이 나를 보호하시던 때가 다시 오기를 원하노라(욥 29:2).

신자 중에는 과거를 회상할 때는 기뻐하지만 현재의 상태에는 불만을 느끼는 사람들이 있습니다. 그들은 과거에는 예수님과 가까이 살았지만, 지금은 주님에게서 떠나 방황하고 있다고 느낍니다. 그들은 "나는 지난 세월과 하나님이 나를 보호하시던 때가 다시 오기를 원하노라"고 말합니다. 그들은 자신이 마음의 평화를 누리지 못한다거나, 은혜의 방편들을 누리지 못한다거나, 양심이 예민하지 못하다거나, 하나님의 영광을 위해 열심이지 못하다고 불평합니다.

이처럼 안타까운 처지에 이르게 되는 원인은 여러 가지입니다. 그것은 기도를 등한히 하는 데서 비롯될 수도 있습니다. 기도의 밀실을 소홀히 하는 것이 영적 쇠퇴의 시작이기 때문입니다. 또는 우상숭배의 결과일 수도 있습니다. 이런 사람의 마음은 하나님이 아닌 다른 것에 몰두해 있습니다. 그들은 하늘나라의 것이 아닌 이 세상의 것을 사랑합니다.

하나님은 질투하시는 분이시므로 우리 마음이 나누이면 만족하시지 않습니다. 하나님은 무엇보다도 훌륭한 사랑을 받으셔야 합니다. 하나님은 이리저리 배회하는 냉랭한 심령에서 임재의 빛을 거두실 것입니다. 또는 자기 과신이나 독선이 그 원인일 수도 있습니다. 교만이 바삐 활동하며, 십자가 앞에 겸손하게 자아를 낮추는 대신 오히려 자아를 높이기 때문입니다.

믿는 자들이여, 만일 지금 과거처럼 행복하지 못하다면, 이전의 행복한 상태로 돌아가고픈 소원에 안주하지 말고 주님을 찾아가서 우리의 슬픈 상태를 고하십시오. 우리에게 은혜와 힘을 주시어 더욱 주님과 가까이 동행하도록 도와달라고 하십시오.

주님 앞에서 자신을 낮추십시오. 그리하면 우리를 일으켜 세워 주실 것입니다. 주저앉아서 한숨을 쉬고 한탄하지 마십시오. 사랑하는 의원이 살아계시는 한 아무리 좋지 않은 일들이라도 분명히 치유될 희망이 있습니다.

우리 주 예수 그리스도와 우리를 사랑하시고 영원한 위로와 좋은 소망을 은혜로 주신 하나님 우리 아버지께서(살후 2:16).

"위로"라는 단어에는 음악이 깃들어 있습니다. 그것은 마치 다윗의 수금처럼 우울함이라는 악한 정신을 제거합니다. 바나바는 "위로의 아들"이라고 불리는 것을 큰 영광으로 여겼습니다. 그것은 또 한 바나바보다 훨씬 위대하신 분의 이름이기도 합니다. 주 예수는 "이스라엘의 위로를 기다리는 자"(눅 2:25) 셨습니다.

영원한 위로, 이것은 모든 것 중에 가장 좋은 것이요, 귀한 향기입니다. 영원한 위로는 위로의 면류관이요 영광입니다. 세상의 위로는 본질적으로 덧없는 것이요 오래 지속되지 못합니다. 그것은 비누 거품에 생긴 아름다운 무지갯빛처럼 찬란하지만, 곧 사라져 버립니다. 그러나 하나님이 자기 백성에게 주시는 위로는 시들지 않으며 그 신선함을 잃지 않습니다. 그것은 어떤 시험도 견딥니다. 무서운 환난이나 화형의 불길이나 세월의 흐름도 견딥니다. 그것은 사망까지도 견딥니다.

이 영원한 위로는 어떤 것입니까? 그것은 죄 사함을 받았다는 의식을 포함하고 있습니다. 믿는 신자는 마음속에 성령의 증거를 받고 있으며, 그의 불의는 빽빽한 구름이 사라지듯이 사라졌습니다. 또한 여호와는 자기 백성에게 그리스도 안에서 영접되었다는 의식을 주십니다. 믿는 자는 하나님이 그리스도와 연합하여 서 있는 자기를 보신다는 것을 압니다. 하나님이 우리를 받아주심을 안다는 것은 매우 즐거운 일입니다.

부활하신 주와 하나가 된다는 것은 최고이자 영원한 위로입니다. 하나님은 우리에게 위로를 주시려는데 그것을 거부합니까? 이것이 하나님께 영광을 돌리는 일입니까? 그것이 이웃들이 예수 알기를 원하게 만들겠습니까? 기운을 내십시오. 예수께서 영원한 위로를 주실 때 불평하는 것은 죄입니다.

여호와께서 다스리시나니 땅은 즐거워하며 허다한 섬은 기뻐할지어다 (시 97:1).

여호와께서 통치하시니 땅이 즐거워한다는 이 복된 말씀을 믿는 한, 우리는 두려워할 이유가 없습니다. 여호와의 권능은 사나운 바다를 다스리시듯 쉽사리 사나운 악인들을 통제하십니다. 여호와의 사랑은 땅에 소나기를 내려 소생케 하시며 가난한 자에게 자비를 베풀어 용기를 주십니다.

우리는 무서운 폭풍우 속이나 번쩍이는 섬광 속에서 여호와의 위엄이 빛을 발하는 것을 볼 수 있습니다. 또 제국이 망하고 왕국이 쓰러질 때 주님의 영광을 볼 수 있습니다. 우리는 투쟁과 환난 속에서도 거룩하신 임금의 손을 볼 수 있을 것입니다.

악한 영들은 불쌍하게도 지옥에 가서야 여호와의 확실한 주권을 깨닫습니다. 악령들은 그 발에 쇠사슬을 차고 돌아다닙니다. 사망의 화살은 주님의 통제 아래 있으며, 무덤의 감옥을 지키는 관리인은 거룩한 천사입니다. 온 세상을 심판하시는 하나님의 무서운 보복은 개가 사냥꾼의 회초리를 두려워하듯이 마귀를 위축시키고 두려워 떨게 만듭니다.

하늘나라에서는 아무도 영원하신 임금님의 주권을 의심하지 않으며 모두가 얼굴을 땅에 대고 그분께 경의를 표합니다. 천사들은 왕의 조신들이요, 구속함을 얻는 사람들은 왕의 총애를 받는 사람들입니다. 모든 백성이 밤낮으로 기뻐하며 왕을 섬깁니다. 어서 빨리 위대하신 왕의 도성에 도착하게 되기를 기원합니다.

내가 구름으로 땅을 덮을 때에 무지개가 구름 속에 나타나면(창 9:14).

하나님이 노아와 맺으신 언약의 상징인 무지개는 자기 백성들에게 주시는 아버지와 증거이신 주 예수의 전형입니다. 우리는 언제 언약의 증거를 보기를 기대할 수 있습니까? 무지개는 비 온 후 구름 속에서 나타납니다. 죄인이 하나님 앞에서 과거에 지은 죄를 기억하고 애통할 때 예수 그리스도는 언약의 무지개로 그에게 나타나십니다. 예수는 자기의 신적 성품이 발하는 아름다운 빛으로 나타나시며, 깊고 영속적인 평화를 주십니다.

믿는 자가 시련과 시험에 에워싸일 때, 십자가에 달려 죽으시고 부활하셨으며 우리를 위해 호소하시는 예수를 바라보면 위로가 됩니다. 하나님의 무지개는 우리의 죄와 슬픔과 불행이라는 구름 위에 나타나 우리의 구원을 예언합니다.

구름만의 힘으로는 무지개가 생기지 못하며 태양 빛을 반영하는 투명한 물방울이 있어야 합니다. 그러므로 슬픔은 우리에게 위협을 주는 데 그치지 말고 무겁게 임해야 합니다. 만일 하나님의 보복이 단순히 위협을 주는 구름에 불과했다면 우리는 구속함을 얻지 못했을 것입니다. 죄인의 양심에 진정한 번민이 없는 한 그를 위한 그리스도는 없을 것입니다. 자신에게 무거운 징계가 임한다고 느끼지 않는 사람은 예수를 보지 못합니다. 무지개가 생기려면 태양도 있어야 합니다. 태양이 빛을 비추지 않으면 구름과 빗방울은 무지개를 만들지 못합니다. 하나님은 태양처럼 항상 우리에게 빛을 비추어 주시지만 우리는 항상 그분을 보지는 못합니다. 구름이 하나님의 얼굴을 가릴 때도 있습니다. 그러나 아무리 비가 오고 구름이 끼어도 하나님이 빛을 비추시면 무지개가 생깁니다. 무지개가 생기고 나면 날씨가 화창해집니다.

예수를 바라보면 우리의 죄는 사라지고 의심과 두려움은 진정됩니다. 예수께서 물 위를 걸으실 때 바다가 얼마나 고요했습니까!

여호와의 나무에는 물이 흡족함이여 곧 그가 심으신 레바논 백향목들 이로다(시 104:16).

레바논의 백향목은 주님이 심은 것이라는 의미에서 기독교인을 상징합니다. 이것은 모든 하나님의 자녀들에게 해당되는 진리입니다. 하나님의 자녀는 인간이 심은 것도 아니고, 스스로 심은 것도 아니며, 하나님이 심으셨습니다. 하나님이 친히 그의 마음에 씨앗을 받아들일 준비를 하게 만드셨고, 또 성령의 신비한 손이 생명의 씨앗을 떨어뜨리십니다.

참 하늘나라의 상속자들은 자신을 심어 주신 위대하신 농부의 은혜를 입고 있습니다. 레바논의 백향목은 사람에게서 물주기를 기대하지 않습니다. 그것들은 인간의 수로가 닿지 않는 높은 반석 위에 심겨 있으며 하늘 아버지께서 그것에 물을 대주십니다. 믿음에 의해 사는 법을 배운 신자들도 이와 같습니다. 그는 물질적인 것까지도 인간에게 의지하지 않습니다. 그는 자신의 생계유지를 주께 의지합니다. 그는 유혹으로부터 보호하기 위해 온실에서 자라는 식물이 아닙니다. 그는 바깥에서 비바람을 맞고 자라는 식물입니다.

그에게는 자신이 친히 심으신 백향목을 언제나 가려주시는 영원하신 하나님의 날개 밑 외에는 피신처가 없습니다. 신자들도 백향목과 마찬가지로 한겨울 눈 속에서도 항상 푸름을 유지할 수 있는 생명력을 가지고 있으며 수액이 가득합니다.

마지막으로, 백향목이 우거지고 훌륭하게 자라는 것은 하나님을 찬양하기 위해서입니다. 주님은 백향목에 가장 귀한 분이 되십니다. 그러므로 다윗은 “산들과 모든 작은 산과 과수와 모든…여호와의 이름을 찬양할지어다”(시 148:9-13)라고 노래했습니다. 믿는 자 안에는 인간을 찬양할 것은 하나도 없습니다. 그는 주님의 손에 의해 심기고 양분을 공급받고 보호를 받습니다. 주님께 모든 영광을 돌리십시오.

> 내가 나와 너희와 및 육체를 가진 모든 생물 사이의 내 언약을 기억하리니 다시는 물이 모든 육체를 멸하는 홍수가 되지 아니할지라(창 9:15).

하나님은 "너는 무지개를 바라볼 때 나의 언약을 기억할 것이요, 그리하면 내가 세상을 멸하지 아니하겠다"라고 말씀하시지 않습니다. 그것은 변덕스럽고 연약한 우리의 기억에 의지하는 것이 아니라 무한하시며 불변하시는 하나님의 기억에 달려 있습니다.

> "무지개가 구름 사이에 있으리니 내가 보고 나 하나님과 모든 육체를 가진 땅의 모든 생물 사이의 영원한 언약을 기억하리라"(창 9:16).

내 안전의 근거는 내가 하나님을 기억함이 아니라 하나님이 나를 기억하심입니다. 내가 하나님의 언약을 붙들기 때문이 아니라, 하나님의 언약이 나를 지배하기 때문입니다. 구원의 기초는 거룩한 능력에 의해 확보됩니다. 언약을 기억하는 일조차 우리의 기억에 맡겨지지 않습니다. 우리는 쉽사리 잊지만, 주님은 자기 손바닥에 새기신 성도들을 잊지 않으십니다(사 49:1).

애굽에서 노예 생활을 하던 이스라엘이 좌우 문설주와 인방에 양의 피를 발랐을 때 여호와는 "너희가 그 피를 볼 때 내가 너희를 넘어가리라"고 말씀하시지 않고 "내가 피를 볼 때에 너희를 넘어가리니"(출 12:13)라고 말씀하셨습니다.

예수를 바라보면 기쁨과 평화가 옵니다. 그러나 하나님이 예수를 바라보시면 구원이 보장됩니다. 하나님이 우리의 담보이신 그리스도를 보시고서도 우리에게 화를 내실 수는 없습니다. 우리 죄는 이미 그리스도 안에서 값을 치렀기 때문입니다.

우리는 언약을 기억해야 하며, 거룩한 은혜로 말미암아 언약을 기억할 것입니다. 그러나 우리의 안전은 우리가 하나님을 기억하는 데 달린 것이 아니라, 하나님이 우리를 기억하심에 달려 있습니다. 그러므로 그 언약은 영원한 언약입니다.

여호와여 주께서 행하신 일로 나를 기쁘게 하셨으니 주의 손이 행하신 일로 말미암아 내가 높이 외치리이다(시 92:4).

우리 자신이 완전히 죄 사함을 받았으며 그리스도께서 완전히 대속하셨다고 믿습니까? 그렇다면 우리는 분명히 기쁨으로 넘치는 신자입니다. 그러므로 당신은 이 세상의 시련과 환난을 초월하여 살아야 합니다. 죄 사함을 받았으니 우리에게 무슨 일이 일어난들 무슨 상관이 있겠습니까? 루터는 “주여, 나를 때리소서. 내 죄가 사함을 받았습니다. 당신께서 나를 용서하셨사오니 당신의 뜻대로 나를 때리소서”라고 했습니다.

믿는 자들이여, 당신이 구원을 받았다면 주님께 감사하고 사랑하십시오. 자신의 죄를 제거해 준 십자가를 굳게 붙드십시오. 바울은 “그러므로 형제들아 내가 하나님의 모든 자비하심으로 너희를 권하노니 너희 몸을 하나님이 기뻐하시는 거룩한 산 제물로 드리라 이는 너희가 드릴 영적 예배니라”(롬 12:1)고 했습니다.

열심을 잃지 마십시오. 자신의 사랑을 나타내십시오. 우리를 사랑하신 그분의 형제를 사랑하십시오. 절룩거리는 므비보셋이 있으면 요나단을 생각하여 도와주십시오. 시련을 겪는 불쌍한 신자가 있으면 눈물을 흘리고 당신의 죄짐을 지고 가셨던 분을 생각하여 그와 함께 울고 그의 십자가를 지십시오.

우리는 그리스도 덕택에 용서함을 받았으니, 이웃에게 가서 용서하시는 자비의 기쁜 소식을 전하십시오. 이 축복을 당신 자신만 누리는 것으로 만족하지 마십시오. 거룩한 기쁨과 거룩한 용기는 당신을 훌륭한 복음 전파자로 만들 것이며, 온 세상은 우리가 복음을 전파할 강단이 될 것입니다. 성결은 가장 설득력 있는 설교로써 주님이 우리에게 주시는 것입니다.

오늘 세상으로 나가기 전에 이것을 구하십시오. 주님의 일을 행할 때 염려하지 말고 기뻐하십시오.

여호와께서 이르시되 내가 애굽에 있는 내 백성의 고통을 분명히 보고 그들이 그들의 감독자로 말미암아 부르짖음을 듣고 그 근심을 알고(출 3:7).

어린아이는 "이것은 아버지가 아시는 일이다"라고 생각할 때 기운을 얻습니다. 우리도 사랑하는 친구요 영혼의 자비로운 남편 되시는 분께서 우리의 모든 것을 알고 계신다는 것을 깨달을 때 위로를 받을 것입니다. 그분은 의사이십니다. 그분이 모든 것을 아시므로 환자가 알아야 할 것은 없습니다. 안절부절못하며 항상 눈치를 보고 엿보며 의심하는 마음이여, 잠잠하십시오. 지금은 모르지만, 후에는 이해할 것입니다. 사랑하는 의사 예수는 역경 속에 있는 우리의 영혼을 알고 계십니다. 어떻게 환자가 약을 지으며 증세를 종합하여 판단합니까? 그것은 환자가 할 일이 아니라 의사가 하는 일입니다. 내가 할 일은 의사를 믿는 것이요, 처방은 의사가 내립니다. 의사가 내가 읽지 못하는 글씨로 처방전을 써도 불안해할 필요가 없습니다. 나는 하나님이 아무리 신비하게 일하신다고 해도 결국은 그의 실수 없는 솜씨가 모든 것을 깨끗하게 해주실 것이라고 믿겠습니다. 주님은 주인이십니다. 그러므로 주님을 비판하지 말고 순종해야 합니다.

"종은 주인이 하는 것을 알지 못함이라"(요 15:15).

건축가가 공사에 임하는 모든 일꾼에게 계획을 설명합니까? 건축가가 자기의 의도를 아는 것으로 충분하지 않습니까? 토기장이의 물 위에 놓인 그릇은 자신이 어떤 형태로 바뀔지 모릅니다. 토기장이가 자기의 기술을 알고 있는데 진흙의 무지함이 무슨 문제가 됩니까? 나는 무식한 자이니 더는 주님께 질문할 필요가 없습니다. 주님은 머리가 되십니다. 모든 지혜가 집중됩니다. 팔이 판단을 내립니까? 발이 사물을 이해합니까? 머리 되신 주님께서 지적인 기능을 이행하고 계시는데, 어찌 각 지체가 두뇌를 소유합니까?

아름다운 주여, 우리의 눈과 영혼과 머리가 되어 주소서. 당신께서 계시하시기로 작정하신 것을 아는 것으로 만족하게 하소서.

이삭이 저물 때에 들에 나가 묵상하다가 눈을 들어 보매 낙타들이 오는 지라(창 24:63).

무익한 교제, 천박한 독서, 무용한 오락으로 소일하는 사람들이 지혜를 얻는다면, 그들은 지금 몰두하고 있는 헛된 일보다는 묵상에서 재미를 느낄 것입니다. 우리는 그리스도를 더 많이 알고, 더욱 하나님 가까이에서 살며, 은혜 안에서 더욱 성장하기를 바라야 합니다.

묵상은 사방에서 모은 마음의 양식을 새김질하여 참된 양분을 추출하는 작용입니다. 묵상의 주제가 예수일 때 그 묵상은 참으로 감미롭습니다. 이삭은 은밀하게 생각에 잠겨있다가 리브가를 발견했습니다. 묵상 장소의 선택도 매우 훌륭했습니다. 우리는 들판에서 무수한 사색의 주제를 발견할 수 있습니다. 백향목으로부터 우슬초까지, 높이 날아오르는 독수리로부터 메뚜기까지, 푸른 하늘로부터 이슬방울에 이르기까지 만물에는 교훈이 가득합니다.

우리 영의 눈이 열리면 책을 읽을 때보다 더 생생하게 마음속에서 교훈들이 번뜩입니다. 우리의 작은 방은 들판만큼 유익하거나 연상을 자극하거나 상쾌하지 못하며 영감을 주는 장소가 되지 못합니다. 어떤 것이라도 평범하다거나 부정하다고 여기지 말며 모든 피조물이 그 창조주를 가리키고 있다고 생각하십시오. 그러면 들판은 즉시 거룩해질 것입니다. 지는 해의 영광은 우리를 경탄하게 하며, 엄숙하게 다가오는 밤은 우리의 경외심을 일깨워 줍니다.

사랑하는 형제여, 여건이 허락된다면 저녁에 들에 나가 한 시간 정도 걸어보십시오. 그러나 여건이 허락되지 않는다면 방 안이나 혼잡한 거리에서도 주님을 만날 수 있을 것입니다. 우리의 심령으로 나아가 그분을 맞이하십시오.

> 또 새 영을 너희 속에 두고 새 마음을 너희에게 주되 너희 육신에서 굳은 마음을 제거하고 부드러운 마음을 줄 것이며(겔 36:26).

새 마음은 죄를 민감하게 대하는 것을 보고 구별할 수 있습니다. 새 마음은 잠시나마 더러운 생각을 하거나 악한 욕망을 가진 후에는 하나님 앞에서 슬퍼합니다. 돌 같은 마음이라야 큰 불의도 아무렇지 않게 생각합니다.

새 마음은 하나님의 뜻을 사랑합니다. 하나님께 바쳐진 새 마음은 성령의 바람이 불어오면 버드나무처럼 굴복하며, 천국의 숨결에 마치 사시나무처럼 떱니다. 본성적인 의지는 차갑고 단단한 쇠와 같아서 아무리 망치질해도 원하는 형태로 만들어지지 않습니다. 그러나 새로운 의지는 마치 녹인 금속과 같아서 은혜의 손에 의해 곧 새로운 모습으로 됩니다.

새 마음에는 부드러운 사랑이 있습니다. 완악한 마음은 구속자를 사랑하지 않습니다. 그러나 새 마음은 그리스도를 향한 사랑으로 뜨겁게 타오릅니다. 완악한 마음은 이기적이며, 냉정하게 "내가 왜 죄 때문에 울어야 합니까? 왜 주님을 사랑해야 합니까?"라고 말합니다. 그러나 새 마음은 "주여, 당신은 내가 당신을 사랑하고 있음을 아십니다. 나로 당신을 더욱 사랑하게 하여 주소서"라고 말합니다. 새 마음은 신령한 축복을 받을 준비가 되어 있으므로 모든 축복이 그에게로 옵니다. 그것은 거룩한 열매를 맺어 하나님께 영광과 찬송을 돌리므로 주님은 그를 기뻐하십니다.

새 마음은 죄를 대적하는 가장 훌륭한 방어가 되며 하늘나라를 위한 가장 훌륭한 준비가 됩니다. 새 마음은 파수대에 서서 주 예수의 강림을 기다립니다. 우리는 새 마음을 가지고 있습니까?

여호와께 그의 이름에 합당한 영광을 돌리며 거룩한 옷을 입고 여호와께 예배할지어다(시 29:2),

하나님의 영광은 하나님의 본성과 행위의 결과입니다. 하나님은 본질상 영광스러운 분이십니다. 하나님 안에는 모든 거룩하고 선하고 사랑스러운 것이 있으므로 마땅히 영화로우셔야 합니다. 하나님의 성품에서 흘러나오는 행위도 역시 영광스럽습니다. 하나님은 자신의 행위로 피조물에서 자신의 선하심과 자비와 공의를 나타내십니다. 또한 자신의 행위와 관련하여 영광을 받기를 원하십니다.

우리에게는 우리 자신을 영광스럽게 해줄 것이 없습니다. 우리가 가진 것은 모두 하나님에게서 받은 것입니다. 그러므로 우리는 여호와 앞에서 삼가 겸손하게 행해야 합니다. 이 우주에 영광의 자리는 오직 하나뿐이므로, 우리가 자신을 영광스럽게 하려는 것은 스스로 지존자와 경쟁하는 것이 됩니다.

사막의 흙이 회오리바람과 겨루어 싸우며, 바다의 물방울이 태풍과 겨루어 싸울 수 있습니까? 여호와의 이름에 합당한 영광을 여호와께 돌리십시오. 그러나 우리가 "여호와여 영광을 우리에게 돌리지 마옵소서 우리에게 돌리지 마옵소서 오직 주는 인자하시고 진실하시므로 주의 이름에만 영광을 돌리소서"(시 115:1)라고 말할 수 있게 되려면 가장 어려운 싸움을 해야 합니다. 이것은 하나님이 우리에게 가르치시는 교훈입니다. "내게 능력 주시는 자 안에서 내가 모든 것을 할 수 있느니라"(빌 4:13)고 자랑하는 신자는 머지않아 신음하면서 "나는 아무것도 할 수 없다"라고 말하게 될 것입니다.

우리가 주를 위해 일하여 주님이 기꺼이 우리의 행위를 받아주실 때, 우리는 면류관을 주님의 발 앞에 놓고 "그 일을 행한 것은 내가 아니요, 나와 함께 하신 하나님의 은혜로소이다"라고 외쳐야 합니다.

그뿐 아니라 또한 우리 곧 성령의 처음 익은 열매를 받은 우리까지도 속으로 탄식하여 양자 될 것 곧 우리 몸의 속량을 기다리느니라(롬 8:23).

지금 우리는 성령의 처음 익은 열매를 가지고 있습니다. 우리는 회개라는 보석, 믿음이라는 값비싼 진주, 소망이라는 거룩한 에메랄드, 사랑이라는 찬란한 루비를 가지고 있습니다. 우리는 이미 성령의 사역으로 그리스도 예수 안에서 새로운 피조물이 되었습니다(고후 5:17). 이것은 가장 먼저 되는 일이기 때문에 첫 열매라고 합니다. 이스라엘 백성들이 처음으로 거두어들인 곡식을 흔들어 제물로 바치는 데 사용했던 것 같이, 신령한 생활과 그 생활을 장식하는 은혜는 우리 안에 있는 하나님의 영의 역사로 말미암은 첫 열 매입니다.

첫 열매는 추수를 약속해주는 보증입니다. 이스라엘 백성들은 처음으로 익은 이삭을 한 줌 따면서 장차 곡식단으로 가득 찬 마차를 예상하고 기뻐했습니다. 하나님이 우리에게 주시는 순결하고 사랑스럽고 좋은 것들은 장차 임할 영광을 예고해줍니다. 첫 열매는 언제나 주님께 거룩한 것입니다. 우리의 새로운 본성 및 모든 능력은 거룩한 것입니다. 새 생명은 우리의 것이 아닙니다. 그것은 그리스도의 형상이요 그의 영광을 위해 정해진 것입니다.

그러나 첫 열매가 수확은 아니듯, 이 순간 우리 안에서 일하시는 성령의 사역이 절정은 아닙니다. 완전한 것은 조만간 임할 것입니다. 우리는 자신이 이미 완전에 이르렀다고 뽐내거나, 흔들어 바치는 제물이 일 년의 모든 수확이 될 것으로 생각해서는 안 됩니다. 우리는 의에 굶주리고 목말라야 하며, 완전한 구속의 날을 갈망해야 합니다.

이 밤, 입을 크게 벌리십시오. 그러면 주님이 그것들을 주실 것입니다. 주님은 "우리가 구하거나 생각하는 모든 것에 더 넘치도록 능히 하실 이"(엡 3:20)십니다.

그러나 나는 하나님의 집에 있는 푸른 감람나무 같음이여 하나님의 인자하심을 영원히 의지하리로다(시 52:8).

잠시 주님의 인자하심을 묵상하십시오.

주님은 부드럽고 사랑스러운 손길로 마음이 상한 자를 치료해 주시고 그 상처를 싸매주십니다. 하나님 안에 있는 것은 무엇이든지 크고 많습니다. 하나님의 자비도 역시 무한하여 측량할 수 없습니다. 그것은 **분에 넘치는 자비**입니다. 죄인은 지존자의 자비로운 고려를 요청할 권리가 없습니다.

패역한 자가 즉시 영원한 불에 들어가라는 판결을 받았다면, 그 운명은 자초한 것입니다. 그런데 만일 그가 그 진노로부터 구원을 받았다면, 그 원인은 하나님의 지고하신 사랑입니다. 죄인에게는 전혀 공로가 없기 때문입니다. 그것은 **풍성한 자비**입니다.

사물 중에는 위대하지만, 효험은 거의 가지고 있지 못한 것이 있습니다. 그러나 하나님의 자비는 쇠퇴해 가는 당신의 영의 기운을 회복하게 해줍니다. 그것은 용도가 **넓은 자비**입니다.

존 번연은 "하나님의 정원에 있는 꽃은 겹꽃이다"라고 했습니다. 그곳에는 단 하나의 자비는 존재하지 않습니다. 우리는 단 한 가지의 자비를 소유하고 있다고 생각할는지 모르나 장차 그것이 한 다발의 자비임을 발견하게 될 것입니다. 그것은 **풍성한 자비**입니다.

많은 신자가 그 자비를 받았습니다. 그런데도 그것은 조금도 소진되지 않고 언제나 충만하고 신선하며 무한합니다. 그것은 **확실한 자비**입니다. 그것은 결코 우리를 버려두지 않습니다. 자비가 우리의 친구라면, 우리가 시험받을 때 우리와 함께 있어 시험에 지지 않게 해주며, 환난을 당할 때 우리를 도와 침몰하지 않게 해줄 것입니다.

자비는 우리가 살아있는 동안 항상 우리와 함께 있어 우리 얼굴의 빛이요 생명이 됩니다. 그리고 우리가 임종을 맞아 세상의 위로가 우리에게서 밀려 나가는 때 자비는 우리 **영혼의 기쁨**이 될 것입니다.

주께서 인생으로 고생하게 하시며 근심하게 하심은 본심이 아니시로다 (애 3:33).

우리 아버지의 말씀을 근거로 생각해 볼 때, 고통에는 끝이 있다는 것을 알 수 있습니다. 고통의 궁극적인 목표는 제한되어 있어서 특별한 지점을 초과하지 못합니다.

나사로는 사망을 경험했지만, 사망이 그의 고통의 최종적 결말은 아니었습니다. 주님은 고통의 물결에 "너는 더는 나아갈 수 없다"라고 말씀하십니다. 하나님은 자기 백성에게 멸망이 아니라 교훈을 보내주십니다.

지혜는 풀무의 입구에 온도계를 달아놓고 온도를 잽니다. 섭리하시는 하나님은 우리에게 임하는 모든 시련의 시간과 방법과 강도와 빈도와 효과를 제한하십니다.

하나님은 모든 성화케 하는 결과를 지명하여 놓으십니다. 우리의 머리카락을 세시는 하나님의 눈은 큰 것이나 작은 것 등 모두를 빠짐없이 살펴보십니다. 이 한계는 우리의 능력에 맞추어 지혜롭게 조정됩니다.

고통은 되는 대로 임하는 것이 아닙니다. 우리에게 임하는 매의 무게는 정확하게 측정됩니다. 하늘과 구름을 실수 없이 재시는 하나님은 영혼의 약을 지으실 때 절대로 오류를 범하지 않으십니다. 우리에게 임한 고난이 너무 지나치다거나 너무 늦게 고통에서 해방된다는 것은 있을 수 없습니다. 그 한계는 자비하신 하나님이 정하십니다.

거룩한 외과 의사의 칼은 필요 이상 깊이 찌르지 않습니다. 우리의 완고함을 고려할 때 더욱 호된 시련이 임하지 않는 것이 오히려 이상한 일입니다. 우리가 거주할 곳의 경계를 정해 주신 하나님은 우리에게 임할 환난의 경계도 정해 놓으셨습니다.

자비로우신 하나님은 어머니보다 더 긍휼하시며, 아버지보다 사랑이 많으십니다.

> 외국인이 여호와의 거룩한 성전에 들어가므로 우리가 책망을 들으며 수치를 당하여 모욕이 우리 얼굴을 덮었느니라(렘 51:51).

이방인이 여호와의 집 성소에 들어갔기 때문에 여호와의 백성들은 수치를 당했습니다. 제사장만 들어갈 수 있는 거룩한 곳에 이방인이 침범한다는 것은 무서운 일이었습니다.

우리는 사방에서 안타까운 일을 봅니다. 경건치 못한 많은 사람이 목회 사역을 시작하려고 교육을 받고 있습니다. 회심하지 않은 자를 성직에 임명하며, 교회의 규율이 문란해지는 것은 무척 두려운 일입니다.

오늘 이 말씀을 읽는 수많은 신자가 이 문제를 가지고 주 예수 앞에 나아간다면 주님이 중재하시어 장차 교회에 임할 재앙을 막아주실 것입니다.

교회의 질을 저하하는 것은 우물을 더럽히는 짓이요, 타는 불에 물을 끼얹는 짓이요, 비옥한 땅에 돌을 심는 짓입니다. 우리는 구원받지 못할 회심치 않은 인간들의 공동체가 아닙니다. 믿는 신자들의 공동체인 교회의 순수성을 올바르게 보존할 수 있는 은혜를 소유하게 되기를 기원합니다.

우리의 열심은 가정에서부터 시작되어야 합니다. 자신이 주의 만찬에 참여할 수 있는지 살펴봅시다. 우리가 주님의 성소에 침입한 자가 되지 않으려면 혼인 예복을 입어야 합니다. 청함을 받은 사람은 많으나 택함을 받은 자는 적습니다. 길은 좁고 문은 똑바릅니다. 세례를 받거나 성찬에 참여하려는 자는 먼저 자기 마음을 살펴봐야 합니다.

오. 하나님의 택함을 받은 자의 믿음을 가지고 예수님께 나아갈 수 있는 은혜를 주옵소서. 하나님이여, 나를 살피사 내 마음을 아시며 나를 시험하사 내 뜻을 아옵소서.

몰약을 탄 포도주를 주었으나 예수께서 받지 아니하시니라(막 15:23).

구세주께서 몰약을 탄 포도주 마시기를 거부하셨다는 사실에는 귀중한 진리가 있습니다. 하나님의 아들은 이미 세상을 내려다보시면서 인간의 불행의 깊이를 측량하셨습니다. 그는 대속 사역에 필요한 고통을 하나도 거부하지 않고 충족시키셨습니다. 완전한 대속의 제물이 되기로 하셨으므로 구세주께서는 높은 영광의 보좌로부터 깊은 재앙의 십자가에 이르는 길을 걸으셔야 했습니다.

몰약을 탄 포도주는 마취하는 효력이 있어서 고통을 약간 완화할 수 있었습니다. 그러므로 주님은 그것을 마시지 않았습니다. 주님은 자기 백성을 대신하여 고난을 겪기 위해 맡은 일을 조금도 부족함이 없이 완전하게 이루시려 했던 것입니다.

우리는 슬픔에서 해방되기를 갈망하는데, 그것은 우리에게 해로운 일이 될 것입니다. 어려운 봉사나 고난에서 해방시켜 달라고 건방지고 고집 세게 기도했습니까? 우리에게 "원한다면 네가 사랑하는 것을 가져도 좋습니다. 그러나 너는 그로 인해 하나님을 모욕하게 될 것이다"라고 말했다고 가정해보십시오. 우리는 유혹을 밀어내며 "당신의 뜻이 이루어지이다"라고 말할 수 있습니까? 만일 "내 주여. 나는 고난 당하지 않기를 원합니다. 그러나 내가 고난을 받음으로써 당신께 영광을 돌리며, 세상의 것들을 잃음으로써 당신께 영광이 된다면 그렇게 하십시오. 만일 내 위로가 당신 영광에 장애가 된다면 나는 위로를 거부하겠습니다"라고 말할 수 있다면 참으로 아름다운 일이 될 것입니다.

우리의 이기적인 생각과 위로가 하나님이 명하신 일을 마치는 데 방해가 될 때, 그 생각과 위로를 재빨리, 그리고 기꺼이 제거하기를 원합니다 그가 여호와의 능력과 그의 하나님 여호와의 이름의 위엄을 의지하고 서서 목축하니 그들이 거주할 것이라 이제 그가 창대하여 땅 끝까지 미치리라(미 5:4).

그리스도는 목자요 임금으로써 교회를 통치하십니다. 주님은 주권을 소유하십니다. 그것은 사랑하는 양 떼를 돌보시는 지혜롭고 온유한 목자의 주권입니다. 주님은 명령하시며 복종을 받으십니다. 그것은 훌륭한 보살핌을 받는 양들이 기꺼이 사랑하는 목자에게 바치는 자발적인 순종입니다. 주님은 사랑과 선하심에 의해 다스리십니다. 교회의 머리 되신 주님은 자기 백성들을 위해 적극적으로 모든 것을 예비하십니다.

주님은 텅 빈 나라의 보좌에 앉아 계신 것이 아니며, 휘두르지 못할 홀을 들고 계신 것이 아닙니다. 주님은 서서 양들을 먹이십니다. "목축하다"라는 단어의 본래 의미는 목자에게 기대되는 모든 일을 행한다는 뜻입니다. 즉 양 떼를 먹일 뿐만 아니라 인도하고 지켜주며 보호하고 잃은 양을 찾아와 돌보는 것을 의미합니다.

본문 말씀에는 "그가 여호와의 이름의 위엄을 의지하고 서서 목축하니"라고 기록되어 있지, "그가 때때로 양을 목축하다가 떠난다"라거나 "그가 어느 날은 교회에 큰 부흥을 허락하셨다가 그다음 날에 황폐하도록 버려두신다"라고 기록되어 있지는 않습니다.

그리스도의 눈은 졸지 아니하시며 그의 손은 쉬지 아니하십니다. 그의 가슴은 끊임없이 사랑으로 고동치며, 그의 어깨는 자기 백성들의 짐을 지고 가는 데 절대로 지치지 않습니다. 그리스도가 계신 곳에는 하나님이 계시며, 그리스도께서 행하시는 일은 곧 지존자의 행위입니다.

오늘 자기 백성들의 이익을 대변하고 서신 분은 모든 사람이 무릎을 꿇고 경배해야 할 하나님이시라는 것은 참으로 즐거운 진리입니다. 우리는 그 목자의 양이기 때문에 행복합니다. 우리는 주님의 목장에 거하는 백성으로서 주님 앞에 경배하며 주님을 예배합시다.

그들이 나를 위하여 비밀히 친 그물에서 빼내소서 주는 나의 산성이시니이다(시 31:4).

우리 영의 원수들은 뱀의 무리입니다. 그들은 교묘한 거짓말과 망상으로 우리를 유혹하려고 합니다. 이 시편 기자의 기도는 믿는 신자들이 그들이 쳐놓은 그물에 잡힐 가능성이 있음을 표현하고 있습니다. 사냥꾼들은 솜씨 좋게 새를 잡기 때문에 부주의한 새는 곧 그물에 걸리고 맙니다.

본문에서는 사탄의 그물에 잡힌 자들을 구출해 달라고 요청합니다. 영원한 사랑의 하나님은 성도를 사자의 입이나 지옥 한복판에서 구원하실 수 있습니다. 유혹의 그물에서 영혼을 구해내려면 날쌔게 잡아당겨야 하며, 악하고 교활한 올무에서 사람을 해방하려면 큰 능력이 필요합니다.

그러나 주님은 아무리 위험한 사태에도 대처하실 수 있습니다. 사냥꾼이 아무리 솜씨 좋게 그물을 쳐도 하나님의 백성을 잡지는 못할 것입니다. 다른 사람을 유혹하는 자는 결국 자멸할 것입니다.

"주는 나의 산성이시니이다."

이 말씀은 말할 수 없이 아름다운 말씀입니다. 우리가 거룩한 힘을 의지하면 즐거운 마음으로 수고하며 기쁜 마음으로 고난을 당할 수 있습니다. 하나님의 권능은 원수들의 계획을 좌절시키고 그들의 전략을 혼돈(混沌)케 하며 그들의 기만적인 술책을 분쇄할 것입니다. 아버지 하나님의 비길 데 없이 큰 힘을 가지고 있는 사람은 복된 사람입니다.

우리가 간교하고 교묘한 그물에 얽혔을 때 우리 자신의 힘은 그다지 유익을 주지 못하지만, 하나님의 힘은 유익을 줄 것입니다. 우리가 요청하기만 하면 가까이에서 그것을 발견할 것입니다.

이는 다윗의 마지막 말이라 이새의 아들 다윗이 말함이여 높이 세워진 자, 야곱의 하나님께로부터 기름 부음 받은 자, 이스라엘의 노래 잘 하는 자가 말하노라(삼하 23:1).

다윗은 성경에 기록되어 있는 모든 성도 중에서 가장 두드러지고 다양하고 교훈적인 역할을 소유하고 있습니다. 그의 일생을 살펴보면 옛날 다른 성도의 생애에서는 찾아볼 수 없는 시련과 유혹을 받았음을 알 수 있습니다. 그는 우리 주님을 상징하는 전형이라고 할 수 있습니다. 다윗은 온갖 지위와 처지에 놓인 사람이 겪는 시련을 겪었습니다. 왕에게는 그들 나름대로의 고통이 있는 법인데 다윗은 왕으로서 통치했습니다. 농부에게도 나름대로 염려가 있는 법인데, 다윗은 목동이었습니다. 방랑자에게는 많은 곤경이 있는 법인데, 다윗은 엔게디의 동굴 속에 피신한 적이 있었습니다. 다윗은 또한 친구들로부터의 시련도 겪었습니다. 다윗의 모사였던 아히도벨도 다윗을 배반했습니다.

"내가 신뢰하여 내 떡을 나눠 먹던 나의 가까운 친구도 나를 대적하여 그의 발꿈치를 들었나이다"(시 41:9).

그의 가장 큰 원수는 가족이었으며, 자녀들이 가장 큰 고통을 주었습니다. 가난이나 부귀, 명예와 친척, 건강과 병약함 등 모든 시험이 그에게 임했습니다. 한 가지 시련을 피했다고 생각하면 어느새 또 다른 시련에 빠졌습니다. 다윗의 시편이 세계적으로 많은 신자에게 기쁨이 되는 것은 아마 이런 이유에서일 것입니다. 다윗은 우리의 마음 상태, 기쁨과 슬픔 등을 정확하게 묘사했습니다.

다윗은 가장 훌륭한 학교, 마음으로 깨닫는 개인적인 학교에서 교육을 받았기 때문에 인간의 심령을 가르치는 유능한 교사가 될 수 있었습니다. 우리도 다윗과 같은 학교에서 교육을 받고 있으므로 다윗의 시편을 깊이 이해하며 그것들이 푸른 초장이 된다는 것을 발견합니다.

내 영혼아, 오늘 다윗의 체험을 보고 기운을 얻고 지혜를 얻어라.

그 다음은 금장색 할해야의 아들 웃시엘 등이 중수하였고 그 다음은 향품 장사 하나냐 등이 중수하되 그들이 예루살렘의 넓은 성벽까지 하였고(느 3:8).

적의 공격을 막기 위해 든든히 건설된 성읍의 주위에는 넓은 성벽을 쌓습니다. 새 예루살렘의 주위에도 세상과 타협하지 않으며 세상의 관습과 정신으로부터 분리하는 넓은 성벽을 쌓아 보존해야 합니다. 요즈음에는 거룩한 방벽을 무너뜨리며, 세상과 교회의 구분이 형식에 지나지 않는 경향이 있습니다.

신자들은 엄격한 청교도적인 신앙생활을 하지 않고 있습니다. 그들은 수상한 책을 열심히 읽고 보잘것없는 오락에 빠집니다. 전반적인 영적 표준의 완화로 말미암아 주님의 백성들은 자신과 죄인들을 분리하는 거룩한 차이점을 박탈당하고 있습니다. 하나님의 자녀와 세상의 자녀를 구분해주는 차이점이 사라지는 날은 교회와 세상에는 슬픔의 날입니다. 당신은 마음과 말과 의복과 행동에 있어 넓은 성벽을 보존하는 것을 목표로 삼으며, “세상과 벗이 되고자 하는 자는 스스로 하나님과 원수 되는 것”(약 4:4)이라는 것을 기억하십시오.

넓은 성벽은 예루살렘 주민들이 주위의 나라를 다스릴 수 있는 좋은 처소를 제공했습니다. 우리는 세상의 모습을 내려다보고 하늘나라의 영광을 볼 수도 있습니다. 우리가 세상으로부터 이탈하며 경건치 못함과 육체의 정욕을 부인(否認)한다고 해서 우리가 감옥 안에 있거나 제한된 좁은 곳에 거하는 것이 아닙니다. 우리는 하나님의 교훈을 지키기 때문에 마음대로 다닙니다. 와서 하나님의 법안에서 하나님과 동행하십시오.

성벽 위에서 친구들이 서로 만나듯 기도와 묵상 속에서 하나님을 만나십시오.

구제를 좋아하는 자는 풍족하여질 것이요 남을 윤택하게 하는 자는 자기도 윤택하여지리라(잠 11:25).).

오늘 아침, 우리는 이 말씀에서 위대한 교훈을 배우게 됩니다. 우리가 무엇을 받으려면 먼저 줘야 하며, 재산을 모으려면 먼저 나눠줘야 하며, 행복하여지려면 남을 행복하게 해주어야 하며, 영적으로 강건해지려면 먼저 다른 사람들의 영적인 유익을 구하여야 합니다.

우리는 남에게 구제함으로써 풍족하여집니다. 우리의 유익한 노력은 유익한 능력을 발휘합니다. 우리에게는 잠재적인 능력과 재능이 있으므로 그것들을 발휘해야 합니다. 우리는 과부의 눈물을 씻어 주고 고아들의 슬픔을 위로해 줄 때 비로소 자기에게 자비한 마음이 있다는 것을 깨닫게 됩니다. 때때로 우리는 다른 사람들을 가르치면서 스스로 교훈을 얻음을 발견합니다. 이웃을 도우면서 은혜로운 교훈을 깨닫는 사람들이 있습니다.

우리는 성경을 가르치려고 갔다가 자신이 성경에 대해 아는 것이 별로 없다는 것을 깨닫고 얼굴을 붉히며 돌아섭니다. 다른 사람들에게 구제하는 것은 우리를 겸손하게 해줍니다. 또한 이웃을 위해 일함으로써 우리의 위로도 증가합니다. 우리가 이웃을 위로해 주면서 우리 자신이 마음의 위로를 받습니다.

눈 속에 갇힌 두 사람이 있었습니다. 한 사람이 상대방을 얼어 죽지 않게 해주려고 그의 사지를 주물러 주었습니다. 그렇게 하는 동안 그 자신의 혈액이 순환되어 자신의 생명도 구할 수 있었습니다. 사렙다 마을의 가난한 과부는 가진 양식이 거의 없었지만 선지자에게 그것을 드렸습니다. 그날 이후로 그녀에게는 부족한 것이 없게 되었습니다.

"주라 그리하면 너희에게 줄 것이니 곧 후히 되어 누르고 흔들어 넘치도록 하여 너희에게 안겨 주리라"(눅 6:38).

나는 감추어진 곳과 캄캄한 땅에서 말하지 아니하였으며 야곱 자손에게 너희가 나를 혼돈 중에서 찾으라고 이르지 아니하였노라 나 여호와는 의를 말하고 정직한 것을 알리느니라(사 45:19).

우리는 하나님이 말씀하시지 않은 것을 생각함으로써 많은 위로를 얻을 수 있습니다. 하나님이 말씀하신 것에는 위로와 기쁨이 가득합니다. 그러나 하나님이 말씀하시지 않은 것에도 역시 위로가 풍성하게 들어 있습니다. 여로보암의 시대에 이스라엘이 보존된 것은 하나님이 "말하지 아니하였기" 때문이었습니다. "여호와께서 또 이스라엘의 이름을 천하에서 없이 하겠다고도 아니하셨으므로"(왕하 14:27)라고 했습니다.

본문을 통해서 우리는 하나님이 기도에 응답해 주실 것이라는 확신을 소유할 수 있습니다. 하나님은 "야곱 자손에게 너희가 나를 헛되이 찾으라 이르지 아니하셨기" 때문입니다. 우리의 의심과 두려움이 무엇이라고 말하더라도 하나님이 당신을 자비로부터 단절시키지 않는 한 절망할 필요가 없습니다. 하나님의 음성과 일치하지 않는 양심의 소리는 무가치한 것입니다. 하나님 말씀 앞에서 두려워 떠십시오. 그러나 지나치게 상상하여 낙심하고 절망하지 마십시오. 소심한 사람은 의심하여서 하나님의 명령에는 소망을 갖지 못하게 하는 것이 있다고 생각합니다. 그러나 하나님은 그러한 두려움을 논박하십니다. 왜냐하면 진정으로 구하는 자는 절대 진노에 넘겨지지 않기 때문입니다. "나는 감추어진 곳과 캄캄한 땅에서 말하지 아니하였으며 …너희가 나를 혼돈 중에서 찾으라고 이르지 아니하였노라." 하나님은 자기에게 부르짖는 사람의 기도를 들으시겠다고 말씀하셨습니다.

하나님의 말씀은 의심할 여지가 없습니다. 하나님은 난해한 말로 자기 마음을 계시하지 않고 분명하고 적극적으로 말씀하십니다. "구하라 그리하면 너희에게 주실 것이요 찾으라 그리하면 찾아낼 것이요 문을 두드리라 그리하면 너희에게 열릴 것이니"(마 7:7). 하나님은 우리 기도를 반드시 들어 주십니다. 하나님은 절대 영혼에게 "너희가 나를 혼돈 중에서 찾으라"고 말씀하시지 않았습니다.

예루살렘 딸들아 너희에게 내가 부탁한다 너희가 내 사랑하는 자를 만나거든 내가 사랑하므로 병이 났다고 하려무나(아 5:8).

자비한 영혼은 그리스도와 가까이 있지 않으면 결코 완전한 평안을 느끼지 못합니다. 그들은 그리스도를 떠나 있으면 평화를 잃으며, 그리스도께 가까이 갈수록 하늘나라의 완전한 평안에 가까이 갑니다. 주께 가까이 갈수록 마음은 평화와 생명과 활력과 기쁨으로 충만해집니다. 왜냐하면 이것들은 모두 예수와의 끊임없는 교제에 의존하는 것이기 때문입니다.

우리와 그리스도와 관계는 태양과 낮, 달과 밤, 이슬과 꽃의 관계와 같습니다. 예수 그리스도와 우리의 관계는 빵과 배고픔, 옷과 벌거벗은 자, 큰 바위 그늘과 지친 나그네의 관계와 같습니다.

의로우신 주님을 갈망하는 자는 참으로 복된 사람입니다. 그 목마름은 하나님에게서 온 것이므로 복된 것입니다. 주님으로 인한 굶주림은 거룩한 것입니다. 왜냐하면 그것은 우리 주님이 가르치신 팔복 중의 하나이기 때문입니다. 축복에는 약속이 포함되어 있습니다.

굶주린 자는 원하는 것으로 채워질 것입니다. 그리스도께서 우리로 하여금 자기를 갈망하게 만드셨으니, 분명히 그 갈망을 충족시켜주실 것입니다. 주님이 우리에게 오시면 얼마나 기쁘겠습니까!

모든 성도 중에 지극히 작은 자보다 더 작은 나에게 이 은혜를 주신 것은 측량할 수 없는 그리스도의 풍성함을 이방인에게 전하게 하시고(엡 3:8).

주님은 수학적으로 계산할 수 없고, 합리적으로 측량할 수 없고, 상상할 수 없고, 말로 표현할 수 없는 풍성함을 가지고 계십니다. 우리가 아무리 바라보고 연구하고 견주어 보아도 예수는 우리가 이해하기에는 너무나 위대하신 구세주이십니다. 우리는 쉽게 범죄하지만 주님은 그보다 쉽게 용서해 주십니다. 주님은 우리가 궁핍함을 고백하는 것보다 더 기꺼이 그것들을 공급해 주십니다. 주님은 우리에게 주실 풍성한 행복을 가지고 계십니다. 주님은 우리를 푸른 초장에 눕게 하시고 잔잔한 물가로 인도하십니다(시 23:2). 주님의 피리에서 울려 나는 음악만한 것은 없습니다. 주님은 목자요 우리는 양입니다. 그러므로 우리는 주님의 발 앞에 평화로이 누울 수 있습니다. 주님의 사랑에 비길 만한 사랑은 이 세상에도 천국에도 없습니다.

주님을 알고 그 안에서 발견되는 것은 생명이요 기쁨입니다. 주님은 자기 종들을 관대하게 다루십니다. 주님은 그들에게 두 개의 천국을 주십니다. 세상에서 주님을 섬기기 위한 이 땅의 천국, 그리고 영원토록 주님 안에서 기쁨을 누리는 하늘의 천국입니다.

주님의 측량할 수 없는 풍성함은 영원한 세계에 가서야 충분히 알 수 있을 것입니다. 이 세상에 사는 동안 주님은 우리에게 필요한 모든 것을 주실 것입니다. 반석이 우리의 피난처가 되시며, 양식이 공급되고, 물은 끊어지지 아니할 것입니다(사 33:6 참조). 그리고 장차 우리는 영광스럽고 사랑스러운 왕의 모습을 대면하여 보게 될 것입니다. 측량할 수 없는 그리스도의 풍성은 세상 시인들이 노래할 곡조요, 하늘나라 거문고로 연주할 노래입니다.

주여. 예수를 더욱더 가르쳐 주옵소서. 그리하면 이웃에게 복음을 전하겠습니다.

내가 예루살렘을 즐거워하며 나의 백성을 기뻐하리니 우는 소리와 부르짖는 소리가 그 가운데에서 다시는 들리지 아니할 것이며(사 65:19).

하늘나라에서 영광중에 거하는 성도는 다시는 눈물을 흘리지 않습니다. 하늘나라에는 우정이 깨진다거나 장래의 전망이 메마르게 되는 일이 없습니다. 그들은 가난, 기근, 위험, 박해, 중상도 알지 못합니다. 그들은 완전한 만족을 누리므로 울지 아니합니다. 불신앙의 악한 심령이 그들을 부추겨 살아계신 하나님을 떠나게 하지도 않습니다. 그들은 하나님의 보좌 앞에 흠 없이 거하며 완전히 하나님의 형상을 닮습니다. 죄를 떠난 사람이 애통하지 않은 것이 당연합니다. 변화에 대한 두려움이 모두 지나갔으므로 그들은 더는 울지 않습니다.

그들은 자신이 영원토록 안전하다는 것을 압니다. 죄는 쫓겨 나가고 그들은 안전하게 하늘나라에 거합니다. 그들은 폭풍우가 불지 않는 도성 안에서 거합니다. 그들은 절대로 지지 않는 태양 빛을 쬡니다. 그들은 절대로 마르지 않는 강에서 물을 마시며, 절대로 시들지 않는 나무에서 과일을 땁니다.

무수한 시대가 흘러도 영원한 세월은 절대로 소진되지 않으며, 영원한 세월이 지속되는 한 그들의 불멸성과 축복이 공존합니다. 그들은 영원히 주님과 함께 거합니다. 그들은 모든 소망이 이루어지기 때문에 울지 아니합니다.

우리는 지금은 하나님이 사랑하는 자들을 위해 예비하신 것들을 완전하게 알지 못하지만, 성령의 계시로 하늘나라의 성도들이 지극히 복을 받고 있다는 것을 압니다. 무한한 기쁨으로 충만한 그리스도의 기쁨이 그들 안에 거합니다. 그와 동일한 안식이 우리를 위해서도 존재하고 있습니다.

오래지 않아 흐느끼는 수양버들이 승리의 종려나무 가지로 바뀔 것이며, 슬픔의 이슬방울이 영원한 축복의 진주로 변할 것입니다.

"그러므로 이러한 말로 서로 위로하라"(살전 4:18).

믿음으로 말미암아 그리스도께서 너희 마음에 계시게 하시옵고 너희가 사랑 가운데서 뿌리가 박히고 터가 굳어져서(엡 3:17).

신자들은 항상 예수를 소유하며, 예수를 향한 사랑이 타오르며, 예수를 아는 지식이 증가해야 합니다. 기독교인들은 그리스도의 몸을 부지런히 연구하는 학생이 되어 십자가의 교훈을 얻으려고 결심해야 합니다.

예수를 가까이하기 위해서는 우리 마음이 예수로 충만하며, 예수의 사랑이 흘러넘쳐야 합니다. 사도 바울은 "그리스도께서 너희 마음에 계시게" 하기를 원한다고 말했습니다. 보십시오. 그가 얼마나 그리스도를 가까이 모시기를 원했는지. 우리가 어떤 대상을 마음속에 소유할 때 그것과 가장 가까이에 있는 것입니다. 바울은 그리스도께서 때때로 방문하여 하룻밤 묵어가시기를 원한다고 하지 않고 "그리스도께서 너희 마음에 계시기"를 원한다고 했습니다.

우리의 마음은 그리스도께서 거하시기에 가장 좋은 곳입니다. 그리스도는 우리의 생각 속에만 거하시는 것이 아니라 사랑 속에도 거하시며, 두뇌의 묵상 속에만 거하는 것이 아니라 마음의 감정 안에도 거하시기를 원합니다.

그리스도를 향한 우리의 사랑은 활활 타오르다가 꺼져버리는 것이 아니라 거룩한 연료를 공급받아 항상 타오르는 불길이 되어야 합니다. 이것은 믿음이 없이는 이룩될 수 없습니다. 믿음이 강하지 않으면 사랑이 맹렬히 타오르지 못합니다. 식물의 뿌리가 튼튼하지 못하면 꽃이 아름답게 피어나지 못합니다. 믿음은 백합화의 뿌리요, 사랑은 백합화입니다.

우리가 마음에서 우러나는 믿음으로 그리스도를 굳게 붙들지 않는 한 예수는 우리의 마음에 사랑이 될 수 없습니다.

길을 여는 자가 그들 앞에 올라가고 그들은 길을 열어 성문에 이르러서는 그리로 나갈 것이며 그들의 왕이 앞서 가며 여호와께서는 선두로 가시리라(미 2:13).

예수님께서 앞서가신 이후로 사태는 과거보다 크게 달라졌습니다. 주님은 그 길을 가로막던 원수들을 정복하셨습니다. 그러니 이제 기운을 내십시오. 그리스도께서 그 길로 가셨을 뿐 아니라 우리의 원수들까지도 살해하셨습니다.

당신은 죽음을 두려워하고 있습니까? 주님은 사망을 십자가에 못 박으셨습니다. 사망을 두려워하고 있습니까? 주님은 사망의 사망이 되셨습니다.

지옥을 무서워하고 있습니까? 주님은 그것이 자기 자녀에게 오지 못하도록 빗장을 지르셨습니다. 하나님의 자녀들은 결코 영멸(永滅)의 심연을 보지 않게 될 것입니다.

신자의 앞에 다가오는 원수는 모두 정복됩니다. 사자들의 이빨이 부러지며, 뱀의 독아(毒牙)가 뽑히며, 강에는 다리가 놓입니다. 우리를 공격하기 위해 만들어진 칼의 날은 이미 무뎌졌습니다. 원수가 준비하고 있던 무기들의 촉도 이미 무뎌졌습니다. 하나님은 그리스도를 통해서 우리에게 해를 끼칠 수 있는 모든 힘을 제거하셨습니다. 우리는 즐거운 마음으로 여행을 할 수 있습니다. 원수들이 모두 이미 정복되었기 때문입니다.

우리는 때때로 전쟁에 휩싸이기도 합니다. 그러나 그 전쟁은 이미 정복된 원수와의 싸움입니다. 우리는 그의 머리를 짓밟고 있습니다. 그가 당신을 해치려 해도 그에게는 자신의 악한 궤계를 실천할 힘이 없습니다. 그러므로 우리는 분명히 승리를 거둡니다.

불이 나서 가시나무에 댕겨 낟가리나 거두지 못한 곡식이나 밭을 태우면 불 놓은 자가 반드시 배상할지니라(출 22:6).

오신(誤信)이나 정욕의 불화살을 쏘아 사람의 영혼에 지옥불이 타오르게 만든 것은 무엇으로 배상할 수 있습니까? 만일 그러한 범죄자가 회개하고 용서를 받는다면, 그는 자신이 저지른 잘못을 다시 되돌릴 수 없어서 슬퍼할 것입니다. 나쁜 본보기는 여러 해 동안 교정된 성품으로도 끌 수 없는 불을 붙일 수도 있습니다.

사람의 양식을 불태우는 것은 나쁜 짓이지만, 영혼을 파멸하는 것은 훨씬 더 악한 일입니다. 우리는 과거에 얼마나 많은 죄를 지었는지 생각해 보며, 아직도 우리 안에 친척이나 친구나 이웃의 영혼에 피해를 줄 죄가 있는지 알아봅시다.

교회 안에서 일어나는 다툼의 불은 무섭도록 악한 것입니다. 회심자가 증가하고 하나님이 영광을 받으시는 곳에서 질투와 탐심은 마귀의 역사를 효과적으로 이행하며, 불화의 불이 일기 시작하면 연기와 잿더미만 남게 됩니다.

다른 사람을 불쾌하게 하는 것은 심각한 죄입니다. 그런 사람들이 우리 가운데 생기지 않기를 바랍니다. 남을 불쾌하게 만드는 데 선봉이 되는 사람은 스스로 가장 큰 피해자가 됩니다.

불길을 널리 퍼뜨리는 사람들도 책망을 받아야 하지만, 처음에 불을 붙인 사람이 가장 큰 책망을 받아야 합니다. 불화는 처음에는 주로 가시나무를 지배합니다. 그것은 위선자들 사이에서 자라다가 지옥 바람에 불려 의인들에게로 퍼집니다. 그것이 어디에서 세력을 멈출지는 아무도 알지 못합니다.

오 주님, 평화를 주시는 이여! 우리로 화평케 하는 자가 되게 하소서. 우리가 결단코 다투는 사람들을 돕지 않게 하시며 무의식적으로라도 당신의 백성들 사이에 불화를 일으키지 않게 하소서.

남자들 중에 나의 사랑하는 자는 수풀 가운데 사과나무 같구나 내가 그 그늘에 앉아서 심히 기뻐하였고 그 열매는 내 입에 달았도다(아 2:3).

성경에서는 신앙을 감각과 관련지어 이야기하고 있습니다. 신앙은 **청각**입니다: "들으라 그리하면 너희의 영혼이 살리라"(사 55:3). 신앙이 최초로 행하는 일 중 하나가 듣는 일입니다. 우리는 육신의 귀뿐만 아니라 내면의 귀로도 하나님의 음성을 듣습니다. 우리는 하나님의 말씀으로 듣고 믿습니다. 이것이 신앙의 청각입니다.

우리 마음은 우리에게 제시된 것을 진리로 믿습니다. 즉 그것을 이해합니다. 그 의미를 지각합니다. 이것은 마음의 **시각**입니다.

"그리스도도…구원에 이르게 하기 위하여 죄와 상관 없이 자기를 바라는 자들에게 두 번째 나타나시리라"(히 9:28).

우리는 그것이 무척 향기로운 것임을 발견하여 찬미합니다. 그것은 신앙의 **후각**입니다. 신앙은 향기를 맡는 일입니다: "왕의 모든 옷은 몰약과 침향과 육계의 향기가 있으며"(시 45:8).

또 그리스도 안에서 우리를 위해 예비된 자비를 소유합니다. 그것은 신앙의 **촉각**입니다. 혈우병에 걸린 여인은 믿음으로 주님의 뒤를 따라가 그 옷자락을 만졌습니다. 우리도 믿음에 의해 생명의 말씀을 만집니다.

믿음은 또한 영의 **미각**입니다: "주의 말씀의 맛이 내게 어찌 그리 단지요 내 입에 꿀보다 더 다니이다"(시 119:103).

"인자의 살을 먹지 아니하고 인자의 피를 마시지 아니하면 너희 속에 생명이 없느니라"(요 6:53).

그리스도를 우리 영혼의 음식으로 받아들이게 하는 믿음의 미각은 우리에게 참된 즐거움을 줍니다. 그때 우리는 크게 기뻐하며 주님의 그늘에 앉아, 주님의 열매가 우리 입에 달다는 것을 발견할 것입니다.

> 빌립이 이르되, 만일 그대가 마음을 다하여 믿으면 받을 수 있느니라. 하니 그가 응답하여 이르되, 예수 그리스도께서 [하나님]의 [아들]이심을 내가 믿노라, 하니라(행 8:37, 킹제임스성경).

이 말씀은 기독교 교리와 당신의 관계에 관한 질문에 해답이 될 수 있습니다. 아마 "나는 세례받기가 두렵다. 그리스도와 함께 죽어서 매장된다는 것은 인정하기에는 너무 심각한 일이다. 나는 거리낌 없이 성만찬에 참여할 수 있다고 느끼지 못한다. 주의 몸을 분별하지 못하고 먹고 마심으로 내게 저주를 초래할까 염려된다"(고전 11:29 참조)라고 말할지도 모릅니다.

예수께서는 우리에게 자유를 주셨습니다. 두려워 마십시오. 우리의 집에 낯선 이가 찾아오면, 그 사람은 문 앞에 서 있거나 응접실에서 기다립니다. 그러나 우리의 자녀는 집안에서 평안한 마음으로 지냅니다. 하나님의 자녀도 그렇습니다. 낯선 이는 당신의 자녀가 들어가는 곳에 들어가지 못합니다. 성령께서 양자의 영을 주시면 당신은 두려움 없이 성찬식에 참여할 수 있습니다.

동일한 원리가 기독교인의 내적 특권에도 적용됩니다. 우리는 말할 수 없는 기쁨을 누리며 영광으로 충만하도록 허락받지 못했다고 생각합니다. 우리는 그리스도의 문 안에 들어가거나 주님의 식탁 바닥에 앉아도 좋다는 허락을 받아도 만족할 것입니다. 그러나 우리는 지극히 위대한 성도들이 누린 것과 동일한 특권들을 누리게 될 것입니다.

하나님은 절대 편애하지 않으십니다. 예수께서 우리 마음에 들어오시면, 주님 안에서 기뻐하라는 전반적인 허락을 발하십니다. 우리는 점진적이기는 하지만 분명히 모든 특권을 완전히 누리게 됩니다. "나는 약속을 누리며 내 주님이 명하신 대로 걷게 되기를 원한다"라고 말합니까?

"마음을 다하여 믿으면 받을 수 있느니라."

여호와께서 그의 백성을 속량하시며 그의 언약을 영원히 세우셨으니 그의 이름이 거룩하고 지존하시도다(시 111:9).

여호와의 백성은 언약을 기뻐합니다. 성령께서 그들을 여호와의 연회장으로 인도하며 사랑의 깃발을 흔들어 주실 때 언약은 그들에게 확실한 위로의 원천이 됩니다. 그들은 그 언약이 예로부터 있었음을 즐겨 묵상하며, 행성들이 그 궤도를 운행하기 전에 이미 성도들의 유익이 그리스도 예수 안에 확보되었음을 기억합니다. 특히 언약의 확실성을 기억하는 것은 그들에게 기쁨이 됩니다. 그들은 그 언약이 만물 안에서 서명되고 봉인되고 비준되었음을 즐깁니다.

가끔 그 언약의 불변성을 생각할 때 그들의 마음은 기쁨으로 부풀어 오릅니다. 그것은 시간이나 영원, 생명이나 사망이 결코 범할 수 없는 것이요, 옛 언약인 동시에 영원한 언약이요, 반석처럼 영구한 언약입니다. 그들은 이 언약을 충만히 누릴 수 있어 기뻐합니다. 그들은 이 언약 안에 자기를 위한 모든 것이 예비되어 있는 것을 봅니다. 하나님은 그들의 하나님이시요, 그리스도는 그들의 동료가 되며 성령은 보혜사요, 땅은 그들의 거처가 되며 하늘은 그들의 본향이 됩니다. 그들은 언약 속에서 구원을 소유하고 있는 모든 영혼을 위해 비축된 유산을 봅니다. 거룩하신 그들의 친척이 마지막 유언으로 그것을 그들에게 수여했다는 것을 알았을 때 그들의 영혼은 얼마나 기뻤겠습니까!

이 자비로우신 언약을 묵상하는 것은 기쁨을 줍니다. 그들은 율법은 행위의 언약이며 공로에 의지하기 때문에 무효하다는 것을 깨닫습니다. 그러나 이 언약의 토대는 은혜이므로 영원히 지속된다는 것을 깨닫습니다. 언약은 부의 보고(寶庫)요, 생명의 샘이요, 구원의 창고요, 평화의 현장이요, 기쁨의 항구입니다.

온 무리가 곧 예수를 보고 매우 놀라며 달려와 문안하거늘(막 9:15).

모세와 예수 사이에는 큰 차이점이 있습니다. 호렙의 선지자는 사십일 동안 산 위에 있으면서 일종의 변형을 겪어 얼굴이 매우 빛나게 되었습니다. 그리하여 백성들이 그의 영광을 바라볼 수 없었으므로 그는 얼굴에 베일을 썼습니다(출 34:29-33 참조).

주님은 모세보다 더 영광스러운 변형을 하셨습니다. 그러나 백성들이 그 빛나는 얼굴 때문에 눈이 멀었다는 기록은 없습니다. 오히려 그들 심히 놀라며 달려와 그에게 문안했습니다. 율법의 영광은 사람들을 쫓아버리는 것이요, 예수의 크신 영광은 그들을 끌어당기는 것입니다. 예수는 거룩하고 의로우신 분이시오, 주님의 순결함에는 많은 진리와 은혜가 섞여 있습니다. 그러므로 죄인들은 그에게 달려오며, 그의 선하심에 매우 놀라고, 그의 사랑에 매료됩니다. 그들은 그에게 문안하고, 그의 제자가 되고, 그를 자기의 주요, 선생으로 삼습니다.

율법에서 발하는 눈부신 광채 때문에 눈이 먼 것 같을 수 있습니다. 우리는 율법이 우리의 양심 위에서 자기의 권리를 주장하는 것을 의식하지만 우리의 생활에서 그것을 지키지 못합니다. 그러나 우리는 율법의 허물을 발견하지는 못하며, 오히려 율법은 우리에게 최고의 존경을 요구합니다. 하지만 율법은 우리를 하나님께 인도하지 못하며, 오히려 우리의 마음은 완악해지고, 절망하게 됩니다.

우리의 시선을 모세에게서 돌려 예수를 바라보십시오. 예수는 하나님의 아들이시며 모세보다 위대한 분이십니다. 예수는 사랑의 주님이시므로 율법을 준 모세보다 더 인자하십니다. 예수는 하나님의 진노를 감당하셨으며, 죽으심으로 불타는 시내산보다 많은 하나님의 공의를 들어내셨습니다. 그러나 이제 공의가 충족되었으므로, 그것은 예수 안에 있는 신자들의 수호자가 됩니다.

죄인이여, 피 흘리시는 구세주를 바라보십시오. 구세주의 사랑에 끌릴 때 달려가 팔에 안기십시오. 그러면 구원을 받을 것입니다.

여호와께서 모세에게 이르시되 이 백성이 어느 때까지 나를 멸시하겠느냐 내가 그들 중에 많은 이적을 행하였으나 어느 때까지 나를 믿지 않겠느냐(민 14:11).

불신앙을 멀리하기 위해 부지런히 노력하십시오. 온갖 저주스러운 것 중에 불신앙이 가장 혐오스러운 것입니다. 불신앙은 매우 해로운 본질을 가지고 있으므로 그것을 발휘하는 자나 그 영향을 받는 사람 모두 상처를 입습니다.

믿는 자여, 당신이 불신하는 것은 더욱 악한 일입니다. 이미 주님의 자비하심을 맛보고도 주님을 의심하는 것은 자신의 죄를 더욱 크게 만듭니다. 지극한 사랑을 받는 아내가 자비하고 신실한 남편을 믿지 못하는 것은 무척 끔찍한 일입니다. 그것은 불필요하며 어리석고 부당한 죄입니다.

예수님은 전혀 의심할 근거를 주신 적이 없습니다. 한결같은 사랑과 진실을 가지고 대해 주신 분을 의심하는 것은 있을 수 없는 일입니다. 그것은 주님의 머리에 가시면류관을 씌우는 일입니다. 주님은 지극히 높으신 하나님의 아들이시요, 무한한 부를 가지고 계십니다. 전능하시며 부족한 것이 없으신 분을 의심하고 불신하는 것은 부끄러운 짓입니다.

수많은 언덕에 있는 가축은 우리의 배고픔을 충족하기에 충분하며, 하늘나라 곡간은 우리가 아무리 먹더라도 비지 않을 것입니다. 그리스도께서 물을 담은 저수지라면 그의 충만함은 머지않아 소진될 것입니다. 그러나 주님은 끊임없이 솟아나는 샘물이십니다. 무수한 영들이 주님으로부터 양식을 얻고 있지만 한 영혼도 부족하다고 불평하지 않습니다.

거짓말하는 배반자여, 불신앙을 제거하십시오. 그의 사명은 주님과 우리의 유대를 끊으며 우리로 구세주의 부재를 한탄하게 만드는 것입니다.

> 내가 나의 영을 주의 손에 부탁하나이다 진리의 하나님 여호와여 나를 속량하셨나이다(시 3:5).

이 말씀은 성도들이 임종할 때 자주 하는 말입니다. 신앙심이 굳은 사람이 살아있을 때나 죽을 때 관심을 두는 대상은 육체나 재산이 아니라 영혼입니다. 영혼이 그의 보물입니다. 영혼이 안전하기만 하면 됩니다. 영혼과 비교할 때 이 썩어 없어질 것이 무슨 가치가 있습니까? 믿는 자는 영혼을 하나님의 손에 맡깁니다. 그것은 하나님이 주셨던 것이요, 하나님의 것이며, 하나님이 양육하고 보존하셨습니다. 그러므로 하나님이 영혼을 받으시는 것이 옳은 일입니다.

여호와의 수중에 있는 것은 안전합니다. 우리가 주님께 맡긴 것은 지금이나 앞으로나 항상 안전할 것입니다. 하나님의 보호하심 안에서 사는 것은 평화요, 그 안에서 죽는 것은 영광입니다. 우리는 모든 것을 신실하신 예수의 손에 맡겨야 합니다. 그리하면 비록 생명이 위태롭고 역경이 바다의 모래처럼 많을지라도 우리 영혼은 편안히 거하며, 고요한 휴식처에서 쉴 수 있을 것입니다.

"진리의 하나님 여호와여 나를 속량하셨나이다."

구속은 우리가 확신을 가질 수 있는 견고한 토대입니다. 다윗은 우리처럼 갈보리를 알지 못했지만, 일시적인 구속이 그를 기쁘게 했습니다. 그러므로 영원한 구속은 한층 더 깊이 우리를 위로해 줄 것입니다. 과거의 구원은 현재의 도우심을 요청할 수 있는 튼튼한 격려가 됩니다. 주님은 과거에 행하셨던 일을 장래에도 행하실 것입니다. 하나님은 변치 않으시는 분이시기 때문입니다. 하나님은 약속을 충실히 지키시는 분이시오, 성도들에게 자비하신 분이십니다. 하나님은 절대 자기 백성에게서 등을 돌리지 아니하실 것입니다.

등유와 관유에 드는 향료와 분향할 향을 만들 향품과(출 25:6).

내 영혼아, 네게는 등유가 필요하다. 이것이 없으면 네 등불은 머지않아 꺼지고 말 것이다. 나에게 인간의 본성 안에서 솟아나는 등유의 샘이 없다. 아무리 거룩한 등이라도 기름이 없으면 빛을 발하지 못한다. 지극히 행복한 환경 속에 있을지라도 신선한 은혜의 기름이 공급되지 않으면 한 시간도 빛을 발하지 못할 것이다.

기름이라고 해서 모두 주님을 섬기는 데 사용될 수 있는 것은 아닙니다. 땅에서 풍부하게 솟아나는 석유, 생선에서 추출되는 기름, 호도에서 추출되는 기름도 합당하지 못합니다. 훌륭한 감람유만 사용됩니다. 표면적인 의식에서 비롯된 본성의 선이나 비유적인 은혜는 참 하나님의 성도에게 합당치 못합니다. 성도는 주님이 이런 것을 기뻐하지 않으시리라는 것을 알고 있습니다. 그는 겟세마네의 기름틀로 가서 자신을 짓이기신 예수님에게서 필요한 감람유를 얻습니다.

복음의 은혜의 기름은 순수합니다. 따라서 그 기름으로 밝히는 등불은 선명하고 밝습니다. 교회는 구세주의 황금 촛대입니다. 교회가 이 어두운 세상의 등불이 되려면 거룩한 기름을 많이 가지고 있어야 합니다.

자기 자신과 목회자들과 교회에 불을 밝힐 기름이 부족하지 않게 해달라고 기도합시다. 진리, 거룩, 기쁨, 지식, 사랑은 거룩한 등불의 빛입니다. 그러나 개인적으로 성령 하나님으로부터 기름을 받지 못하면 우리는 그것들을 나타낼 수 없습니다.

> 잉태하지 못하며 출산하지 못한 너는 노래할지어다 산고를 겪지 못한 너는 외쳐 노래할지어다 이는 홀로 된 여인의 자식이 남편 있는 자의 자식보다 많음이라 여호와께서 말씀하셨느니라(사 54:1).

우리는 그리스도를 위하여 약간의 열매를 맺었으므로 "여호와께서 심으신 그 영광을 나타낼 자"(사 61:3)가 되리라는 즐거운 소망을 가집니다. 그런데도 우리는 이따금 대단히 메마름을 느낍니다. 기도가 힘을 잃고 사랑이 식고 믿음이 연약하며, 마음의 동산에 심은 은혜가 시들고 기운을 잃습니다. 우리는 마치 뜨거운 태양 볕을 받는 꽃처럼 시원한 소나기를 갈망합니다. 본문 말씀은 이런 상태에 있는 우리에게 주어진 것입니다. "잉태하지 못하며 출산하지 못한 너는 노래할지어다 산고를 겪지 못한 너는 외쳐 노래할지어다."

나는 무엇을 노래해야 합니까? 나는 현재를 노래할 수 없으며 과거도 텅 빈 것처럼 보입니다. 그러나 나는 예수 그리스도를 노래할 수 있습니다. 자기 백성을 구속하시려고 하늘 보좌를 버리시고 오신 주님의 크신 사랑을 찬미할 수 있습니다. 나는 다시 십자가 앞으로 가겠습니다. 과거에 나에게 생명을 주었던 십자가는 나로 하여금 풍성한 열매를 맺게 해줄 것입니다. 나의 황폐함은 주님께서 열매를 만드시는 권능을 발휘하실 강단입니다. 주님의 영원하신 사랑은 나의 어두운 황량함을 배경으로 사파이어처럼 반짝일 수 있을 것입니다.

가난한 그대로 주님께 가겠습니다. 무기력한 모습 그대로 주님께 가겠습니다. 수치와 배교의 얼굴을 가지고 주님께 가겠습니다. 나는 아직도 주님의 자녀이니 비록 황폐하기 짝이 없지만, 주님의 신실하신 마음을 믿고 크게 외쳐 노래하겠습니다.

믿는 자여, 노래하십시오. 노래는 자기 마음과 다른 쓸쓸한 사람들의 마음을 기쁘게 해줄 것입니다. 계속 노래하십시오. 곧 열매를 맺게 될 것입니다. 메마름을 경험하는 것은 고통스러운 일이지만, 주님이 찾아주심은 즐거운 일입니다. 자신의 가난함을 의식할 때 우리는 그리스도께 나아가 그 안에서 열매를 발견할 것입니다.

하나님이여 주의 인자를 따라 내게 은혜를 베푸시며 주의 많은 긍휼을 따라 내 죄악을 지워 주소서(시 51:1).

중병을 알고 있는 캐리 박사에게 "만일 당신이 낫지 못하고 죽는다면, 당신의 장례식 설교에 어떤 말씀을 사용하기를 원하십니까?"라고 물었습니다. 그는 대답하기를 "나처럼 가련하고 죄악된 인간을 위해 장례식 설교를 한다는 것조차 부당하다고 생각됩니다. 그러나 꼭 장례식 설교를 해야 한다면 '하나님이여 주의 인자를 따라 내게 은혜를 베푸시며 주의 많은 긍휼을 따라 내 죄악을 지워 주소서'(시 51:1)라는 말씀을 주제로 해주십시오"라고 했습니다.

이처럼 겸손한 마음을 지녔기 때문에 그는 자기의 묘비에 다음과 같이 새겨달라고 유언했습니다.

윌리엄 캐리
I761년 8월 17일 태어났으며 여기에 잠들어 있다
불쌍하고 가련하고 무력한 구더기 같은 내가
당신의 자비하신 팔에 안깁니다.

훌륭한 사람들은 자신이 인간임을 의식합니다. 우리는 자신의 선행, 기도, 설교, 구제 행위 및 거룩한 것 위에 주님의 긍휼을 받아야 합니다. 유월절 양의 피는 문설주에만 뿌린 것이 아니라 성소, 속죄소, 제단에도 뿌렸습니다. 죄가 우리의 거룩한 것들 속으로 침입할 때 그것들을 더럽히지 않고 깨끗하게 보존하기 위해서 예수님의 피가 필요합니다.

자기 몸을 구별하는 모든 날 동안에는 포도나무 소산은 씨나 껍질이라도 먹지 말지며(민 6:4).

나실인은 여러 가지 서원을 하는데, 그중에는 포도주를 금하는 서원도 있습니다. 그것을 더욱 분명하게 하려면 발효되지 않은 포도즙, 심지어는 포도 열매까지도 손대지 말라고 했습니다. 그들은 그 서원을 굳게 지키기 위해서 포도나무와 관련된 것은 전혀 먹지 말아야 했습니다. 악의 모양이라도 피해야 했습니다.

이것은 주님의 선별된 백성들은 온갖 형태의 죄를 멀리하라는 교훈입니다. 우리는 엄청난 형태의 불순종은 물론이요, 그러한 정신이나 그것과 닮은 것까지 피하라는 부르심을 받고 있습니다. 오늘날에는 이 말씀을 그다지 엄격하게 지켜 행하지 않지만, 이것이 우리가 살아갈 가장 안전하고 행복한 길입니다.

한두 가지 면에서 세상에 양보하는 사람은 두려운 위험에 처합니다. 소돔의 포도를 먹는 사람은 머지않아 고모라의 포도주를 마시게 됩니다. 조금이라도 세상을 따르는 것은 영혼의 올무가 되며, 더욱 뻔뻔스러운 죄를 짓게 됩니다.

나실인이 포도즙을 마신다면, 그것이 어느 정도 발효되었는지 확실히 알 수 없었습니다. 따라서 그는 자신이 서원을 온전히 지켰다고 확신할 수 없었습니다.

우리는 유혹을 맞아 함께 장난하지 말고 신속하게 도망해야 합니다. 위선자가 되어 멸시를 받기보다는 청교도가 되어 조롱을 받는 편이 낫습니다. 신중하게 서원을 지켜 행하려면 많은 자기 부인이 필요합니다. 그러나 거기서 얻는 기쁨은 그 무엇보다 충분한 보상이 됩니다.

너는 여호와를 기다릴지어다 강하고 담대하며 여호와를 기다릴지어다 (시 27:14).

우리가 기다리는 것을 배우려면 많은 세월이 필요합니다. 가만히 서 있는 것보다 앞으로 가는 것이 훨씬 쉽습니다. 주님을 섬기기를 갈망하는 자원하는 영이 어떤 일을 해야 할지 몰라 당황하는 때가 있습니다. 어떻게 해야 합니까? 비겁하게 뒤로 물러서야 합니까, 두려워 오른쪽으로 돌아서야 합니까, 아니면 주제넘게 앞으로 돌진해야 합니까? 그저 기다려야만 합니다.

기도하며 기다리십시오. 하나님을 불러 그 앞에 모든 일을 아뢰십시오. 우리가 겪는 어려움을 고하며 도움을 간구하십시오. 두 가지 의무 중에서 무엇을 해야 할지 결정하지 못할 때는 어린아이처럼 겸손하게 행하며 단순한 마음으로 여호와를 기다리십시오. 우리가 진심으로 하나님의 인도하심을 받기를 원한다면 하나님은 분명히 우리와 함께해주실 것입니다.

그러나 믿음으로 기다리십시오. 하나님을 향한 당신의 요동하지 않는 확신을 표현하십시오. 신실치 못하며 신뢰하지 못하면서 기다리는 것은 하나님을 모욕하는 일입니다. 꼭 필요한 때 하나님이 오실 것을 믿으십시오. 하나님의 계시는 지체하지 않고 임할 것입니다.

조용히 인내하며 기다리십시오. 고통받고 있다고 해서 하나님을 배반하지 말고 오히려 하나님을 찬미하십시오. 이스라엘 백성이 모세에게 불평했던 것처럼 불평하지 마십시오. 지금의 상황을 있는 그대로 받아들이며, 자기 뜻은 모두 버리고 언약의 하나님의 수중에 맡기십시오. 그리고 하나님께 말씀드리십시오.

주여, 내 뜻대로 마시고 당신의 뜻을 이루소서. 나는 어찌해야 할지 알지 못합니다. 당신께서 적들을 물리쳐 주실 때까지 기다리겠습니다. 내 마음은 오직 당신만 향하고 있습니다.

오 하나님, 내 영혼은 당신이 나의 기쁨이요 구원이요 피난치요 견고한 망대가 되어 주실 것을 믿으므로 당신을 기다립니다.

여호와여 주는 나의 찬송이시오니 나를 고치소서 그리하시면 내가 낫겠나이다 나를 구원하소서 그리하시면 내가 구원을 얻으리이다(렘 17:14).

"내가 그의 길을 보았은즉 그를 고쳐 줄 것이라 그를 인도하며 그와 그를 슬퍼하는 자들에게 위로를 다시 얻게 하리라"(사 57:18). 영의 질병을 제거하는 것은 하나님의 특권입니다. 육의 질병은 사람이 고칠 수 있으나, 그때도 영광은 하나님께 돌려야 합니다. 하나님은 의사들에게 지혜를 주셔서 약을 사용하게 하시며, 인간의 육체에 질병을 몰아낼 힘을 주십니다. 그러나 영의 질병을 고치는 능력은 오직 위대하신 의원에게만 있습니다. 그분은 그것이 자기의 권리라고 주장하십니다.

"나는 죽이기도 하며 살리기도 하며 상하게도 하며 낫게도 하나니 내 손에서 능히 빼앗을 자가 없도다"(신 32:39). 여호와의 이름 중에 "여호와 로피"가 있으니, 치료하시는 주님이라는 뜻입니다. "내가 너의 상처로부터 새 살이 돋아나게 하여 너를 고쳐 주리라"(렘 30:17)는 말씀은 영원하신 하나님만 하실 수 있는 말씀입니다. 이런 까닭에 시편 기자는 "내가 주께 범죄하였사오니 나를 고치소서"(시 41:4)라고 부르짖었습니다. 경건한 사람들은 여호와의 이름을 찬양하며 "그가 우리의 모든 질병을 고치시도다"라고 말합니다. 인간을 지으신 하나님은 인간을 회복시키실 수 있습니다. 우리 본성을 만드신 창조주께서는 그것을 새롭게 하실 수 있습니다. 어떤 병에 걸렸든지 위대하신 의원은 치료하실 수 있습니다.

지혜가 어두워져 눈이 먼 소경이여, 오라. 힘이 소진되어 발을 저는 자도 오라. 믿음이 연약하여 손이 병신이 된 자도 오라. 노한 성질이라는 열병에 걸린 자, 낙심이라는 병에 걸린 자도 오라. 그 모습 그대로 오라.

하나님이 건강을 회복시켜 주실 것입니다. 우리 주 예수로부터 흘러나오는 치료의 능력은 아무도 억제하지 못합니다. 군대 마귀들이 사랑하는 의원의 능력을 공격했으나 주님은 한 번도 패하지 않으셨습니다. 과거 주님은 자기에게 온 환자들을 모두 치료해 주셨으며 장래에도 고쳐주실 것입니다.

내 공의가 가깝고 내 구원이 나갔은즉 내 팔이 만민을 심판하리니 섬들이 나를 앙망하여 내 팔에 의지하리라(사 51:5).

신자들은 혹독한 시련을 당할 때 이 세상에는 의지할 것이 없으므로 하나님께 자신을 맡겨야 합니다. 하나님의 섭리와 보호하심에 자신을 온전히 맡겨야 합니다. 매우 가난하고 친구도 없고 무력하며 의지할 곳이 없는 사람이 하나님 아버지의 팔을 의지하면 그 팔에 안겨 복을 누리게 됩니다. 그때 그는 그 어느 때보다 주님에 대해 많은 것을 배우게 됩니다.

태풍에 시달리는 신자여, 그 태풍은 당신을 아버지께로 몰아가는 행복한 고난입니다. 우리가 의지해야 할 분은 하나님 한 분뿐이니 그분을 완전히 신뢰하십시오. 합당치 못하게 의심하고 두려워하여 주님의 이름을 더럽히지 말며, 믿음 안에서 강건하여 하나님께 영광을 돌리십시오. 주 하나님이 우리의 조력자가 되실 때 우리는 궁핍한 중에도 부유할 수 있음을 부자들에게 보여 주십시오. 비록 우리는 연약하지만, 영원하신 팔 아래 있으면 강건하다는 것을 강한 사람들에게 보여 주십시오.

지금은 믿음을 발휘할 때입니다. 강건하고 담대하십시오. 하늘과 땅을 지으신 하나님은 분명히 당신의 연약함에서 영광을 받으시며, 우리의 고통에서 그 능력을 증가시키실 것입니다. 눈에 보이는 기둥으로 하늘을 지탱하려 한다면 하늘은 무너지고 말 것입니다. 당신의 믿음이 육신의 눈으로 분별할 수 있는 것에만 의지한다면 영광을 잃게 될 것입니다.

오늘 8월의 마지막 날에 성령께서 예수 안에 있는 안식을 주시기를 원합니다.

그가 빛 가운데 계신 것 같이 우리도 빛 가운데 행하면 우리가 서로 사귐이 있고 그 아들 예수의 피가 우리를 모든 죄에서 깨끗하게 하실 것이요(요일 1:7).

우리가 "아버지"라고 부르는 하나님만큼 분명하게 빛 가운데 행할 수 있습니까? 성경에는 "하나님은 빛이시라 그에게는 어둠이 조금도 없으시다"(요일 1:5)라고 기록되어 있습니다. 이것은 우리 앞에 놓인 본보기입니다. 구세주께서 친히 "하늘에 계신 너희 아버지의 온전하심과 같이 너희도 온전하라"(마 5:48)고 하셨기 때문입니다. 우리는 하나님의 온전하심과 경쟁할 수 없다고 느끼겠지만 그것에 이르기까지 절대 만족하지 말고 그것을 구해야 합니다.

미숙한 화가는 라파엘이나 미켈란젤로와 동등하게 되기를 소망할 수 없습니다. 그러나 그가 마음에 훌륭한 본보기를 소유하지 않는다면 조잡하고 평범한 그림만 그릴 것입니다. 하나님이 빛 가운데 계신 것같이, 믿는 자들은 빛 가운데 행해야 한다는 말씀은 하나님을 닮으라는 의미이지 그 분량을 언급하는 것이 아닙니다. 우리는 진실로 정직하게 빛 가운데 있습니다. 그러나 우리가 예수님과 동일하게 그 안에 있을 수는 없습니다. 우리는 태양에서 살지 못합니다. 그곳은 너무 밝아 거처로 삼을 수 없습니다. 그러나 태양 빛 안에서 걸을 수 있습니다. 우리는 주님이 가지고 계신 완전한 진리와 순결에 도달할 수는 없지만, 시선을 예수님께 둘 수는 있으며, 우리 안에 거하시는 성령의 도움을 받아 그 형상을 닮으려고 노력할 수 있습니다.

신약성서 주석을 저술한 존 트랩은 "하나님이 빛 가운데 계신 것 같이 우리도 빛 가운데 있을 수 있으나 그것은 질적인 면을 말하는 것이요, 완전히 동일한 것은 아니다"라고 했습니다.

주님이 빛 가운데 계신 것 같이 우리도 빛을 소유하며 그 안에서 행해야 합니다. 그러나 주님의 거룩하심과 순결하심에 동등해지는 것은 우리가 요단강을 건너 지극히 높으신 주님의 온전하심에 갈 때까지 미루어야 합니다. 빛 가운데 행할 때는 거룩한 교제와 완전한 깨끗하게 하심이 따릅니다.

주의 교훈으로 나를 인도하시고 후에는 영광으로 나를 영접하시리니 (시 73:24).

시편 기자는 하나님의 인도하심이 필요하다고 느꼈습니다. 그는 자기 심령이 어리석다는 것을 발견하고 있었으며 하나님의 교훈이 자신을 인도해주실 것이라고 확신했습니다. 자신의 어리석음을 깨닫는 것은 지혜를 향한 첫걸음입니다. 그것은 우리를 인도하여 여호와의 지혜를 의지하게 해줍니다. 눈먼 지는 친구의 팔을 잡고 안전하게 집에 도착합니다. 우리도 비록 눈에 보이지는 않지만 모든 것을 내다보시는 하나님을 의지하면 안전하다는 것을 믿으며 하나님의 인도하심에 자신을 맡겨야 합니다.

"주께서 인도하시고 영접하시리니"라는 고백은 확신의 표현입니다. 다윗은 하나님이 겸손한 자를 거절하시지 아니하실 것으로 확신했습니다. 하나님이 우리의 권고자요, 친구가 되실 것이라고 확신하십시오. 하나님은 우리를 인도해주시고 모든 길을 지시해 주실 것입니다. 성경은 하나님이 우리에게 주신 교훈이므로 이러한 우리의 확신은 하나님의 말씀 안에서 부분적으로 이루어집니다. 우리에게는 하나님의 말씀이 있습니다. 이것은 멸망의 유사(流砂)로부터 구원의 항구로 인도하는 확실한 지도입니다. 거기에는 길을 잘 아시는 분이 적어놓은 표시들이 있습니다.

오 하나님, 당신께서 우리를 끝까지 인도하여 주심을 믿게 하여 주시니 당신을 찬미합니다.

시편 기자는 하나님이 세상에 사는 동안 우리를 인도해 주시고 하늘나라로 영접해 주시기를 기대했습니다.

"후에는 영광으로 나를 영접하시리니"(시 73:24).

믿는 자여, 하나님이 친히 우리를 영광으로 영접해 주실 것입니다. 방황하고 잘못하며 길을 벗어나도 하나님은 안전하게 영광으로 인도하실 것입니다. 이것이 우리의 몫입니다. 오늘 이 말씀을 의지하여 생활하십시오.

백성들아 시시로 그를 의지하고 그의 앞에 마음을 토하라 하나님은 우리의 피난처시로다(시 62:8).

믿음은 영성 생활의 규칙이지만 현세의 생활에도 적용됩니다. 우리는 거룩한 사업을 행할 때 하나님을 믿듯이 세상일에서도 하나님을 믿어야 합니다. 날마다 우리에게 필요한 것들을 공급해 달라고 하나님을 의지할 줄 알아야 이 세상을 초월하여 살 수 있습니다. 우리는 게을러서는 안 됩니다. 우리가 나태한 것은 하나님을 의뢰하지 않고 게으름의 아버지인 마귀를 의지하고 있음을 보여줍니다. 충동적으로 행동하거나 경솔해도 안 됩니다. 그것은 절약하시며 질서를 지키시는 하나님을 의지하는 것이 아니요, 기회를 의지하는 것입니다.

현세의 일을 할 때 하나님을 의지하면, 죄악된 수단을 사용하여 부자가 되었다고 슬퍼하지 않아도 될 것입니다. 의롭게 하나님을 섬기십시오. 그리하면 세상에서 성공하지는 못해도 죄가 양심을 짓누르지는 않을 것입니다. 하나님을 의지하면 자가당착이라는 죄를 범하지 않을 것입니다. 거짓을 의지하는 사람은 바람에 이리저리 흔들리는 배처럼 오늘은 이쪽으로 내일은 저쪽으로 갑니다. 그러나 주님을 의뢰하는 자는 증기선과 같아서 파도를 가르며 바람에 도전하고 목적지인 항구를 향해 똑바로 나아갑니다.

내면에 살아있는 행동 원리를 소유한 사람이 되십시오. 세속적인 지혜에서 나온 관습에 절하지 마십시오. 견고한 걸음으로 의의 길을 걸으며, 우리가 하나님을 의지할 때 하나님이 주시는 능력 안에서 강한 자임을 나타내십시오. 그리하면 근심에서 해방될 것이며, 좋지않은 소식을 들어도 걱정하지 않을 것입니다. 여호와를 의뢰하고 그의 마음을 굳게 정하였기 때문입니다(시 112:7). 언약을 지키시는 하나님을 의지하는 생활보다 더 복된 길은 없습니다. 하나님이 돌보시므로 우리는 염려하지 않습니다. 우리는 모든 짐을 주님께 맡겼으므로 걱정하지 않습니다.

시몬의 장모가 열병으로 누워 있는지라 사람들이 곧 그 여자에 대하여 예수께 여짜온대(막 1:30).

어부였던 베드로의 가정에 관한 이 기사는 짤막하면서도 대단히 흥미롭습니다. 우리는 여기에서 가정생활의 기쁨과 염려는 주님의 일을 하는 데 전혀 방해되지 않는다는 것을 알 수 있습니다. 어떤 사람은 결혼생활을 비방하기도 하지만 참된 신앙생활과 가정생활은 매우 잘 조화될 수 있습니다.

베드로의 집은 아마 가난한 어부의 오두막이었을 것입니다. 그러나 영광의 주님은 그곳에 들어가 묵으셨으며 기적을 행하셨습니다.

오늘 초라한 오두막집에 살면서 임금이신 예수와의 교제를 추구하는 사람들에게 이 사실이 격려되기를 바랍니다. 하나님은 화려한 궁전보다는 작은 오두막에 거하시는 일이 많습니다. 예수님은 지금 우리의 방안을 둘러보시며 우리에게 자비를 베풀려고 기다리십니다.

시몬의 집에 병마가 침입하여 장모는 치명적인 열병에 걸렸습니다. 그들은 예수님께서 도착하시자마자 그 슬픈 소식을 말씀드렸으며 주님은 서둘러 환자의 병상으로 가셨습니다.

오늘 집에 아픈 사람이 있습니까? 주님이 가장 훌륭하신 의원이심을 발견할 것입니다. 즉시 주님께로 가서 모든 일을 말씀드리십시오. 주님은 자기 백성의 일을 결코 하찮게 여기지 않으십니다. 주님이 즉시 병든 여인을 회복시켜 주신 것을 보십시오. 주님처럼 치료할 수 있는 사람은 없습니다.

우리는 믿음으로 환자를 위해 기도하는 것이 빠른 회복을 가져올 것이라고 알고 있습니다. 그러나 기도가 효력을 발휘하지 못하더라도 생사를 결정하시는 하나님의 뜻에 온유하게 복종해야 합니다. 자비하신 주님은 우리의 슬픔을 들어주시려고 기다리십니다. 참고 들어 주시는 주님에게 당신의 슬픔을 쏟아 놓으십시오.

예수께서 이르시되 너희는 표적과 기사를 보지 못하면 도무지 믿지 아니하리라(요 4:48).

주님 시대의 사람들은 기적을 갈망하는 병적 상태에 있었습니다. 그들은 자기들에게 절실히 필요한 복음을 거부하고, 그 대신 예수께서 항상 베푸시지 않는 기적을 요구했습니다.

오늘날도 많은 사람이 기사와 표적을 보지 않으면 믿지 않습니다. 어떤 사람은 내심 "나는 영혼 안에서 깊은 고통을 느껴야 합니다. 그렇지 않으면 나는 절대 예수를 믿지 않을 것이다"라고 말합니다. 그러나 고통을 느끼지 못한들 어떻단 말입니까? 하나님이 다른 사람처럼 대해 주지 않는다고 해서 하나님께 앙심을 품고 지옥으로 가렵니까? 또 어떤 사람은 "만일 내가 꿈을 꾸거나, 설명할 수 없는 갑작스러운 충격을 느낀다면 믿겠다"라고 말합니다. 어처구니없게도 그 사람은 자기가 주님에게 명령해야 한다는 꿈을 꾸고 있습니다.

우리는 주님의 집 문 앞에서 자비를 구하는 거지입니다. 그런데도 우리는 주님이 자비를 베푸시는 방법을 규정하려 하고 있습니다. 주님은 자비하시지만 모든 명령을 일축하시며 주권적으로 행하십니다.

어찌하여 표적과 기사를 갈망합니까? 복음이 곧 표적이요 기사가 아닙니까! 기적 중의 기적은 "하나님이 세상을 이처럼 사랑하사 독생자를 주셨으니 이는 그를 믿는 자마다 멸망하지 않고 영생을 얻게 하려 하심이라"(요 3:16)는 것입니다. 또 "원하는 자는 값없이 생명수를 받으라"(계 22:17)는 말씀과 "내게 오는 자는 내가 결코 내쫓지 아니하리라"(요 6:37)고 하신 약속이 훨씬 훌륭한 표적과 기사가 아닙니까?

어찌하여 거짓말을 하시지 아니하시는 주님에게 증거를 요청합니까? 마귀도 주님이 하나님의 아들이심을 시인하였습니다. 그런데도 주님을 의심합니까?

> 내 마음으로 사랑하는 자야 네가 양 치는 곳과 정오에 쉬게 하는 곳을 내게 말하라 내가 네 친구의 양 떼 곁에서 어찌 얼굴을 가린 자 같이 되랴(아 1:7).

주 예수님을 "내 마음에 사랑하는 자"라고 부를 수 있다는 것은 참으로 멋진 일입니다. 많은 사람은 자신이 주님을 사랑하기를 원한다고 말하며 자신이 주님을 사랑한다고 믿습니다. 그러나 이 상태에 머물러 빈약하고 보잘것없는 경험에 만족합니다. 이 절대적으로 중요한 문제에 대해 확신을 느끼지 못하는 사람은 자기 영에게 안식을 주지 못합니다.

우리는 피상적으로 예수님께서 우리를 사랑하실 것이라고 바라며 우리가 주님을 사랑한다고 믿는 것으로 만족해서는 안 됩니다.

옛 성도들은 적극적이고 분명하게 이야기했습니다. 바울은 "내가 믿는 자를 내가 알고"(딤후 1:12)라고 말했습니다. 욥은 "내가 알기에는 나의 대속자가 살아 계시니 마침내 그가 땅 위에 서실 것이라"(욥 19:25)고 했습니다.

예수님을 향한 자신의 사랑을 분명히 아십시오. 그리스도를 향한 진정한 사랑은 성령의 사역입니다. 그 사랑의 동인(動因)은 성령이십니다. 우리는 왜 예수님을 사랑합니까? 그가 먼저 우리를 사랑하셨기 때문입니다. 우리는 주님의 사망으로 말미암아 생명을 소유합니다.

우리는 주님의 보혈로 말미암아 평화를 소유합니다. 주님은 본래 부유하신 분이시나 우리 때문에 가난하게 되셨습니다. 우리는 왜 예수님을 사랑합니까? 주님의 탁월한 인품 때문입니다.

우리는 그의 아름다움을 충분히 인식하고 있습니다. 주님의 위대하심과 선하심과 사랑스러우심이 합하여 우리 영혼을 사로잡으므로 영혼은 주님은 "지극히 사랑스럽도다"라고 외치게 됩니다. 이것은 복된 사랑입니다. 이것은 비단보다 부드럽고 돌보다 견고한 사슬로 마음을 묶는 사랑입니다.

여호와는 의인을 감찰하시고 악인과 폭력을 좋아하는 자를 마음에 미워하시도다(시 11:5).

모든 사건은 전능하신 하나님이 지켜보시는 중에 발생합니다. 하나님은 우리에게 임하는 시련을 모두 알고 계십니다. 축복은 시련으로 인도하는 잠재적인 입구가 됩니다. 사람들은 고통의 강에서는 물론이요. 성공의 바다에서도 빠질 수 있습니다. 유혹과 시련은 어느 길에서나 잠복하고 있습니다. 이 세상은 사탄의 지배 아래 있어서 우리는 위험에 둘러싸여 있습니다. 그러나 무서운 먹구름에서 떨어지는 소나기는 하나님의 허락 없이는 내리지 않으며, 빗방울도 땅 위에 떨어지기 전에 하나님의 명령을 받습니다. 우리에게 임하는 시련은 우리의 믿음을 강건하게 해줍니다. 우리는 시련을 당함으로써 거룩한 은혜의 능력을 설명하며, 우리가 지닌 덕의 순수성을 증명하며, 신령한 힘을 증가시킬 수 있습니다.

무한히 지혜로우시고 지극히 사랑이 많으신 주님은 자기 백성들의 믿음을 대단히 귀하게 여기시므로, 믿음을 강하게 해주는 시련을 그들에게 허락하십니다. 만일 우리의 믿음이 불같은 시련을 겪지 않았다면 지금 우리를 지탱해주고 있는 귀한 믿음을 소유하지 못했을 것입니다. 바람이 불어 우리를 흔들며, 은혜의 언약의 귀한 진리를 굳게 붙들게 하지 않았다면, 우리는 굳게 뿌리를 박은 나무가 되지 못했을 것입니다.

세상의 안일은 믿음에 큰 원수입니다. 그것은 거룩한 용기의 관절을 부러뜨리며 힘줄을 끊어 놓습니다. 풍선을 묶은 끈을 끊지 않으면 풍선은 날아오르지 못합니다. 시련은 믿는 영혼을 위해 이 모진 일을 행합니다. 껍질째로 편안하게 자는 곡식은 사람에게 소용이 없습니다. 그 가치가 알려지려면 먼저 타작 되어야 합니다. 의인의 시련은 그들로 하여금 하나님을 향해 더욱 풍성하게 자라게 해주는 선한 것입니다.

예수께서 불쌍히 여기사 손을 내밀어 그에게 대시며 이르시되 내가 원하노니 깨끗함을 받으라 하시니(막 1:41).

전능하신 하나님이 태초의 어두움을 향해 "빛이 있으라"고 명하시니 즉시 빛이 생겨났습니다. 주님의 말씀은 이 태고에 발하셨던 능력의 말씀:과 마찬가지의 위엄을 지닙니다. 창조와 마찬가지로 구속도 능력의 말씀을 가지고 있습니다. 예수님께서 말씀하시는 것은 그대로 이루어집니다. 인간의 치료법으로는 문둥병을 고치지 못하지만, 주님께서 "내가 원하노니"라고 말씀하시는 순간 문둥병은 사라졌습니다.

죄인은 문둥병자보다 더 비참한 재앙 속에 있습니다. 그로 하여금 예수님께로 가서 꿇어엎드려 간구하게 하십시오. 비록 그의 믿음이 "주여, 원하시면 저를 깨끗게 하실 수 있나이다"라고 밖에 말할 수 없는 적은 믿음이라도, 그 믿음을 발휘하게 하십시오. 예수님은 자기에게 나아오는 자는 한 사람도 쫓아내지 아니하시고 고쳐주십니다.

오늘 아침 이 말씀에서 예수님께서 문둥병자에게 손을 대셨다는 말씀을 주목하십시오. 이 부정한 사람은 의식에 관한 율법의 규칙을 범하여 집에 갇혀있었습니다. 그러나 예수님은 그를 만나기 위해 친히 율법을 범하셨습니다. 예수 그리스도는 죄를 알지 못하시는 분이셨으나 우리를 대신하여 죄가 되셨으므로 우리는 예수 안에서 하나님의 의가 되었습니다.

죄인들이 복된 대속 사역의 능력을 믿고 예수님께 나아가기만 하면 곧 주님의 은혜로우신 손길의 능력을 알게 될 것입니다. 오병이어의 기적을 행하신 손, 바다에 빠지는 베드로를 건지신 손, 고난받는 성도들을 지탱해 주시는 손, 신자들에게 영광의 면류관을 씌워 주시는 손이 닿는 순간 죄인은 깨끗하게 될 것입니다. 예수님의 사랑은 구원의 원천입니다.

공평한 저울과 공평한 추와 공평한 에바와 공평한 힌을 사용하라 나는 너희를 인도하여 애굽 땅에서 나오게 한 너희의 하나님 여호와이니라 (레 19:36).

추와 저울과 되(斗)는 표준에 맞는 것을 사용해야 합니다. 사업을 하는 기독교인들에게 이것을 상기시킬 필요는 없을 것입니다. 온 세상에서 정직이 추방된다 해도 정직은 믿는 심령 안에서 피난처를 발견할 것입니다.

또 다른 저울이 있는데, 그것은 도덕적인 것과 영적인 것을 달아보는 저울입니다. 우리는 이것들을 가끔 조사해 보아야 합니다. 우리 자신이나 다른 사람의 인품을 재는 저울은 정확합니까? 우리는 한 온스에 불과한 자기의 선함을 1파운드로 만들고, 다른 사람의 한 말이나 되는 우수함을 한 되라고 측량하지 않습니까? 우리 자신의 시련과 환난을 재는 저울은 규격에 맞는 것입니까? 우리보다 많은 고난을 겪은 바울은 자기의 환난이 가볍다고 했습니다(고후 4:17). 그런데도 우리는 가끔 우리의 환난이 무겁다고 생각합니다. 이것은 분명히 무게를 잘못 측량한 것입니다.

교리에 대한 우리의 믿음을 재는 추는 정확합니까? 우리는 은혜의 교리와 계명의 무게가 같다고 여겨야 합니다. 그러나 많은 신자는 어느 한쪽을 더 무겁게 여겨 그것을 중요시합니다.

진리를 정확하게 측량하는 것이 중요합니다. 우리는 자신의 의무나 책임을 측정할 때는 다소 작은 되(斗)를 사용하는 듯합니다. 하나님의 일에 가난한 사람보다 더 바치지 않는 부자의 저울은 "공평한 에바, 공평한 힌"입니까? 목회자들을 반쯤 굶주리게 하는 것이 정직한 대접입니까? 가난한 사람이 멸시를 받고, 믿음이 없는 부자가 존경을 받는 것이 공평한 저울입니까? 모든 불의한 저울과 추와 되(斗)를 찾아서 없애버립시다.

메섹에 머물며 게달의 장막 중에 머무는 것이 내게 화로다(시 120:5).

우리는 신자이지만 불신의 세상에서 살아야 합니다. "내게 화로다"라고 말해도 아무 소용이 없습니다. 예수님은 당신을 세상에서 데려가게 해달라고 기도하지 않으셨습니다. 그러므로 어려움을 만났을 때 주님의 능력으로 대처하여 주님을 영화롭게 하는 것이 좋습니다.

원수는 우리의 모순된 행동을 탐지해내려고 항상 지켜보고 있습니다. 그러므로 거룩한 생활을 하십시오. 모든 사람이 우리를 지켜보고 있으며, 다른 사람들보다 더 많은 일을 우리에게 기대하고 있다는 것을 명심하십시오. 비난을 받을 원인을 제공하지 마십시오. 그들이 우리에게서 선함 외에는 다른 허물을 발견치 못 하게 하십시오.

항상 우리의 언행이 일치하며 유익한 것이 되려고 노력하십시오. 아마 우리는 "내가 더 좋은 위치에 있으면 주님의 뜻을 심길 수 있겠지만 지금의 위치에서는 아무런 유익도 끼칠 수 없다"라고 말할지도 모릅니다. 그러나 우리 주위의 사람들이 악한 사람일수록 그들에게 좋은 모범을 보일 필요가 있습니다. 그들의 마음이 꼬부라졌으면 우리가 똑바로 펴주어야 합니다. 그들의 마음이 왜곡되어 있다면 그들의 교만한 마음을 진리로 향하게 해주어야 합니다.

환자가 있는 곳에 의사가 필요합니다. 사방에서 직면하는 죄와 투쟁으로 인해 지칠 때는 모든 성도가 당신과 같은 시련을 겪었음을 기억하십시오. 어떤 성도들은 목숨을 잃기도 했습니다. 당신이 그리스도의 선한 군사로서 어려움을 견디지 않는 한 면류관을 받지 못할 것입니다.

그러므로 "깨어 믿음에 굳게 서서 남자답게 강건하라"(고전 16:13).

네가 바다의 샘에 들어갔었느냐 깊은 물 밑으로 걸어 다녀 보았느냐(욥 38:16).

자연계에는 아무리 지혜롭고 모험적인 연구자라도 알지 못하는 신비스러운 것이 있습니다. 하나님만이 온 우주를 아십니다. 눈에 보이는 물질계에도 우리가 알지 못하는 비밀이 있는데, 신령하고 영원한 세계에는 우리가 알지 못하는 비밀이 무한히 많습니다. 그런데 왜 나는 운명, 의지, 인간의 책임 등을 사색하는 일에 두뇌를 혹사합니까? 바다의 깊이를 알 수 없듯이, 심오한 진리의 깊이도 이해할 수 없습니다. 왜 나는 주님의 섭리, 빛, 행동의 동기를 알고 싶어 합니까? 내가 태양을 주먹 안에 넣을 수 있으며 우주를 손바닥에 놓을 수 있습니까? 그러나 이것은 나의 하나님과 비교할 때 양동이 안에 있는 한 방울의 물과 같습니다.

무한한 것을 이해하려고 애쓰지 말고 사랑 안에서 힘을 발휘합시다. 지력(知力)으로 얻지 못하는 것을 사랑에 의해 소유할 수 있습니다. 그것에 만족합시다. 나는 바닷속 깊음을 꿰뚫어 볼 수 없지만, 바다에서 불어오는 상쾌한 바람을 즐길 수 있고 푸른 파도 위로 항해할 수 있습니다. 비록 내가 바다 근원에 들어갈 수 있다고 해도 그 솜씨가 나 자신이나 다른 사람에게 유익을 주지 못할 것입니다. 그런 솜씨가 있다고 해서 침몰하는 배를 구하지 못할 것이며, 익사한 선원을 슬퍼하는 가족에게 돌려주지 못할 것입니다. 또한 내가 깊은 비밀을 해결한다고 해도 아무것도 증명하지 못할 것입니다. 하나님을 향한 작지만 단순한 사랑의 행동이 가장 심오한 지식보다 더 낫습니다.

나의 주여, 무한한 세 개의 일은 당신께 맡기옵니다. 나에게서 생명나무를 빼앗아갈 지식의 나무를 사랑하지 않게 하여 주소서.

이는 너희가 흠이 없고 순전하여 어그러지고 거스르는 세대 가운데서 하나님의 흠 없는 자녀로 세상에서 그들 가운데 빛들로 나타내며(빌 2:15).

신자는 자신의 생활 속에서 빛을 발하여 함께 사는 사람들에게 복음을 전해야 합니다. 그는 주위 사람들에게 자신이 누구의 사람이며 누구를 섬기는지 분명히 나타낼 수 있는 대화를 해야 합니다.

사람들이 그의 행동에 반영된 예수님의 형상을 보게 되어야 합니다. 등불은 사람들을 안내하기 위해 밝히는 것입니다. 우리는 어두움에 있는 사람들을 도와주어야 합니다. 그들에게 생명의 말씀을 제공해야 합니다. 우리는 죄인에게 구세주를, 지친 자들에게 거룩한 안식처를 가르쳐 주어야 합니다. 때때로 사람들은 성경을 읽기는 하나 이해하지 못하는 경우가 있습니다. 우리는 빌립처럼 하나님 말씀의 의미를 묻는 사람들에게 구원의 길과 경건한 생활을 가르칠 준비를 하고 있어야 합니다.

등불은 경고를 위해서 사용됩니다. 신자들은 이 세상 도처에 많은 거짓된 등불이 빛나고 있으며, 따라서 올바른 등불이 필요하다는 것을 알아야 합니다. 사탄이라는 약탈자는 항상 경건치 못한 자들을 유혹하여 쾌락이라는 미명으로 범죄하게 만듭니다. 그들은 옳지 않은 등불을 밝힙니다. 사방에 널려 있는 위험한 바위를 참 빛으로 비추며, 모든 죄를 지적하고, 그것이 어디로 이어지는지 말해주는 것이 우리의 책임입니다.

등불은 용기를 북돋아 주는 효과를 지니고 있으며, 기독교인들도 역시 같은 효과를 나타냅니다. 신자는 친절한 말과 진심에서 우러나는 동정심을 가지고 사람들을 위로해야 합니다. 그는 가는 곳마다 빛을 발하며 행복을 발산해야 합니다.

너희가 만일 성령의 인도하시는 바가 되면 율법 아래에 있지 아니하리라(살 5:10).

율법적 관점에서 자신의 성품과 위치를 보는 사람은 낙심할 것입니다. 율법을 근거로 심판을 받는다면 한 사람도 의롭다 함을 얻지 못할 것입니다. 우리가 율법의 지배 아래 있지 않고 은혜의 지배 아래 있다는 것을 아는 것이야말로 복된 일입니다. 우리는 "나는 율법 앞에서 스스로 완전한가"라 묻지 말고, "나는 예수 그리스도 안에서 완전한가"라고 물어야 합니다. 이 둘은 전혀 다른 질문입니다. 우리는 "나는 본성적으로 죄가 없는가?"라고 묻지 말고, "나는 죄와 부정함을 씻기 위해 개방된 샘에서 씻김을 받았는가?"라고 물어야 합니다. "나는 본래 하나님께 흡족한 존재인가"라고 질문하지 말고, "나는 사랑하는 자 안에서 영접되었는가"라고 질문해야 합니다.

시내산에서 자신의 실패를 바라보는 신자는 자기의 구원을 염려합니다. 그가 갈보리의 빛에 의해 자기의 칭호를 읽는다면 마음이 놓일 것입니다. 그는 내 믿음 안에는 불신앙이 있으므로 그것은 나를 구원하지 못한다"라고 말합니다. 만일 그가 자기의 믿음을 보지 않고 믿음의 대상을 보았다면 "그분에게는 실수가 없으시니, 그러므로 나는 안전하다"라고 말했을 것입니다. 그는 자신의 소망 때문에 한숨을 지으며 "아. 내 소망은 현세의 일에 대한 걱정 때문에 상처를 입고 흐려졌다. 내가 어떻게 영접을 받을 수 있는가?"라고 말합니다. 만일 그가 자기 소망의 기초에 주목한다면, 하나님의 약속은 확실하다는 것을 깨달을 것입니다. 우리가 아무리 의심해도 하나님의 약속과 맹세는 결코 실패로 끝나지 않습니다.

그러므로 성령의 인도함을 받아 복음의 자유에 들어감이 율법의 속박을 받음보다 안전합니다. 사탄은 우리의 죄악됨과 불완전함을 기억하게 해서 평안을 파괴하려 합니다. 그러나 우리는 복음을 굳게 붙들며 속박의 멍에를 거부하여 사탄을 대적할 수 있습니다.

무리들 때문에 예수께 데려갈 수 없으므로 그 계신 곳의 지붕을 뜯어 구멍을 내고 중풍병자가 누운 상을 달아 내리니(막 2:4).

믿음은 참으로 많은 것을 고안합니다. 예수님이 계신 곳에는 사람들이 너무 많았기 때문에 문으로는 들어갈 수 없었습니다. 그러나 그들은 믿음이 있었기 때문에 주님께 이르는 길을 발견해서 중풍 병자를 주님 앞에 데려갔습니다. 평범한 방법으로는 죄인을 예수님 계신 곳에 데려갈 수 없을 때 우리는 특별한 방법을 사용해야 합니다.

누가복음 5장 19절에 그들은 지붕을 벗겼다고 했습니다. 그것은 먼지를 일으켰을 것이며, 집 안에 있는 사람들에게 큰 위험을 초래할 수도 있는 일이었습니다. 그러나 급박한 경우에 우리는 모험도 해야 하고, 때로는 예의도 무시해야 합니다. 예수님은 병자를 고치기 위해 그 집에 계셨습니다. 그러므로 믿음은 어떻게 해서든지 자기에게 맡겨진바, 불쌍하게도 몸이 마비된 사람의 죄사함을 얻게 해주어야 했습니다. 우리도 용감한 믿음을 가지고 있다면 얼마나 좋겠습니까? 오늘 영혼들을 사랑하며 주님의 영광을 위해 훌륭한 행동을 하십시오.

우리 주위에 누워 죽어가고 있는 버림받은 자들을 위해 새로운 방법을 고안하여 그들을 주님에 데려갈 수 없겠습니까? 중풍 병자를 멘 네 사람의 용기를 일깨운 것은 그 집에 예수님이 계신다는 사실이었습니다. 지금 주님은 우리 가운데 계시지 않습니까?

오늘 아침 우리는 주님의 얼굴을 보았습니까? 우리 영혼 속에서 주님의 치료 능력을 느끼지 못했습니까? 그렇다면 모든 장애물을 통과하여 영혼들을 예수님께로 데려가십시오.

오 주님, 당신의 병든 영혼을 감동하게 하며, 모든 난관을 헤치고 그들을 당신께 데려가는 방법을 고안하는 지혜를 주옵소서.

다메섹에 대한 말씀이라 하맛과 아르밧이 수치를 당하리니 이는 흉한 소문을 듣고 낙담함이니라 바닷가에서 비틀거리며 평안이 없도다(렘 49:23).

우리는 지금, 이 순간 바다에 어떤 슬픔이 있는지 알지 못하고 평안한 집에 안전하게 거하고 있습니다. 그러나 멀리 바다 위에는 무서운 태풍이 불어 사람들의 생명이 위태로울지도 모릅니다. 갑판 위에서 사망이 으르렁거리는 소리를 들어 보십시오. 파도가 싸우려고 덤비는 수사슴처럼 배를 강타할 때 선체는 몹시 흔들립니다.

물에 젖어 지친 불쌍한 자들이여, 하나님이 도우실 것입니다. 나는 땅과 바다를 다스리시는 위대하신 주님께 폭풍우를 잠잠케 하시며 목적지까지 데려다주시기를 기도합니다.

나는 기도 이상의 일을 해야 합니다. 나는 항상 목숨을 걸고 항해하는 저 담대한 사람들에게 유익을 주려고 노력해야 합니다. 거친 바다는 종종 선원들을 삼킵니다. 바다 위에 있는 사망의 슬픔은 과부와 고아들의 통곡 속에서 메아리칩니다. 바다의 소금은 많은 어머니와 과부들의 눈 안에 있습니다. 무자비한 파도여, 당신은 여인들의 연인과 가정의 대들보를 삼켰습니다.

바다가 죽은 자들을 내어놓을 때 깊은 동굴 속에서 얼마나 많은 사람이 부활할 것입니까! 그때까지 바다에는 슬픔이 있을 것입니다. 바다는 마치 땅의 슬픔과 공감하는 듯 영원히 바닷새들의 울음소리처럼 서글픈 소리로 통곡하며 해안을 괴롭히고 있습니다. 바다는 불안하고 무서운 소리를 내며 밀려오고, 시끄럽게 불만을 나타내고 노하며, 목쉰 분노의 소리를 내며, 불평하는 자갈 같은 소리를 냅니다. 그곳은 우리가 쉴만한 곳이 아닙니다. 물결치는 파도도 그렇게 말해줍니다. 바다가 없는 곳에 육지가 있으며, 우리는 꾸준히 그쪽을 바라봅니다. 우리는 주님이 말씀해 주신 곳으로 가고 있습니다. 그곳에 도착하기까지 우리는 바다 위를 걸으셨던 주님에게 우리의 슬픔을 맡깁니다. 그분은 깊은 바다 사이로 백성들이 갈 길을 만들어 주십니다.

에브라임의 말이 내가 다시 우상과 무슨 상관이 있으리요 할지라 내가 그를 돌아보아 대답하기를 나는 푸른 잣나무 같으니 네가 나로 말미암아 열매를 얻으리라 하리라(호 14:8).

우리의 열매는 그리스도와의 연합으로 나타납니다. 나뭇가지에 열매가 맺는 것은 뿌리가 있기 때문입니다. 나무의 뿌리가 잘리면 가지는 마르고 열매도 맺지 못합니다. 모든 포도송이의 근원은 뿌리에 있기 때문입니다. 그것이 줄기를 통과하여 가지로 가서 열매를 맺습니다. 그러므로 모든 선행의 기원은 그리스도 안에 있으며, 그것이 우리 안에 나타나는 것입니다.

신자여. 그리스도 안에 거하는 연합을 소중히 여기시오. 그것은 우리가 알고자 하는 모든 결실의 원천입니다. 우리가 예수 그리스도에게 결합되어 있지 않으면 말라버린 가지가 될 것입니다.

우리의 열매는 하나님께로 오는 영적 섭리로 나타납니다. 열매를 맺으려면 뿌리가 든든해야 하며, 표면적 환경의 영향도 받습니다. 우리는 하나님의 은혜와 섭리를 크게 입고 있습니다. 하나님은 우리를 소생하게 하시고 가르치시고 위로하시며 힘을 주시며, 그밖에도 우리에게 필요한 모든 것을 공급하십니다. 이것 덕분에 우리는 유익함을 이루고 덕을 이룹니다.

우리의 열매는 지혜로운 절제로 나타납니다. 정원사는 날카로운 전지가위로 곁가지를 쳐주어서 결실을 촉진합니다. 마찬가지로 주님은 우리에게서 불필요한 가지를 쳐주어 결실을 촉진시킵니다.

"나는 참포도나무요 내 아버지는 농부라 무릇 내게 붙어 있어 열매를 맺지 아니하는 가지는 아버지께서 그것을 제거해 버리시고 무릇 열매를 맺는 가지는 더 열매를 맺게 하려 하여 그것을 깨끗하게 하시느니라"(요 15:1-2).

하나님은 우리의 영적 은혜의 창조주이십니다. 그러므로 우리는 구원과 영광을 하나님께 돌립시다.

그의 힘의 위력으로 역사하심을 따라 믿는 우리에게 베푸신 능력의 지극히 크심이 어떠한 것을 너희로 알게 하시기를 구하노라 그의 능력이 그리스도 안에서 역사하사 죽은 자들 가운데서 다시 살리시고 하늘에서 자기의 오른편에 앉히사(엡 1:19-20).

회심은 인간의 자유의지에 의해 이루어지는 것으로써 그의 성품이 발전하는 데 기인한다고 생각하는 사람들에게 무엇이라 해야 합니까? 만일 죽은 자들이 자신의 능력에 의해 무덤에서 다시 살아나는 것을 본다면, 우리는 경건치 못한 죄인들이 자유의지에 따라 그리스도께 돌아오는 것을 보리라 기대할 수 있을 것입니다. 전파된 말씀이나 읽은 말씀 자체가 회심을 이루는 것도 아닙니다. 생명을 주는 능력은 성령에게서 나옵니다.

로마 군사들이나 대제사장은 예수의 시신을 무덤 속에 붙들어두지 못했고, 사망도 예수를 그 사슬에 묶어 두지 못했습니다. 이 무적의 능력은 믿는 자가 새 생명을 받을 때 그의 안에서 솟아납니다. 죄, 타락, 지옥의 마귀들, 또는 세상에 사는 죄인들은 하나님의 은혜가 사람을 회심시키려 할 때 그 손을 멈추게 하지 못합니다. 예수를 죽은 자들 가운데서 살리신 능력은 영광스러운 것이었습니다. 그것은 하나님께는 영광을 가져왔고 악에 실망을 가져다주었습니다. 그러므로 죄인이 회심할 때마다 하나님께 영광을 돌려야 합니다.

"이는 그리스도께서 죽은 자 가운데서 살아나셨으매 다시 죽지 아니하시고 사망이 다시 그를 주장하지 못할 줄을 앎이로라"(롬 6:9).

죽은 자들 가운데서 산 우리는 다시 죽은 행위나 과거의 타락한 생활로 돌아가지 말고 하나님을 위해 살아야 합니다. "우리 생명이신 그리스도께서 나타나실 그 때에 너희도 그와 함께 영광 중에 나타나리라"(골 3:3). "아버지의 영광으로 말미암아 그리스도를 죽은 자 가운데서 살리심과 같이 우리로 또한 새 생명 가운데서 행하게 하려 함이라"(롬 6:4).

머리 되시는 그리스도를 살리신 능력이 지체 안에서 역사하시어 생명을 줍니다. 그리스도와 함께 살림을 받는다는 것이야말로 지극한 축복이 아닙니까!

너는 내게 부르짖으라 내가 네게 응답하겠고 네가 알지 못하는 크고 은밀한 일을 네게 보이리라(렘 33:3).

이 말씀을 따르는 신자들은 크고 특별한 일을 경험합니다. 일반적인 회개, 믿음, 기쁨, 소망 등의 감정은 기독교인 모두가 누릴 수 있는 것입니다. 그러나 평범한 경험이 아니라 훨씬 탁월한 것, 그리스도와의 합일이나 교제에서 비롯된 환희의 영역이 있습니다.

우리 모두가 요한처럼 주님의 가슴에 기대거나 바울처럼 셋째 하늘에 올라가는 특권을 소유하지는 않습니다. 독수리의 눈과 철학적 사색으로는 보지 못하는 바 하나님의 일에 대한 높은 지식이 있습니다. 우리를 그곳에 데려가실 수 있는 분은 하나님뿐이십니다.

우리를 그곳에 태우고 가는 수레, 그리고 그 수레를 움직이는 말은 효과적인 기도입니다. 효과적인 기도는 신자를 갈멜산으로 데려다주며, 그로 하여금 하늘을 축복의 구름으로, 땅을 자비의 홍수로 덮을 수 있게 해줍니다. 효과적인 기도는 신자들을 높은 곳으로 데려가서 그를 위해 마련된 기업을 보여줍니다. 기도는 우리를 고귀하게 변화시켜줍니다.

우리가 일상적인 곳이 아닌 높은 곳에 도달하길 원한다면 고귀하신 반석을 바라십시오. 끊임없는 기도의 창을 통해 믿음의 눈으로 응시하십시오. 우리가 창문을 열고 바라보면, 반대편에서 그 문을 닫지 않을 것입니다.

또 보좌에 둘려 이십사 보좌들이 있고 그 보좌들 위에 이십사 장로들이 흰 옷을 입고 머리에 금관을 쓰고 앉았더라(계 4:4).

하늘나라 성도들의 대표자들은 보조의 주위에 둘러 있다고 합니다. 솔로몬은 왕이 자기 식탁에 앉아 있다고 노래했습니다(아 1:12). 어떤 주석가들은 이것이 원탁이라고 가정하여 모든 성도의 지위가 동일하다는 결론을 내렸습니다. 그것은 이십사 장로들이 보좌 로부터 동등한 거리에 있다는 사실이 전해주는 개념입니다. 영광을 받아 하늘나라에 있는 영들은 모두 그리스도와 가까이에 서서 주님의 영광을 보며, 언제나 주님의 궁전에 들어가며, 주님과 친밀한 교제를 합니다. 이 점에 관한 한 성도들 사이에 차이가 없습니다. 모든 하나님의 백성들 — 사도들, 순교자들, 목회자들, 또는 눈에 뜨이지 않는 신자들 — 모두 보좌 가까이에 앉게 될 것입니다. 그들은 모두 그리스도 가까이에 있으면서 그리스도의 사랑 안에서 기뻐하며, 그리스도와 같은 식탁에서 먹고 마실 것입니다. 비록 그들은 종으로서는 모두 동일한 상을 받지는 않지만, 모두가 주님의 사랑 하는 자요. 친구로서 동일한 사랑을 받습니다.

이 세상에 사는 신자들은 하늘나라에 있는 성도들이 그리스도와 가까이에 거하는 것을 본받아야 합니다. 그리스도께서 우리 생각의 대상이 되시며 우리 삶의 중심이 되셔야 합니다. 우리가 사랑 하신 주님에게서 멀리 떨어져 살아야 한다면 어떻게 견딜 수 있습니까?

주 예수님, 우리를 당신께 가까이 가도록 이끌어주소서. 우리로 "그가 왼팔로 내 머리를 고이고 오른팔로 나를 안는구나"(아 2:6)라고 노래하게 하여 주소서.

또 산에 오르사 자기가 원하는 자들을 부르시니 나아온지라(막 3:13).

이 말씀에는 하나님의 주권이 나타나 있습니다. 조급한 영들은 하나님을 심기는 사역에 있어서 높은 곳으로 부름을 받지 못했다고 해서 짜증을 내고 화를 냅니다. 그러나 예수님은 자기의 원하시는 자를 부르시니 기뻐하십시오. 예수님께서 나를 주님의 집 문지기로 부르신다면 나는 주님을 심길 수 있게 해주신 은혜로우심으로 인하여 주님을 찬미할 것입니다. 그리스도의 종들을 부르시는 소명은 위로부터 옵니다.

주님의 부름을 받는 자는 주님이 계신 산으로 올라가야 합니다. 그들은 끊임없이 주님과 교제하며 살아감으로써 주님과 같은 수준으로 올라가려고 노력해야 합니다. 그들은 예술가로서의 명예나 학자로서 명성을 얻지는 못해도 모세처럼 산으로 올라가서 보이지 않는 하나님과 끊임없는 교제를 나눠야 합니다.

주님은 아버지와 교제하려고 홀로 산으로 올라가셨습니다. 우리의 동료 인간을 축복하기 위해서 거룩한 교제에 들어가야 합니다. 사도들이 예수님이 계신 산에서 내려올 때 권능을 입고 있었던 것은 전혀 놀라운 일이 아닙니다.

오늘 아침, 우리를 구별하여 필생의 사역을 맡겨 주실 주님과 교제하는 산으로 올라갑시다. 오늘 예수님을 만나기 전에는 사람들의 얼굴을 보지 맙시다. 그리스도는 우리에게 주시는 거룩한 능력을 가지고 세상에 내려가면 우리도 마귀를 쫓아내며 이적을 행하게 될 것입니다.

예수님을 만나야 합니다. 우리는 "우리가 거룩한 산에서 주님과 함께 거하였다"라고 말할 수 있게 될 때까지 속죄소에 머물러 있어야 합니다.

> 그들의 군마는 표범보다 빠르고 저녁 이리보다 사나우며 그들의 마병은 먼 곳에서부터 빨리 달려오는 마병이라 마치 먹이를 움키려 하는 독수리의 날음과 같으니라(합 1:8).

굶주려 성난이리는 밤이 되면 더 사나워집니다. 이 사나운 짐승 늑대는 하루 동안 산만하게 지내거나 사업에서 손해를 보거나 동료들로부터 조롱을 당한 우리의 두려움과 의심을 나타냅니다. 우리는 "하나님은 지금 어디 계신가"라며 으르렁거립니다. 위로를 주는 제안들이 모두 삼킴을 당해 굶주려 있는 그들은 얼마나 탐욕스럽고 게걸스럽습니까?

위대하신 목자여, 이 저녁 늑대들을 죽여 주십시오. 당신의 양들이 만족을 모르는 불신앙의 방해를 받지 않고 푸른 초장에 누울 수 있게 하여 주십시오.

지옥의 마귀들은 저녁 늑대와 너무나 흡사합니다. 그리스도의 양들에게 구름이 끼고 어두운 날이 닥쳐오고 태양이 진 것처럼 보일 때, 늑대들은 양들을 잡아먹으려고 서두릅니다.

주님, 당신은 양을 위해 생명을 버리셨습니다. 그들을 늑대의 입에서 보존해 주소서.

부지런히 솜씨 좋게 귀한 생명을 노리며 거짓으로 사람들을 삼키려 하는 거짓 교사들은 저녁 이리처럼 위험하고 혐오스러운 존재입니다. 그들이 양가죽을 쓰고 있을 때가 가장 위험합니다. 그들의 공격으로부터 보호받는 사람은 복된 사람입니다. 수많은 사람이 교회의 우리 안에 들어온 무서운 늑대의 먹이가 되고 있습니다. 무서운 박해자가 회심하는 것은 참으로 큰 은혜의 역사입니다. 그렇게 되면 그 늑대는 양들과 함께 거하게 되며, 잔인하고 길들일 수 없이 거친 성품의 사람들이 온유하게 되고 가르침을 받아들이게 됩니다.

주님, 이러한 이리들을 많이 회심시켜 주십시오. 오늘 밤 그들의 구원을 위해 기도합니다.

그러므로 너희는 그들 중에서 나와서 따로 있고 부정한 것을 만지지 말라 내가 너희를 영접하여(고후 6:17).

기독교인은 세상에서 살지만, 세상에 속해서는 안 됩니다. 그에게는 사는 것이 그리스도가 되어야 합니다. 먹거나 마시거나 어떤 일을 하든지 모두 하나님의 영광을 위해 해야 합니다.

우리는 보물을 쌓아두되 좀이나 동록이 해하지 못하며 도적이 구멍을 뚫지도 못하고 도적질도 못하는 하늘나라에 쌓아두십시오. 부자가 되려고 노력하되, 믿음과 선행에 있어 부자가 되려고 하십시오. 즐겁게 지내되 기쁠 때는 시편을 노래하며 마음속으로 주님께 바치는 노래를 지으십시오.

우리는 삶의 목표에 있어서나 정신에 있어서 세상과 달라야 합니다. 하나님 앞에서 겸손히 기다리며, 하나님의 임재를 의지하며, 하나님과의 교제를 누리며, 하나님의 뜻을 알려고 노력하십시오. 그러면 우리 자신이 거룩한 백성임을 증명하게 될 것입니다.

우리는 행동에 있어서도 세상과 달라야 합니다. 손해를 보는 한이 있더라도 옳은 일은 반드시 해야 합니다. 당신이 유익을 얻을 수 있는 일이라도 옳지 않은 일이면 주님의 이름으로 그 죄를 비웃어야 합니다. 우리는 무익한 어두움의 일에 참여하지 말고 오히려 그것들을 꾸짖어야 합니다.

우리의 고귀한 소명과 권위에 합당하게 행하십시오. 머지않아 아름다운 임금님을 뵈옵게 될 눈을 정욕의 창이 되게 하지 마십시오. 머지않아 하늘나라로 가득 차며 말할 수 없는 기쁨으로 넘쳐흐르게 될 마음에 교만함과 비통을 채우지 말라.

여호와여 나의 원수들로 말미암아 주의 의로 나를 인도하시고 주의 길을 내 목전에 곧게 하소서(시 5:8).

세상은 그리스도의 백성들을 증오합니다. 세상 사람들은 다른 사람들의 많은 허물은 용서해주지만, 예수를 따르는 사람들에게서 발견하는 지극히 작은 죄는 크게 확대하려 합니다. 우리는 이 사실을 유감스럽게 여기지 말고, 오히려 그것을 우리에게 유익한 것으로 바꾸어야 합니다.

우리는 많은 사람이 우리가 실족하는 것을 지켜보고 있다는 것을 계기로 삼아 하나님 앞에서 조심하여 행합시다. 만일 우리가 조심성 없이 생활하면 그것을 보는 세상은 "이 기독교인들이 어떻게 행동하는지 보십시오. 그들은 모두 위선자들이다"라고 외칠 것입니다. 그리하면 그리스도의 일에 큰 피해를 초래하게 되고, 그의 거룩한 이름을 모욕하게 됩니다.

그리스도의 십자가는 본질상 세상을 노하게 합니다. 우리는 거기에 자신의 죄를 더하지 않도록 조심합시다. 그것은 "유대인에게는 거리끼는 것이요 이방인에게는 미련한 것"(고전 1:23)입니다.

우리는 이미 걸림돌이 충분히 있는 곳에 더는 걸림돌을 놓지 맙시다. 우리의 어리석음을 더하여 세상 사람들이 복음을 조롱하는 것을 증가시키지 않도록 합시다. 우리의 선한 행동을 거짓으로 설명하며, 우리의 행동을 인정할 수 없을 때는 우리의 동인(動因)을 의심하는 원수들 앞에서 우리는 지극히 신중하게 행동해야 합니다.

기독교인들은 수배를 받는 사람들로서 이 세상을 여행합니다. 우리는 감시를 받고 있으며, 생각하는 것보다 많은 첩자가 있습니다. 하나님의 백성들을 비방함으로써 하나님께 불충을 더하는 사람들이 우리의 연약함을 눈감아주기를 기대하기보다 차라리 늑대에게서 인자함을 구하며 마귀에게서 자비를 구하는 편이 나을 것입니다.

주님, 우리를 항상 인도하여 주사 원수들이 우리를 넘어뜨리지 못 하게 하소서.

여호와는 질투하시며 보복하시는 하나님이시니라 여호와는 보복하시며 진노하시되 자기를 거스르는 자에게 여호와는 보복하시며 자기를 대적하는 자에게 진노를 품으시며(나 1:2).

믿는 자여, 주님은 우리의 사랑을 시샘하시는 분이십니다. 당신을 택하신 주님은 우리가 다른 사람을 택하는 것을 참지 못하십니다. 자기의 피로 우리를 사신 주님은 우리가 세상에 속하는 것을 견디지 못하십니다. 주님은 우리를 극진히 사랑하시므로 우리가 멸망하는 것을 지켜보느니 차라리 죽기를 원하십니다. 주님은 우리의 진정한 사랑과 주님 사이에 다른 것이 가로막는 것을 참지 못하십니다. 우리가 주님을 의지할 때 주님은 기뻐하십니다. 하지만 우리가 다른 것을 의지하면 노하시고 징계하시어 주님께로 데려가려 하십니다.

주님은 우리와의 사귐을 시샘하시는 분이십니다. 우리는 누구보다도 예수님과 많은 대화를 해야 합니다. 오직 주님 안에 거하는 것이 참 사랑입니다. 세상과 사귀는 것, 육체의 즐거움 속에서 위로를 발견하는 것, 주님과의 교제보다 동료 신자들과의 교제를 더 좋아하는 것은 질투하시는 주님을 슬프게 합니다. 우리가 주님 안에 거하면서 끊임없이 주님과 교제할 때 주님은 기뻐하십니다.

우리가 겪는 시련은 우리의 마음을 피조물로부터 떼어내어 주님께 더 가까이 가게 합니다. 우리를 그리스도 가까이에 이르게 해주시는 이 질투로 우리의 위로 삼읍시다. 그리스도께서 우리의 사랑을 시샘하실 정도로 우리를 사랑하신다면, 우리는 주님이 아무것도 우리를 해치지 못하게 하시며 원수들로부터 보호해 주실 것이라고 확신할 수 있습니다.

주님, 오늘 우리의 눈으로 세상의 것들을 보지 못하게 하시는 거룩한 질투로써 우리의 마음을 사랑하는 주님을 향한 거룩한 사랑 안에 보존해 주옵소서.

내가 인자와 정의를 노래하겠나이다 여호와여 내가 주께 찬양하리이다 (시 101:1).

믿음은 시련 중에 승리하게 합니다. 이성이 내면의 감옥에 갇혀있을 때, 믿음은 즐거운 소리로 감옥의 벽을 울리게 합니다. 믿음은 "내가 인자와 공의를 찬송하겠습니다"라고 외칩니다. 믿음은 환난의 얼굴을 덮고 있는 검은 가면을 벗기고 그 밑에 숨겨져 있는 천사를 발견합니다.

하나님이 우리를 심판하실 때도 우리에게는 노래할 이유가 있습니다. 왜냐하면 그 시련은 우리가 마땅히 받아야 할 만큼 무겁지 않기 때문입니다. 우리는 마땅히 받아야 할 만큼 호된 환난을 겪지는 않습니다. 우리의 고통은 다른 사람이 날라야 하는 짐만큼 무거운 것이 아닙니다.

믿음은 자기의 슬픔이 형벌로써 주어진 것이 아님을 압니다. 그 안에는 하나님의 진노가 전혀 없습니다. 그것은 모두 우리를 사랑하시기 때문에 주신 슬픔입니다.

믿음은 노하신 하나님의 가슴에서 사랑이 보석처럼 반짝이는 것을 봅니다. 믿음은 자기의 슬픔에 대해 이렇게 이야기합니다" "이것은 영광의 휘장이다. 하나님은 사랑하는 자녀를 징계의 매로 때리신다." 그리고 믿음은 자기 슬픔의 아름다운 결과를 찬송합니다. 그의 슬픔이 영적 유익을 가져왔기 때문입니다.

"우리가 잠시 받는 환난의 경한 것이 지극히 크고 영원한 영광의 중한 것을 우리에게 이루게 함이니"(고후 4:17).

믿음은 검은 말을 타고 전쟁터를 달리면서 육욕적인 이성과 감각을 짓밟으며 승리를 노래합니다.

그들이 눈물 골짜기로 지나갈 때에 그 곳에 많은 샘이 있을 것이며 이른 비가 복을 채워 주나이다(시 84:6).

이 말씀은 어떤 사람이 얻은 위로가 다른 사람에게도 도움이 될 수 있다는 것을 가르쳐줍니다. 우물에 나아오는 사람은 누구나 물을 마실 수 있습니다.

우리는 요나단의 막대기처럼 꿀을 떨어뜨리는 위로로 충만한 책을 읽습니다. 우리는 우리의 형제가 이곳에 와서 자기 자신은 물론이요 우리까지 위해서 이 우물을 팠다고 생각합니다. 우리는 "내 영혼아 네가 어찌하여 낙심하며 어찌하여 내 속에서 불안해 하는가"(시 42:5)라는 시에서 이 사실을 깨닫게 됩니다. 눈물 골짜기를 지나가는 여행자는 황량한 해안에서 사람의 발자국을 보면 기뻐합니다.

우리가 우물을 파지만 비를 내려 그 우물을 채우는 것은 하늘입니다. 수단은 목적과 관련이 있지만, 수단 자체가 목적을 이루지는 못합니다. 비가 연못을 채워 유익한 저수지로 만듭니다.

인간의 수고는 헛되지 않으나 그것이 하나님의 도움을 대신하지는 못합니다. 은혜는 비로 비유할 수 있을 것입니다. 그것은 순수하며, 소생케 하는 효과가 있으며, 하늘로부터 오는 것이며, 주권자께서 주시기도 하고 거두시기도하기 때문입니다.

우리 모두에게 축복의 소나기가 내리기를 기원합니다. 우리가 판 우물에 물이 가득차기를 기원합니다. 지금 우리는 "비 없는 구름"(잠 25:14)이요 물 없는 연못입니다.

사랑의 하나님, 하늘나라 창문을 여시고 우리에게 축복을 부어 주소서.

바리새인과 서기관들이 수군거려 이르되 이 사람이 죄인을 영접하고 음식을 같이 먹는다 하더라(눅 15:2).

이 말씀에 나타난 주님의 겸손함을 보십시오. 모든 사람보다 위에 계신 분, 거룩하고 무해(無害)하며 더러움이 없고 죄인들과 구별된 분이 죄인을 영접하시므로 우리가 길 잃은 사람을 찾아다니는 것은 조금도 이상하지 않습니다. 그들은 우리 인류의 일부입니다.

거룩하신 하나님은 스스로 종의 형체를 취하셨습니다. 주님은 많은 사람의 죄를 담당하셨으며, 가장 악한 죄인을 영접하셨습니다. 이것은 놀라운 일입니다. 주님은 죄인으로 남아 있게 하려고 죄인들을 영접하시는 것이 아닙니다. 주님은 죄인들의 죄를 용서하시고, 의롭다 하시고, 정결케 하는 말씀으로 그들의 마음을 씻어 주시며, 내주(內住)하시는 성령에 의해 그들의 영혼을 보존하시려고 그들을 영접하십니다. 주님은 그들이 주님을 섬기며, 주님을 찬양하며, 주님과 교통할 수 있게 하십니다. 주님은 죄인들을 자기 마음의 사랑으로 영접해 들이시며, 불행의 구덩이에서 건져주시며, 그들을 자기의 면류관에 박힌 보석으로 여기십니다.

주님은 그들을 타오르는 불에서 구해 주시고, 자기가 행하신 자비의 값비싼 기념으로 보존하십니다. 예수님이 보시기에 자신이 대신하여 돌아가셨던 죄인들만큼 귀한 것은 없습니다. 예수께서는 지나가는 거지들을 접대하듯 대문 밖에서 죄인들을 영접하시지 않습니다. 주님은 마음의 황금 문을 여시고 죄인을 안으로 받아들이십니다. 주님은 겸손하게 참회하는 심령과 친히 연합하시며, 그를 주님의 몸과 살과 뼈의 지체로 만드십니다.

주님은 지금 이 밤에도 죄인들을 영접하고 계십니다. 죄인들이 주님을 영접하게 되기를 기도합시다.

그들이 무리를 떠나 예수를 배에 계신 그대로 모시고 가매 다른 배들도 함께 하더니(막 4:36).

그날 밤, 예수님은 바다를 호령하는 해군 제독이셨습니다. 주님의 임재로 말미암아 모든 선박이 보호를 받았습니다. 우리가 예수와 동행하면, 우리도 주님이 겪으신 일을 겪어야 합니다. 예수님에게 파도가 거칠게 밀려오면, 우리에게도 거센 파도가 밀려옵니다. 예수님께서 당하셨던 것처럼 우리도 태풍에 시달리고 파도에 밀려 육지에 도착하게 될 것입니다.

어두운 갈릴리 호수를 폭풍이 쓸었을 때, 모든 사람은 불안에 떨었고 마음으로 파선을 염려했습니다. 피조물의 도움이 전혀 소용없게 되었을 때 주무시던 주님은 일어나셔서 말씀으로 거친 바다를 고요하게 만드셨습니다.

예수님은 바다의 별이십니다. 항해 중에 슬픔을 겪더라도 예수님이 계시는 곳에는 기쁨도 함께 있습니다. 예수님을 우리의 닻, 키, 등대, 구명선이자 항구로 삼게 되기를 기원합니다.

주님의 교회는 제독이 타는 기함(旗艦)입니다. 주님이 친히 모두를 인도하십니다. 우리는 주님이 타신 배가 지나간 자취를 따라가며, 주님의 신호를 주목하며, 주님의 지도를 보고 배를 조종하며, 주님이 배에 타고 계시는 한 두려워할 필요가 없습니다. 주님을 호위하는 함대에 소속된 배는 한 척도 좌초하지 않을 것입니다. 위대하신 사령관께서는 모든 배를 조종하시어 바라던 항구에 안전하게 도착할 것입니다.

바람과 파도는 흔히 자비를 베풀지 않지만, 주님에게는 복종합니다. 그러므로 어떤 돌풍이 불어와도 배 안에 있는 믿음은 복된 평화를 느낍니다. 주님의 배는 항구에 도착했으며, 장차 우리의 배도 항구에 도착할 것입니다.

내가 이르기를 내 허물을 여호와께 자복하리라 하고 주께 내 죄를 아뢰고 내 죄악을 숨기지 아니하였더니 곧 주께서 내 죄악을 사하셨나이다 (시 32:5).

다윗은 죄로 인해 몹시 슬퍼했습니다. 거룩한 은혜의 보좌 앞에서 완전히 죄를 고백하는 것 외에는 치료책이 없었습니다. 그는 잠시 침묵을 지켰더니 마음이 더욱 슬픔으로 가득 찼다고 말했습니다. 그의 영혼은 마치 출구가 막힌 시냇물처럼 슬픔의 격류로 부풀어 올랐습니다. 핑계를 대고 생각을 바꾸려고 노력했지만 모두 허사였습니다. 그의 번민은 점점 더 커졌습니다. 그가 죄를 고백하지 않았기 때문에 그의 영은 고통으로 가득 찼고 안식을 누리지 못했습니다.

마침내 다윗은 자신이 겸손하게 회개하여 하나님께 돌아가지 않으면 곧 죽으리라는 것을 깨달았습니다. 그리하여 그는 서둘러 속죄소로 가서 만물을 살피시는 하나님 앞에서 죄를 고백했습니다.

대단히 간단하지만 자랑하기 어려운 이 일을 하고 나서 그는 즉시 거룩한 용서를 얻었습니다. 과거에 부러졌던 뼈들이 기뻐하기 시작했으며, 그는 죄사함을 받은 사람의 축복을 노래했습니다.

진심으로 죄를 고백하는 것은 참으로 귀한 일입니다. 진정한 죄 고백을 할 때 하나님은 아낌없이 자비를 베풀어주십니다. 회개와 죄 고백이 자비를 받을 가치가 있어서가 아니라, 그리스도의 덕택으로 자비를 얻는 것입니다. 우리의 상한 마음은 언제나 치료를 받습니다. 샘물이 항상 흘러 우리를 죄에서 깨끗게 해줍니다.

주님, 당신은 진실로 사유하기를 즐기시는 분이시오니 우리가 죄를 고백하겠습니다.

그는 흉한 소문을 두려워하지 아니함이여 여호와를 의뢰하고 그의 마음을 굳게 정하였도다(시 112:7).

믿는 자여, 우리는 흉한 소식을 들어도 두려워하지 마십시오. 만일 흉한 소식을 듣고 괴로워한다면 우리도 믿지 않는 사람들과 똑같게 됩니다. 믿지 않는 다른 사람들에게는 의지할 하나님이 없습니다.

그들은 하나님의 신실하심을 경험하지 못했습니다. 그러므로 그들이 두려움 때문에 기가 눌리는 것은 전혀 놀라운 일이 아닙니다. 그러나 우리는 그들과 다른 영을 가지고 있다고 공언하고 있습니다. 우리는 중생하여 살아있는 소망을 가지고 있으며, 우리의 마음은 세상에 있지 않고 하늘나라에 있습니다.

그런데 우리가 이들처럼 갈피를 잡지 못한다면 우리가 받았다고 공언한 은혜가 과연 가치 있는 것이라 할 수 있겠습니까? 우리가 소유하고 있다고 주장하는 새로운 본성의 존엄성은 과연 무엇입니까? 우리가 믿지 않는 사람들과 마찬가지로 공포에 떤다면, 어려운 환경에 처하게 될 때 분명히 다른 사람들과 마찬가지의 죄를 범하게 될 것입니다.

불경건한 사람들은 흉한 소식을 들으면 하나님께 반항합니다. 하나님께 너무하신 처사라고 불평합니다. 당신도 그들과 똑같은 죄에 빠지려고 합니까? 회심치 않은 사람들은 곤경을 피하려고 악한 수단을 사용합니다. 우리의 마음이 지금 당하고 있는 압박에 굴복한다면 우리도 역시 같은 행동을 할 것입니다.

주님을 믿으며 참고 기다리십시오. 가장 지혜로운 태도는 모세가 홍해에서 했던 것처럼 "가만히 서서 여호와께서 오늘 너희를 위하여 행하시는 구원을 보는 것"(출 14:13) 입니다.

만일 흉한 소식을 듣고 두려워한다면 역경을 이기게 해주는 평온과 침착함을 잃을 것입니다. 불 속에서도 하나님을 찬양한 성도들도 있습니다. 의심하는 것이 지존자를 찬미하는 것입니까? 용기를 가지십시오. 그리고 마음에 근심하지도 말고 두려워하지도 마십시오(요 14:27).

그가 그의 백성의 뿔을 높이셨으니 그는 모든 성도 곧 그를 가까이 하는 백성 이스라엘 자손의 찬양 받을 이시로다 할렐루야(시 148:14).

옛 언약은 하나님과 인간 사이에 거리를 유지할 것을 요구했습니다. 하나님은 자기의 종 모세에게 나타나셨을 때 "이리로 가까이 오지 말라 네가 선 곳은 거룩한 땅이니 네 발에서 신을 벗으라"(출 3:5)고 하셨습니다. 또 시내산에서 선택하여 성별(聖別)하신 백성들에게 자신을 나타내셨을 때 "산 주위에 경계를 세워 산을 거룩하게 하라"(출 19:23)고 명령하셨습니다. 성막이나 성전에서 드리는 예배에도 항상 거리를 유지해야 한다는 생각이 두드러지게 나타났습니다. 그러므로 제사장들만이 성전 안뜰에 들어갈 수 있었으며, 성전의 가장 안쪽, 즉 지성소에는 대제사장만이 일 년에 한 차례 들어갔습니다. 하나님은 그 시대 사람들에게 자신이 가장 싫어하는 것이 죄라는 것을 가르치려 하셨던 것 같습니다. 하나님은 그들에게 가까이 가셨을 때도 여전히 거룩한 하나님과 부정 한 죄인 사이에는 구별이 있다고 느끼게 하셨습니다.

그러나 복음이 임했을 때, 우리는 새로운 초청을 받았습니다. "가라"는 말이 "오라"로 바뀌었습니다. "거리"는 "가까움"에 밀려났습니다. 멀리 떨어져 있던 우리는 예수 그리스도의 보혈로 인해 가까운 곳에 이르게 되었습니다(엡 2:1 참조). 성육하신 하나님은 자기 주위에 불로 된 담을 쌓지 아니하십니다. "수고하고 무거운 짐 진 자들아 다 내게로 오라 내가 너희를 쉬게 하리라"(마 11:28)는 말씀은 인간의 몸을 입으시고 나타나신 하나님의 즐거운 선포입니다.

예수를 통해 하나님께 가까이 가는 것은 참으로 안전한 일이요 큰 특권입니다. 이것을 경험하여 알고 있습니까? 알고 있다면, 그 권능 안에서 살고 있습니까? 하나님과 친근하게 지내는 것은 놀라운 일입니다. 그러나 우리는 이에 더 나아가 더욱 가까이 가야 합니다. 장차 "하나님의 장막이 사람들과 함께 있으매 하나님이 그들과 함께 계시리니"(계 21:3)라는 소리가 들릴 것입니다.

이로써 그 보배롭고 지극히 큰 약속을 우리에게 주사 이 약속으로 말미암아 너희가 정욕 때문에 세상에서 썩어질 것을 피하여 신성한 성품에 참여하는 자가 되게 하려 하셨느니라(벧후 1:4).

신성한 성품에 참여하는 자가 되는 것이 하나님이 되는 것은 아닙니다. 그것은 결코 있을 수 없는 일입니다. 피조물은 결코 하나님의 본성에 참여할 수 없습니다. 하나님과 피조물 사이에는 본질적으로 하나의 심연이 놓여 있습니다. 그러나 최초의 인간 아담이 하나님의 형상을 따라 지음을 받았던 것 같이, 우리도 성령에 의해 중생할 때 영적인 의미에서 지존자의 형상을 따라 지음을 받으며 신의 성품에 참여하게 됩니다. 우리는 은혜를 받아 하나님을 닮습니다.

"하나님은 사랑이시라"(요일 4:16). "사랑하는 자마다 하나님으로부터 나서 하나님을 알고"(요일 4:7). 하나님은 선하시며 은혜로 우리를 선하게 하심으로 우리의 마음이 순결하게 되어 하나님을 보게 됩니다. 우리는 그리스도의 몸의 지체들입니다. 머리에 흐르는 것과 똑같은 피가 손으로 흐르며, 그리스도를 살리신 생명이 우리를 살립니다.

"이는 너희가 죽었고 너희 생명이 그리스도와 함께 하나님 안에 감추어졌음이라"(골 3:3).

이것으로도 충분하지 못한 듯 우리는 그리스도와 결혼했습니다. 그리스도는 의와 신실함으로 우리를 자신의 약혼자로 삼으셨습니다. 주님과 결합하는 사람은 주님과 한 영입니다. 이 얼마나 놀라운 비밀입니까! 뉘라서 이것을 이해할 수 있으리요?

우리가 그리스도와 하나가 되는 것입니다. 그리스도와 하나가 된 사람은 주님, 우리의 구속자의 일부분이 됩니다. 이 사실로 인해 기뻐합시다. 동시에 신성한 성품에 참여하게 된 사람들은 다른 사람들과 교제할 때 고귀하고 거룩한 관계를 드러내게 된다는 것을 기억합시다. 정욕으로 말미암아 이 세상에서 썩어질 것을 피하였다는 사실을 날마다 말과 행동으로 나타냅시다.

내가 바다니이까 바다 괴물이니이까 주께서 어찌하여 나를 지키시나이까(욥 7:12).

욥은 참으로 이상한 질문을 했습니다. 그는 자신은 지극히 하찮은 존재이므로 하나님이 엄하게 지키시고 징계하실 필요가 없다고 생각했습니다. 그는 자신이 너무나 제멋대로이기 때문에 주님께서 억제해야 할 필요가 있음을 느끼지 못했습니다. 욥의 질문은 설명하기 어려운 불행한 사람이 당연히 할 수 있는 질문입니다. 욥의 질문에 대해서 주님은 겸손한 대답을 하셨습니다. 사실 인간은 바다가 아닙니다. 인간은 바다보다 더 제멋대로 하는 골치아픈 존재입니다. 바다는 비록 모래로 된 것이기는 하지만 경계선을 존중합니다. 그러나 이기적인 인간은 하늘나라에 도전하며 땅을 압박합니다. 그의 패역한 걱정은 끝이 없습니다. 바다는 달에 순종하여 규칙적으로 밀려오고 밀려갑니다. 바다는 적극적으로, 그리고 소극적으로도 순종합니다.

그러나 인간은 자기의 영역을 초월하여 활동합니다. 의무를 행해야 할 때 잠을 자고, 적극적으로 행할 때 게으름을 피웁니다. 그는 주님의 명령에 따르지 않고, 해서는 안 될 일을 골라서 하며, 자신에게 요구된 일은 하지 않고 둡니다. 바다의 물방울, 물거품, 파도, 조개와 자갈은 모두 법의 능력을 느끼고 즉시 움직입니다. 우리의 본성이 조금이라도 주님의 뜻에 일치한다면 얼마나 좋겠습니까?

우리는 바다가 변덕스럽고 거짓되다고 합니다. 하지만 바다는 대단히 지조 있고 한결같습니다. 우리 조상들이 있기 전부터 바다는 그 자리에 있으며 같은 소리를 내고 같은 절벽에 부딪히고 있었습니다. 그러나 헛되고 변덕스러운 인간은 어디에 있습니까? 자신이 다음에는 어떤 죄에 빠져 순종의 길을 벗어날지 추측할 수 있는 지혜가 있습니까? 주님은 파도가 출렁대는 바다보다 우리를 더 지키셔야 합니다. 우리가 바다보다 더 패역하기 때문입니다.

주여, 우리를 다스려 당신의 영광을 나타내게 하소서.

대답하여 이르시되 믿음이 없는 세대여 내가 얼마나 너희와 함께 있으며 얼마나 너희에게 참으리요 그를 내게로 데려오라 하시매(막 9:19).

귀신 들린 아이의 아버지는 제자들이 아들에게서 귀신을 쫓아내지 못했으므로 낙심하여 주님께 도움을 청하였습니다. 그의 아들은 최악의 상태에 있었으며 온갖 수단을 사용해 보았지만 고치지 못하였습니다. 그러나 그 아버지가 "네 아들을 이리로 데리고 오라"(눅 9:41)는 예수님의 말씀에 믿음으로 순종할 때 아들은 마귀로부터 구원을 받았습니다.

자녀들은 하나님이 주신 귀한 선물입니다. 부모는 자녀 때문에 많은 염려를 합니다. 자녀들은 부모에게 큰 기쁨이 되기도 하고 큰 슬픔이 되기도 합니다. 그들은 하나님의 영으로 충만하기도 하며 악한 영에게 사로잡히기도 합니다. 우리는 아이들이 어릴 때 많은 기도를 해야 합니다. 그곳에 죄가 있으므로 기도로 공격하기 시작해야 합니다. 자손을 위해 드리는 우리의 기도는 그들이 죄악된 세상에 태어나면서 외치는 울음소리보다 선행해야 합니다. 그들이 장성하여 죄에서 뒹굴며 하나님께 적대감을 나타내어 우리 마음이 찢어지는 것같이 아프게 될 수도 있습니다. 그때 "네 아들을 이리로 데려오라"고 하시는 위대한 의원의 말씀을 기억해야 합니다. 우리는 그들의 숨이 끊어지기까지 기도를 그쳐서는 안 됩니다. 예수님께서 살아계신 한 절망적인 경우는 없습니다.

경건치 못한 자녀들의 타락한 심령을 우리의 힘으로는 어찌할 도리가 없을 때 우리는 강하신 분의 능력에 의지하게 됩니다. 이것은 우리의 큰 축복입니다. 우리가 당하는 모든 슬픔은 강한 급류처럼 우리를 휩쓸어 하나님의 사랑의 바다로 이끌어갑니다. 머지않아 예수님은 우리의 슬픔을 제거해 주실 것입니다. 주님은 우리를 위로하시기를 기뻐하십니다. 주님이 우리를 기다리고 계시는 동안에 서둘러 주님께로 나아갑시다.

네 앞에 서 있는 눈의 아들 여호수아는 그리로 들어갈 것이니 너는 그를 담대하게 하라 그가 이스라엘에게 그 땅을 기업으로 차지하게 하리라(신 1:38).

하나님은 자기 백성들에게 서로 격려하라고 하십니다. 하나님은 천사에게 "가브리엘, 내 종 여호수아가 내 백성을 이끌고 가나안으로 들어갈 것이니 가서 그를 격려해 주라"고 말씀하시지 않았습니다. 하나님은 절대 필요 없는 기적을 행하시지 않으며, 평범한 수단에 의해 뜻을 이룰 수 있을 때는 기적적인 능력을 사용하지 않으셨습니다. 여호수아를 격려하여 담대하게 만드는 데 있어 가브리엘은 모세의 절반만큼도 적합하지 않았을 것입니다. 형제의 공감이 천사의 섬김보다 더 귀합니다. 천사는 모세처럼 험한 길을 가거나 사나운 뱀을 보거나 또 목이 굳은 백성을 광야에서 이끌어보지 못했습니다.

주님께서 사람들을 통해서 인간을 위한 일을 하실 때 기뻐해야 합니다. 그것은 형제애라는 유대 관계를 형성하여 서로 의지하게 되기 때문에 그들은 더 완전하게 한 가족이 됩니다.

본문을 하나님이 주시는 메시지로 여깁시다. 다른 사람을 돕기 위해 열심히 일하며, 특히 그들을 열심히 격려해 주십시오. 알고 싶은 것이 많은 젊은 질문자에게 즐거운 마음으로 대답해 주십시오. 그의 길에 가로놓여 있는 걸림돌을 제거하려고 노력하십시오. 그의 마음에서 은혜의 불꽃을 발견하면 무릎을 꿇고 바람을 불어주어 큰 불길로 만드십시오. 젊은 신자들이 조금씩 길이 험하다는 것을 발견하게 하십시오. 하나님 안에 있는 힘, 약속의 확실함, 그리스도와 교통하는 아름다움에 대해서 말해 주십시오. 슬퍼하는 자를 위로하며 영이 지친 자의 기운을 회복시켜 주려는 목표를 가지십시오. 두려워하는 자들을 격려하여 기쁜 마음으로 자기 길을 가게 하십시오. 하나님은 자기의 약속에 따라 우리를 격려해 주십니다. 그리스도는 우리를 위해 쟁취하신 천국을 가리키시면서 격려하십니다. 성령은 우리 안에서 역사하면서 격려하여 주님의 뜻을 행하게 하십니다. 거룩한 하나님의 지혜를 본받아 이웃을 격려하십시오.

만일 우리가 성령으로 살면 또한 성령으로 행할지니(갈 5:25).

우리의 거룩한 신앙생활에 있어서 중요한 일이 두 가지가 있으니, 곧 믿음의 생활과 믿음의 행보입니다. 참된 믿음에는 반드시 참된 경건이 수반됩니다. 반면에 그리스도의 의에 토대를 둔 살아있는 믿음에 뿌리를 박지 않으면 진실로 거룩한 생활이 아닙니다. 믿음을 장려하면서 성결은 망각하는 신자들이 있고, 또 성결한 생활을 얻으려고 애쓰지만 믿음은 부인하는 신자들도 있습니다.

우리는 믿음을 소유해야 합니다. 믿음은 기초가 됩니다. 또한 성결한 생활도 해야 합니다. 이것은 믿음의 기초 위에 세운 집입니다. 태풍이 불어올 때 건물은 없이 기초만 있다면 무슨 소용이 되겠습니까? 그곳에 자기 몸을 숨길 수 있습니까? 우리에게는 집을 지을 기초는 물론이요, 자기 몸을 가려줄 집도 필요로 합니다. 우리가 의심으로 고통 받는 날에 위로를 받으려면 영적 생활의 건물이 필요합니다. 그러나 믿음이 없이 거룩한 생활을 구하지 마십시오. 그것은 반석 위에 세운 집이 아니기 때문에 영원한 거처를 주지 못합니다.

믿음과 거룩한 생활은 병행해야 합니다. 그것들은 마치 아치를 받쳐주는 두 개의 받침처럼 우리의 신앙생활을 지속시켜 줍니다. 태양에서 빛과 열이 나오듯이 그것들은 모두 축복으로 충만합니다.

주님, 오늘 우리에게 내적 생명을 주옵소서. 그리하면 그것이 겉으로 드러나 당신께 영광이 되오리다.

내 양은 내 음성을 들으며 나는 그들을 알며 그들은 나를 따르느니라 (요 10:27).

우리는 양이 주저하지 않고 목자를 따라가듯이 주님을 따라가야 합니다. 주님은 자기가 원하시는 곳이라면 어디든 우리를 이끌 고갈 권리를 가지고 계십니다. 우리는 주님이 값을 주시고 사신 주님의 것입니다(고전 6:20 참조). 그러므로 우리를 대속한 보혈의 권리를 인정해야 합니다.

군인들은 대장을 따르고, 종은 주인에게 순종합니다. 우리는 구속자를 따라야 합니다. 그는 우리를 값 주고 사시어 자기 것으로 만드셨기 때문입니다. 우리가 주님의 명령을 의심한다면 기독교인이라고 고백한 신앙고백은 진실이 되지 못합니다. 자기의 의무에 복종하십시오. 불평하는 것은 수치가 될 뿐입니다. 주님은 우리에게 베드로에게 하셨던 것처럼 “네게 무슨 상관이냐? 너는 나를 따르라”고 말씀하실 것입니다. 예수님은 어디든지 우리 앞에 서서 인도해 주십니다. 이러한 동반자가 계시는데 누가 길이 위험한 것을 두려워하겠습니까? 길이 멀어도 주님은 영원하신 팔로 끝까지 우리를 인도해주실 것입니다.

예수님의 임재는 영원한 구원의 보증입니다. 예수께서 살아계시니 우리도 살 것입니다. 우리는 단순하게 믿음 안에서 주님을 따라야 합니다. 주님이 우리를 이끌어가시는 길은 모두 영광과 불멸이 됩니다. 길이 평탄하지 않아도 “하나님이 계획하시고 지으실 터가 있는 성”(히 11:10)으로 이어집니다.

“여호와의 모든 길은 그의 언약과 증거를 지키는 자에게 인자와 진리로다”(시 25:10).

우리의 인도자를 신뢰합시다. 역경이나 순탄함, 질병이나 건강, 명예나 멸시 등 무엇이 임해도 주님의 순결하고 온전한 뜻은 반드시 이루어집니다. 주님의 사랑은 우리를 세상이라는 난롯가에서 손을 녹이고 있는 사람들보다 더 복되게 만들어 주실 것입니다.

산꼭대기나 사자 굴이나 어디든 사랑하는 주님을 따라가겠습니다.

그리스도께서 우리를 자유롭게 하려고 자유를 주셨으니 그러므로 굳건하게 서서 다시는 종의 멍에를 메지 말라(갈 5:1).

그리스도는 우리에게 마음껏 하늘나라의 헌장, 성경을 사용할 수 있는 자유를 주셨습니다. 믿는 자여, 여기에 아름다운 말씀이 있습니다. “네가 물 가운데로 지날 때에 내가 너와 함께 할 것이라”(사 43:2). 당신은 이 말씀을 마음껏 누릴 수 있습니다. 또한 “산들이 떠나며 언덕들은 옮겨질지라도 나의 자비는 네게서 떠나지 아니하며 나의 화평의 언약은 흔들리지 아니하리라”(사 54:10)는 말씀도 있습니다.

우리는 약속의 식탁에 영접된 손님입니다. 성경은 무한한 은혜가 가득 차 있는 무진장의 보고(寶庫)입니다. 그것은 하늘나라 은행입니다. 우리는 그곳에서 마음껏 돈을 꺼내 쓸 수 있습니다. 믿음으로 나아오십시오. 그러면 모든 언약의 축복을 소유할 수 있습니다. 말씀 안에 기록된 약속에는 보류되는 것이 없습니다.

환난의 수렁에 빠져 있을 때 이것으로 위로를 삼으십시오. 고통의 파도 속에 있을 때 그것으로부터 용기를 얻으십시오. 슬픔이 우리를 에워쌀 때 그것으로 위안을 삼으십시오. 이것은 아버지의 사랑의 표시입니다. 우리는 항상 마음껏 사용할 수 있습니다. 언제라도 하늘 아버지에게 접근할 수 있다는 것은 신자의 특권입니다. 우리가 무엇을 원하고 무엇을 필요로 하며 어떤 어려움을 겪더라도 우리는 주님 앞에 모든 것을 말씀드릴 수 있는 자유가 있습니다. 우리의 죄가 아무리 커도 주님께 용서를 구할 수 있습니다.

또한 주님이 우리에게 필요한 모든 것을 공급해 주겠다고 하신 약속을 이행하라고 주장할 수 있다는 것을 기억하십시오. 이것은 우리의 부에 의존하는 것이 아닙니다. 우리는 그리스도 안에 저장된 보화인 지혜, 의(義), 성화, 구속 등을 마음껏 사용할 수 있습니다. 우리가 받을 기업에는 정죄함으로부터의 자유, 약속을 마음껏 사용할 수 있는 자유, 은혜의 보좌로 나아갈 수 있는 자유, 하늘나라에 들어갈 수 있는 자유 등이 있습니다.

이 아이를 위하여 내가 기도하였더니 내가 구하여 기도한 바를 여호와께서 내게 허락하신지라(삼상 1:27).

경건한 영혼들은 자신이 기도하여 얻은 축복을 기뻐하며 바라봅니다. 왜냐하면 자기에게 응답하신 하나님의 특별한 사랑을 볼 수 있기 때문입니다. 우리가 받은 축복을 "사무엘(내가 하나님께 구하였다 라는 뜻)"이라 부를 수 있게 될 때, 그 아이가 한나에게 귀했던 것만큼 우리에게 귀한 것이 될 것입니다. 브닌나는 많은 자녀를 두었으나, 그들은 기도로 구하지 않은 자녀들이었으므로 평범한 축복이었습니다. 그러나 하나님이 주신 한나의 외아들은 열심히 기도하여 얻은 결실이어서 훨씬 더 귀했습니다. 기도의 잔에는 상쾌하고도 단맛이 들어 있습니다.

자녀들의 회심을 위해 기도합니까? 우리의 기도가 성취되어 그 들이 구원받을 때 우리 기쁨은 두 배가 될 것입니다. 우리가 그들을 육신의 열매로 여기기보다 기도의 열매로 여기고 기뻐하는 것이 낫습니다. 주님에게 신령한 은사를 구해 보았습니까? 그것은 하나님의 신실하심과 진리라는 황금빛 천에 싸여 주어질 것이며, 그래서 두 배나 귀할 것입니다. 주님의 사역에서 성공하기를 기도해 보았습니까? 성공은 기도의 날개를 타고 즐겁게 내려올 것입니다.

기도의 문을 통해 축복을 집 안에 들어오게 하는 것이 가장 좋은 방법입니다. 그러한 축복은 시험 거리가 되지 않습니다. 기도의 응답이 즉각적으로 오지 않는다고 해도, 지체되는 만큼 축복은 더욱 풍성해집니다. 마리아가 사흘간 예루살렘에서 어린 예수를 찾아다니다가 결국 성전에서 그를 발견했을 때, 어린 예수는 더욱 사랑스럽게 보였습니다(눅 2:43-4 참조). 한나가 사무엘을 하나님께 바쳤듯, 우리는 기도의 응답으로 받은 것을 하나님께 바쳐야 합니다. 하늘로부터 온 선물은 하늘로 보내야 합니다. 우리는 그것을 하나님께 바침으로써 거룩하게 합시다.

세 대가 나팔을 불며 항아리를 부수고 왼손에 횃불을 들고 오른손에 나팔을 들어 불며 외쳐 이르되 여호와와 기드온의 칼이다 하고(삿 7:20).

기드온은 자기 군사들에게 두 가지 일을 하라고 명령했습니다. 그는 그들에게 횃불을 항아리 안에 감추었다가 신호에 따라 항아리를 부수어 빛을 나타내라고 말했습니다. 그다음에는 나팔을 불며 "여호와와 기드온의 칼이다"라고 외치라고 했습니다.

신자들은 모두 이와 똑같이 해야 합니다. 먼저, 우리의 빛을 밝혀야 합니다. 우리의 횃불을 가린 항아리를 부수십시오. 우리의 촛불을 가린 통을 내던지십시오. 당신의 빛을 사람들 앞에 비추게 하십시오. 사람들이 우리의 선행을 보고 우리가 주님과 함께 한다고 생각하게 하십시오.

그다음에는 나팔을 불어 소리를 내야 합니다. 복음을 죄인들에게로 가지고 가십시오. 그들의 문 앞으로 가지고 가십시오. 그것을 그들이 가는 길에 놓으십시오. 그들로 그것으로부터 도망치지 못하게 하십시오. 교회의 참된 구호는 "여호와와 기드온의 칼이다"라는 기드온의 암호임을 기억하십시오.

싸움은 하나님이 하셔야 합니다. 그것은 하나님의 일입니다. 그러나 우리는 나태하게 있어서는 안 됩니다. 우리가 혼자서는 아무것도 할 수 없지만, 하나님이 도와주시면 모든 일을 할 수 있습니다.

그러므로 우리는 하나님의 이름으로 친히 전쟁터로 나가기로 결심합시다. 그러면 하나님이 우리와 함께해주실 것입니다. 원수는 패할 것이며, 만군의 주님이 영원무궁하도록 통치하실 것입니다.

너는 아침에 씨를 뿌리고 저녁에도 손을 놓지 말라 이것이 잘 될는지, 저것이 잘 될는지, 혹 둘이 다 잘 될는지 알지 못함이니라(전 11:6).

하루 중에서도 저녁때 그리스도를 증거할 기회가 많습니다. 저녁 이 되면 사람들은 일을 마치고 집에 돌아오므로 영혼을 구원하려 는 사람들은 그들에게 예수의 사랑을 전할 수 있습니다. 저녁에 예수를 위해 일하고 있습니까? 지체하지 말고 풍성한 수고를 필요로 하는 일을 시작하십시오. 많은 사람이 예수를 알지 못하여 멸망하고 있습니다. 그들에게 복음을 전파하는 일에 늑장을 부리는 사람의 손은 영혼들의 피로 물들 것입니다.

주님의 두 손에는 못이 박히셨습니다. 그런데 어떻게 주님의 복된 사역에서 한 손이라도 뗄 수 있겠습니까? 주님은 밤낮으로 나를 위해 기도하셨는데, 어떻게 한 시간인들 사치하고 안일하게 육체를 만족시키며 보낼 수 있습니까?

게으른 심령이여, 일어나십시오. 손을 뻗어서 일하며 손을 높이 들고 기도하십시오. 천국과 지옥은 실재합니다. 오늘 밤 진정으로 주를 위해 선한 씨를 뿌립시다. 인생은 지극히 짧으므로 하루도 헛되이 보낼 수 없습니다. 만일 임금이 산더미 같은 금을 가져와서 하루 동안 셀 수 있는 만큼 가지라고 한다면, 우리는 어떻게 해서든 하루를 효과적으로 보내려 할 것입니다. 아침 일찍부터 금을 세기 시작하여 저녁이 되어도 손을 거두려 하지 않을 것입니다.

영혼을 구하는 것은 그보다 훨씬 고귀한 일인데 어찌하여 그처럼 재빠르게 그 일을 그만둡니까? 인생의 황혼에 접어들어서 영혼을 구하는 사람들도 있습니다. 나도 늙어서 영혼을 구할 수도 있으므로, 복되고 신실하신 주님을 마지막까지 전파하고 섬기는 데 내 능력을 사용하겠습니다. 나는 주님의 은혜로 말미암아 주님을 섬기다 죽을 것이며, 죽기까지 제가 맡은 일을 놓지 않겠습니다.

저녁에 내가 손을 놓지 아니하리다.

내가 기쁨으로 그들에게 복을 주되 분명히 나의 마음과 정성을 다하여 그들을 이 땅에 심으리라(렘 32:41).

하나님이 성도들에게서 느끼는 기쁨은 신자들의 환희의 원인이 됩니다. 우리 자신 안에는 하나님이 우리를 기뻐하시는 이유가 전혀 존재하지 않습니다. 우리는 자신의 죄악 됨을 의식하여 죄짐을 지고 신음하기 때문에 스스로 기뻐하지 못합니다. 우리는 하나님의 사람들이 우리를 기뻐하지 못할 것이라고 느낍니다. 왜냐하면 그들은 우리의 은혜에 경탄하기보다는 우리의 불완전함을 깨닫고 우리의 연약함을 한탄하기 때문입니다.

그러나 우리는 이 탁월한 진리, 영광스러운 비밀을 묵상하기를 좋아합니다. 신랑이 신부로 인해 기뻐하듯이 주님도 우리로 인해 기뻐하십니다. 성경 어느 곳에도 하나님이 구름 덮인 산이나 반짝이는 별들을 기뻐하신다는 말씀은 없습니다. 그러나 사람의 아들들을 기뻐하신다는 말씀은 있습니다. 또 천사들이 하나님의 영에게 기쁨을 드렸다는 말씀은 발견하지 못합니다. 그러나 하나님은 자기 백성에 대한 기쁨을 강력한 말로 표현하십니다. 영원하신 하나님이 노래를 하신다고 누가 상상할 수 있었겠습니까? 그러나 성경에는 기록되기를 "그가 너로 말미암아 기쁨을 이기지 못하시며 너를 잠잠히 사랑하시며 너로 말미암아 즐거이 부르며 기뻐하시리라"(습 3:17)고 했습니다.

하나님은 자신이 만드신 세상을 보시면서 좋아하셨습니다. 그러나 예수님의 피로 사신 사람들, 택한 자들을 바라보실 때는 무한하신 하나님은 마음을 억제하지 못하며 거룩한 기쁨의 외침을 발하셨던 것 같습니다. 우리도 감사함으로 그에 응답하여 "내가 주님을 기뻐하리로다. 내 구원의 하나님을 기뻐하리로다"라고 외쳐야 합니다.

내 영혼을 죄인과 함께, 내 생명을 살인자와 함께 거두지 마소서(시 26:9).

이것은 다윗이 두려움 속에서 기도였습니다. 그의 내면에서 무엇인가 "결국 나는 악인들과 함께 거두어질지 모른다"라고 속삭였습니다. 이 두려움은 불신앙에 의해 상처를 입은 것이지만. 과거에 지은 죄와 관련된 거룩한 근심에서 솟아난 것이었습니다. 죄 사함을 받은 사람도 "만일 하나님이 내 죄를 기억하여 내 이름을 생명책에서 지워버리시면 어떻게 하지"라고 물을 수 있습니다. 그는 현재 열매를 맺지 못하고 있고, 또 은혜가 적고 사랑이 적고 거룩함이 적다는 사실을 기억합니다. 그는 미래를 바라보면서 자기의 연약함과 에워싸고 있는 많은 시험을 생각하며, 실족하여 원수의 먹이가 될까 두려워합니다. 죄. 현재의 악함. 자기의 타락 등을 의식하기 때문에 그는 두려워 떨면서 "내 영혼을 죄인과 함께 거두지 마소서"라고 기도합니다.

이런 기도를 드린 적이 있습니까? 그러나 우리는 죄인과 함께 거두어질 것을 염려할 필요가 없습니다. 당신은 다윗이 가지고 있던 두 가지 덕 — 표면적으로 의롭게 행하며 내면적으로 하나님을 의뢰하는 것 — 을 가지고 있습니까? 그리스도의 희생을 의지합니까? 겸손한 소망을 가지고 주의 제단 앞으로 갈 수 있습니까? 그렇다면, 주님께서 절대 우리를 악인과 함께 거두시지 않을 것입니다. 주님은 심판 때 비슷한 종류의 영혼들끼리 거두십니다.

> "가라지는 먼저 거두어 불사르게 단으로 묶고 곡식은 모아 내 곳간에 넣으라"(마 13:30).

우리가 하나님의 백성들과 닮았다면 하나님의 백성들과 함께 있게 될 것입니다. 주님은 우리를 사랑하시기 때문에 절대 버림받은 자들과 함께 내쫓지 않으십니다. 그리스도의 사랑을 받는 자가 멸망할 것입니까? 절대로 그렇지 않습니다. 지옥이 우리를 붙들지 못합니다. 하늘나라가 우리를 자기 것이라고 주장합니다. 구세주를 의뢰하며 두려워 마십시오!

이스라엘은 자기를 지으신 이로 말미암아 즐거워하며 시온의 주민은 그들의 왕으로 말미암아 즐거워할지어다(시 149:2).

믿는 자여, 기뻐하십시오. 당신의 기쁨이 주님에게서 솟아나는 것이 되도록 하십시오. 당신은 하나님으로 인하여 즐거워할 이유가 많습니다. 주님이 통치하시며, 여호와께서 왕이 되시니 기뻐하십시오. 하나님이 보좌에 앉아 만물을 다스리시니 기뻐하십시오. 하나님의 모든 속성은 우리 기쁨의 햇빛 ·속에 있는 신선한 광선이 되어야 합니다. 하나님이 지혜로우신 분임을 알고 우리 자신의 어리석음을 바라볼 때 우리는 기뻐해야 합니다. 우리 자신이 연약하여 두려워 떨 때, 하나님은 강하신 분임을 알게 되면 우리는 기뻐합니다. 우리가 풀꽃처럼 시든다는 것을 알고 하나님이 영원하시다는 것을 알게 되면 그것은 우리 기쁨의 주제가 됩니다. 하나님의 불변하심을 알면 우리는 노래를 부르게 됩니다. 왜냐하면 우리는 매시간 변하기 때문입니다.

하나님으로 인하여 느끼는 즐거움은 깊은 강과 같지만 우리는 그 수면밖에 만져보지 못하고 있습니다. 우리는 깨끗하고 아름답고 거룩한 강물에 대해 거의 알지 못하고 있습니다. 그러나 앞으로 그 기쁨은 더욱 깊어지고, 더욱 거세게 흐를 것입니다.

신자는 자신이 하나님의 존재에서만 아니라 과거에 하나님이 행하신 모든 것에서 기쁨을 누려도 한다고 느낍니다. 하나님의 백성들로 그의 위대하신 행위를 이야기하며 “여호와를 찬송하리니 그는 높고 영화로우심이요”(출 15:1)라고 노래하게 하십시오.

그들은 결코 노래를 멈추면 안 됩니다. 날마다 새로운 자비가 그들에게 흘러들어오므로 은혜와 섭리 안에서 행해지는 주님의 사랑의 행위로 인한 즐거움은 끊임없는 감사로 표현됩니다.

시온의 자녀들이여, 우리의 주 하나님으로 인하여 기뻐하고 즐거워하십시오.

내 마음이 약해 질 때에 땅 끝에서부터 주께 부르짖으오리니 나보다 높은 바위에 나를 인도하소서(시 61:2).

우리는 마음이 눌리는 것이 어떤 것인지 알고 있습니다. 주님이 우리의 죄악된 본성의 깊은 바다를 흉흉하게 만들어 더러운 흙과 진흙이 표면에 떠오를 때, 우리는 자신의 내면이 부패했음을 발견하고 마음이 눌립니다. 파도가 잇달아 밀려와 마치 깨진 조개처럼 느껴질 때 실망과 아픔이 우리의 마음을 누릅니다.

이러한 일을 겪을 때 우리에게는 지극히 큰 위로가 있으니 하나님을 찬양하십시오. 우리 하나님은 폭풍우에 시달린 배들이 쉴 항구요, 고독한 순례자가 묵을 여관이십니다. 하나님은 우리보다 높으시며. 하나님의 자비는 우리의 죄보다 크며, 하나님의 사랑은 우리의 생각보다 높습니다. 자기보다 저급한 것을 의뢰하는 사람들은 참으로 불쌍한 사람들입니다. 우리는 높고 영화로우신 주님만 신뢰합니다.

주님은 변하지 않는 반석이십니다. 우리를 누르는 태풍을 멀리 발아래 두시는 높은 반석이십니다. 이 높은 반석 아래서 쉰다면, 돌풍도 무시할 수 있을 것이요, 높이 솟아오른 절벽의 보호 아래 있으면 지극히 평온할 것입니다. 마음이 크게 번민하여 혼란을 겪을 때, 우리에게는 이 거룩한 피난처로 인도해 줄 안내자가 필요합니다.

오 주여, 성령에 의해 우리에게 믿음의 길을 가르치시며 당신의 안식으로 인도하여 주십시오. 바람은 우리를 바다로 몰아가며, 우리의 연약한 손은 키를 조종하지 못합니다. 오직 당신만이 암초 사이로 조종하여 안전하게 아름다운 항구로 데려가실 수 있습니다. 당신께서 지혜로이 우리를 인도하셔서 평화와 안전에 이르게 해주실 줄로 믿습니다.

그 기쁘신 뜻대로 우리를 예정하사 예수 그리스도로 말미암아 자기의 아들들이 되게 하셨으니 이는 그가 사랑하시는 자 안에서 우리에게 거저 주시는 바 그의 은혜의 영광을 찬송하게 하려는 것이라(엡 1:5-6).

이것은 참으로 놀라운 특권입니다. 이것은 하나님 앞에서 우리의 칭의를 내포하고 있습니다. 그것은 우리가 하나님의 즐거움의 대상임을 의미합니다. 우리가 거룩한 사랑의 대상이라는 것은 참으로 놀라운 일입니다. 그러나 이것은 "사랑하는 자 안에서"만 되는 일입니다.

어떤 신자들은 자신의 경험으로써, 그들의 이해력으로써 하나님의 자녀가 되는 것처럼 보입니다. 그들은 영이 살아있고 소망이 빛날 때는 하나님이 그들을 받아주신다고 생각합니다. 그들은 이 세상으로부터 높이 솟아 있고 대단히 고귀하고 거룩한 정신을 가지고 있다고 느끼기 때문입니다. 그러나 그들의 영혼이 흙으로 돌아갈 때 자신이 더는 영접 받지 못한다는 두려움에 사로잡힙니다. 그들은 하나님 앞에서는 큰 기쁨이 자기를 고귀하게 해주는 것이 아니며, 의기소침함으로써 그들의 지위를 저하시키지는 않는다는 것을 알아야 합니다. 그들은 결코 변함이 없으신 분, 항상 하나님의 사랑을 받으시는 분, 언제나 완전하며 흠이나 구겨진 것이 없는 분 안에서 영접을 받습니다. 이 진리를 깨닫는 것은 구세주를 크게 영광스럽게 하는 것입니다.

믿는 자들이여, 기뻐하십시오. 우리는 내면을 들여다보면서 "이곳에는 받아들일 만한 것이 없구나"라고 합니다. 그러나 그리스도를 바라십시오. 그러면 그곳에서 모든 합당한 것들을 발견할 것입니다.

하나님은 우리의 죄를 자기 등에 지시며 의로우신 분 안에서 우리를 받아주십니다. 우리는 사탄의 머리를 부순 분의 영접을 받으므로, 사탄은 결코 우리를 멸망시키지 못합니다. 하늘나라의 영광중에 있는 영혼들도 지금보다 더 융숭한 영접을 받는 것은 아닙니다. 그들은 "사랑하는 자" 안에서 하늘나라에 받아들여졌고, 우리는 지금 그리스도 안에서 받아들여진 것입니다.

예수께서 이르시되 할 수 있거든이 무슨 말이냐 믿는 자에게는 능히 하지 못할 일이 없느니라 하시니(막 9:13).

벙어리 귀신에 들린 아들을 둔 아버지가 있었습니다. 그 아버지는 주님의 제자들이 아들을 고치지 못한 것을 보았기 때문에 그리스도를 믿지 않았습니다. 그래서 아들을 데려오라는 주님의 말씀을 듣고서 그는 "무엇을 하실 수 있거든 우리를 불쌍히 여기사 도와 주옵소서"(막 9:22)라고 말했습니다.

물론 이 아버지의 질문에는 "할 수 있거든"이라는 말이 있지만, 이 사람은 그 말을 잘못 사용했습니다. 예수께서는 "내 권능이나 내 뜻에 대해서는 '할 수 있거든' 이라는 말이 필요 없습니다. 만일 네가 믿을 수 있으면, 너는 무슨 일이든지 할 수 있다"라는 뜻으로 말씀하셨을 것입니다. 이 말씀을 듣고 아이의 아버지는 주님을 신뢰했으며, 믿음을 달라고 겸손하게 요청했습니다. 그리하여 예수님이 명령하시니 마귀가 쫓겨나 다시는 돌아오지 않았습니다.

우리도 하나님의 약속에 조건이 붙어 있다는 것을 알고 그것을 옳지 않은 곳에 적용하는 실수를 가끔 범합니다. 즉 예수께서 나를 도울 수 있다면, 예수께서 시험을 이길 수 있는 은혜를 주신다면, 내 죄를 사하여 주신다면, 나로 성공하게 해주신다면 등의 조건을 붙입니다.

만일 우리가 믿을 수 있다면 주님은 우리의 믿음대로 이루어 주실 수 있으며 이루어 주실 것입니다. 우리가 주님을 확실히 신뢰한다면, 그리스도께서 하실 수 있는 일을 우리도 할 수 있을 것입니다.

믿음은 하나님의 권능 안에 서며, 하나님의 위엄을 입습니다. 또 성령의 능력으로 허리띠를 매기 때문에 하나님의 전능하심 안에서 큰일을 행하고 큰 고난을 견뎌낼 수 있습니다. 믿는 자에게는 능치 못할 일이 없습니다.

> 이는 우리가 전에 왕에게 아뢰기를 우리 하나님의 손은 자기를 찾는 모든 자에게 선을 베푸시고 자기를 배반하는 모든 자에게는 권능과 진노를 내리신다 하였으므로 길에서 적군을 막고 우리를 도울 보병과 마병을 왕에게 구하기를 부끄러워 하였음이라(스 8:22).

에스라에게는 무장한 군대가 필요했습니다. 그러나 그는 이방의 왕이 하나님을 믿는 자기의 신앙고백을 위선이라고 생각하거나, 또는 이스라엘의 하나님은 자기를 섬기는 자들을 보존할 능력이 없다고 생각할까 두려웠습니다. 그는 분명한 하나님의 일을 하는 데 있어서 육신의 팔에 의지하려는 마음을 품을 수 없었습니다. 그래서 여행자들은 표면적인 보호는 없었지만 자기 백성의 칼과 방패가 되시는 분의 보호를 받으며 출발했습니다.

이처럼 하나님을 향한 거룩한 질투를 느끼는 신자들은 극히 드뭅니다. 믿음으로 사는 사람들도 이따금 인간의 도움을 갈망함으로써 자신의 빛나는 생활에 상처를 입힙니다. 오직 주님의 도움만 받으며 반석 위에 똑바로 서는 것이야말로 가장 복된 일입니다.

교회가 국가의 보조금을 청하는 것이 주님의 이름을 더럽히는 것이라는 것을 기억한다면 어떤 신자가 보조금을 구하려 하겠습니까? 주님이 자신의 뜻을 이루기 위해 필요한 것을 우리에게 공급해 주실 능력이 없습니까? 우리가 주님의 팔을 의지함으로써 주님이 영광을 받으신다는 것을 기억한다면, 우리가 성급하게 친척들이나 친구들에게 도움을 구하려 하겠습니까?

내 영혼아, 오직 하나님만 바라라.

어떤 사람은 "그렇지만 우리가 다른 자원들을 활용하면 안 되는가?"라고 묻습니다. 물론 활용해도 됩니다. 그러나 그것들을 등한히 하는데 우리의 허물이 있는 경우는 극히 드뭅니다. 그보다는 어리석게도 하나님을 믿지 않고 그것들을 믿는 데서 우리의 잘못이 비롯됩니다.

> 내가 잘지라도 마음은 깨었는데 나의 사랑하는 자의 소리가 들리는구나 문을 두드려 이르기를 나의 누이, 나의 사랑, 나의 비둘기, 나의 완전한 자야 문을 열어 다오 내 머리에는 이슬이, 내 머리털에는 밤이슬이 가득하였다 하는구나(아 5:2).

기독교인은 역설적인 일을 많이 겪습니다. 오늘의 본문에서 신부는 잠을 자면서도 깨어 있었습니다. 기독교 신앙을 체험해 본 사람들만 신자들의 역설적인 생활을 이해할 수 있습니다.

본분의 요점은 안타까운 졸림과 바람직한 깨어 있음입니다. 우리 안에는 죄가 거하므로 하나님과 함께 시간을 보낼 때 해이해지고, 기도에 게으르고, 신령한 기쁨에 둔감하고, 나태하고 부주의합니다. 성령께서 내주하시는 사람이 이런 상태에 있다는 것은 참으로 부끄러운 일이요, 대단히 위험한 일입니다. 지금은 게으름의 속박을 벗어나야 할 때입니다. 삼손이 잠자다가 머리털을 잃어버렸듯이, 많은 사람이 육체의 안일함이라는 무릎을 베고 잠자는 동안 능력을 잃습니다.

세상이 멸망해가고 있는데 잠을 자는 것은 잔인한 일이요, 영원한 세계가 임박해 있는데 잠을 자고 있다는 것은 미친 짓입니다. 그런데도 우리 중에는 깨어 있는 자가 없습니다. 몇 번의 천둥소리가 우리를 깨어나게 할 수도 있을 것입니다. 즉시 깨어나지 않으면 전염병, 전쟁, 또는 개인적인 손해를 볼 수도 있습니다. 육체의 안일함을 영원히 버리고 타오르는 횃불을 들고, 오시는 신랑을 맞으러 갑시다.

내 마음은 깨어 있습니다. 이것은 복된 징조입니다. 비록 검은 연기를 내고 있지만, 생명이 완전히 꺼지지는 않았습니다. 우리의 중생한 마음이 본성과 싸울 때, 이 사망의 육체 안에 생명력을 유지해 주시는 주권적 은혜에 감사해야 합니다. 예수님은 우리의 호소를 듣고 도와주시며, 우리 마음에 찾아오실 것입니다. 깨어 있는 심령들은 "문을 열어다오"라고 하시는 사랑하는 자의 음성을 듣고, 거룩한 열심으로 빗장을 열 것입니다.

곧 이 때에 자기의 의로우심을 나타내사 자기도 의로우시며 또한 예수 믿는 자를 의롭다 하려 하심이라(롬 3:26).

우리는 믿음으로 의롭다함을 얻었기 때문에 하나님과 화목을 유지합니다. 이제는 양심이 우리를 비난하지 않습니다. 죄인에게 정죄하는 판결이 아니라 유리한 판결이 난 것입니다. 그러므로 깊이 슬퍼하며 과거의 죄를 회고해 보기는 하지만 장차 있을 형벌을 두려워하지는 않습니다.

그리스도는 자기 백성의 빚을 마지막 한 푼까지 다 갚으시고 거룩한 영수증을 받으셨습니다. 하나님은 하나의 빚에 대해 두 번이나 갚으라고 할 만큼 불의한 분이 아니시므로, 예수님께서 대속한 영혼은 결코 지옥에 가지 않습니다.

우리는 하나님이 의로운 분이심을 믿어야 합니다. 하나님의 의로우심을 믿는 신앙은 우리의 확신과 평강의 기둥이 됩니다. 하나님이 의로우신 분이라면 나 같은 죄인은 반드시 벌을 받아야 합니다.

그러나 예수님께서 내 대신 벌을 받으셨습니다. 그러므로 하나님은 의로우신 분이지만 나는 그리스도 안에 있으므로 결코 형벌을 받지 않습니다. 만일 예수님께서 대속하신 영혼을 하나님이 율법의 채찍으로 때리신다면 하나님의 본성이 바뀌어야 할 것입니다.

나는 죄인이 아니라서 소망이 있는 것이 아니라, 죄인이지만 예수님께서 나를 위해 죽으셨기에 소망이 있습니다. 내가 거룩하기 때문에 내 믿음이 존재하는 것이 아니라 주님이 나의 의가 되셨기 때문입니다. 내 믿음은 현재의 나의 존재와 미래의 존재, 또는 현재나 미래에 내가 느끼거나 알게 될 것을 의지하지 않습니다. 나는 현재의 그리스도, 그리스도께서 행하신 일, 지금 나를 위해 행하고 계신 일을 믿습니다.

너희는 하나님으로부터 나서 그리스도 예수 안에 있고 예수는 하나님으로부터 나와서 우리에게 지혜와 의로움과 거룩함과 구원함이 되셨으니(고전 1 :30).

인간의 지성은 안락을 추구합니다. 인간은 본성적으로 예수 그리스도를 떠나 안락을 추구합니다. 비록 회심했다 해도 지식이 많은 사람은 그리스도의 십자가를 존경하거나 사랑하지 않는 일이 빈번합니다. 고등교육을 받은 사람이 빠지는 시험은 십자가에 달리신 그리스도의 단순한 진리를 떠나 지적인 교리를 창안하는 것입니다. 이것 때문에 초대 기독교회에는 영지주의와 온갖 이단이 들끓었습니다. 이것은 많은 새로운 철학이 신자들 사이에서 유행하게 되는 이유이기도 합니다.

아무리 지혜롭고 많은 교육을 받았어도 주께 속한 사람은 철학적으로 해석하는 신학에서는 안식을 발견하지 못할 것입니다. 당신은 위대한 사상가의 교의를 받아들이거나 심오한 추리가의 꿈을 받아들일 수도 있을 것입니다. 그러나 그것들은 순수한 하나님의 말씀이라는 밀에 비교하면 쭉정이에 불과합니다.

그리스도 예수 안에는 충만한 지혜와 지식이 저장되어 있습니다(골 2:3 참조). 예수 그리스도의 신성을 부인하면서 거짓 교리를 포용하는 종교 제도에 만족하려는 기독교인들의 시도는 반드시 실패할 것입니다. 참된 하늘나라의 후사들은 "예수께서 죄인을 구원하시려고 세상에 임하셨다"(딤전 1:15)라는 단순한 사실에 돌아와야 합니다. 예수님은 자기를 믿고 받아들이기만 하면 지식이 많은 사람도 만족하게 해주십니다. 그러나 주님을 떠난 사람은 안식을 발견하지 못합니다.

"여호와를 경외하는 것이 지식의 근본이거늘"(잠 1:7).

"그의 계명을 지키는 자는 다 훌륭한 지각을 가진 자이니"(시 111:10).

내가 밤에 보니 한 사람이 붉은 말을 타고 골짜기 속 화석류나무 사이에 섰고 그 뒤에는 붉은 말과 자줏빛 말과 백마가 있기로(슥 1:8).

스가랴 1장에 기록된 환상은 스가랴 시대의 이스라엘의 상태를 묘사하고 있습니다. 이것을 오늘 우리를 향한 것으로 해석해 보면, 지금 세상에 있는 교회를 묘사한다고 할 수 있습니다. 교회는 골짜기에 무성하게 자라고 있는 화석류나무 숲으로 비유됩니다. 그것은 숨겨져 있어서 눈에 뜨이지 않습니다. 자세히 관찰하지 않는 사람은 그곳을 발견하지 못하며 칭찬하지도 않습니다.

교회는 머리 되시는 예수와 마찬가지로 영광을 가지고 있습니다. 그러나 정욕에 물든 육신의 눈으로는 그것을 보지 못합니다. 교회가 찬란하게 일어서는 시기는 아직 임하지 않았습니다.

이 환상은 평온한 안정이라는 사상을 나타내줍니다. 폭풍우가 산꼭대기를 휩쓸어도 골짜기에 있는 화석류나무는 고요와 평온을 누립니다. 하나님의 교회는 내적으로 얼마나 큰 평온을 누리고 있습니까! 비록 공격을 받고 박해를 받을 때도, 교회는 세상이 줄 수 없으며 빼앗아가지 못하는 평화를 누렸습니다. 이해를 초월하는 하나님의 평화가 하나님의 백성들의 심령과 마음을 지켜 주었습니다.

이 비유는 성도들의 평화롭고 영속적인 성장을 강력하게 시사하고 있습니다. 화석류나무는 항상 잎이 떨어지지 않고 푸름을 간직합니다. 교회는 최악의 시절에도 복된 능력을 소유하고 있습니다. 교회는 매서운 겨울에 이 힘을 발휘하기도 합니다. 교회는 가장 혹독한 시련을 당할 때 가장 번영했습니다. 화석류나무는 평화의 상징이요 승리의 표시입니다. 정복자는 머리에 월계수와 화석류나무로 만든 관을 씁니다. 교회는 항상 승리하고 있으며, 모든 신자는 그를 사랑하시는 주님으로 말미암아 승리자가 됩니다. 성도들은 평화롭게 살다가 승리의 팔에 안겨 잠이 듭니다.

> 너 잣나무여 곡할지어다 백향목이 넘어졌고 아름다운 나무들이 쓰러졌음이로다 바산의 상수리나무들아 곡할지어다 무성한 숲이 엎드러졌도다(슥 11:2).

숲속에서 나무 쓰러지는 소리가 들려오는 것은 나무꾼이 일하고 있다는 표식입니다. 숲속의 나무들은 내일이면 도끼가 자기를 베지 않을까 두려워 떱니다. 우리는 모두 베기 위해 표식이 되어 있는 나무들입니다. 한 사람이 쓰러지는 것을 볼 때 우리는 백향목처럼 위대한 사람이든 잣나무처럼 비천한 사람이든 모두에게 정해진 운명의 시간이 다가오고 있음을 상기합니다. 주위에서 죽음이 항상 발생하고 있다고 해서 그것에 무감각해서는 안 됩니다. 우리는 죽음을 가장 중요한 사건으로 여기며, 침착하게 그것을 맞을 준비를 해야 합니다.

자기의 영원한 운명이 위태로운 상태에 있는데도 떠들썩하게 지내는 것은 어리석은 짓입니다. 칼집에서 칼이 꺼내져 있고, 칼날은 날카롭습니다. 그것을 가지고 놀아서는 안 됩니다. 사망을 예비하지 않는 사람은 어리석은 사람이요, 미친 사람입니다.

그리스도의 종이여, 예비하십시오. 주님은 불신의 세상이 전혀 예기치 못한 때에 홀연히 오실 것입니다. 머지않아 무덤에 눕게 될 것이니 성실하게 주님의 일을 하십시오.

부모들이여, 예비하십시오. 자녀들에게 하나님 경외하는 법을 가르치십시오. 언젠가 자녀들을 남겨두고 세상을 떠날 것입니다.

사업가여, 예비하십시오. 순리에 맞게 사업을 하며 마음을 다하여 하나님을 섬기십시오. 머지않아 세상에서 하나님을 섬기는 일을 마친 후에 선악 간에 자신의 행위를 계산하라는 부르심을 받을 것입니다.

위대하신 왕의 심판 때 "잘하였도다 착하고 충성된 종아"(마 25:21)라고 말씀하시는 인자하신 선고를 받을 수 있도록 준비합시다.

이스라엘이여 너는 행복한 사람이로다 여호와의 구원을 너 같이 얻은 백성이 누구냐 그는 너를 돕는 방패시요 네 영광의 칼이시로다 네 대적이 네게 복종하리니 네가 그들의 높은 곳을 밟으리로다(신 33:29).

기독교 신앙이 사람들을 불행하게 만든다고 느끼는 사람은 기독교를 전혀 알지 못하는 이방인입니다. 그것이 우리를 불행하게 만든다면 참으로 이상한 일입니다.

기독교가 우리를 얼마나 고귀하게 만들어 주는지 생각해 보십시오. 그것은 우리를 하나님의 자녀로 만들어 줍니다. 우리는 하나님이 원수들에게는 행복을 주시고, 자기 가족에게는 슬픔을 예비하신다고 생각합니까? 하나님의 원수는 기쁨을 누리고, 하나님의 자녀들은 슬픔과 불행을 물려받습니까? 그렇지 않습니다. 우리는 항상 주님 안에서 기뻐하며 우리 기업으로 인하여 영광을 돌립니다. 우리는 다시는 무서워하는 종의 영을 받지 아니하였고 양자의 영을 받았으므로 아빠 아버지라고 합니다(롬 8: 15).

우리에게는 때에 따라 징계의 매가 적당히 임해야 합니다. 그것은 의의 열매를 맺습니다. 주님에 의해 구원받은 백성인 우리는 거룩한 보혜사의 도움으로 구원의 하나님으로 인하여 기뻐할 것입니다.

우리는 그리스도와 결혼한 사람들입니다. 위대하신 우리의 신랑께서 신부를 항상 슬픔에 머물게 하시겠습니까? 우리의 머리에서 잠시 고통을 당하셨던 것처럼 우리도 잠시 고통을 받을지 모르나, 우리는 지금도 주님 안에서 하늘나라의 축복을 받고 있습니다. 우리는 성령의 위로 속에서 진정한 기업을 소유합니다. 영원한 기쁨을 상속받게 될 우리는 장차 받을 몫을 미리 맛봅니다.

"이스라엘이여 너는 행복한 사람이로다 여호와의 구원을 너 같이 얻은 백성이 누구인가?"

내 사랑하는 자가 문틈으로 손을 들이밀매 내 마음이 움직여서(아 5:4).

내 심령은 깊이 잠들어 있었고, 냉담하고 몰염치하여 문을 두드리는 소리를 듣고서도 문을 열지 않았습니다. 그러나 주님의 은혜의 손길은 내 영혼의 잠을 깨웠습니다. 내 사랑하는 주님의 오래 참으심이여. 나는 게으르게 잠들어 있어 주님을 문밖에 세워 두었건만 주님은 기다리셨습니다. 주님은 안내가 많으신 분이십니다. 주님은 문을 두드리고 또 두드리시면서 문을 열라고 외치셨습니다. 어찌 주님을 거부할 수 있겠습니까!

그러나 주님은 문을 열고 들어오셔서 크신 자비를 나타내십니다. 이제 나는 주님의 권능이 아니고는 그 무엇도 나를 연약함에서 구할 수 없다는 것을 압니다. 주님이 손을 펴시지 않는 한 종교도 소용없고, 복음도 효력이 없습니다. 다른 것들이 내 마음을 열지 못할 때 주님은 내 마음을 여실 수 있습니다.

주님이 나를 대신하여 고난을 받으신 일과 내가 주님을 인색하게 대접한 일을 생각할 때, 나는 기운을 내어 주님을 갈망해야 합니다. 나는 내 사랑이 방황하도록 버려두고 주님의 경쟁자들을 내 세워 주님을 근심하게 했습니다.

연인 중에 가장 사랑스럽고 아름다운 분이시여, 나는 성실치 못한 아내처럼 당신을 대했습니다. 오 나의 잔인한 피, 잔인한 자여! 내가 어찌할꼬?

나의 회개를 나타내려면 눈물로는 부족합니다. 내 마음은 온통 자신에 대한 분노로 끓어오르고 있습니다. 내 생명의 기쁨이신 주님을 이방인처럼 취급하였으니 얼마나 비열한 짓입니까!

예수님, 당신은 값없이 용서하시나 그것으로는 부족하옵니다. 나로 하여금 장래에도 불성실하지 못하도록 막아주소서. 지금 내 눈물을 당신의 입맞춤으로 지워버리소서. 내 마음을 정결케 하시며, 다시는 방황하지 않도록 당신에게 붙들어 매소서.

여호와께서 하늘에서 굽어보사 모든 인생을 살피심이여(시 33:13).

하나님이 보좌에서 몸을 굽히시며, 친히 이 세상에 오셔서 인류의 문제를 살피시고 필요한 것을 돌보아 주신다는 표현만큼 자비로우신 하나님을 잘 표현할 것은 없을 것입니다. 우리는 소돔과 고모라에 죄악이 가득 찼을 때 그곳을 친히 방문하신 후에야 멸망시키신 하나님을 사랑합니다.

지극히 영광스러운 곳에 계시지만 죽어가는 죄인의 호소에 귀를 기울이시는 주님께 우리는 사랑으로 우리 마음을 쏟아 놓지 않을 수 없습니다. 주님의 마음은 화해를 갈망하고 계십니다. 우리의 머리카락을 헤아리시며 우리의 길을 예비하시는 분을 어찌 사랑하시지 않을 수 있겠습니까?

주님이 피조물의 육체적 유익뿐만 아니라 영적인 일까지 크게 관심을 기울이고 계심을 생각할 때, 이 위대한 진리는 우리 마음에 절실히 와 닿습니다. 유한한 피조물과 무한하신 창조주 사이에는 큰 간격이 있지만, 그들 사이를 이어주는 연결점이 있습니다. 당신이 울 때 하나님은 그것을 알고 계십니다.

> "아버지가 자식을 긍휼히 여김 같이 여호와께서는 자기를 경외하는 자를 긍휼히 여기시나니"(시 103:13).

우리의 한숨은 여호와의 마음을 움직일 수 있습니다. 우리의 속삭임은 주님의 귀를 우리로 기울이게 할 수 있습니다. 우리의 기도는 여호와의 손을 멈추게 할 수 있으며 우리의 믿음은 그의 팔을 움직이게 할 수 있습니다. 하나님이 우리에게 전혀 관심을 기울이지 않은 채 높은 곳에 앉아 계신다고 생각지 마십시오.

> "여호와의 눈은 온 땅을 두루 감찰하사 전심으로 자기에게 향하는 자들을 위하여 능력을 베푸시나니"(대하 16::9).

그의 사환에게 이르되 올라가 바다쪽을 바라보라 그가 올라가 바라 보고 말하되 아무것도 없나이다 이르되 일곱 번까지 다시 가라(왕상 15:43).

주님이 약속하신 일은 반드시 이루어집니다. 여러 달 기도에 응답을 받지 못해도, 주님은 자기 백성들이 주님의 영광에 관련된 일에 열심을 낼 때 그 기도를 들으십니다. 엘리야는 갈멜산 꼭대기에서 하나님과 씨름했는데, 한순간도 자신이 여호와의 편에 속하지 않았으리라는 두려움에 사로잡히지 않았습니다. 사환이 여섯 번이나 그냥 돌아왔지만, 그때마다 엘리야는 "다시 가라"고 했습니다. 믿음은 소망을 갈멜산 꼭대기로 보냅니다. 아무것도 보지 못해도 계속 다시 보냅니다.

믿음은 거듭된 실망에도 좌절하지 않고 열심히 하나님께 구합니다. 믿음은 부끄러워하지 않고 겸손해집니다. 믿음의 신음은 더욱 깊어지고, 노랫소리는 더욱 커집니다. 믿음은 자기가 붙들고 있는 것을 절대 놓지 않습니다. 신속한 응답은 육체를 기쁘게 해줄 것입니다. 그러나 믿는 영혼들은 순복하는 법을 배웠기 때문에 여호와를 바라며 기다리는 것이 유익하다는 것을 압니다. 응답이 지체될 때, 우리 심령은 자신을 성찰하며, 그것이 회개와 영적 개심으로 이어지기도 합니다. 그래서 우리의 부패함은 치명적인 타격을 입고 내면의 방은 깨끗이 청소됩니다.

기도를 포기하여 축복을 잃는 것은 위험한 일입니다. 그런 죄에 빠지지 말고 깨어 기도하십시오. 작은 구름이 보인 것은 큰비를 내릴 전조였습니다. 우리도 이 같은 경우입니다. 하나님이 선을 베푸실 것이라는 표시가 주어질 것이요, 우리는 구한 것의 응답을 받아 누릴 것입니다.

엘리야는 우리와 같은 사람이었습니다. 그가 응답을 받은 것은 그의 공로가 아니었습니다. 그가 믿음으로 기도하여 응답을 받았는데 우리의 기도가 어찌 응답을 받지 못하겠습니까? 굳센 믿음을 가지고 기도하면 하나님이 응답해 주실 것입니다.

그가 진찰할 것이요 나병이 과연 그의 전신에 퍼졌으면 그 환자를 정하다 할지니 다 희어진 자인즉 정하거니와(레 13:13).

이 규정은 이상한 것처럼 보이지만 그 안에는 지혜가 들어 있습니다. 병이 낫는다는 것은 체질이 건강하다는 것을 증명해주는 것입니다.

우리도 문둥병자들입니다. 그러므로 "문둥병자의 법이 우리에게도 적용될 수 있다고 여겨야 합니다. 자신이 완전히 버림을 받아 멸망한 자임을 깨닫고 주님 앞에서 죄인임을 고백하면 하나님의 은혜와 주님의 보혈로 말미암아 깨끗함을 얻습니다. 하나님은 죄를 보시면 치명상을 입히시지만, 죄로 인해 괴로워하는 영혼을 자비로운 눈으로 바라보십니다.

우리에게 가장 해로운 것은 독선이요, 가장 바람직한 것은 상하고 통회하는 마음입니다. 우리는 자신이 죄악 덩어리라고 고백해야 합니다. 그렇지 않은 고백은 진리가 아닙니다. 성령께서 우리 안에서 역사하시면서 죄를 깨닫게 해주시면 우리는 아무 어려움 없이 그것을 인정할 수 있습니다. 그것은 자발적으로 우리 입술에서 솟아나게 됩니다.

이 말씀은 참으로 큰 위로를 줍니다. 아무리 더럽고 검은 죄라도 그로 인해 슬퍼하며 자백하면, 우리는 주님에게서 떨어지지 않을 것입니다. 주님은 자기에게로 오는 사람은 누구도 내어 쫓지 아니하십니다. 도적처럼 정직하지 못하고, 창녀처럼 정숙하지 못하고, 다소의 사울처럼 사나우며, 탕자처럼 패역한 사람일지라도 스스로 의가 없다고 느끼는 사람을 사랑의 하나님은 돌아보십니다. 우리가 십자가에 달리신 예수님을 의지할 때 주님은 우리를 깨끗하다고 선포하실 것입니다.

수고하고 무거운 짐 진 죄인이여, 주께로 나아오라.

그들을 지나치자마자 마음에 사랑하는 자를 만나서 그를 붙잡고 내 어머니 집으로, 나를 잉태한 이의 방으로 가기까지 놓지 아니하였노라(아 3:4).

그리스도께로 가기만 하면, 우리가 지은 과거의 죄에도 불구하고 그리스도는 우리를 영접하실까요? 그리스도께 가기 전에 다른 피난처를 구하러 다녔던 것을 꾸짖으실까요? 이 세상에 그리스도 같은 분은 없습니다. 그리스도는 가장 선하고 어여쁜 친구이십니다. 그분을 찬양하십시오.

예루살렘의 딸들이여, 나팔을 불고 거문고를 타면서 그를 찬양하십시오. 우상을 버리고 주 예수의 이름을 높이 드십시오. 교만한 세상의 군기를 짓밟으십시오. 세상이 멸시하고 혐오하는 예수의 십자가를 높이 세우십시오. 우리의 임금을 영원히 높이십시오. 내 영혼아, 그 앞에 앉아 발에 입 맞추고 눈물로 그 발을 씻어 드리십시오!

그리스도는 참으로 귀하신 분이십니다. 지극히 충만하시고 풍성하시고 모든 것을 충족시켜 주시는 그리스도가 계시는데, 어찌 다른 곳에서 기쁨과 위로를 구할 수 있겠습니까? 믿는 자여, 결단코 그리스도를 떠나지 않겠다고 약속하십시오. 당신을 손의 반지나 팔에 낀 팔찌처럼 보존해달라고 간구하십시오. 신부가 보석으로 치장하듯이 당신을 주님의 몸에 붙들어 매달리고 요청하십시오. 나는 그리스도의 마음 안에서 살기를 원합니다. 내 영혼은 그 바위틈에서 영원히 거하기를 원합니다.

"나의 왕, 나의 하나님, 만군의 여호와여 주의 제단에서 참새도 제 집을 얻고 제비도 새끼 둘 보금자리를 얻었나이다"(시 84:3).

주여, 나도 당신 안에 내 집을 만들기를 갈망합니다. 당신의 비둘기의 영혼으로 다시는 떠나지 않게 하시고 당신 가까이에 둥지를 틀게 하소서. 예수님! 당신은 참되고 유일한 안식처이십니다

그의 이름의 영광을 찬양하고 영화롭게 찬송할지어다(시 66:2).

우리가 하나님을 찬양하거나 찬양하지 않는 것은 우리가 선택할 일이 아닙니다. 하나님은 마땅히 찬양을 받으셔야 하는 분이십니다. 그러므로 하나님의 은혜를 받은 신자는 날마다 하나님을 찬양해야 합니다. 물론 우리에게 찬미와 감사를 드릴 시간을 규정하는 계명은 없습니다. 그러나 마음에 기록된 율법은 하나님을 찬양하는 것이 옳다고 가르쳐 줍니다. 그것은 기록되지 않은 명령이지만 돌 판에 새겨져 시내산 꼭대기에서 우리에게 전해진 것처럼 구속력을 갖습니다.

그렇습니다. 하나님을 찬양하는 것은 믿는 자의 의무입니다. 그것은 즐거운 일일 뿐만 아니라 절대적인 필생의 의무입니다. 이 점에 있어 우리가 죄가 없다거나 찬양의 노래를 하지 않고도 하나님께 대한 의무를 행할 수 있다고 생각하지 마십시오. 당신은 하나님의 사랑의 끈에 묶여있으므로 살아있는 한 그 이름을 찬미해야 하며 우리 입술로 끊임없이 하나님을 찬양해야 합니다.

> "이 백성은 내가 나를 위하여 지었나니 나를 찬송하게 하려 함이니라"(사 43:21).

하나님을 찬양하지 않으면 우리는 거룩하신 농부가 우리의 손에서 거두기고자 하시는 열매를 맺지 못합니다.

일어나 하나님을 찬양하십시오. 매일 아침 해가 뜰 때 감사찬송을 하며, 매일 저녁 해가 질 때 노래를 부르십시오. 온 땅을 찬양으로 덮으십시오. 하나님을 찬양하는 노래로 세상을 에워싸십시오. 그리하면 하늘에 계신 하나님이 그 노래를 들으시고 받아주실 것입니다.

모든 산 자들 중에 들어 있는 자에게는 누구나 소망이 있음은 산 개가 죽은 사자보다 낫기 때문이니라(전 9:4).

생명은 귀한 것입니다. 비천한 생명도 죽음보다 낫습니다. 이것은 영적인 것에도 적용됩니다. 천국에서 가장 작은 자가 되는 것이 천국 밖에서 가장 큰 자가 되는 것보다 낫습니다. 은혜 안에서 가장 낮은 곳에 있는 것이 구속받지 못한 본성이 최고로 발달하는 것보다 낫습니다. 성령은 영혼 안에 거룩한 생명을 심어 주시며, 세상의 지식이 아무리 많아도 이룩할 수 없는 귀한 저장소로 만드십니다. 주님 곁에서 십자가에 달린 강도가 보좌 위에 앉은 가이사보다 낫고, 개에게 둘러싸인 나사로가 원로원 사이에 있는 키케로보다 낫습니다. 하나님이 보시기에는 무식한 기독교인이 플라톤보다 낫습니다.

신령한 것들의 영역에서 생명은 고귀함을 나타내는 휘장입니다. 영적 생명이 없는 사람은 생명이 없는 물질보다 조금 낫거나 조잡한 표본에 불과합니다. 그들은 죄와 범죄로 인해 죽어 있으므로 다시 살림을 받아야 합니다. 겉으로는 훌륭하지만, 성령 충만과 권능이 없는 설교보다는 서투르지만 살아 있고 사랑이 충만한 복음적 설교가 낫습니다. 지혜가 없어 말만 늘어놓고 생명력 없이 소리만 높이는 웅변가보다는 보잘것없지만 신령한 전도자가 훨씬 낫습니다.

우리의 기도와 종교적 행동에도 같은 이치가 적용됩니다. 우리의 생명이 성령으로 인해 새 힘을 얻는다면, 그것은 예수 그리스도를 통해 하나님께 받아들여집니다. 마음이 들어 있지 않은 형식적인 신앙은 죽은 사자와 같아서 살아계신 하나님이 역겨워하십니다.

오 생명이 없는 노래를 부르기보다는 살아있는 신음을, 죽은 평온보다는 살아 있는 한숨을 원합니다. 으르렁거리는 지옥 개들의 소리는 우리를 깨어 각성하게 만들 수 있습니다. 죽은 믿음보다 더 큰 저주는 없습니다. 주님, 나로 당신 안에서 생명을 얻게 하소서.

합환채가 향기를 뿜어내고 우리의 문 앞에는 여러 가지 귀한 열매가 새 것, 묵은 것으로 마련되었구나 내가 내 사랑하는 자 너를 위하여 쌓아 둔 것이로다(아 7:13).

신부는 자기가 생산한 것을 모두 예수님께 드리고 싶어 합니다. 우리 마음에는 새것과 묵은 것, 각양 귀한 과일이 있습니다. 그것들은 우리의 사랑하는 자를 위하여 쌓아둔 것입니다. 이 풍성한 가을을 맞아 우리가 추수한 것을 살펴봅시다. 우리는 새 과일을 가지고 있습니다. 우리는 새로운 생명, 새로운 기쁨, 새로운 감사를 느끼고 싶어 합니다. 우리는 새로이 결심하고 새로이 수고하여 그 결심을 이루고 싶어 합니다.

그러나 우리에게는 묵은 과일도 있습니다. 우리의 처음 사랑, 훌륭한 과일이 있습니다. 우리의 처음 믿음이 있습니다. 그것은 단순한 믿음으로써 아무것도 가진 것이 우리였지만 그것에 의해 만물의 소유자가 되었습니다.

우리에게 처음 주님을 알게 되었을 때 느낀 기쁨이 있습니다. 우리는 그 기쁨을 되살려야 합니다. 우리에게는 약속에 대한 옛 추억이 있습니다. 하나님은 얼마나 신실하셨던가요! 우리는 묵은 죄들을 뉘우쳐야 합니다. 우리는 회개하고 십자가로 나아갔으며 보혈의 공로를 알게 되었습니다.

오늘 아침 우리는 새 과일과 묵은 과일을 가지고 있습니다. 중요한 것은 그것들은 모두 예수님을 위해 쌓아둔 것이라는 사실입니다. 우리는 사랑하는 주님을 위해 많은 과일을 쌓아둡니다. 주님이 우리와 함께 있을 때 그것을 나타내고 사람들이 보는 데서는 감춥시다.

예수님, 누구도 당신이 물을 주고 가꾸신 땅에 들어와 선한 과일을 강탈해 가지 못합니다. 우리가 가진 모든 것은 당신의 것이옵니다.

여호와 하나님은 해요 방패이시라 여호와께서 은혜와 영화를 주시며 정직하게 행하는 자에게 좋은 것을 아끼지 아니하실 것임이니이다(시 84:11).

하나님은 은혜로우신 분이시며 베풀어주시기를 기뻐하십니다. 말할 수 없이 귀한 하나님의 선물은 태양 빛처럼 값없이 주어집니다. 하나님은 스스로 원하시기 때문에 택한 자들에게 은혜를 주시며, 자신의 언약 때문에 대속을 받은 자에게 은혜를 주시며, 자기의 약속 때문에 부름받은 자에게 은혜를 주시며, 죄인들이 필요로 하므로 그들에게 은혜를 주십니다.

하나님은 풍성하게, 알맞은 시기에, 주권적으로, 한결같이, 기꺼이 은혜를 주십니다. 자기 백성에게 온갖 형태의 은혜를 값없이 주십니다. 위로의 은혜, 견인의 은혜, 성화의 은혜, 교훈의 은혜, 기도의 은혜, 도움의 은혜 등 모든 은혜를 끊임없이 부어 주십니다.

우리가 병들었을 때도 은혜를 주실 것입니다. 우리가 가난하지만, 하나님은 은혜를 주실 것입니다. 사망이 임하는 어두운 시간에 은혜는 촛불을 밝혀줄 것입니다. 계절이 바뀌어 나뭇잎이 떨어지기 시작할 때 이처럼 시들지 않는 약속, "여호와께서 은혜를 주시리라"는 약속을 소유하는 것은 얼마나 복된 일입니까!

이 말씀에서 "~와"라는 단어는 현재와 미래를 연결해주는 다이아몬드 못입니다. "은혜와 영화"는 항상 동행합니다. 영혼에게 은혜를 주시는 하나님은 영화를 주시기를 거부하지 않으실 것입니다. 영화는 아름다운 옷을 입은 은혜와 다를 바 없습니다. 완전히 피어난 은혜, 익은 과일같이 완전히 익은 은혜입니다.

우리가 언제 영화를 소유하게 될는지는 아무도 말할 수 없습니다. 그러나 그 기다림이 짧건 길건 간에 언젠가는 영화롭게 된다는 것을 우리는 알고 있습니다. 하나님은 영화 즉, 하늘나라의 영화, 영원한 영화, 예수의 영화, 아버지의 영화를 택한 자들에게 주실 것입니다.

너희를 위하여 하늘에 쌓아 둔 소망으로 말미암음이니 곧 너희가 전에 복음 진리의 말씀을 들은 것이라(골 1:5).

그리스도 안에 있는 장래에 대한 소망은 이 세상에서 우리로 기쁨을 누리게 해주는 버팀줄이 됩니다. 이 소망은 우리의 마음을 격려하여 모든 것이 약속된 하늘나라를 생각하게 합니다.

이 세상에 사는 우리는 피곤하며 무척 지쳐있습니다. 그러나 하늘나라는 안식의 나라입니다. 그곳에는 피곤이란 존재하지 않습니다. 지금 우리는 전쟁터에서 살고 있습니다. 우리는 내적으로 유혹을 받고 표면적으로는 원수들의 괴롭힘을 받고 있어서 휴식 시간을 거의 갖지 못합니다. 우리는 사랑하는 사람들과 사별합니다. 그러나 장차 무덤이 무엇인지도 모르는 불멸의 나라로 가게 됩니다.

이 세상에서는 죄가 끊임없이 우리를 슬프게 만들지만, 그곳에서는 완전히 거룩하게 될 것입니다. 그 나라에는 더럽게 만드는 것은 결코 들어가지 못합니다. 이 광야에 영원히 살지 않고 곧 가나안을 기업으로 물려받게 된다는 것은 얼마나 기쁜 일입니까!

그러나 우리는 현재를 망각하고 미래만 꿈꾸는 사람이 되어서는 안 됩니다. 우리의 미래에 대한 소망으로 인해 힘을 얻어 현재를 성화시켜야 합니다. 하늘나라의 소망은 덕을 이루게 하는 가장 강력한 요소가 됩니다. 그것은 기쁨의 노력이 솟는 샘입니다. 기분 좋은 성결의 모퉁이돌입니다.

이러한 소망을 가진 사람은 기운차게 맡은 일을 행합니다. 주님의 기쁨이 그의 힘이 되기 때문입니다. 그는 유혹과 맞서 열심히 싸웁니다. 왜냐하면 내세의 소망이 원수의 불화살을 격퇴하기 때문입니다. 그는 장차 저세상에서의 상급을 기대하기 때문에 이 세상에서는 아무런 보상을 받지 않고도 일할 수 있습니다. ,

> 내게 이르되 큰 은총을 받은 사람 다니엘아 내가 네게 이르는 말을 깨닫고 일어서라 내가 네게 보내심을 받았느니라 하더라 그가 내게 이 말을 한 후에 내가 떨며 일어서니(단 10:11).

하나님의 자녀여, 왜 자신이 은총을 받은 사람이라고 주장하지 못하고 망설입니까? 불신앙 때문에 당신이 크게 은총을 받은 사람임을 잊었습니까? 흠과 티가 없으신 어린 양께서 보혈을 흘려 당신을 사신 것은 당신이 크게 은총을 받은 사람이기 때문입니다. 하나님은 당신을 위해 독생자를 죽음에 내어주셨습니다. 죄 속에서 방탕하게 생활한 당신을 참아 주신 것은 은총을 받은 사람이기 때문입니다. 당신은 은혜로 부름을 받아 구세주께 인도되었고, 하나님의 자녀와 하늘나라의 상속인이 되었습니다.

그 후로 환난의 거친 길이거나 축복의 평탄한 길이거나, 당신이 가는 길에는 큰 은총을 받은 사람임을 증명하는 증거가 가득했습니다. 하나님이 당신을 징계하시는 것은 노하심 때문이 아닙니다. 당신이 스스로 무가치한 자임을 크게 느낄수록, 말할 수 없이 크신 사랑이 예수 그리스도로 하여금 그대의 영혼을 구원하게 만드셨다는 증거를 더 많이 소유하게 됩니다. 당신이 겸손할수록 당신을 택하시고 부르시고 은혜의 후사로 삼으신 풍성한 하나님의 사랑이 분명하게 나타납니다. 하나님과 당신 사이에 이러한 사랑이 있으므로, 그 사랑의 감화와 아름다움 속에서 살아야 합니다. 이방인처럼 주님께 나아가서는 안 되며, 주님이 그대의 기도를 불쾌하게 여기신다고 생각해서도 안 됩니다.

> "자기 아들을 아끼지 아니하시고 우리 모든 사람을 위하여 내주신 이가 어찌 그 아들과 함께 모든 것을 우리에게 주시지 아니하겠느냐"(롬 8:32).

믿는 자여, 담대하게 나아오십시오. 사탄이 속삭이고 그대의 마음이 의심하지만, 당신은 크게 은총을 받은 사람입니다. 오늘 밤 거룩한 사랑의 위대하심과 성실하심을 기억하고 평안히 잠자리에 드십시오.

모든 천사들은 섬기는 영으로서 구원 받을 상속자들을 위하여 섬기라고 보내심이 아니냐(히 1:14).

천사들은 하나님의 성도들을 섬기는 보이지 않는 수행원입니다. 그들은 우리의 발이 돌에 걸리지 않도록 우리를 붙들고 도와줍니다. 그들은 주께 대한 충성심 때문에 주님이 사랑하시는 자녀들에게 깊은 관심을 갖습니다. 그들은 이 세상에서 탕자가 아버지의 집으로 돌아올 때 기뻐하며, 믿는 자가 하늘에 있는 왕의 궁전으로 올 때 환영합니다.

옛날 하나님의 자녀들은 하나님의 사자들을 눈으로 보는 은총을 누렸습니다. 오늘날 우리는 눈으로 그들을 보지는 못하지만 하늘나라는 여전히 개방되어 있습니다. 하나님의 천사들은 구원 얻을 후사들을 방문하기 위해 사람의 아들이신 예수로부터 올라가기도 하고 내려가기도 합니다.

만일 우리 눈이 열린다면, 주님의 종들 주위에 불 수레와 말이 있는 것을 볼 수 있을 것입니다. 우리는 무수한 천사들과 교제해 왔습니다. 그들은 왕의 자손들을 지키고 보호하는 영들입니다. 찬란한 하늘나라의 신하들이 택한 자들을 기꺼이 섬기는 종이 된다니, 택한 자들은 얼마나 높은 지위를 누리는 것입니까! 이만대에 달하는 하나님의 수레가 우리를 구원하기 위해 무장을 하고 있습니다. 과연 누구 덕택에 우리가 이러한 은혜를 입습니까?

우리는 영원히 예수 그리스도를 사랑해야 합니다. 왜냐하면 그리스도로 말미암아 천사들보다 훨씬 높은 거룩한 자리에 앉게 되기 때문입니다. 주님의 군대는 그를 경외하는 모든 사람 주위에 머물고 있습니다. 주님은 용의 머리를 밟고 있는 진정한 미가엘이십니다. 모두 주 예수님을 찬미하십시오.

그가 시험을 받아 고난을 당하셨은즉 시험 받는 자들을 능히 도우실 수 있느니라(히 2:18).

예수님이 시험을 받으셨다는 것은 단순한 사실이지만, 지친 심령에는 꿀처럼 달콤하며, 용기를 줍니다. 이 진리를 여러 번 듣고 이해했습니까? 우리는 어두운 골짜기를 지나가게 될지도 모릅니다. 그러나 우리보다 먼저 예수님이 그 골짜기를 지나가셨습니다. 우리는 어려운 싸움을 하고 있습니다. 그러나 예수님도 원수와 동일한 싸움을 하셨습니다. 기운을 내십시오. 그리스도께서 우리보다 먼저 짐을 지고 가셨습니다.

예수님은 시험을 받으셨지만 범죄하지 않으셨습니다. 그러므로 내가 반드시 범죄하게 된다는 법은 없습니다. 예수는 인간이셨지만 시험을 이기셨고 범죄하지 아니하셨습니다. 그러므로 예수의 능력 안에 있는 지체들도 죄를 끊을 수 있습니다. 신앙생활을 시작한 지 얼마 되지 않는 초심자들은 시험을 받으면 범죄할 수밖에 없다고 생각하는데, 이것은 잘못된 생각입니다. 시험을 받는 것이 죄가 아니라 시험에 굴복하는 것이 죄입니다. 여기에 시험받는 자들에게 주는 위로가 있습니다.

주님은 시험을 받으셨지만 승리하셨습니다. 주님이 승리하신 것같이, 주를 따르는 자들도 승리할 것입니다. 주님은 우리의 대표자이시기 때문입니다. 머리가 승리를 거두었으므로 지체들도 그 승리에 동참합니다. 그리스도가 무장하시고 함께 계시니 두려워할 필요가 없습니다. 구세주의 품에 거하기만 하면 안전합니다.

시험은 우리를 그리스도께 가까이 가게 만들기도 합니다. 우리를 주님의 사랑의 항구로 몰아주는 바람이 복됩니다. 우리로 사랑하는 의원을 찾게 만들어 주는 상처가 복됩니다. 시험을 받는 자여, 시험받으신 주님께 나아오십시오. 당신은 연약하다는 느낌으로 주님을 만질 수 있습니다. 주님은 시험받는 자들을 위로하실 것입니다.

여호와께서 아시는 한 날이 있으리니 낮도 아니요 밤도 아니라 어두워 갈 때에 빛이 있으리로다(슥 14:7).

우리는 노년을 기대합니다. 성도들의 생애에 있어 노년이 가장 좋은 시절이 됩니다. 늙은 선원이 불멸의 해안에 가까이 갈수록 향기로운 대기가 그의 뺨에 와 닿습니다. 바다에는 파도가 줄어들며, 고요가 깊고 엄숙하게 깃듭니다. 순례자들은 이 세상에서 하늘나라의 계절을 누리는 곳에 도착합니다. 그곳은 천사들이 찾아오는 곳이며, 하늘나라의 미풍이 불어오며, 낙원의 꽃들이 자라며, 공중에는 스랍 천사들의 노랫소리가 가득 차 있습니다.

어떤 사람들은 몇 년 동안 이곳에 거하며, 또 어떤 사람은 불과 몇 시간 머물다가 떠납니다. 그곳은 이 세상에 있는 에덴동산입니다. 하늘 높이 떠 있는 태양보다는 지는 해가 더 큰 것처럼 보이며 찬란한 빛으로 주위의 구름을 아름답게 물들입니다. 인생의 황혼을 맞은 영혼은 정선된 경험이라는 잘 익은 과일을 거두어들이며 스스로 안식을 예비합니다.

주님의 백성들은 임종하는 시간에 빛을 누릴 것입니다. 불신앙인은 그림자가 지며 밤이 다가오고 삶은 끝나간다고 탄식합니다. 그러나 신앙은 밤이 이슥했으니 아침이 멀지 않았다고 외칩니다. 빛이 다가옵니다. 불멸의 빛, 성부의 얼굴빛이 그에게 임합니다. 침대 속에서 발을 모으고 당신을 시중들고 있는 영의 무리를 보십시오. 천사들이 당신을 데려갑니다.

사랑하는 자들이여, 그것은 빛입니다. 진주문이 열려 있고 황금길이 빛납니다. 이제 당신은 보이지 않던 존재들을 봅니다.

형제여, 안녕! 황혼의 당신은 우리는 아직 알지 못하는 빛을 소유합니다.

나의 자녀들아 내가 이것을 너희에게 씀은 너희로 죄를 범하지 않게 하려 함이라 만일 누가 죄를 범하여도 아버지 앞에서 우리에게 대언자가 있으니 곧 의로우신 예수 그리스도시라(요일 2:1).

우리가 죄를 범해도 우리에게는 대언자가 있습니다. 요한은 "만일 누가 죄를 범하면 대언자를 잃는다"라고 하지 않았습니다. 신자가 범하는 죄는 그와 대언자이신 주 예수의 관계를 파괴하지 못합니다.

이 말씀에서는 주님을 "예수"라는 이름으로 불렀습니다. 예수는 우리의 대언자이십니다. "예수"는 구원하시는 일을 맡아 기쁘게 행하실 분의 이름입니다.

"아들을 낳으리니 이름을 예수라 하라 이는 그가 자기 백성을 그들의 죄에서 구원할 자이심이라 하니라"(마 1:21).

다음에는 그리스도(기름 부음을 받은 자)라는 명칭이 나옵니다. 이것은 우리를 위해 변론하시는 그와 권위를 나타냅니다. 그리스도에게는 변론할 권리가 있습니다. 그는 아버지께서 정하신 대언자시요, 택하신 제사장이기 때문입니다. 하나님은 능하신 분을 대언자로 정하셨습니다. 그러므로 우리는 하나님이 도움을 두신 곳에 우리의 환난을 내려놓을 수 있습니다. 그리스도이심으로 그에게는 권위와 자격이 있습니다. 기름 부음이 그로 하여금 자기의 사역에 합당하게 만들어 주었기 때문입니다. 그는 하나님의 마음을 움직이고 설득하기 위해 변론하십니다. 기름 부음을 받으신 자는 나를 변호하기 위해 인자한 말, 설득력 있는 문장을 구사하실 것입니다.

그의 칭호에는 "의로우신"이라는 수식어가 붙습니다. 의로우신 분이 대언자가 되신다면, 내 사건은 해결된 것이나 다름없습니다. 의로우신 분은 자기를 위해 변론하십니다. 자신이 의롭다는 변론을 하심으로써 나를 대적하는 불의한 고발을 대적하십니다. 그는 나의 대리인이라고 선언하시며, 자기의 순종을 내 것으로 만드십니다. 믿는 자에게는 대언자가 되기에 합당한 친구가 있습니다.

믿는 자여, 자신을 온전히 그의 손에 맡기십시오.

이에 일어나 먹고 마시고 그 음식물의 힘을 의지하여 사십 주 사십 야를 가서 하나님의 산 호렙에 이르니라(왕상 19:8).

자비로우신 하나님이 우리에게 공급해 주시는 힘은 하나님을 섬기는 데 사용하라는 것이지 방탕함에 쓰라는 것이 아닙니다. 선지자 엘리야는 로뎀나무 밑에서 자다가 머리맡에 숯불에 구운 떡과 물 한 병이 있는 것을 발견했습니다. 그는 그것을 먹고 힘을 얻어 사십 주야를 가라는 명령을 받았습니다. 주님은 제자들을 청하여 함께 음식을 드신 후 베드로에게 "내 양을 먹이라"고 말씀하셨으며 "나를 따르라"고 하셨습니다.

이것은 우리에게도 적용되는 진리입니다. 우리는 힘을 발휘하여 주님을 섬기기 위해 하늘 떡을 먹습니다. 어떤 신자들은 그리스도를 먹고 살기를 원하면서도 그리스도를 위해서 살기를 갈망하지 않습니다. 이 세상은 하늘나라를 위해 마음껏 먹고 일하는 곳입니다.

그들은 우리 주님의 식탁에 앉으며 밤낮으로 주님의 전에서 주님을 섬깁니다. 그들은 하늘나라 음식을 먹고 완전하게 주님을 섬깁니다.

믿는 자들이여, 날마다 그리스도로부터 힘을 얻어 그리스도를 위해 수고하십시오. 귀한 진리의 낟알을 그대로 보관만 해서는 안 됩니다. 우리는 그것을 땅에 심고 가꾸어야 합니다. 왜 주님은 목마른 땅에 비를 내리시듯 따뜻한 햇볕을 주십니까? 그것은 땅이 열매를 맺어 인간의 양식을 공급하도록 도와주시기 위해서입니다.

마찬가지로 주님은 우리가 힘을 얻어 주님의 영광을 나타내게 하시기 위해 우리 영혼을 먹이시고 기운을 북돋아 주십니다.

믿고 세례를 받는 사람은 구원을 얻을 것이요 믿지 않는 사람은 정죄를 받으리라(막 16:16).

맥도날드는 세인트 킬다 섬의 주민들에게 인간이 어떤 방법으로 구원을 받아야 하느냐고 물었습니다. 첫 번째 어느 노인은 "회개하고 죄를 버리고 주님께 돌아오면 구원을 받습니다"라고 대답했습니다. 두 번째 어느 중년 부인은 "참된 마음이 있어야 합니다"라고 말했습니다. 세 번째 사람은 "기도해야 합니다"라고 덧붙였습니다. 네 번째 사람은 "마음에서 우러나는 기도를 해야 합니다"라고 말했고, 다섯 번째 사람은 "부지런히 계명을 지켜야 합니다"라고 말했습니다. 그들은 각기 자기의 생각을 발표하고서 그것이 훌륭한 신조라고 느꼈기 때문에, 맥도날드가 동의해 주기를 기대했습니다. 그러나 맥도날드는 그들을 불쌍하게 생각했습니다.

육체의 생각은 항상 자신이 일해서 위대해지는 방법을 모색합니다. 그러나 주님의 길은 정반대입니다. 믿고 세례를 받는 것은 자랑스럽게 여길 공로가 아닙니다. 그것은 너무나 단순하기에 자랑할 수 없습니다. 값없이 주어지는 은혜가 영광을 받는 것입니다.

당신이 구원을 받지 못했다면 그 이유는 무엇이겠습니까? 본문에 설명된 구원의 길이 애매하다고 생각합니까? 주님이 말씀으로 확실성을 보증하셨는데 왜 의심합니까? 그것이 너무 쉽다고 생각하는 것입니까? 그러면 왜 그 말씀에 귀를 기울이지 않습니까? 믿음은 그리스도를 의뢰하고 의지하고 신뢰하는 것입니다. 세례는 주님이 요단강에서 이룩하신 의식에 복종하는 것입니다. 오순절에 회심한 사람들은 세례를 받았고, 간수도 회심하던 날 밤에 세례를 받았습니다(행 2:41, 16:30-3 참조). 표면적 표시로 구원받는 것은 아닙니다. 그것은 우리가 예수와 함께 죽었다가 부활하는 것을 나타내는 상징입니다.

사랑하는 친구여, 예수를 믿습니까? 그러면 두려움을 버리십시오. 구원을 받을 것입니다. 구원의 문은 하나뿐입니다. 그리로 들어가지 않으면 죄 속에서 멸망할 것입니다.

내가 주는 물을 마시는 자는 영원히 목마르지 아니하리니 내가 주는 물은 그 속에서 영생하도록 솟아나는 샘물이 되리라(요 4:14).

예수님을 믿는 신자는 주님 안에서 지금도 자기를 만족시켜 주며 영원히 만족하게 해줄 것을 넉넉히 발견합니다. 신자는 낮에는 위로를 얻지 못해 피곤하고, 밤에는 마음을 북돋아 주는 생각이 없이 지내는 사람이 아닙니다. 그는 그리스도 안에서 기쁨의 샘, 위로의 기초를 발견하므로 만족하고 행복합니다. 그는 옥에 갇혀도 그곳에서 선한 동무를 발견합니다. 그는 거친 광야에서도 하늘의 떡을 먹습니다. 그에게서 친구들을 빼앗아가도 그는 형제보다 더 친밀한 친구를 만납니다. 그에게서 세상의 소망을 빼앗아가도 그의 마음은 주님을 신뢰하는 마음으로 견고히 섭니다. 마음에 예수님이 들어와 넘쳐흐르지 않는 한 그의 마음은 무덤처럼 만족을 모릅니다.

그리스도 안에는 충만함이 있습니다. 참 성도는 예수님의 지극히 충만한 능력에 완전한 만족을 느낍니다. 우리의 마음도 이렇게 느끼고 있습니까? 우리의 모든 소원이 예수 안에서 충족된다고 느낍니까? 이제 우리에게는 그리스도를 더욱 알게 되고 더욱 친밀하게 교제하는 것 외에 부족함이 없다고 느낍니까? 그렇다면 항상 그 샘으로 가서 생명수를 마음껏 마십시오. 예수님은 결코 우리가 너무 많이 마신다고 생각하지 않으실 것이며, 우리를 반갑게 맞으시면서 "오, 사랑하는 자여, 풍성히 마시라"고 말씀하실 것입니다.

모세가 구스 여자를 취하였더니 그 구스 여자를 취하였으므로 미리암과 아론이 모세를 비방하니라(민 12:1).

모세는 참으로 이상한 아내를 선택했습니다. 그러나 모세보다 위대하신 하나님은 더욱 특이한 방법으로 아내를 택하십니다. 백합화같이 어여쁘신 주님은 스스로 "일광이 쬐어서 거무스름하다"(아 1:6 참조)라고 고백하는 여인과 결혼하셨습니다.

신자들은 예수의 사랑을 충만히 의식하게 될 때 전혀 사랑을 받을 자격이 없는 대상에게 아낌없이 사랑이 주어진다는 사실을 깨닫습니다. 우리는 자신의 은밀한 죄와 불신앙을 알기 때문에 값없이 주권적으로 주어지는 은혜에 감사하며 고개를 숙입니다. 주님은 우리의 마음에서 사랑의 근거를 발견하신 것이 아니라 자기의 마음에서 발견하셨을 것입니다. 우리 마음에는 주님의 사랑을 받을 이유가 존재하지 않습니다.

회심한 후에 은혜가 우리를 아름답게 만들어 주었지만, 옛 본성 때문에 우리는 아직도 거무스름합니다. 루터포드는 "나는 환자요 그분은 내가 필요로 하는 의원이십니다. 안타깝게도 나는 종종 그리스도를 농락해왔습니다. 주님이 묶으신 것을 나는 풀었고, 주님이 세우신 것을 나는 허물었습니다. 나는 그리스도와 말다툼을 하며, 그리스도는 하루에도 스무 번이나 나와 화해하신다"라고 말했습니다.

자비하고 신실하신 영혼의 신랑이여, 나로 당신의 형상을 닮게 하시는 자비하신 역사를 계속하소서. 장차 당신께서 우리를 얼룩이나 구김이 없이 만들어 주실 것을 아나이다.

모세는 구스 여자와의 결혼 때문에 공격을 받았고, 모세와 그의 아내는 의심을 받았습니다. 죄인들이 회심할 때 이 헛된 세상이 예수와 그의 신부를 대적하는 것은 당연한 일입니다. 바리새인들은 주님을 대적하며 "이 사람이 죄인을 영접하는도다"(눅 15:2)라고 비방했습니다.

모세가 여호와께 여짜오되 어찌하여 주께서 종을 괴롭게 하시나이까 어찌하여 내게 주의 목전에서 은혜를 입게 아니하시고 이 모든 백성을 내게 맡기사 내가 그 짐을 지게 하시나이까(민 11:11).

귀한 믿음은 시련이 닥칠 때 그 시험을 견뎌냅니다. 보석 같은 믿음은 시험을 두려워하지 않습니다. 친구들이 모여들고 육신이 건강하고 사업이 번영할 때만 하나님을 의지하는 믿음은 연약한 믿음입니다. 믿음은 친구들이 떠나고, 육신이 병들고, 영들이 낙심하고, 아버지의 얼굴빛이 감추어졌을 때 주님의 신실하심을 굳게 붙잡습니다. 무서운 환난 속에서 "그가 나를 죽이시나 나는 그를 신뢰 하리라"고 말할 수 있는 믿음은 하늘로서 난 믿음입니다. 주님은 자기 백성들의 은혜 속에서 크게 영광을 받으십니다. "환난은 인내를, 인내는 연단을, 연단은 소망"을 이룰 때 주님은 이 성장하는 덕에 의해 영광을 받으십니다.

하프를 연주하지 않고 그대로 두면 음악 소리를 들을 수 없고, 포도주 짜는 틀에 포도를 넣지 않으면 포도주를 맛볼 수 없으며, 계피를 누르지 않으면 향기를 발견할 수 없으며, 석탄이 완전히 타오르지 않으면 열을 내지 못합니다. 위대하신 장인(匠人)의 지혜와 능력은 그가 만든 그릇이 겪는 시련으로 발견됩니다. 그림에는 명암이 있어 어두운 부분이 밝은 부분을 더욱 아름답게 해줍니다.

우리가 세상의 슬픔과 죄의 저주를 알지 못한다면, 어찌 하늘나라에서 큰 축복을 누릴 수 있겠습니까? 싸움이 끝난 후에 누리는 평화는 더욱 감미롭고, 수고한 뒤의 휴식이 더 큰 즐겁습니다. 과거에 겪은 고난에 대한 추억은 하늘나라에서 영광중에 있는 자들의 행복을 더욱 증진합니다.

내가 말하노니 네가 족히 싸울 계략과 용맹이 있노라 함은 입술에 붙은 말뿐이니라 네가 이제 누구를 믿고 나를 반역하느냐(사 36:5).

"네가 이제 누구를 믿느냐?"라는 이 질문은 매우 중요합니다. 다른 신자들의 대답이 그대의 대답과 같은지 알아보십시오.

나는 **성부**를 의뢰하며, 그가 세상이 세워지기 전부터 나를 택하셨음을 믿습니다. 나는 아버지께서 나를 위해 모든 것을 예비해 주시며, 나를 가르치시고 인도하시며, 나를 교정하여 주시며, 내 본향이신 아버지께 데려다주실 것을 믿습니다.

나는 **성자**를 의뢰합니다. 인간이신 예수 그리스도는 참 하나님이십니다. 나는 그리스도께서 자신을 희생하심으로 내 모든 죄를 제거하시며, 온전한 의로 나를 치장해주실 것을 믿습니다. 나는 그가 나의 중보자가 되시며 내 기도와 소원을 아버지의 보좌 앞에 바칠 것을 믿습니다. 주님이 최후의 큰 날에 내 대언자가 되셔서 나를 변호해주시며 의롭다고 해주실 것으로 믿습니다. 나는 지금까지 주님이 행하신 일, 지금의 주님, 장차 행하시겠다고 약속하신 것을 믿습니다.

나는 **성령**을 믿습니다. 성령은 나를 죄에서 구해 주셨습니다. 나는 성령께서 이 생활 속에서 죄를 완전히 몰아내 주실 것을 믿습니다. 나는 그가 내 성질을 억제해 주시며, 내 의지를 정복하시며, 내 이 해를 밝혀주시며, 내 욕망을 억제하시며, 낙심할 때 위로해 주시며, 내 연약함을 도와주시며, 내 어두움을 밝혀주실 것을 믿습니다.

나는 성령께서 내 생명이 되어 내 안에 거하시며, 내 임금이 되어 나를 다스리시며, 내 영과 혼과 육체를 완전히 성화시켜 주시며, 영원토록 빛 가운데서 성도들과 함께 거하게 해주실 것을 믿습니다. 나는 절대 권능이 쇠잔하지 아니하며, 사랑이 감소하지 아니하며, 자비하심이 변하지 아니하며, 신실하심이 부족하지 아니하며, 지혜가 부족하지 아니하며, 완전한 선하심이 줄지 않는 분을 믿습니다. 나는 지금 하나님을 믿음으로써 평안을 누리며, 이후에 영화를 누릴 것입니다.

말씀을 마치시고 시몬에게 이르시되 깊은 데로 가서 그물을 내려 고기를 잡으라(눅 5:4).

이 말씀을 통해서 우리는 하나님의 일에도 인간의 개입이 필요하다는 것을 깨닫습니다. 시몬은 많은 고기를 잡았습니다. 그러나 어부 **시몬과 어선과 고기 잡는 도구**를 무시해서는 안 됩니다. 고기를 잡기 위해서 이 모든 것이 사용되었습니다. 영혼을 구원하는 일에 있어서 하나님은 여러 가지 도구를 사용하십니다. 그는 세상에서 자신이 크게 찬양받으실 계획을 선택하셨습니다.

"선생님 우리들이 밤이 새도록 수고하였으되 잡은 것이 없지마는 말씀에 의지하여 내가 그물을 내리리이다"(눅 5:5). 그들은 왜 고기를 잡지 못하였습니까? 그들은 고기 잡는 법을 잘 알고 있었습니다. 그들은 고기 잡는 기술이 부족했습니까? 그렇지 않았습니다. 부지런함이 부족했습니까? 아닙니다. 그들은 열심히 수고했습니다. 인내심이 부족했습니까? 그렇지 않습니다. 그들은 밤새도록 수고했습니다. 바다에 고기가 많지 않았습니까? 아닙니다. 주님이 오시자마자 고기들은 무리를 지어 그물로 왔습니다. 그렇다면 시몬이 고기를 잡지 못한 이유는 무엇입니까? 예수님을 떠난 그들에게는 능력이 없었기 때문이었습니다.

우리도 그리스도를 떠나서는 아무 일도 할 수 없지만, 주님과 함께한다면 어떤 일이라도 할 수 있습니다. 그리스도의 임재는 우리에게 성공을 주십니다. 예수님은 베드로의 배에 오르셔서 그물로 물고기를 끌어 올리셨습니다. 예수님은 교회 안에서 높이 세움을 받으실 때, 그의 임재는 교회의 능력이 됩니다. 주님은 교회에게 "내가 땅에서 들리면 모든 사람을 내게로 이끌겠노라"(요 12:32)고 하십니다.

오늘 아침, 믿음 안에서 위를 바라보며 염려하는 마음으로 주위를 바라봅시다. 그리고 영혼을 낚는 일에 착수합시다. 밤이 되도록 수고합시다. 우리의 수고는 헛되지 않을 것입니다. 그물을 내리라고 명령하시는 주님이 또한 그물에 고기를 채우실 것입니다.

사랑하는 자들아 너희는 너희의 지극히 거룩한 믿음 위에 자신을 세우며 성령으로 기도하며(유 20).

참된 기도의 특성을 무엇이라고 생각하십니까? 참된 기도의 특성은 성령 안에서 기도한다는 것입니다. 하나님에게서 온 기도만이 하나님에게로 갈 수 있습니다. 하나님이 우리 마음에 기록해주신 소원이 하나님의 마음을 움직여 축복을 내리게 할 것입니다. 그러나 육체의 소원은 하나님의 일에 있어 능력을 발휘하지 못합니다.

성령으로 기도한다는 것은 **열심으로 뜨겁게 기도한다**는 뜻입니다. 차가운 기도는 주님에게 자기의 기도를 듣지 말라고 요청합니다. 열심히 기도하지 않는 것은 간구하는 것이 아닙니다. 미지근한 기도를 생각해 보십시오. 기도는 반드시 뜨겁게 달아올라야 합니다.

성령으로 기도한다는 것은 **끈기 있게 기도한다**는 뜻입니다. 진정으로 간구하는 사람은 갈수록 힘을 얻으며, 하나님이 응답을 지체하실 때 더욱 열심을 냅니다. 문이 열리지 않고 기다리는 시간이 길어질수록 그는 더욱 세게 문을 두드립니다. 하나님은 눈물을 흘리고 번민하며 억제할 수 없이 솟아나는 기도를 아름답게 여기십니다.

성령으로 기도한다는 것은 **겸손하게 기도하는 것**을 의미합니다. 성령은 절대 우리를 교만하게 만들지 않습니다. 성령은 우리로 죄를 깨닫게 하며, 상하고 애통하는 마음으로 꿇어 엎드리게 합니다.

성령으로 드리는 기도는 **사랑으로 가득 찬 기도**입니다. 기도에는 사랑의 향기가 들어 있어야 하고 사랑하는 동료 성도들과 그리스도를 향한 사랑이 스며 있어야 합니다. 그것은 믿음으로 충만한 기도입니다. 믿음으로 기도하는 사람만이 승리합니다. 성령은 믿음의 창시자입니다. 그는 우리의 믿음을 튼튼하게 하여 우리로 하나님의 약속을 믿고 기도하게 합니다.

성령이 우리 심령에 거하심으로 말미암아 지극히 복되고 훌륭한 은혜들이 합하여 내는 향기가 우리 안에서 풍겨 나오게 하소서.

능히 너희를 보호하사 거침이 없게 하시고(유 24).

어떤 의미에서 하늘로 가는 길은 대단히 안전합니다. 그러나 또 다른 면에서 보면 가장 위험한 길이기도 합니다. 우리가 은혜를 받지 못하면 쉽사리 발걸음을 잘못 내디뎌 밑으로 떨어지고 맙니다.

우리가 시편 기자처럼 "나는 거의 넘어질 뻔하였고 나의 걸음이 미끄러질 뻔하였으니"(시 73:2)라고 외친 일이 얼마나 많습니까? 우리가 튼튼하고 말이 든든한 산악인이라면 이것은 그다지 문제가 되지 않습니다. 그러나 우리는 너무나 연약하여서 지푸라기 하나가 우리를 내던질 수 있고 작은 자갈 하나가 우리에게 상처를 입힐 수 있습니다.

우리는 두려워하며 믿음의 첫걸음을 떼는 어린아이입니다. 하늘 아버지께서 우리의 팔을 붙들어주지 않으시면 우리는 곧 주저앉을 것입니다. 우리를 보호하사 실족하지 않게 하시며 날마다 인내하시며 지켜주시는 능력을 찬미해야 합니다.

우리는 참으로 죄를 범하기 쉽고, 위험한 일에 자신을 내던지는 경향이 있다는 것을 생각하면 전보다 더 아름답게 "능히 너희를 보호하사 거침이 없게 하시는 분에게 영광이 있을지어다"(유 24)라고 노래하게 될 것입니다.

우리에게는 우리를 내리누르려 하는 원수가 많습니다. 길은 험하고, 우리는 연약합니다. 원수들은 잠복해 있다가 예상치도 못하고 있을 때 튀어나옵니다. 그들은 우리를 절벽 끝으로 데려가거나 절벽 밑으로 떨어뜨리려고 합니다. 오직 전능자의 팔만이 우리를 멸망시키려는 보이지 않는 원수로부터 보존해 주실 수 있습니다.

그 팔은 우리를 보호하시기 위해 사용하십니다. 전능하신 하나님은 신실하시며 우리를 보호하여 넘어지지 않게 해주실 수 있습니다. 우리는 자신이 지극히 연약하다는 것을 깊이 인식하며 아울러 주님 안에 있는 우리의 안전함을 굳게 믿읍시다.

예수는 한 말씀도 대답하지 아니하시니 제자들이 와서 청하여 말하되 그 여자가 우리 뒤에서 소리를 지르오니 그를 보내소서(마 15:23).

진정으로 구하였지만, 아직 축복을 받지 못하고 있는 사람들은 이 말씀에서 위안을 받을 수 있을 것입니다. 이 여인이 큰 믿음을 가지고 있었음에도 주님은 즉시 축복을 주시지 않았습니다. 주님은 축복을 주시려는 뜻은 가지고 계셨으나 잠시 지체하셨습니다.

"예수는 한 말씀도 대답지 아니하시니."

이 여인의 기도는 지극히 선한 기도였습니다. 그 여인은 매우 진지했으며 또한 큰 믿음을 가지고 있었기 때문에 예수께서는 "여자여 네 믿음이 크도다"(마 15:28)라고 하셨습니다. 믿음은 기도의 응답을 가져다주지만, 항상 즉각적인 응답을 얻는 것은 아닙니다.

우리가 믿음의 상급을 받기보다 믿음의 시련을 받는 데는 이유가 있습니다. 영혼 안에 있는 참된 믿음은 마치 감추인 씨앗과 같아서 아직은 평화와 기쁨이라는 꽃을 피우지 않았을 수 있습니다. 구세주의 침묵은 영혼에게 무거운 시련이 됩니다. 그러나 " 자녀의 떡을 취하여 개들에게 던짐이 마땅하지 아니하니라"(마 15:26)는 거칠고 모진 대답은 그보다 한층 더 고통스럽습니다.

주님께 기도하는 많은 사람을 즉시 응답을 받지만, 모든 사람이 바로 응답을 받는 것은 아닙니다. 어떤 사람은 순식간에 어두 움에서 빛으로 돌아오지만, 어떤 사람은 대단히 느리게 자라는 식물과 같습니다. 우리에게 죄사함의 의식보다 죄의식이 더 깊이 주어질 수도 있습니다. 그럴 때 그 모진 매를 인내하며 받아들여야 합니다. 비록 매 맞고 멍이 들더라도 하나님을 의뢰하십시오. 비록 하나님이 노한 말씀을 하시더라도 하나님의 마음에 사랑이 있음을 믿으십시오. 갈망하고 있는 복된 기쁨을 얻지 못했다고 해서 기도를 그만두거나 주님에 대한 믿음을 버리지 마십시오. 비록 즐거운 소망을 갖지 못할지라도 주님께 맡기고 인내하면서 주님을 의지하십시오.

너희로 그 영광 앞에 흠이 없이 기쁨으로 서게 하실 이(유 24).

“흠이 없다”라는 단어를 마음속으로 생각해 보십시오. 지금 우리는 그것과는 전혀 다른 상태에 있습니다. 그러나 우리 주님 사랑의 사역은 지극히 완전한 것이므로 우리도 언젠가 흠이 없는 상태에 이르게 될 것입니다. 자기 백성을 끝까지 보호하실 구세주께서는 또한 그들을 허물이나 구겨진 것이 없는 영광스러운 교회로 만드실 것이요, 그들은 거룩하고 흠이 없게 될 것입니다.

구세주의 면류관에 박힌 보석에는 하나의 흠도 없습니다. 그러면 예수님은 어떻게 우리를 흠이 없게 하실 것입니까? 주님은 자기의 피로 우리의 죄를 씻어 우리를 하나님의 천사들처럼 희고 깨끗하게 해주실 것입니다. 우리는 주님의 의로 옷 입을 것입니다. 우리는 주님이 보시기에 무죄하며 정죄를 받지 않을 것입니다. 주님의 율법은 결코 우리를 고발하지 않을 뿐 아니라 우리 안에서 찬미를 받을 것입니다.

또한 우리 안에서 역사하시는 성령의 사역이 완전해질 것입니다. 성령은 우리를 지극히 거룩하게 만드셔서 다시는 죄의 성향에 머물지 않게 하실 것입니다. 우리는 영원히 주님의 임재 속에 거할 것이요, 성도들은 자기를 위해 마련한 처소만큼 아름답게 될 것입니다.

오, 영원한 문이 열리며, 기업을 받을 준비가 된 우리가 빛 가운데서 성도들과 함께 거하게 될 때의 기쁨이여. 죄는 사라지고, 사탄은 쫓겨 나가며, 유혹은 영원히 사라지며, 우리는 하나님 앞에서 흠이 없게 됩니다. 이것이야말로 진정한 천국입니다.

내가 너를 악한 자의 손에서 건지며 무서운 자의 손에서 구원하리라(렘 15:21).

여호와는 자기 백성들을 구하시고 대속하기 위해 개입하시며, 그들을 구하시겠다고 맹세하십니다. 하나님은 자기 팔로 그 일을 행하시고 영광을 받으실 것입니다. 하나님을 돕기 위해 우리 자신의 노력이 필요하다는 말씀은 한마디도 하시지 않았습니다. 우리의 능력이나 연약함은 전혀 참작되지 않습니다.

그런데 왜 우리는 자기의 힘을 계산하며 자기의 혈과 육과 의논하여 쓰라린 몰락에 이르려 합니까? 여호와는 큰 권능이 있으시므로 우리의 보잘것없는 힘을 빌리실 필요가 없습니다.

의심 많은 자여, 잠잠하며 주님이 다스리시는 것을 아십시오. 주님은 친구나 조력자에 대한 말씀은 전혀 하시지 않습니다. 주님은 홀로 일하시며 인간의 조력이 필요하지 않으십니다.

동료나 친척들에 의지하는 것은 매우 무익한 일입니다. 그들은 상한 갈대와 같습니다. 우리가 그들을 의지할 때 그들은 능력이 있어도 돕기를 꺼리며, 원하더라도 능력이 없습니다.

약속은 하나님께로 오는 것이므로 오직 하나님만 바라는 것이 지혜로운 일입니다. 그러면 절대 실망하지 않습니다. 우리는 왜 악인들을 두려워합니까? 주님이 그들을 완전히 없애 버리실 것입니다. 우리는 그들을 두려워하기보다 오히려 불쌍히 여겨야 합니다.

또 의지할 하나님이 없는 자들은 무서운 자들을 무서워합니다. 주님이 우리 편이신데 우리가 누구를 두려워하겠습니까? 우리가 악한 자를 기쁘게 해주려고 죄에 빠져 있다면, 우리는 놀라거나 두려워할 이유가 있게 됩니다. 그러나 우리가 자기의 의를 굳게 붙들면 폭군들이 격노가 바뀌어서 우리의 유익이 될 것입니다.

불같은 시련을 겪을 때, 참고 인내하며 강하신 하나님의 약속을 신뢰합시다.

우리의 마음과 손을 아울러 하늘에 계신 하나님께 들자(애 3:41).

기도는 우리의 무가치함을 가르쳐줍니다. 이것은 우리처럼 교만한 존재에게는 대단히 유익한 교훈입니다. 만일 하나님이 우리로 하여금 기도하도록 강권하시지 않고 은총을 주신다면 우리는 자신이 불쌍한 존재임을 결코 깨닫지 못할 것입니다. 참된 기도는 우리에게 부족한 것들의 명세서요, 우리에게 필요한 것의 목록이요, 감춰진 빈곤을 드러내는 일입니다.

건강한 상태의 신자는 언제나 자기에게 필요한 것을 주님이 공급해 주실 것에 의지하며, 예수 안에서 부유하고, 하나님으로 말미암아 힘을 얻어 위대한 업적을 이룹니다. 기도는 피조물인 인간을 마땅히 그가 있어야 할 곳, 즉 흙 속에 놓습니다. 기도는 그에 따른 응답을 고려하지 않더라도 그 자체가 신자에게는 커다란 유익이 됩니다. 경주자가 날마다 훈련함으로써 경주할 힘을 얻는 것처럼, 우리가 위대한 삶의 경주를 하기 위해서는 거룩한 기도를 힘씀으로써 힘을 얻어야 합니다. 기도는 하나님의 어린 독수리가 구름 위로 나는 법을 배도록 날개에 깃털을 돋게 해줍니다. 기도는 하나님의 용사들의 허리에 띠를 매어주며 단단한 근육을 가지고 싸움터로 나가게 해줍니다.

열심 있는 기도자는 마치 경기에 임하는 튼튼한 경주자처럼 기뻐하며 기도의 밀실에서 나옵니다. 기도는 여호수아의 칼보다 더 크게 아말렉족을 패주(敗走)시킨 들어올린 모세의 두 팔과 같습니다. 기도는 인간의 연약함에 거룩한 힘을 주며, 인간의 어리석음을 거룩한 지혜로 바꾸며, 고통 받는 인간에게 하나님의 평화를 줍니다. 기도로 능치 못할 일은 없습니다.

하나님, 당신의 놀라운 안자하심을 중언해 주는 속죄소를 주시니 감사합니다. 오늘 종일 그것을 올바르게 사용하도록 도와주십시오.

또 미리 정하신 그들을 또한 부르시고 부르신 그들을 또한 의롭다 하시고 의롭다 하신 그들을 또한 영화롭게 하셨느니라(롬 8:30).

바울은 디모데에게 편지로 "하나님이 우리를 구원하사 거룩하신 소명으로 부르셨다"(딤후 1:9)라고 했습니다. 여기에 우리 자신의 부르심을 시험해 볼 표준이 있습니다. 그것은 우리의 행위에 따른 것이 아니라 하나님의 뜻과 은혜에 따른 거룩한 부르심입니다. 이 부르심은 구원을 위해 우리가 자신의 행위를 의뢰하는 것을 완전히 금지하며 주님께로 인도해줍니다. 그것은 우리의 죽은 행위들을 깨끗이 씻어 살아계신 하나님을 섬기게 해줍니다. 하나님은 거룩하시므로 우리도 거룩해야 합니다. 참 그리스도인이라면, "나에게 죄보다 더 고통스러운 것은 없습니다. 나는 그것을 제거하기를 원합니다. 나를 도우사 거룩하게 하여 주소서"라고 말할 수 있습니다. 진심으로 이것을 원합니까? 이것이 하나님과 그의 거룩하신 뜻을 향해 살고자 하는 생활의 핵심입니까?

"그리스도 예수 안에서 하나님이 위에서 부르신 부름"(빌 3:14)이란 말씀이 있습니다. 주님의 부르심은 마음을 고결하게 해주며 거룩한 것을 좇게 했고, 그것이 우리의 소망과 생각과 소원을 고귀하게 해주었으며, 삶의 목표를 귀하게 해주며, 하나님과 함께 하나님을 위해 그것을 사용합니까?

"함께 하늘의 부르심을 받은 거룩한 형제들"(히 3:1)이라는 말씀에서 "하늘의 부르심"이란 "하늘로부터의 부르심"을 의미합니다. 인간이 우리를 불렀다면 우리는 부름을 받지 못한 자입니다. 하나님의 부르심을 받았습니까? 하늘로부터 온 부르심이요, 하늘로 오라는 부르심을 받았습니까? 세상의 나그네가 아니며 하늘나라가 본향이 아닌 한 우리는 하늘의 부름으로 부름받은 것이 아닙니다. 부르심을 받은 자들은 하나님이 경영하시고 지으실 터가 있는 성을 바랍니다(히 11:10). 그들은 이 세상의 나그네요 이방인입니다.

당신의 부르심도 그들의 부르심과 같이 거룩한 부름이요, 하늘로부터의 부름이요, 위로부터의 부름입니까? 그렇다면 하나님의 부르심을 받은 자입니다.

내가 주의 법도들을 작은 소리로 읊조리며 주의 길들에 주의하며(시 119:15).

사람들과 어울리기보다는 홀로 있는 것이 낫고 웅변보다 침묵이 더 지혜로운 경우가 있습니다. 우리가 하나님을 바라며, 하나님의 말씀 묵상을 통해서 하나님을 심기기 위한 영적인 힘을 모으는 데 많은 시간을 보낸다면 더욱 훌륭한 신자가 될 수 있을 것입니다. 우리는 하나님의 일들을 묵상해야 합니다. 그리함으로 참된 영양을 얻을 수 있기 때문입니다.

진리는 포도송이와 같습니다. 우리가 포도주를 얻으려 한다면 그것을 짓이겨야 합니다. 여러 번 누르고 짜야 합니다. 그러므로 우리가 한 무더기의 진리로부터 위로라는 포도주를 얻으려 한다면 묵상으로 그 진리의 다발을 짓밟아야 합니다.

우리가 입으로 음식을 먹는 것만으로는 육체에 영양을 공급할 수 없습니다. 근육, 신경, 뼈에 영양을 주는 과정은 소화 작용입니다. 소화 작용으로 음식물은 내적 생명과 동화됩니다. 우리가 거룩한 진리를 이것저것 듣는다고 해서 우리 영혼이 양분을 얻는 것은 아닙니다. 모든 것을 듣고 읽고 배움을 통해 유익을 얻으려면 내적 소화 작용이 필요합니다. 내적으로 진리를 소화하는 것은 대체로 묵상을 통해 이루어집니다.

신자들이 많은 설교를 들으면서도 영적 생활의 발전이 더딘 이유는 무엇입니까? 사려 깊게 하나님의 말씀을 묵상하지 않기 때문입니다. 그들은 밀을 좋아하지만, 그것을 빻지는 않습니다. 그들은 옥수수가 필요하지만 들에 나가서 거두지 않습니다. 과일이 나무에 달려 있지만 따려고 하지 않습니다. 말 앞으로 물이 흐르는 데도 몸을 굽혀 마시려 하지 않습니다.

주여, 오늘 아침 우리가 말씀을 묵상하기로 결심하오니 우리를 이와 같은 어리석음에서 구해주소서.

보혜사 곧 아버지께서 내 이름으로 보내실 성령 그가 너희에게 모든 것을 가르치고 내가 너희에게 말한 모든 것을 생각나게 하리라(요 14:26.)

우리는 성령의 부어 주심을 경험한 시대에 살고 있습니다. 예수께서는 장차 영화로우신 날에 하시듯 육체적인 임재로 우리의 기운을 북돋아 주시지는 않지만, 보혜사 성령의 한결같은 내주(內住)하심으로 우리의 힘을 돋우어 주십니다.

성령의 사역은 하나님 백성들의 마음을 위로하는 것입니다. 그는 죄를 깨닫게 해주시며 조명하시고 가르치십니다. 그러나 성령의 주된 사역은 중생한 심령을 기쁘게 해주며, 연약한 자를 강하게 해주며, 비천한 자를 높여주는 것입니다. 성령은 그들에게 예수를 계시함으로써 이 일을 합니다.

성령은 위로해 주시며, 그리스도는 위로가 됩니다. 비유해서 말하자면 성령은 의사요, 예수는 약입니다. 성령은 상처를 치료해 주되, 그리스도의 이름과 은혜라는 거룩한 연고를 발라서 치료합니다. 성령은 희랍어로 Paraclete 즉, 위로자, 또는 변호사이며, 주 예수는 Paraclesis 즉, 위로와 위안이십니다. 이처럼 풍성한 위로의 보고가 있는데 어찌하여 신자들은 슬퍼하고 낙심합니까? 성령은 우리의 보혜사가 되기 위해 오셨습니다.

두려워 떠는 연약한 신자여, 성령께서 자신에게 맡겨진 거룩한 책임을 등한히 하리라고 생각합니까? 성령은 행할 수 없으며 행하지 못할 일을 맡으셨습니까? 우리를 위로하고 강하게 해주 는 것이 성령의 사역일진대, 성령께서 자기의 일을 잊으셨다고 생각하거나 자기의 일을 성취하지 못하고 실패하실 것으로 생각합니까?

인자하시고 복되신 보혜사 성령을 소홀히 여기지 맙시다. 그는 슬퍼하는 영에 기쁨의 기름을 주시며, 낙심하는 영에 찬송의 옷을 주십니다. 그를 믿으십시오. 그리하면 우리를 위로해 주실 것이요, 마침내 슬픔의 집의 문은 영원히 닫히고 혼인 잔치가 시작될 것입니다.

하나님의 뜻대로 하는 근심은 후회할 것이 없는 구원에 이르게 하는 회개를 이루는 것이요 세상 근심은 사망을 이루는 것이니라(고후 7:10).

진정한 회개는 성령의 역사입니다. 회개는 너무나 귀한 화초이기 때문에 본성의 정원에서는 자라지 못합니다. 진주는 진주조개 속에서 자라지만, 거룩한 은혜가 역사하지 않는 한 죄인들에게서 회개가 스스로 나타나지는 못합니다. 우리에게 진정으로 죄를 미워하는 마음이 조금이라도 있다면 그것은 분명히 하나님이 주신 것입니다. 육에서 난 것은 육입니다. 참된 회개는 구세주와 분명한 관계가 있습니다.

우리는 죄를 회개할 때 한 눈으로는 죄를 보고, 다른 눈으로는 십자가를 보아야 합니다. 우리의 두 눈을 그리스도에게 고정하고 오직 주님 사랑의 빛 속에서 자신의 죄를 본다면 더욱 좋을 것입니다.

진정 죄를 애통하는 것은 매우 실천적인 일입니다. 죄 안에서 사는 사람은 결코 죄를 미워한다고 말하지 못합니다. 회개는 우리로 하여금 이론적으로가 아니라 경험으로 죄악을 보게 합니다. 불에 덴 아이가 불을 두려워하듯이, 죄를 진심으로 애통하는 사람은 혀를 조심하여 한 마디 망언도 하지 않습니다.

우리가 어떤 일에 있어서나 죄를 범하지 않으려면 낮에는 자기의 행동을 조심해야 하며, 밤마다 자기의 잘 못을 아픈 마음으로 고백함으로써 하루를 마쳐야 할 것입니다. 우리는 매일 아침 죄를 범하지 않도록 붙들어 달라는 기도로 하루를 시작해야 합니다.

성실한 회개는 연속적입니다. 신자들은 죽는 날까지 회개합니다. 다른 슬픔은 시간이 가면 사라지지만, 이 귀한 슬픔은 우리의 성장과 함께 성장합니다. 우리가 영원한 안식에 들어갈 때까지 회개의 아픔을 느끼게 해주신 하나님께 감사하십시오.

너는 나를 도장 같이 마음에 품고 도장 같이 팔에 두라 사랑은 죽음 같이 강하고 질투는 스올 같이 잔인하며 불길 같이 일어나니 그 기세가 여호와의 불과 같으니라(아 8:6).

"사랑은 죽음같이 강하고." 주님을 향한 보잘것없는 나의 사랑에 이 표현을 적용한다면 과장입니까? 나는 주님을 사랑합니다. 주의 은혜를 힘입으면 나는 주님을 위해 죽을 수도 있습니다. 그러나 나의 사랑 자체로는 본질상 잔인한 죽음은 말할 것도 없고 비웃음조차 견뎌내지 못할 것입니다.

본문은 내 사랑하는 주님, 영혼을 무한히 사랑하시는 예수의 사랑을 언급하고 있습니다. 주님의 사랑은 진실로 죽음보다 강하므로 그 사랑은 십자가의 시련을 이기고 승리하셨습니다. 그것은 오랫동안 지속되는 죽음이었지만, 사랑은 그 고통을 이기고 살아남았습니다. 그것은 치욕스러운 죽음이었지만 사랑은 그 치욕을 무시했으며, 불의한 죽음이었지만 사랑은 우리의 불의를 담당하셨으며, 영원하신 아버지께서 얼굴을 돌리신 버림받은 고독한 죽음이었지만 사랑은 그 저주를 참아 모든 것을 이기고 승리하셨습니다. 세상에 그런 사랑도 없고 그런 죽음도 없었습니다. 그것은 필사적인 싸움이었지만 사랑은 그 싸움을 끝내고 강건하게 생존했습니다. 이 거룩한 사랑을 묵상할 때 감동이 됩니까?

주여, 당신의 사랑이 내 안에서 풀무 불처럼 타오르는 뜨거움을 느끼기를 갈망합니다.

내가 어찌 죽음처럼 강한 사랑으로 예수를 사랑하지 못하겠다고 절망할 수 있겠습니까? 주님은 그러한 사랑을 받으셔야 하며, 나도 그렇게 하기를 원합니다. 순교자들은 혈과 육을 가진 인간이었지만 이 사랑을 느꼈습니다. 그렇다면 내가 그 사랑을 느끼지 못할 이유가 없습니다. 그들은 자신의 연약함을 슬퍼했지만, 은혜가 그들에게 불굴의 정신을 주었으므로 그 연약함을 버리고 강건해졌습니다. 나에게도 이와 동일한 은혜가 가능합니다.

예수님, 이 밤, 내 마음에 당신의 사랑을 널리 비추어 주소서.

또한 모든 것을 해로 여김은 내 주 그리스도 예수를 아는 지식이 가장 고상하기 때문이라 내가 그를 위하여 모든 것을 잃어버리고 배설물로 여김은 그리스도를 얻고(빌 3:8).

그리스도를 아는 영적 지식은 개인적인 지식입니다. 다른 사람이 예수님을 안다고 해서 나도 예수님을 아는 것은 아닙니다. 나 스스로 예수님을 알아야 합니다. 그리스도를 아는 지식은 지혜로운 지식입니다. 말씀이 계시하시는 대로 예수님을 알아야 합니다.

주님의 인성과 신성을 모두 알아야 합니다. 또 주님의 직임, 속성, 역사, 수치와 영광도 알아야 합니다. 나는 모든 성도와 함께 그 사랑의 넓이와 길이와 깊이와 높이를 알게 될 때까지 주님에 대해 묵상해야 합니다.

그것은 주님에 대한 사랑의 지식입니다. 비록 적은 것이라도 마음에서 우러난 지식은 산더미 같은 두뇌의 지식보다 더 가치가 있습니다. 주님에 대한 우리의 지식은 납득할 수 있는 지식입니다. 내가 나의 구세주를 알 때, 내 지성은 완전히 가득 차게 되며, 나는 내 영이 동경했던 것을 소유하고 있다고 느끼게 됩니다. 동시에 그것은 나를 흥분하게 하는 지식입니다. 나는 사랑하는 그분을 알면 알수록 더 알고자 합니다. 마치 광부가 보석을 캐듯이, 나는 더 많은 금을 탐하게 됩니다.

결론적으로 예수 그리스도에 대한 지식은 대단히 행복한 지식입니다. 실제로 그 지식은 때때로 나를 모든 시련과 의심과 슬픔 위로 들어 올려 지탱하게 해줍니다.

오라. 오늘 종일 주님의 발 앞에 앉아 주님을 배웁시다!

너희는 이 세대를 본받지 말고 오직 마음을 새롭게 함으로 변화를 받아 하나님의 선하시고 기뻐하시고 온전하신 뜻이 무엇인지 분별하도록 하라(롬 12:2).

기독교인이 세상을 따라 살면서도 구원을 받을 수 있다면, 그 구원은 불에 의한 구원이 될 것입니다. 그것은 벌거벗은 구원이요 두려운 구원입니다. 파선한 선원이 절벽을 기어오르듯, 어두운 고통의 침상에서 세상을 떠나 하늘나라에 들어가기를 원한다면 세속적으로 살며, 그리스도의 능욕을 지고 영문 밖으로 나가기를 거부하고, 어두움의 나라에 뒤섞여 사십시오.

저 높은 곳에 있는 천국은 물론이요, 이 세상에서도 천국을 소유하기를 원하는가, 아니면 주님의 기쁨에 참여하기를 원합니까? 그렇다면 "그들 중에서 나와서 따로 있고 부정한 것을 만지지 말라 내가 너희를 영접"(고후 6:17)하십시오.

믿음의 확신을 얻기를 원합니까? 죄인들과 사귀는 한 확신을 얻지 못합니다. 마음이 사랑의 불로 타오르기를 원합니까? 우리의 사랑은 경건치 못한 사귐이라는 물 때문에 꺼질 것입니다. 비록 은혜 안에 있는 어린아이라도 세상 사람들의 가치관과 철학에 굴복하는 한 예수 그리스도 안에서 장성한 사람이 될 수 없습니다.

하늘나라의 후사가 지옥의 후사들과 친구가 되는 것은 위험한 일입니다. 조금이라도 하나님의 길에서 어긋나면 위험합니다. 작은 가시가 큰 상처를 만들며, 작은 좀이 아름다운 옷을 못 쓰게 하며, 조그마한 경솔함과 악이 믿음에서 많은 기쁨을 빼앗습니다.

믿는 자여, 이 세상을 본받아 삶으로써 무엇을 잃는지 깨닫지 못하고 있습니다. 그것은 능력의 힘줄을 끊어 달려야 할 곳에서 기어가게 만듭니다. 위로와 은혜 안에서 성장하기를 원한다면 뚜렷하고 분명한 신자가 되십시오.

> 그가 임하시는 날을 누가 능히 당하며 그가 나타나는 때에 누가 능히 서리요 그는 금을 연단하는 자의 불과 표백하는 자의 잿물과 같을 것이라(말 3:2).

주님의 초림은 표면적으로 화려하지 않았고 권세를 나타내지도 않았습니다. 그러나 그 장대한 시험을 감당할 수 있는 사람은 거의 없었습니다. 헤롯과 온 예루살렘은 기이한 탄생 소식을 듣고 크게 소동했습니다. 스스로 주님을 기다리고 있다고 여겼던 사람들도 실제로 주님이 오셨을 때 그를 배격함으로써 자신의 고백이 허위였음을 드러냈습니다. 그러면 주님의 재림은 어떠하겠습니까?

> "그의 입의 막대기로 세상을 치며 그의 입술의 기운으로 악인을 죽일 것이며"(사 11:4).

주님께서 자기를 잡으러 온 병사들에게 "내가 그로다"라고 말씀하시니 병사들은 뒤로 물러섰습니다. 주님이 더 충만하게 자신을 계시하실 때 원수들의 두려움은 어떠할 것입니까? 주님의 죽으심은 땅을 흔들고 하늘을 어둡게 했습니다. 장차 살아계신 구세주께서 산 자와 죽은 자를 소환하시는 날, 그 영광은 얼마나 무섭겠습니까?

주님에 대한 두려움이 인간으로 자기의 죄악을 버리게 할 수 있다면 얼마나 좋겠습니까! 주님은 어린 양이시지만 유다 족속의 사자로서 그 먹이를 갈기갈기 찢으십니다. 비록 주님은 상한 갈대도 꺾지 아니하시는 자비하신 분이시지만 마치 토기장이가 토기를 부수듯이 쇠막대기로 원수들을 때리시며 산산조각을 냅니다. 그러나 주님의 피로 씻음을 받은 사랑하는 백성들은 아무 두려움 없이 기쁨과 소망을 가지고 주님의 나타나심을 기다립니다.

오늘 아침 우리 자신을 살펴보고, 우리의 소명과 예정하심을 확실히 합시다. 그리하면 주님의 재림이 우리 마음에 어두운 예감을 일으키지 못할 것입니다.

우리에게 은혜를 주셔서 온갖 위신을 몰아내게 하시며, 주님이 오실 때 책망을 받지 않으며, 신실한 자라는 칭찬을 받게 해주소서.

나귀의 첫 새끼는 어린 양으로 대속할 것이요 그렇게 하지 아니하려면 그 목을 꺾을 것이며 네 아들 중 장자는 다 대속할지며 빈 손으로 내 얼굴을 보지 말지니라(출 34:20).

모든 피조물의 첫 새끼는 하나님의 것입니다. 그러나 나귀는 부정한 것이므로 희생제물로 드릴 수 없습니다. 그러면 어떻게 해야 합니까? 그것은 보편적인 법의 적용에서 예외가 됩니까? 절대 그럴 수 없습니다. 하나님은 규칙의 예외를 허락하지 않으십니다. 나귀는 마땅히 하나님의 몫이지만 하나님은 그것을 받으려 하지 않으십니다. 그것이 살아남으려면 대속물이 있어야 합니다. 그러므로 나귀 대신 어린 양을 제물로 바쳐야 합니다. 대속을 받지 못한 나귀는 죽습니다.

여기에 영혼에게 주는 교훈이 있습니다. 우리는 나귀와 같습니다. 우리는 하나님의 소유입니다. 하나님이 우리를 만드셨으며 보존하십니다. 그러나 너무 악하여서 하나님은 우리를 받으려 하지 않으며 받으실 수도 없습니다. 하나님의 어린 양이 우리의 자리에 대신 서지 않으면 당신은 영원히 죽어야 할 것입니다. 우리를 위해 피를 흘리셔서 율법의 저주에서 대속해주신 흠 없는 어린 양께 드리는 감사를 온 세상에 알리십시오.

이스라엘 사람들은 때때로 양과 나귀 중에서 어떤 짐승을 죽여야 할지 의심하지 않았을 것입니까? 선한 사람이라면 잠시 멈추어 그것을 평가하고 비교하지 않겠습니까? 인간의 영혼과 주 예수의 생명의 가치는 비교할 필요조차 없습니다. 그러나 어린 양은 죽임을 당하고 인간은 용서를 받았습니다.

내 영혼아, 온 인류를 향한 하나님의 끝없는 사랑을 찬미하라.

구더기 같은 인간을 지극히 높으신 하나님의 피로 사셨습니다. 금이나 은보다 더 귀한 것을 주고서 먼지와 재를 속량하셨습니다. 구속함이 없었다면 내 운명은 어떻게 되었겠습니까? 우리를 대속하여 사망에서 건져주신 영화로우신 어린 양은 무한히 귀하신 분이십니다.

예수께서 이르시되 와서 조반을 먹으라 하시니 제자들이 주님이신 줄 아는 고로 당신이 누구냐 감히 묻는 자가 없더라(요 21:12).

이 말씀은 예수님께서 신자들에게 가까이 오라고 하시는 거룩한 초청입니다. "와서 조반을 먹으라"는 말씀은 구세주와 같은 식탁에서 같은 음식을 먹자는 뜻이 담겨 있습니다. 때로 그 말은 구세주와 나란히 앉아 주님의 가슴에 머리를 기대는 것을 의미하기도 합니다. "와서 먹으라"는 말씀은 우리에게 예수와의 연합이라는 이상을 줍니다. 그것은 헤아릴 수 없이 심오한 연합입니다.

"내 살을 먹고 내 피를 마시는 자는 내 안에 거하고 나도 그의 안에 거하나니"(요 6:56).

이 말씀은 성도들과의 교제를 즐기라는 초청이기도 합니다. 신자들은 각기 다양한 목표를 가지고 있을 수 있으나, 모두 같은 영적 갈망을 가지고 있습니다. 비록 우리가 모두 같이 느끼지는 않지만, 우리는 모두 하늘에서 내려온 생명의 떡을 먹고 삽니다. 우리는 주님과 교제를 나누는 식탁에서 같은 떡을 먹고 같은 잔을 마십니다.

예수님께 더 가까이 나아가십시오. 그러면 하늘의 만나를 먹고 사는 모든 사람과 영적으로 더 가까워질 것이고, 우리가 예수님께 가까이 가면 그만큼 성도들끼리도 더 가까워질 것입니다.

우리는 이 말씀에서 모든 신자를 위한 능력의 근원을 찾을 수 있습니다. 우리가 살기 위해서는 그리스도를 바라보아야 하며, 주님을 섬기기 위한 힘을 얻으려면 주님께 와서 먹어야 합니다. 우리는 이러한 주님의 가르침을 소홀히 해서 겪지 않아도 될 연약함을 겪습니다. 우리는 말씀의 골수와 기름진 것을 먹음으로써 힘을 축적하며 주님을 섬기는 일에 모든 능력을 발휘해야 합니다. 그러므로 예수님께 가까이 가며, 예수와 연합하며, 주님의 백성을 사랑하며, 예수님으로부터 힘을 얻기를 원한다면 믿음으로 주님께 나와 조반을 먹으십시오.

진실로 생명의 원천이 주께 있사오니 주의 빛 안에서 우리가 빛을 보리이다(시 36:9).

우리는 때때로 인간의 권면이나 동정심, 또는 신앙생활이 우리를 영적으로 위로하거나 돕지 못하는 체험을 합니다. 왜 자비하신 하나님은 이런 일을 허락하시는 것입니까? 아마도 우리가 너무 나 하나님을 멀리 떠나 살기 때문일 것입니다. 하나님은 우리를 하나님께 끌어오기 위해서 우리가 의지하고 있는 모든 것을 제거하십니다.

영적 수원지에서 사는 것은 축복된 일입니다. 우리는 하갈과 이스마엘처럼 양식이 넉넉할 때 만족을 느끼면서 광야로 나갑니다. 그러나 그 양식이 다 떨어질 때는 "나를 살피시는 하나님"(창 16:13)밖에 우리를 도울 자가 없습니다.

우리는 탕자와 같습니다. 우리는 돼지 먹이를 갈망하며 아버지의 집을 망각하고 지냅니다. 기억하십시오. 우리는 종교의 형식들을 찌꺼기로 만들 수도 있습니다. 그것들은 복된 것이지만, 하나님의 자리에 놓는다면 가치 없는 것이 됩니다. 우리를 하나님에게서 떠나게 하는 것은 모두 우상입니다. 땅에 기근이 들면 우리는 더 주님을 찾게 될 것입니다.

우리는 자신의 성화와 겸손 때문에 구원을 받는다고 생각하지 말아야 합니다. 우리는 그리스도께서 완전한 대속물이 되셨기 때문에 구원을 받으며, 그리스도 안에서 완전해집니다. 우리는 절대 자신을 의뢰하지 말아야 합니다. 예수의 공로를 의지할 때 우리는 확실한 반석 위에 서게 됩니다.

사랑하는 자여, 목 마를 때 생명의 샘을 의지하십시오!

다윗이 그 마음에 생각하기를 내가 후일에는 사울의 손에 붙잡히리니 블레셋 사람들의 땅으로 피하여 들어가는 것이 좋으리로다 사울이 이스라엘 온 영토 내에서 다시 나를 찾다가 단념하리니 내가 그의 손에서 벗어나리라 하고(삼상: 27:1).

다윗의 생각은 잘못된 것이었습니다. 하나님이 다윗에게 기름을 부으신 것은 결코 헛되고 의미 없는 행위가 아니었으므로 이렇게 생각한 것은 잘못이었습니다. 하나님은 어떤 일이 있어도 자기의 종을 버리지 않으십니다. 다윗은 여러 번 위험한 지경에 처했지만, 그때마다 하나님이 개입하셔서 구해 주셨습니다. 그는 여러 시련을 겪었지만 자비로우신 하나님은 언제나 피할 길을 예비해 주셨습니다. 다윗은 하나님이 자기를 위해 행하셨던 일을 기억하여 하나님이 언제나 자기의 보호자가 되시리라는 것을 깨달아야 했습니다.

우리도 다윗처럼 하나님의 도움을 의심하고 있습니까? 그것은 이유 없는 불신이 아닙니까? 우리에게 하나님의 선하심을 의심할 이유가 있습니까? 하나님이 우리의 신뢰를 의롭다 하시지 않은 일이 한 번이라도 있었습니까? 하나님은 한 번도 우리를 버려두시지 않으셨습니다. 우리는 많은 시련을 겪었습니다. 그러나 그것들은 결코 우리에게 손해를 끼치지 않았고 오히려 유익이 되었습니다. 우리가 과거의 경험으로부터 내릴 수 있는 결론은 이미 여섯 번이나 환난을 당할 때 우리와 함께 하신 하나님은 일곱 번째 환난을 당할 때도 버려두지 않으리라는 것입니다.

우리가 신실하신 하나님에 관해 알게 된 사실은 하나님이 끝까지 우리를 지키시리라는 것을 증명합니다. 그러므로 눈에 보이는 증거와 반대되는 추리해서는 안 됩니다. 우리가 하나님을 의심할 만큼 위험을 당한 일이 있었습니까?

주님, 불신앙이라는 이세벨을 내던지시사 그들이 그것을 먹어 치우게 하소서.

그는 목자 같이 양 떼를 먹이시며 어린 양을 그 팔로 모아 품에 안으시며 젖먹이는 암컷들을 온순히 인도하시리로다(사 40:11).

선한 목자는 참으로 여러 양을 소유하십니다. 어떤 양은 주 안에서 튼튼하고, 어떤 양은 믿음이 약합니다. 그러나 선한 목자는 모든 양을 공평하게 돌보아 주십니다. 튼튼한 양이나 연 약한 양이나 동일하게 사랑하십니다.

양은 꾸물거리고 방황하며 쉽게 지칩니다. 그러나 목자는 능력의 팔로 그들을 이 위험에서 지키십니다. 그는 어린 양 같이 중생할 영혼이 죽어가는 것을 발견하시면 그들에게 영양을 공급해 주시어 활기차게 해주십니다. 그는 실신하여 죽어가는 연약한 영혼을 발견하면, 그들을 위로해 주시며 새 힘을 주십니다. 그는 어린 양들을 모두 모아들이십니다. 왜냐하면 아버지는 그들 중 하나라도 멸망하는 것을 원치 않기 때문입니다.

목자는 재빨리 모든 양을 살펴보시며 자비한 마음으로 그들 모두를 돌보시고, 강하신 팔을 뻗어 그들을 불러 모으십니다. 그는 세상에 계실 때 연약한 자들을 불러 모으셨습니다. 지금도 하늘에 계신 주님의 자애로우신 마음은 비천하고 마음이 상한 자, 겁이 많고 힘이 약한 자, 두려워하며 실신하는 자들을 긍휼히 여기 십니다.

주님은 온유하게 나를 주님, 주님의 진리, 주님의 보혈, 주님의 사랑, 주님의 교회로 불러 모으십니다. 주님은 회심한 이후로도 방황하는 나를 되찾으시어 영원하신 팔에 안아 주셨습니다. 가장 기쁜 사실은 주님은 사랑의 임무를 남에게 맡기지 않고 친히 행하시며, 지극히 무가치한 종을 구원하여 보존하시기 위해 낮아지셨다는 것입니다. 어떻게 해야 내가 주님을 충분히 사랑하며 섬길 수 있을까요?

선한 목자여, 당신을 더욱 진실하게 사랑할 수 있는 마음을 구하옵니다.

주께서 밭고랑에 물을 넉넉히 대사 그 이랑을 평평하게 하시며 또 단비로 부드럽게 하시고 그 싹에 복을 주시나이다 주의 은택으로 한 해를 관 씌우시니 주의 길에는 기름 방울이 떨어지며(시 65:10-11)

기름이 떨어지는 주님의 길이 많습니다. 그러나 기도의 길은 특별한 길입니다. 기도의 골방에서 땀 흘리며 시간을 보내는 신자는 "나는 쇠잔하였고 나는 쇠잔하였으니 내게 화가 있도다"(사 24:16)라고 외칠 필요가 없습니다. 굶주린 영혼은 속죄소에서 멀리 떨어져 살며, 가뭄에 갈라진 들판처럼 됩니다.

하나님과 기도로 씨름하여 이기는 것은 신자를 강하게 해줍니다. 천국 문에 가장 가까운 곳이 은혜의 보좌입니다. 홀로 예수님과 함께 지내는 시간을 많이 가지십시오. 그러면 많은 확신을 얻을 것입니다. 예수님과 함께 있는 시간이 적으면 믿음이 약해지며, 의심과 두려움으로 얼룩지며, 주님의 기쁨이 부족하게 됩니다. 영혼을 부유하게 해주는 기도의 길은 연약한 성도에게도 개방되어 있습니다.

사랑하는 자여, 은밀하게 예수님과 교제하고 헌신하십시오. 이 세상은 예수님의 품에 기대는 영혼이 느끼는 고요한 평온을 주지 못합니다. 그런데 이것을 깨닫는 신자는 매우 드뭅니다. 그들은 낮은 곳에 살면서 산꼭대기로 올라가지 않습니다. 그들은 바깥 뜰에 살고 있으면서 거룩한 곳에 들어가려 하지 않습니다. 그들은 멀리서 제물을 바라보기만 할 뿐, 제사장과 함께 앉아 번제물의 기름을 향유하려 하지 않습니다.

사랑하는 자여, 예수님의 날개 그늘 아래 앉으십시오. 사랑하는 자가 숲속의 사과나무가 되게 하십시오. 그리하면 우리는 골수와 기름진 것을 먹음 같이 만족할 것입니다.

예수님, 구원을 가지고 우리에게 오소서.

사무엘이 이르되 여호와께서 번제와 다른 제사를 그의 목소리를 청종하는 것을 좋아하심 같이 좋아하시겠나이까 순종이 제사보다 낫고 듣는 것이 숫양의 기름보다 나으니(삼상 15:22).

여호와는 사울에게 아말렉 사람과 그 가축까지 모두 죽이라고 명하셨습니다. 그런데 사울은 아말렉 왕을 살려 주었고, 또 백성들이 양과 소의 좋은 것들을 가져가는 것을 허락하였습니다. 이 일의 이유를 묻는 사무엘의 요청을 받고서 그는 하나님께 제물로 드리려는 선한 뜻에서 한 행동이라고 했습니다. 그러나 사무엘은 제사를 드리려 했다는 것이 하나님을 배반한 행위의 핑계가 되지 못한다고 했습니다.

오늘 밤 우리에게 주신 이 말씀을 황금 문자로 인쇄하여 우상을 숭배하는 세대의 눈앞에 붙여야 합니다. 오늘 이 세대는 자기의 뜻을 좇으며, 하나님의 법을 등한히 합니다. 구세주께서 명령하신 길을 똑바로 따라가는 것이 표면적인 신앙생활보다 낫다는 것을 항상 기억하십시오. 그리스도께서 제자들에게 하신 명령 중에 지극히 작은 것도 지키지 못하고 있습니까? 더는 불순종을 계속해선 안 됩니다. 아무리 주님께 헌신하고 경건한 행동을 해도, 그것들은 우리의 불순종을 보상하지 못합니다. 지극히 작고 하찮은 일이라도 하나님의 명령에 순종하는 것이 성대하게 드리는 제사보다 낫습니다. 화려한 교회당, 사치스러운 예복, 향(香), 표어 등에 정신을 빼앗기지 마십시오.

하나님이 자기 자녀에게 우선 요구하시는 것은 순종입니다. 비록 당신이 순교자가 되어 화형당하며, 모든 재산을 가난한 자에게 구제한다고 해도 주님의 교훈에 순종하지 않는다면 당신이 행한 모든 형식은 전혀 유익이 되지 못합니다. 어린아이처럼 가르침을 잘 받아들이는 것이 좋으며, 그 교훈을 철저하게 실천하는 것은 더욱 좋은 일입니다. 수많은 사람이 성전을 아름답게 치장하면서도 정작 주님의 말씀에 순종하기를 거부하고 있습니다. 결코 그들을 본받지 맙시다.

형제들아 내가 신령한 자들을 대함과 같이 너희에게 말할 수 없어서 육신에 속한 자 곧 그리스도 안에서 어린아이들을 대함과 같이 하노라(고전 3:1).

자신의 영적 생활이 연약하여 슬퍼하고 있습니까? 믿음이 적고 사랑이 희미하여 슬퍼합니까? 기운을 내십시오. 우리에게는 감사해야 할 이유가 있습니다. 우리에게도 어떤 면에서 매우 위대하고 완전히 장성한 신자와 동일한 점이 있음을 기억하십시오. 우리도 다른 신자들처럼 주님의 보혈로 구속함을 받았습니다. 우리도 다른 신자들처럼 하나님의 양자입니다. 어린아이도 장성한 사람과 마찬가지로 부모의 자녀입니다. 우리는 의롭다함을 얻었습니다. 우리의 칭의에 등급이 있는 것이 아닙니다. 우리의 적은 믿음이 우리를 완전히 깨끗하게 했습니다.

우리에게는 가장 크게 진보한 신자처럼 언약의 귀한 것을 누릴 권리가 있습니다. 왜냐하면 언약의 자비를 누릴 권리는 우리의 성장에 따라 좌우되는 것이 아니라 언약 자체에 있기 때문입니다. 예수님을 향한 우리의 믿음은 예수 안에 있는 우리의 기업의 척도가 아니라 증거입니다. 작은 별도 하늘에서 빛을 발합니다. 희미한 광선도 태양과 유사한 성질을 가지고 있습니다. 영광의 족보에는 작은 자와 큰 자가 동일한 펜으로 기록됩니다. 우리는 하나님의 가족 중에서 가장 위대한 자와 마찬가지로 하나님이 귀히 여기시는 자녀입니다.

예수님은 우리를 불쌍히 여기십니다. 우리는 상한 갈대와 같습니다. 주님은 결코 상한 갈대를 꺾지 않으십니다. 우리는 현재 상태로 인해 낙심하지 말고 그리스도 안에서 승리해야 합니다.

나는 그리스도 안에서 거룩한 곳에 앉을 수 있습니다. 내 믿음이 보잘것없습니까? 그러나 나는 예수 안에서 만물을 소유하게 될 상속자이므로 주님 안에서 기뻐하며 내 구원의 하나님을 자랑하겠습니다.

나를 지으신 하나님은 어디 계시냐고 하며 밤에 노래를 주시는 자가 어디 계시냐고 말하는 자가 없구나(욥 15:10).

낮에는 누구나 노래할 수 있습니다. 재산이 풍성하게 증가할 때는 누구든지 풍성한 추수를 주시거나 많은 물건을 배에 싣고 집으로 돌아가게 해주신 하나님을 찬양할 수 있습니다. 바람이 불 때는 풍경(風磬)이 잘 울리지만, 바람이 불지 않으면 아름다운 소리를 낼 수 없습니다.

낮에 악보를 읽을 수 있을 때 노래하기가 쉽습니다. 그러나 능숙하게 노래할 수 있는 사람은 마음으로 노래합니다. 영혼의 밤을 맞아 노래할 수 있는 사람은 없습니다. 노래하려고 노력해볼 수는 있지만, 밤에 노래하려면 하나님의 감동하심이 필요합니다.

모든 일이 잘될 때는 어디를 가든지 노래하며, 길에서 자라고 있는 꽃을 보고서도 기뻐할 수 있습니다. 그러나 초목이 살 수 없는 사막에 들어가게 된다면 어떻게 하나님을 찬양하는 노래를 부를 수 있습니까? 내 음성이 또렷하며 몸이 건강할 때 하나님을 찬양할 수 있습니다. 그러나 병들어 누었을 때 하나님이 내게 노래를 주지 아니하시면 어떻게 하나님을 높이 찬양할 수 있습니까? 모든 일이 순탄하지 못할 때는 하늘의 음악이 영혼을 채워주지 않을 때는 노래하지 못합니다. 하박국 선지자는 다음과 같이 거룩한 노래를 불렀습니다.

> "비록 무화과나무가 무성하지 못하며 포도나무에 열매가 없으며 감람나무에 소출이 없으며 밭에 먹을 것이 없으며 우리에 양이 없으며 외양간에 소가 없을지라도 나는 여호와로 말미암아 즐거워하며 나의 구원의 하나님으로 말미암아 기뻐하리로다"(합 3:17-18).

우리를 지으신 하나님이 밤중에 노래를 주시므로 우리는 그가 음악을 주시기를 기다려야 합니다.

오 음악의 대가시여, 우리가 환경으로 인해 실망하여 잠잠치 않게 해주소서. 우리의 입술로 감사의 찬송을 부르게 하소서.

오직 사랑 안에서 참된 것을 하여 범사에 그에게까지 자랄지라 그는 머리니 곧 그리스도라(엡 4:15).

영적인 일에 발육이 정지되어 난쟁이 상태에 머물러 있는 신자가 많습니다. 그들은 생존하고 있지만 "범사에 그에게까지 자라지" 못합니다. 우리가 장성하면 이삭을 내고 완전히 무르익을 수 있는데 어찌 푸른 잎으로 만족할 수 있겠습니까?

그리스도 안에 있는 충만을 더 많이 경험하기를 원하지 않고, 다만 그리스도를 믿으며 "나는 안전하다"라고 말하는 것에 만족하면 안 됩니다.

우리는 하늘나라 시장의 선한 상인들로서 예수님에 대한 지식을 풍성히 소유하려는 마음을 가져야 합니다. 다른 사람의 포도원을 지키는 것도 좋지만, 자신의 영적 성장과 성숙을 등한히 해서는 안 됩니다. 왜 우리 심령에 항상 겨울이 계속됩니까? 우리는 씨 뿌리는 봄철을 맞아야 합니다.

추수를 약속하는 봄과 여름이여, 오라!

은혜 안에서 성숙하기를 원한다면, 주님 가까이에 살아야 합니다. 주님과 즐겁게 교제해야 합니다. 사도 요한처럼 예수님께 다가가서 그 가슴에 기대야 합니다. 그리하면 우리의 거룩한 사랑, 믿음, 소망 등 모든 귀한 은사가 성장할 것입니다.

태양이 산 위로 떠 올라 빛을 비추듯이, 성령의 작렬하는 빛이 영적으로 일어선 성도의 머리를 비추는 것을 바라보는 것이 세상에서 가장 기쁜 일입니다.

> 내가 북쪽에게 이르기를 내놓으라 남쪽에게 이르기를 가두어 두지 말라 내 아들들을 먼 곳에서 이끌며 내 딸들을 땅 끝에서 오게 하며(사 43:6).

이 메시지는 과거 이스라엘 자손에게 주셨던 것이지만, 오늘 우리에게 주는 권면이기도 합니다. 우리는 본성적으로 선한 것을 대적하므로, 하나님의 길을 행하는 법을 배우기 위해서는 은혜가 필요합니다. 아직 회심하지 않았지만, 주님을 의뢰하기를 원합니까? 그렇다면 억제하지 마십시오. 사랑이 우리를 초청하며 보혈이 길을 예비해 줍니다. 죄나 두려움이 방해하지 못하게 하며, 지금 그 모습 그대로 예수께 나아오십시오. 기도하기를 원합니까? 주님 앞에 우리의 마음을 쏟아 놓기를 원합니까? 그렇다면, 억제하지 마십시오. 속죄소는 자비가 필요한 사람을 위해 마련된 것입니다. 죄인의 부르짖음은 하나님을 설득시킬 수 있을 것입니다. 기도하라는 요청을 받았습니까? 담대하게 은혜의 보좌로 나아오십시오.

이미 구원을 받았습니까? 그렇다면 주님의 백성들과의 교제를 억제하지 말며, 세례와 성만찬을 등한히 하지 마십시오. 만일 소심한 성격을 가지고 있다면 그것과 싸워 이기십시오. 그렇지 않으면 불순종에 빠질 것입니다. 재능이 있다면 그것을 억제하지 말고 사용하십시오. 재산을 쌓아두거나 시간을 낭비하지 마십시오. 능력을 방치하여 녹슬게 하지 말며, 영향력을 억제하지 말고 사용하십시오. 예수께서도 억제하시지 않으셨습니다. 그러므로 자기 부인과 자기희생에 의해 그를 본받으십시오.

하나님과의 친밀한 교제, 담대하게 언약의 축복을 내 것으로 삼는 것, 기독교인의 진보된 삶, 그리스도 사랑의 귀한 비밀을 발견하는 일 등을 억제하지 마십시오. 또한 당신의 냉담함이나 가혹 함, 또는 의심하여 다른 사람을 억제하지 마십시오. 아무쪼록 앞으로 나가며, 이웃을 격려하여 앞으로 나가게 하십시오. 지옥, 그리고 미신과 불신앙이라는 지옥의 군대는 싸울 준비를 하고 있습니다. 십자가의 군사여, 망설이지 마십시오.

그리스도의 사랑이 우리를 강권하시는도다 우리가 생각하건대 한 사람이 모든 사람을 대신하여 죽었은즉 모든 사람이 죽은 것이라(고후 5:14).

우리는 얼마나 많은 은혜를 받고 있습니까? 주님께서 우리를 위해 어떤 일을 해주셨습니까? 주님이 우리의 죄를 사하여 주셨습니까? 의의 옷을 입혀 주셨습니까? 우리의 발을 반석 위에 세워주셨습니까? 우리의 행위를 확증해 주셨습니까? 우리를 위해 하늘나라를 예비해 주셨습니까? 우리의 이름을 생명책에 기록해주셨습니까? 무수히 많은 복을 주셨습니까? 듣지도 보지도 못한 많은 자비를 우리를 위해 쌓아두셨습니까?

그렇다면, 주님의 사랑에 합당한 일을 행하십시오. 장차 주님이 오셨을 때 당신이 주님을 위해 한 일이 없고, 고인 연못처럼 당신의 사랑을 불쌍한 자들에게나 주님의 사역에게 흘려보내지 않고 막아 놓았다고 고백해야 한다면 어찌 하겠습니까? 사람들은 행위로 나타나지 않는 사랑을 어떻게 생각하겠습니까?

사람들은 “면책은 숨은 사랑보다 나으니라”(잠 27:5)고 합니다. 우리의 사랑이 약하여 자기 부인이나 관대함 등의 행동을 하지 않는다면, 누가 그 사랑을 받아들이겠습니까?

주님이 우리를 사랑하시며 우리를 위해 주님 자신을 주셨음을 생각하십시오. 그 사랑의 능력을 아십니까? 그렇다면 그 사랑이 강한 바람처럼 우리 영혼에 임하여 우리에게서 세속이라는 구름을 몰아내고 죄의 안개를 걷어 버리게 하십시오. 성령은 우리를 사자처럼 담대하고 독수리처럼 신속하게 주님을 섬기게 해줍니다.

사랑은 우리의 섬김의 발에 날개를 달아주며, 수고의 팔에 능력을 부여해줍니다. 흔들리지 않는 성실함으로 견고히 서서 예수님을 향한 사랑을 나타냅시다.

예수께서 이르시되 어찌하여 두려워하며 어찌하여 마음에 의심이 일어 나느냐(눅 24:38).

주님은 모든 일에 관심을 가지고 계시지만 특히 성도들에게 관심을 가지십니다. "여호와의 천사가 주를 경외하는 자를 둘러 진 치고 그들을 건지시는도다"(시 34:7). "그의 경건한 자들의 죽음은 여호와께서 보시기에 귀중한 것이로다"(시 115:15). "우리가 알거니와 하나님을 사랑하는 자 곧 그의 뜻대로 부르심을 입은 자들에게는 모든 것이 합력하여 선을 이루느니라"(롬 8:28).

주님은 온 인류의 구세주이지만 특히 믿는 자들의 구세주가 되십니다. 이 보증을 믿고 위로를 받고 기운을 차리십시오. 우리는 주님이 특별히 아끼시는 걸작이요, 눈동자처럼 지키시는 보물이요, 밤낮으로 지키시는 포도원입니다.

"너희에게는 머리털까지 다 세신 바 되었나니"(마 10:30).

우리를 향한 주님의 사랑을 기억함으로써 슬픔을 잠재우고 고통을 가라앉히십시오.

"내가 결코 너희를 버리지 아니하고 너희를 떠나지 아니하리라"(히 13:5).

하나님은 과거 성도들에게 말씀하셨듯이 "두려워하지 말라 나는 네 방패요 너의 지극히 큰 상급이니라"(창 15:1)고 하십니다. 우리는 하나님의 약속을 우리 자신에게 적용하지 않고 교회에 관련된 것으로 여기므로 많은 위로를 상실합니다.

믿는 자여, 믿음으로 하나님의 말씀을 굳게 잡아 자신의 것으로 만드십시오. "내가 너를 위하여 네 믿음이 떨어지지 않기를 기도하였노니"(눅 22:32)라고 하시는 주님의 말씀을 들으십시오. 환난의 바다 위로 걸어오시는 주님을 봅니까? 주님은 그곳으로. 걸어오시면서 "안심하라 나니 두려워하지 말라"(마 14:27)고 하십니다. 예수의 음성을 받아들이며 "예수께서 위로를 속삭이시니 나는 거부할 수 없습니다. 나는 크게 기뻐하며 그의 그늘 아래 앉겠습니다"라고 말하십시오.

내가 그들의 반역을 고치고 기쁘게 그들을 사랑하리니 나의 진노가 그에게서 떠났음이니라(호 14:4).

이 말씀의 의미를 이해하는 사람은 신학자입니다. 이 말씀의 충만 속으로 헤엄쳐 들어갈 수 있는 사람은 대가입니다. 그것은 우리의 대속자이신 예수 그리스도 안에서 우리에게 전해진 영광스러운 구원의 소식의 묘약입니다.

이 말씀의 의미는 "기쁘게"라는 말에 달려 있습니다. 이것은 사랑이 하늘나라로부터 세상에 흘러 내려오는 영광스럽고 타당하고 거룩한 방법입니다. 그것은 전혀 사랑받을 가치가 없고 사거나 구하지도 않은 사람들에게로 흘러내리는 자발적인 사랑입니다. 실제로 그것은 하나님이 우리를 사랑하실 수 있는 유일한 방법입니다

"기쁘게 그들을 사랑하리니."

만일 우리가 하나님의 사랑을 받기에 합당한 사람이라면 하나님은 우리를 즐거이 사랑하시지 않을 것입니다. 그러나 하나님은 "내가 가쁘게 그들을 사랑하리니"라고 하십니다. 우리는 "주여, 내 마음은 지극히 완악하며 나는 그리스도가 필요하다고 느끼지 않는다. 나는 마땅히 원해야 하는바 영의 온유함을 느끼지 않고 있다"라고 불평합니다.

하나님의 사랑을 받는 데는 아무런 조건이 필요치 않음을 기억하십시오. 은혜의 언약은 조건이 없습니다. 우리는 전혀 무가치한 사람이지만 "저를 믿는 자는 심판을 받지 아니하는 것이요"라고 하신 주님의 말씀에 나타난 약속을 믿고 담대하게 나아가야 합니다. 우리가 준비하지 못하고 합당치 못하고 돈도 없지만, 하나님이 우리에게 즐거이 은혜를 주신다는 것을 아는 것은 복된 일입니다.

"기쁘게 그들을 사랑하리니."

배교자들이여, 이 자비로우신 말씀이 언젠가 우리의 마음을 찌르게 될 것이며, 우리는 아버지 앞으로 돌아와 아버지의 얼굴을 찾을 것입니다.

무릇 아버지께 있는 것은 다 내 것이라 그러므로 내가 말하기를 그가 내 것을 가지고 너희에게 알리시리라 하였노라(요 16:15).

성경에 기록된 약속과 교리라도 은혜로운 손이 그것을 우리에게 적용하지 않는 한 전혀 소용이 없을 때가 있습니다. 우리가 목이 말라도 너무나 지쳐있으면 시냇가로 갈 수 없습니다. 전쟁터에서 부상한 병사가 병원에 가면 자기의 상처를 치료해 줄 의사가 있다는 것을 아는 것으로는 아무 소용이 없으며, 병원으로 가서 치료를 받아야 합니다.

우리의 영혼에도 동일한 이치가 적용됩니다. 영혼의 상처를 치료하려면 진리의 영이 예수의 것을 가져다가 우리에게 발라주어야 합니다. 그리스도는 우리의 심령에 가까이 오셔서 평화를 널리 비추어 주십니다. 고민하고 있습니까? 아버지께서는 약속을 주시지 아니하시고, 우물에서 물을 긷듯이 말씀에서 약속을 끌어내게 만드십니다. 아버지께서는 마음에 약속을 새로 기록해주실 것이요, 자기의 사랑을 나타내실 것이요, 복되신 성령에 의해 당신의 염려와 환난을 몰아내실 것입니다.

슬퍼하는 자여, 하나님은 자기 백성들의 눈에서 눈물을 닦아 주실 것입니다. 선한 사마리아 사람은 “여기에 당신의 상처에 바를 포도주와 기름이 있다”라고 말하지 않고 친히 상처 입은 사람의 상처에 포도주와 기름을 친히 발라 주었습니다. 예수께서는 달콤한 약속의 포도주를 주실 뿐 아니라, 황금의 잔을 드시고 입에 생명의 피를 부어 주십니다. 그리하여 가난하고 병들고 지친 순례자는 걸을 힘을 얻을 뿐 아니라 독수리의 날개에 올라탑니다. 영광스러운 복음은 무기력한 사람들에게 힘을 공급하며, 우리가 복음을 따라가지 못할 때 우리에게 다가오시며, 우리가 은혜를 구하기 전에 먼저 은혜를 가져오십니다. 예수를 가져다주시는 성령을 소유한 사람은 복되도다!

예수께서 열두 제자에게 이르시되 너희도 가려느냐(요 6:67).

많은 사람이 그리스도를 버리고 떠났습니다. 그러나 예수님은 자신이 모든 것을 주실 수 있는 분이심을 증명하셨습니까? 주님은 오늘 아침 우리에게 "내가 너(이스라엘)에게 광야가 되었었느냐"(렘 2:31)라고 호소하십니다.

우리의 영혼이 예수님을 믿음으로써 우리의 계획이 좌절된 일이 있었습니까? 우리는 아직 주님이 사랑이 많고 관대한 친구가 되신다는 것을 알지 못했습니까? 그리스도를 믿는 단순한 믿음이 우리의 영이 원하는 평화를 주지 않았습니까? 그리스도보다 더 좋은 친구가 있다고 생각합니까? 무엇이 우리로 하여금 그리스도를 떠나도록 강요할 수 있습니까?

우리는 세상으로 말미암아 괴로움을 당하거나 교회에서 심한 시련을 당할 때 구세주의 품에 머리를 기대는 것이 복된 일임을 압니다. 오늘 우리가 누리는 기쁨은 그리스도 안에서 구원받은 것입니다. 이 기쁨이 만족스러운데 왜 다른 것을 생각하겠습니까? 태양보다 더 좋은 빛을 발견하지 않는 한 태양을 버리지 않을 것이며, 주님보다 더 좋은 애인이 나타나지 않는 한 주님을 떠나지 않을 것입니다. 그러나 주님보다 더 좋은 연인은 결코 있을 수 없으므로 영원히 주님을 굳게 붙들며, 팔에 주님의 이름을 새길 것입니다.

우리는 장차 주님을 버려야 할 일이 있을 것으로 생각합니까? 우리가 가난하다면 그리스도를 소유하는 것보다 더 좋은 일이 무엇이 있겠습니까? 그리스도는 우리를 부유하게 하실 분이 아닙니까? 우리가 죽을 때 "사망이나 생명이나 천사들이나 권세자들이나 현재 일이나 장래 일이나 능력이나 높음이나 깊음이나 다른 어떤 피조물이라도 우리를 우리 주 그리스도 예수 안에 있는 하나님의 사랑에서 끊을 수 없으리라"(롬 8:38-39)고 기록되어 있습니다.

우리도 베드로처럼 "주여 영생의 말씀이 주께 있사오니 우리가 누구에게로 가오리이까?"(요 6:68)라고 말하기를 바랍니다.

이르시되 어찌하여 자느냐 시험에 들지 않게 일어나 기도하라 하시니라(눅 22:46).

신자들은 언제 쉽게 잠이 듭니까? 육체적 환경이 순조롭게 번창할 때가 아닙니까? 환난이 닥쳤을 때 영적으로 더 깨어 있지 않았습니까? 가는 길이 순탄할 때 여행자들은 좁니다. 가는 길에 사자가 도사리고 있을 때나 영혼의 원수와 싸우고 있는 동안에는 졸지 않습니다. 그러나 환난의 산 중턱에까지 올라온 신자는 마음에 드는 정자를 발견하여 거기에 앉은 후 곧 잠들며, 결국 큰 손해를 입고 슬퍼하게 됩니다. 존 번연의『천로역정』에 다음과 같이 썼습니다.

"그들은 피곤하고 지친 순례자들의 기운을 돋우어 주는 포근한 정자에 이르렀다. 그것은 푸른 나무로 둘러싸인 높은 정자였고, 그 안에는 벤치와 의자가 놓여 있었다. 또 지친 자들이 쉴 수 있는 부드러운 소파도 있었다. 그 정자는 게으름의 친구라 했으며, 지친 순례자를 유혹하여 쉬게 할 목적으로 지은 것이었다."

사람들은 편안한 곳에 있게 되면 눈을 감고 망각의 꿈나라를 배회합니다. 어거스틴은 "잠자는 마귀보다는 으르렁거리는 마귀가 더 낫다"라고 했습니다. 시험을 받지 않는 것은 위험한 일입니다. 고통을 받는 영혼은 졸지 않습니다.

우리는 평화로운 확신과 충만한 보증을 얻은 후에 위험스럽게도 졸기 쉽습니다. 제자들은 변화 산꼭대기에서 예수님이 변화하신 것을 본 후에 잠이 들었습니다.

기뻐하는 신자여, 조심하십시오. 안락한 환경은 시험의 이웃입니다. 아무리 행복한 환경 속에 있더라도 항상 깨어 있으십시오.

여호와의 나무에는 물이 흡족함이여 곧 그가 심으신 레바논 백향목들 이로다(시 104:16).

수액이 없으면 나무는 말라 죽습니다. 신자에게는 생명력이 있어야 합니다. 성령 하나님이 우리에게 불어넣으신 절대적인 본질, 곧 생명이 있어야 합니다. 그렇지 않으면 우리는 여호와의 나무가 될 수 없습니다.

이름으로만 기독교인은 죽은 교인입니다. 우리는 거룩한 생명의 영으로 충만해야 합니다. 이 생명은 신비한 것입니다. 중생은 인간의 내면에 들어와 인간의 생명이 되시는 성령에 의해 이루어집니다. 믿는 자 안에 있는 이 거룩한 생명은 그리스도의 살과 피를 먹으며, 그 거룩한 양식에 의해 힘을 얻습니다. 그러나 그것이 어디서 왔다가 어디로 가는지는 아무도 설명해주지 못합니다.

수액이란 참으로 신비한 것입니다. 뿌리는 흙에서 양분을 찾습니다. 그러나 우리는 뿌리가 여러 가지 원소를 빨아들이는 과정, 또는 광물질을 양분으로 변화시키는 과정을 보지 못합니다. 이것은 어두운 데서 이루어집니다.

우리의 뿌리는 예수 그리스도요, 우리의 생명은 예수 안에 숨겨져 있습니다. 이것이 주님의 비밀입니다. 믿는 자 안에 있는 거룩한 생명은 언제나 활력으로 충만합니다. 믿는 자가 소유한 은혜가 모두 활동하는 것은 아닙니다. 그러나 그의 생명은 내면에서 끊임없이 고동칩니다. 믿는 자라고 해서 항상 하나님을 위해 일하는 것은 아니지만, 그의 심령은 언제나 하나님을 의지하여 살아갑니다.

수액은 나뭇잎과 열매를 생산하는 것으로 자신을 나타냅니다. 건전한 신자들의 경우도 이와 같습니다. 그가 받은 은혜는 그의 행동과 대화 속에 나타납니다. 그는 예수에 관해서 이야기하지 않고는 견디지 못합니다. 그의 행동을 보면 그가 항상 예수와 함께 있다는 것이 나타납니다. 그는 많은 수액을 가지고 있으므로 그것이 그의 행동과 대화를 생명으로 가득 채워줍니다.

이에 대야에 물을 떠서 제자들의 발을 씻으시고 그 두르신 수건으로 닦기를 시작하여(요 13:5).

주 예수는 자기 백성들을 극진히 사랑하시므로 날마다 그들의 더러운 발을 씻어 주는 일에 비교될 수 있는 일들을 행하십니다. 예수님은 그들의 보잘것없는 행위를 받아주시며, 하찮은 소원을 들어주시며, 모든 죄를 용서해 주십니다. 주님은 지금도 그들의 주시요 친구이요, 또한 종이 되십니다. 예수께서는 그들을 변호하기 위해 일어서시어 위엄있게 행동하실 뿐 아니라, 대야와 수 건을 가지시고 겸손하고 참을성 있게 백성들 사이로 다니십니다. 주님은 날마다 우리의 죄와 허물을 제거해 주십니다.

지난밤 기도하면서 우리의 행위가 무가치한 것이라고 슬피 고백했고, 오늘 밤도 이미 오래전에 은혜로 구함을 받았던 죄에 다시 빠졌다고 슬퍼하고 있습니다. 그러나 예수는 크게 참아 주십니다. 주님은 우리의 고백을 들어주시며 “내가 원하노니 깨끗함을 받으라”(눅 5:13)고 하실 것입니다. 주님은 다시 구속의 피를 발라 주시며 우리의 양심을 어루만져 주실 것입니다.

그리스도께서 죄인들의 죄를 사하여 주시고 하나님의 가족이 되게 하시는 것은 영원하신 사랑의 위대한 행위입니다. 제멋대로 행동하는 제자들의 거듭된 어리석음을 참으시려면 참으로 크신 인내가 필요합니다. 주님은 날마다 시간마다 사랑하는 자녀의 죄를 씻어 주십니다.

패역의 강물을 말라버리게 하는 것은 놀라운 일입니다. 그러나 거듭된 범죄를 인내하시는 것은 거룩한 일입니다. 우리가 주님이 날마다 우리 죄를 씻어 주심 속에서 위로와 평안을 발견하는 동안 주님은 우리를 더욱 경성하게 하며 거룩한 소원을 갖게 하실 것입니다.

우리 안에 거하여 영원히 우리와 함께 할 진리로 말미암음이로다(요이 2).

하나님의 진리가 인간의 마음에 들어가면 인간의 세력이나 악마의 세력이 그것을 쫓아내지 못합니다. 우리는 진리를 손님으로서가 아니라 집주인으로서 맞아들여야 합니다. 이것은 신자들의 필수품입니다. 복음의 생명력을 느끼며 성령의 능력을 아는 사람은 구원의 복음에서 떨어지느니 차라리 온몸이 찢겨 죽기를 원할 것입니다. 진리가 영원히 우리와 함께 하겠다는 보증 안에는 크신 자비가 들어 있습니다.

우리는 장성하면서 어떤 진리에서 벗어나 떠나기도 합니다. 왜냐하면 그것들은 초심자들을 위한 기초 원리요 교훈이기 때문입니다. 그러나 영적 진리는 이런 식으로 다루어서는 안 됩니다. 어린아이를 위한 부드러운 음식이 어른을 위한 고기도 됩니다. 우리가 죄인이라는 진리는 항상 우리에게 있어 아픔을 주며 겸손하게 하고 깨어 있게 만듭니다. 그보다 더 복된 진리, 곧 누구든지 주 예수님을 믿는 자는 구원을 얻는다는 진리는 우리와 함께 있어 우리의 기쁨이요 소망이 됩니다.

우리의 믿음의 동기와 근거는 그 어느 때보다 더욱 강해지고 더 많아지고 있습니다. 우리는 죽어 구세주를 얼싸안게 될 때까지 계속 그렇게 되리라고 기대할 수 있습니다. 우리는 진리에 대한 영원한 사랑을 발견하는 곳에서 우리 사랑을 실천해야 합니다. 진리에 많은 오류가 섞일 때는 오류를 대적하여 싸워야 합니다. 반면에 형제 안에서 발견되는 진리의 분량만큼 형제를 사랑해야 합니다. 무엇보다도 진리를 사랑하고 널리 전파합시다.

룻이 가서 베는 자를 따라 밭에서 이삭을 줍는데 우연히 엘리멜렉의 친족 보아스에게 속한 밭에 이르렀더라(룻 2:3).

룻은 우연히 보아스의 밭에서 이삭을 줍게 되었습니다. 이것은 우연히 일어난 일 같지만 실제로는 하나님이 섭리하신 일이었습니다. 룻은 시어머니의 축복을 받고 시어머니의 하나님 돌보심 아래 나아가 비천하지만 훌륭한 일을 했으며, 하나님의 섭리가 걸음마다 그녀를 인도하셨습니다. 룻은 장차 자신을 그 넓은 밭의 공동소유자로 만들어 줄 남편을 그 밭에서 발견하며, 또 이방인인 자기가 위대한 메시아의 조상이 되리라고는 꿈에도 알지 못했습니다.

하나님은 믿는 자에게는 대단히 선하신 분이시며, 때로는 예기치 못한 복을 베풀어 그들을 놀라게 해주십니다. 우리는 내일 우리에게 어떤 일이 일어날지 알지 못합니다. 그러나 하나님은 선한 일 베푸시기를 보류하지 아니하실 것입니다.

믿는 신자들에게 있어서는 우연이라는 것이 없습니다. 그들은 모든 일에서 역사하시는 하나님의 손을 봅니다. 오늘 벌어지는 사소한 사건 속에 매우 중요한 결과가 포함되어 있을 수도 있습니다.

우리가 오늘 묵상의 밭을 배회할 때 우리의 친족이신 주님이 친히 우리에게 자신을 계시하신다면 얼마나 복된 일이겠습니까!

오, 하나님의 영이시여, 우리를 그분에게로 인도하소서.

주님의 양 떼가 지나간 발자취를 찾아보십시오. 그러면 그분이 거하시는 푸른 초장에 도착할 수 있습니다. 예수님이 떠나가신 이 세상은 쓸쓸한 세상입니다. 우리는 태양과 달이 없으면 살 수 없듯이 주님 없이는 살 수 없습니다. 그러나 주님이 영광중에 임재하시면 모든 일이 분명해질 것입니다.

이 밤, 기도하면서 예수님의 밭에 도착하기를 기다립시다. 그곳에서 주님은 자신을 나타내실 것입니다.

너희가 많은 것을 바랐으나 도리어 적었고 너희가 그것을 집으로 가져 갔으나 내가 불어 버렸느니라 나 만군의 여호와가 말하노라 이것이 무슨 까닭이냐 내 집은 황폐하였으되 너희는 각각 자기의 집을 짓기 위하여 빨랐음이라(학 1:9).

많은 사람은 선교사역이나 목회사 역에 기부금을 적게 내면서 절약경제를 외칩니다. 그들은 스스로 자신을 곤궁하게 만들고 있다고는 꿈에도 생각하지 않습니다. 그들은 자기 가족을 부양해야 한다는 핑계를 대며 하나님의 집을 등한히 하는 것이 자기 집의 멸망을 초래하는 확실한 길이라는 것을 망각합니다.

하나님은 우리의 기대 이상으로 우리의 노력을 축복하실 수 있으며 우리의 계획을 좌절시키어 크게 당황하고 실망하게 만드실 수도 있습니다. 성경은 주님이 인색하지 않은 사람을 부유하게 하시며, 인색한 자로 하여금 베풀지 않는 것은 가난으로 이어진다는 것을 깨닫게 하신다는 것을 가르쳐줍니다. 나는 관대한 신자가 언제나 가장 행복하며 가장 번영한다는 것을 보아왔습니다. 마음껏 베푸는 사람이 기대 이상으로 부자가 되는 것도 보았습니다. 또 인색하고도 이 좁은 사람이 자기가 기대했던 행운은 얻지 못하고 오히려 가난하게 되는 것도 보았습니다.

사람들은 선한 청지기에게 많은 돈을 맡깁니다. 우리 주님도 그리 하십니다. 주님은 말(斗)로 주는 사람들에게 수레로 베푸십니다. 이기심은 먼저 자기 가정을 바라봅니다. 그러나 경건은 먼저 하나님의 나라와 그의 의를 봅니다. 그러나 결국 이기심은 모든 것을 잃게 되고, 경건은 온전한 유익을 얻습니다. 우리가 하나님께 아낌없이 바치려면 믿음이 있어야 합니다. 하나님은 우리의 제물을 받으시기에 합당하신 분이십니다.

모든 강물은 다 바다로 흐르되 바다를 채우지 못하며 강물은 어느 곳으로 흐르든지 그리로 연하여 흐르느니라(전 1:7).

모든 것이 변화하며, 시간도 쉬지 않고 흐릅니다. 지구는 회전하는 행성이요, 태양도 큰 발광체 주위를 회전하는 별입니다. 조수(潮水)는 바다를 움직이며, 바람은 대양을 휘저으며, 바위는 닳습니다. 변화와 사망이 온 세상을 지배하고 있습니다. 인간은 태어났다가 죽습니다. 만물은 서두르고 근심하고 괴로워합니다.

불변하시는 예수의 친구여, 변함없는 우리의 기업을 생각해 보십시오. 얼마나 기쁜가요! 하나님께 친히 즐거움의 강물을 우리의 축복의 바다로 흘러 들어가게 해주시므로 그 바다는 영원히 충만할 것입니다. 하늘 위에 있는 영원한 성읍을 찾고 있는 우리는 절대 낙심하지 않을 것입니다.

본문은 우리에게 감사를 가르치고 있습니다. 대양이 되시는 아버지는 위대하신 영접자이십니다. 그러나 또한 인자하신 분배자이시기도 합니다. 대양은 강들이 가져온 것을 비와 구름의 형태로 땅에 반환하십니다.

받기만 하고 베풀지 않는 사람은 우주와 조화를 이루 지 못합니다. 다른 사람에게 주는 것은 곧 자신을 위해 씨를 뿌리는 일입니다. 선한 청지기는 주님을 위해 자기의 재물을 기꺼이 사용하며, 그리하면 주님은 더 많은 것을 그에게 맡기실 것입니다.

우리는 받은 은혜에 따라 주께 바치고 있습니까? 우리에게 주어진 것이 무척 많은데, 어떤 열매를 맺었습니까? 이기적으로 생활하는 것은 악한 일입니다.

대양이 물을 쌓아두고 땅에 되돌려주지 않는다면 인류는 멸망할 것입니다. 하나님은 우리가 자신만을 위하는 인색하고 파괴적인 정책에 따라 생활하는 것을 금하십니다. 예수께서는 자기 좋을 대로 행하지 아니하셨습니다. 주님 안에는 모든 충만함이 있으며, 우리는 그의 충만한 데서 모든 것을 받습니다(요 1:1 참조).

미쁘다 이 말이여 우리가 주와 함께 죽었으면 또한 함께 살 것이요(딤후 2:11).

바울은 "미쁘다"라는 말을 네 번 사용했습니다: "미쁘다 모든 사람이 받을 만한 이 말이여 그리스도 예수께서 죄인을 구원하시려고 세상에 임하셨다 하였도다"(딤전 1:15); "육체의 연단은 약간의 유익이 있으나 경건은 범사에 유익하니 금생과 내생에 약속이 있느니라 미쁘다 이 말이여 모든 사람들이 받을 만하도다"(딤전 4:8-9); "참으면 또한 함께 왕 노릇 할 것이요 우리가 주를 부인하면 주도 우리를 부인하실 것이라 우리는 미쁨이 없을지라도 주는 항상 미쁘시니 자기를 부인하실 수 없으시리라"(딤후 2:12-13); "이 말이 미쁘도다 원하건대 너는 이 여러 것에 대하여 굳세게 말하라 이는 하나님을 믿는 자들로 하여금 조심하여 선한 일을 힘쓰게 하려 함이라 이것은 아름다우며 사람들에게 유익하니라"(딛 3 :8).

이 미쁘다는 말의 관계를 살펴보겠습니다.

첫 번째 말씀은 위대하신 구속자의 역사 속에서 우리에게 베푸신 하나님의 값없이 주시는 은혜 안에 있는 영원한 구원에 토대를 두고 있습니다. **두 번째** 말씀은 우리가 이 구원으로 말미암아 얻게 되는 두 가지 축복, 이 세상에서의 축복과 영원한 세상에서의 축복을 이야기합니다. **세 번째** 말씀은 택한 백성에게 요구되는 의무 중 한 가지를 나타내줍니다. 우리는 "참으면 또한 함께 왕 노릇 할 것이요"(딤후 2:12)라고 하신 약속과 더불어 그리스도를 위해 고난 받으라는 명령을 받고 있습니다. **네 번째** 말씀은 하나님을 섬기는 일의 적극적인 형태를 제시하면서 우리에게 선한 일을 힘쓰라고 명령합니다.

이 미쁜 말씀을 소중히 간직하십시오. 이들을 생활의 지침과 위로와 교훈으로 삼으십시오. 이방인에게 복음을 전파한 사도 바울은 그 말씀들이 미쁘다는 것을 증명하였으며, 지금도 그 말씀들은 여전히 미쁘며 한 마디도 땅에 떨어지지 않을 것입니다. 그 말씀들은 받아들일 가치가 있는 말씀이니 지금 그 말씀을 받아들여서 그 미쁨을 증명합시다.

무릇 우리는 다 부정한 자 같아서 우리의 의는 다 더러운 옷 같으며 우리는 다 잎사귀 같이 시들므로 우리의 죄악이 바람 같이 우리를 몰아가나이다(사 64:6).

믿는 자는 새로운 피조물입니다. 그는 거룩한 세대, 특별한 백성입니다. 그의 안에는 하나님의 영이 있으므로, 그는 모든 면에서 육체적인 사람과는 거리가 멀다. 그런데도 신자는 여전히 불완전한 본성에 얽매어있으며, 세상에서 사는 동안 계속 이렇게 지낼 것입니다.

죄의 검은 손가락은 우리의 깨끗한 옷에 더러움을 남깁니다. 이 기심은 우리의 눈물을 더럽히며, 불신앙은 우리의 신앙을 함부로 주무릅니다. 우리가 예수를 영접하지 않았을 때 행한 일은 아무리 선한 것이라도 죄를 증가시켰을 뿐입니다. 우리 스스로 볼 때 자신이 아무리 정결하다고 해도 하나님의 보시기에는 정결하지 못합니다. 하나님이 천사들조차 어리석다고 하셨듯이, 우리는 한층 더 어리석다는 비난을 받아야 합니다.

하늘나라로 올라가 하늘나라의 찬송과 경쟁하려는 우리의 찬양에는 인간의 불협화음이 있습니다. 하나님의 팔을 움직이려는 우리의 기도도 멍들고 부러진 기도입니다. 죄가 없으신 분, 위대하신 중보자께서 개입하여 우리의 간구에서 죄를 제거해 주시기 때문에 우리의 기도는 하나님의 팔을 움직이는 것입니다. 기독교인이 세상에서 아무리 훌륭한 믿음을 가지고 있고 성화가 되었다 해도 거기에는 너무나 많은 불순물이 섞여 있으므로 그것은 불에 들어가야 합니다.

우리는 매일 밤 거울을 보면서 죄인을 봅니다. 그러므로 우리는 “우리는 다 부정한 자 같아서 우리의 의는 다 더러운 옷 같도다”라고 고백해야 합니다. 주님의 온전한 의는 참으로 귀한 선물입니다. 지금 우리 안에는 죄가 있지만, 그 세력이 파괴되었으므로 우리를 지배하지 못합니다. 그것은 등이 부러진 뱀과 같습니다. 우리는 그것과 쓰라린 싸움을 하고 있으나, 그 싸움은 이미 정복된 원수와의 싸움입니다.

너희가 세상에 속하였으면 세상이 자기의 것을 사랑할 것이나 너희는 세상에 속한 자가 아니요 도리어 내가 너희를 세상에서 택하였기 때문에 세상이 너희를 미워하느니라(요 15:19).

이 말씀에는 탁월한 은혜와 차별적인 배려가 나타나 있습니다. 왜냐하면 어떤 사람들은 거룩한 사랑의 특별한 대상이 되기 때문입니다. 두려워 말고 이 고귀한 예정의 교리를 깊이 생각해 보십시오. 우리의 마음이 몹시 답답하고 낙심될 때 이 말씀이 위로가 될 것입니다.

은혜의 교리를 의심하거나 어두운데 던져버리는 사람은 가장 풍성한 축복 가운데 하나를 잃게 됩니다. 이것과 비교할 수 있는 위안은 없습니다. 요나단이 먹은 꿀이 그의 눈을 밝게 해주었다면, 이 말씀은 우리의 마음을 밝혀주어 하나님의 나라를 사랑하고 그 비밀을 배우게 해줄 것입니다. 두려워하지 말고 이 정선된 진미를 먹고 사십시오. 왕의 식탁에 있는 음식은 그 신하에게도 해롭지 않을 것입니다.

영원무궁하며 특별한 하나님의 사랑을 더욱 이해할 수 있는 큰 지성을 갖기를 소원하십시오. 예정이라는 높은 곳에 오른 후에는 그 자매 산인 은혜의 언약 위에 머무십시오. 언약은 우리를 보호하는 거대한 바위 성벽과 같습니다. 우리의 보증이 되시는 예수 그리스도와 언약을 맺는 것은 두려워 떠는 영들에게 고요한 안식처가 됩니다.

성부 하나님은 성자의 수고에 대한 무한한 보상의 일부로 나를 성자에게 주시겠다고 약속하셨습니다. 그러므로 하나님이 신실하시며 예수님께서 진실하신 한 내 영혼은 안전합니다. 다윗은 언약 앞에서 춤을 춘 일을 힐난하는 미갈에게 여호와께서 자기를 택하셨기 때문에 춤을 추었다고 말했습니다.

내 영혼아, 은혜의 하나님 앞으로 와서 기뻐하며 뛰놀라.

머리는 순금 같고 머리털은 고불고불하고 까마귀 같이 검구나(아 5:11).

주님은 무엇에도 비길 수 없습니다. 그러나 이 말씀에서 신부는 자신으로서는 가장 훌륭한 표현을 사용했습니다. 예수의 "머리"라는 표현에서 우리는 주님의 신성을 생각할 수 있습니다.

"그리스도의 머리는 하나님이시라"(고전 11:3).

정금이라는 표현은 지극히 훌륭한 비유이기는 하지만 무한히 고귀하시고 순결하시고 사랑스러우시고 영화로우신 분을 묘사하기에는 부족합니다. 예수는 소량의 금이 아니라 막대한 금덩어리, 하늘과 땅보다 더 크고 귀중한 보물덩어리이십니다. 피조물은 진흙과 철이요, 나무나 마른 풀이나 지푸라기처럼 사라질 것입니다. 그러나 하나님이 지으신 피조 세계의 영원한 머리는 영원토록 빛을 발할 것입니다. 그는 무한히 거룩하시고 신성하십니다.

"고불고불한 머리털"은 주님의 장부다운 힘을 묘사합니다. 사랑하는 주님은 사람 중에서 가장 사나이다운 분이십니다. 그분은 사자처럼 담대하며 황소처럼 열심히 일하며 독수리처럼 빠릅니다. 비록 사람들은 주님을 능욕하고 배척했지만, 주님 안에는 우리의 상상이 허락하는 최고의 아름다움이 있습니다. 주님은 지금 비할 데 없이 존귀하신 면류관을 쓰고 계십니다.

검은 머리카락은 젊음을 나타냅니다. 예수는 젊음을 가지고 계십니다. 다른 사람은 늙으면 연약해지지만, 주님은 영원한 제사장이십니다. 다른 사람은 오고 가지만 주님은 영원히 하나님으로서 보좌에 좌정하여 계십니다.

오늘 밤, 주님을 뵈옵고 찬미합시다. 천사들은 주님을 바라보고 있습니다. 구속함을 받은 백성도 절대 주님에게서 시선을 떼서는 안 됩니다. 이렇게 사랑스러운 분이 어디에 있겠습니까? 예수께서 나를 인도해주시니 그분의 뒤를 따라야 합니다.

그러므로 너희는 이렇게 기도하라 하늘에 계신 우리 아버지여 이름이 거룩히 여김을 받으시오며(마 6:9).

이 기도는 양자의 영을 가지고 있는 자들이 드리는 진실한 기도의 첫마디, 곧 "우리 아버지"라는 단어로 시작되고 있습니다. 우리는 "내가 일어나서 내 아버지에게로 가리라"고 말하게 되어야 하나님이 받으시는 기도를 드릴 수 있습니다.

이 어린아이 같은 정신은 곧 하늘에 계신 위엄을 감지하게 되며 경건한 예배 즉, "이름이 거룩히 여김을 받으시오며 나라가 임하시오며 뜻이 하늘에서 이루어진 것 같이 땅에서도 이루어지이다"로 연결됩니다. 그다음에는 마음에서 우러나 하나님을 의존하는 "오늘 우리에게 일용할 양식을 주시옵고"라는 기도로 이어집니다.

성령께서는 우리의 마음을 조명하시어 우리가 하나님을 의존해야 한다는 것, 그리고 죄인이라는 것을 깨닫게 해주십니다. 그런 까닭에 자비를 구하여 "우리가 우리에게 죄 지은 자를 사하여 준 것 같이 우리 죄를 사하여 주시옵고"라고 기도합니다. 죄 사함을 받고, 그리스도의 의를 입고, 또 하나님이 받아 주셨음을 깨달은 사람은 겸손하게 거룩한 견인의 은혜를 구하여 "우리를 시험에 들게 하지 마시옵고 다만 악에서 구하시옵소서"라고 간구합니다.

진실로 용서를 받은 사람은 다시는 죄를 범하지 않기를 갈망합니다. 그는 칭의를 얻었으므로 성화를 갈망합니다. "우리 죄를 사하여 주시옵고"는 칭의요, "우리를 시험에 들게 하지 마시옵고 다만 악에서 구하시옵소서"는 소극적인 면과 적극적인 면 모두에서 성화를 기원하는 것입니다. 이 모든 일의 결과로 "나라와 권세와 영광이 아버지께 영원히 있사옵나이다 아멘"이라는 승리의 찬양으로 이어집니다. 우리는 왕께서 은혜와 섭리 중에 다스리심을 기뻐합니다.

우리 왕의 통치는 영원히 계속될 것입니다. 이 짧은 기도는 우리 영혼이 양자가 되었다는 의식에서 시작하여 우리를 다스리시는 주님과 교제로 인도합니다.

그들의 눈이 가리어져서 그인 줄 알아보지 못하거늘(눅 24:16).

제자들은 마땅히 예수님을 알아보았어야 했습니다. 그들은 항상 주님의 음성을 들었고 그 상하신 얼굴도 보았습니다. 우리는 어떠합니까? 최근에 우리는 예수를 뵙지 못했고, 주님의 식탁에 참여하여 주님을 만나지 않았습니다. 이 밤, 우리는 깊은 환난 속에 있으면서 주 께서 "나니 두려워 말라"고 분명히 말씀하시건만 그분을 알아보지 못하고 있지는 않습니까? 지금 우리는 주님을 보지 못합니다. 그러나 우리는 주님의 음성을 알고 있으며, 주님의 얼굴을 본 적이 있고, 주님의 품에 기댄 일도 있습니다. 그리스도가 우리 가까이에 계시 건만 우리는 "오, 내가 어디에서 주님은 찾을 수 있을까?"라고 하고 있습니다.

우리는 주님을 알아보아야 합니다. 성경은 주님의 형상을 반영해주고 있지만, 우리는 그 귀한 책을 펼쳐 놓고도 사랑하는 자의 그림자도 파악하지 못할 수 있습니다. 예수는 말씀의 백합화 사이에서 기다리고 계시는데, 우리는 그곳을 걸으면서도 주님을 보지 못합니다. 옛날 아버지께서 하루 중 시원할 때 동산을 거닐며 아담과 사귀셨듯이 주님은 자기 백성들과 사귀기 위해 성경의 오솔길을 거니십니다. 우리는 성경이라는 동산에 있으면서도 그곳에 계신 주님을 보지 못합니다.

그 이유는 무엇입니까? 불신앙 때문입니다. 제자들은 주님을 보리라고 기대하지 않았기 때문에 그를 알아보지 못했습니다. 우리가 주님에게서 신령한 것을 기대하면 큰 것을 얻을 수 있습니다. 믿음은 주님을 보게 해줍니다.

"주여, 내 눈을 열어 주사 지금 나와 함께 계신 구세주를 보게 해주소서"라고 기도합시다.

주님을 보기를 원하는 것이 복된 일이요, 주님을 응시하는 것은 더 복된 일입니다. 주님은 자기를 구하는 자들을 인자하게 대하십니다. 주님을 발견하는 자들에게는 상상을 초월할 만큼 귀하신 분이십니다.

내가 주를 기뻐하고 즐거워하며 지존하신 주의 이름을 찬송하리니(시 9:2).

하늘나라 사랑의 태양이 땅을 따뜻하게 할 때 땅에서는 감사의 안개가 솟아오르듯, 기도의 응답을 받은 뒤에는 언제나 찬송이 따르게 됩니다. 주님이 당신에게 자비를 베푸시고 우리의 간구에 귀를 기울이셨습니까? 그렇다면 평생 주를 찬송하십시오. 우리의 기도에 응답하시고 마음의 소원을 들어주신 하나님을 찬송하기를 거부하지 마십시오.

하나님이 자비를 베푸신 것에 침묵하는 것은 무례의 죄를 초래하는 것입니다. 그것은 문둥병이 나았는데도 주님께 돌아가 감사하지 않은 아홉 문둥병자와 같은 행동입니다. 하나님을 찬송하는 일을 잊는 것은 자신의 유익을 거부하는 것입니다. 찬송도 기도와 마찬가지로 영적 생활의 성장을 촉진하는 위대한 수단입니다. 찬송은 우리를 도와서 죄짐을 제거하고, 우리의 소망을 일깨우고, 우리의 믿음을 강건케 합니다. 그것은 신자들의 맥박을 뛰게 하고 주님을 새로이 섬기도록 하는 신실하고 활기찬 행동입니다. 자비를 베푸신 하나님을 찬송하는 것은 또한 동료에게도 유익을 주는 일입니다.

"곤고한 자들이 이를 듣고 기뻐하리로다"(시 34:2).

우리가 "나와 함께 여호와를 광대하시다 하며 함께 그의 이름을 높이세…이 곤고한 자가 부르짖으매 여호와께서 들으시고 그의 모든 환난에서 구원하셨도다"(시 34:3, 6)라고 말할 때 우리와 비슷한 처지에 있는 사람들은 위안을 얻을 것입니다. 우리의 구원의 노래를 들을 때 연약한 심령은 힘을 얻으며 낙심한 성도들이 새 힘을 얻어 소생할 것입니다.

너 동산에 거주하는 자야 친구들이 네 소리에 귀를 기울이니 내가 듣게 하려무나(아8:13).

예수님은 겟세마네 동산을 기억하고 계십니다. 지금은 그 동산을 떠나셨지만, 주님의 교회라는 동산에 거하십니다. 주님은 그곳에서 주님과 복된 교제를 나누는 사람들에게 자신을 계시하십니다. 주님의 사랑의 음성은 하늘나라 거문고 소리보다 더 아름답습니다. 그 안에는 인간은 연주할 수 없는 깊은 사랑의 곡조가 들어 있습니다. 땅에서는 수십 만의 성도가, 하늘에서는 수백만의 성도가 그 아름다운 음성을 듣고 기뻐합니다. 나도 그들의 기쁨에 참여하게 되기를 원합니다. 이 중에는 가난한 자도 있고, 몸져누워있는 자도 있고, 죽음의 문턱에 있는 자도 있습니다.

주여, 내가 당신의 음성을 들을 수 있다면
기쁜 마음으로 그들과 함께 굶주리고
함께 상처를 입으며 그들과 함께 죽으리다.
주님! 나는 당신의 음성을 자주 들었음에도
당신의 성령을 근심하게 하였습니다.
나를 불쌍히 여기사 돌아오셔서 '나는 너의 구원이라' 고 말씀하소서.
다른 음성은 나를 만족시킬 수 없습니다
간구하오니 나로 당신의 음성을 듣게 하여 주소서.
나는 당신이 무슨 말씀을 하실지 알지 못하오며,
또 당신에게 무엇을 요청하지도 않겠습니다.
오 내 사랑하는 이여! 당신의 음성을 들려주소서.
책망하는 말씀일지라도 나는 그것으로 인하여 당신을 찬미하리다.
내 어두운 귀를 깨끗이 하려면 육체의 아픔이 필요할지 모르나,
어떤 대가를 치르더라도 나의 갈급한 소원,
당신의 음성을 들으려는 소원을 버릴 수 없습니다
내 귀를 열어 주소서. 당신의 귀한 곡조로 내 귀를 뚫어 주소서.

하나님이여 내 속에 정한 마음을 창조하시고 내 안에 정직한 영을 새롭게 하소서(시 51:10).

신앙을 잃고 타락한 사람이라도 그 속에 생명의 불꽃이 조금이라도 남아 있다면, 그는 회복을 갈망할 것입니다. 배교자가 돌아오려면 우리가 회심할 때와 마찬가지로 은혜의 역사가 필요합니다.

우리는 회심할 때 회개가 필요했었으며, 지금도 그것이 필요합니다. 회심할 때 우리가 그리스도께 나아가기 위해서는 믿음이 있어야 했습니다. 지금도 이와 같은 은혜만이 우리를 예수님께 데려갈 수 있습니다. 그 당시 우리의 두려움을 종식하기 위해서 우리에게는 지존자의 한마디 말씀이 필요했습니다. 우리는 머지않아 현재의 죄의식 안에서 지금도 그 말씀이 필요하다는 사실을 발견할 것입니다.

회심할 때 느꼈던 참되고 진정한 성령의 능력 없이는 아무도 중생할 수 없습니다. 그 사역은 위대한 사역입니다.

믿는 자여, 우리의 연약함으로 인하여 진지하게 하나님께 도움을 구하십시오. 다윗이 스스로 무력하다고 느꼈을 때, 서둘러 속죄소로 가서 "내 안에 정직한 영을 새롭게 하소서"라고 기도했던 일을 기억하십시오. 이 말씀에서 힘을 얻어 강하신 이스라엘의 조력자에게로 돌아가십시오. 당신의 생명을 달라고 간구하듯이 하나님께 간절히 간구하십시오.

"주여, 내 안에 정직한 영을 새롭게 하소서." 이렇게 간절히 구하는 사람은 하나님이 일하시는 방편을 사용함으로써 자신의 정직함을 증명할 것입니다. 기도에 많은 시간을 보내십시오. 하나님의 말씀 위에서 사십시오. 우리를 주님에게서 몰아낸 정욕을 죽이십시오. 다시는 죄가 일어나지 못하도록 조심하십시오. 주님이 지나가실 때 모든 준비를 하고 길목에 앉아 기다리십시오. 우리가 죽어가고 있는 은혜를 번성하게 하고 영양을 공급하는 복된 성찬에 참여하십시오. 능력은 모두 주님에게서 오는 것을 알며, 끊임없이 "내 안에 정직한 영을 새롭게 하소서"라고 외치십시오.

내가 광야 마른 땅에서 너를 알았거늘 그들이 먹여 준 대로 배가 불렀고 배가 부르니 그들의 마음이 교만하여 이로 말미암아 나를 잊었느니라(호 13:5-6).

주님, 당신은 내가 타락한 자임을 아시면서도 나를 택하셨습니다. 나는 가증하며 내가 보기에도 추한 자였지만 당신은 나를 자녀로 받아주시고 내 불타는 욕구를 충족시켜 주셨습니다. 이 값없이 주신 풍성한 자비로 인해 당신의 이름을 영원히 찬송하겠습니다. 그 이후로도 내 영적 생명은 종종 광야에 거하였습니다. 그런데도 당신은 여전히 나를 사랑하여 주셨습니다. 당신은 사랑과 은혜를 강같이 내게 주시어 나를 기쁘게 하고 열매 맺게 하셨습니다.

주위의 환경이 최악의 상태에 있을 때나 내가 광야에서 방황할 때도 당신의 임재는 나를 위로하여 주었습니다. 내가 곤경에 처할 때 사람들은 나를 모른 체하지만, 주님은 내 영혼이 역경 중에 있음을 알고 계셨습니다. 어떤 고통도 당신의 사랑의 빛을 흐리지는 못하기 때문입니다. 지극히 자비하신 주님, 쓰라린 환경 속에서도 나를 성실하게 대하여 주심으로 인하여 당신을 찬양합니다. 내가 당신을 잊고 마음으로 자고(自高)했던 일을 한탄합니다. 내가 가진 모든 것은 당신의 사랑과 인자하심 덕분입니다.

내 영혼아, 예수께서 비천한 상태에 있는 너를 인정해 주셨으니, 주님의 소유가 된 지금, 주님 자신과 주님 뜻의 일부가 되었음을 확신하라. 세상에서 성공을 거두었다고 교만하여 진리를 부끄럽게 여기거나 네가 교제해 온 가난한 교회를 부끄럽게 여기지 말라. 예수를 따라 광야로 가라.

박해의 열기가 치열해질 때 주님과 함께 십자가를 지십시오. 주님은 가난하고 수치스러운 영혼을 자기 것이라고 주장하셨으니, 절대 주님을 배반하며 주님을 부끄럽게 여기지 마십시오. 당신은 자신이 지극히 사랑하는 분을 부끄럽게 여긴다는 생각을 부끄러워해야 합니다.

자매 압비아와 우리와 함께 병사 된 아킵보와 네 집에 있는 교회에 편지하노니(몬 2).

당신의 집에 교회가 있습니까? 부모, 자녀, 친구, 하인들 모두가 그 교회의 지체입니까? 아직 회심하지 않은 가족이 있습니까? 집안의 어른에서부터 어린아이에 이르기까지 모두가 구원을 받는다면 아버지의 가슴은 기쁨으로 뛸 것이며 어머니의 눈에는 기쁨의 눈물이 가득할 것입니다. 하나님이 이 크신 자비를 풀어 주실 때까지 계속 기도합시다.

아마 빌레몬의 가장 큰 소원은 자기 가족이 모두 구원받는 것이었을 것입니다. 그러나 처음부터 이 모든 것이 허락되지 않았습니다. 빌레몬에게는 오네시모라는 악한 종이 있었는데 그는 빌레몬에게 해를 끼치고 도망쳤습니다. 그러나 빌레몬은 계속 그를 위해 기도했습니다. 결국 오네시모는 하나님의 섭리하심에 따라 사도 바울의 설교를 듣고 크게 감명을 받고 빌레몬에게 돌아와서 충실한 종일만 아니라 사랑하는 형제가 되었습니다.

오늘 아침, 회심치 않은 자녀가 이 자리에 참석하지는 않았습니까? 그가 집에 돌아와 자기에게 은혜가 임한 복된 소식을 들려주어 모든 심령을 기쁘게 해주게 되기를 특별히 간구하십시오. 그를 간절한 기도에 함께 참여하게 하십시오.

우리의 집에 빌레몬의 집에 있었던 것과 같이 교회가 있다면, 그 교회를 잘 다스립시다. 가족들이 언제나 하나님 앞에 있는 것처럼 행동하게 합시다. 일상생활을 할 때 거룩하고 부지런하고 자비롭고 성실하게 하십시오. 평범한 가정보다는 교회에게 거는 기대가 더욱 큽니다.

가정 예배는 더욱 경건하고 마음으로 드려야 합니다. 내면의 사랑이 더 뜨거워야 하고 깨어지지 않아야 하며, 표면적인 행동은 더욱 성화되고 기독교인다워야 합니다. 교회된 우리는 유일한 보편교회의 머리 되시는 주님께 가까이 가야 합니다. 그리고 사람들 앞에서 주님의 이름의 영광을 비출 수 있는 은혜를 달라고 구해야 합니다.

홍수가 나서 그들을 다 멸하기까지 깨닫지 못하였으니 인자의 임함도 이와 같으리라(마 24:9).

노아의 홍수는 온 세상에 임했습니다. 부자와 가난한 자, 유식한 자와 무식한 자, 존경받는 자와 멸시받는 자, 경건한 자와 이교도, 젊은이와 노인 등 모두가 똑같이 멸망했습니다.

노아를 조롱하던 사람들의 농담은 지금 어디에 있습니까? 노아가 미쳤다고 생각하여 위협하던 사람들의 교만함과 거친 말은 어디로 갔습니까? 노아의 작업을 비판하던 비평가들은 조롱하던 동료들과 함께 물에 빠져 죽고 말았습니다. 선한 노아의 강한 확신을 옹호하는 것처럼 말하면서도 그 일에 동참하지 않은 사람들도 깊은 물 속에 빠져 다시 떠오르지 않았습니다. 삯을 받고 방주 만드는 일을 도운 일꾼들도 모두 죽었습니다. 홍수는 그들을 한 사람도 남기지 않고 모두 휩쓸어갔습니다. 지위나 재산이나 인격이 믿지 않는 영혼을 구원하지 못합니다.

노아의 시대 사람들은 전반적으로 무감각했습니다. 그들은 두려운 아침이 되기까지 모두 먹고 마시고 장가들면서 즐겁게 지냈습니다. 죄는 모든 인류를 자기 보존이라는 지극한 어리석음으로 속입니다. 은혜가 우리로 하여금 자기의 영혼에 관심을 두게 만들지 않는 한 인간은 자기 영혼을 등한히 합니다. 은혜가 임해야 그들은 미친 짓을 떠나 이성적 존재처럼 행동합니다.

방주 안에 있었던 것들은 모두 안전했습니다. 커다란 코끼리부터 조그만 쥐까지 모두 안전했습니다. 겁 많은 토끼나 용감한 사자, 무력한 영양이나 부지런한 황소 등 모두 안전했습니다. 이렇게 예수님 안에 있으면 모두 안전합니다.

이 밤을 맞는 당신은 예수 안에 있습니까?

나 여호와는 변하지 아니하나니 그러므로 야곱의 자손들아 너희가 소멸되지 아니하느니라(말 3:6).

우리의 일생은 매우 변화무쌍합니다. 그러나 그 가운데서도 변화가 영향을 미치지 못하시는 분, 결코 마음이 변하지 않으시며 세월이 흘러도 주름이 생기지 아니하시는 분이 계신 것은 참으로 좋은 일입니다.

세상 만물은 변화합니다. 태양도 세월이 흐르면서 조금씩 희미해집니다. 세상은 늙어갑니다. 낡은 옷 소매를 접는 일이 시작되었습니다. 하늘과 땅은 머지않아 소멸할 것입니다.

그러나 불멸하시는 분, 변화가 없으신 분이 한 분 계십니다. 여러 날 동안 파도와 싸우던 선원은 육지에 발을 딛을 때 기쁨을 느낍니다. 신자도 마찬가지입니다. 이 괴로운 생활에서 여러 가지 변화를 겪으면서도 "나 여호와는 변하지 아니한다"라는 진리 위에 발을 딛습니다.

"그는 변함도 없으시고 회전하는 그림자도 없으시니라"(약 1:17).

하나님의 속성은 예나 지금이나 동일합니다. 하나님의 능력, 지혜, 공의, 진리는 전혀 변하지 않습니다. 하나님은 언제나 자기 백성들의 피난처가 되셨으며 환난 날에 피할 요새가 되셨습니다. 지금도 하나님은 자기 백성들의 확실한 조력자가 되십니다. 하나님의 사랑은 변함이 없습니다. 하나님은 영원한 사랑으로 자기 백성을 사랑하셨으며 지금도 과거와 마찬가지로 사랑하십니다. 하나님이 변함이 없으시다는 것은 참으로 귀한 보증이 됩니다.

주의 율법을 버린 악인들로 말미암아 내가 맹렬한 분노에 사로잡혔나이다(시 119:53).

다른 사람의 죄를 볼 때 거룩한 분노를 느낍니까? 그렇지 않다면 내면의 거룩함이 결핍되어 있습니다. 다윗은 거룩하지 못함이 만연한 것을 보고 눈물을 강같이 흘렸습니다. 예레미야는 이스라엘의 불의를 탄식하기 위해 자신의 눈이 샘이 되길 원했습니다. 롯은 소돔인의 생활방식을 보고 괴로워했습니다. 에스겔이 환상 중에 봤던 인을 가진 사람들은 예루살렘의 가증한 것들 때문에 탄식하고 눈물을 흘렸습니다. 사람들이 많은 수고를 하여 지옥에 가는 것을 보고 자비한 영혼들은 슬퍼합니다. 그들은 죄의 악함을 체험했으므로 나방이가 불에 들어가듯 죄짓는 자들을 볼 때 놀랍니다.

죄는 사람들이 지켜야 할 거룩한 법을 범하기 때문에 의로운 자들은 죄를 보면 맹렬한 분노를 느낍니다. 죄는 믿는 자로 하여금 마음의 부정을 생각나게 하여, 믿는 자는 다른 사람의 죄를 볼 때 매우 분노합니다. 그는 범죄자를 보면 "그는 오늘 실족했습니다. 나도 내일 실족할 가능성이 있습니다"라며 슬퍼합니다. 죄는 구세주를 십자가에 못 박았기 때문에 믿는 자들은 죄를 보면 크게 분노합니다. 그는 모든 불의 속에서 못과 창을 봅니다. 구원받은 영혼이 저주받은 죄를 볼 때 어찌 혐오하지 않을 수 있겠습니까?

선하신 주님은 훌륭한 대접을 받으셔야 합니다. 위대하신 하나님은 그렇게 요구하십니다. 우리는 의로우신 하나님을 훌륭하게 대접해야 합니다. 그렇지 않으면 하나님은 받으신 대로 원수에게 갚으실 것입니다.

죄를 자각한 심령은 죄의 뻔뻔스러움에 두려워하며, 그 형벌을 생각할 때 겁에 질립니다. 패역이란 정말 가공할 죄입니다. 불신자들을 위해 예비된 운명은 지극히 두려운 것입니다. 죄의 어리석음 앞에서 웃지 마십시오. 그렇지 않으면 죄 자체를 웃음으로 대하게 될 것입니다. 죄는 우리와 주님의 원수이므로 크게 미워하십시오. 그래야 우리는 거룩함을 소유할 수 있습니다. 거룩함이 없는 사람은 주님을 볼 수 없습니다.

주께서 이르시되 일어나 직가라 하는 거리로 가서 유다의 집에서 다소 사람 사울이라 하는 사람을 찾으라 그가 기도하는 중이니라(행 9:11).

하늘나라에서는 우리가 기도하는 즉시 알아채십니다. 사울이 기도를 시작하자마자 주님은 그의 기도를 들으셨습니다. 가끔 곤고하고 마음이 상한 사람이 무릎을 꿇고 탄식하며 한숨을 쉴 때가 있습니다. 그 신음은 하늘나라의 수금을 울려 곡을 연주하게 만듭니다. 또 하나님은 그 눈물을 받으셔서 하늘나라 창고에 간직해 두십니다. 두려움 때문에 말로 표현하지 못하는 간구도 지존자는 잘 이해하십니다. 우리는 단지 눈물 어린 눈으로 하늘나라를 바라보기만 하면 됩니다.

눈물은 하늘나라의 금강석이요, 한숨은 여호와의 궁전에 울려 퍼지는 음악입니다. 그것은 높은 곳에 계신 하나님께 도달하는 가장 훌륭한 선율로 헤아려집니다. 비록 연약하고 떨며 드리는 기도지만 하나님이 당신의 기도를 무시하신다고 생각지 마십시오. 야곱의 사다리는 높습니다. 그러나 우리의 기도는 그 가로대를 밟고 올라갈 것입니다. 우리 하나님은 기도를 그저 듣기만 하시는 것이 아니라 기도를 듣는 일을 사랑하십니다.

"가난한 자의 부르짖음을 잊지 아니하시도다"(시 9:12).

하나님은 훌륭한 외모나 그럴듯한 말을 중히 여기시지 않습니다. 하나님은 왕들의 위세와 화려함을 좋아하시는 것이 아닙니다. 하나님은 멋들어진 군악대의 연주에 귀를 기울이시는 것이 아닙니다.

하나님은 인간의 승리와 자만심을 중히 여기시지 않습니다. 그러나 큰 슬픔에 젖어 흐느끼는 마음, 고통으로 인해 떨리는 입술, 회개의 깊은 한숨과 애통이 있는 곳에서 하나님은 마음눈을 여시며 그것을 기억하십니다. 하나님은 마치 장미 꽃잎을 책갈피에 넣어두듯이 우리의 기도를 기억의 책갈피에 넣어 두십니다. 그 책을 펼치는 날, 거기에서 귀한 향기가 솟아날 것입니다.

그 때에 제사장들과 레위 사람들이 일어나서 백성을 위하여 축복하였으니 그 소리가 하늘에 들리고 그 기도가 여호와의 거룩한 처소 하늘에 이르렀더라(대하 30:27).

신자들에게 기도는 끊기는 일이 없는 의지의 수단입니다. 칼을 사용할 수 없을 때 끊임없는 기도라는 무기를 드십시오. 화약은 축축해지고 활시위가 느슨해질 수 있지만 끊임없는 기도는 절대 고장 나는 일이 없습니다. 원수는 창을 보면 웃지만, 기도 앞에서는 두려워합니다. 칼과 창은 규칙적으로 수선해야 하지만 기도는 절대 녹슬지 않습니다. 기도는 우리 생각에 지극히 무디다고 생각할 때 가장 잘 듭니다.

기도는 아무도 닫지 못하는 열린 문입니다. 마귀들이 당신을 에워쌀지라도 위로 올라가는 길은 항상 열려 있습니다. 우리가 곤경에 처해 있을 때 구해 주시려고 임하시는 하늘의 도움이 있는 한 우리는 절대 포위되거나 복병을 만나거나 폭풍우를 만나 좌절하지 않습니다.

기도는 계절을 타지 않습니다. 여름이나 겨울이나 기도는 귀한 결과를 맺습니다. 칠흑같이 어두운 밤이나 바삐 사업을 할 때나, 뜨거운 정오에나 저녁 황혼 때나, 언제든지 하나님은 기도를 들어 주십니다. 가난할 때나 병들었을 때나, 비방을 당할 때나, 의심을 받을 때도 언약의 하나님은 기도를 들으시고 응답하실 것입니다.

기도는 절대 무익한 것이 아닙니다. 참된 기도는 참된 능력입니다. 비록 우리가 요구하는 것을 항상 받지는 못하지만, 하나님은 진실로 필요한 것은 항상 공급해 주실 것입니다. 하나님은 자기 자녀가 구하는 기도 그대로 응답하시지 않고 성령에 따라 응답해 주십니다. 빻지 않은 곡식을 요청했는데 좋은 밀가루를 주셨다면 화내겠습니까?

이 밤, 잊지 말고 기도로 필요한 것을 구하십시오. 주님은 기꺼이 소원을 들어 주실 것입니다.

> 나에게 이르시기를 내 은혜가 네게 족하도다 이는 내 능력이 약한 데서 온전하여짐이라 하신지라 그러므로 도리어 크게 기뻐함으로 나의 여러 약한 것들에 대하여 자랑하리니 이는 그리스도의 능력이 내게 머물게 하려 함이라(고후 12:9).

하나님을 성공적으로 섬기는 데 먼저 필요한 것은 자신의 연약함을 깨닫는 것입니다. 하나님의 용사가 "나는 승리할 것입니다. 내 오른팔과 칼이 나에게 승리를 가져다줄 것이다"라고 말하며 전쟁터로 나아간다면 그는 곧 패배할 것입니다. 하나님이 그 사람과 함께 나아가시지 아니하시기 때문입니다. 이러한 승리를 기대하는 것은 처음부터 잘못된 것입니다.

> "만군의 여호와께서 말씀하시되 이는 힘으로 되지 아니하며 능력으로 되지 아니하고 오직 나의 영으로 되느니라"(슥 3:6).

자신의 용맹함을 자랑하면서 싸우러 나가는 사람은 반드시 흙 묻은 군기를 들고 치욕으로 얼룩진 갑옷을 입고 돌아올 것입니다. 우리는 반드시 하나님의 방법으로, 하나님의 힘으로 하나님을 심겨야 합니다.

그렇지 않은 것은 하나님이 받지 아니하십니다. 하나님은 세상의 열매들은 내던져 버리시며, 다만 하늘로부터 온 씨를 심어 은혜로 가꾸었으며 거룩한 사랑의 태양에 익은 열매만 거두십니다.

하나님은 자신의 것을 우리에게 넣어 주시기 전에 먼저 우리가 가지고 있는 모든 것을 비워 버릴 것입니다. 하나님의 강에는 물이 가득차 있습니다. 그러나 그 강에는 세상의 샘에서부터 흘러온 물방울은 하나도 없습니다. 하나님은 전쟁터에서 친히 힘을 발휘하지 않으시고 우리가 하나님이 주신 힘을 발휘하게 하십니다.

연약함으로 인해 슬퍼하고 있습니까? 용기를 가지십시오. 하나님이 승리를 주시기 전에는 반드시 연약함을 느끼기 때문입니다. 당신의 내면이 텅 비었다는 것은 가득 채우기 위한 준비 과정이요, 낙심하고 있는 것은 높이 올라가기 위한 준비 과정입니다.

진실로 생명의 원천이 주께 있사오니 주의 빛 안에서 우리가 빛을 보리이다(시 36:9).

예수께서 친히 우리 안에서 말씀하시지 않는 한 인간의 말로는 그리스도의 사랑을 설명할 수 없습니다. 성령께서 권능으로 채워주시지 않는 한 말로는 주님의 사랑을 생생하게 묘사할 수 없습니다. 우리의 임마누엘께서 자신을 계시하시지 않는 한 우리 영혼은 그분을 보지 못합니다. 촛불을 들고 나가 태양을 찾을 수 있습니까? 지혜로운 사람은 태양이 자신을 드러내야 하며 그 빛에 의해서 태양을 볼 수 있음을 압니다.

그리스도에게도 같은 이치가 적용됩니다. 예수께서는 베드로에게 "바요나 시몬아 네가 복이 있도다 이를 네게 알게 한 이는 혈육이 아니요 하늘에 계신 내 아버지시니라"(마 16:17)고 말씀하셨습니다. 교육을 통해 아무리 혈과 육을 깨끗하게 하며 지적인 능력을 최고도로 발달시킨다 해도 이것들은 그리스도를 계시하지 못합니다. 하나님의 영이 권능으로 임하여 그 날개로 인간을 보호해 주어야 합니다. 그때 주 예수께서 성화된 영혼에게 자신을 계시하실 것입니다. 눈이 흐려 제대로 보지 못하는 이 세상은 임마누엘의 영광을 보지 못합니다. 그들 앞에 서신 임마누엘은 모양도 없고 풍채도 없으며, 마른 땅에서 나온 줄기요, 허영된 사람들에게 배척받고 교만한 자에게 멸시당하십니다. 성령께서 그 눈에 안약을 발라주시며, 그 마음에 거룩한 생명을 채워주시며, 영혼의 거룩한 맛을 알게 해주실 때야 그들은 임마누엘을 알아봅니다.

"그러므로 믿는 너희에게는 보배이나"(벧전 2:7).

주님은 우리에게 모퉁이돌이시요, 구원의 반석이시요, 모든 것의 모든 것이십니다. 그러나 믿지 않는 사람들에게는 "부딪치는 돌과 걸려 넘어지게 하는 바위"(벧전 2:8)가 됩니다.

오 주 예수여. 우리가 마음을 열었사오니 들어오소서. 다시는 우리를 떠나지 마소서.

너를 치려고 제조된 모든 연장이 쓸모가 없을 것이라 일어나 너를 대적하여 송사하는 모든 혀는 네게 정죄를 당하리니 이는 여호와의 종들의 기업이요 이는 그들이 내게서 얻은 공의니라 여호와의 말씀이니라(사 54:17).

"영국 역사에 있어 오늘은 하나님이 세 가지 큰 구원의 역사를 행하신 날입니다.

1588년 오늘, 전능하신 하나님은 스페인의 무적함대를 멸하셨습니다. 1588년 오늘, 의회를 파멸시키려는 음모가 발각되었습니다. 또 오늘은 윌리엄 3세가 토베이에 상륙한 날이기도 합니다.

1688년 오늘, 종교의 자유가 확보되었습니다. 성도들은 노래로 이날을 경축해야 합니다. 우리의 선조 청교도들은 이날을 특별히 감사하는 날로 삼았습니다. 매튜 헨리는 매년 이날을 기념하는 설교를 했습니다.

자유에 대한 우리의 사랑은 이날을 감사하게 보내며 기념하게 합니다. 우리 마음과 입술로 "하나님이여 주께서 우리 조상들의 날 곧 옛날에 행하신 일을 그들이 우리에게 일러 주매 우리가 우리 귀로 들었나이다"(시 44:1)라고 외칩시다. 하나님은 이 나라를 복음의 나라로 만드셨으며, 원수들이 이 나라를 대적할 때 방패가 되셨습니다.

하나님, 우리로 악을 더욱 미워하게 하시며, 그것이 완전히 사라질 날이 속히 오게 해주십시오. 우리는 '무릇 너를 치려고 제조된 연장이 쓸모가 없을 것이라' 고 하신 당신의 약속 위에 서겠습니다

감사함으로 그의 문에 들어가며 찬송함으로 그의 궁정에 들어가서 그에게 감사하며 그의 이름을 송축할지어다(시 100:4).

주님은 형제들이 부족한 태도로 주님을 생각하는 것을 좋아하지 않으십니다. 주님은 자기의 귀한 형제들이 자기의 아름다움을 즐거워해야 기뻐하십니다. 우리는 주님을 빵이나 물처럼 어쩔 수 없이 필요한 분이라고 여기기보다는 지극히 맛있고 진기한 것으로 여겨야 합니다. 예수께서는 자신은 값비싼 진주처럼 아름다우며, 몰약처럼 기운을 회복하며, 사론의 장미처럼 향기가 지속하며, 백합처럼 흠없이 순결하다고 계시하셨습니다.

하나님이 우리에게 주신 말할 수 없이 훌륭한 선물인 독생자를 얼마나 귀하게 여기셨는지 생각해 보십시오. 그의 발 앞에서 얼굴을 가리는 것을 최고의 영광으로 여기는 천사들이 그를 어떻게 생각하는지 고려해 보십시오. 구속함을 얻은 성도들이 영원토록 찬양하면서 주님을 어떻게 생각하는지 고려해 보십시오.

그리스도를 귀하게 생각한다면 우리는 그리스도와 우리의 관계에 합당하게 행동할 수 있게 됩니다. 우리가 보좌에 앉으신 그리스도를 높이 우러러보며 그 보좌 앞에서 겸손하게 절하면 그만큼 주님을 위해야 할 일을 위한 준비가 됩니다. 주님은 우리가 그를 존귀하게 여겨 그의 권위에 기꺼이 순복하기를 원하십니다.

주님을 귀하게 여기면 우리의 사랑이 커집니다. 사랑과 존경은 병행합니다.

믿는 자여, 그러므로 주님의 위대하심을 소중히 여기십시오. 우리와 같은 본성을 취하시기 전, 거룩한 영광에 거하셨던 주님을 기억하십시오. 주님을 보좌로부터 끌어내려 십자가에서 죽게 만드신 큰 사랑을 생각하십시오. 지옥 권세를 이기신 주님을 찬양하십시오. 부활하시고 면류관을 쓰시고 영광중에 계신 주님을 보십시오.

기묘자요, 모사요, 전능하신 하나님이신 주님 앞에서 경배하십시오. 그렇게 하는 것만이 주님을 합당하게 사랑하는 길입니다.

나는 목마른 자에게 물을 주며 마른 땅에 시내가 흐르게 하며 나의 영을 네 자손에게, 나의 복을 네 후손에게 부어 주리니(사 44:3).

자신이 비천하고 슬픈 상태에 있다고 느끼는 신자는 종종 우울한 두려움으로 자신을 징계함으로써 거기서 빠져나오려 합니다. 그러나 이런 방법으로는 절대 거기서 빠져나오지 못하며 오히려 계속 그 안에 머물러 있게 됩니다.

갈급한 영혼을 구원하는 것은 율법이 아니라 복음입니다. 또 신앙이 약해지고 있는 신자를 회복시키는 것은 율법의 속박이 아니라 복음의 자유입니다. 배교자를 다시 하나님께 돌아오게 하는 것은 두려움이 아니요, 부드러운 사랑의 권면입니다.

오늘 아침, 살아계신 하나님을 목마르게 갈망하며, 하나님 이 마음의 기쁨이 되시는 것을 발견할 수 없어서 불행합니까? 믿음의 기쁨을 상실하여 "내 구원의 기쁨을 회복시켜 주소서"라고 기도하고 있습니까? 메마른 땅처럼 무익하며, 하나님이 기대하시는 열매를 맺지 못하는 것을 깨닫고 다닙니까? 진심으로 원하지만, 세상이나 교회에 유익을 주지 못하고 있음을 알고 있습니까? 그렇다면 여기 우리에게 "내가 갈한 자에게 물을 주리라"는 약속이 있습니다. 우리는 필요한 만큼 은혜를 소유하게 될 것입니다.

물은 갈(渴)한 자의 기운을 회복하며 잠자고 있는 식물의 생명을 소생시켜 주십니다. 우리의 생명은 은혜로 말미암아 소생하여 새 힘을 얻을 것입니다. 물은 새싹을 돋아나게 하며 열매를 익게 합니다.

우리도 하나님의 방법으로 열매를 맺게 될 것입니다. 우리는 하나님의 은혜 안에 있는 모든 선한 것을 충만히 즐기며, 거룩한 은혜의 보화를 풍성하게 소유하게 될 것입니다.

이르되 이는 하나님이 너희에게 명하신 언약의 피라 하고(히 9:20).

"피"라는 명사에는 이상한 힘이 있습니다. 우리는 흐르는 피를 보면 마음에 감동이 됩니다. 인자한 사람은 참새가 피를 흘리는 것을 차마 보지 못하며, 동물을 죽이는 광경을 보면 끔찍해서 돌아섭니다. 사람의 피는 신성한 것입니다. 분노하여 피를 흘리는 것은 살인이요, 전쟁에서 피를 헛되이 흘리는 것은 죄악입니다.

하나님 아들의 피를 묵상할 때 우리의 경외심은 증가합니다. 우리의 죄를 지고 가신 하나님의 아들이 당하신 무서운 형벌과 죄악을 생각할 때 우리는 몸서리를 칩니다. 임마누엘의 옆구리에서 흐르신 피는 더욱 귀합니다. 예수의 피는 은혜의 언약을 인(印)치시어 영원토록 확실하게 만드십니다. 옛 언약은 희생 제사로써 이루어졌으며, 영원한 언약도 동일한 방법으로 비준되었습니다.

거룩한 칭의라는 단단한 토대 위에서 구원받는 기쁨이여! 율법의 행위로 말미암은 구원은 나약하고 깨진 배와 같아 반드시 파선하고 맙니다. 그러나 언약의 배는 보혈이 완전하게 지켜주므로 폭풍우를 두려워하지 않습니다.

예수의 피는 자기의 언약을 유효하게 만들었습니다. 유언장을 작성했다고 해도 그것을 작성한 사람이 죽지 않는 한 그 유언은 효력이 없습니다. 그런 점에서 주님이 사망하셨음을 증명한 로마 군인의 창은 믿음에 복된 도움이 됩니다. 구세주의 죽으심으로 거룩한 축복의 보증을 받은 사람들은 복 있는 사람입니다. 이 피는 대속하신 주님께 우리 자신을 바치라고 부르지 않습니까? 그 피는 우리를 새로운 생명으로 부르며 온전히 주님께 헌신하라고 격려하지 않습니까?

오늘 밤, 우리가 보혈의 능력을 느끼고 알게 해주소서.

내가 너를 내 손바닥에 새겼고 너의 성벽이 항상 내 앞에 있나니(사 49:16).

시온은 "여호와께서 나를 버리시며 주께서 나를 잊으셨다"(사 49:14)라고 했습니다. 이 악한 불신앙을 보신 하나님의 마음은 매우 놀라셨을 것입니다. 하나님의 은총을 입은 백성들이 근거 없이 의심하고 두려워하는 것보다 더 놀라운 일은 있을 수 없습니다. 주님의 자비하신 책망의 말씀은 우리의 얼굴을 붉어지게 합니다. 주님은 "나는 너를 잊지 아니할 것이라. 내가 너를 손바닥에 새겼느니라"고 말씀하십니다.

불신앙이란 참으로 기이한 일입니다. 하나님은 수없이 약속을 지키시지만 우리는 시련을 겪을 때 하나님을 의심합니다. 하나님은 결코 우리의 기대를 저버리지 않으십니다. 하나님은 결코 말라붙은 우물이 아닙니다. 그런데도 우리는 마치 하나님이 사막의 신기루인 듯, 걱정하고 의심하며 두려워합니다. 우리는 하나님을 찬미해야 합니다. 패역한 자들이 무한하신 사랑의 마음에 가까이 가서 그 손바닥에 새겨짐을 보고서 하늘과 땅이 놀랄 것입니다.

하나님은 "내가 너를 내 손바닥에 새겼다"라고 하셨지 "네 이름을 새겼다"라고 하시지 않았습니다. 이 말씀을 완전히 자신의 것으로 삼으십시오. 우리 주위에 있는 모든 것, 당신과 관련된 모든 것을 하나님은 손바닥에 새기셨습니다. 그런데도 또 하나님이 우리를 버리셨다고 말하겠습니까?

오직 성령이 너희에게 임하시면 너희가 권능을 받고 예루살렘과 온 유대와 사마리아와 땅 끝까지 이르러 내 증인이 되리라 하시니라(행 1:0).

그리스도의 증인으로서 자기의 의무를 어떻게 이행해야 하는지 알려면 주님이 보여주신 본보기를 살펴보십시오. 그리스도는 항상 증언하셨습니다. 사마리아의 우물가에서, 예루살렘 성전에서, 게네사렛 호숫가에서, 혹은 산꼭대기에서도 증언하셨습니다. 주님은 밤낮으로 증언하셨습니다. 주님은 날마다 예배와 능력 있는 기도를 드렸습니다. 주님은 어떤 환경에서나 증언하셨습니다. 바리새인과 서기관들 앞에서도 입을 다물지 아니하셨습니다. 주님은 분명하고 또렷하게 증언하셨으므로 실수가 없었습니다.

기독교인이여, 우리의 생활을 분명한 증언으로 만드십시오. 하나님과 사람을 향한 사랑을 모든 사람에게 나타내십시오.

"나는 진실하다"라고 말하지 말고 진실한 사람이 되십시오. 자기 의로움을 자랑하지 말고 의로운 삶을 사십시오. 사람들의 눈에 보이는 증언을 하십시오. 연약한 사람을 염려하여 증언을 제한하지 마십시오. 우리의 입술은 제단의 숯불로 뜨겁게 되었습니다. 거룩한 손길이 닿은 입술이니 마땅히 증언하게 하십시오.

"너는 아침에 씨를 뿌리고 저녁에도 손을 놓지 말라"(전 11:6).

계절과 관계없이 구세주를 증언하십시오. 그리스도와 복음으로 인하여 고난받을 때 낙심하지 말며, 오히려 주님을 위하여 고난받기에 합당한 자로 여김을 받았으니 기뻐하십시오. 우리가 받는 고난과 손해와 박해는 더욱 능력 있고 활기차게 예수 그리스도를 증언하게 해줄 것입니다.

위대하신 주님이 보여주신 모범을 잘 연구하며 성령 충만을 받으십시오. 주님의 영광을 증언하려면 많은 가르침, 많은 기도, 많은 은혜, 많은 겸손이 필요하다는 것을 기억하십시오.

너희가 그리스도 예수를 주로 받았으니(골 2:6).

믿음의 생활은 "받아들이는" 생활로 표현됩니다. 땅이 빗물을 흡수하듯이, 바다가 시냇물을 받아들이듯이, 밤이 별빛을 받아들이듯이, 우리도 하나님의 은혜를 마음껏 소유합니다.

본질상 성도들은 우물도 시냇물도 아닙니다. 그들은 생명수가 흘러 들어가는 물통입니다. 그들은 하나님이 구원을 부어주시는 빈 그릇입니다. 그림자를 받아들이는 것은 좋은 일이 아닙니다. 그러나 우리는 실체를 받습니다. 믿음의 생활에서 그리스도는 우리에게 실재이십니다. 우리에게 믿음이 없다면 예수님은 다만 옛날에 살았던 역사상의 인물일 뿐입니다. 그러나 믿음의 행위로 예수님은 우리 마음의 의식 안에 존재하시는 실재가 됩니다.

"받아들인다"라는 것은 소유한다는 의미도 됩니다. 내가 받아들인 물건은 내 소유가 됩니다. 내가 예수님을 받아들이면 내 구세주가 되십니다. 죽음이나 삶이 내게서 그를 끌어내지 못합니다.

구원은 소경이 시력을 받아들이는 것, 귀머거리가 청력을 받아들이는 것, 죽은 자가 생명을 받아들이는 것이라고 할 수도 있습니다. 그러나 우리는 이러한 축복들만 아니라 예수 그리스도를 받아들였습니다. 그리스도는 우리에게 생명을 주셨습니다. 죄 사함을 주셨으며 의롭다하셨습니다. 이것들은 모두 귀한 것이지만 우리는 거기에 만족하지 않습니다. 우리는 그리스도 자신을 받았습니다. 하나님의 아들이 우리 안에 부은 바 되었으며 우리는 그를 받았습니다. 하늘도 그리스도를 담을 수 없는데 우리가 그리스도를 소유했으니, 우리는 지극히 충만합니다.

어디든지 그가 들어가는 그 집 주인에게 이르되 선생님의 말씀이 내가 내 제자들과 함께 유월절 음식을 먹을 나의 객실이 어디 있느냐 하시더라 하라(막 14:14).

유월절이 되면 예루살렘에는 인정이 넘쳐흘렀습니다. 가정마다 유월절을 경축하기 위해 손님들을 초청했지만, 구세주를 초대하는 집은 없었습니다. 그러나 주님은 초능력에 의해 유월절을 경축할 다락방을 발견하셨습니다.

오늘날도 마찬가지입니다. 인간의 자손들은 예수를 영접하지 않으므로 주님은 초자연적인 능력과 은혜로 자기가 들어가실 마음을 예비하십니다. 어두움의 왕에게는 누구나 문을 활짝 열지만, 예수는 친히 자기의 길을 개척하시지 않으면 길가에서 밤을 유하셔야 합니다.

우리는 다락방의 주인이 누구인지 알지 못합니다. 그러나 그는 구속자께서 자기에게 수여하시려는 영광을 기꺼이 받아들였습니다. 주님의 택한 백성과 택함을 받지 못한 자들을 구분하기는 쉽습니다. 어떤 사람은 복음이 임하면 그것과 맞서 싸우며 전혀 관계를 갖지 않으려 합니다. 그러나 복음을 기쁘게 받아들이는 것은 그 사람의 영혼 안에서 은밀한 사역이 진행되고 있으며, 하나님이 그를 영생을 얻도록 택하셨다는 증거가 됩니다.

기꺼이 그리스도를 영접하렵니까? 그렇다면 어떤 어려움도 그것을 방해하지 못합니다. 그리스도는 손님이 되실 것입니다. 주님의 권능이 우리와 함께 역사하시면서 우리에게 주님을 영접하려는 마음을 갖게 하십니다. 하나님의 아들을 접대하는 일을 참으로 큰 영광입니다. 하늘도 그분을 모시지 못하건만, 그분은 겸손하게도 우리 심령 안에서 거처를 찾으시는 것입니다. 주님을 모실 자격 없는 우리에게 오시다니 얼마나 놀라운 특권입니까. 주님은 우리가 자기와 함께 즐길 잔치를 마련하시며, 우리는 그곳에서 불멸의 생명을 주는 음식을 먹게 됩니다.

주님을 영접하는 자가 복되도다!

그 안에서 행하되(골 2:6).

마음에 그리스도를 받아들인 사람은 그리스도 안에 있는 믿음으로 행하여 그리스도와 친밀함을 나타내는 새로운 생활을 하게 됩니다.

행함이란 **행동**하는 것을 의미합니다. 믿음은 기도의 골방에서만 발휘하는 것이 아닙니다. 우리는 믿는 것을 일상생활에서 실천해야 합니다. 그리스도 안에서 행하는 사람은 그리스도처럼 행동할 것입니다. 사람들은 이런 사람에 대해서 "그는 주님을 닮았습니다. 그는 예수 그리스도처럼 생활한다"라고 말할 것입니다.

"행한다"라는 것은 **진보**를 의미합니다. "그리스도 안에서 행하십시오." 은혜에서 은혜로 나아가며, 마침내 인간이 사랑하는 주님에 대해 얻을 수 있는 최고의 지식에 이르기까지 달려가십시오. 항상 그리스도 안에 거해야 합니다. 많은 신자가 아침저녁으로는 예수와 교제해야 한다고 생각하면서도 온종일 세상에 마음을 빼앗기고 살아갑니다. 참으로 안타까운 일입니다. 우리는 항상 주님과 함께 있으면서 주님의 발자취를 따라가며 주님의 뜻대로 행해야 합니다.

"행한다"라는 것은 **습관**을 의미합니다. 우리가 한 번은 그리스도와의 교제를 누리다가 잠시 후에는 그를 망각하며, 한 번은 주님을 우리의 것이라고 했다가 그 후에 손을 놓아버린다면 그것은 습관이 아닙니다. 그것은 그리스도 안에서 행하는 것이 아닙니다. 우리는 주님에게 가까이 다가가서 매달려야 하며, 결코 주님을 떠나가게 해서는 안 됩니다.

"너희가 그리스도 예수님을 주로 받았으니 그 안에서 행하십시오." 예수 그리스도는 우리의 믿음의 확신이요, 생명의 근원이요, 행위의 원리요, 영의 기쁨이시니 우리가 생을 마치는 순간까지 동일하신 분이 되게 하십시오.

그는 높은 곳에 거하리니 견고한 바위가 그의 요새가 되며 그의 양식은 공급되고 그의 물은 끊어지지 아니하리라(사 33:16).

하나님이 하신 약속을 이루어 주시지 않을까에 대해 의심하지 않습니까? 어떻게 바위산이 폭풍우에 밀려가고, 하늘나라 곡간이 동이 나겠으며, 우리의 궁핍함을 아시는 하늘 아버지께서 우리를 잊으시겠습니까? 아버지께서는 참새 한 마리가 땅에 떨어지는 것까지 알고 계시며, 머리카락까지도 헤아리고 계십니다(마 10:29-30). 그런데 계속 하나님을 불신하고 의심합니까? 많은 사람은 시험과 시련을 받아 마침내 하나님을 믿는 믿음을 발휘하게 되었습니다. 그 들이 믿은 순간은 구원의 순간이었습니다. 그들은 하나님이 약속을 지키신다는 것을 체험했습니다.

사탄이 믿음을 흔들도록 내버려 두지 말며, 하나님에 관한 그릇된 생각에 빠져 고민하지 마십시오. 여호와를 의심하는 것은 절대 작은 일이 아닙니다. 그것은 지극히 큰 죄임을 기억하십시오. 천사들은 하나님을 의심하지 않으며 마귀도 하나님을 의심하지 않습니다. 오직 인간들만 불신앙으로 하나님의 이름을 더럽히며 그의 영광에 먹칠합니다.

하나님이 자기 백성을 돌보심이 부족하다는 의심을 하지 마십시오. 우리는 이미 하나님의 사랑과 인자하심에서 나온 많은 축복을 받아 누리고 있습니다. 그러므로 우리 마음에 조그마한 의심이 남아 있어도 용서받지 못합니다. 우리는 하나님을 의심하는 마음과 끊임없이 싸워야 합니다. 의심은 우리의 평화를 파괴하고 하나님의 영광을 훼손시키는 원수입니다. 우리는 흔들리지 않는 믿음을 가지며, 하나님은 약속하신 대로 이루어 주시는 분이심을 믿습니다.

"내가 믿나이다 나의 믿음 없는 것을 도와 주소서"(막9:24).

영원하신 하나님이 네 처소가 되시니(신 33:27).

“처소”라는 단어는 하나님이 우리의 거처, 우리의 가정이 된다는 의미를 나타내줍니다. 이것은 대단히 충만하고 기분 좋은 비유입니다. 비록 누추한 오두막집이라도 우리는 자기 가정을 사랑합니다.

복되신 우리 하나님은 우리에게 무척 귀한 분이며, 우리는 그 안에서 살고 기동하며 생존합니다. 우리는 집에 있으면 안전하다고 느낍니다. 우리는 세상을 집에 들이지 않고 안전하게 거합니다. 그러므로 우리는 하나님과 함께 있으면 악을 두려워하지 않습니다. 하나님은 우리의 피난처요 은신처요 거처가 됩니다. 우리는 낮에 수고하며 애쓴 후 집에서 휴식을 취합니다. 마찬가지로 인생의 싸움으로 지친 우리 심령은 하나님 안에서 안식을 누립니다. 우리는 하나님께로 가서 평안히 거합니다. 그러므로 하나님과 함께 있을 때 우리는 하나님과 마음껏 교제할 수 있으며, 우리의 숨은 소망을 털어놓을 수 있습니다. 주님께서 자기를 두려워하는 자에게 비밀로 하는 일이 있으시다면, 주님을 두려워하는 자의 비밀도 주님에게 비밀이 됩니다.

가정은 가장 참되고 순결한 행복의 장소입니다. 우리 심령은 하나님 안에서 가장 심오한 기쁨을 발견합니다. 우리는 하나님 안에서 모든 기쁨을 초월하는 기쁨을 소유합니다. 우리는 가정을 위해 일하고 수고합니다. 가정을 생각하면 일상생활의 짐을 지는 힘이 생깁니다.

우리는 독생자 안에서 하나님을 생각하며, 구속자의 고통받는 얼굴을 보고 하나님을 위해 수고하려는 마음을 품게 됩니다. 형제들을 구원하기 위해서 일해야 한다고 느낍니다. 또 우리는 방탕한 아들이 집에 돌아옴을 기뻐하는 아버지의 마음을 가지고 있습니다.

야곱의 하나님을 거처로 소유한 사람들이 복되도다!

제자가 그 선생 같고 종이 그 상전 같으면 족하도다 집 주인을 바알세불이라 하였거든 하물며 그 집 사람들이랴(마 10:25).

이 말씀에 대해서 논쟁을 벌이려는 사람은 없을 것입니다. 종이 그 주인보다 높아지는 것은 부당한 일이기 때문입니다. 주님은 세상에 계실 때 어떤 대접을 받으셨습니까? 그는 멸시를 받아 사람들에게 버림받았습니다(사 53:3). 주님의 처소는 영문 밖이었고, 주님께서 맡으신 일은 십자가를 지시는 것이었습니다. 세상이 주님에게 위로와 안식을 주었습니까? 주님은 “여우도 굴이 있고 공중의 새도 집이 있으되 인자는 머리 둘 곳이 없도다”(눅 9:58)라고 말씀하셨습니다. 이 세상은 주님을 내쫓아 십자가에 못 받았습니다.

그리스도를 따르며 그리스도처럼 행할 때 세상 사람들이 우리의 신령한 생활을 주목한다는 것을 기억하십시오. 그들은 구세주를 다루었듯이 우리를 다루며 멸시할 것입니다. 우리가 더욱 거룩해지고 그리스도를 닮은 사람이 되면 사람들이 그만큼 더 당신에게 정중한 행동을 하리라 기대하지 마십시오. 그들은 갈고 닦아 광택이 나는 보석을 귀히 여기지 않았거늘 어찌 거친 보석을 귀하게 여길 수 있겠습니까?

“주인을 바알세불이라 하였거든 하물며 그 집 사람들이랴”(마 10:25).

우리가 그리스도를 닮아갈수록 원수들은 더 우리를 미워할 것입니다. 하나님의 자녀가 세상에서 사랑을 받는 것은 서글픈 영광입니다. 악한 세상에서 기독교인을 향하여 손뼉을 치며 “잘하였다”라고 말하는 소리를 듣는 것은 위험한 일입니다. 불의한 자들이 우리를 칭찬할 때 우리는 자기의 성품을 돌아보며 혹시 잘못한 일이 없는지 살펴보아야 합니다. 우리는 주님께 충실하며, 주님을 비웃고 배척하는 눈멀고 악한 세상과 사귀지 말아야 합니다. 우리는 주님이 가시 면류관을 쓰신 곳에서 영광의 면류관을 쓰려고 하지 맙시다.

그의 영원하신 팔이 네 아래에 있도다 그가 네 앞에서 대적을 쫓으시며 멸하라 하시도다(신 33:27).

영원하신 하나님은 우리의 지주가 되십니다. 특히 우리가 깊은 환난에 빠져 있을 때 우리의 힘이 되어 주십니다. 신자들에게는 굴욕을 느끼는 때가 있습니다. 그들은 자신의 큰 죄악을 깊이 깨닫고 하나님 앞에서 자기를 낮추기 때문에 기도하는 방법조차 모릅니다. 그들은 자신을 너무나 보잘것없는 존재로 여깁니다.

하나님의 자녀여, 가장 비천한 자리에 있을 때 주님의 영원하신 팔이 그 아래 있음을 기억하십시오. 죄가 우리를 비천한 자리로 끌어 내리지만, 그리스도의 큰 구속이 만백성의 아래 있습니다. 우리가 아무리 깊은 고통 속으로 내려가도 주님은 우리를 구원하실 수 있습니다.

만일 세상의 모든 지주가 베임을 당한다면 어떻게 됩니까? 그래도 영원하신 팔이 우리 아래 있습니다. 아무리 깊은 곤고와 고통 속에 떨어져도 영원히 신실하신 하나님 은혜의 언약은 여전히 우리를 둘러싸고 계실 것입니다. 신자들이 치열한 내면의 싸움으로 인하여 환난에 빠져 있을지라도 영원하신 주의 팔은 그 아래에서 떠받쳐 주실 것입니다.

이처럼 영원하신 팔이 떠받쳐 주시는 한 우리를 해치려는 사탄의 노력은 허사가 될 것입니다. 하나님이 우리를 보존해 주신다는 확신은 하나님을 섬기는 일에 지친 열심 있는 일꾼들에게 위로가 됩니다. 그것은 날마다 필요한 힘을 주시며, 필요할 때마다 은혜를 주시며, 맡은 바 임무를 행할 수 있는 능력을 주신다는 약속의 의미를 함축하고 있습니다. 사망이 임할 때도 그 약속은 유익을 줍니다. 우리는 요단강 가운데 서서, 다윗처럼 "내가 해를 두려워하지 않을 것은 주께서 나와 함께 하심이라"고 말할 수 있을 것입니다.

우리를 위하여 기업을 택하시나니 곧 사랑하신 야곱의 영화로다(시 47:4).

믿는 자여, 주께 받은 기업이 작더라도 이 세상에서 누리는 우리의 몫에 만족하십시오. 그것이 우리를 위한 최선의 것이라고 확신하십시오. 완전한 지혜가 우리의 환경을 정하시고 우리를 위해 가장 안전하고 가장 좋은 조건을 선택하셨습니다.

커다란 상선이 강을 따라 항해한다고 가정해보십시오. 그 강 한편에는 모래톱이 있습니다. 만일 누군가가 "왜 선장은 깊은 곳으로 배를 몰지 않고 똑바로 항해하지 않는가"라고 묻는다면, 선장은 "깊은 곳으로 배를 몰다가는 항구에 도착하지 못할 것입니다"라고 대답할 것입니다.

거룩하신 선장께서 환난의 파도가 밀려오는 고통의 모래톱을 비켜가지 않으신다면, 당신은 좌초하여 조난할 것입니다. 당신은 햇빛이 그다지 비치지 않는 곳에 심겨져 있을 수도 있습니다. 그러나 그러한 환경 속에서만 열매를 맺을 수 있으므로 사랑 많은 정원사께서 우리를 그곳에 심으신 것입니다.

만일 지금보다 우리에게 더 적합한 환경이 있었다면, 사랑의 하나님은 우리를 그곳에 두실 것입니다. 하나님은 가장 알맞은 환경에 우리를 두셨습니다. 만일 우리가 자신의 환경을 선택했다면 머지않아 "주님, 나를 위해 내 기업을 선택하여 주소서. 나는 이기적이기 때문에 많은 슬픔을 겪습니다"라고 소리칠 것입니다.

주님이 우리의 행복을 위해 모든 것을 섭리하셨으므로 지금 소유하고 있는 것에 만족하십시오. 날마다 십자가를 지고 가십시오. 그것은 우리가 지고 가기에 가장 알맞은 짐이요, 하나님의 영광에 이르는 선한 일에 완전하게 만들기에 가장 적합한 것입니다.

너희 믿음의 확실함은 불로 연단하여도 없어질 금보다 더 귀하여 예수 그리스도께서 나타나실 때에 칭찬과 영광과 존귀를 얻게 할 것이니라 (벧전 1:7).

시련을 겪지 않은 믿음도 참믿음일 수 있습니다. 그러나 그것은 적은 믿음입니다. 시련을 겪지 않는 한 믿음은 성장하지 못합니다. 믿음은 만물로부터 대적함을 받을 때 가장 크게 성장합니다. 태풍은 믿음의 훈련자요, 번갯불은 믿음을 비추는 계몽가입니다. 바다가 고요하여 바람이 불지 않으면 아무리 돛을 올려도 배는 항구를 향해 가지 못할 것입니다. 그러나 사나운 바람은 배를 앞으로 몰아가고 이리저리 요동하게 하며 파도가 갑판을 깨끗이 씻어내며 돛이 완전히 부풀어 돛대가 흔들립니다. 그때 배는 바라던 항구를 향하여 나아가게 될 것입니다.

역경 속에서 승리를 거두는 믿음이 가장 고귀한 믿음입니다. 만일 우리가 헤엄쳐서 강을 건너가야 하지 않았다면 결코 자신의 연약함을 느끼지 못했을 것입니다. 만일 거센 물결 속에서 하나님의 도움을 받지 못했다면 하나님의 능력을 알지 못했을 것입니다.

환난을 겪음으로써 믿음은 더욱 강해지고 확고해지고 튼튼해집니다. 믿음은 귀할뿐더러 그 믿음의 시련 또한 귀한 것입니다. 그렇다고 해서 믿음에 있어 어린아이와 같다고 해서 낙심하지 마십시오. 시련을 구하지 않아도 충분히 시련을 겪게 될 것입니다. 하나님은 때가 되면 우리의 몫을 나누어 주실 것입니다. 그러나 우리가 오랜 시련을 겪어 그 결과를 소유할 수 없더라도 지금 가진 은혜로 인해 하나님께 감사하십시오. 우리가 이미 얻은 거룩한 확신으로 인해 하나님을 찬양하십시오. 이 원리에 따라 행하십시오. 그리하면 더욱 많은 축복을 받게 되어 마침내 산을 옮길 만한 믿음을 갖게 될 것입니다.

이 때에 예수께서 기도하시러 산으로 가사 밤이 새도록 하나님께 기도하시고(눅 6:12).

흠이 없고 온전하신 주님은 기도하지 않고도 살 수 있는 분이셨습니다. 그러나 주님만큼 기도하신 분은 없었습니다. 아버지를 향한 사랑이 지극했기 때문에 주님은 끊임없이 아버지와 교제했습니다. 백성들을 향한 사랑 또한 지극히 강렬했기 때문에, 주님은 끊임없이 그들을 위해 중보기도를 하셨습니다. 주님이 이처럼 기도하시기를 좋아하셨던 사실에는 하나의 교훈이 있습니다.

주님은 훌륭한 기도의 시간을 선택하셨습니다. 주님은 고요한 밤, 사람들 때문에 방해받지 않는 시간을 택하셨습니다. 그 시간은 사람들이 활동을 그치고 쉬는 시간이었습니다. 사람들이 잠에 취하여 자신의 고통을 잊고 주님에게 찾아와 구원을 구하기를 멈추는 시간에 주님은 그들을 위해 기도하셨습니다. 다른 사람은 잠 속에서 휴식을 발견했지만, 주님은 기도에서 새 힘을 얻었습니다.

주님은 훌륭한 기도의 장소를 선택하셨습니다. 주님은 사람들의 눈에 뜨이지 않고 방해도 받지 않는 곳에 홀로 계셨습니다. 어둡고 고요한 산은 하나님의 아들을 위한 기도의 밀실이었습니다. 고요한 밤중에 하늘과 땅은 두 개의 세계를 공유하고 계시는 신비한 존재의 신음과 한숨 소리를 들었습니다. 주님은 쉬지 않고 간구하셨습니다. 긴 밤도 길게 느껴지지 않았습니다. 차가운 밤바람도 주님 기도의 열기를 식히지 못했습니다. 짙은 어두움이 주님의 믿음을 어둡게 하지 못했고, 고독이 주님의 중보기도를 억제하지 못했습니다.

주님이 기도하신 이유도 주목할 만합니다. 원수들이 크게 격노한 후에 주님은 기도하셨습니다. 기도는 주님의 피난처요 위안이었습니다. 주님은 열두 제자를 택하기 전에 기도하셨습니다. 기도는 주님의 새로운 사역의 전령이었습니다. 우리도 시련 당할 때나 주님의 영광을 위한 새로운 일을 구상할 때 주를 본받아 특별한 기도를 해야 합니다.

주 예수님, 우리에게 기도하는 법을 가르치소서.

내 안에 거하라 나도 너희 안에 거하리라 가지가 포도나무에 붙어 있지 아니하면 스스로 열매를 맺을 수 없음 같이 너희도 내 안에 있지 아니하면 그러하리라(요 15:4).

우리는 어떻게 해서 과실을 맺기 시작했습니까? 예수님께로 가서 주님의 위대한 대속에 자신을 맡기며 주님의 완전한 의를 의지할 때부터 우리는 과실을 맺기 시작했습니다. 그 시절을 기억합니까?

그때 이후로 퇴보해 왔습니까? 그렇다면 그 사랑의 시절을 기억해 보십시오. 회개하고 처음 일을 행하십시오. 그리스도께 가장 가까이 가게 해주는 일에 참여하십시오. 우리의 과실은 모두 그리스도로부터 나오기 때문입니다. 우리를 그리스도께 데려갈 경건의 연습은 우리가 과실을 맺도록 도와줄 것입니다. 태양은 과수원의 나무들이 열매를 맺게 하는 위대한 일꾼입니다. 예수님은 은혜의 과수원에서 자라고 있는 나무로 하여금 열매를 맺게 하는 위대한 일꾼이십니다.

열매를 맺지 못했을 때는 언제입니까? 예수 그리스도로부터 가장 먼 곳에 살았던 때, 기도를 게을리했던 때, 순박한 믿음을 잃었던 때, 주님보다는 주님 이 주시는 은혜를 중요하게 여겼던 때가 아니었습니까? 자신의 능력이 어디에 거하는지 잊었습니까? 우리는 과거의 경험을 통해 단순히 그리스도 안에서 하나님의 은혜를 의지하고 성령을 기다릴수록 더 많은 열매를 맺게 된다는 것을 깨달았습니다. 생명뿐만 아니라 열매까지도 맺게 해주시는 예수님을 의지합시다.

예수께서 그들에게 항상 기도하고 낙심하지 말아야 할 것을 비유로 말씀하여(눅 10:1).

기독교인들은 항상 기도하고 낙망하지 말아야 합니다. 주님은 자신이 세상에 오셔서 맡으셨던 것과 같은 사명을 가지고 교회를 세상에 보내셨습니다. 이 사명에는 중보기도가 포함됩니다. 교회는 세상의 제사장입니다. 교회가 간구할 수 있는 은혜의 문은 항상 열려 있으며, 그 간구는 헛되이 되돌아오지 않습니다. 교회를 위해 성전의 휘장이 둘로 갈라졌고, 제단 위에 피가 뿌려졌습니다. 하나님은 끊임없이 교회에게 원하는 것을 요청하라고 하십니다. 이처럼 천사들도 부러워하는 특권을 교회는 거부하렵니까? 교회는 매시간 왕에게 나갈 수 있습니다. 그런데 왜 귀한 특권을 사용하지 않습니까?

교회는 항상 기도해야 합니다. 교회 안에는 언제나 죄에 빠지는 사람들이 있습니다. 또 그리스도의 품에 안기기 위해 기도를 필요로 하는 양들이 있습니다. 교회는 강한 자들이 주제넘게 행하지 않기 위해서 기도하며, 연약 자들이 낙심하지 않기 위해서 기도해야 합니다. 우리가 하루 24시간, 일 년 365일 기도회를 계속해도 기도할 주제가 부족하지 않을 것입니다. 우리 주위에는 항상 병자와 가난한 자, 고통받는 자와 믿음이 흔들리는 자들이 있지 않습니까? 친척들의 회심, 배교자들의 개심, 또는 타락한 자의 구원을 구하는 사람들이 우리 주위에는 언제나 존재합니다. 회중들이 끊임없이 모이고, 목회자들이 복음을 전파하고, 수백 만의 죄인들은 죄 속에서 죽어가고 있습니다.

우상과 잔인함과 악으로 충만한 세상에서 사랑하는 주님이 맡기신 일을 게을리한 죄를 교회는 어떻게 핑계할 것입니까? 교회는 끊임없이 간구하며, 신자들은 과부의 엽전과 같은 작은 기도나마 하나님께 드립시다.

또 지붕에서 하늘의 뭇 별에게 경배하는 자들과 경배하며 여호와께 맹세하면서 말감을 가리켜 맹세하는 자들과(습 1:5).

여호와를 믿노라면서 또 말감을 섬기는 사람들은 두 신이 모두가 자기 편이므로 안전하다고 생각합니다. 그들은 여호와의 추종자들과 함께 다니면서 동시에 말감에게도 절하였습니다. 그러나 하나님은 이중성을 가증히 여기십니다.

일상생활에서도 두 마음을 품은 자들은 멸시를 받습니다. 기독교 신앙에 있어서 두 마음을 품은 자는 가장 역겨운 사람입니다. 본문에 선포된 형벌은 참으로 무서운 형벌이지만 마땅한 형벌입니다. 옳은 것을 알고 인정하며 따른다고 고백하면서도 여전히 악을 사랑하고 악으로 자기 마음을 기뻐하게 하는 죄인을 거룩한 공의가 어찌 용서할 수 있었겠습니까?

영혼들이여. 이 아침 스스로를 살펴보십시오. 혹시 이중거래를 하고 있지나 않은지 살펴보십시오. 우리는 예수님을 따른다고 고백하고 있습니다. 진실로 주님을 사랑합니까? 우리의 심령은 하나님과 올바른 관계에 있습니까? 한쪽 발은 진리의 육지를 딛고, 다른 발은 거짓의 바다에 놓으면 무서운 몰락과 완전한 멸망을 초래할 것입니다. 그리스도는 우리의 모든 것이 되시지 않고서는 만족하지 않으십니다.

하나님은 온 우주에 충만하시므로 다른 신이 존재할 여지가 없습니다. 만일 하나님이 우리의 마음을 통치하신다면 다른 통치 세력이 존재할 수 없습니다. 오직 예수만 의지하며 예수만 위해서 삽니까? 그렇게 하기를 원합니까? 그렇다면 우리를 구원으로 인도하신 크신 은혜를 찬송하십시오.

라반이 이르되 언니보다 아우를 먼저 주는 것은 우리 지방에서 하지 아니하는 바이라(창 29:26).)

우리는 라반의 정직하지 못함을 용서하지 않으나 그가 핑계했던 당시의 관습에서 교훈을 얻습니다. 사물은 반드시 순서대로 취해야 한다는 것입니다. 비록 둘째가 더 사랑스러워도 하늘나라의 규칙은 반드시 지켜야 하며, 맏이가 먼저 결혼하는 것이 순리입니다. 예를 들면, 많은 사람은 기쁨과 평화라는 이름다운 라헬을 원하지만, 먼저 인자한 눈을 가진 레아, 즉 회개와 먼저 혼인해야 합니다.

모든 사람은 행복을 사랑하며 그것을 누리기 위해서는 여러 해 동안 즐거운 마음으로 종살이를 하려 합니다. 주님의 나라의 규칙에 따라 영혼이 행복이라는 라헬을 얻으려면 먼저 참된 성결이라는 레아를 사랑해야 합니다. 면류관을 쓰려면 먼저 십자가를 져야 합니다. 우리가 굴욕을 당하신 주님을 따라가지 않으면 절대 영광 속에서 주님과 함께 안식을 누리지 못할 것입니다.

어떤 반응을 나타냅니까? 거룩한 규칙을 범하려는 헛된 소망을 가지고 있습니까? 수고도 노력도 하지 않고 상급 얻기를 원합니까? 무익한 기대를 버리며, 예수를 사랑하기 위해 어려운 일을 기뻐하며 받아들이십시오. 그리하면 상급을 받을 수 있을 것입니다. 수고하고 고난당하는 중에 쓰라린 일이 즐거운 일이 되고 어려운 일이 쉽게 되는 것을 발견할 것입니다.

예수를 사랑한다면 야곱처럼 여러 해 동안의 종살이가 불과 며칠로 느껴질 것입니다. 결국 혼인 잔치가 벌어질 때, 이제까지 겪은 고생을 전혀 없던 일처럼 여겨질 것입니다. 예수와 함께 있는 한 시간은 수고하고 고통을 겪은 수많은 세월을 보상해 줄 것입니다.

여호와의 분깃은 자기 백성이라 야곱은 그가 택하신 기업이로다(신 32:9).

하나님의 백성은 어떻게 해서 하나님의 분깃이 됩니까? 하나님의 주권적 선택에 의해서입니다. 하나님은 그들을 선택하시고 사랑하십니다. 그들에게 선한 것이 있었거나, 또는 장차 그들이 선하게 될 것을 예견하셨기 때문에 택하신 것이 아닙니다. 하나님은 자기 뜻에 따라 원하는 자들에게 자비를 베푸시고 택한 백성으로 정하셨습니다. 그러므로 그들은 하나님의 자발적인 선택으로 하나님의 분깃이 되었습니다. 하나님은 그들을 택하셨을 뿐만 아니라 값 주고 사셨습니다. 하나님은 그들의 값을 한 푼도 남김없이 치르셨으므로 하나님의 소유권에 대해서 논란이 있을 수 없습니다. 하나님의 분깃은 금이나 은으로 속량한 것이 아니라 주 예수 그리스도의 보혈로 속량하십니다. 아무도 하나님의 재산을 저당 잡을 수 없습니다.

하나님을 대적하여 소송을 제기할 수도 없습니다. 이미 법정에서 값을 치렀었으므로 교회는 영원히 주님의 분깃입니다. 모든 택한 자에게 찍힌 피의 흔적을 보십시오. 그것은 인간의 눈에는 보이지 않지만, 그리스도는 아십니다. 주님은 자기 백성을 아십니다. 주님은 자신이 대속하신 백성은 한 사람도 잊지 않고 모두 기억하십니다.

주님은 자기 생명을 바쳐 사신 양들을 헤아리시며, 자기 자신을 주신 교회를 기억하십니다. 그들은 주님이 싸워서 얻은 주님의 분깃입니다. 우리가 주님의 것이 되기까지 주님은 우리 내면에서 얼마나 큰 싸움을 하셨는가. 얼마나 오랫동안 우리 심령을 포위하셨습니까! 우리는 주님이 들어오지 못하게 빗장을 걸어 잠그고 울타리를 쌓았습니다. 그러나 결국 우리는 주님의 전능한 사랑에 정복되어 포로가 되었습니다.

이처럼 우리를 택하시고 값 주고 사시고 정복하셨으므로 거룩하신 하나님의 소유권은 누구도 빼앗을 수 없습니다. 우리는 우리 자신의 것이 아님을 기뻐합니다. 날마다 주님의 뜻을 행하며 그 영광을 나타내기를 갈망합니다.

네 하나님이 너의 힘을 명령하셨도다 하나님이여 우리를 위하여 행하신 것을 견고하게 하소서(시 68:28).

우리의 궁핍함은 물론이요, 우리의 지혜도 하나님이 우리 안에서 행하신 것을 견고하게 해주시기를 요청해야 합니다. 이것을 게을리하는 신자들은 불신앙에서 솟아나는 영의 시련과 고통으로 인하여 자신을 탓합니다. 사탄은 우리 심령의 동산을 홍수로 휩쓸어 황폐하게 만들려고 하는데도 많은 신자는 기도를 게을리하고 부주의하게 행함으로써 수문을 활짝 열어놓아 무서운 홍수가 밀려들도록 방치합니다.

우리는 흔히 우리의 믿음을 만들어 주신 분이 또한 그것을 보존해 주신다는 사실을 망각합니다. 성전에서 타오르는 등잔은 결코 성전 밖으로 가지고 나갈 수 없으며, 날마다 새 기름을 보충해야 합니다. 마찬가지로 우리의 믿음도 은혜의 기름을 공급받아야 지속될 수 있으며, 그 기름은 하나님에게서만 얻을 수 있습니다. 세상을 지으신 하나님이 세상을 지탱해주시지 않으면 세상은 크게 무너질 것입니다. 우리를 신자로 만들어 주신 하나님이 자기의 영으로 우리를 부양해 주시지 아니하면 우리는 신속하고도 치명적인 멸망을 맞을 것입니다.

우리는 저녁마다 주님께 나아가 필요한 은혜와 능력을 구합시다. 우리에게는 강력하게 요청할 근거가 있습니다. 우리가 견고하게 해주시기를 요청하는 것은 주님께서 친히 행하신 은혜의 역사이기 때문입니다. 주님이 자신이 행하신 일을 보호하고 유지해 주시지 못할 것으로 생각합니까? 믿음으로 주님의 능력을 굳게 붙들라. 그리하면 지옥의 우두머리 마귀가 이끄는 어두움의 권세들이 당신의 기쁨과 평화를 가리지 못할 것입니다. 강한 자가 될 수 있는데 어찌하여 힘을 잃습니까? 승리할 수 있는데 어찌하여 패배합니까?

흔들리는 믿음과 힘을 잃은 영을 주님께 가져가십시오. 주님이 그것들을 다시 소생케 하시고 힘을 주실 것입니다.

여호와의 분깃은 자기 백성이라 야곱은 그가 택하신 기업이로다(애 3:24).

예레미야는 “여호와는 부분적으로 내 기업이시라”거나 “여호와는 내 기업 안에 있도다”라고 하지 않았습니다. 여호와는 내 영혼의 기업의 총체이십니다. 이 말씀의 영역 안에 우리가 바라고 소유하는 모든 것이 존재합니다. 여호와는 내 기업이십니다. 여호와의 은혜나 사랑이나 언약이 아니라 여호와 자신이 우리의 기업이십니다.

여호와는 우리를 자기 분깃으로 택하셨으며, 우리는 여호와를 우리 기업으로 택했습니다. 물론 여호와께서 먼저 우리를 선택하시지 않으셨으면 우리는 그분을 우리 기업으로 택하지 못했을 것입니다.

여호와는 지극히 풍족한 우리의 기업이십니다. 인간의 욕망을 충족시키기는 쉽지 않습니다. 그러나 우리는 소원하는 모든 것을 우리의 거룩한 기업 안에서 발견할 수 있습니다. 그러므로 우리는 “하늘에서는 주 외에 누가 내게 있으리요 땅에서는 주 밖에 내가 사모할 이 없나이다”(시 73:25)라고 노래합니다.

우리로 하여금 여호와의 즐거움의 강에서 마시게 해주시는 여호와 안에서 우리가 기뻐하는 것은 당연한 일입니다. 우리 믿음은 독수리처럼 날개를 펴고 자신의 거처인 거룩한 사랑의 하늘나라로 올라갑니다.

“내게 줄로 재어 준 구역은 아름다운 곳에 있음이여 나의 기업이 실로 아름답도다”(시 16:6).

항상 주님 안에서 기뻐합시다. 우리가 행복하고 복된 백성임을 세상에 나타내어 그들로 “하나님이 너희와 함께 하심을 들었나니 우리가 너희와 함께 가려 하노라”(슥 8:23)고 외치게 만듭시다.

네 눈은 왕을 그의 아름다운 가운데에서 보며 광활한 땅을 눈으로 보겠고(사 33:17).

그리스도를 깊이 알게 되면 주님에 대한 피상적인 견해에 만족하지 못할 것입니다. 주님이 영원한 언약 속에서 행하신 일, 우리를 위해 영원한 담보가 되어 이루신 일, 주님이 행하시는 모든 일 안에서 빛을 발하고 있는 충만한 은혜를 깊이 연구하게 되면, 그만큼 더 진실하게 영광중에 계신 왕을 뵈옵게 될 것입니다.

예수를 보기를 갈망하십시오. 묵상과 정관(靜觀)은 석류석으로 만든 대문이요, 마노로 만든 창문으로서 우리는 그곳을 통해 구속자를 뵙습니다. 묵상은 우리에게 망원경을 주어 주와 함께 세상에 살았던 사람들보다 더 훌륭하게 주님을 볼 수 있게 해줍니다. 묵상을 많이 하면 왕의 영광은 더욱 찬란하게 비추어 줍니다.

사랑하는 자여, 우리는 죽은 후에 영광의 왕을 뵐 수 있을 것입니다. 임종을 앞둔 많은 성도는 폭풍이 이는 바다에서 하늘을 바라보았으며 주님이 바다 위로 걸어오시는 것을 보았습니다. 그들은 "나니 두려워 말라"고 말씀하시는 주님의 음성을 들었습니다.

집이 흔들리기 시작하고 벽이 무너져 나갈 때, 우리는 기둥 사이로 그리스도를 보게 되며, 하늘나라 위 햇빛이 하염없이 흘러들어옵니다. 그러나 우리가 영광중에 계신 왕을 직접 대면하기를 원한다면 우리가 하늘나라도 가거나 왕께서 이 감옥으로 오셔야 합니다.

오, 왕께서 바람 날개를 타고 오시기를 원합니다. 그분은 우리의 신랑이시므로 그분이 계시지 않으면 우리는 과부가 됩니다. 그분은 사랑스럽고 아름다운 우리의 형제이시므로, 그분이 아니 계시면 우리는 외롭습니다. 우리의 영혼과 참된 생명 사이에는 두꺼운 휘장과 구름이 드리워 있습니다. 언제 날이 밝으며 그림자가 사라지겠는지요!

이는 만물이 주에게서 나오고 주로 말미암고 주에게로 돌아감이라 그에게 영광이 세세에 있을지어다 아멘(롬 11:36).

이 말씀은 기독교인의 유일한 소원이 되어야 하며, 다른 소원들은 모두 이 소원에 종속돼야 합니다. 기독교인은 자기 사업이 번창하기를 원할 수 있습니다. 그러나 그것이 그를 도와 이 사실을 진작시킬 수 있는 범위 안에서 원해야 합니다.

"그에게 영광이 세세에 있을지어다."

또 많은 은혜와 은사를 원할 수 있으나 그것도 주님의 영광을 위한 것이어야 합니다. 주님의 영광을 위한 동기가 아닌 다른 동기에 따라 움직이는 것은 결코 올바른 일이 아닙니다.

하나님의 영광을 돌리고자 하는 이 열망이 우리의 영혼을 불태우게 하십시오. 하나님의 영광을 자신의 유일한 목표로 삼으십시오. 그것에 의지하십시오. 자아가 솟아오르는 곳에서 슬픔이 시작됩니다. 과거에 하나님을 찬양했다는 사실에 만족하지 마십시오.

하나님이 우리의 사업을 번창하게 해주셨습니까? 하나님이 많은 것을 주셨으니 우리도 하나님께 온 것을 드리십시오. 처음보다 더 강한 믿음으로 하나님을 찬양하십시오.

우리의 지식은 성장하고 있습니까? 그렇다면 더욱 아름다운 노래를 부르십시오. 과거보다 행복한 생활을 하고 있습니까? 질병이 치료되었습니까? 슬픔이 변하여 기쁨과 평화가 되었습니까? 그렇다면 더 많은 찬양을 드리십시오. 우리 스스로 하나님을 섬기며 성결을 더함으로써 위대하시고 자비하신 주님께 영광을 돌리십시오.

돌들을 떠내는 자는 그로 말미암아 상할 것이요 나무들을 쪼개는 자는 그로 말미암아 위험을 당하리라(전 10:9).

압제자들은 나무를 쪼개듯이 가난하고 궁핍한 자들을 마음대로 다룹니다. 그러나 그들에게는 위험이 따릅니다. 나뭇가지가 간혹 나무꾼을 죽이기도 합니다. 예수는 상처받는 성도들 안에서 박해를 받으십니다. 예수는 사랑하는 자들의 원수를 갚아주시는 능하신 분이십니다. 가난하고 궁핍한 자를 짓밟는 것은 두려운 일입니다. 지금 이 세상에서 박해자들에게 위험이 닥치지 않는다면 후에 큰 위험이 닥칠 것입니다.

우리의 소명과 일상생활과 관련된 위험도 있습니다. 이것들은 홍수나 질병이나 갑작스러운 죽음 등에 의한 위험이 아니라 영적인 위험입니다. 우리의 직업이 나무를 쪼개는 비천한 일일지라도 마귀는 우리를 유혹할 수 있습니다. 하인이거나 농장에서 일하는 일꾼이거나 기술자라면, 중대한 유혹으로부터는 보호받을 수도 있을 것입니다. 그러나 은밀한 죄가 당신에게 손해를 입힐 수 있습니다.

집에만 있고 거친 세상과 섞이지 않는 사람들도 바로 그 은둔생활로 인해 위험을 당할 수 있습니다. 가난한 사람의 마음에 자만심이 들어갈 수 있으며, 거지의 가슴을 탐욕이 지배할 수 있으며, 지극히 고요한 가정에 부정(不淨)이 침투할 수 있으며, 한적한 시골집에 분노와 투기와 악의가 밀려들 수도 있습니다. 하인에게 몇 마디 말을 하면서도 죄를 범할 수 있으며, 가게에서 조그만 물건을 사는 것이 유혹의 첫 번째 사슬이 될 수도 있으며, 창밖을 내다보는 것이 악의 시작이 될 수도 있습니다.

주님, 우리는 참으로 죄악된 세상에 살고 있습니다. 어떻게 하면 안전하게 거하리까? 이 악한 세상에서 우리를 보존해 주실 분은 오직 당신뿐입니다. 우리를 당신의 날개 아래 쉬게 해주소서. 그리하면 우리가 안전하겠나이다.

내 누이, 내 신부는 잠근 동산이요 덮은 우물이요 봉한 샘이로구나(아 4:12).

본문은 신자들의 내적 생명을 뜻하는 것으로 "비밀성"을 뚜렷이 나타냅니다. 신자의 내적 생명은 덮은 우물입니다. 중동 지방의 우물은 건물 안에 있어 그 비밀 입구를 아는 사람만 우물에 들어갈 수 있습니다. 은혜로 중생한 신자의 심령도 이와 같아서 그 안에는 인간의 솜씨로는 닿지 못하는 신비한 생명이 있습니다.

본문 말씀에는 "비밀성"뿐 아니라 "분리"의 개념도 함축되어 있습니다. 그것은 지나가는 사람 누구나 마실 수 있는 평범한 우물이 아닙니다. 그것은 다른 사람들은 마시지 못하게 되어 있는 우물입니다. 그것은 특별한 흔적 즉, 왕의 인(印)을 가진 샘입니다. 그러므로 그 흔적을 보는 사람은 그 샘이 평범한 샘이 아니라 소유자가 있는 샘이라는 것을 알게 됩니다.

우리의 영적 생명도 이와 같습니다. 하나님의 택한 자들은 구속함을 받은 날부터 세상으로부터 분리되어 다른 사람이 소유하지 못한 생명을 소유하게 됩니다. 구속함을 받은 사람들은 세상과 함께 있으면서 편안하게 느끼거나 세상의 쾌락을 즐거워하지 못합니다.

이 말씀에는 "성별"(聖別)이라는 개념이 들어 있습니다. 덮은 우물은 특별한 사람만 사용하기 위한 것입니다. 신자들의 심령은 예수를 위해 보존된 덮은 우물입니다. 모든 신자는 자기에게 하나님의 인이 새겨져 있다고 느껴야 합니다. 그는 바울처럼 "이 후로는 누구든지 나를 괴롭게 하지 말라 내가 내 몸에 예수의 흔적을 지니고 있노라"(갈 6:17)고 말할 수 있어야 합니다.

주의 보좌는 예로부터 견고히 섰으며 주는 영원부터 계셨나이다(시 93:2).

그리스도는 영원하신 분이십니다. 우리도 다윗처럼 “하나님이여 주의 보좌는 영원하며 주의 나라의 규는 공평한 규이니이다”(시 45:6)라고 노래합시다. 어제나 오늘이나, 영원토록 동일하신 예수 그리스도를 찬양합시다.

예수는 과거에도 존재하셨습니다. 베들레헴에 탄생한 아기는 태초로부터 만물을 지으신 말씀과 함께 계신 분이셨습니다. 그리스도는 밧모섬에서 요한에게 “나는 알파와 오메가라 이제도 있고 전에도 있었고 장차 올 자요 전능한 자라”(계 1:8)고 하셨습니다. 만일 그리스도께서 영원부터 계셨던 하나님이 아니라면, 우리는 그가 모든 언약의 축복의 원천인 영원한 사랑을 가지고 있다고 느낄 수 없을 것입니다. 그러나 그리스도는 영원부터 아버지와 함께 계셨으므로 우리는 그가 성부와 성령과 함께 거룩한 사랑을 가지고 계신다고 여깁니다. 주님은 과거에도 계셨으며 영원하신 분이십니다. 예수는 죽으신 분이 아닙니다.

“그가 항상 살아 계셔서 그들을 위하여 간구하심이라”(히 7:25).

궁핍할 때 주님을 의지합시다. 주님은 우리를 축복하려고 기다리고 계십니다. 예수는 미래에도 영원히 계실 분이십니다. 만일 하나님이 장수할 수 있는 복을 주신다면, 자기의 피로 치료의 샘을 가득 채우셨던 제사장께서 우리를 모든 불의에서 깨끗하게 해주기 위해 살고 계심을 발견할 것입니다. 마지막 전쟁 때 승리하시는 대장의 손이 연약해지지 않을 것입니다.

살아계신 주님은 임종하는 성도들의 기운을 돋아주십니다. 하늘나라에 가면 우리는 젊음을 간직하신 주님을 볼 것입니다. 주님은 영원토록 솟아나는 기쁨과 생명과 영광의 샘으로 존속하실 것입니다. 이 거룩한 샘에서 생명수를 마십시다.

예수는 과거에도 계셨고 지금도 계시며 장래에도 계실 분입니다. 주님은 택한 백성들을 축복하고 위로하고 지켜주시고 면류관을 씌워 주십니다.

그러나 어리석은 변론과 족보 이야기와 분쟁과 율법에 대한 다툼은 피하라 이것은 무익한 것이요 헛된 것이니라(딛 3:9).

인생은 짧습니다. 그러므로 중요치 않은 일에 대해 논쟁하지 말고 선을 행하여야 합니다. 교회는 쓸데없는 사실이나 그다지 중요치 않은 문제로 인해 분쟁하고 있습니다. 그런 문제에 관해서 하고 싶은 말을 모두 한다 해도 그 어느 쪽도 현명하다고 할 수 없습니다. 그러므로 분쟁은 지식을 더하게 하지 못하며 또한 사랑도 증가시키지 못합니다.

성경이 침묵하고 있는 점에 대한 변론, 하나님께 속한 비밀에 대한 변론, 해석하기 어려운 예언에 대한 변론, 인간이 만들어낸 의식을 준수하는 방법에 대한 변론 등은 모두 어리석은 것입니다. 그러므로 지혜로운 사람들은 그런 변론을 피합니다. 결코 어리석은 질문을 하지도 말며, 어리석은 질문에 답변하지도 말고 피해야 합니다. 하지만 우리가 피하지 않고 정당하고 정직하게 대답해야 하는 질문이 있습니다. 예를 들면 다음과 같습니다.

주 예수 그리스도를 믿고 있는가?
중생했는가?
육을 따라 살지 않고 영을 따라 살고 있는가?
은혜 안에서 성장하고 있는가?
나의 구세주 하나님을 찬미하는 대화를 하고 있는가?
종이 하듯이 깨어 주님의 재림을 기다리고 있는가?
주님을 위해 할 수 있는 일은 무엇인가?

우리는 이러한 질문에 핵심을 두어야 합니다. 우리는 화평케 하는 자가 되며 말과 행동으로 본을 보여 사람들로 하여금 "어리석은 변론을 피하게" 합시다.

내가 어찌하면 하나님을 발견하고 그의 처소에 나아가랴(욥 23:3).

욥은 극심한 고통을 겪으면서 하나님께 부르짖었습니다. 환난을 당하는 하나님 자녀의 가장 큰 소원은 아버지의 얼굴을 보는 것입니다. 욥이 처음으로 드린 기도는 "이 질병을 고쳐주소서", 또는 "죽은 내 자녀들을 살려 주시며 내 재산을 돌려주소서"가 아니었습니다. 욥이 환난 중에서 처음으로 크게 외친 부르짖음은 "내가 어찌하면 하나님을 발견하고 그의 처소에 나아가랴"였습니다.

하나님의 자녀들은 폭풍이 밀려오면 속히 집으로 달려갑니다. 구속함을 받은 영혼은 역경을 만나면 거룩한 본능에 따라 여호와의 날개 밑에서 피난처를 구합니다. 하나님을 피난처로 가지고 있는 사람은 진실한 신자입니다. 위선자는 고난이 닥치면 화를 내며 주님을 버리고 달려갑니다. 그는 교만하게 "내 문제는 내가 처리할 수 있다"라고 합니다.

그러나 욥은 모든 위로의 원천을 잃었을 때 더욱 간절하게 하나님과 교통하기를 원했습니다. 그는 자기의 친구들을 의지하지 않았으며, 나그네가 빈 물병을 의지하지 않고 샘으로 달려가듯이 하늘 보좌를 우러러보았습니다. 그는 세상적인 소망에 작별을 고하고 "내가 어찌하면 하나님 발견할 곳을 알까?"라고 부르짖었습니다.

우리는 모든 것이 헛되다는 것을 깨달을 때 비로소 창조주 하나님의 귀함을 인식하게 됩니다. 우리는 꿀은 없고 날카로운 침만 들어있는 벌집 같은 세상을 경멸하고 그곳을 떠나며, 꿀보다 더 달콤한 말씀을 하시는 신실하신 주님 안에서 기뻐합니다. 우리는 환난을 겪을 때마다 하나님이 우리와 함께 계심을 깨달아야 합니다. 하나님의 미소 띤 얼굴을 볼 수 있다면 우리는 즐거운 마음으로 날마다 자기 십자가를 질 수 있을 것입니다.

주여 주께서 내 심령의 원통함을 풀어 주셨고 내 생명을 속량하셨나이다(애 3:58).

선지자 예레미야가 얼마나 적극적으로 하나님께 말씀드렸는지 살펴봅시다. 그는 "나는 하나님이 내 영혼의 원통을 펴시기를 원합니다"라고 말하지 않았습니다. 그는 이것이 논란의 여지가 없을 정도로 확실한 것인 듯 말했습니다. 우리도 자비로우신 보혜사의 도움을 받아 우리의 평화와 위로를 해치는 의심과 두려움을 떨어버립시다.

예레미야는 모든 영광을 오직 하나님께 돌리며 감사한 마음으로 이야기하고 있습니다. 그는 자기 자신이나 자신의 변론에 관한 말은 한마디도 하지 않았습니다. 그는 자신의 구원을 인간의 탓으로 돌리지 않았고, 자신의 공로로 돌리지도 않았습니다. 그는 다만 "주여, 주께서 내 심령의 원통을 펴셨고 내 생명을 속하셨나이다"라고 했습니다.

기독교인은 감사하는 마음을 배양해야 합니다. 세상은 감사하는 성도의 노래로 충만한 성전이 되어야 하며, 매일 감사의 향기가 가득 찬 향로가 되어야 합니다. 주님의 자비를 기록하는 예레미야는 참으로 즐거웠을 것입니다. 그는 개선장군처럼 노래를 부르고 있습니다. 그는 깊은 감옥에 갇혀있었으나, 지금은 눈물의 예언자가 되어 있습니다. 우리는 하늘로 올라가는 예레미야의 음성을 듣습니다.

"주께서 내 심령의 원통함을 풀어 주셨고 내 생명을 속량하셨나이다."

하나님의 자녀들이여, 주님의 인자하심을 체험하게 되기를 구하십시오. 그리하여 그것을 소유했을 때는 적극적으로 그것을 이야기하며 감사함으로 노래하며 개선장군처럼 외치십시오.

약한 종류로되 집을 바위 사이에 짓는 사반과(잠 30:26).

토끼나 바위너구리는 자신의 선천적인 연약함을 알고 있어서 바위 굴속에 살면서 원수들의 공격을 피하고 안전하게 지냅니다.

내 마음아, 연약한 이 짐승에게서 교훈을 얻어라. 너는 겁 많은 토끼만큼 연약하고 위험을 당하기 쉬운 존재이다. 그러므로 지혜롭게 피난처를 찾아라. 불변하시는 여호와의 요새에 있을 때 나는 안전하다. 그곳에는 여호와의 약속들이 마치 거대한 바위벽처럼 치솟아 있습니다. 하나님을 의뢰하는 자들에게 안전함을 보증해주는 바 영화로우신 하나님 속성들의 보호 안에 숨어라.

옛날 사탄과 내 죄가 나를 추적하였을 때 나는 반석이신 예수 그리스도의 틈으로 피하였으며, 그의 상하신 옆구리에서 즐거운 안식처를 발견하였습니다.

내 영혼아, 오늘 밤, 네가 가지고 있는 슬픔을 가지고 다시 주님에게로 달려가라. 예수께서는 너를 불쌍히 여기고 계시므로 너를 위로하시고 도우실 것이다.

세상 임금이 아무리 견고한 요새에 있어도 바위틈에 숨은 토끼보다는 안전하지 못합니다. 일만 병거를 거느린 대장도 산속에 숨어 사는 이 작은 짐승보다 더 안전하지는 못합니다. 예수 안에 있으면 연약한 자가 강건해지고, 무방비 상태에 있는 자도 안전합니다. 그들은 용사들보다 더 튼튼하며 하늘나라에 있는 것만큼 안전합니다. 믿음은 세상에 있는 사람들에게 하늘 아버지의 보호하심을 베풀어주십니다.

토끼는 자기의 집을 짓지 못하며 다만 이미 있는 것을 사용합니다. 나도 스스로 피난처를 지을 수 없습니다. 그러나 예수께서 그것을 예비해 놓으셨고, 아버지께서 그것을 주셨으며, 성령께서 그것을 보여주셨습니다.

오늘 밤 나는 그 피난처에 들어가 원수로부터 안전하게 거하리라.

하나님의 성령을 근심하게 하지 말라 그 안에서 너희가 구원의 날까지 인치심을 받았느니라(엡 4:30).

신자들이 가지고 있는 것은 모두 그리스도로부터 온 것입니다. 모든 축복은 성령을 통해서 흘러들어 오는 것이므로 성령의 거룩하게 하는 작용을 떠나서는 당신에게서 선한 것이 나올 수 없습니다. 비록 우리 안에 선한 씨앗이 뿌려졌어도, 성령께서 우리 안에서 일하시기까지 그 씨앗은 동면합니다.

예수님을 위해 증언하기를 원합니까? 성령께서 우리의 혀를 움직이시지 않으면 어찌 예수님을 증거할 수 있습니까? 기도하기를 원합니까? 성령께서 우리를 위해 기도해주시지 않는 한 기도는 지루한 것이 될 것입니다. 거룩해지기를 원합니까? 주님을 본받기를 원합니까? 영성(靈性)의 높은 지대로 올라가기를 원합니까? 천사들처럼 주님을 위한 열심으로 충만하기를 원합니까?

성령이 없으면 우리는 이 일을 할 수 없습니다. 주님은 "나를 떠나서는 너희가 아무것도 할 수 없음이라"(요 15:5)고 하셨습니다.

포도나무 가지여, 나무의 수액이 없으면 과실을 맺을 수 없습니다. 하나님의 자녀들이여, 하나님이 성령을 통해 주시는 생명이 없으면 우리는 내적 생명을 소유하지 못합니다. 그러므로 범죄하여 성령을 근심하게 하거나 노하게 하지 마십시오. 우리의 영혼 안에서 행하시는 매우 미미한 성령의 움직임까지도 소멸하지 마십시오. 성령의 격려에 기꺼이 순종하십시오. 성령이 없이는 어떤 일도 하려 하지 마십시오. 오직 성령만 의지하십시오.

이렇게 기도하면서 하루를 시작하십시오.

내 마음과 몸을 다하여 당신을 영접하게 하시며, 내 마음에 당신의 영을 받아들일 때 당신의 영으로 나를 붙들어주소서.

거기서 예수를 위하여 잔치할새 마르다는 일을 하고 나사로는 예수와 함께 앉은 자 중에 있더라(요 12:2).

우리는 나사로를 부러워해야 합니다. 마르다가 되어 봉사하는 것도 좋지만, 나사로가 되어 주님과 사귀는 것은 더 좋은 일입니다. 각각의 목적에 합당한 시기가 있으며, 계절마다 각기 아름다움을 가지고 있습니다. 동산에 있는 나무 모두 교제라는 탐스러운 포도를 맺는 것은 아닙니다. 주님과 함께 앉아 그의 말씀을 들으며 그의 행동을 바라보고 그의 미소를 받아들이는 것은 지극히 큰 복이므로 천사들만큼이나 행복합니다. 우리에게 사랑하는 주님의 연회장에서 그분과 함께 음식을 먹는 특권이 있다면, 우리는 세상 나라들로 인해 조금도 한숨을 쉬지 않을 것입니다.

우리는 나사로를 본받아야 합니다. 주님께서 죽었던 나사로를 살렸는데도 나사로가 주님과 함께 식탁에 앉지 않았다면 이상한 일입니다. 우리도 역시 과거에는 나사로처럼 죽어서 죄의 무덤 안에서 썩고 있었습니다. 그러나 예수께서는 우리를 일으키시고 생명을 주셨습니다. 그런데 어떻게 주님에게서 멀리 떨어져 살 수 있습니까? 주님이 형제들과 함께 음식을 먹으러 오시는 만찬에서 우리는 주님을 기억하고 있습니까? 우리는 반드시 회개하고 주님이 명하신 대로 행해야 합니다.

지극히 작은 것이라도 주님이 원하시는 것이 우리의 법이 되어야 합니다. 유대인들이 "보라 그가 어떻게 사랑하였는가?"라고 말할 정도로 자기를 사랑하신 분과 끊임없이 교제하지 않는다면 나사로의 생활은 불명예스러운 생활이 되었을 것입니다. 우리를 무궁히 사랑하시는 주님과 끊임없이 교제하지 않고도 용서받을 수 있습니까? 나사로가 죽은 자신의 시신으로 인하여 눈물 흘리신 주님을 냉정하게 대했다면 참으로 무례한 일일 것입니다.

주님은 우리를 위해 눈물만 아니라 피까지 흘리셨습니다. 우리는 어떻게 해야 합니까? 형제들이여, 거룩한 신랑에게로 돌아가며, 더욱 친밀함을 나누기를 요청합시다.

야곱이 아람의 들로 도망하였으며 이스라엘이 아내를 얻기 위하여 사람을 섬기며 아내를 얻기 위하여 양을 쳤고(호 12:12).

야곱은 라반과 논리적으로 따지면서 자기의 수고를 설명했습니다.

> "내가 이 이십 년을 외삼촌과 함께 하였거니와 외삼촌의 암양들이나 암염소들이 낙태하지 아니하였고 또 외삼촌의 양 떼의 숫양을 내가 먹지 아니하였으며 물려 찢긴 것은 내가 외삼촌에게로 가져가지 아니하고 낮에 도둑을 맞았든지 밤에 도둑을 맞았든지 외삼촌이 그것을 내 손에서 찾았으므로 내가 스스로 그것을 보충하였으며 내가 이와 같이 낮에는 더위와 밤에는 추위를 무릅쓰고 눈 붙일 겨를도 없이 지냈나이다"(창 31:38-40).

주님의 일생은 이보다 훨씬 더 고되었습니다. 주님은 마지막으로 "내가 그들과 함께 있을 때 내게 주신 아버지의 이름으로 그들을 보전하고 지키었나이다 그중의 하나도 멸망하지 않고 다만 멸망의 자식뿐이오니 이는 성경을 응하게 함이니이다"(요 17:12)라고 말씀하시기까지 모든 양 떼를 지키셨습니다. 주님의 머리카락은 밤이슬에 젖어 있었고 잠도 제대로 주무시지 않았습니다. 주님은 밤새도록 자기 백성들을 위해 기도로 씨름하셨습니다. 비록 주님이 택하신 일이었지만 자기의 신부를 확보하기 위해 혹독하게 봉사해야 했던 일을 생각한다면, 추운 날씨에 양을 지키는 그 어느 목자보다 더 큰 불평을 하실 수도 있었을 것입니다.

라반에게서 모든 양을 요구당한 야곱과 영적으로 닮은 주님을 묵상하는 것은 좋은 일입니다. 짐승에게 물려 찢긴 양이 있으면 야곱이 물어내야 했습니다. 혹시 양이 죽으면 그것도 물어내야 했습니다.

교회를 위해 애쓰신 예수님의 수고는 믿는 자들을 맡기신 분에게로 안전하게 인도해야 한다는 조건으로 일하는 자의 수고가 아니었습니까? 수고하는 야곱을 바라십시오. 그리고 그에게서 주님의 모습을 보십시오.

> "그는 목자 같이 양 떼를 먹이시며 어린 양을 그 팔로 모아 품에 안으시며 젖먹이는 암컷들을 온순히 인도하시리로다"(사 40:11).

내가 그리스도와 그 부활의 권능과 그 고난에 참여함을 알고자 하여 그의 죽으심을 본받아(빌 3:10).

예수의 부활은 기독교라는 건물의 모퉁잇돌입니다. 그것은 구원이라는 아치의 종석(宗石)입니다. 이 거룩한 원천, 사랑하는 우리 주 예수 그리스도의 부활에서 흘러나오는 생명수의 강을 분석한다면 책 한 권이 될 것입니다. 그러나 부활의 생명을 소유함으로써 부활하신 구세주와 사귀며, 세속성이라는 무덤을 떠남으로써 무덤을 떠나시는 예수를 보는 것은 한층 더 귀한 일입니다.

이 교리는 경험의 기초가 됩니다. 그러나 뿌리보다 꽃이 더 아름답듯이 부활하신 구세주와의 교제를 경험하는 것이 그 교리 자체보다 아름답습니다. 그리스도께서 죽은 자 가운데서 살아나셨음을 믿고 찬미하십시오. 그리고 이 충분히 증명되고 증거된 사실에서 위로를 얻으십시오.

비록 육체의 눈으로는 주님을 보지 못하지만 믿음의 눈으로는 예수 그리스도를 볼 수 있으며 비록 손으로 주님을 만져보지는 못하지만, 주님과 대화를 나누며, 또 주님 안에서 부활하여 새 생명을 얻은 것처럼 주님도 부활하신 분이심을 알 수 있는 특권을 누리고 있습니다.

십자가에 달리셔서 내 모든 죄를 십자가에 못 박으신 구세주를 아는 것이 최고의 지식입니다. 그러나 부활하신 구세주님이 나를 의롭다함을 아는 것, 그리고 주님의 새 생명을 통하여 나를 새로운 피조물로 만드시고 새 생명을 주셨음을 깨닫는 것은 고귀한 체험입니다. 우리는 이보다 못한 경험에 만족해서는 안 됩니다. 주님을 알고 그 부활의 능력을 알게 되기를 바랍니다.

만일 우리가 하나님과 사귐이 있다 하고 어둠에 행하면 거짓말을 하고 진리를 행하지 아니함이거니와(요일 1:6).

우리는 믿음으로 그리스도와 연합할 때 그리스도와 완전한 사귐을 갖게 되어 그리스도와 하나가 됩니다. 그러면 그리스도의 관심사와 우리의 관심사가 같아집니다. 우리는 그리스도의 사랑 안에서 그리스도와 사귑니다. 그리스도가 사랑하는 것이면 우리도 사랑합니다. 그리스도께서 성도들을 사랑하시므로 우리도 성도들을 사랑합니다. 그리스도께서 죄인을 사랑하시므로 우리도 죄인을 사랑합니다.

우리는 그리스도의 소원 안에서 그리스도와 사귑니다. 그리스도께서 하나님의 영광을 바라시므로 우리도 동일한 것을 위해 노력합니다. 그리스도는 자기가 계시는 곳에 성도들이 함께 있기를 원하십니다. 그러므로 우리도 그곳에 그리스도와 함께 있기를 원합니다. 그리스도는 죄를 몰아내기를 원하십니다.

보십시오. 우리는 그리스도의 군기 아래 싸웁니다. 그리스도는 모든 피조물이 아버지의 이름을 사랑하고 예배하기를 원하십니다. 그러므로 우리도 "나라가 임하시오며 뜻이 하늘에서 이루어진 것 같이 땅에서도 이루어지이다"(마 6:10)라고 기도합니다. 우리는 그리스도의 고난 속에서 그리스도와 사귑니다.

우리는 그리스도처럼 십자가에 달려 잔인한 죽음을 겪지는 않습니다. 그러나 그리스도께서 비난받으실 때 우리도 비난받습니다. 우리는 그리스도의 수고에서 그리스도와 사귑니다. 우리는 사람들에게 진리의 말씀을 전해야 합니다. 우리는 우리를 보내셔서 주님의 일을 마치라고 하신 주님의 뜻을 행하기 위해 먹고 마십니다. 우리는 그리스도의 기쁨 안에서 그리스도와 사귑니다. 우리는 그리스도의 행복에서 행복을 느끼며, 그리스도의 기쁨을 기뻐합니다.

믿는 자들이여, 그 기쁨을 맛보았습니까? 그리스도의 기쁨이 우리 안에 이루어지는 것보다 더 순수하고 신나는 즐거움은 없습니다.

아름다운 소식을 시온에 전하는 자여 너는 높은 산에 오르라 아름다운 소식을 예루살렘에 전하는 자여 너는 힘써 소리를 높이라 두려워하지 말고 소리를 높여 유다의 성읍들에게 이르기를 너희의 하나님을 보라 하라(사 40:9).

신자들은 살아계신 하나님을 목말라 하며 그의 얼굴을 마주하여 보기를 갈망해야 합니다. 산꼭대기가 우리를 기다리고 있는데 안개 낀 골짜기에 머물러 만족해서는 안 됩니다. 내 영혼은 산봉우리에 도착하는 사람들을 위해 보존된 잔을 깊이 들이마시기 를 갈망합니다. 산에 내리는 이슬은 지극히 순수하며, 산의 대기는 말할 수 없이 신선합니다. 새 예루살렘이 바라보이는 곳에 거하는 산의 주민들은 풍성한 음식을 먹고 지냅니다.

그러나 많은 성도는 태양을 보지 못하고 탄광에서 일하는 사람들처럼 사는 데 만족하고 있습니다. 그들은 천사들이 먹는 맛 있는 음식을 맛볼 수 있는 데도 뱀처럼 흙을 먹습니다. 그들은 왕의 옷을 입을 수 있는 데도 광부들의 옷을 입는 데 만족합니다. 얼굴에 거룩한 기름을 바를 수 있는 데도 그들의 얼굴은 눈물로 얼룩져 있습니다. 그들은 궁전의 지붕 위를 거닐면서 아름다운 레바논 땅을 바라볼 수 있는 데도 감옥 속에서 눈물을 흘립니다.

오, 믿는 자여, 비천한 처지에서 일어나십시오. 게으름과 냉담함을 내어버리십시오. 영혼의 신랑이신 그리스도를 향한 우리의 순수한 사랑을 방해하는 모든 것을 내어버리십시오. 그리스도를 영혼의 즐거움의 중심지요 원천으로 삼으십시오. 보좌에 앉을 수 있는 데도 어리석게도 구덩이에 들어가 있습니까? 이제 자유의 산을 얻었으니 속박의 저지대에서 살지 마십시오. 이제는 세상의 성공에 만족하지 말고 거룩한 것을 잡으려고 전진하십시오. 더욱 고귀하고 더욱 충만한 생활을 갈망하십시오. 하늘나라를 향해 올라가십시오. 하나님께 더욱 가까이 가십시오.

여호와는 거기에 위엄 중에 우리와 함께 계시리니 그 곳에는 여러 강과 큰 호수가 있으나 노 젓는 배나 큰 배가 통행하지 못하리라(사 33:21).

큰 강이나 시냇물은 땅을 비옥하고 풍부하게 해줍니다. 강가의 나무는 자라서 풍성하게 수확합니다. 하나님과 교회의 관계도 이와 같습니다. 하나님을 소유한 교회는 풍족합니다. 하나님은 교회가 구하는 것을 모두 공급해주실 것입니다.

"만군의 여호와께서 이 산에서 만민을 위하여 기름진 것과 오래 저장하였던 포도주로 연회를 베푸시리니"(사 25:6).

조금이라도 부족함을 느낀다면, 그것은 우리 자신의 잘못 때문입니다. 큰 강과 시냇물은 교역의 통로가 되기도 합니다. 우리의 영화로우신 주님은 거룩한 하늘나라 상품을 가지고 계십니다. 우리는 구속자를 통해서 과거와 교역합니다. 갈보리의 부귀, 언약의 보화, 우리를 택하신 풍성한 과거, 영원의 창고 등이 자비로우신 주님이라는 넓은 강을 따라 우리에게 전해집니다. 우리는 미래와도 교역합니다. 천년왕국으로부터 큰 은혜와 축복이 우리에게 옵니다.

우리는 세상에 살면서 하늘나라에 거할 날을 꿈꿉니다. 우리는 영화로우신 주님을 통하여 천사들과 교역합니다. 더욱 좋은 일은 무한하신 하나님과 사귀는 것입니다. 넓은 강과 시냇물은 특히 "안전"이라는 개념을 전해줍니다. 과거에 강은 방어시설로 사용되었습니다.

사랑하는 자여, 하나님은 교회를 위한 튼튼한 방어이십니다. 마귀는 이 넓은 하나님의 강을 건너지 못합니다. 마귀는 그 흐름을 막기를 간절히 원하고 있습니다. 그러나 두려워 마십시오. 하나님은 영원히 같으시며 사탄이 우리를 멸할 수 없습니다.

네가 좀더 자자, 좀더 졸자, 손을 모으고 좀더 누워 있자 하니 네 빈궁이 강도 같이 오며 네 곤핍이 군사 같이 이르리라(잠 24:33-34).

게으름뱅이들은 좀 더 졸기를 요구합니다. 만일 우리가 그들의 게으름을 비난하면 화를 낼 것입니다. 그들이 원하는 것은 손을 모으고 좀 더 자는 것입니다. 그들은 이렇게 생활하는 것이 타당하다는 근거가 있습니다. 그러나 이렇게 좀 더 쉼으로써 낮이 지나가며, 노동할 시간이 사라지고, 밭에는 가시덤불만 우거지게 됩니다. 이렇게 꾸물거리며 지체하는 사람들은 자기의 영혼을 망치게 됩니다.

그들도 여러 해 동안 지체하려는 뜻이 없으며 아마 몇 달이면 만족할지도 모릅니다. 내일이면 그들도 진지하게 일을 시작할지도 모릅니다. 그러나 그들이 조금 더 졸고 자는 동안에 모래시계에서 모래가 빠져나가듯이 시간은 흘러가며, 인생은 낭비되며, 은혜의 계절은 상실됩니다.

주님이 우리에게 이 거룩한 지혜를 가르쳐 주시기를 원합니다. 우리가 이것을 깨우치지 못하면 최악의 빈곤, 물 한 방울도 얻지 못할 영원한 빈곤이 우리 앞에 놓이게 됩니다. 여행자가 꾸준히 여행하듯이, 빈곤은 게으름을 추월하여 덮치며, 멸망은 우유부단한 자들을 무너뜨립니다. 무서운 추적자는 시간이 흐를수록 더 가까이 쫓아옵니다. 그는 주인의 일을 맡아 행하고 있으므로 절대 지체하지 않으며 길가에서 쉬지도 않습니다. 무장한 군인이 당당하고 힘차게 입성하듯이, 게으른 자에게 빈궁이 임하고, 회개치 않는 자에게 사망이 임할 것입니다. 그때는 그것을 피하지 못할 것입니다. 너무 늦어서 땅을 파고 씨를 뿌릴 수 없는 날, 너무 늦어 회개하고 믿을 수 없는 두려운 날이 임하기 전에 부지런히 주 예수를 찾으십시오. 추수할 때가 된 후에 씨 뿌리는 시절에 게을리 지낸 것을 후회해도 소용이 없습니다. 지금 믿음과 거룩한 결단을 활용할 수 있습니다.

오늘 밤 그것을 얻게 되기를 기원합니다.

주의 성령이 내게 임하셨으니 이는 가난한 자에게 복음을 전하게 하시려고 내게 기름을 부으시고 나를 보내사 포로 된 자에게 자유를, 눈 먼 자에게 다시 보게 함을 전파하며 눌린 자를 자유롭게 하고(눅 4:18).

오직 예수만이 포로된 자에게 자유를 주실 수 있습니다. 진정한 자유는 오로지 예수님에게서만 옵니다. 자유는 성자를 위해 수여된 것인바, 성자는 만물의 상속자이시오. 인간을 자유하게 할 권리를 가지고 계십니다. 그것은 주님의 피로 산 자유입니다.

주님은 우리에게 자유를 주십니다. 그러나 그것은 주님 자신의 속박으로 주신 것입니다. 주님이 우리의 죄짐을 대신 지셨으므로 우리는 깨끗하게 된 것입니다. 주님이 우리를 대신하여 고난을 받으셨으므로 우리는 자유를 얻게 되었습니다.

주님은 이 자유를 얻기 위한 준비물로써 우리에게 아무것도 요구하지 않으십니다. 주님은 베옷을 입고 재에 앉아 있는 우리를 발견하시어 아름다운 자유의 화환을 걸라고 하십니다. 주님은 우리의 도움이나 공로와는 상관없이 현재의 우리를 구원하십니다.

사탄은 우리를 노예로 삼으려고 음모를 꾸미지만, 여호와께서 우리 편에 계시는데 무엇이 두렵습니까? 세상은 우리를 유혹하여 사로잡으려 하지만, 우리를 보호하시는 분은 우리를 공격하는 원수들보다 강하신 분이십니다. 스스로 속기 잘하는 마음이 우리를 괴롭히고 공격해도 우리 안에서 선한 일을 시작하신 하나님은 그 일을 끝까지 추진하여 완성하실 것입니다.

우리는 율법 아래 있지 않고 그 저주에서 자유를 얻었으므로 감사하고 기쁜 마음으로 하나님을 심김으로써 자유를 발휘합시다.

"여호와여 나는 진실로 주의 종이요 주의 여종의 아들 곧 주의 종이라 주께서 나의 결박을 푸셨나이다"(시 116:16).

주여, 내가 무엇을 하기를 원하십니까?

모세에게 이르시되 내가 긍휼히 여길 자를 긍휼히 여기고 불쌍히 여길 자를 불쌍히 여기리라 하셨으니(롬 9:15).

독재자에게 살리기도 하고 죽이기도 하는 권리가 있듯이, 온 세상의 심판주에게는 죄인을 용서할 권리와 정죄할 권리가 있습니다. 범죄한 인간은 하나님께 요청할 수 있는 모든 권리를 상실했습니다. 그들은 죄 때문에 멸망해야 마땅하며, 그렇다 해도 불평할 이유가 없습니다. 주님은 공의의 목적이 방해되지 않는 한 죄인을 구원하시려고 개입하실 수 있습니다. 그러나 만일 주님이 정죄 받은 자들이 의로운 선고대로 고난당하는 것이 좋다고 결정하셔도 주님을 공정치 못하다고 비난할 수 있는 사람은 없을 것입니다.

인간이 거룩한 하나님의 헤아림을 받을 권리가 있다는 의견은 어리석고 뻔뻔스러운 것들입니다. 차별해서 주어지는 은혜를 비방하는 논쟁은 교만한 인간의 본성이 여호와의 면류관과 홀에 대항하고 배반하는 무지한 행동입니다. 자신의 악함을 깨달으며 죄에 대한 하나님의 선고가 공의롭다는 것을 알게 되면, 우리는 주님이 우리를 반드시 구원하실 의무는 없다는 진리에 대해 더는 불평하지 않게 될 것입니다.

주님이 우리를 긍휼히 여기시는 것은 주님의 무한한 선하심에서 비롯된 자유로운 행동이므로 우리는 영원토록 주님의 이름을 찬송해야 합니다. 구속함을 받은 자들이 어떻게 해야 하나님의 은혜를 만족하게 찬미할 수 있습니까? 주님의 뜻만 자랑스럽게 여기며 인간의 공로라는 것은 생각까지도 경멸할 것으로 여겨 버려야 합니다. 은혜로 말미암은 구원은 성경 속에 기록된 가장 겸손한 교리며 우리를 성화시키는 것이므로 우리는 그것을 감사함으로 받아들여야 합니다. 믿는 자들은 하나님의 은혜를 두려워하지 말고, 그로 인하여 찬미하며 기뻐해야 합니다.

네 손이 일을 얻는 대로 힘을 다하여 할지어다 네가 장차 들어갈 스올에는 일도 없고 계획도 없고 지식도 없고 지혜도 없음이니라(전 9:10).

"네 손이 일을 얻는 대로 힘을 다하여 할지어다"라는 말씀은 우리의 힘으로 가능한 일을 하라는 뜻입니다. 마음으로는 해야 한다고 느끼면서도 실제로 행하려 하지 않는 일이 많습니다. 마음으로 계획을 세우고 이야기하는 것으로 만족해서는 안 됩니다. 우리 손이 일을 당하는 대로 힘을 다해 일해야 합니다. 천 가지의 훌륭한 이론보다 한 가지의 선한 행위가 더 가치가 있습니다.

우리는 좋은 기회가 오기를 기다리지 말고 날마다 우리가 "해야 한다"라고 생각하는 일을 합시다.

우리는 언제나 현재에 살아야 합니다. 과거는 지나갔고 미래는 아직 오지 않았습니다. 우리에게는 오직 현재만 있을 뿐입니다. 그러므로 우리의 경험이 무르익어 하나님을 섬길 수 있게 될 때까지 기다리지 마십시오.

여기, 지금 열매를 맺으려고 노력하십시오. 즉시 행하십시오. 내일 일을 계획하느라고 삶을 낭비하지 마십시오. 내일 일을 함으로써 하나님을 섬긴 사람은 일찍이 없었습니다. 우리는 오늘 일함으로써 그리스도를 영화롭게 합니다. 그리스도를 위해서 무슨 일을 하든지 마음과 뜻과 혼과 힘을 다하여 행하십시오.

기독교인의 능력은 어디에 있습니까? 기독교인의 능력은 자신에게 있지 않습니다. 인간은 지극히 연약합니다. 그의 힘은 만군의 주 안에 있습니다. 그러므로 우리는 주님의 도움을 구합시다. 기도와 믿음으로 주님께 나아갑시다. 우리의 손이 일을 당하는 대로 행하고 난 후에 주님의 축복을 기다립시다.

작은 일의 날이라고 멸시하는 자가 누구냐 사람들이 스룹바벨의 손에 다림줄이 있음을 보고 기뻐하리라 이 일곱은 온 세상에 두루 다니는 여호와의 눈이라 하니라(슥 4:10).

스룹바벨의 손에서 일이 시작되었다는 것은 조그마한 일들이 나타내주었으며, 아무도 그 작은 시작을 무시할 수 없었습니다. 주님은 승리의 함성과 함께 머릿돌이 놓여질 때까지 인내할 사람을 높이셨기 때문입니다. 이 말씀 안에는 주 예수 안에 있는 신자들에게 주는 위로가 있습니다. 은혜의 사역은 초기에는 비록 보잘것없고 작지만 능하신 분은 손에 다림줄을 들고 계십니다. 솔로몬보다 위대하신 건축자께서는 거룩한 성전을 건축하시는 일에 착수하셨으며, 높은 뾰족탑이 완성되기까지 절대 낙심하거나 기운을 잃지 않을 것입니다. 만일 다림줄이 인간의 손에 있다면 우리는 그 건물의 안전을 염려할 수 있습니다. 그러나 주님의 소원은 주님의 손에 의해 이루어질 것입니다.

만일 올바른 계획을 세우지 않고 감독도 하지 않고 서둘러서 성벽을 쌓는다면 그 벽은 기울어질 것입니다. 그러나 택함을 받은 감독자는 다림줄을 사용하셨습니다. 예수님은 항상 자기의 신령한 성전 이 안전하고 훌륭하게 건축되도록 지켜보십니다. 우리는 즉각적인 결과를 좋아하지만, 예수님은 사려 깊은 판단을 내리십니다. 주님은 다림줄을 사용하여 건물이 똑바르게 건축되는지 살펴보시며, 비뚤어진 것은 허물어 버리실 것입니다. 이것이 훌륭한 것처럼 보이는 일들이 실패로 돌아가 많은 사람에게 훌륭한 증거가 되는 이유입니다. 예수님은 손이 흔들리지 않으며 참된 눈을 가지고 계시며 또 다림줄을 훌륭하게 사용하실 수 있으시므로 우리는 주님의 교회를 판단해서는 안 됩니다. 그 판단은 주님께 있으니 기뻐하십시오. 건축자는 다림줄을 손에 들고 적극적으로 사용하였습니다. 이것은 그가 작업을 추진하여 건물을 완공하려고 했음을 의미합니다.

오, 주 예수님, 큰일을 하고 계신 당신을 우리가 볼 수 있다면 얼마나 기쁘오리이까!

대제사장 여호수아는 여호와의 천사 앞에 섰고 사탄은 그의 오른쪽에 서서 그를 대적하는 것을 여호와께서 내게 보이시니라(슥 3:1).

우리는 대제사장 여호수아에게서 그리스도의 피로 말미암아 그리스도에게로 이끌려와서 거룩한 일을 행하라는 가르침을 받은 하나님 자녀들의 모습을 봅니다. 주님은 우리를 하나님을 심기는 제사장이요 왕으로 만드셨습니다. 우리는 이 세상에 살면서도 성별된 생활과 거룩한 봉사를 하는 제사장직을 수행합니다. 대제사장 여호수아는 여호와의 사자 앞에 섰습니다. 즉 하나님을 심기기 위해서 있다는 뜻입니다.

참 신자는 항상 이 위치에 있어야 합니다. 어디든지 하나님의 성전이므로 하나님의 백성은 일상생활 속에서도 참되게 하나님을 섬길 수 있습니다. 우리는 언제나 하나님을 섬기며, 기도와 찬미로 영적 제사를 지내며, 자신을 살아있는 제물로 바쳐야 합니다.

여호수아가 어디에 서서 하나님을 섬기는지 살펴봅시다. 그는 여호와의 천사들 앞에 섰다. 곤고하고 더러워진 우리는 중보자를 통해서만 하나님의 제사장이 될 수 있습니다. 나는 언약의 천사, 곧 주 예수 앞에 내가 가진 것을 바칩니다. 내 기도는 주님의 기도에 싸여 주님을 통해서 받아들여집니다. 내게 눈물밖에 드릴 것이 없다면, 주님은 내 눈물을 주님의 눈물과 함께 놓으실 것입니다. 왜냐하면 주님도 우신 일이 있기 때문입니다. 내가 애통과 탄식밖에 드리지 못한다 해도 주님은 그것을 합당한 제물로 받으실 것입니다.

왜냐하면 주님도 마음이 상하시고 영적으로 깊은 한숨을 쉬셨기 때문입니다. 내가 주님 안에 서 있으면 나는 사랑하는 자 안에서 받아들여집니다. 그러므로 기독교인은 자신의 위치에 주의해야 합니다. 그는 여호와의 사자 앞에 서 있는 제사장입니다.

> 우리는 그리스도 안에서 그의 은혜의 풍성함을 따라 그의 피로 말미암아 속량 곧 죄 사함을 받았느니라(엡 1:7).

죄인의 귀에 울리는 죄 사함이라는 말은 참으로 아름답고 기쁨을 주는 말입니다. 사형선고를 받은 사람의 감방 속을 비추어 주며, 절망의 밤에 멸망해가는 사람들에게 소망의 빛을 비추어 주는 죄 사함의 빛을 영원히 찬미하십시오.

내 죄가 과연 영원히 용서함을 받을 수 있습니까? 나는 죄인이므로 마땅히 지옥에 떨어질 운명이며, 죄가 나에게 머무는 한 도망칠 가능성은 없습니다. 내 죄짐이 벗어지며 진홍같이 붉은 얼룩이 제거될 수 있습니까?

예수께서는 내가 주님의 공로로 의로워질 수 있다고 말씀하십니다. 대속의 사랑은 죄 사함이 가능할 뿐만 아니라 예수를 의지하는 사람은 죄 사함을 확보한다고 말해줍니다. 나는 예수의 피에 의해 이루어진 대속을 믿습니다. 주님이 나를 대신하여 고통받으시고 죽으셨기 때문에 내 죄가 영원히 사함을 받습니다. 나를 사랑하셔서 나를 대신하여 죽으심으로 나를 대속하신 주님을 내 영혼은 찬양합니다.

값없이 주신 죄 사함은 지극히 풍성하신 은혜를 나타내줍니다. 은혜는 만민의 죄를 충만하게 값없이 영원토록 사해 주십니다. 나의 죄가 매우 컸다는 것, 그 귀하신 피로 내 죄를 씻어 깨끗하게 해주셨다는 것, 또한 내 죄 사함을 확증해 주신 자비로우신 행위를 생각할 때 나는 놀라움에 잠기며 그 사랑을 경외합니다. 나는 내 죄를 용서해 주신 보좌 앞에 경배합니다. 나를 구원하신 십자가를 붙듭니다. 내 영혼을 속량해주신 성육하신 하나님을 예배합니다.

형제들이 와서 네게 있는 진리를 증언하되 네가 진리 안에서 행한다 하니 내가 심히 기뻐하노라(요삼 3).

가이오에는 진리가 있었고 진리 안에서 행했습니다. 영혼 속으로 뚫고 들어와 배어들지 않은 진리는 아무 소용이 없습니다. 신조(信條)로써 신봉하는 교리는 손에 들고 있는 빵과 같아서 육신에 영양을 주지 못합니다. 그러나 마음으로 받아들인 교리는 소화된 음식과 같아서 육체와 동화되어 육체를 지탱해주고 건강하게 해줍니다.

진리는 우리 안에서 살아있는 힘이요, 활동하는 체력이요, 내주하는 실재가 되어야 합니다. 진리가 우리에게 있는 한, 우리는 진리와 헤어질 수 없습니다. 사람이 자기의 옷이나 사지를 잃고서도 생명을 유지할 수 있지만, 내면에 있는 기관은 절대적으로 필요한 것이기 때문에 그것을 떼어내면 생명을 잃게 됩니다.

신자는 죽을지언정 진리를 부인할 수는 없습니다. 내면에 있는 것이 표면에 영향을 주는 것이 자연의 법칙입니다. 내면에 진리의 불이 켜지면 그 빛은 곧 표면의 생활과 대화로 나타납니다. 어떤 벌레의 고치는 어떤 먹이를 먹느냐에 따라 색깔이 바뀐다고 합니다. 인간의 내적 본질이 먹고 사는 영양분은 그에게서 나오는 모든 말과 행동의 색깔을 결정합니다. 진리 안에서 행한다는 것은 고결하고 거룩하고 신실하고 단순한 생활을 내포합니다. 그것은 복음이 가르치고 하나님의 영으로 말미암아 우리가 받아들인 진리의 원리의 자연적 산물입니다.

오, 자비하신 성령이여, 오늘 우리를 당신의 거룩한 권위로 다스리시고 지배하여 주소서. 우리 마음을 거짓되고 악한 것이 통치하지 못하게 하시며, 악이 우리의 일상생활에 영향을 끼치지 못하게 하소서.

유다인 모르드개가 아하수에로 왕의 다음이 되고 유다인 중에 크게 존경받고 그의 허다한 형제에게 사랑을 받고 그의 백성의 이익을 도모하며 그의 모든 종족을 안위하였더라(에 10:3).

모르드개는 애국자였습니다. 아하수에로 왕 밑에서 최고의 지위까지 승진한 그는 이스라엘의 번영을 진작시키기 위해 자기의 영향력을 발휘하였습니다. 그는 영광의. 보좌에 앉으셨지만 자기의 유익을 구하지 아니하시며 백성들을 위해 능력을 사용하신 예수를 상징하는 전형입니다.

신자들은 교회를 섬길 때 모르드개가 되어 자기의 능력에 따라 교회의 번영을 위해 노력해야 합니다. 풍족하고 유력한 지위에 있는 사람은 높은 곳에서 주님께 영광을 돌리며 위대한 사람들 앞에서 예수를 증언해야 합니다. 좋은 것을 가진 사람, 즉 왕의 왕과 친밀한 교제를 누리는 사람은 날마다 연약하고 의심이 많으며 시험받고 위로받지 못한 자들을 위해 간구하십시오.

신자들이 전체의 유익을 위해 자신의 재능을 바치며, 이웃에게 자신이 가진 거룩한 지식을 나누어 주는 것이야말로 주님을 위해 봉사하는 것입니다. 그리스도의 몸 안에 있는 지극히 작은 지체라도 하나님 백성들의 행복을 구할 수 있습니다. 그는 베풀어주지는 못하지만, 바라는 것만으로도 충분합니다.

신자들이 자신만을 위한 생활을 버리는 것은 그리스도를 닮은 생활이요 가장 복된 생활입니다. 다른 사람을 축복하는 사람은 자신도 축복을 받게 마련입니다. 반면 개인적인 유익만 추구하는 것은 악하고 불행한 생활 방법입니다.

자신의 능력을 최대한 발휘하여 이웃과 교회의 번영을 추구하고 있습니까? 나는 당신이 이웃을 중상하고 괴롭힘으로써 교회의 번영을 방해하지 않으며, 또 교회를 등한히 여기고 교회의 번영을 약화하지 않으리라 믿습니다.

친구여, 가난한 주님의 백성들과 하나가 되십시오. 그들의 십자가를 지고, 그들에게 선을 베푸십시오. 그리하면 반드시 상급을 받을 것입니다.

너는 네 백성 중에 돌아다니며 사람을 비방하지 말며…너는 네 형제를 마음으로 미워하지 말며 네 이웃을 반드시 견책하라 그러면 네가 그에 대하여 죄를 담당하지 아니하리라(레 19:16-17).

나쁜 소문을 퍼뜨리는 것은 세 사람에게 독이 됩니다. 즉, 말하는 사람과 듣는 사람, 그리고 그 소문의 당사자에게 독이 됩니다. 우리는 하나님의 말씀대로 소문을 퍼뜨리지 말아야 합니다. 주님의 백성들의 명예를 소중히 여겨야 하며, 마귀를 도와 교회와 주님의 이름을 더럽히는 것을 부끄럽게 여겨야 합니다.

어떤 사람은 혀에는 박차가 아니라 재갈이 필요합니다. 대부분 사람은 이웃을 헐뜯음으로써 자신이 고귀해지는 듯 다른 사람을 비판하기를 좋아합니다. 우리에게도 허물이 있으므로 언젠가는 우리 자신에게도 다른 사람들의 인내와 침묵이 필요할 때가 있을 것입니다. 그러므로 지금 우리의 인내와 침묵이 필요한 형제들에게 기쁜 마음으로 그 덕을 발휘합시다. 결코 이웃을 비방하지 마십시오.

그러나 성령은 우리가 죄를 견책하는 것은 허락하시며, 그 방법도 지시해 주십니다. 꼭 잘못을 꾸짖어야 한다고 판단될 때는 등 뒤에서 하지 말고 면전에서 해야 합니다. 이것이야말로 떳떳하고 우애 있고 신실한 목회자와 형제들을 시기적절하고 현명하고 자애로운 경고로 구원받았음을 기억하십시오.

등유와 및 관유에 드는 향품과 분향할 향을 만드는 향품과 호마노며 에봇과 흉패에 물릴 보석이니라(출 35:8-9).

율법에서는 관유를 많이 사용했으며, 그것은 매우 중요한 것을 나타내고 있습니다. 성령께서 우리에게 기름 부어주시어 거룩한 일을 할 수 있게 해주셔야 우리는 주님께서 기뻐 받으시는 일을 할 수 있습니다. 성령의 도움이 없는 신자들의 봉사는 헛된 형식에 불과하며, 성령이 없는 내적 체험은 죽은 철학에 지나지 않습니다. 성령의 기름 부음을 받지 못하고 행하는 하나님의 일은 참으로 불행한 것이 됩니다.

성령의 기름 부음을 받는 것은 기독교 체험의 생명이요 핵심입니다. 그것이 없는 것은 가장 슬픈 재앙이 됩니다. 기름 부음을 받지 않고 주님 앞에서 행하는 것은 평범한 레위인이 제사장의 직분을 행하는 것과 같아서, 그들이 행하는 사역은 하나님을 섬기는 것이 아니요 오히려 죄가 됩니다. 그러므로 우리는 거룩한 기름 부음을 받지 않고서는 봉사하려 하지 맙시다.

향품을 세심하게 배합해야 관유가 됩니다. 이것은 성령의 풍성한 감화력을 나타냅니다. 우리는 거룩한 보혜사에게서 모든 선한 것을 발견할 수 있습니다. 비길 데 없이 훌륭한 위로, 오류가 없는 가르침, 신령한 에너지, 거룩한 성화 등이 다른 탁월한 은사들과 함께 성령의 거룩한 기름 속에 배합되어 있습니다. 그 거룩한 기름의 부음을 받은 사람들의 인격과 인품에서는 아름다운 향기가 솟아납니다.

부자들이 가지고 있는 보물, 또는 현인들의 비밀에서는 절대 이러한 것을 발견하지 못합니다. 그것은 오직 하나님에게서 나오는 것이요, 예수 그리스도로 말미암아 모든 영혼에게 값없이 주어지는 것입니다.

아마샤가 하나님의 사람에게 이르되 내가 백 달란트를 이스라엘 군대에게 주었으니 어찌할까 하나님의 사람이 말하되 여호와께서 능히 이보다 많은 것을 왕에게 주실 수 있나이다 하니라(대하 25:9).

이스라엘 군대에게 돈을 준 것은 유다의 왕에게 있어서 대단히 중요한 문제였던 것 같습니다. 그것은 시련과 유혹을 당하고 있는 신자들에게도 중요한 문제일 가능성이 있습니다. 돈을 잃는다는 것은 유쾌한 일이 아닙니다. “왜 우리에게 매우 유익한 것을 잃어야 하지? 그것 없이 어떻게 지낼 것인가? 자녀는 많고 수입은 적지 않은가?” 이처럼 수많은 핑계가 기독교인들을 유혹하여 불의한 수입에 손을 대게 하거나, 큰 손실을 보았을 때 양심적인 확신을 발휘하지 못하게 가로막습니다. 모든 사람이 이러한 일을 믿음의 관점에서 볼 수는 없습니다. 심지어 예수님을 따르는 사람들에게 있어서도 “우리는 살아야 한다”라는 논리가 큰 비중을 차지합니다.

“여호와께서 능히 이보다 많은 것을 왕에게 주실 수 있나이다”라는 말씀은 근심으로 가득한 질문에 지극히 만족스러운 해답이 됩니다. 우리 아버지는 지갑의 끈을 쥐고 계시므로 우리가 하나님 때문에 잃은 것을 천 배로 갚아 주실 수 있습니다. 우리가 하나님의 뜻에 순종하면, 하나님이 우리를 위해 모든 것을 예비해 주신다고 확신할 수 있습니다.

성도들은 조그마한 마음의 안식이 일 톤의 금보다 더 귀하다는 것을 알고 있습니다. 진실한 심령은 감옥에 갇혀도 하나님이 미소를 보내시면 만족하며, 궁전에 있어도 하나님이 찌푸리시면 지옥처럼 느낍니다. 우리의 보물은 하늘나라에 있습니다. 그리스도는 하나님의 우편에 앉아 계십니다. 그러나 지금도 주님은 온유한 자가 땅을 기업으로 받게 하시며, 의로운 생활을 하는 자들에게 선한 것을 아끼지 아니하십니다.

하늘에 전쟁이 있으니 미가엘과 그의 사자들이 용과 더불어 싸울새 용과 그의 사자들도 싸우나(계 12:7).

두 강대국이 전쟁을 벌이면 한 나라가 멸망할 때까지 싸움이 계속됩니다. 선과 악 사이에는 평화란 존재할 수 없으며, 혹 그것이 존재한다면 그것은 어두움의 권세들의 승리를 의미할 수도 있습니다. 미가엘은 언제든지 싸울 것입니다. 그의 거룩한 영혼은 죄를 미워하므로 그것을 참지 않을 것입니다.

예수께서는 항상 악을 근절시키겠다는 확고한 결심을 하시고 적극적으로 용과 맞서 싸우실 것입니다. 하늘에 있는 천사들이나 땅에 있는 사신들이나 모든 주님의 종들도 용과 싸워야 하며, 또한 싸울 것입니다. 그들은 날 때부터 용사로 태어났습니다. 그들은 십자가 앞에서 절대 악을 대적하는 싸움을 멈추지 않겠다고 약속합니다.

주님의 군대에 속한 군사들의 의무는 날마다 마음과 혼과 힘을 다하여 용과 싸우는 것입니다. 용과 그의 사자들은 절대 전쟁을 그만두지 않을 것입니다. 그들은 이용할 수 있는 온갖 무기를 동원하여 무자비하게 돌격합니다.

우리는 어리석게도 전혀 공격을 받지 않고 하나님을 섬기기를 기대합니다. 그러나 우리가 하나님을 섬기는 일에 열심을 낼수록 지옥의 군대는 더욱 맹렬하게 우리를 공격합니다. 교회는 나태해질 수 있으나 무자비한 적수는 절대 전쟁을 그만두지 않습니다. 원수는 여인의 자손을 미워하며 교회를 삼키려 합니다. 사방에서 전쟁이 일어나고 있으며, 평화를 꿈꾸는 것은 위험한 일이요 무익한 일입니다.

하나님을 찬양하십시오. 우리는 이 전쟁의 결과를 알고 있습니다. 큰 용은 내쫓김을 받아 영원히 멸망할 것이요, 주님 및 주님과 함께 한 사람들은 면류관을 받을 것입니다. 우리는 칼을 날카롭게 갈며, 성령께서 우리에게 싸울 힘을 주시기를 기도합시다.

주께서 땅의 경계를 정하시며 주께서 여름과 겨울을 만드셨나이다(시 74:17).

내 영혼아, 추운 12월의 첫날을 하나님과 함께 시작하십시오. 매서운 날씨와 살을 에는 듯한 바람은 하나님이 밤낮으로 언약을 지키신다는 것을 상기시켜 줍니다. 우리는 하나님이 예수 그리스도를 통해 우리와 맺은 언약을 지키시리라고 확신할 수 있습니다.

가련하고 죄로 더럽혀진 이 세상의 계절이 바뀌는 일에 있어서까지 말씀에 충실하신 하나님이시니, 사랑하는 독생자를 다루는 데 있어서 신실치 못함을 나타내시지 않을 것입니다.

영혼의 겨울은 결코 안락한 계절이 아닙니다. 만일 우리가 겨울을 맞고 있다면 무척 고통스러울 것입니다. 그러나 우리에게 위로가 되는 것은 그것이 주님이 허락하신 일이라는 사실입니다. 주님은 겨울 나라의 대왕이시오, 서리의 나라를 다스리십니다.

우리의 환경은 지혜로운 계획을 세우고 우리에게 다가옵니다. 서리는 해충을 죽이며 맹위를 떨치던 질병을 멈추게 합니다. 또 구름을 해체하며 땅을 부드럽게 해줍니다. 고통스러운 겨울 뒤에도 이처럼 선한 결과가 나타나게 되기를 기원합니다.

지금 우리는 불을 얼마나 소중히 여기고 있습니까! 그 작열하는 불빛은 얼마나 우리를 기분이 좋게 해줍니까! 주님을 소중히 여깁시다. 주님은 모든 환난의 때에 따뜻함과 위로의 원천이 되십니다. 주님께 가까이 다가가며 주님을 믿음으로써 기쁨과 평화를 찾읍시다. 주님의 약속이라는 따뜻한 옷을 입고 이 계절에 알맞은 일을 하러 나갑시다.

여호와의 인자하심과 인생에게 행하신 기적으로 말미암아 그를 찬송할 지로다(시 107:8).

우리가 불평을 적게 하고 찬송을 많이 하면, 우리는 그만큼 더 행복해지며 하나님은 더욱 영광 받으실 것입니다. 우리는 소위 우리의 말대로 우리에게 주신 평범한 축복으로 인하여 날마다 하나님을 찬양합시다. 그러나 그것들은 무한히 귀한 것이어서 만일 우리에게서 그것을 빼앗아 가면 우리는 죽을 것입니다.

태양을 볼 수 있는 눈, 건강과 체력, 먹을 수 있는 빵, 입을 수 있는 옷을 주신 하나님을 찬미하십시오. 우리가 내쫓김을 당하여 소망이 없는 자들이나 죄인들 사이에 거하게 되지 않음으로 인하여 하나님을 찬양하십시오. 우리에게 주신 자유, 친구들, 가족들, 위로 등으로 인하여 하나님께 감사하십시오. 하나님의 은혜로우신 손으로 우리에게 주신 모든 것으로 인하여 하나님을 찬양하십시오. 우리는 은혜받을 자격이 없는데도 하나님은 지극히 풍성하게 베풀어주십니다.

구속의 사랑을 목청껏 노래합시다. 구속의 의미를 깨닫고 있다면 주저하지 말고 감사의 찬송을 부릅시다. 우리는 죄의 구덩이에서 구출되었습니다. 우리는 그리스도의 십자가 앞으로 인도되었으며, 그곳에서 우리를 결박하고 있던 죄의 사슬이 끊어졌습니다. 우리는 이제 종이 아니요 살아계신 하나님의 자녀입니다. 우리는 보좌 앞에 나아가게 될 날을 기대할 수 있습니다. 지금도 우리는 믿음으로 종려나무 가지를 흔들며, 우리의 영원한 옷이 될 세마포를 입고 있습니다.

우리는 구속자이신 주님에게 끊임없이 감사해야 하지 않겠습니까?

"영광의 후사여, 깨어나라."

그리고 다윗처럼 "내 영혼아 여호와를 송축하라 내 속에 있는 것들아 다 그의 거룩한 이름을 송축하라"고 부르짖으십시오(시 103:1).

나의 사랑 너는 어여쁘고 아무 흠이 없구나(아 4:7).

교회에 대한 주님의 찬미는 매우 훌륭하며, 그 아름다움에 대한 묘사는 무척 강렬합니다. 교회는 단순히 어여쁜 것이 아니라 순전히 어여쁩니다. 주님은 자기 안에 있는 교회, 주님의 대속으로 씻음을 받고 주님의 의로 옷 입은 교회를 보십니다. 주님은 교회가 잘 생겼고 아름답다고 여기십니다. 이것은 조금도 이상한 일이 아닙니다. 왜냐하면 주님이 찬미하시는 것은 바로 자신의 완전한 아름다움이기 때문입니다.

교회의 거룩함, 영광, 온전함은 주님의 사랑하는 신부가 걸친 훌륭한 옷입니다. 그녀는 정말 사랑스럽고 어여쁩니다. 그녀는 실제로 덕을 가지고 있습니다. 죄로 인한 보기 추한 모습은 제거되었습니다. 게다가 그녀는 주님으로 말미암아 귀한 의를 얻었습니다. 신자들은 자신이 사랑하는 자 안에 받아들여질 때 받은 적극적인 의를 소유합니다.

교회는 세상의 귀족이나 왕족과는 비교할 수 없는 가치와 우수성을 가집니다. 만일 예수님께서 자기의 택한 신부를 세상의 여왕이나 하늘나라의 천사와 교환하실 수 있었다면, 그녀를 "여인 중에 어여쁜 자"라고 부르며 가장 귀하게 여기시지 아니하셨을 것입니다.

장차 주님은 영광의 보좌에서 온 우주 앞에서 이 말씀이 진리임을 인정하시면서, "내 아버지께 복 받을 자들이여 나아오라"(마 25:34)고 말씀하실 것입니다. 이것은 택한 자들의 사랑스러움을 엄숙하게 확인하는 말씀이 될 것입니다.

> 내가 해 아래에서 행하는 모든 일을 보았노라 보라 모두 다 헛되어 바람을 잡으려는 것이로다(전 1:14).

주님의 사랑과 임재가 아니고는 아무것도 인간의 마음을 만족하게 하지 못합니다. 세상에서 가장 지혜로운 사람이었던 솔로몬은 우리를 대신하여 인생을 시험해 보았으며, 감히 행해서는 안 될 일을 행해 보았습니다.

> "내가 이같이 창성하여 나보다 먼저 예루살렘에 있던 모든 자들보다 더 창성하니 내 지혜도 내게 여전하도다 무엇이든지 내 눈이 원하는 것을 내가 금하지 아니하며 무엇이든지 내 마음이 즐거워하는 것을 내가 막지 아니하였으니 이는 나의 모든 수고를 내 마음이 기뻐하였음이라 이것이 나의 모든 수고로 말미암아 얻은 몫이로다 그 후에 내가 생각해 본즉 내 손으로 한 모든 일과 내가 수고한 모든 것이 다 헛되어 바람을 잡는 것이며 해 아래에서 무익한 것이로다"(전 2:9-11).

> "전도자가 이르되 헛되고 헛되며 헛되고 헛되니 모든 것이 헛되도다"(전 1:2).

오, 은총을 입은 왕이여, 당신이 가진 모든 부귀는 헛된 것이었습니까? 당신의 화려한 궁전도 헛된 것이었습니까? 당신이 즐긴 춤과 노래, 포도주와 진기한 음식도 헛된 것이었습니까? 솔로몬은 모두 헛된 것이요 영을 지치게 할 뿐이었다고 말합니다. 이것이 그가 모든 쾌락을 다 누려 본 후 내린 결론입니다.

우리 주 예수를 포옹하며 그의 사랑 안에 거하며 그분과의 연합을 확신하는 것이야말로 가장 귀한 것입니다. 혹시 더 나은 기독교적 생활이 있을까 하여 다른 생활방식을 채택해 볼 필요가 없습니다. 세상을 방황해 보아도 구세주와 같은 얼굴은 보지 못할 것이요, 세상의 온갖 안락함을 누린다 해도 구세주를 잃으면 불쌍한 자가 될 것입니다. 그러나 그리스도만 소유한다면 감옥 속에 있어도 낙원일 것이며, 비천하게 살거나 굶주려 죽어도 주님의 충만한 선하심과 은총만 있으면 만족할 것입니다.

너는 …아무 흠이 없구나"(아 4:7).

주님은 교회에 아름다움이 가득하다고 선언하신 후, "너는 어여쁘고 아무 흠이 없구나"라는 귀중한 말씀으로 자기의 찬양을 확실히 하셨습니다. 주님께서 교회의 아름다운 부분들만 언급하시고 의도적으로 더러워지고 비뚤어진 특성을 생략했다고 세상이 생각할 수도 있다고 생각하셨던 것 같습니다. 그리하여 그녀는 온전하게 "어여쁘며 아무 흠이 없다"라고 요약하셨습니다.

주님이 교회에 감추인 흉터나 보기 흉하게 생긴 곳이나 치명적인 종양이 없다고 말했다면 우리는 매우 놀랐을 것입니다. 그러나 주님은 그녀에게는 조그마한 흠도 없다고 증언하십니다. 만일 조만간 그녀에게서 모든 흠을 없애 주시겠다고 약속하시기만 했어도 우리는 영원히 기뻐했을 것입니다. 그런데 주님은 이미 그렇게 행하셨다고 말씀하시는 것입니다.

오 내 영혼아, 여기에 너를 위한 골수와 기름진 것이 있다. 왕의 진미를 마음껏 먹고 만족하여라.

그리스도는 결코 신부와 다투지 아니하십니다. 그녀는 가끔 그리스도를 떠나 방황하며 성령을 근심하게 하지만, 주님의 사랑은 그녀의 허물로 인해 영향을 받지 아니하십니다. 때때로 꾸짖으시기도 하지만 지극히 온유한 대도로 자비한 의도를 가지고 꾸짖으십니다.

주님은 결코 우리의 어리석음을 기억하지 아니하십니다. 우리에 대한 악한 생각을 품지 아니하시며, 우리의 죄를 용서해 주시며, 범죄하기 전이나 후나 동일하게 사랑하십니다. 우리의 귀한 신랑은 우리의 어리석은 심령을 너무나 잘 아시므로 우리의 악한 태도를 공격하지 아니하십니다.

영광의 왕이 누구시냐 강하고 능한 여호와시요 전쟁에 능한 여호와시로다(시 24:8).

하나님의 백성들이 볼 때 하나님은 영광을 받으시기에 합당하신 분이십니다. 하나님은 그들을 위하여, 그들 안에서, 그들에 의해 큰 기적을 행하셨습니다. 주 예수께서는 그들을 위하여 원수들을 정복하셨으며, 순종의 사역을 완수하심으로써 원수의 무기를 산산조각 내셨습니다. 주님은 원수를 이기시고 부활하시어 승천하심으로 지옥의 소망을 완전히 전복시키셨으며, 사로잡힌 자들을 사로잡으시고, 우리 원수들을 밝히 나타내시며, 십자가에 의해 그들을 완전히 정복하셨습니다.

사탄이 우리를 향해 쏘려 했던 죄의 화살들은 모두 부러졌습니다. 누가 하나님의 택한 자들을 고발할 수 있겠습니까? 구원받은 자들은 그들의 내면에 있는 원수들을 정복하신 주님을 찬미해야 합니다. 주님은 본성적인 미움이라는 화살은 부러뜨리셨고, 패역이라는 무기를 망가뜨리셨습니다. 우리의 뜻을 정복하시고 죄를 쫓아내신 주님은 참으로 영광스러운 분이십니다. 우리에게 남은 더러움도 정복될 것이며, 시험과 의심, 두려움은 멸망할 것입니다. 우리의 평화로운 마음 깊은 곳에 있는 예수의 이름은 그 무엇과도 비교할 수 없습니다. 우리는 자기의 능력으로 승리하기를 기대할 수도 있을 것입니다.

"우리를 사랑하시는 이로 말미암아 우리가 넉넉히 이기느니라"(롬 8:37).

우리는 믿음과 열심과 거룩함으로 세상에 있는 어두움의 권세 잡은 자들을 쫓아낼 수 있습니다. 우리는 죄인들을 예수께 돌아오게 할 것이요, 거짓된 제도들을 타파할 것이요, 국가들을 회심케 할 것입니다. 이는 하나님이 우리와 함께하시기 때문이며, 아무도 우리를 대적하여 이기지 못할 것입니다.

오늘 밤, 그리스도의 군사들은 승전가를 부르며 내일의 싸움을 대비합시다.

"너희 안에 계신 이가 세상에 있는 자보다 크심이라"(요일 4:4).

내가 너와 함께 있으매 어떤 사람도 너를 대적하여 해롭게 할 자가 없을 것이니 이는 이 성중에 내 백성이 많음이라 하시더라(행 18:10).

이 말씀은 선을 행하려고 노력하는 사람에게 큰 격려가 됩니다. 악하고 악한 사람 중에도 구원받아야 할 사람들이 있습니다. 우리가 말씀을 가지고 그들에게 가는 것은 하나님이 우리를 그들에게 생명을 전하는 사신으로 임명하셨기 때문입니다. 그들도 영원한 보좌 앞에 있는 성도들과 마찬가지로 보혈로 구속함을 얻습니다. 그들은 그리스도의 소유입니다. 물론 아직도 그들이 술을 사랑하며 성결을 미워하고 있을 수도 있습니다. 그러나 예수 그리스도께서 그들을 피로 사셨다면 반드시 자기 것으로 만드실 것입니다.

하나님은 성자께서 이미 값을 치르셨다는 사실을 잊을 만큼 신실치 못하신 분이 아닙니다. 하나님은 어떤 경우에도 주님의 대속 사역을 무효하게 만드시지 않습니다. 대속함을 받은 수많은 사람이 아직도 중생하지 않고 있습니다. 그러나 언젠가는 반드시 중생하게 됩니다. 우리가 소생케 하시는 하나님의 말씀을 가지고 그들에게 나아갈 때 이 사실은 우리의 위로가 됩니다. 중보자이신 주님은 "내가 비옵는 것은 이 사람들만 위함이 아니요 또 그들의 말로 말미암아 나를 믿는 사람들도 위함이니"(요 17:20)라고 하셨습니다.

불쌍하고 무지하여 스스로 기도하지 못하는 사람들을 위해 주님은 기도하십니다. 그들의 이름은 주님의 흉배에 기록되어 있으며, 머지않아 그들도 은혜의 보좌 앞에서 뻣뻣하던 무릎을 굽히며 참회의 한숨을 쉬게 될 것입니다. 때가 되면 그들도 주님께 순종할 것입니다. 하나님이 그들을 자기 백성으로 삼으실 것입니다. 그들은 반드시 순종하게 됩니다. 성령이 충만한 능력을 가지고 오실 때 저항해서는 안 됩니다.

"그가 자기 영혼의 수고한 것을 보고 만족하게 여길 것이라"(사 53:11).

그뿐 아니라 또한 우리 곧 성령의 처음 익은 열매를 받은 우리까지도 속으로 탄식하여 양자 될 것 곧 우리 몸의 속량을 기다리느니라(롬 8:23).

모든 성도는 이렇게 탄식합니다. 그것은 고통에서 비롯된 탄식이 아니라 소원을 나타내는 소리입니다. 우리는 우리의 영과 혼과 몸이 죄의 마지막 흔적까지도 벗어버리고 자유롭게 될 날을 기다립니다. 우리는 썩어질 것과 연약함과 수치를 벗어버리고, 주 예수께서 자기 백성에게 주실 썩지 아니하고 불멸하는 영광을 입게 되기를 갈망합니다. 또한 우리가 하나님의 자녀로 입양되었음이 밝히 드러나기를 갈망합니다.

우리는 탄식합니다. 그러나 그것은 우리 내면의 탄식입니다. 그것은 사람들이 자기가 성도라고 믿게 만들기 위해 내뿜는 위선자의 탄식이 아닙니다. 우리는 오직 주님만 동경합니다. 우리는 요나나 엘리야처럼 불평하며 "죽는 것이 내게 나으니이다"라고 말하지 않습니다. 우리는 맡은 일에 싫증이 났거나, 현재 당하는 고난에서 도망치려는 마음에서 죽게 해달라고 하소연하고 한숨짓지는 않습니다. 우리는 영광스럽게 됨을 얻고 싶어서 탄식합니다.

그러나 우리는 주님이 정하시는 시기가 가장 훌륭하다는 것을 알고 인내하며 때를 기다려야 합니다. 기다린다는 것은 모든 준비를 하고 있다는 뜻입니다. 우리는 사랑하는 주님께서 문을 열어서 들여보내 주실 것을 기대하면서 문 앞에 서야 합니다.

이 탄식은 믿음을 판단하는 시금석이 됩니다. 우리는 사람이 무엇을 바라고 탄식하느냐에 의해 그를 판단할 수 있습니다. 어떤 사람들은 재산을 얻으려고 탄식합니다. 또 어떤 사람은 환난을 겪기 때문에 끊임없이 탄식합니다. 그러나 하나님을 보지 못해서 탄식하며 그리스도를 닮기까지 만족하지 못하는 사람이 복된 사람입니다.

하나님, 우리를 도우사 주님의 강림과 우리에게 주실 부활을 얻기 위해 탄식하게 하소서.

구하라 그리하면 너희에게 주실 것이요 찾으라 그리하면 찾아낼 것이요 문을 두드리라 그리하면 너희에게 열릴 것이니(마 7:7).

과거 영국에는 여행자가 요청하기만 하면 빵을 주는 곳이 있었다고 합니다. 어느 여행자든지 성 십자가 구제원의 문을 두드리기만 하면 일정량의 빵을 받았습니다.

예수 그리스도는 죄인들을 무척 사랑하시므로 십자가의 구제원을 세우셨습니다. 배고픈 죄인은 언제라도 그 문을 두드리면 필요한 만큼 먹을 수 있습니다. 더럽고 얼룩이 묻은 영혼이라도 그곳에 가기만 하면 씻음을 받습니다. 그 샘은 언제나 충만하며 효험이 있습니다.

어떤 죄인이든지 그 샘에 들어가기만 하면 그 더러움을 씻을 수 있습니다. 죄인에게서 주홍 같고 진홍 같은 죄가 모두 사라지며 눈보다 더 희게 됩니다. 그에게 유익한 것은 무엇이든지 공급합니다. 그는 일평생 자신이 필요한 모든 것을 소유할 것이요, 주님의 기쁨에 들어갈 때 영광스러운 보물을 영원히 상속받을 것입니다. 이 모든 축복을 다만 자비의 문을 두드림으로써 소유할 수 있습니다.

내 영혼아, 오늘 아침 그 문을 세게 두드리며 인자하신 주님께 큰 것을 요청하라. 주님 앞에 네게 필요한 것을 모두 털어놓아라. 그것들을 주시겠다는 약속을 소유하지 못하는 한 은혜의 보좌를 떠나지 말라. 예수님께서 약속하실 때 불신앙은 결코 방해하지 못한다.

그 때에 여호와께서 대장장이 네 명을 내게 보이시기로(슥 1:20).

스가랴는 환상 중에 무서운 네 뿔을 보았습니다. 그 뿔들은 사방을 헤치고 다니면서 튼튼한 자와 강한 자들을 내던져 버렸습니다. "이들이 무엇이니이까?"라고 묻는 스가랴에게 천사는 "이들은 유다와 이스라엘과 예루살렘을 해친 뿔이니라"라고 대답했습니다. 스가랴는 교회를 억압한 강대국들의 전형을 본 것입니다. 네 개의 뿔은 교회가 사방에서 공격을 받는다는 뜻입니다. 그러므로 스가랴는 이 환상을 보고 실망할 뻔했습니다.

그러나 갑자기 그의 앞에 네 대장장이 나타났습니다. 이들은 하나님께서 그 뿔을 산산조각 내시려고 찾아내신 사람들입니다. 하나님은 자기의 일을 맡아 행할 사람들을 알맞을 때 찾아내십니다. 스가랴는 먼저 대장장을 본 것이 아닙니다. 먼저는 네 뿔이 나타났고 그 후에 대장장이 나타났으니, 이는 그들에게 해야 할 일이 있었기 때문입니다. 하나님은 사람들을 넉넉하게 찾아내십니다. 뿔이 넷이었으므로 대장장도 넷이 있어야 했습니다.

또 하나님은 상황에 알맞은 사람들을 찾아내십니다. 하나님은 펜을 가진 사람이 아니요 건축자가 아니라 대장장을 찾아내셨으니, 이는 그들이라야 거친 일을 할 수 있기 때문입니다. 뿔이 자라 거추장스럽게 될 때 하나님은 대장장을 찾아내십니다.

그러므로 우리는 교회의 연약함 때문에 슬퍼할 필요가 없습니다. 전혀 예기치 않았던 곳에서 사도들이 나오며, 지극히 빈곤한 곳에서 선지자들이 일어날 수 있습니다. 주님은 자기의 종들을 어디에서 찾아내야 하는지 알고 계십니다. 주님은 공격할 준비를 한 많은 용사를 소유하고 계십니다. 그들은 주님이 말씀만 하시면 전투를 시작할 것입니다. 이 전쟁은 주님의 전쟁이요, 주님이 승리하실 것입니다. 그리스도만 믿고 의지합시다. 그러면 주님이 적당한 때 우리를 보호하시기 위해 일어서실 것입니다.

무릇 흙에 속한 자들은 저 흙에 속한 자와 같고 무릇 하늘에 속한 자들은 저 하늘에 속한 이와 같으니(고전 15:48).

그리스도의 지체들은 머리와 동일한 본질을 소유합니다. 그것들은 느부갓네살이 꿈에서 본 괴상한 형상, 즉 "머리는 정금이요 가슴과 팔들은 은이요 배와 넓적다리는 놋이요 그 종아리는 철이요 마는 진흙"인 것과는 전혀 다릅니다.

그리스도의 몸은 이처럼 서로 어울리지 않는 요소들이 연합한 어리석은 결합체가 아닙니다. 지체들이 죽어야 하는 인간이므로 예수도 죽으셨습니다. 영화로우신 머리가 불멸하므로 그 몸도 역시 불멸합니다. 주님은 " 이는 내가 살아 있고 너희도 살아 있겠음이라"(요 14:19)고 말씀하셨습니다.

사랑하는 우리의 머리가 특별하듯이 그 몸과 모든 지체도 특별합니다. 선택된 머리요 선택된 지체입니다. 영접된 머리요 영접된 지체입니다. 살아계신 머리요 살아 있는 지체들입니다. 머리가 정금이면 몸의 모든 부분도 정금입니다.

사랑하는 자여, 잠시 당신의 비천함을 높여 자기의 영광과 복된 연합을 이루게 하신 성자의 무한한 겸손을 묵상하십시오. 자신의 썩을 운명을 생각할 때 우리는 부패를 향해 "너는 내 아버지라"하며, 구더기를 향해 "너는 내 누이라"고 말해야 합니다. 그러나 우리는 그리스도 안에서 크게 영광스럽게 되므로 전능하신 하나님을 "아빠 아버지"라 부르며, 성육하신 하나님을 "당신은 내 형제요 내 신랑이라"고 부를 수 있습니다. 인간이 조상들의 혈통이 고귀하다고 해서 스스로를 높이 여길진대, 우리는 그 누구보다 자랑스럽게 여길 수 있습니다.

촛대 사이에 인자 같은 이가 발에 끌리는 옷을 입고 가슴에 금띠를 띠고(계 1:13).

"인자 같은 이"가 밧모섬에 있는 요한에게 나타나셨습니다. 사랑받는 제자는 그가 황금띠를 매고 있는 것을 보았습니다. 허리띠는 예수께서 봉사할 준비를 하고 계심을 상징합니다. 주님은 지금도 영원한 보좌 앞에서 제사장으로서 "베실로 정교하게 짠 띠"를 두르시고 거룩한 사역을 계속하십니다. 우리의 가장 훌륭한 보호 장치는 "그가 항상 살아 계셔서 그들을 위하여 간구하심"(히 7:25)이며, 주님이 우리를 위한 사랑의 사역을 끊이지 않고 이루신다는 것은 우리의 축복입니다. 주님이 입으신 의복은 마치 주님의 사역이 완전히 끝난 것처럼 절대 흩어지지 않습니다. 주님은 부지런히 자기 백성들의 소송을 맡아 행하십니다.

황금 띠는 주님의 맡으신 직무의 우월성, 주님의 고귀한 인품, 하나님의 아들로서의 권위, 영광스러운 상급 등을 상징합니다. 주님은 이제 더는 모욕을 받으시면서 부르짖으시지 않으며, 제사 장이요 왕으로서 권위를 가지고 우리를 변론하십니다.

주님은 자기 백성들에게 본보기를 보여주십니다. 지금은 절대 안일하게 지낼 때가 아니요, 주님을 섬기며 싸워야 할 때입니다. 우리는 진리의 허리띠를 단단하게 조여야 합니다. 예수의 진리와 성령의 성실함의 뒷받침을 받지 못한 사람은 쉽게 이생의 것에 뒤얽히며 유혹의 올무에 잡힐 것입니다. 우리가 성경을 허리띠처럼 든든히 두르며 그것으로 우리의 본성을 완전히 에워싸고 우리의 모든 성품을 조화있게 유지하지 못한다면, 성경을 소유하고 있어도 무익합니다.

"그런즉 서서 진리로 너희 허리 띠를 띠라"(엡 6:14).

하나님께서 세상의 천한 것들과 멸시 받는 것들과 없는 것들을 택하사 있는 것들을 폐하려 하시나니(고전 1:28).

달빛을 받으며 밤거리를 걸어보십시오. 우리는 죄인들을 보게 될 것입니다. 어두운 밤이나 바람 부는 날에 죄인들을 보게 될 것입니다. 감옥에 가 보십시오. 그러면 밤에 만나고 싶지 않은 사람들을 볼 수 있을 것입니다. 그곳에는 죄인들이 있습니다. 지구를 샅샅이 뒤지지 않아도 어디서나 죄인을 발견할 수 있습니다. 그만큼 죄인은 많습니다.

어느 도시, 어느 마을, 어느 거리에서나 죄인을 발견할 수 있습니다. 예수님은 바로 그런 죄인을 위해 죽으셨습니다. 가장 위대한 인간의 표본을 찾으려 한다면 예수님을 찾으십시오. 예수 그리스도는 죄인을 찾아 구원하시려고 세상에 오셨습니다. 예정의 사랑은 지극한 악인까지도 택하시어 가장 선하게 만드셨습니다. 주님은 무가치한 찌꺼기를 순금으로 바꾸십니다. 대속의 사랑은 인류 중에서 가장 악한 사람을 분리하시어 구세주께서 당하신 수난에 대한 보상으로 만드십니다. 효과적인 은혜는 많은 악인을 자비의 식탁에 불러 앉히십니다.

그러므로 아무도 절망하지 마십시오. 예수님의 눈물 어린 눈에서 내다보는 사랑이 있고, 피 흐르는 상처에서 흐르는 사랑이 있습니다. 주님의 신실한 사랑, 강력한 사랑, 순전하고 영구한 사랑, 그리고 연민으로 가득 찬 구세주의 마음에 의해 권고하노니, 결코 그것을 무가치한 것으로 여겨 돌아서지 마십시오. 그를 믿으십시오. 그러면 구원을 받을 것입니다. 우리의 영혼을 주님께 맡기십시오. 그러면 주님이 우리를 영원히 영광중에 계신 아버지의 오른편으로 데려가실 것입니다.

약한 자들에게 내가 약한 자와 같이 된 것은 약한 자들을 얻고자 함이요 내가 여러 사람에게 여러 모습이 된 것은 아무쪼록 몇 사람이라도 구원하고자 함이니(고전 9:22).

바울의 목표는 단지 사람들을 가르치고 진보하게 만드는 것이 아니라 구원하는 데 있었습니다. 이 목표에 미치지 못하는 일은 그를 실망하게 할 것입니다. 그는 사람들의 심령이 새로워지고, 죄 사함을 받고, 성화되고, 구원받기를 원했습니다. 우리의 신앙 행위는 위대한 바울의 목표보다 저급한 것을 목표로 하지 않습니까? 최후 심판 날에 우리가 가르치고 교화시킨 사람들이 하나님 앞에서 구원받지 못한다면 무슨 유익이 되겠습니까?

바울은 인간의 본성적인 파멸을 알고 있었기 때문에 그들을 가르치려 하지 않고 구원하려 했습니다. 그는 사람들이 지옥으로 떨어져 감을 보고서 장차 임할 진노에서 그들을 구원하는 일에 관해 이야기했습니다. 그는 그들의 구원을 이루기 위해서 복음 전파에 헌신하면서 하나님과 화목하라고 권면하고 경고했습니다.

그는 끊임없이 기도하고 쉬지 않고 수고했습니다. 영혼을 구원하는 것이 그의 소원이요 소명이었습니다. 그는 모든 사람의 종이 되어 수고했습니다. 그는 사람들이 복음을 받아들이는 것에 만족했고, 형식이나 의식에 대한 문제를 제기하지 않았습니다. 그에게 중요한 것은 오직 복음이었습니다. 그 몇몇 사람을 구원해도 만족했을 것입니다. 이것은 그의 수고에 대한 면류관이요, 모든 고생과 자기 부인에 대한 유일하고도 충분한 보상이었습니다.

우리는 영혼을 구원하기 위해 살아왔습니까? 바울처럼 큰 소원을 가지고 있습니까? 예수께서 죄인들을 위해 돌아가셨는데, 우리가 어찌 죄인들을 위해 살지 않을 수 있습니까? 영혼을 구원하여 주님의 영광을 구하지 않는 사람은 그리스도를 사랑하는 사람이라고 할 수 없습니다. 인간의 영혼을 구하려는 열심을 충만히 주시기를 기도하십시오.

그러나 사데에 그 옷을 더럽히지 아니한 자 몇 명이 네게 있어 흰 옷을 입고 나와 함께 다니리니 그들은 합당한 자인 연고라(계 3:4).

우리는 이 말씀이 칭의를 언급하는 것으로 이해할 수 있습니다. 즉, 그들은 믿음으로 말미암은 칭의를 항상 의식하게 될 것이라는 뜻입니다. 그들은 그리스도의 의가 자기에게 전가되었으며, 흰 눈보다 더 희게 씻김을 받았다는 것을 이해하게 될 것입니다.

그것은 또 기쁨과 즐거움도 언급합니다. 유대인들은 명절날에 흰옷을 입습니다. 옷을 더럽히지 않은 사람들의 얼굴은 언제나 밝게 빛날 것입니다. 그들은 "너는 가서 기쁨으로 네 음식물을 먹고 즐거운 마음으로 네 포도주를 마실지어다 이는 하나님이 네가 하는 일들을 벌써 기쁘게 받으셨음이니라"(전 9:7)고 말한 솔로몬의 의도를 이해할 것입니다. 하나님께 받아들 여진 사람은 기쁨과 즐거움의 흰옷을 입고 주 예수와 즐거운 교제를 누리며 거닐 것입니다.

세상에는 왜 많은 의심과 불행과 슬픔이 있습니까? 많은 신자가 자기의 옷을 죄로 더럽히고, 구원의 기쁨과 주 예수와의 교제를 상실하기 때문이 아닙니까? 이 세상에서 옷을 더럽히지 않은 사람은 장차 말할 수 없는 기쁨, 상상할 수 없는 행복, 무한한 축복, 인간으로서는 바랄 수도 없는 복을 누릴 것입니다. 그들은 주님과 함께 거하면서 살아있는 생명수를 마실 것입니다.

주의 회중을 그 가운데에 살게 하셨나이다 하나님이여 주께서 가난한 자를 위하여 주의 은택을 준비하셨나이다(시 68:10).

하나님은 우리의 곤궁함을 미리 알고 계시므로 예수 그리스도 안에 저장해두신 충만한 것으로 가난한 자들에게 좋은 것을 공급해 주십니다. 하나님이 우리에게 필요한 것을 모두 충족시켜 주시리라 믿을 수 있습니다. 왜냐하면 하나님은 우리에게 필요한 것들을 하나도 빠짐없이 미리 알고 계시기 때문입니다. 하나님은 우리가 어떤 상황에 있든지 "나는 네가 이런 처지에 있게 될 것을 알고 있었다"라고 말씀하실 수 있습니다.

어떤 사람이 사막을 여행한다고 가정해보십시오. 그는 종일 걸은 후 텐트를 치고 나서야 침구와 다른 필수품을 가져오지 않았음을 발견합니다. 그는 "아뿔싸. 이것을 예견하지 못했었구나. 다시 이런 여행을 하게 된다면 반드시 내게 필요한 물건을 가져오겠다"라고 합니다. 그러나 하나님은 방황하는 불쌍한 자기 백성에게 무엇이 필요한지 샅샅이 알고 계시며, 그것들이 필요하게 될 때를 대비하여 충분히 준비하고 계십니다.

"내 은혜가 네게 족하도다 "(고후 12:9).
"네가 사는 날을 따라서 능력이 있으리로다"(신 33:25).

마음이 답답합니까? 하나님은 그렇게 될 것을 알고 계셨습니다. 가난하고 궁핍합니까? 하나님의 약속을 근거로 하여 하나님께 구하고 믿으십시오. 그러면 약속대로 이루어질 것입니다. 지금 죄를 크게 자각하고 있습니까? 보십시오. 보혈의 샘은 지금도 열려 있으며, 과거처럼 죄를 씻어 주실 것입니다. 어디를 가든지 그리스도는 능히 도우실 수 있습니다. 그리스도께서 대처하실 수 없을 만큼 위험한 시련은 임하지 않을 것입니다. 우리의 일생은 이미 하나님이 예견하고 계시며 예수 안에서 예비되어 있습니다.

그러나 여호와께서 기다리시나니 이는 너희에게 은혜를 베풀려 하심이요 일어나시리니 이는 너희를 긍휼히 여기려 하심이라 대저 여호와는 정의의 하나님이심이라 그를 기다리는 자마다 복이 있도다(사 30:18).

하나님은 가끔 기도에 대한 응답을 지체하십니다. 성경에도 이런 예가 여러 번 기록되어 있습니다. 야곱은 밤새도록 씨름한 후 새벽 동틀 무렵에야 비로소 천사로부터 축복을 받았습니다. 바울은 "육체에 가시"를 제거해 달라고 세 번이나 기도했지만, 그것이 제거될 것이라는 보증을 받지 못했으며, 오히려 하나님의 은혜가 그에게 족할 것이라는 약속을 받았습니다(고후 12:7-9 참조).

우리는 자비의 문을 계속 두드리고 있는데도 응답을 받지 못했습니까? 전능자가 문을 열어 우리를 들여 보내주지 않는 이유를 말해주겠습니다. 하늘 아버지께서 우리를 기다리게 하시는 데는 특별한 이유가 있습니다. 하나님이 자기의 능력과 주권을 나타내어 여호와 하나님은 주시기도 하고 거두어 가시기도 할 권리를 가지고 계신다는 것을 알도록 응답을 미루시는 일이 있습니다. 그러나 대부분 경우 응답을 미루시는 것은 우리의 유익을 위해서입니다.

아마 우리가 더욱 열렬한 소원을 하도록 기다리게 하시는 일도 있을 것입니다. 오랫동안 기다렸다가 받은 은사는 한층 더 소중히 여기게 될 것입니다. 또 주님의 기쁨을 주시기 전에 당신에게서 제거되어야 할 것이 있을 수도 있습니다.

비록 우리의 기도에 즉시 응답하시지 않는다고 해도 하나님은 결코 우리의 기도를 잊지 아니하십니다. 우리의 기도는 하늘나라를 가득 채우고 있으며, 잠시 후에는 만족한 응답을 받을 것입니다. 절망하여 기도를 그만두지 마십시오. 계속 열심히 기도하십시오.

내 백성이 화평한 집과 안전한 거처와 조용히 쉬는 곳에 있으려니와(사 32:18).

구속함을 받지 못한 사람들은 평화와 안식을 누리지 못합니다. 평화와 안식은 주님의 백성들만 누리는 특별한 재산입니다. 평화의 하나님은 자기 곁에 머무르는 심령에 완전한 평화를 주십니다. 인간이 범죄하지 않았던 시절에 하나님은 그에게 꽃으로 덮인 에덴동산을 고요한 휴식처로 주셨습니다. 그러나 죄가 그 깨끗하고 아름다운 거처를 파괴하고 말았습니다.

하나님이 진노하시어 홍수로 범죄한 인류를 휩쓸어 버리셨을 때 노아의 가족들은 방주에서 안전하게 지냈습니다. 방주는 정죄 받은 세상을 떠나 무지개와 언약의 새 땅으로 그들을 데려다주었습니다. 그것은 구원의 방주가 되시는 예수를 상징합니다. 애굽에서 천사들이 장자들을 모두 죽였을 때 이스라엘 백성들은 피를 뿌린 집에 거하여 안전할 수 있었습니다. 광야에서는 구름 기둥과 반석에서 솟아나는 물이 지친 여행자들에게 달콤한 쉼을 주었습니다.

지금 우리는 하나님의 말씀에는 진리와 능력이 충만하다는 것을 알기 때문에 신실하신 하나님의 약속 안에서 쉼을 얻습니다. 우리는 큰 위로가 되는 말씀의 교리 안에서 쉼을 얻습니다. 또한 기쁨의 항구가 되는 은혜의 언약 안에서 쉼을 얻습니다. 우리는 다윗이 아둘람에서, 요나가 박넝쿨 밑에서 받은 것보다 큰 은총을 누리고 있습니다. 그러므로 아무도 우리의 거처를 침범하거나 파괴할 수 없습니다. 우리가 떡을 떼고 말씀을 경청하며 성경을 공부하고 기도하고 찬양하면서 하나님 가까이 나아갈 때, 평화가 우리에게 돌아옴을 느낍니다.

그 후에 우리 살아 남은 자들도 그들과 함께 구름 속으로 끌어 올려 공중에서 주를 영접하게 하시리니 그리하여 우리가 항상 주와 함께 있으리라(살전 4:17).

그리스도께서 우리를 찾아주시는 임재의 기쁨은 너무나 짧고 순식간에 지나갑니다. 눈으로 그리스도를 보는 순간 우리는 말할 수 없이 기뻐합니다. 그러나 잠시 후에는 우리의 사랑하는 자는 우리에게서 물러가십니다.

우리가 멀리서 주님을 바라보지 않고 얼굴과 얼굴을 보게 될 날을 생각해 보십시오. 주님은 나그네처럼 잠시 머물고 떠나시는 것이 아니요, 영원히 영광의 품에 우리를 품어주실 것입니다.

하늘나라에는 염려나 죄로 인한 방해가 없을 것입니다. 눈물이 우리 눈을 흐리게 하는 일도 없을 것입니다. 세상일이 우리의 행복한 생각을 분산시키지 않을 것입니다. 우리는 전혀 방해를 받지 않고 지치지 않은 눈으로 의의 태양이신 주님을 영원히 바라볼 것입니다.

이따금 주님을 바라보기만 해도 행복하거늘, 영원히 그 복되신 얼굴을 응시하며 피곤하고 슬픈 세상을 보지 않게 된다면 얼마나 즐겁겠습니까!

복된 날이여, 그대는 언제 동이 트려는가!

머지않아 감각적인 기쁨은 우리를 떠날 것입니다. 죽는다는 것은 아무런 방해를 받지 않는 예수와의 교제에 들어가는 것일진대, 죽음은 사실상 유익한 것이며, 죽음의 순간은 승리의 바다에 삼켜집니다.

두아디라 시에 있는 자색 옷감 장사로서 하나님을 섬기는 루디아라 하는 한 여자가 말을 듣고 있을 때 주께서 그 마음을 열어 바울의 말을 따르게 하신지라(행 16:14).

루디아가 회심한 것은 하나님의 섭리였습니다. 루디아는 두아디라 성의 자주 옷감 장사였는데, 우연히 빌립보에 갔다가 바울의 말을 듣게 되었습니다. 은혜의 하녀인 섭리가 루디아를 그곳으로 인도한 것입니다. 은혜는 그녀의 영혼이 받을 축복을 준비하고 있었습니다. 그녀는 구세주를 알지 못했지만, 유대인이었기 때문에 예수를 아는 지식에 이르는 디딤돌이 되는 많은 진리를 알고 있었습니다.

루디아는 안식일에 기도처로 갔다가 기도의 응답을 받았습니다. 우리가 하나님의 집에 있지 않아도 하나님은 우리를 축복해 주실 것입니다. 그러나 우리가 하나님의 성도들과 교제하고 있을 때 하나님이 우리를 축복하실 것으로 생각할 수 있습니다. "주께서 그 마음을 열어"라는 말씀에 유의하십시오. 루디아의 마음을 연 것은 루디아가 아니요, 그녀의 기도가 아니요, 바울도 아닙니다. 주님이 친히 마음을 열어 우리에게 평화를 주십니다. 주님은 우리 마음을 만드셨으므로 우리 마음의 주인이십니다. 주님이 우리 마음을 열어 주신 것은 표면적으로는 순종으로 나타납니다.

루디아는 예수를 믿고 세례를 받았습니다. 하나님의 자녀가 구원에 필수적인 것이 아니거나, 또는 정죄 받는 것을 두려워하는 이기적인 생각에서 강요되는 명령에 순종하는 것은 겸손하고 상한 마음을 가지고 있다는 기분 좋은 징조입니다. 루디아가 세례를 받은 것은 순수한 순종의 행위요, 주님과 교제하는 행위였습니다. 루디아가 마음이 열린 자임을 알 수 있는 또 하나의 증거는 사랑이었습니다. 그것은 사도들에 대한 친절한 행동으로 나타났습니다. 성도를 향한 사랑은 회심을 나타내주는 표시입니다. 그리스도나 교회를 위해 아무 일도 하지 않는 사람들은 마음이 열렸다는 증거를 나 타내지 못합니다.

주여, 당신을 향해 열린 마음을 주소서.

너희를 부르시는 이는 미쁘시니 그가 또한 이루시리라(살전 5:24).

하늘나라는 죄가 없는 곳이요, 또한 지치지 않고 공격하는 원수를 지킬 필요가 없는 곳입니다. 하늘나라에는 우리의 발을 함정에 빠뜨리는 악마도 없을 것입니다. 피곤하여 지친 자들은 하늘나라에서 안식을 누립니다. 하늘나라는 "더럽혀지지 않은 기업"입니다. 그곳은 온전히 거룩하고 완전히 안전한 나라입니다. 물론 성도들은 이 세상에서도 때때로 복된 안전의 기쁨을 맛봅니다. 하나님의 말씀은 어린 양과 연합한 사람은 모두 안전하다고 가르쳐 주십니다. 자기 영혼을 그리스도의 보호하심에 맡긴 사람은 주님이 신실하시며 불변하신 보호자이심을 발견할 것입니다. 우리는 이러한 가르침을 힘입어 이 세상에 있는 동안에도 안전함을 누립니다.

믿는 자여, 우리는 기쁨으로 견인(堅忍)의 교리를 묵상하며, 하나님 안에 있는 거룩한 확신으로 하나님의 신실하심에 영광을 돌립시다. 하나님이 당신에게 예수 그리스도 안에 있으면 안전하다는 의식을 깨닫게 해주시기를 바랍니다. 우리의 이름이 하나님의 손에 새겨져 있다고 보증해 주시며, 우리의 귀에 "두려워 말라. 내가 너와 함께 하노라"는 약속을 속삭여 주시기를 원합니다.

위대한 언약의 보증이신 주님은 신실하시고 진실하신 분이십니다. 따라서 가족 중에서 가장 연약한 우리이지만 모든 택한 족속과 함께 하나님의 보좌 앞에 세워주시리라고 믿으십시오.

"너희를 부르시는 이는 미쁘시니 그가 또한 이루시리라"(살전 5:24).

이는 기업의 상을 주께 받을 줄 아나니 너희는 주 그리스도를 섬기느니라(골 3:24).

이 말씀은 어떤 직분을 맡은 사람들에게 하신 말씀입니까? 교만하게 다스리는 거룩한 권리를 자랑하는 왕들에게 하신 말씀입니까? 그렇지 않습니다. 그들은 흔히 자기 자신이나 사탄을 섬기며, 그들로 하여금 모든 권위를 누리게 하여 주신 자비로우신 하나님을 망각합니다. 소위 "하나님 안에 있는 고결한 교부들", 즉 감독이나 훌륭한 부감독에게 말하는 것입니까? 그렇지 않습니다. 바울은 인간이 만들어 낸 직분에 대해서는 전혀 알지 못했습니다.

이 말씀은 목사나 교사, 또는 부자나 신자들의 존경을 받는 사람들에게 한 것이 아니요, 종들과 노예들에게 하신 말씀입니다. 사도 바울은 고생하는 사람들, 여행자, 노동자, 하인 중에 많은 주님의 택한 자들을 발견했습니다. 그는 그들에게 "무슨 일을 하든지 마음을 다하여 주께 하듯 하고 사람에게 하듯 하지 말라 이는 기업의 상을 주께 받을 줄 아나니 너희는 주 그리스도를 섬기느니라"(골 3:23-24)고 했습니다.

이 말은 세상에서 되풀이되는 싫증 나는 일을 고귀하게 해주며, 지극히 비천한 직업의 둘레에 후광을 비추어 줍니다. 발을 씻어 주는 것은 굴욕적인 일이지만 주님의 발을 씻는 것은 고귀한 일입니다. 구두끈을 푸는 것은 비천한 직업이지만, 위대하신 주님의 구두끈을 푸는 것은 커다란 특권입니다. 사람들이 하나님의 영광을 위해 일할 때는 상점이나 헛간이나 부엌도 하나님의 성전이 됩니다. 하나님을 섬기는 데는 장소와 시간의 제한이 없습니다. 우리의 일생 전체가 주님께 성결이 되어야 합니다. 모든 물건, 모든 장소가 성막이나 황금 촛대처럼 거룩한 것이 될 수 있습니다.

그가 서신즉 땅이 진동하며 그가 보신즉 여러 나라가 전율하며 영원한 산이 무너지며 무궁한 작은 산이 엎드러지나니 그의 행하심이 예로부터 그러하시도다(합 3:6).

하나님은 옛적에 행하셨던 일을 장래에도 다시 행하실 것입니다. 인간의 행위는 변하지만, 하나님의 행위는 지혜로운 것으로서 영원히 지속됩니다. 하나님은 자기의 지혜로운 뜻에 따라 모든 일을 명하십니다.

인간은 욕망이나 두려움 때문에 성급하게 행동하기 때문에 흔히 후회가 따르고, 따라서 또 다른 행위를 하게 됩니다. 그러나 전능하신 하나님은 어떤 일에도 놀라지 아니하십니다. 하나님의 행위는 불변하시는 성품의 결과요, 그 안에는 하나님의 확고부동한 속성이 분명히 나타나 있습니다. 영원하신 하나님이 변화하시지 않는 한 하나님의 행위도 영원히 변치 않으십니다. 하나님은 영원히 의로우시며 자비하시며 신실하시며 지혜로우시며 온유하십니다.

인간의 행동은 인간의 본성에 따르므로 본성이 바뀌면 행동도 바뀝니다. 그러나 하나님의 행위는 영원토록 동일합니다. 여호와께서 자기 백성을 구원하기 위해 진군하실 때 태양과 달은 잠잠히 섭니다. 뉘라서 감히 하나님의 손을 멈추게 하며 "당신은 무엇을 하고 있습니까?"라고 말할 수 있겠습니까?

그러나 하나님에게 힘이 있으므로 안정을 얻는 것은 아닙니다. 하나님의 행위는 영원한 의의 원리의 표명이므로 절대 소멸하지 않는 생명력을 얻습니다. 오늘 아침, 우리는 확신을 가지고 하늘 아버지께로 나아가며, 예수 그리스도는 어제도 오늘도 영원토록 동일하신 분이심을 기억합시다.

그들이 여호와께 정조를 지키지 아니하고 사생아를 낳았으니 그러므로 새 달이 그들과 그 기업을 함께 삼키리로다(호 5:7).

믿는 자여. 여기에 참으로 안타까운 진리가 있습니다. 우리는 주님의 사랑하는 자요, 피로 구속함을 받은 자요, 은혜로 부르심을 받은 자요, 예수 그리스도 안에서 영접된 자요, 하늘나라로 가는 순례자입니다. 그럼에도 불구하고 가장 선하신 친구이신 하나님을 배반했고, 주인이신 예수를 배반했으며, 우리를 소생시켜 영생을 주신 성령을 배반했습니다.

첫사랑을 기억합니까? 영성생활의 봄을 기억합니까? 그때는 주님 가까이에서 생활하며, "나는 주님을 섬기는 일에 절대 나태해지지 않겠다. 나는 내 마음이 다른 연인들을 찾아 방황하게 내버려 두지 않겠다. 주님 안에는 모든 아름다운 것들이 저장되어 있다. 내 주님을 위해서라면 무엇이든지 포기하겠다"라고 했습니다.

정말로 그렇게 했습니까? 만일 양심이 말할 수 있다면 이렇게 말할 것입니다. "약속은 많이 했지만 행함은 지극히 적었습니다. 기도를 등한히 하여 열심을 내지 않았고 오래 기도하지 않았습니다. 또 그리스도와의 교제도 망각했습니다. 거룩한 뜻이 없으며 육체적인 염려와 세상의 헛된 생각과 악한 생각만 들어 있었습니다. 하나님을 섬기지 않고 불순종하였으며, 열심을 내지 않고 게을렀으며, 인내하지 않고 불평했으며, 믿음을 지키지 않고 육체를 믿었으며, 십자가의 군사임에도 불구하고 비겁하고 불순종하며 부끄럽게도 도망쳤습니다."

우리는 우리 안에 있는 죄를 회개하고 몰아내야 합니다. 절대 우리를 잊지 아니하시며 우리의 이름을 새긴 흉배를 입고 영원한 보좌 앞에 계신 주님을 배반하는 것은 매우 수치스러운 일입니다.

은은 백 달란트까지, 밀은 백 고르까지, 포도주는 백 밧까지, 기름도 백 밧까지 하고 소금은 정량 없이 하라(스 7:22).

하나님께 번제를 드릴 때는 언제나 소금이 사용되었습니다. 소금은 썩지 않게 해주고 정(淨)하게 하는 성질이 있어서 영혼 안에 있는 거룩한 은혜의 상징이었습니다.

아닥사스다 왕은 제사장 에스라에게 소금을 풍성하게 주었습니다. 우리는 왕의 왕께서 제사장들에게 은혜를 나누어 주실 때 무제한으로 공급하실 것으로 확신할 수 있습니다.

우리는 자기 안에 있으면 제한을 받지만, 그리스도 안에 있으면 결코 제한을 받지 않습니다. 만나를 거두어들이기로 작정하기만 하면 자기가 원하는 만큼 소유할 수 있습니다. 예루살렘에 기근이 들어 그 주민들이 빵과 물의 분량을 정해서 먹어야 하는 일은 없을 것입니다.

"구하라 그리하면 너희에게 주실 것이요"(마 7:7).

자녀들을 둔 부모들은 사탕 단지는 봉해두어야 하지만, 소금단지는 감추어 둘 필요가 없습니다. 소금을 훔쳐 먹는 아이는 없기 때문입니다. 사람이 돈이나 명예를 너무 많이 갖는 것은 좋지 않으나, 은혜는 많이 소유할수록 좋습니다. 재산이 많으면 근심도 늘지만, 은혜가 많으면 기쁨이 증가합니다. 영이 풍족하면 기쁨이 충만합니다.

믿는 자여, 보좌 앞으로 나아가 하늘나라의 소금을 풍족히 구하십시오.

홍보석으로 네 성벽을 지으며 석류석으로 네 성문을 만들고 네 지경을 다 보석으로 꾸밀 것이며(사 54::12).

교회는 거룩한 능력에 의해 건축되며 거룩한 뜻에 의해 설계되는 건물로 상징됩니다. 그 건물에는 빛을 받아들이며 밖을 내다볼 수 있는 창문이 있어야 합니다. 이 창문들은 석류석만큼이나 귀합니다. 우리는 교회가 주님, 천국, 신령한 진리를 바라보는 방법을 존중해야 합니다.

믿음은 석류석으로 만든 창문입니다. 그러나 그것은 가끔 희미해지고 흐려지므로 우리는 희미하게 보며, 때로 잘못 보기도 합니다. 비록 우리가 주님이 우리를 아심 같이 주님을 알지는 못하지만, 석류석처럼 흐릿한 유리창으로 사랑하는 주님을 뵈옵는 것도 지극히 영광스러운 일입니다.

경험도 흐릿하지만 귀한 창문입니다. 그것은 종교적인 빛을 제한하여 보내줍니다. 우리는 그 빛 속에서, 즉 우리 자신의 고통을 통하여 슬픔을 당하신 주님의 고난을 보게 됩니다. 우리의 연약한 눈은 주님 영광의 빛을 그대로 통과시키는 투명한 유리창을 감당하지 못합니다. 그러나 우리가 눈물을 흘려 두 눈이 흐려졌을 때 의의 태양 빛은 석류석 창문으로 온화하게 비추어 줍니다. 그 빛은 시험을 당한 영혼을 크게 위로해 줍니다.

성화는 우리로 하여금 그리스도를 따르게 해주는 것인데, 이것 역시 석류석으로 만든 창문입니다. 우리는 거룩해질 때 거룩한 것을 이해할 수 있습니다. 깨끗한 마음은 깨끗한 하나님을 봅니다. 예수를 닮은 사람들은 예수를 보되 계신 그대로 봅니다.

그들은 힘을 얻고 더 얻어 나아가 시온에서 하나님 앞에 각기 나타나리이다(시 84:7).

이 말씀은 여러 가지로 해석할 수 있으나 모두가 "진보"의 개념을 포함하고 있습니다. 주의 집에 거하는 사람은 날이 갈수록 더욱 튼튼해집니다. 일반적으로 인간은 걸으면 걸을수록 힘이 빠집니다. 처음에는 상쾌한 기분으로 출발하지만 오래지 않아 길이 험해지고 태양이 뜨겁게 내리쬐기 시작하면 앉아서 쉬어야 합니다.

그러나 기독교 순례자는 항상 새로운 은혜를 공급받기 때문에 여러 해 동안 힘들게 여행하고 싸운 후에도 처음 출발할 때와 마찬가지로 활기찹니다. 그는 과거처럼 우쭐대고 의기양양하지는 않지만, 실제의 힘은 훨씬 더 강해집니다. 비록 서서히 움직일지는 모르나 더욱 확실하게 움직입니다. 백발의 노장도 젊었을 때와 마찬가지로 견고하게 행하며, 열심히 진리를 붙들고 살아갑니다.

그러나 그렇지 않을 때도 있습니다. 많은 사람에게 사랑이 식고 불의가 가득 차게 됩니다. 이것은 결코 약속이 잘못된 것이 아니라 그들 자신의 죄 때문입니다.

"소년이라도 피곤하며 곤비하며 장정이라도 넘어지며 쓰러지되 오직 여호와를 앙망하는 자는 새 힘을 얻으리니 독수리가 날개치며 올라감 같을 것이요 달음박질하여도 곤비하지 아니하겠고 걸어가도 피곤하지 아니하리로다"(사 40:30-31).

조급한 영들은 주저앉아 장래 일을 걱정하며 "우리는 불행에서 불행으로 나아가는구나"라고 말합니다. 믿음이 적은 자여, 그 말은 사실입니다. 그러나 그 순간에도 우리는 능력에서 능력으로 나아가고 있음을 기억하십시오. 우리가 당하는 모든 불행에는 항상 풍성한 은혜가 들어 있습니다.

> 내가 그리스도와 함께 십자가에 못 박혔나니 그런즉 이제는 내가 사는 것이 아니요 오직 내 안에 그리스도께서 사시는 것이라 이제 내가 육체 가운데 사는 것은 나를 사랑하사 나를 위하여 자기 자신을 버리신 하나님의 아들을 믿는 믿음 안에서 사는 것이라(갈 2:20).

예수 그리스도는 위대한 대리인으로 행동하셨습니다. 십자가에서 죽으신 주님의 죽음은 모든 주님의 백성들의 죽음이었습니다. 주님으로 말미암아 모든 성도는 공의를 충족시켰으므로 그들이 지은 죄로 인한 거룩한 보복이 임하지 않았습니다.

바울은 자신이 그리스도의 택한 백성이기 때문에 그리스도 안에서 십자가에 달려 죽었다고 생각하였습니다. 그는 이것을 단지 교리상으로 믿는 데 그치지 않고 확신을 하고 받아들이고, 거기에 자신의 소망을 두었습니다. 그는 그리스도께서 돌아가셨으므로 자신이 하나님의 공의를 충족시켜 하나님과 화목게 되었다고 믿었습니다. 영혼이 그리스도의 십자가 위에 자신을 못 박으면서 "나는 죽었다. 율법이 나를 죽였지만 나는 그 권세로부터 자유를 얻었다. 율법이 나를 정죄하여 행할 수 있는 모든 형벌이 내 대리인을 통하여 내게 행해졌다. 나는 그리스도와 함께 십자가에 못 박혔다"라고 느낄 수 있다면 얼마나 복된 일이겠습니까?

바울은 그리스도의 죽으심을 믿기만 한 것이 아니라 그것을 의뢰하였습니다. 그는 실제로 자기의 타락한 옛 본성을 십자가에 못 박는 능력을 느꼈습니다.

참된 신자는 이 세상에 대하여 죽은 사람입니다. 그러나 그는 세상에 대해 죽었음을 느끼면서도 바울처럼 "그러나 내가 살았도다"라고 외칠 수 있습니다. 그는 하나님에 관하여 완전히 산 자입니다. 신자의 생명은 큰 수수께끼이므로 불신자는 그것을 도저히 파악하지 못하며, 믿는 자라도 완전히 이해하지 못합니다. 죽었으나 살아 있습니다. 그리스도와 함께 십자가에 못 박혔지만. 동시에 그리스도와 함께 부활하여 새 생명을 누립니다. 피 흘리신 구세주의 고난에 참여하며 세상과 죄에 대해 죽는 것은 복된 일입니다.

그들이 소리를 높여 다시 울더니 오르바는 그의 시어머니에게 입 맞추되 룻은 그를 붙좇았더라(룻 1:4).

룻과 오르바 두 며느리는 모두 나오미를 사랑했으므로 나오미와 함께 유다 땅을 향해 출발했습니다. 그러나 시련의 시기가 임했습니다. 나오미는 두 며느리의 앞에 기다리고 있는 시련을 설명하면서 만일 그들이 편안함과 안일함을 사랑한다면 모압의 친구들에게 돌아가라고 요구했습니다. 처음에는 두 사람 모두 주의 백성과 운명을 같이 하겠다고 말했었지만, 오르바는 우상을 섬기는 친구들에게로 돌아갔다. 그러나 룻은 진심으로 시어머니의 하나님께 자기 자신을 바쳤습니다. 모든 일이 순탄할 때 주의 도를 사랑하는 것과 낙심되고 어려움을 겪을 때 주의 도를 사랑하는 것은 다릅니다.

지금 어디에 서 있습니까? 우리의 마음은 예수님께 고정되어 있습니까? 주님을 위해 어떤 대가를 치러야 할지 계산해 보았습니까? 주님을 위해 온 세상을 잃는 것까지도 감수할 각오가 되어 있습니까? 세상의 보화는 장차 나타날 영광과 비교될 수 없습니다.

오르바에 대한 기록은 없지만, 그녀의 생명은 우상숭배의 쾌락과 안일함 속에서 사망의 어두움 속으로 사라졌을 것입니다. 그러나 룻은 역사적으로도 살아있고 하늘나라에 살아 있습니다. 하나님의 은혜로 말미암아 룻은 고귀한 혈통에 놓이게 되었고, 그녀의 혈통에서 왕의 왕이 태어나셨습니다. 그리스도를 위해 모든 것을 버릴 수 있는 사람들이야말로 여인 중에 복된 사람입니다.

너 곤고하며 광풍에 요동하여 안위를 받지 못한 자여 보라 내가 화려한 채색으로 네 돌 사이에 더하며 청옥으로 네 기초를 쌓으며(사 54:11).

집의 기초는 눈에 보이지 않습니다. 기초가 튼튼하게 지탱하는 한 눈에 뜨이지 않습니다. 여호와께서 하시는 일에 있어서는 모두가 중요하지만, 은혜 사역의 기초는 청옥만큼 귀합니다. 인간은 그것이 얼마나 영광스러운지 측량하지 못합니다. 우리는 콘크리트보다 더 견고하고 보석보다 더 영속하는 은혜의 언약 위에 집을 짓습니다. 청옥으로 쌓은 기초는 영원하며, 언약은 전능하신 하나님이 살아 계시는 한 지속됩니다.

또 하나의 기초는 청옥처럼 깨끗하고 흠이 없고 영원하고 아름다우신 주 예수십니다. 그것은 세상에서 항상 흐르는 바다의 푸르름과 모든 것을 포용하는 하늘의 푸르름을 우리의 본질 안에 혼합하여 넣습니다. 옛날 피 흘리셨던 주님은 루비로 비교할 수 있습니다. 그러나 지금 우리는 풍성하고 깊고 영원한 사랑의 푸른 빛을 발하시는 주님을 봅니다.

우리의 소망은 하나님의 공의와 신실하심이라는 기초 위에 세워집니다. 이 기초는 청옥처럼 깨끗하고 맑습니다. 주님이 친히 자기 백성들의 소망을 세울 기초를 쌓으셨습니다.

선행이나 표면적 의식은 청옥으로 쌓은 기초가 되지 못합니다. 그것들은 나무와 풀과 지푸라기로 쌓은 기초일 뿐입니다. 그것들은 하나님이 쌓은 것이 아니요, 우리의 자만심이 쌓은 것입니다. 머지않아 하나님이 모든 기초를 시험해 보실 것입니다. 청옥의 기초 위에 집을 지은 사람들은 바람이 불거나 화재를 당해도 능히 그 시험을 견뎌낼 수 있으므로 그날을 평온하게 맞이할 수 있을 것입니다.

수고하고 무거운 짐 진 자들아 다 내게로 오라 내가 너희를 쉬게 하리라(마 11:28).

기독교의 표어는 "내게로 오라"는 온유한 말입니다. 유대인의 율법은 가혹하게도 "가라. 길을 갈 때 조심하여 발걸음을 내딛어라. 네가 계명을 범하면 멸망할 것이요, 지키면 살리라"고 말합니다.

율법은 사람들을 채찍질하여 몰아가는 두려움의 법이었습니다. 그러나 복음은 사랑의 악대로 사람들을 이끕니다. 예수님은 양 떼 앞에서 가시면서 자기를 따라오라고 하시는 선한 목자이십니다. 주님은 언제나 "오라"는 부드러운 말로 그들을 이끄십니다.

율법은 쫓아내는 것이요, 복음은 끌어들이는 것입니다. 율법은 하나님과 인간 사이의 거리를 보여주는 것이요, 복음은 그 무서운 구덩이에 다리를 놓아 죄인으로 건너가게 해주는 것입니다. 우리가 영성 생활을 시작한 첫 순간부터 영광의 나라에 들어가는 순간까지 우리에게 주시는 그리스도의 말씀은 "오라. 내게로 오라"입니다.

어머니가 어린 자녀에게 손을 내밀면서 "오라"고 하여 걸음마를 시키듯이 예수님도 그렇게 행하십니다. 주님은 언제나 우리 앞에 가시면서 길을 닦고 장애물을 치워 주십니다. 우리는 일평생 따라오라고 부르시는 주님의 음성을 들을 수 있을 것입니다. 또한 엄숙한 임종의 순간에 주님은 "내 아버지께 복 받을 자들이여, 오라"는 말씀으로 우리를 하늘나라로 인도해주실 것입니다.

네가 과연 듣지도 못하였고 알지도 못하였으며 네 귀가 옛적부터 열리지 못하였나니 이는 네가 정녕 배신하여 모태에서부터 네가 배역한 자라 불린 줄을 내가 알았음이라(사 48:8).

가끔 영적으로 무감각해지는 신자들에게 이 비난이 해당한다는 것은 생각하기에도 괴로운 일입니다. 우리는 마땅히 하나님의 음성을 들어야 하는데 듣지 못한다고 불평합니다. 영혼 안에서는 성령께서 부드럽게 움직이고 계십니다. 그런데 우리는 그것을 무시하고 있습니다. 우리의 지력으로는 관찰하지 못하는 하나님의 명령과 거룩한 사랑의 속삭임이 있습니다. 우리는 경솔하게도 무지하게 행해왔습니다. 우리가 반드시 이해해야 하는 것이 있으며, 미처 깨닫기도 전에 우리 생활 속에 침투해 들어온 타락함이 있습니다. 아름다운 사랑은 서리맞은 꽃처럼 말라버렸습니다. 우리가 영혼의 창문에 담을 쌓지 않았다면 거룩한 얼굴을 어렴풋이나마 볼 수 있었을 것입니다. 그러나 우리는 그것을 알지 못하였었습니다.

우리의 어리석음과 무식함을 하나님은 미리 알고 계셨다는 것을 깨달을 때 우리는 하나님의 은혜를 찬양해야 합니다. 이렇게 어리석고 무지한 우리지만 하나님은 우리를 자비하게 다루십니다. 이처럼 듣지도 못하고 알지도 못하던 우리를 택하여 주신 하나님의 주권적 은혜를 찬미하십시오. 십자가에 달리신 예수는 불신하며 배교하며 마음이 냉랭하고 무관심하며 부주의하고 기도에 게으른 우리를 예견하고 계셨습니다. 그럼데도 "대저 나는 여호와 네 하나님이요 이스라엘의 거룩한 이요 네 구원자임이라 내가 애굽을 너의 속량물로, 구스와 스바를 너를 대신하여 주었노라 네가 내 눈에 보배롭고 존귀하며 내가 너를 사랑하였은즉 내가 네 대신 사람들을 내어 주며 백성들이 네 생명을 대신하리니"(사 43:3-4)라고 말씀하셨습니다.

가서 예루살렘의 귀에 외칠지니라 여호와께서 이와 같이 말씀하시기를 내가 너를 위하여 네 청년 때의 인애와 네 신혼 때의 사랑을 기억하노니 곧 씨 뿌리지 못하는 땅, 그 광야에서 나를 따랐음이니라(렘 2:2).

그리스도는 교회를 생각하며 그 아름다움을 바라보기를 기뻐하십니다. 새가 그 둥우리로 찾아들며 여행자가 고향을 향해 가듯이, 우리 마음도 끊임없이 그 택한 대상을 추구합니다. 우리는 주 예수님의 얼굴을 아무리 자주 보아도 지나치지 않습니다. 영원 전부터 그는 "인자들을 기뻐하였느니라"(잠 8:31)고 하셨습니다.

주님의 생각은 장차 택한 자들이 세상에 태어날 시간으로 흘러갔으며 그들을 미리 예견하여 보셨습니다. 다윗은 "내 형질이 이루어지기 전에 주의 눈이 보셨으며 나를 위하여 정한 날이 하루도 되기 전에 주의 책에 다 기록이 되었나이다"(시 139:16)라고 했습니다.

주님은 태초에 세상이 창조될 때도 계셨고, 마므레 평원에도 계셨고, 압복강가에도 계셨고, 여리고 성벽 아래도 계셨고, 바벨론의 풀무불 속에 있는 자기 백성들을 방문하셨습니다. 주님의 영은 자기 백성들 속에서 즐거움을 느끼셨기 때문에 그들을 떠나서는 안식할 수 없었습니다.

주님은 그들의 이름을 자기 손바닥에 기록하시고 자기 옆구리에 새기셨습니다. 대제사장의 장식물 중에 가장 찬란한 것은 이스라엘 지파의 이름을 새긴 흉배였듯이, 택한 자들의 이름은 그리스도의 귀한 보석으로서 주님의 마음 위에서 반짝입니다. 주님은 언제나 우리를 기억하고 계십니다.

내가 문이니 누구든지 나로 말미암아 들어가면 구원을 받고 또는 들어가며 나오며 꼴을 얻으리라(요 10:9).

위대하신 예수는 참된 교회로 들어가는 문이요, 하나님께 나아가는 길입니다. 주님은 자기를 통하여 하나님께 가는 사람에게 네 가지 특권을 주십니다.

첫째, 주님을 통하여 하나님께로 가는 사람은 구원을 받습니다. 예수를 자기 영혼에게 있어 믿음의 문이라고 여기지 않는 사람은 버림을 받습니다. 예수를 통하여 평화에 들어가는 것은, 같은 문을 통하여 하늘나라에 들어갈 수 있다는 보증이 됩니다. 예수는 하나밖에 없는 문, 열린 문, 안전한 문입니다. 십자가에 달리신 구속자에게 영광의 나라에 들어갈 소망을 두는 사람은 복 있는 사람입니다.

둘째, 예수를 통해 하나님께 가는 자는 천국에 가게 됩니다. 그는 거룩한 가족들 사이에 들어가 자녀와 떡을 함께 먹으며 그들의 기쁨에 참예하는 특권을 갖게 됩니다. 그는 주님과 교통하는 방에 들어가며, 사랑의 연회장에 들어가며, 언약의 보고에 들어가며, 약속의 곡간에 들어갈 것입니다. 그는 성령의 능력 안에서 왕의 왕에게 나아갈 것이며, 주님의 비밀이 그와 함께 있을 것입니다.

셋째, 그는 나가게 될 것입니다. 우리는 종종 이 축복을 망각하곤 합니다. 우리는 세상에 나가 수고하고 고난을 받습니다. 그러나 예수의 이름과 권능 안에서 세상에 나가는 것은 참으로 기쁜 일입니다. 우리는 진리를 증언하며, 낙심한 자를 위로하며, 경솔한 자에게 경고해주며, 영혼들을 그리스도께 돌아오게 하며, 하나님께 영광을 돌리라는 부르심을 받고 있습니다. 주님은 우리가 주님의 이름과 능력 안에서 주님의 사신이 되어 나아가기를 원하십니다.

넷째, 그는 꼴을 발견할 것입니다. 예수를 아는 사람은 절대 부족 함을 느끼지 않을 것입니다. 그는 예수를 자기의 모든 것으로 삼았기 때문에 예수 안에서 모든 것을 발견할 것입니다. 그의 영혼은 비가 촉촉이 내린 동산처럼 될 것입니다.

너희는 옷을 찢지 말고 마음을 찢고 너희 하나님 여호와께로 돌아올지어다 그는 은혜로우시며 자비로우시며 노하기를 더디하시며 인애가 크시사 뜻을 돌이켜 재앙을 내리지 아니하시나니(욜 2:13).

옷을 찢는 행위, 또는 종교적 감정을 표면적으로 나타내는 일은 쉽사리 나타나는데 흔히 위선적인 것이 되기 쉽습니다. 그러나 진실로 회개하는 것은 훨씬 더 어렵고 매우 드문 일입니다. 사람들은 육체를 기쁘게 해주는 매우 복잡하면서도 사소한 의식에 관한 규정은 소중히 여기며 지킵니다. 그러나 참믿음은 지극히 자기를 낮추며, 마음을 성찰하며, 지극히 철저한 것이기 때문에 육체의 사람들은 그것을 맛볼 수 없습니다. 육체적인 사람들은 자기 과시적이며 천박하고 세속적인 것을 더 좋아합니다. 그들은 눈과 귀를 즐겁게 하며, 자만심을 충족시키며, 독선을 일으켜 세웁니다. 그러나 그들은 근본적으로 미혹되어 있습니다. 사망할 때나 심판 날에 영혼의 의지할 것은 표면적 의식이 아니라 실질적인 것이기 때문입니다.

우리에게 절대적으로 필요한 경건함이 없는 신앙생활은 모두 헛된 것입니다. 진심으로 드리지 않는 형식적인 예배는 모두 속임수요, 경솔하게 하늘나라의 위엄을 조롱하는 것에 지나지 않습니다.

마음을 찢는 일은 거룩하게 이루어지며 엄숙하게 느껴집니다. 그것은 단순한 형식이 아닙니다. 그것은 신자들 각자의 심령에 역사하시는 성령의 사역으로써 개인적으로 체험하는 깊고도 은밀한 슬픔입니다.

본문을 통해서 우리에게 마음을 찢으라고 명령합니다. 그러나 본질적으로 대리석처럼 단단한 우리 마음을 어떻게 찢을 수 있습니까? 우리는 마음을 갈보리로 가져가야 합니다. 임종하시는 구세주의 음성은 바위를 단번에 쪼개셨으며, 지금도 그때와 마찬가지로 강력하십니다.

오 복된 영이시여, 우리로 주님이 십자가에 외치신 부르짖음을 듣게 하시며, 사람들이 슬픔의 날에 자기 옷을 찢듯이 우리 마음을 찢게 하소서.

네 양 떼의 형편을 부지런히 살피며 네 소 떼에게 마음을 두라(잠 27:23).

지혜로운 상인은 정기적으로 장부를 대조해 보고 재고를 조사하며, 자기의 사업의 번창하는지 쇠퇴하는지 살펴봅니다. 하늘나라의 지혜로운 자들은 "하나님이여 나를 살피사 내 마음을 아시며 나를 시험하사 내 뜻을 아옵소서"(시 139:23)라고 외칠 것이다. 그는 하나님과 자기 영혼이 올바른 관계에 있는지 알기 위해 자기성찰의 시간을 정할 것입니다.

우리가 섬기는 하나님은 마음을 살피시는 분이십니다. 약속된 안식을 누리려면 부지런히 자기의 영적 상태를 조사하십시오.

늙은 성도는 자기 믿음의 기초를 잘 살펴보십시오. 혹시 백발이 악한 마음을 가릴 수도 있습니다. 젊은 신자는 경고의 말씀을 소홀히 여기지 마십시오. 젊음에 위선이라는 부패함이 섞일 수도 있기 때문입니다. 원수는 계속 밀밭에 가라지를 심고 있습니다. 이것은 마음에 의심과 두려움을 집어넣으려고 하는 말이 아닙니다. 나는 자기성찰이라는 거센 바람이 그 가라지 씨앗을 날려 버리기를 바라고 있습니다.

우리는 육체의 안일함을 죽여야 하며, 육체적인 자신감을 내던져야 하며. 거짓 평화를 파괴해야 합니다. 그리스도의 보혈은 위선자를 만들기 위해 흘린 것이 아니요. 성실한 영혼들이 주님을 찬양하게 하려고 흘린 것입니다.

제비는 사람이 뽑으나 모든 일을 작정하기는 여호와께 있느니라(잠 16:33).

제비뽑는 일을 여호와께서 결정하신다면, 우리의 일생은 누가 조정하십니까? 단순히 제비를 뽑는 일까지도 하나님이 지도하신다면, 우리의 일생에 발생하는 사건들은 두말할 필요도 없이 하나님이 인도하실 것입니다. 복되신 우리 구세주께서는 "너희에게는 머리털까지 다 세신 바 되었나니"(마 10:30)라고 말씀하셨습니다.

사랑하는 친구여, 항상 이 말씀을 기억하면 마음에 거룩한 평온을 느낄 것입니다. 그것은 우리의 마음을 걱정에서 해방하게 해줌으로써 기독교인으로서 마땅히 해야 할 바를 참고 묵묵히 기쁜 마음으로 행할 수 있게 될 것입니다. 걱정이 많은 신자는 믿음으로 기도하지 못합니다. 세상일을 염려하는 사람은 주님을 섬기지 못합니다. 그런 사람은 자기 자신을 섬기려는 생각을 합니다.

"네 짐을 여호와께 맡기라 그가 너를 붙드시고 의인의 요동함을 영원히 허락하지 아니하시리로다"(시 55:22).

또 내가 새 하늘과 새 땅을 보니 처음 하늘과 처음 땅이 없어졌고 바다도 다시 있지 않더라(계 21:1).

영화로운 옛 바다를 잃는다고 생각하면, 그다지 기뻐할 수 없을 것입니다. 반짝이는 파도와 모래사장을 가진 바다가 없는 새 하늘과 새 땅도 그다지 우리의 마음을 끌지 못할 것 같습니다. 만일 물질계에 바다가 없다면 그것은 보석이 박혀있지 않은 쇠반지처럼 그다지 귀한 것이 못될 것입니다.

그러나 이 말씀에는 영적 의미가 들어 있습니다. 즉 새 땅에는 전혀 분열이 없을 것입니다. 바다는 국가와 민족을 분리합니다. 밧모섬에 유배된 요한에게 있어서 깊은 바다는 마치 감방의 벽처럼 그를 형제들과 자기의 사역으로부터 차단했습니다. 그러나 장차 올 세상에는 그러한 방벽이 존재하지 않을 것입니다. 오늘 밤 우리가 기억하고 위해서 기도하고 있는 많은 기독교인 형제자매와 우리 사이에는 밀려오는 파도가 놓여 있습니다. 그러나 다음 세상에서는 모든 구속함을 받은 가족 사이의 교제가 단절되는 일이 없을 것입니다. 이런 의미에서 그때는 바다가 존재하지 않을 것입니다.

바다는 변화를 상징합니다. 바다에는 밀물과 썰물이 있고, 유리같이 잔잔하다가 산더미 같은 파도가 밀려오기도 하며, 부드럽게 속삭이는 듯하다가 무섭게 으르렁거리는 등 항상 같은 상태에 있지 않습니다. 이처럼 바다는 변덕스럽지만, 땅은 한결같습니다. 장차 거룩한 상태에 이르면, 모든 괴로운 변화와 우리의 소망을 난파하게 하고 기쁨을 익사하게 만드는 폭풍우에 대한 두려움도 느끼지 않게 될 것입니다.

유리같이 맑은 바다는 영광으로 빛납니다. 낙원의 평화로운 해안에는 태풍이 몰아치지 않습니다. 우리는 머지않아 분리와 변화와 폭풍우가 존재하지 않는 행복한 땅에 도착할 것입니다. 예수께서 우리를 그곳에 데려가 주실 것입니다.

옛적에 여호와께서 나에게 나타나사 내가 영원한 사랑으로 너를 사랑하기에 인자함으로 너를 이끌었다 하였노라(렘 31:3).

성령께서는 예수님의 사랑을 증언하시기를 기뻐하십니다. 성령께서는 그리스도의 일을 우리에게 계시해 주십니다. 구름 사이로 소리가 들리지 않고 밤에 환상도 보이지 않으나, 우리는 이것들보다 더 확실한 증거를 가지고 있습니다. 하늘로부터 천사가 내려와 구세주의 사랑을 성도에게 알려준다고 해도, 그것은 성령으로 말미암아 심령 속에 나타난 증거보다 더 흡족한 것은 아닙니다.

천국문 가까이에서 생활한 주의 백성들에게 물으십시오. 그들은 자신을 향한 그리스도의 사랑을 분명하고 확실한 사실로 여겼으므로 자신의 존재를 의심하지 않듯이 그것을 조금도 의심치 않았다고 말할 것입니다.

사랑하는 형제여, 여러분과 나는 주님의 임재로 말미암아 기운을 회복하는 기간을 가졌으며, 그때 우리의 믿음은 확신의 절정에 이르렀었습니다. 우리는 확신을 가지고 주님의 품에 기대었으며, 주님의 품에 기대었던 요한처럼 우리도 주님의 사랑을 의심치 않았습니다. 예수님은 우리를 꼭 안아주심으로써 우리의 의심을 없애주셨습니다. 주님의 사랑은 우리의 영혼에게 꿀보다 더 달았습니다.

> 저물매 포도원 주인이 청지기에게 이르되 품꾼들을 불러 나중 온 자로부터 시작하여 먼저 온 자까지 삯을 주라 하니(마 20:8).

하나님은 선하신 고용주이십니다. 그는 종들이 일을 마쳤을 때는 물론이요, 그들이 일하는 동안에 삯을 주십니다. 하나님이 지불하시는 삯에는 양심의 평안함이 있습니다. 만일 오늘 어떤 사람에게 예수를 성실하게 증언했다면 "나는 오늘 내 구주 예수의 사랑을 나누었다"라고 생각하며 기쁜 마음으로 잠자리에 들 것입니다. 예수를 위해 일을 하면 큰 위로를 받습니다. 우리가 주님의 면류관에 보석을 박으며, 주님께서 자신이 행하신 구원 사역의 결과를 보게 하는 것은 참으로 기쁜 일입니다.

또 영혼 안에서 죄의 자각이 싹트는 것을 보는 것도 커다란 상급이 있습니다. 학급의 여학생에 대해서 "그 여자는 양심이 예민합니다. 그녀의 마음에서 주님의 사역이 일어났으면 좋겠다"라고 말할지도 모릅니다. 또는 생각했던 것보다 하나님의 진리를 더 많이 알고 있다고 여기게 만든 소년을 위해 기도할 수 있습니다. 영혼을 구원하는 사람이 되는 것이 세상에서 가장 행복한 일입니다. 영혼을 주님께 인도할 때, 이 세상에서 새 하늘을 얻게 됩니다.

그러나 하늘나라에서 우리를 기다리고 있는 축복을 누가 상상할 수 있으리요? "네 주인의 즐거움에 참여할지어다"(마 25:21)라는 말씀은 얼마나 아름다운 말씀인지요! 구원받은 죄인에게 임하는 그리스도의 즐거움이 어떤 것인지 압니까? 그것은 장차 우리가 하늘나라에서 소유하게 될 즐거움과 같습니다. 하늘에 "잘하였도다"라는 소리가 퍼질 때, 상급을 받게 될 것입니다.

주님과 함께 수고하고 함께 고난을 받았으니, 이제 주님과 함께 다스릴 것입니다. 주님과 함께 씨를 뿌렸으니 주님과 함께 추수할 것입니다. 주님이 흘리신 것처럼 땀을 흘렸으며, 주님이 죄로 인해 슬퍼하셨던 것처럼 슬퍼하였으니, 이제 우리의 얼굴은 하늘나라의 광채로 빛날 것이요, 영혼은 즐거움으로 가득 찰 것입니다.

> 내 집이 하나님 앞에 이같지 아니하냐 하나님이 나와 더불어 영원한 언약을 세우사 만사에 구비하고 견고하게 하셨으니 나의 모든 구원과 나의 모든 소원을 어찌 이루지 아니하시랴(삼하 23:5).

하나님의 언약은 본질적으로 거룩한 것입니다. 이 얼마나 위대한 말씀인가요! 영원하신 하나님이 당신과 더불어 언약을 맺으셨습니다. 말씀으로 세상을 만드신 하나님이 그 지존하신 자리에서 몸을 굽혀 우리의 손을 잡으시며 언약을 맺으셨습니다. 왕의 왕, 샤다이, 지극히 풍성하신 주, 만세의 여호와, 영원하신 엘로힘께서 "나와 더불어 영원한 언약을 세우사." 그런데 이 언약은 특별하게 적용됩니다.

"하나님이 나로 더불어 영원한 언약을 세우셨다."

이 말씀에는 모든 신자에게 주는 달콤함이 있습니다. 하나님이 세상을 위해 평화를 이루셨다는 것은 나와 관계가 없습니다. 나는 하나님이 나를 위해 평화를 이루셨는지 알기를 원합니다. 하나님이 언약을 맺으셨다는 사실 자체는 내게는 그리 중요치 않습니다. 나는 하나님이 나와 더불어 언약을 맺으셨는지 알기를 원합니다. 성령께서 나에게 이 확신을 주신다면 그의 구원은 내 구원이요, 그의 마음은 내 마음이요, 그분도 내 것이 됩니다. 영원한 언약이란 처음도 없고 마지막도 없을 언약입니다. 이 불확실성의 세상에서 "하나님의 견고한 터는 섰다"(딤후 2:19)는 사실을 안다면 얼마나 기쁘겠습니까!

"내 언약을 깨뜨리지 아니하고 내 입술에서 낸 것은 변하지 아니하리로다"(시 89:34)고 하신 하나님의 약속을 소유하는 것은 얼마나 복된 일입니까!

수 놓은 옷을 입히고 물돼지 가죽신을 신기고 가는 베로 두르고 모시로 덧입히고(겔 16:10).

하나님은 자기 백성들에게 입힐 훌륭한 옷을 준비하셨습니다. 하나님의 백성들은 하나님의 모든 속성과 신적 아름다움이 나타나 있으며 하나님의 솜씨로 수 놓은 옷을 입고 있습니다. 우리의 구원에 나타나 있는 하나님의 솜씨와 성도들의 의에서 드러나는 솜씨는 매우 훌륭한 것입니다. 칭의는 어느 시대에나 교회의 명석한 지성인들을 매료시켜 왔으며, 영원토록 우리가 찬양할 주제가 될 것입니다.

물돼지 가죽으로 만든 신은 실용성과 내구성이 있습니다. 성막의 지붕 역시 물돼지 가죽으로 덮었습니다. 그것은 가장 질 좋고 튼튼한 가죽으로 알려져 있습니다. 믿음으로 말미암아 얻는 하나님의 일은 영원히 지속됩니다. 이처럼 하나님이 예비하신 신을 신은 사람은 사막을 안전하게 지나갈 것이며, 사자와 뱀을 발로 밟을 수도 있을 것입니다.

"고운 베"에는 우리가 입을 거룩한 옷의 권위와 순결함이 나타나 있습니다. 주님이 자기 백성들을 성화시켜 주실 때, 그들은 제사 장처럼 깨끗하고 흰옷을 입습니다. 그들은 주님이 보시기에도 흠이 없게 됩니다. 왕의 의복은 명주처럼 섬세하고 비쌉니다. 그것은 비용을 아끼지 않고 아름답고 우아하게 만들어야 합니다. 우리는 아버지께서 아름다운 옷을 주셨음에 감사해야 합니다. 우리 마음에는 감사와 즐거움이 있어서, 우리가 표현해 주기를 기다리고 있습니다.

오늘 밤, 주님의 임재로 인해 기뻐하십시오.

두려워하지 말라 내가 너와 함께 함이라 놀라지 말라 나는 네 하나님이 됨이라 내가 너를 굳세게 하리라 참으로 너를 도와 주리라 참으로 나의 의로운 오른손으로 너를 붙들리라(사 41:10).

하나님은 무슨 일이든지 하실 수 있습니다. 믿는 자여, 우리는 전능의 바닷물을 완전히 마르게 하거나 능력의 산들을 부수어 산산조각을 내지 않는 한 절대로 두려워할 필요가 없습니다.

인간의 능력으로는 결코 하나님의 능력을 이길 수 없습니다. 지구를 그 궤도에 따라 돌게 하신 하나님은 당신에게 날마다 힘을 주시겠다고 약속하셨습니다. 이 우주를 지탱할 능력이 있으신 하나님이 자신의 약속을 이루실 수 없다고 생각하지 마십시오. 과거에 하나님이 행하신 일들을 생각해 보십시오. 어떻게 명령하셨으며 어떻게 그 효력을 발휘했는지를 생각해 보십시오.

하나님이 이 세상을 점점 쇠퇴하도록 창조하셨습니까? 하나님은 세상을 어떤 물건 위에 매달아 놓으신 것이 아닙니다. 이처럼 세상을 만드신 분이 자기 자녀들을 부양하시지 못하겠습니까? 그 손바닥 안에 바다를 쥐고 계신 하나님이 어찌 우리를 돌보지 않으실 수 있습니까? 이렇게 신실한 약속을 기록하신 하나님이 그 약속을 어기시거나, 약속을 이루실 능력을 잃으셨다는 생각을 한순간이라도 할 수 있습니까? 결코 그리해서는 안 됩니다. 우리는 더는 의심해서는 안 됩니다.

나의 하나님, 내 힘이시여, 나의 이 약속이 이루어지리라고 믿습니다. 당신의 은혜의 저수지는 결코 물이 마르지 않을 것입니다. 당신의 넘쳐흐르는 능력의 창고는 당신의 친구들이 비울 수 없으며 원수들이 도둑질할 수 없습니다.

그들이 여호와를 향하여 악을 행하니 하나님의 자녀가 아니요 흠이 있고 삐뚤어진 세대로다(신 32:5).

세상 사람들과 하나님의 자녀를 구별해 주는 은밀한 표시는 무엇입니까? 이것을 우리 스스로 결정하는 것은 주제넘은 일입니다. 우리는 “영접하는 자 곧 그 이름을 믿는 자들에게는 하나님의 자녀가 되는 권세를 주셨으니”(요 1:12)라는 말씀을 알고 있습니다. 만일 내가 예수 그리스도를 마음에 영접하였다면 나는 하나님의 자녀입니다. 나는 예수 그리스도의 이름을 믿습니다. 즉 십자가에 못 박혀 돌아가셨으나 지금은 하늘 영광중에 계신 구속자를 마음으로 믿습니다. 나는 지극히 높으신 하나님의 가족입니다. 이 믿음을 가지고 있으면, 나는 하나님의 자녀가 되는 특권을 갖습니다. 주 예수는 그것을 다르게 표현하셨습니다.

> “내 양은 내 음성을 들으며 나는 그들을 알며 그들은 나를 따르느니라”(요 10:27).

그리스도는 양의 목자로 나타나십니다. 양들은 목자가 나타나면 곧 그를 알아봅니다. 그들은 목자를 신뢰하며 기꺼이 그를 따르려 합니다. 목자는 그들을 알고, 그들은 목자를 압니다. 목자와 양들 사이에는 한결같은 유대가 이어집니다.

그러므로 중생하여 하나님의 자녀가 되었다는 확실한 표시는 구속자를 진심으로 믿는 믿음입니다. 자신이 하나님의 자녀라는 은밀한 표시를 하고 있다고 확신하지 못합니까? 그렇다면 지체하지 말고 “하나님이여 나를 살피사 내 마음을 아시며 나를 시험하사 내 뜻을 아옵소서”(시 139:23)라고 아뢰십시오. 우리의 영혼과 그 운명에 관련된 일을 소홀히 여기지 마십시오.

청함을 받았을 때에 차라리 가서 끝자리에 앉으라 그러면 너를 청한 자가 와서 너더러 벗이여 올라 앉으라 하리니 그 때에야 함께 앉은 모든 사람 앞에서 영광이 있으리라(눅 14:10).

영혼 안에서 은혜의 생활이 처음 시작될 때, 우리는 진실로 하나님께 가까이 갑니다. 그러나 두렵고 떨리는 마음으로 가까이 갑니다. 자신의 죄를 의식하여 겸손해진 영혼은 그 엄숙한 위치에 경외심을 갖습니다. 그는 자신이 장엄하신 여호와의 임재 안에 있음을 의식하고 시선을 땅으로 돌립니다.

그러나 그가 은혜 안에서 성장함에 따라 그의 두려움은 완전히 제거됩니다. 그는 결코 자기의 엄숙한 지위를 잊지 않을 것이며, 지을 수도 있고 멸할 수도 있는 하나님의 면전에 있는 사람을 휘감는 거룩한 경외심도 잃지 않을 것입니다. 그것은 더는 두려움이 아니요, 거룩한 존경심으로 변합니다. 그는 더 높은 곳으로 청함을 받습니다. 즉 예수 그리스도 안에서 하나님께 크게 접근합니다. 그래서 하나님의 사람은 하나님의 영광 속에서 거닐면서 그 얼굴을 베일로 가리며, 경건한 하나님, 선하신 하나님을 보면서 하나님의 신성보다는 선하심을 볼 것입니다. 무한하신 하나님의 영광 앞에 부복하여 있는 동안 영혼은 무한한 자비와 사랑의 면전에 있다는 의식, 그리고 사랑하는 자 안에 영접되었다는 인식으로 힘을 얻습니다. 그러므로 우리는 높은 곳으로 올라오라는 명령을 받을 때 하나님 안에서 기뻐하며 "아바 아버지"라고 부르며 거룩한 확신 속에서 하나님께 나아가는 특권을 발휘할 수 있게 됩니다.

> 낮도 주의 것이요 밤도 주의 것이라 주께서 빛과 해를 마련하셨으며(시 14:16).

주님은 해가 질 때 보좌에서 물러나지 아니하시며, 이 길고 쓸쓸한 밤 우리를 악의 먹이가 되도록 버려두지 아니하십니다. 주님의 두 눈은 별들처럼 우리를 지켜보시며, 주님의 두 팔은 하늘에 있는 별자리들처럼 우리를 감싸고 있습니다. 달의 힘은 주님의 수중에 있습니다.

한밤에 깨어 있을 때나 고민하며 이리저리 뒤척일 때 이 말씀은 위로가 됩니다. 축복으로 충만한 밝은 여름 낮은 물론이요, 고통의 밤도 역시 사랑의 주님이 통제하고 계십니다. 예수는 태풍 속에도 계십니다.

주님의 사랑은 밤을 외투처럼 입고 계십니다. 그러나 믿음의 눈은 그 외투 속에 싸여있는 사랑을 꿰뚫어 볼 수 있습니다. 영원하신 파수꾼은 초저녁부터 새벽에 이르기까지 성도들을 관찰하시며, 어둠과 밤이슬을 다스려 자기 백성들의 큰 유익이 되도록 하십니다. 여호와는 "나는 빛도 짓고 어둠도 창조하며 나는 평안도 짓고 환난도 창조하나니 나는 여호와라 이 모든 일들을 행하는 자니라 하였노라"(사 45:7)고 말씀하십니다.

하나님의 뜻 안에는 죄와 영적 무관심이라는 음침한 계절도 포함됩니다. 진리의 제단이 더럽혀지고 하나님의 도가 버려질 때, 주님의 종들은 크게 슬퍼하며 눈물을 흘립니다. 그러나 절대 절망해서는 안 됩니다. 극심한 암울한 시기도 주님이 다스리는 것이요, 그것은 머지않아 끝날 것입니다. 우리에게 패배처럼 보이는 것이 주님에게는 승리가 될 수 있습니다.

> 우리 주 예수 그리스도의 은혜를 너희가 알거니와 부요하신 이로서 너희를 위하여 가난하게 되심은 그의 가난함으로 말미암아 너희를 부요하게 하려 하심이라(고후 8:9).

주 예수 그리스도는 영원히 부요하시고 영화로우시며 찬양을 받으실 분이십니다. 그러나 주님은 부요하신 자로서 너희를 위하여 가난하게 되셨습니다. 자신의 재물을 가난한 형제들에게 주어 그들의 궁핍함을 면하게 하지 않는 사람은 진정으로 가난한 형제와 교제하는 사람이 아닙니다.

마찬가지로 거룩한 주님이 우리에게 자기의 풍성한 부를 나누어 주시며, 우리를 부요하게 하기 위해 가난해지시지 않으셨다면 우리와 교제를 나누실 수 없었을 것입니다. 주님이 영광의 보좌에 머물러 계시고, 우리는 주님의 구원을 받지 못한 채 타락으로 인한 멸망을 계속했었다면 주님과 우리의 교제는 불가능했을 것입니다.

우리는 타락했기 때문에 은혜의 언약이 없었다면 그리스도와 교제할 수 없었을 것입니다. 의로우신 구세주께서 범죄한 형제에게 자신의 온전함을 주시며, 죄인인 우리는 그의 충만한 은혜를 받아야 할 필요가 있습니다. 이처럼 주고받음으로써 전자는 높은 곳으로부터 내려오며 후자는 깊은 곳으로부터 올라와서 참되고 마음에서 우러난 교제 속에서 서로를 포옹할 수 있게 됩니다.

예수님은 자기 백성들에게 자기의 옷을 입히십니다. 그렇지 않은 사람은 영광의 궁전에 들어갈 수 없습니다. 주님이 그들을 보혈로 씻어 주시지 않으면 그들은 너무 더러워서 주님의 교제를 누릴 수 없을 것입니다.

믿는 자여, 여기에 사랑이 있습니다. 우리를 위하여 예수 그리스도는 가난하게 되셨습니다. 우리로 하여금 주님과 교제할 수 있게 하시려고 주님이 친히 가난하게 되셨습니다.

여호와의 영광이 나타나고 모든 육체가 그것을 함께 보리라 이는 여호와의 입이 말씀하셨느니라 (사 40:5).

우리는 장차 온 세상이 그리스도께 돌아오게 될 복된 날을 기대합니다. 이교도의 우상은 내던짐을 당할 것이요, 거짓 종교들은 파괴되어 다시는 민족에게 거짓된 빛을 비추지 못하게 될 것입니다. 왕들은 평화의 왕 앞에서 경배할 것이요, 모든 국가가 복되신 구속자를 노래할 것입니다.

어떤 사람들은 이날이 도래하리라는 소망을 완전히 버리고 있습니다. 그들은 이 세상을 산산조각이 난 파선된 배로 여깁니다. 우리는 장차 이 세상이 불에 완전히 타버리게 되며, 그 후에 새 하늘과 새 땅을 바라보게 된다는 것을 압니다. 그러므로 예수님의 재림이 지체되어도 낙심하지 않으며, 교회가 오랫동안 싸우고 있으나 성공하지 못하고 있다는 사실로 인해 실망하지 않습니다. 우리는 그리스도께서 피 흘리시는 것을 본 이 세상이 언제까지 마귀요 새가 되도록 허락하시지는 않으시리라고 믿습니다.

그리스도는 이 세상을 가증한 어두움의 권세들로부터 구원하기 위해 세상에 오셨습니다. 장차 사람들과 천사들은 함께 우렁찬 목소리로 "할렐루야 주 우리 하나님 곧 전능하신 이가 통치하시도다"(계 19:6)라고 외칠 것입니다. 그날에 주님을 위하여 싸움에 참여하고 승리하도록 도왔던 사람들은 큰 만족을 느낄 것입니다.

주님 곁에서 주님의 이름으로 주님의 능력에 의해 싸우는 자는 복이 있습니다. 악의 편에 서는 자는 지극히 불행한 자들입니다. 그쪽은 패배하는 편이요, 영원히 버림받는 편입니다. 어느 편에 서 있습니까?

그러므로 주께서 친히 징조를 너희에게 주실 것이라 보라 처녀가 잉태하여 아들을 낳을 것이요 그의 이름을 임마누엘이라 하리라(사 7:14).

예수님은 성육하신 여호와요 우리 주 하나님이요, 동시에 우리의 형제요 친구이십니다. 주님을 찬미하고 사모하십시오. 주님의 기적적인 잉태는 그 이전에도 없었고 이후에도 없었던 일입니다.

> "반역한 딸아 네가 어느 때까지 방황하겠느냐 여호와가 새 일을 세상에 창조하였나니 곧 여자가 남자를 둘러 싸리라"(렘 31:22).

최초의 약속에는 주님을 "여인의 자손"이라고 했습니다. 남자의 후손이 아닙니다. 구세주는 참된 인간이셨으나 동시에 거룩하신 하나님이셨습니다. 그리스도는 성령의 능력으로 말미암아 육체를 입고 탄생한 사람들에게 붙어다니는 원죄로 물들지 않고 처녀에게서 탄생하셨습니다.

모든 신자는 그리스도의 초상화입니다. 우리는 즐거운 마음으로 사랑하는 우리의 구속자의 영광스러운 탄생을 기억합시다. 천사들은 언제 한밤의 노래를 불렀습니까? 하나님은 언제 하늘에 새 별을 드리우셨습니까? 부자와 가난한 자들은 누구의 요람으로 찾아가 경배했습니까? 예수님의 "위대한 탄생일"을 경축하기 위해 땅은 기뻐하고 사람들은 그 노동을 멈출 것입니다.

임마누엘이라는 이름은 말할 수 없이 기쁜 이름입니다. 하나님이 우리의 본성, 우리의 슬픔, 우리의 일생의 사업, 우리의 무덤 속에서 우리와 함께하십니다. 지금 우리는 주님의 부활, 승천, 승리, 재림의 영광 속에서 주님과 함께하고 있습니다. 베들레헴의 아기는 연약한 우리와 함께하십니다.

오늘 종일 임마누엘과 함께 참된 영적 교제를 나누게 해주소서.

> 그들이 차례대로 잔치를 끝내면 욥이 그들을 불러다가 성결하게 하되 아침에 일어나서 그들의 명수대로 번제를 드렸으니 이는 욥이 말하기를 혹시 내 아들들이 죄를 범하여 마음으로 하나님을 욕되게 하였을까 함이라 욥의 행위가 항상 이러하였더라(욥 1:5).

오늘 밤 잠자리에 들기 전에 욥이 아침에 일어나서 번제를 드린 것을 기억하고 본받아야 합니다. 가족들이 모여 즐겁게 지내다 보면 범죄하거나 기독교인으로서의 성품을 망각하기 쉽습니다. 우리는 절대 그렇게 해서는 안 됩니다. 잔칫날이 거룩한 즐거움을 누리는 날이 되는 일은 흔하지 않으며, 오히려 잔칫날에 거룩하지 못한 즐거움에 빠지는 일이 많다.

에덴의 강물에서 목욕한 것처럼 깨끗하고 거룩하게 하는 즐거움입니다. 거룩한 감사도 거룩한 근심과 마찬가지로 정결하게 해주는 감정입니다. 그런데 잔칫집보다는 초상집이 영적 성장을 격려하는 일이 더 많이 일어납니다.

믿는 자여, 어떤 죄를 범했습니까? 고귀한 소명을 망각하지는 않았습니까? 험담이나 수다를 떨며 지냈습니까? 그렇다면 어서 죄를 고백하고 번제를 드리십시오. 죽임을 당한 어린 양의 피가 죄악을 제거하며, 무지와 부주의함이라는 죄의 얼룩을 깨끗하게 합니다.

성탄절을 가장 훌륭하게 보내는 방법은 정결케 하는 샘에서 씻어 새롭게 되는 것입니다.

믿는 자여, 매일 밤 이 제단 앞으로 오십시오. 제단 앞에서 사는 것은 고귀한 제사장만이 누리는 특권입니다. 죄가 아무리 커도, 그것이 실망의 이유는 되지 못합니다. 예수께 나가 허물을 자백하면 주님은 양심에서 죽은 행위를 씻어 내어 정결케 해주실 것입니다.

기록된 바 첫 사람 아담은 생령이 되었다 함과 같이 마지막 아담은 살려 주는 영이 되었나니(고전 15:45).

예수님은 택한 자들의 머리가 되십니다. 혈과 육의 상속자들은 모두 아담 안에서 개인적인 이익을 소유합니다. 왜냐하면 아담은 언약의 머리요 인류의 대표이기 때문입니다. 구속함을 얻은 모든 영혼은 주님과 하나가 됩니다. 왜냐하면 주님은 두 번째 아담, 사랑의 새 언약에서 택한 자들의 후원자요 대속물이 되시기 때문입니다.

사도 바울은 멜기세덱이 아브라함을 만났을 때 레위가 그의 허리에 있었다고 했습니다. 영원 속에서 은혜의 언약이 선포되고 비준되고 영원히 확실하게 되었을 때 믿는 자는 중보자이신 예수 그리스도 안에 있었습니다. 그러므로 그리스도께서 행하신 일은 교회 전체를 위해 행하신 것입니다(골 2:10-13). 우리는 그리스도 안에서 십자가에 못 박혔고 그리스도와 함께 장사되었습니다. 더욱 놀라운 일은 우리가 그리스도와 함께 부활하고 그리스도와 함께 승천하여 놓은 보좌로 왔다는 것입니다(엡 2:6).

그러므로 교회는 율법을 성취하였고 사랑하는 자 안에 받아들여졌습니다. 또한 여호와는 교회를 만족하게 여기십니다. 왜냐하면 여호와 예수 안에서 교회를 바라보시며, 결코 언약의 머리와 분리하여 바라보지 않기 때문입니다. 이스라엘의 기름 부음을 받은 구속자이신 예수 그리스도는 교회와 다른 점을 갖지 않으십니다. 그리스도가 가지고 계신 것은 모두 교회를 위한 것입니다.

두 번째 아담의 존재와 그의 행위는 그의 것인 동시에 우리의 것입니다. 왜냐하면 주님은 우리의 대표자이시기 때문입니다. 여기에 은혜의 언약의 기초가 있습니다.

내가 너희에게 분부한 모든 것을 가르쳐 지키게 하라 볼지어다 내가 세상 끝날까지 너희와 항상 함께 있으리라(마 28:20).

주 예수는 교회 안에 계십니다. 주님은 옛날 제자들과 함께 계시면서 생선과 떡을 먹으셨듯이, 지금도 분명히 우리와 함께 계십니다. 주님이 계신 곳에서는 사랑이 뜨겁게 만들 수 있는 것은 없습니다. 우리는 주님을 흘낏 보기만 해도 완전히 압도되어 “네 눈이 나를 놀라게 하니 돌이켜 나를 보지 말라”(아 6:5)고 말하게 될 것입니다.

주님의 향기로운 옷에서 떨어지는 계피와 침향과 몰약의 향기는 병든 자와 쇠잔한 자들을 튼튼하게 해줍니다. 주님의 인자하신 품에 잠시 기대며, 주님의 거룩한 사랑을 우리의 가난한 마음에 받아들이면, 우리의 차가운 마음은 주님의 사랑의 불로 뜨겁게 타오르게 됩니다. 예수께서 우리와 함께 계신다는 것을 안다면 우리는 마음과 혼과 힘을 다하여 주님을 섬기는 일에 헌신할 것입니다.

그러므로 우리는 무엇보다도 주님의 현존을 바라야 합니다. 주님은 가장 많이 닮은 사람이 주님의 현존을 가장 크게 깨닫습니다. 그리스도를 보기를 원한다면 그리스도와 일치하여 성장해야 합니다. 성령의 권능에 의해 그리스도의 소원과 동기와 행동과 계획에 연합하십시오. 그러면 당신은 주님과 사귀는 축복을 누리게 될 것입니다.

주님의 약속은 언제까지나 참되십니다. 주님은 우리와 함께 계시는 것을 기뻐하십니다. 주님이 우리에게 오시지 않는 것은 우리의 무관심이 주님의 임재를 방해하기 때문입니다. 주님은 우리의 간절한 기도에 대한 응답으로 자신을 계시하실 것이며, 우리는 간구와 눈물로 주님을 붙들 수 있습니다. 기도와 간구와 눈물은 예수를 자기 백성에게 묶어주는 황금 사슬입니다.

왕골이 진펄 아닌 데서 크게 자라겠으며 갈대가 물 없는 데서 크게 자라겠느냐(욥 8:11).

왕골은 해면처럼 구멍이 많고 속이 빈 식물입니다. 위선자도 왕골처럼 구멍이 많고 속이 비어 있습니다. 그에게는 실질적인 내용이나 안정성이 없습니다. 왕골은 바람이 부는 대로 이리저리 흔들립니다. 형식주의자들도 모든 세력에 굴복합니다. 이런 까닭에 왕골은 태풍에 부러지지 않으며, 위선자는 박해를 받아도 괴로워하지 않습니다.

오늘의 본문 말씀은 자신이 위선자인지 아닌지를 시험해 보는 데 도움이 될 것입니다. 왕골은 본래 물속에서 살며 그 뿌리를 내린 진흙과 수분으로 생존합니다. 진흙이 마르면 왕골도 곧 시들고 맙니다. 그 푸르름은 절대적으로 환경에 의존하고 있습니다.

나는 어떠합니까? 나는 좋은 친구와 사귈 때, 또는 신앙생활이 내게 유익할 때만 하나님을 심기고, 주님을 사랑하지 않습니까? 만일 그렇다면 비열한 위선자입니다. 그러므로 죽음이 내게서 표면적인 기쁨을 빼앗아갈 때, 시드는 왕골처럼 멸망할 것입니다.

반면에 육체의 위로가 많지 않고 주위의 환경이 은혜에 도움이 되기보다 은혜를 거스를 때도 내가 의를 굳게 잡았다고 자신할 수 있습니까? 그렇다면 내 안에 참되고 절대적인 경건함이 있다는 소망을 품을 수 있습니다. 경건한 사람은 세상의 환경이 붕괴할 때 가장 크게 성장합니다. 유익을 얻기 위해 그리스도를 따르는 사람은 유다와 같은 사람이요, 사랑하기 때문에 예수님을 따르는 사람은 주님의 사랑을 받는 백성입니다.

주여, 나로 주님 안에서 생명을 발견하게 하소서, 세상적인 유익이나 은혜 안에서 생명을 발견하지 않게 하소서.

> 여호와가 너를 항상 인도하여 메마른 곳에서도 네 영혼을 만족하게 하며 네 뼈를 견고하게 하리니 너는 물 댄 동산 같겠고 물이 끊어지지 아니하는 샘 같을 것이라(사 53:11).

"여호와가 너를 인도하리라." 천사가 아니라 여호와께서 우리를 인도해주실 것입니다. 여호와는 천사가 백성들의 앞에서 인도하여 광야를 지나가게 해줄 것이라고 말씀하셨습니다. 그러나 모세는 "주께서 친히 가지 아니하시려거든 우리를 이곳에서 올려 보내지 마옵소서"(출 33:15)라고 말했습니다.

아버지 하나님은 우리가 이 세상을 순례하는 동안 친히 인도해 주십니다. 불기둥이나 구름 기둥을 보지는 못하겠지만 여호와는 절대 우리를 버리지 않을 것입니다.

"여호와가 너를 인도하여." 이 말씀은 하나님의 뜻을 분명히 나타낸 것으로서 하나님이 절대 우리를 버리지 아니하실 것을 우리는 확신할 수 있습니다. 하나님의 약속과 뜻은 인간의 약속보다 훌륭합니다.

> "내가 결코 너희를 버리지 아니하고 너희를 떠나지 아니하리라"(히 13:5).

우리는 때때로 인도하심을 받는 것이 아닙니다. 우리에게는 영속적인 인도자가 계십니다. 우리는 항상 위대한 목자의 인도하시는 음성에 귀를 기울여야 합니다. 우리가 주님의 곁에서 따라간다면 의의 길로 인도함을 받을 것입니다. 인생의 진로를 바꿔야 하거나, 멀리 떨어진 해안으로 이주하거나, 갑자기 가난해지거나, 책임 있는 지위로 승진하거나. 이방인이나 원수들 사이에 던져진다 해도 두려워하지 마십시오. 여호와께서 항상 인도해주실 것입니다. 하나님 가까이에서 살아가며 우리 마음이 거룩한 사랑으로 따뜻하게 타오르는 한 어떤 어려움에서든지 구원받을 것입니다.

하나님과 동행하십시오. 그러면 길을 잃지 않을 것입니다. 우리를 인도할 확실한 지혜 위로해 줄 불변의 사랑, 보호해 줄 영원한 능력이 있습니다.

내가 그리스도와 함께 십자가에 못 박혔나니 그런즉 이제는 내가 사는 것이 아니요 오직 내 안에 그리스도께서 사시는 것이라 이제 내가 육체 가운데 사는 것은 나를 사랑하사 나를 위하여 자기 자신을 버리신 하나님의 아들을 믿는 믿음 안에서 사는 것이라(갈 2:20).

자비하신 주님이 지나가시다가 혈기 속에 있는 우리를 보셨을 때 주님이 가장 먼저 하신 말은 "살라"는 것이었습니다. 영적인 일에 있어서 생명이야말로 절대적으로 필요한 것이기 때문입니다. 그것이 주어지지 않는 한 우리는 하늘나라의 일에 참여할 수 없습니다.

성도들이 소생하는 순간 은혜로 그들에게 주어지는 생명은 곧 그리스도의 생명입니다. 줄기를 통해 수액이 가지로 흘러가듯이 믿음도 가지인 우리에게로 흘러 들어오며 우리 영혼과 예수 사이에 살아 있는 관계를 세워 줍니다.

믿음은 이 연합에서 나온 첫 열매로써 이 연합을 감지하는 은혜입니다. 믿음은 주님의 탁월하심과 가치를 알게 하므로 어떤 유혹을 받아도 그 신뢰를 다른 데로 돌리지 못하게 됩니다. 예수 그리스도는 이 거룩한 은혜를 지극히 기뻐하시므로 영원하신 팔로 자애로이 얼싸안아 주시며, 그 공급을 그치지 않으십니다. 여기에서 살아 있는 기쁜 연합이 이루어집니다. 그것은 사랑과 확신과 긍휼과 만족과 기쁨의 강을 이루며, 신랑과 신부는 그 강에서 물을 마십니다. 자신이 그리스도와 하나됨을 분명히 느끼는 영혼은 그리스도의 맥박이 양자를 위해 고동치며 하나의 혈액이 각자의 혈관 속으로 흐르는 것을 느낄 수 있을 것입니다. 그때 그 심령은 이 세상에 있는 동안에도 하늘나라와 가까워지며, 지극히 고귀하고 영적인 교제를 누릴 준비를 합니다.

내가 세상에 화평을 주러 온 줄로 생각하지 말라 화평이 아니요 검을 주러 왔노라(마 10:34).

기독교인에게는 원수가 있게 마련입니다. 일부러 원수를 만들지는 않지만, 옳은 일을 행하며 참된 것을 믿으면 세상적인 친구를 잃게 됩니다. 그러나 그는 그것을 그다지 큰 손실로 여기지 않습니다. 하늘에 계신 위대한 친구는 전보다 더욱 인자하게 자기를 계시해주실 것이기 때문입니다. 주님은 "내가 온 것은 사람이 그 아버지와, 딸이 어머니와, 며느리가 시어머니와 불화하게 하려 함이니 사람의 원수가 자기 집안 식구리라"(마 10:35-36)고 말씀하셨습니다.

그리스도는 평화를 주시는 분이십니다. 그러나 평화를 주시기 전에 먼저 전쟁을 가져오십니다. 빛이 들어오려면 먼저 어두움이 그곳을 떠나야 합니다. 진리가 있는 곳에서는 거짓이 도망쳐야 합니다. 거짓이 그대로 남아 있으면 싸움이 벌어집니다. 왜냐하면 진리는 자기의 표준을 낮추려 하지 않으며 낮출 수도 없기 때문입니다.

우리가 최후의 심판이라는 시험을 견디기 위한 생활을 한다면, 세상은 우리를 칭찬하지 않을 것입니다. 세상과 사귀는 사람은 하나님의 원수가 됩니다. 우리가 지극히 높으신 하나님께 참되고 신실한 생활을 한다면, 사람들은 우리의 신앙에 분노할 것입니다. 우리의 신앙이 그들의 불의를 거슬러 증언하기 때문입니다. 그러나 우리는 어떤 결과도 두려워하지 말고 의로운 일을 해야 합니다. 좋은 친구를 무서운 원수로 변하게 만들 길을 따라가려면 용기가 필요합니다. 우리는 예수를 사랑하기 때문에 담대할 수 있습니다. 명예와 애정까지도 버릴 각오를 하려면 하나님의 영만이 우리의 내면에서 역사하실 수 있는 영적 능력이 필요합니다.

비겁한 자처럼 등을 돌리고 돌아서지 말고 담대하게 주님의 발자취를 따라갑시다. 주님은 우리보다 먼저 이 거친 길을 걸어가셨습니다. 잠시 전쟁하더라도 영원한 안식을 누리는 것이 잠시 거짓 평화를 누리고 나서 영원한 고통을 받는 것보다 낫습니다.

사무엘이 돌을 취하여 미스바와 센 사이에 세워 이르되 여호와께서 여기까지 우리를 도우셨다 하고 그 이름을 에벤에셀이라 하니라(삼상 7:12).

“여기까지”라는 단어는 과거를 느끼게 해줍니다. 20년, 또는 70년, 그리고 여기까지 주님이 우리를 도우셨습니다. 빈곤할 때나 부유할 때, 병들었을 때나 건강할 때, 집 안에서나 밖에서, 시련을 겪을 때나 승리할 때, 언제든지 주님은 여기까지 우리를 도우셨습니다. 우리는 가로수 길을 내려다보기를 좋아합니다. 기다란 길을 이쪽 끝부터 저쪽 끝까지 바라보면 무척 상쾌합니다. 우리의 기쁨을 지탱해주는 자비의 푸른 가지와 인자와 신실하심의 튼튼한 기둥 사이에 있는 우리의 일평생을 내려다보는 것도 즐거운 일입니다.

“여기까지”라는 말에는 또한 “앞으로”라는 뜻도 포함됩니다. 사람이 어느 지점에 이르러 "여기까지"라고 했다면 그는 아직 종 착점에 도달하지 못한 것입니다. 아직도 여행해야 할 길이 있다는 뜻입니다. 더 많은 시련, 기쁨, 유혹, 승리, 기도, 응답, 수고, 능력, 싸움 등이 아직도 남아 있습니다.

이제 여행이 끝났습니까? 그렇지 않습니다. 아직도 많은 것이 남아 있습니다. 예수님을 닮는 일, 보좌, 하프, 노래, 시편, 흰옷, 예수의 얼굴, 성도들과의 교제, 하나님의 영광, 영원 등이 남아 있습니다.

신자여, 선한 용기를 내십시오. 여기까지 당신을 도와주신 하나님께 서는 앞으로의 여행에서도 우리의 도움이 되어 주실 것입니다.

너희는 그리스도에 대하여 어떻게 생각하느냐 누구의 자손이냐 대답하되 다윗의 자손이니이다(마 22:42).

우리 영혼의 상태를 알아보는 시금석은 "너는 그리스도를 어떻게 생각하느냐?"라는 질문입니다. 그리스도는 우리에게 있어서 인생보다 아름다운 분이십니까(시 45:2), 만 사람에 뛰어난 분이십니까(아 5:16), 그 전체가 사랑스러운 분이십니까(아 5:16)?

다음의 표준에 따라 믿음을 측정해 보십시오: 우리의 마음은 그리스도를 얼마나 존경하고 있습니까? 만일 그리스도를 그다지 생각하지 않거나, 주님의 임재 없이 살면서도 만족하거나, 주님의 영광에 관심을 두지 않거나, 주님의 법을 소홀히 한다면, 영혼은 병들어 있는 것입니다. 하나님이 우리의 영혼을 죽음에 이르도록 버려두시지 않기를 기원합니다. 그러나 만일 우리의 영이 "어떻게 하면 내가 예수께 영광을 돌릴 수 있을까?"라고 생각하거나, 날마다 "내가 어디서 주님을 발견할 수 있는지 알 수 있으면 좋겠다"라고 바란다면, 비록 지금은 많은 환난을 겪고 있고 또 그리스도 안에서 어린아이에 불과하더라도 우리는 매우 안전할 것입니다. 우리는 예수께 영광을 돌리고 있기 때문입니다.

주님의 훌륭한 의복을 바라볼 때 우리의 누더기 같은 옷은 사라집니다. 비록 지금 우리의 상처에서 피가 흐르지만, 주님의 상처를 생각할 때 우리의 상처는 작아집니다. 우리의 상처들이 반짝이는 보석처럼 여겨지지 않습니까? 우리는 아름다운 왕을 어떻게 생각합니까? 그분은 우리 마음속에 영광스럽고 높은 보좌를 소유하고 계십니까? 주님을 찬양하는 가락에 또 하나의 나팔 소리를 더 할 수 있다면, 죽음도 마다하지 않으렵니까? 그렇다면 우리는 건전한 영적 생명을 소유하고 있습니다. 우리가 그리스도를 귀중하게 여기고 있다면, 오래지 않아 주님과 함께 거할 것입니다.

일의 끝이 시작보다 낫고 참는 마음이 교만한 마음보다 나으니(전 7:8).

주님을 바라보십시오. 주님은 처음에 사람들에게서 멸시와 배척을 받으셨다. 주님은 슬픔의 사람이셨고, 비애와 친숙한 분이셨습니다. 그 끝이 보입니까? 주님은 원수들의 발등상이 되며, 아버지의 우편에 앉아 계십니다.

"이로써 사랑이 우리에게 온전히 이루어진 것은 우리로 심판 날에 담대함을 가지게 하려 함이니 주께서 그러하심과 같이 우리도 이 세상에서 그러하니라"(요일 4:17).

우리가 세상에서 십자가를 지지 않으면 장차 면류관을 쓰지 못할 것입니다. 진흙탕 속을 걷지 아니하면 결코 황금 길을 걷지 못할 것입니다. 가련한 신자여, 기운을 내십시오.

"일의 끝이 시작보다 낫다"라고 했습니다. 나방이 되기 전의 유충은 참으로 보기 흉하지만, 고치에 들어갔다가 나올 때는 화려한 날개를 달고 행복과 생명으로 충만하게 됩니다. 이것이 그 일의 끝입니다. 우리도 사망이라는 고치에 싸이기 전까지는 유충입니다. 그러나 그리스도께서 나타나실 때 주님을 닮게 될 것입니다. 우리는 주님의 모습 그대로 보게 될 것입니다. 거친 금강석이 보석 세공사의 기계 위에 놓이면 그는 그것을 깎고 다듬습니다. 세공하는 동안 많은 부분이 깎여 나갑니다. 이 부분을 값으로 따지면 가치가 상실한 듯하지만, 세공된 보석은 마침내 왕의 면류관에서 빛을 발합니다.

우리 자신도 이 금강석에 비유할 수 있습니다. 우리는 하나님의 백성이며 지금은 깎이는 과정 중입니다. 믿음과 인내를 충분히 발휘하십시오. 영원하시고, 불멸하시며, 눈에 보이지 않는 왕의 머리에 면류관이 놓여질 때 당신에게서 한 줄기 영광의 빛이 흐르게 될 것입니다.

주님은" 내가 정한 날에 그들을 나의 특별한 소유로 삼을 것이요."(말 3:17)라고 말씀하셨습니다.

아브넬이 요압에게 외쳐 이르되 칼이 영원히 사람을 상하겠느냐 마침 내 참혹한 일이 생길 줄을 알지 못하느냐 네가 언제 무리에게 그의 형제 쫓기를 그치라 명령하겠느냐(삼하 2:26).

우리는 형식적으로만 신앙생활을 할 뿐, 예수 그리스도 안에 있는 참믿음을 소유하지 못하고 있지는 않습니까? 규칙적으로 교회에 가서 예배에 참석합니다. 그러나 다른 사람이 교회에 가기 때문에 가는 것일 뿐, 우리의 마음은 하나님과 올바른 관계에 있지 않습니다. 아마 앞으로도 이십 년, 또는 삼십 년 동안 지금처럼 표면적인 신앙만 고백하며 형식만 따를 뿐, 그 핵심이 되는 것은 소유하지 못할지도 모릅니다. 형식적인 신앙생활을 하던 사람의 임종이 어떤 것인지 보여 주는 일화가 있습니다.

그는 비지땀을 폴리면서 "죽기도 무척 어렵구나. 목사님을 모시러 갔느냐"라고 소리칩니다. "예, 곧 오실 겁니다." 목사가 도착했습니다. 그는 "목사님, 죽는 것이 두렵습니다. 나는 하나님 앞에 서기가 두렵습니다. 나를 위해 기도해 주십시오." 목사는 열심히 그를 위해 기도했습니다. 그의 앞에는 잠시 구원의 길이 놓였지만, 그는 밧줄을 붙잡지 못한 채 운명하고 말았습니다. 지금 그 사람은 어디에 있을까요? 성경에는 "그가 음부에서 고통 중에 눈을 들어 멀리 아브라함과 그의 품에 있는 나사로를 보고"(눅 16:23)라고 기록되어 있습니다.

그는 과거에 왜 눈을 들어 바라보지 않았을까? 그는 복음의 말씀을 듣는 데 습관이 되었기 때문에 그의 영혼은 그 밑에서 잠을 잤던 것입니다. 그가 지금 어떤 고통을 겪고 있는지 살펴봅시다.

"아버지 아브라함이여 나를 긍휼히 여기사 나사로를 보내어 그 손가락 끝에 물을 찍어 내 혀를 서늘하게 하소서 내가 이 불꽃 가운데서 괴로워하나이다"(눅 16:24).

이 말씀에는 무서운 뜻이 포함되어 있습니다. 여호와의 진노하심을 경험하지 않게 되기를 기원합니다.

명절 끝날 곧 큰 날에 예수께서 서서 외쳐 이르시되 누구든지 목마르거든 내게로 와서 마시라(요 7:37).

주 예수님은 참으로 인내가 많으신 분이셨습니다. 주님은 명절의 끝날에 이르기까지 유대인들에게 호소하셨습니다. 오늘 일 년의 마지막 날, 주님은 우리에게 호소하십니다. 그리고 우리에게 자비를 베푸시기를 기다리십니다. 성령을 노하시게 하고 배반하고 거역했음에도 불구하고 매년 우리를 참아 주시는 주님의 오래 참으심이야말로 참으로 놀랍습니다. 우리가 아직도 자비의 땅에 있다니 정말 놀랍고도 놀라운 일입니다. 주님은 우리에게 화해하기를 간청하십니다.

죄인들로 인해 눈물을 흘리신 주님의 사랑은 깊습니다. 그 사랑의 부르심을 듣고 우리는 자원하는 심령으로 나아갈 것입니다. 주님은 영혼의 갈증을 해소하는데 필요한 모든 것을 예비하십니다. 주님은 아무리 굶주린 영혼이라도 회복시키실 수 있습니다. 주님은 모든 목마른 자들을 환영한다고 선포하십니다. 주님은 십자가에 달리셔서 친히 우리 죄를 담당하셨습니다.

이제, 와서 마십시오. 올해가 가기 전에 어서 와서 마십시오. 바보, 도적, 창녀도 모두 와서 마십시오. 예수님을 믿으라는 초청에는 죄악된 성품이 장애가 되지 않습니다. 목마른 자여, 와서 흐르는 생명수를 마음껏 들이마십시오. 염증이 생기고 문둥병이 걸리고 더러운 입을 가진 자여, 와서 거룩한 사랑의 시냇물에 입을 대십시오. 그 입술이 시냇물을 더럽히지 못할 것이며, 오히려 정결하게 될 것입니다.

예수님은 소망의 원천이십니다. 사랑하는 형제여, 구속자께서 우리 각 사람에게 외치시는 사랑의 음성에 귀를 기울이십시오.

"누구든지 목마르거든 내게로 와서 마시라."

추수할 때가 지나고 여름이 다하였으나 우리는 구원을 얻지 못한다 하는도다(렘 8:20).

구원을 얻지 못합니다. 이처럼 슬픈 재앙을 당하고 있습니까? 장차 심판이 있을 것이라고 경고를 받았으며, 도망쳐 생명을 구하라는 부르심을 받았음에도 불구하고 아직도 구원을 받지 못하고 있습니다. 우리는 구원의 도를 알고 있습니다. 우리는 성경에서 구원의 도를 읽었으며, 강대상에서 전하는 말씀을 들었으며, 친구들이 설명해주었는데도 그것을 소홀히 하고 있습니다. 그러므로 장차 주께서 산 자와 죽은 자를 심판하실 때, 핑계하지 못할 것입니다.

성령께서는 전파된 말씀 위에 자기의 축복을 올려놓으셨습니다. 거룩한 임재로 말미암은 소생의 시기가 임하였었습니다. 그러나 이제 여름에 다하고 추수가 끝났지만, 구원받지 못하고 있습니다.

세월은 살 같이 흘러 어느덧 마지막 날이 찾아올 것입니다. 고통이나 성공이 우리의 마음을 감동을 주지 못했습니다. 메마른 마음에 눈물과 기도와 설교도 임했으나 헛일이었습니다. 사망이 소망의 문을 닫을 때까지 계속 지금처럼 행하렵니까? 지금껏 구원받을 좋은 시기가 임하지 않았다면. 그 시기가 언제나 오겠습니까? 아마 구원의 때를 발견하지 못한 채 지옥에 가게 될 수도 있습니다.

새해가 시작되기 전 우리를 구원하실 예수를 믿으십시오. 올해의 마지막 시간을 거룩하게 보내며, 겸손하게 예수를 믿으십시오. 용서받지 못하고 이 해를 보내지 않도록 조심하십시오. 지금 믿고 생명을 얻으십시오.

"도망하여 생명을 보존하라 돌아보거나 들에 머물지 말고 산으로 도망하여 멸망함을 면하라"(창 19:17).